ches Eismeer

Čukotka
Cukčen

Kap Dežnev

Stiller

Ozean

● Nižne-Kolymsk

Korjaken

Beginn der
Eroberung am
Ende des 17.
Jahrhunderts

Kolyma

*Tungusen
(Evenken)*

Jakuten

Jukagiren

Indigirka

Itel'menen

Kamčatka

Lena

Ochotsk 1647/49 ●

● Jakutsk 1632

Petropavlovsk ●
1740

Ochotskisches

Meer

uska

usen
ken)

*Tungusen
(Evenken)*

628

C H I N A

Sachalin

●sk
0

Burjaten

Baikalsee

1652

Nerčinsk 1654 ●

Burjaten

G O L E I

Eroberung Sibiriens

—————— Moskauer Reich um 1580

··············· Moskauer Reich um 1689

0   500   1000 km

Dittmar Dahlmann

SIBIRIEN

Dittmar Dahlmann

SIBIRIEN

Vom 16. Jahrhundert bis zur Gegenwart

FERDINAND SCHÖNINGH

Paderborn · München · Wien · Zürich

Der Autor:

Dittmar Dahlmann, Prof. Dr. phil., geb. 1949, ist o. Professor für Osteuropäische Geschichte an der Universität Bonn. Zahlreiche Veröffentlichungen zur russischen, südosteuropäischen, deutschen und mexikanischen Geschichte.

Titelbilder:

Nencen auf der Halbinsel Jamal (oben); Arbeiter der Gazprom auf einem Erdgasfeld der Halbinsel Jamal (Photos: Ullstein Bild, Berlin)

Bibliografische Information der Deutschen Nationalbibliothek

Die Deutsche Nationalbibliothek verzeichnet diese Publikation in der Deutschen Nationalbibliografie; detaillierte bibliografische Daten sind im Internet über
http://dnb.d-nb.de abrufbar.

Umschlaggestaltung: Evelyn Ziegler, München

Gedruckt auf umweltfreundlichem, chlorfrei gebleichtem
und alterungsbeständigem Papier ⊚ ISO 9706

Printed in Germany. Herstellung: Ferdinand Schöningh, Paderborn

ISBN 978-3-506-71361-2

INHALTSVERZEICHNIS

*** *** ***

VORWORT

Sibirien. Das Wort ruft zahlreiche Assoziationen hervor. Unwillkürlich denken wir an ungeheure, kaum vorstellbare Größe und riesige Entfernungen, an grimmige Kälte, an unberührte Landschaften, an Taiga und Tundra, und an atemberaubende Naturschönheiten wie den Baikalsee, zugleich auch an Bodenschätze wie Erdöl und Erdgas und an die mit ihrer Ausbeutung und Förderung einhergehende Umweltzerstörung. Viele verbinden mit Sibirien auch sofort die Begriffe Straflager und Zwangsarbeit. Als »größtes Gefängnis« der Welt ist dieses Gebiet bezeichnet worden.[1] Die Gedankenverbindung besteht sicherlich nicht zu Unrecht. Schon am Ende des 16. Jahrhunderts wurden von den russischen Zaren mißliebige Personen in die menschenleeren und teils lebensfeindlichen Weiten Sibiriens geschickt. Ein Jahrhundert später war Sibirien als Verbannungsort zumindest auch in der gelehrten und bürgerlichen Welt Deutschlands bekannt. 1796 schrieb der Göttinger Universalgelehrte Georg Christoph Lichtenberg in seine »Sudelbücher«: »Ich [habe] mir ein kleines Siberien für meine widerspenstigen Untertanen angelegt.«[2] Er meinte damit seinen »rebellischen Leib, ungebärdige Instinkte und aufsässige Gedanken.«[3] Wenige Jahre später hieß es in einem Zeitungsartikel, daß die Lausitz »das Sibirien von Sachsen« sei.[4] Seit dieser Zeit wohl prägte sich für vorgeblich oder tatsächlich »kalte« Landstriche oder »zurückgebliebene« Regionen diese Apostrophierung ein: Teile Badens, die als Badisch-Sibirien, Teile der Schwäbischen Alb, die als Schwäbisch-Sibirien, Teile Nordhessens, die als Hessisch-Sibirien, und die Eifelregion, die als Preußisch-Sibirien bezeichnet wurden oder noch werden. In Elmshorn gibt es sogar einen Stadtteil namens Sibirien. Es ist ein alter Flurname für »eine einsame von Wald, Heide und Moor geprägte Landschaft« im Norden der Stadt, in der es seit 1900 eine gleichnamige Gaststätte gibt.[5]

Wer reist, trägt Bilder in seinem Kopf. »Bilder des Fremden »entstehen nicht in der unmittelbaren Gegenüberstellung des individuellen Beobachters und des reinen Objekts seiner Beobachtung. Sie werden kulturell produziert.«[6] Von diesen Bildern kann sich der Autor nur schwer lösen, aber er kann durchaus darüber nachdenken. Auch ich habe ein Sibirienbild im Kopf, nicht nur Bilder der Taiga und des Baikalsees, von Novosibirsk und Irkutsk. Sie waren dort, bevor ich die Landschaften und die Menschen gesehen hatte, sie haben sich verändert, nachdem ich dort gewesen bin. Ich hoffe, daß die Leser und Leserinnen dieses Buches nach der Lektüre nicht nur viele neue Bilder im Kopf haben werden, sondern auch den Anreiz verspüren, diese Bilder mit der »Realität« zu vergleichen. Dann hat dieses Buch seinen Zweck mehr als erfüllt.

Die Idee zu diesem Buch liegt lange zurück. Die Arbeit daran wurde aus den verschiedensten Gründen immer wieder unterbrochen, aber, wie am Ergebnis zu sehen ist, nie völlig eingestellt. Zu danken habe ich zunächst Oliver Thomas Domzalski, der sich vielleicht gar nicht mehr daran erinnert, daß er mich am Rande eines Historikertages in den 1990er Jahren dazu aufforderte, eine Geschichte Sibiriens zu schreiben. Das Thema Sibirien hat mich in einigen Aufsätzen und zwei Quelleneditionen sowie als Mitherausgeber der Reihe »Quellen zur Geschichte Sibiriens und Alaskas aus russischen Archiven« seit Jahren beschäftigt.

Zu danken habe ich gleichfalls den Teilnehmern/innen meiner beiden Hauptseminare zur Geschichte Sibiriens an der Rheinischen Friedrich-Wilhelms-Universität Bonn im Sommersemester 1996 und im Sommersemester 2005 für anregende Debatten und Diskussionen. Zu großem Dank verpflichtet bin ich Dr. Anke Hilbrenner, meiner wissenschaftlichen Mitarbeiterin, meiner Doktorandin Diana Ordubadi und Eugenia Massold, die das Manuskript ganz oder teilweise gelesen und ausführlich kommentiert haben, sowie den studentischen Mitarbeitern und Mitarbeiterinnen an meinem Lehrstuhl: Alexander Chertov, Gregor Feindt, Anna S. Fischer, Anna Friesen, Carina Haas, Marina Hrkać, Felix Kamella, Eugen Underberg und Matthias Winterschladen für vielfältige Unterstützung und Hilfe, zudem Matthias Winterschladen für seine Mithilfe bei Kapitel sechs, Dr. Wladislaw Hedeler, Berlin, für seine Mithilfe bei Kapitel acht, Sven Alexander Neeb und Grischka Grauert für ihre Mithilfe bei Kapitel neun sowie Anna Friesen, Anna S. Fischer, Carina Haas und Matthias Winterschladen für ihre Unterstützung bei der Erstellung des Glossars und der Zeittafel. Meiner Sekretärin Iraida Pehl danke ich gleichfalls für ihre Hilfe und ihre Langmut mit einem bisweilen geistig abwesenden Chef. Dank gilt auch der Fernleihabteilung der Bonner Universität, die unzählige Bücherwünsche erfüllt hat. Herzlich danken möchte ich insbesondere Dr. Wieland Hintzsche für all seine Informationen und die vielen Gespräche über die Expeditionen des 18. Jahrhunderts sowie Prof. em. Dr. Ludmila Thomas, Prof. Dr. Jörg Stadelbauer, Dr. Gudrun Bucher, PD Dr. Eva-Maria Stolberg, PD Dr. Claudia Weiss und Dr. Folkwart Wendland für anregende Gespräche und zahllose Hinweise.

Mein besonderer Dank gilt Michael Werner, der immer daran geglaubt hat, daß aus dem Plan eines Buches über Sibirien eines Tages auch wirklich ein Buch werden würde. Ein herzlicher Dank gilt meinem inzwischen emeritierten Kollegen Prof. Dr. Helmut Keipert für unsere langjährigen, immer noch andauernden und stets anregenden »Montagsgespräche« und sein offenes Ohr für sibirische Fragen und Probleme sowie für Literaturhinweise und Kommentare. Gleichfalls danke ich Prof. Dr. Helwig Schmidt-Glintzer, dem Direktor der Herzog August Bibliothek in Wolfenbüttel, für zwei Einladungen zu Forschungsaufenthalten, in denen ich das Material für die Kapitel eins bis vier einsehen konnte, sowie den dortigen Mitarbeiterinnen und Mitarbeitern für ihre stets freundlichen Hilfen. Diese Bibliothek ist eines der letzten Paradiese der wissenschaftlichen Forschung, eine Oase der Ruhe und Abgeschiedenheit, also ein wunderbarer Ort für einen Geisteswissenschaftler.

Schließlich habe ich meiner Frau, Dr. Petra Recklies-Dahlmann, ganz herzlich dafür zu danken, daß sie auch dieses Manuskript mehrmals gelesen, kommentiert und verbessert hat, ebenso unserem Sohn Christof, der sich in letzter Zeit mehrmals angelegentlich danach erkundigte, ob das Buch denn auch noch einmal fertig werden würde. Ihnen beiden, meiner Frau und meinem Sohn, sei dieses Buch, mit dem sie so lange leben mußten, gewidmet.

Swisttal-Buschhoven im Oktober 2008   Dittmar Dahlmann

HINWEISE FÜR DEN LESER

Zur Wiedergabe der kyrillischen Buchstaben im lateinischen Alphabet wurde die wissenschaftliche Transliteration benutzt. Sie entspricht im wesentlichen der im Alphabet von Kroaten, Tschechen und Slowaken gebräuchlichen Form, einige Konsonanten und Vokale mit zusätzlichen Zeichen (Häkchen oder Punkten) zu versehen. Dabei gilt folgende Ausspracheregel: c wie deutsches z, č wie tsch in »Peitsche«, š wie sch in »Schule«, ž wie j in »Journal«, šč wie schtsch. Ein »e«, ob am Anfang oder in der Mitte des Wortes, wird im Russischen immer mit einem J-Vorschlag gesprochen, also Ermak wie Jermak, im Unterschied zu einem »ė«, das im Prinzip nur in Fremdwörtern vorkommt und in der Aussprache einem deutschen »ä« ähnelt. Im Russischen wird zudem zwischen stimmhaften und stimmlosen Konsonanten deutlich unterschieden: ein »z« ist stimmhaft wie in »Muse«, ein »s« dagegen stimmlos wie in »muß«. Ein unbetontes »o« wird wie »a« gesprochen, also »Moskva«, Betonung auf der letzten Silbe, wie »Maskva«. Das Weichheitszeichen in der Mitte oder am Ende eines Wortes, wiedergegeben durch einen Apostroph »'«, erweicht den voranstehenden Konsonanten, das Härtezeichen, wiedergegeben durch einen Bindestrich »-«, erhärtet den voranstehenden Konsonanten.

Von dieser Transliteration wird nur in jenen Fällen abgewichen, in denen sich im Deutschen eine bestimmte Schreibweise eingebürgert hat, wie Alexander, Zar, Wolga oder Baikal. Städte- und Ländernamen werden in der im Deutschen geläufigen Form wiedergegeben, also Moskau statt Moskva und Kirgisien statt Kyrgyzstan. Zudem wird für alle geographischen Namen die in Deutschland übliche Form gewählt, die zumeist aus dem Russischen übernommen wurde. Für die Bezeichnung der sibirischen und nordasiatischen Ethnien wurden zumeist die zeitgenössischen Namen benutzt, die fast immer Wortschöpfungen der Russen waren und häufig eine negative Konnotation hatten oder nur Teile der Ethnien bezeichneten. Bei der Erstnennung ist jeweils die Eigenbezeichnung dieser Ethnien, die heute gebräuchlich ist, in Klammern hinzugefügt worden. Weitere Informationen über diese Ethnien und eine Erklärung von Begriffen, die dem Leser und der Leserin vielleicht unbekannt sind, finden sich im Glossar. Einen schnellen Überblick über die Chronologie der Ereignisse ermöglicht die Zeittafel.

Die Datierung folgt dem in Rußland seit etwa der Mitte des 18. Jahrhunderts bis zum 1. Februar 1918 gebräuchlichen Julianischen Kalender, der zwischen 1582 und 1700 um zehn, im 18. Jahrhundert um elf, im 19. Jahrhundert um zwölf und im 20. Jahrhundert um 13 Tage hinter dem Gregorianischen Kalender zurückblieb. Um Zweifelsfälle auszuschließen, werden beide Daten genannt. Zuvor wurde in Rußland nach der byzantinischen Zeitrechnung seit der Erschaffung der Welt gerechnet, teilweise wurden auch beide Daten, nach dem Julianischen Kalender und nach der byzantinischen Zeitrechnung, angegeben. Die revolutionäre Sowjetregierung führte 1918 den Gregorianischen Kalender ein und bestimmte den 1. Februar 1918 als 14. Februar 1918.

Für russische Maße und Gewichte gilt folgende Umrechnung:

1 aršin	0,71 Meter
1 Desjatine (desjatina)	1,09 Hektar
1 Pud	16,38 Kilogramm
1 Werst (versta)	1,067 Kilometer

EINLEITUNG

1. SIBIRIENBILDER

Wie ein roter Faden zieht sich die Beschäftigung mit Sibirien seit dem 18. Jahrhundert durch die deutsche Wissenschaftslandschaft, durch Reiseberichte, Literatur sowie Kunst und erreichte in den letzten Jahren sogar das Fernsehen mit einer Doku-Soap, wie es im Jargon heißt. Der Berliner Slavist Tom Jürgens veröffentlichte im Mai 2007 einen Artikel mit der Überschrift »Unser täglich Sibirien gib uns heute« und dem Untertitel »Imaginäre Geographie als deutsche Popkultur«.[1] Sehr deutlich und pointiert zeigt er all die Klischees und Stereotypen, die sich im deutschsprachigen Raum vom 18. bis ins 21. Jahrhundert hinein ziehen, von den ersten Reiseberichten bis zum »Sternflüstern«, einer Sendung des Zweiten Deutschen Fernsehens, in der zwei deutsche Familien »im Überlebenswettstreit« auf einer Insel im Baikalsee überwintern.[2] Es wäre wirklich lohnend, diese Klischees und Stereotypen von unbegrenzter Weite, überwältigender und faszinierender Naturschönheit, extremer Kälte, größter Einsamkeit, dem Kampf des Menschen mit den Naturgewalten, der Jagd nach Pelzen und wildem Kosakenleben einmal in einer Geschichte der Sibirienrezeption intensiv aufzuarbeiten. Auch Jürgens kann dies in seinem knappen Aufsatz nicht leisten, ebensowenig Karl Schlögel, der vor knapp zehn Jahren einen ähnlichen Ansatz verfolgte,[3] oder Eva-Maria Stolberg, die Sibirien als »mentale Landkarte der deutschen Vorstellungswelt« beschrieb.[4] Die Kontinuität dieser Sibirienbilder ist allerdings weit dauerhafter und die Dichte viel stärker, als dies Jürgens in seinem sehr lesenswerten, aber auch ein wenig aphoristischen Aufsatz darstellt.

Die Reiseberichte nicht nur deutschsprachiger Sibirienreisender des 18. und 19. Jahrhunderts erlebten zumeist zahlreiche Auflagen, teils auch ebenso zahlreiche Übersetzungen, was darauf hindeutet, daß Sibirien nicht nur im deutschsprachigen Raum auf großes Interesse stieß.[5] Aber auch die Romanciers nutzten die Exotik Sibiriens. So ließ schon Daniel Defoe Robinson Crusoe im zweiten Teil des Romans dort reisen, Jules Vernes »Kurier des Zaren« spielte ebenso in Sibirien wie Karl Mays »Zobeljäger und Kosak«.[6]

Seit der Wende vom 19. zum 20. Jahrhundert stieg offensichtlich vor allem in Deutschland das Interesse an Sibirien. Die Bücher Edwin Erich Dwingers, der im russischen Bürgerkrieg auf seiten der Weißen Armee des Admirals Kolčaks gekämpft hatte, die Karl Schlögel seiner Betrachtung über »Sibirien als deutsche Seelenlandschaft« zugrundelegte, wurden seit 1929 in immer neuen Auflagen publiziert und fanden auch nach dem Ende des Zweiten Weltkrieges ein großes Publikum.[7] Ebenso erschien 1934 erstmals der Roman Theodor Krögers, eines 1891 in St. Petersburg geborenen Rußlanddeutschen, »Das vergessene Dorf. Vier Jahre in Sibirien. Ein Buch der Kameradschaft«, der seine bisher letzte Ausgabe 1996 erlebte und eine Millionenauflage erreichte.[8] Gleichfalls fiktiv ist das Buch des Elsässers Paul C. Ettighoffer »Nacht über Sibirien«, das zwischen 1937 und 1943

22mal aufgelegt und auch als Feldausgabe mehrfach nachgedruckt wurde.[9] Nach dem Zweiten Weltkrieg blieb das Interesse ungebrochen. Schon vor Heinz G. Konsalik, der zahlreiche seiner auflagenstarken Trivialromane in Sibirien spielen ließ, verfaßte Herbert Reinecker in den 1950er Jahren den Roman »Taiga«, der zuerst in Fortsetzungen in der Zeitschrift »Revue« erschien, ein »erschütterndes Epos der deutschen Soldaten in russischer Kriegsgefangenschaft«.[10] Besungen wurde Sibirien ebenfalls. Mit dem Titel »Sehnsucht« (Das alte Lied der Taiga) hatte die Sängerin Doris Treitz, die unter dem Pseudonym Alexandra auftrat, am Ende der 1960er Jahre einen großen Hit.[11]

Lassen sich Roman und Schlager noch als Fiktionalität betrachten, die von Autoren wie Konsalik und Reinecker auch grundsätzlich behauptet wird, so erheben die Sachbücher den Anspruch der Objektivität. Nicht fiktiv ist das Buch des deutschbaltischen Pazifisten Traugott von Stackelberg »Geliebtes Sibirien«, das aus politischen Gründen erst nach dem Zweiten Weltkrieg erscheinen konnte und im Jahr 2006 die 18. Auflage erlebte.[12] Stackelberg, von Beruf Arzt, stammte aus Reval und meldete sich im Ersten Weltkrieg als Hilfsarzt für ein Lazarett in Tiflis, um nicht gegen Deutschland kämpfen zu müssen. In den frühen 1920er Jahren folgte er einem Ruf von Fridtjof Nansen und lebte rund zwei Jahre als Arzt bei den Tungusen. Nansen, dies sei angemerkt, war zwar Norweger, gehört aber eigentlich auch in diese Reihe, denn sein Buch »Sibirien ein Zukunftsland«, erlebte in Deutschland mehrere Auflagen und war ausgesprochen einflußreich.[13] Für einen Teil der deutschsprachigen Sozialisten, die sich ausdrücklichen auf Nansen beriefen, galt Sibirien als Land der Zukunft für die Arbeiter und Bauern, die »siegreich« die Wildnis bezwangen und eine neue Welt eroberten. Sinnbild dafür war Novosibirsk, das vorrevolutionäre Novo-Nikolaevsk, entstanden als Bahnstation an der Transsibirischen Eisenbahn, Sibiriens neue Hauptstadt nach der Revolution.[14]

Als die Deutschen dann nach dem Zweiten Weltkrieg wieder die Sowjetunion bereisen durften, erschien 1967 der Reisebericht des Journalisten Hugo Portisch »So sah ich Sibirien«, der zuvor bereits ähnliche Bücher über China, die Sowjetunion, Afrika, Südamerika und Vietnam publiziert hatte. Anlaß für diese Sibirienreise war der damals aktuelle sowjetisch-chinesische Grenzkonflikt und so äußerte denn der Autor auch seine Befürchtungen über einen chinesischen Vorstoß nach Sibirien und schilderte mit unverhohlener Fortschrittsgläubigkeit den Industrialisierungsprozeß Sibiriens. Sibirien sei nun, so Portisch am Ende der 1960er Jahre, ein Teil Europas, das die Sowjetunion bis zum Pazifik ausgedehnt habe. Das »große geistige Erbe Europas« werde, so der Autor, in Sibirien gegen die »Unmenschlichkeit des Personenkults Mao Tse-Tungs« verteidigt.[15] Erdöl und Erdgas fehlten in diesem Bericht. »Der größte Schatz Sibiriens sind seine Wälder«, berichtete der Autor,[16] obwohl Pipelines und Gasleitungen entweder bereits fertig waren oder sich im Bau befanden. Das Land war auch, zumindest in der Sicht Portischs, fast nur von Russen bevölkert, die indigene Bevölkerung des Landes spielte noch nicht einmal eine Statistenrolle. Wenige Jahre später erschien der Bericht des Dissidenten Andrej Amal'rik über seine Verschickung nach Sibirien in den 1960er Jahren, der, wie es auf dem Umschlag hieß, »die Weltöffentlichkeit« alarmierte, obwohl sich die Verhältnisse in den sibirischen Lagern bzw. in der Verbannung seit den Zeiten des stalinistischen Regimes erheblich verändert hatten.[17]

In der zweiten Hälfte der 1980er Jahre luden auch der Schauspieler und Schriftsteller Hardy Krüger und seine Ehefrau zu einer »Sibirienfahrt« in der berühmten Transsib von Chabarovsk nach Moskau voller Klischees und Stereotypen.[18] Ein paar Jahre später erschien schließlich in den 1990er Jahren das Buch des deutsch-amerikanischen Journalisten Frederick Kempe »Sibirische Odyssee. Eine Reise in die Seele Rußlands«.[19] Kempe reiste in den späten Perestrojkazeiten durch Sibirien, konnte aber »die russische Seele«, wie er schrieb, in Sibirien nicht finden.[20] In kurzem zeitlichem Abstand reisten dann noch vor der Jahrtausendwende die deutschen Fernsehjournalisten Gerd Ruge und Klaus Bednarz durch Sibirien, drehten Reportagen und publizierten ihre Berichte.[21] Hier gilt der Augenschein, die tatsächliche oder vorgebliche Authentizität des Berichtes, denn die Autoren waren vor Ort, beobachteten und schrieben auf.

Sibirien ist seit dem Beginn des 18. Jahrhunderts, als der Danziger Arzt Daniel Gottlieb Messerschmidt im Auftrag Peters I. Sibirien erstmals wissenschaftlich erforschte, ein fester Bestandteil der deutschen oder deutschsprachigen Forschung nicht nur in den Geisteswissenschaften. Die Reihe der Wissenschaftler und Gelehrten setzte sich im 18. Jahrhundert fort mit Johann Georg Gmelin, Gerhard Friedrich Müller, Georg Wilhelm Steller, Peter Simon Pallas und Carl Heinrich Merck, um nur die wichtigsten zu nennen. Ihnen folgten im 19. Jahrhundert Adelbert von Chamisso, Alexander von Humboldt, Georg Heinrich von Langsdorff, Alexander Theodor von Middendorff, Adolf Erman, Gustav Radde, Karl Ernst von Baer, Otto Finsch und Alfred Brehm.[22] Fast alle diese Wissenschaftler und Forschungsreisenden standen allerdings in Diensten des russischen Staates und bereisten, wie Alexander von Humboldt, Sibirien auf Einladung des Kaisers oder staatlicher Stellen, was im Prinzip nicht gegen die Ergebnisse ihrer Forschungen spricht.

In der zweiten Hälfte des 19. Jahrhunderts wurde in Deutschland die wirtschaftliche Bedeutung Sibiriens erkannt, und der Charakter der Forschungen änderte sich. So ist bei der deutschen Polarforschung jener Zeit der Zusammenhang zwischen wirtschaftlichen und wissenschaftlichen Interessen deutlich erkennbar.[23] Gleiches gilt auch für den Bau der Transsibirischen Eisenbahn, bei der noch die militärischen hinzutraten. Schon 1897 publizierten der preußische Generalmajor und Rußlandkenner Gustav Krahmer sowie der Geograph Felix Lampe Bücher zu diesem Thema, und nur drei Jahre später legte der im Preußischen Ministerium der öffentlichen Arbeiten tätige Jurist Kurt Wiedenfeld eine weitere umfangreiche Studie über die wirtschaftliche Bedeutung der Transsibirischen Eisenbahn vor, wobei er allerdings aufgrund fehlender Sprachkenntnisse nicht auf russischsprachige Literatur zurückgreifen konnte.[24] Diese Publikation führte zu einer Einladung des Juniorchefs des bedeutenden rußlanddeutschen Unternehmens Wogau & Co. in Moskau, Sibirien aus eigener Anschauung kennenzulernen. So bereiste Wiedenfeld 1910 für einige Monate das Land und publizierte während des Ersten Weltkrieges eine kurze Studie über Sibirien.[25] 1901 folgte schließlich die Arbeit des Dresdner Geographieprofessors Sophus Ruge.[26] Ähnlichen Interessen, »der Nachfrage aus kaufmännischen Kreisen«, war die Landeskunde des Deutschbalten Arved Schultz, die Anfang der 1920er Jahre erschien, ebenso geschuldet wie die Studie von Peter Danckworth über »Sibirien und seine wirtschaftliche Zukunft«.[27] Zahlreiche Reiseberichte und Romane oder Sachbücher ergänzten diese Arbeiten und führten beim Lesepublikum zu einer größeren Nachfrage.

Nach dem Ende des Zweiten Weltkrieges dauerte es eine gewisse Zeit, bis in Deutschland die wissenschaftliche Forschung über Sibirien wieder aufgenommen wurde. In der DDR war es vor allem der Kreis um den zunächst in Halle, dann in Berlin tätigen Eduard Winter, der sich mit der Thematik, fokussiert auf das 18. Jahrhundert, beschäftigte.[28] In gewisser Hinsicht eine Spätfolge dieser Arbeiten ist die Edition der Materialien der Zweiten Kamčatkaexpedition, die vor allem den unermüdlichen Bemühungen von Wieland Hintzsche in Halle zu verdanken ist.[29] Im Westen wie im Osten haben in den vergangenen drei Jahrzehnten Ludmila Thomas, Wieland Hintzsche, Norbert Wein, Jörg Stadelbauer, Claudia Weiss, Eva-Maria Stolberg und Susi K. Frank, um wiederum nur einige zu nennen, die deutschsprachige Sibirienforschung fortgeführt. Dieses Buches steht in der Tradition dieser Arbeiten, und es steht zu hoffen, daß die deutschsprachige Sibirienforschung ihren Platz in der internationalen wissenschaftlichen Gemeinschaft wird behaupten können.

Mit Beginn des 19. Jahrhunderts erschienen auch die Erlebnisberichte über Sibirien als Verbannungsort; einer der ersten kam 1801 aus der Feder des Schriftstellers August von Kotzebue, der einige Jahre in russischen Diensten gestanden hatte, dann nach Deutschland zurückgekehrt war und im Jahre 1800 eine private Reise nach Rußland unternahm. Dabei wurde er an der Grenze verhaftet, weil er im Russischen Reich im Ruf stand, ein Jakobiner zu sein. Er wurde fast unmittelbar nach seiner Festnahme nach Sibirien gebracht, wo er allerdings nur kurze Zeit blieb, weil Zar Paul I., der kurz darauf einer Verschwörung zum Opfer fiel, ihn bald begnadigte, so daß er nach Deutschland zurückkehren konnte. Sein Erlebnisbericht »Das merkwürdigste Jahr meines Lebens« fand sowohl im deutschsprachigen Raum als auch in zahlreichen anderen europäischen Staaten ein großes Publikum.[30] Über die Authentizität dieses Berichtes kann man geteilter Meinung sein. Kotzebue hatte sechs Jahre zuvor das Schauspiel »Graf Benyowsky oder Die Verschwörung von Kamtschatka« veröffentlicht.[31] Es beruhte auf den bisweilen ebenfalls wenig glaubwürdigen Erinnerungen des ungarischen Adligen Moritz August von Beniovski, der darin seine Verbannung nach Sibirien und Kamčatka und seine anschließende Flucht um die halbe Welt schilderte.[32] Auch Beniovskis Buch war äußerst erfolgreich und erlebte mehrere Auflagen und Übersetzungen.

Seit dieser Zeit erschienen zahlreiche autobiographische Aufzeichnungen über die Deportation nach Sibirien, von denen Fedor Dostoevskijs »Aufzeichnungen aus einem Totenhaus« über seine Jahre der Verbannung von 1849 bis 1853 sicherlich eine der berühmtesten und literarisch bedeutendsten ist.[33] Aber erst im 20. Jahrhundert, in der Zeit des Stalinismus, wurde Sibirien zum Synonym für die Lagerwelt, den Archipel GULag, wie ihn Alexander Solženicyn beschrieben hat, für ein menschenverachtendes und staatsterroristisches System. Das Klischee, die Stereotypisierung, überdauert offensichtlich mühelos Jahrhunderte und war und ist im akademischen Milieu ebenso anzutreffen wie in der literarischen Welt, von der Kolportage ganz zu schweigen. Sibirien war und ist für die einen die Hölle, gleichsam ein Synonym dafür, für die anderen eine Art Paradies, der Himmel auf Erden. Sibirien entzieht sich diesen Klischees und Stereotypisierungen. Es bietet weit mehr, ist vielschichtig, schillernd und läßt sich, wie der Schriftsteller Valentin G. Rasputin nicht müde wird zu betonen, nicht auf einen Aspekt reduzieren.[34]

Es gab und es gibt auch heute noch viele Sibirien und Sibirienbilder. So ist sicherlich das Sibirien Rasputins in seinen Romanen und Erzählungen gänzlich verschieden von dem der Öl- und Gasbarone der Gazprom in ihren Konzernzentralen, das Sibirien eines evenkischen oder korjakischen Rentierzüchters oder Fischers völlig konträr zu dem eines Arbeiters in einem Maschinenbauunternehmen in Novosibirsk. All dies wird sich kaum auf einen Nenner bringen und auch nur in Ansätzen darstellen lassen. Die Geschichte ist, wie das Leben, bunt und vielfältig und dies gilt für Sibirien mit seiner einzigartigen Natur, seiner Schönheit und Schroffheit, seinem teils lebensfeindlichen Klima in ganz besonderem Maße. Scharfe Kontraste stehen sich dort gegenüber. In einigen Gebieten Sibiriens ist die Umwelt bereits in extremem Maße verseucht, in anderen Teilen des Landes findet sich immer noch eine unberührte Natur. Die Extreme, wie etwa Temperaturunterschiede von fünfzig oder siebzig Grad zwischen den kurzen Sommern und den langen Wintern, wird man immer mitdenken müssen, und sicherlich nicht nur mit Bezug auf das Klima, sondern auch hinsichtlich von Politik, Wirtschaft und sozialem Handeln.

2. Raum und Natur

Sibirien, bisweilen als achter Kontinent bezeichnet, umfaßt eine Fläche von ungefähr zwölf Millionen Quadratkilometern, was rund 70 Prozent der Fläche der Russischen Föderation oder 40 Prozent des asiatischen Kontinents ausmacht und anderthalbmal der Größe Kanadas entspricht.[35] Es erstreckt sich über rund 8.000 Kilometer vom Ural-Gebirge bis zum Pazifischen Ozean. Noch immer braucht die Eisenbahn von Moskau bis Vladivostok für die 9.288 Kilometer lange Strecke sechs Tage und vier Stunden. Der Bau dieser Eisenbahnlinie, der Großen Transsibirischen Eisenbahn, die Moskau mit Vladivostok bzw. Chabarovsk verbindet, hat die Weiten Sibiriens am Ende des 19. und zu Beginn des 20. Jahrhunderts erst erschlossen. Diese Weite und schiere Größe Sibiriens ist inzwischen zu einer Stereotype geworden, der sich kaum einer entziehen konnte oder kann. So schrieb am Ende des 19. Jahrhunderts auch der russische Schriftsteller Anton P. Čechov, als er auf dem Weg zur Insel Sachalin, um dort die Lage der Sträflinge zu studieren, durch Sibirien reiste, an seinen Bruder Alexander, einen Journalisten: »Sibirien ist ein kaltes und weites Land. Ich fahre, fahre und sehe das Ende nicht. Interessantes und Neues erblicke ich wenig, jedoch empfinde und durchlebe ich Vieles. Ich kämpfte mit aus den Ufern getretenen Flüssen, Kälte, mit unpassierbaren Sümpfen, Hunger und dem Wunsch zu schlafen. Solche Gefühle bekommst Du in Moskau auch für eine Million nicht. Du müßtest nach Sibirien. Bitte den Staatsanwalt, daß er Dich hierher schickt!«[36] Die Eindrücke seiner Reise durch Sibirien veröffentlichte er in einer Serie »Aus Sibirien« (*Iz Sibiri*) in der Zeitung *Novoe Vremja* (Neue Zeit) von Juni bis August 1890. Wie er seinem Verleger Aleksej S. Suvorin schrieb, wollte er jedoch erst berichten, wenn er Tomsk erreicht habe, denn »der Weg von Tjumen' nach

Tomsk« sei schon oft beschrieben und »tausend Mal ausgebeutet« worden. Čechovs Text liest sich daher auch bisweilen wie eine Parodie auf die nicht nur russischen Sibirienbilder des 19. Jahrhunderts.[37]

Sibirien, der größte Teil des asiatischen Rußland, hat Rußland erst zu dem gemacht, als was es sowohl den früheren als auch unserer heutigen Generation erscheint, als »unendlich groß«. Schon die russischen Historiker des 19. Jahrhunderts haben darauf verwiesen und festgestellt, daß Rußland eine Welt für sich sei, selbstgenügsam, unabhängig und absolut.[38] Der britische Historiker Geoffrey Hosking hat vor kurzem die These vertreten, daß diese schiere Größe Rußlands und die sich daraus ergebenden Notwendigkeiten, den Staat aufrechtzuerhalten und die Grenzen zu sichern, mit dafür verantwortlich seien, daß es kein klassischer Nationalstaat geworden sei.[39] Für eine intensive Diskussion, welche Wirkungen diese ungeheure Ausdehnung des Raumes auf den Prozeß der russischen Geschichte hatte, fehlt hier nicht nur der Platz, es fehlen auch entsprechende Studien. Zu fragen wäre etwa danach, ob es denn überhaupt eine Einheit eines bestimmten Raumes gibt und wie sich Natur und Mensch gegenseitig beeinflussen, aber auch danach, wie sich die im Raum lebenden Ethnien oder Völker beeinflussen und wie nachhaltig denn solche Kulturkontakte oder Kulturbegegnungen gewesen sind, wie sie sich veränderten und auf welche Art und Weise sie immer noch andauern.

In seiner klassischen Studie über einen Raum, die Welt des Mittelmeeres im 16. Jahrhundert, hat der französische Historiker Fernand Braudel diesen Raum als eine »Persönlichkeit« bezeichnet, die komplex, sperrig und außergewöhnlich sei und sich unseren Größenordnungen und Kategorien entziehe. Räume seien eben nicht abgesteckt, sondern gleichsam offen. Zugleich sei der Raum der erste Feind des Menschen, denn die menschliche Geschichte könne durchaus als ein Kampf gegen den »horror vacui« verstanden werden, als eine unentwegte Anstrengung zur Bewältigung des Raumes, seiner Beherrschung und schließlich seiner Aneignung.[40] Angesichts der ökologischen Probleme, mit denen wir heute in Sibirien konfrontiert sind, wird zu fragen sein, welche Grenzen für diese Beherrschung, Bewältigung und Aneignung eines Raumes zu setzen sind und vor allem auch, wer sie denn bestimmt.

Kehren wir zu den Naturgegebenheiten Sibiriens zurück. Zahlreiche Ströme von gewaltiger Länge fließen dort, die Lena über 4.440 Kilometer, der Ob' und sein Quellfluß Katun' über 4.338, der Irtyš über 4.248 Kilometer und der Enisej über rund 4.100 Kilometer. Im Vergleich dazu ist der Rhein 1.324 Kilometer lang. Ob' und Irtyš weisen nur ein schwaches Gefälle auf. An manchen Stellen sind sie mehrere Kilometer breit. Die Flüsse Sibiriens fließen zum großen Teil von Süd nach Nord und münden in das Eismeer, selten verlaufen sie von Ost nach West bzw. West nach Ost. Ein Großteil des Landes liegt jenseits des 50. Breitengrades und Wintertemperaturen von 40 oder 50 Grad unter Null sind keine Seltenheit. An den kältesten Stellen kann das Thermometer unter 70 Grad minus sinken, allerdings im Sommer auch auf über 30 Grad ansteigen, begleitet von Mückenschwärmen und Zecken. Doch bildet der sibirische Raum keine einheitliche Klimazone. Im Süden ist das Klima gemäßigt mit vier Jahreszeiten und einer für die Landwirtschaft nicht ungünstigen Vegetationszeit. Da die Sonne dort oftmals häufiger scheint als in Moskau, finden sich in jenen Landstrichen die am dichtesten besiedelten Gebiete

und auch der größte Teil der Industrie. Die meisten Menschen wohnten und wohnen in größeren und kleineren Städten im Süden, Ende der 1980er Jahre lebten dort
mehr als 90% der damals rund 30 Millionen Einwohner Sibiriens. Inzwischen ist
die Bevölkerungszahl auf etwa 25 Millionen zurückgegangen.[41]

Im Norden hingegen finden wir jenes rauhe Klima, für das Sibirien bekannt ist.
Es herrscht fast Dauerfrost, der Sommer ist nur kurz, die Böden tauen auch in
dieser Zeit nur an der Oberfläche ein wenig auf, die Winter sind schneereich und
bei tiefsten Temperaturen wehen eisige Polarwinde. Hier leben nur wenige Menschen. Dazwischen liegt der subpolare Raum, der mittlerweile erschlossen wird.
Während Westsibirien ein flaches Tiefland mit versumpften Nadelwäldern ist, sind
die Mitte und der Osten Sibiriens gebirgig. An der Beringsee, der Halbinsel
Kamčatka und der Küste vom Ochotskischen hin zum Japanischen Meer erstreckt
sich der Ferne Osten, dessen südliche Grenze der rund 2.800 Kilometer lange Amur
bildet.[42]

Unklar bleiben auch heute noch die Grenzen des geographischen Raumes Sibiri-
en. Es wurde zu verschiedenen Zeiten je unterschiedliches darunter verstanden. Bis
zum Beginn des 18. Jahrhunderts galt der Don seit altersher als Grenzfluß zwischen
Europa und Asien. Der aus Tübingen stammende Naturforscher Johann Georg
Gmelin, der Sibirien im Rahmen der Zweiten Kamčatkaexpedition (1733-1743)
unter der Leitung des Dänen Vitus Bering zehn Jahre lang bereiste, war der Meinung,
erst der Enisej bilde die Grenze zwischen Europa und Asien und begründete dies
mit Flora und Fauna, die sich auf dem rechten doch deutlich von der auf dem linken
Ufer unterschieden.[43] Kurz zuvor hatte der Historiker, Geograph, Soldat, Diplomat
und Staatsmann Vasilij N. Tatiščev (1686-1750) im Zuge der »Verwestlichung« des
Russischen Reiches unter Peter I. dafür plädiert, den Ural zur Grenze zwischen den
Kontinenten zu erklären. Der Ural, die »Steinerne Mauer«, war allerdings, wie sich
zeigen wird, keineswegs eine natürliche Barriere zwischen den Erdteilen. Zwar erstreckt sich der Gebirgszug über eine Länge von über zweitausend Kilometern, doch
seine höchste Erhebung ist mit 1.895 Metern gerade einmal 400 Meter höher als der
Feldberg im Schwarzwald und die Anstiege sind nur selten steil und unwegsam. Erst
als Katharina II. offiziell verkünden ließ, Rußland sei ein europäisches Land und die
Russen daher auch Europäer, verschob sich die Perspektive endgültig. Der in russischen Diensten stehende Universalgelehrte Peter Simon Pallas »definierte und ver-
feinerte« in den späten 1770er Jahren die Setzung, daß der Gebirgszug und der
gleichnamige Fluß, bis 1775 Jaik genannt,[44] Europa von Asien trennen.[45] Natürliche
Grenzen Sibiriens sind die Meere, die die Landmasse im Norden und Osten begrenzen, das Eismeer oder der Arktische Ozean und der Pazifik, im Unterschied zu
den kasachischen und mongolischen Steppen im Süden, die die russischen Eroberer
vom 16. bis zum 18. Jahrhundert mieden, um einer Konfrontation mit den dortigen
Reitervölkern zu entgehen.[46] Die natürliche südliche Grenze bilden die Gebirgszüge vom Altai im Westen über das Zajan- und das Jablonovyj-Gebirge, das Stanovoj-
Bergland und -Gebirge bis hin zum Amur.

Grob unterteilt wird Sibirien in einen westlichen Teil vom Ural bis zum Enisej,
einen östlichen Teil vom Enisej bis zu den Gebirgszügen vom Jablonovyj bis zum
Stanovoj, die die Wasserscheide zwischen dem Nordpolarmeer und dem Pazifik
bilden, und den Fernen Osten an den Ufern des Pazifiks, begrenzt im Nordosten

vom Anadyr' und seinen Nebenflüssen und im Süden durch Seja und Šilka, Nebenflüssen des Amur. Westsibirien ist ein Tiefland, die Mitte ein Plateau, der Süden Sibiriens ist gebirgig, im Osten findet sich das Bergland bis zu den Halbinseln Čukotka und Kamčatka mit seinen Vulkanen von über 4.000 Metern Höhe, der höchste ist die Ključevskaja Sopka mit 4.750 Metern, und das Tiefland von der Mündung der Lena bis zum Becken der Kolyma. Die Böden eignen sich nur im südwestlichen Sibirien wirklich gut für die Landwirtschaft, ansonsten liegen lediglich noch im Süden einige Gebiete mit fruchtbaren Böden, der übrige Teil ist für die Landwirtschaft kaum geeignet. Von Nord nach Süd finden wir Tundra, Waldtundra, Taiga, Bergtaiga und Steppe. Administrativ gehört Sibirien insgesamt zur Russischen Föderation. Fünf Gebiete besitzen den Status einer Republik: Sacha (Jakutien), Tuva, Altai, die Republik der Burjaten und die der Chakassen; auf einer niedrigeren administrativen Ebene besteht immer noch die Jüdische Autonome Provinz, das in der Sowjetzeit geschaffene Birobidžan, in dem heute gerade einmal 2.300 Juden von insgesamt rund 190.000 Einwohnern leben, darüber hinaus neun autonome Regionen: der Aginskij-Burjaten, der Čukčen, der Even, der Evenken, der Chanty-Mansi, der Korjaken, der Tajmyr (Dolgan-Nencen), der Ust'-Ordynsker Burjaten und der Jamal-Nencen.

3. Die Herkunft des Namens

Nicht ganz eindeutig geklärt ist bisher die Herkunft des Namens »Sibirien«. Er stammt mit einiger Sicherheit als »sibir« oder »siber« aus dem Mongolischen bzw. Tatarischen und soll »schön« oder »wunderbar« bedeuten. Manche übersetzen das Wort mit »schlafende Schönheit« oder »schlafendes Land«. Möglich ist ein Ursprung im iranischen Raum, bisweilen wird der Name einer Verballhornung des russischen Wortes »sever«, früher »siver«, was »Norden« bedeutet, zugeschrieben. Mehrheitlich aber tendiert die Forschung zur tatarisch-mongolischen Herkunft des Wortes. Die Namensgebung soll während der mongolischen Eroberung des Territoriums im 13. Jahrhundert erfolgt sein, was nicht ganz schlüssig ist, denn die Mongolen kannten dieses Gebiet schon früher. In russischen Quellen tauchte das Wort erstmals als »Sibur« im zweiten Viertel des 13. Jahrhunderts auf, am Ende des 15. Jahrhunderts wurde in einer Chronik vom »Land Sibirien« gesprochen.[47] Zu verstehen war darunter wohl im wesentlichen Westsibirien, also das tatarische Chanat »Sibir'«.[48] Dieses Chanat allerdings entstand erst um die Mitte des 15. Jahrhunderts als Zerfallsprodukt der Goldenen Horde der Mongolen im Becken der Flüsse Irtyš und Tobol.[49] Schließlich dehnte sich die Bezeichnung auf den ganzen, seit 1582 von Rußland eroberten Raum östlich des Urals aus. Jedoch wurde zu Beginn des 18. Jahrhunderts unter Peter I. die Benennung etwas stärker eingegrenzt. Allerdings führten erst die Eroberungen zentralasiatischer Gebiete in der Mitte und am Ende des 19. Jahrhunderts erneut dazu, die geographischen Grenzen Sibiriens zu bestimmen. In der sowjetischen Zeit galten der Ferne Osten, teilweise auch Jakutien und Teile der südlichen Steppengebiete nicht als Teile Sibiriens, son-

dern entweder als eigene Rayons oder als Teil der Republik Kirgisien, eine Zuordnung, die allerdings auch in der Sowjetunion nicht unumstritten war.[50]

4. Bodenschätze und natürliche Ressourcen

Überdimensioniert wie die schiere Größe erscheint der Reichtum Sibiriens an Bodenschätzen. Hier finden sich unter anderem Steinkohle, Erdöl, Erdgas, Gold und Diamanten. Am Anfang aber war der Reichtum an jagdbaren Pelztieren einer der mächtigsten Anreize für die Eroberung durch die Russen seit dem späten 16. Jahrhundert.
Das »weiche Gold«, das Fell des Zobels vor allem, aber auch von Fuchs, Eichhörnchen
und anderen Pelztieren, war heiß begehrt und verhalf zu Wohlstand. Der Handel mit
Pelzen wurde seit den Zeiten der Kiever Rus' vom Süden, aber auch vom nördlich
gelegenen Novgorod aus betrieben. Aus den Pelzen und Fellen ließ sich vor allem
Kleidung fertigen. Die Art des Pelzes, die jemand trug, zeigte seinen Rang und seinen
Reichtum. Auf der Jagd nach dem besonders wertvollen Zobelfell drangen die Eroberer immer weiter ins Innere Sibiriens vor, so daß der Zobel bald völlig überjagt war,
ebenso wie die friedliche Stellersche Seekuh, die Fleisch und Felle lieferte und 1768,
rund 25 Jahre nach ihrer Erstbeschreibung durch den deutschen Naturforscher Georg
Wilhelm Steller im Jahre 1741, bereits ausgerottet war.[51]
    Vor allem Tundra und Taiga bedecken den sibirischen Boden. Die Tundra besteht
aus Flechten, Moos und Niedersträuchern jenseits der Waldgrenze; die Taiga ist ein
riesiger Nadelwaldgürtel aus Kiefern, Fichten, Tannen und Lärchen, kein üppiger
Urwald, sondern ein eher lockerer Bewuchs, immer wieder durchsetzt von Sümpfen und Torfmooren. Dienten die großen Ströme und die Flüsse Sibiriens zunächst
nur als Verkehrswege, wurden sie in sowjetischer Zeit zum Objekt planerischer
Phantasmagorien. So entstanden etwa in Bratsk, an der Mündung der Angara in die
Oka gelegen, überdimensionierte Wasserkraftwerke, die als grandioser Fortschritt
der Industrialisierung gefeiert wurden. Dieser Prozeß der Industrialisierung hatte
zögernd im 18. und 19. Jahrhundert begonnen. Doch erst durch die Gigantomanie
der sowjetischen Zeit, insbesondere im Stalinismus, wurde sie rücksichtslos gegenüber Mensch und Natur vorangetrieben. Der Raubbau jener Jahre hinterließ tiefe,
unübersehbare Spuren, wie etwa an dem Naturwunder des Baikalsees und vielleicht
am deutlichsten in und um die Industriestädte wie Novosibirsk und Magnitogorsk.
Eine ins Extreme forcierte industrielle Entwicklung zerstörte an vielen Stellen
endgültig eine beeindruckende und reiche natürliche Umwelt.

5. Indigene Bevölkerung, Eroberung und Kolonisation

Zu den Opfern der russischen Kolonisation gehörten vor allem die Ureinwohner
Sibiriens, die indigene Bevölkerung, die zahlenmäßig zu schwach war und aus zu

vielen unterschiedlichen Stämmen, Ethnien und Völkerschaften bestand, um sich erfolgreich gegen die Unterwerfung und Einverleibung in das Russische Reich zur Wehr setzen zu können. Zur Zeit der russischen Eroberungen wird die indigene Bevölkerung Sibiriens auf rund 230.000, höchstens auf 250.000 Personen geschätzt. Davon gehörten ewa 50.000 zur turksprachigen Bevölkerung, von diesen rund die Hälfte zu den Sacha (Tungusen), 37.000 zu den Mongolen, davon 75 Prozent Burjaten, 36.000 zu den nördlichen Tungusen, also den Evenen und Evenken, 35.000 zu den nördlichen Paläoasiaten oder Paläosibirern, den Čukčen, Čuvašen, den Korjaken, Itel'menen und Nivchen (Giljaken) sowie 5.000 Jukagiren. 4.000 waren Inuit und Alëuten, 18.000 Ugrier (finno-ugrische Bevölkerung), 14.000 nördliche Samojeden und 5.600 Keten. Hinzu kamen mehrere tausend südliche Tungusen, Manchu und Ainu. Diese Ethnien sprachen etwa 120 Sprachen, möglicherweise sogar noch mehr und darüber hinaus meist noch zahlreiche Dialekte. Trotz aller gegenteiligen Behauptungen russischer und sowjetischer Historiker ist auch dieser Prozeß der Eroberung keinesfalls friedlich verlaufen, sondern blutig und grausam und führte zur Ausrottung zahlreicher Ethnien.[52]

Seit dem ersten Vordringen des Moskauer Staates in der Regierungszeit Ivans IV. am Ende des 16. Jahrhunderts gehörte der zivilisatorische Anspruch, die behauptete Überlegenheit in welcher Form auch immer, zu den Gründen für die Rechtfertigung der Eroberung. Für Nikolaj M. Karamzin, den bedeutenden Dichter, Denker und Historiker an der Wende vom 18. zum 19. Jahrhundert, von Alexander I. zum Hofhistoriographen ernannt, wurde Sibirien von Rußland als eine Kolonie erobert, so wie Spanien Mexiko und Peru erobert hatte.[53] Im Laufe des 19. Jahrhunderts wurde es ein »unzerreißbarer« und »untrennbarer« Teil des Russischen Reiches. Aber dies galt nur in administrativer und territorialer Hinsicht, wie es in der zweibändigen Prachtausgabe »*Aziatskaja Rossija*« (Das asiatische Rußland) hieß, mit der das Ministerium für Bodenbewirtschaftung und Landwirtschaft 1914 die in seinen Augen offensichtlich geglückte Übersiedelung von Millionen von Bauern nach Sibirien und Zentralasien feierte, denn in ökonomischer Sicht war Sibirien weiterhin eine »typische Kolonie«. Es war, wie es im Vorwort dieser Ausgabe ausdrücklich hervorgehoben wurde, »unsere einzige Kolonie« (*edinstvennaja naša kolonija*).[54] In blutigen Kolonialkriegen war Sibirien auch erobert worden. In diesem Prozeß der Eroberung und Einverleibung waren 1914 von den oben genannten mehr als 120 Sprachen noch 35 und von den Dialekten etwa 14 bis 18 übrig. Mit den Menschen, mehr als 75 Ethnien sind im Laufe der rund vier Jahrhunderte spurlos verschwunden, verschwanden auch deren Sprachen.

Das Zusammentreffen unterschiedlicher Kulturen, so wie es sich in Sibirien vollzog, wird heute in der Kulturgeschiche als »kulturelle Begegnung« bezeichnet, um den ethnozentrischen Begriff der »Entdeckung« zu vermeiden. Der Begriff erscheint mir wenig glücklich. Sicherlich vermeidet er die eurozentrische Bedeutung der »Entdeckung«, aber die »Sicht der Besiegten« läßt sich aufgrund fehlender Quellen dieser nichtschriftlichen Kulturen kaum mehr rekonstruieren.[55] So beruht auch die Studie der britischen Journalistin und Publizistin Anna Reid »The Shaman's Coat. A Native History of Siberia« ausschließlich auf westlichen Quellen und Literatur und bleibt bei allem Bemühen dennoch ein eurozentrischer Blick.[56]

So kann auch der von Anthropologen verwendete Begriff der »kulturellen Übersetzung«, der Gedanke also, daß das Verständnis einer fremden Kultur dem Übersetzen ähnele, im Prinzip nicht überzeugen. Er ist gerade in der Geschichte der christlichen Mission grundlegend vom Konzept einer zivilisatorischen und ideellen Überlegenheit gekennzeichnet, so daß »Empfänger und Gebende« eben nicht »gleichermaßen an der Übersetzung beteiligt« waren.[57] Grundsätzlich bestand eine strukturelle Ungleichheit. Sie tritt gerade im Falle Sibiriens immer wieder deutlich hervor. Die behauptete Anpassung, also die Herauslösung spezifischer Aspekte der westlichen Kultur, die nun in einen anderen Kontext eingefügt wurden, fand fast immer nur als eine Duldung durch die überlegene westliche Kultur statt.

Die koloniale und halbkoloniale Vergangenheit, der besondere Status, den Sibirien lange Zeit und teilweise auch heute noch genießt, sind von der russischen und später der sowjetischen Geschichtswissenschaft nur ansatzweise behandelt worden. Im Verständnis der sowjetischen und partiell auch der russischen Historiker vor der Revolution und bisweilen auch nach dem Zusammenbruch der Sowjetunion zeigte die Eroberung, Durchdringung und Angliederung der riesigen sibirischen Territorien deutlich die Überlegenheit der Russen, die sich als Boten und Repräsentanten der europäischen Kultur verstanden. Die indigene Bevölkerung betrachteten die Russen als »menschenscheu« und »leichtsinnig«, in den Behausungen fehlte die »Reinheit«, in vielen Ethnien hatten die Männer mehrere Frauen, bei ihnen herrschte »Wildheit« und so behandelte man sie mit entsprechender Herablassung.[58]

Sibirien war, wie es jüngst Claudia Weiss ausdrückte, »eine wirtschaftliche Schatzkammer,« aus der sich das Mutterland nach Belieben und großzügig bediente.[59] Sie beruft sich dabei auf Boris Chichlo, der die russischen Eroberungen und »Zivilisierungsmissionen« in Sibirien mit den Begriffen »ataman, amanat, jasak und ostrog« (Atamane, Geiseln, Tribut und Festung) zusammenfaßte.[60] Im Moskauer, dann im Russischen Reich und schließlich in der Sowjetunion erfüllte Sibirien eine ganze Reihe unterschiedlicher Funktionen. Es wurde nicht nur, wie der Titel eines Aufsatzes von Mark Bassin lautet, einmal »erfunden«, sondern mehrfach, immer wieder neu und anders, dennoch war und blieb es und ist es wohl auch noch heute auf eine bestimmte Art und Weise eine Kolonie mit einem entsprechend variablen Status.[61]

Vor allem in sowjetischer Zeit wurde die These propagiert, daß die russischen »Einwanderer« im Laufe der vier Jahrhunderte seit Ermaks Eroberung gleichsam zur Ureinwohnerschaft Sibiriens geworden seien und diese »einen gewaltigen Beitrag zum Leben und zur Kultur der hier bislang ansässigen Völker geleistet« hätten.[62] Mit dem Begriff »komplizierte Verbindungen und Beziehungen« wurde das spezifische Unterdrückungs- und Ausbeutungsverhältnis der Kolonisatoren gegenüber den Kolonisierten umschrieben. Sibirien war und ist für die imperiale Geschichte Rußlands von enormer Bedeutung.[63] Es versinnbildlicht mit seiner immensen Ausdehnung und seinen schier unerschöpflichen Ressourcen die Macht und die Kraft des Landes. Ob es, wie dies jüngst John P. LeDonne zu zeigen versuchte, eine »große Strategie« des Russischen Reiches spätestens seit der Mitte des 17. Jahrhunderts gegeben hat, lasse ich dahingestellt sein.[64] Häufiger allerdings scheint mir eher der Zufall eine entscheidende Rolle gespielt zu haben.

Die Geschichtswissenschaft hat in jüngerer Zeit vor allem betont, daß Sibirien als das russische »Andere« zu verstehen sei. Carsten Goehrke wies in diesem Zusammenhang darauf hin, daß es darüber hinaus auch das »alte« Rußland gewesen sei, jenes Rußland aus den Zeiten vor der Durchsetzung der Autokratie durch Ivan IV. Dort, in Sibirien und im Norden, seien diese alten Traditionen aus der Zeit vor der Durchsetzung der Leibeigenschaft, Pioniergeist, Freiheitsbewußtsein und Selbstverwaltungseinrichtungen noch nicht völlig verschüttet.[65] Diese Regionen könnten, so Goehrke, der dabei zustimmend Alexander Solženicyn zitiert, die Hoffnung und die Zuflucht eines zukünftigen Rußland bilden. In einem Brief an die sowjetische Führung äußerte Solženicyn 1973, daß »Sibirien und der Norden« zum Hort einer geistigen Erneuerung des Landes werden könnten. Die Zuwanderer aus dem europäischen Teil des Russischen Reiches bewahrten im asiatischen Teil des Reiches ihre guten Traditionen, zugleich aber sei Sibirien für die europäischen Russen Asien, die Verhältnisse dort asiatisch, das Land eine Kolonie.[66]

Im Grundsatz bestand und besteht wohl ein ambivalentes Verhältnis zwischen dem europäischen Rußland und Sibirien. Es war und ist immer noch ein »Land zwischen Himmel und Hölle«, eisig und grausam, tatarisch geprägt, aber auch reich und schön. Es wurde im Laufe des 19. Jahrhunderts zu einem untrennbaren Teil des Rußländischen Imperiums (*Rossijskaja Imperija*) und gewann damit eine neue Bedeutung und eine neue Betrachtungsweise, denn im Russischen kann zwischen »russkij« als Ethnonym und »rossijskij« als Toponym unterschieden werden.[67] Dennoch blieb Sibirien trotz seiner ökonomischen Relevanz, die vor allem heute von größter Wichtigkeit ist, eine kulturelle und literarische Provinz. Selbst die »vielleicht wertvollste Leistung der Sowjetliteratur der Gegenwart«, die Werke von Valentin G. Rasputin, Vikor P. Astaf'ev oder Sergej P. Zalygin, erhielten zusammenfassend noch die Bezeichnung »Dorfprosa« (*derevenskaja proza*), denn sie wandten sich gegen die Technokraten und Ideologen des bedingungslosen Fortschritts und mahnten zur Wahrung der Tradition.[68]

Am Rande dieses Imperiums lebten die indigenen sibirischen Ethnien, die trotz der Russifizierungsmaßnahmen über die Jahrhunderte hinweg und insbesondere während der über siebzigjährigen sowjetischen Herrschaft ihre kulturelle Eigenständigkeit zumindest rudimentär aufrechtzuerhalten suchten. So erzählte etwa Jurij Rytchëu, der čukčische Schriftsteller, der lange in Leningrad/St. Petersburg lebte und vor kurzem verstorben ist, 1995 anläßlich einer Lesung in Freiburg, daß die Čukčen sich gerne, auch mehrmals, hätten taufen lassen, da sie dafür jedesmal ein Hemd und ein kleines Kreuz erhalten hätten. Aus dem Kreuz sei ein guter Angelhaken geworden. Auch hätten die russischen Missionare deren Gesichter nicht unterscheiden können, denn ein Čukče sei ihnen wie der andere vorgekommen. Die christlichen Begriffe von Auferstehung, Sündenvergebung sowie Himmel und Hölle hätten den Čukčen wenig gesagt, aber die Hölle sei ihnen als schöner Ort erschienen, weil es dort so warm sein sollte.[69] Sollte diese Geschichte nicht stimmen, und von dem Schriftsteller, der gerne fabuliert, erdacht worden sein, so ist sie im Sinne von Giordano Bruno zumindest gut erfunden. Sie zeigt aber auch, daß die indigene Bevölkerung nur Objekt des Handelns war, nicht nur der staatlichen, sondern auch der kirchlichen Instanzen.

6. Sibirien – eine Grenzregion?

Neuere Konzepte der historischen Forschung sehen Sibirien als eine Grenzregion in transkulturellem Sinne, als eine Kontaktzone der unterschiedlichen Kulturen, als einen Raum, in dem sich Zivilisation und Wildnis durchdringen.[70] Auch dieses Konzept bleibt, weil es Zivilisation und Wildnis nur aus eurozentrischer Sicht definieren kann, welcher »Wilde« definiert sich schon selbst als »Wilder«, ein theoretisch-methodologisches Konstrukt, das zur Erkenntnis wenig beiträgt. Von erheblicher Bedeutung erscheint mir in diesem Kontext die Wiederkehr des Begriffes »Eurasien« für jenen Raum, in dem sich Europa und Asien begegnen und sogar durchdringen. Die großen Steppenlandschaften im Grenzraum zwischen Europa und Asien erkannten nach der Oktoberrevolution von 1917 die »Eurasier«, Petr Savickij, Nikolaj Trubeckoj und Georgij Vernadskij, im Anschluß an Denkmuster des 19. Jahrhunderts, etwa Fedor M. Dostoevskijs, als den zentralen Ort der russischen Identitätsbildung. Für Vernadskij waren die Russen »das Mittler-Volk« in jeder Hinsicht, räumlich und kulturell, geschichtlich und gesellschaftlich.[71]

Die Übertragung der von dem amerikanischen Historiker Frederick Jackson Turner am Ende des 19. Jahrhunderts entwickelten Frontier-These oder ähnlicher Konzepte trägt zur Erkenntnis der Geschichte Sibiriens wenig bei.[72] Abgesehen von den zahlreichen Konnotationen, welche die Frontier-These Turners enthält, und seinem Stufenmodell, das im sibirischen Fall keinerlei Entsprechung findet, zielt sie im Kern darauf ab, daß die Entwicklung der Demokratie in den Vereinigten Staaten sich im Prinzip nicht europäischen Einflüssen verdanke, sondern ein autochthones amerikanisches Produkt sei, das dann auf Europa zurückgewirkt habe. Für Sibirien kann wohl kaum behauptet werden, daß sich dort eine spezifische Form von Demokratie entwickelt habe, auch wenn bisweilen von demokratischen oder einschränkend militärdemokratischen Ordnungen bei den Kosaken gesprochen wird. Ebensowenig sehe ich eine Grundlage für die Ansicht, es habe sich wenigstens in Teilen Sibiriens eine Art multikultureller Gesellschaft entwickelt. Stattdessen läßt sich wohl eher die gegenteilige These belegen, daß ein latenter Rassismus und ein spätestens seit dem Anfang des 18. Jahrhunderts zu beobachtendes zivilisatorisches Überlegenheitsgefühl der Russen solchen durchaus denkbaren Möglichkeiten keine großen Entwicklungschancen gegeben haben. Daß Grenzen ein Konstrukt sind und »natürliche« Grenzen kaum existieren, zeigt das Beispiel Sibirien in aller Deutlichkeit. Dieser Grenzraum ließ und läßt sich gleichsam beliebig, je nach Konzeption, verdichten oder erweitern, als Metapher verwenden, konstruieren und dekonstruieren.

Bereits der bedeutende russische Historiker Sergej M. Solov'ev und in dessen Nachfolge sein berühmtester Schüler Vasilij O. Ključevskij interpretierten die russische Geschichte als die Geschichte eines sich kolonisierenden Landes und bezeichneten den »offenen Raum und die sich daraus ergebende Mobilität als zentrales Element der Entwicklung Rußlands.«[73] Solov'ev allerdings zog nicht den Schluß, daß sich daraus positive Entwicklungen des russischen Nationalcharakters ergeben hätten, sondern leitete aus seinem Konzept die Rückständigkeit Rußlands gegenüber dem übrigen Europa ab.[74]

Gewiß spielt, daran hat Karl Schlögel vor kurzem noch einmal erinnert, Geschichte nicht nur in der Zeit, sondern auch im Raum. Dies gilt umso mehr, wenn wir uns mit der Geschichte eines Großraums, eines Subkontinents wie Sibirien befassen, dessen Ausdehnung jede Vorstellungskraft übersteigt. Es gäbe jenseits der »falschen Objektivität« der Karte, einen »ungeheuren und verwirrenden Reichtum der Landschaften im Kopf«, heißt es bei Schlögel. Sibirien ist eine »Landschaft«, die nur schwer in einen Kopf hineingeht. Dies zeigt sich deutlich an den sehr unterschiedlichen Sibirienbildern, die sich durchdringen und überlappen, ohne jedoch eine Einheit zu formen. Darauf wird man sich einlassen und die Bilder im Kopf eben immer wieder aufs Neue zusammensetzen müssen.[75] Was die Erfahrung des Raumes anbetrifft, so hat Axel Gotthard für Mittelalter und Frühe Neuzeit jüngst deutlich gemacht, daß Reiseberichte aus jener Zeit sehr oft keine Entfernungsangaben kennen, häufiger noch nicht einmal Richtungen oder Grenzen angeben, sondern eher Punkte festlegen, also Städte oder Flüsse nennen.[76] Erst seit dem 16. Jahrhundert werden Entfernungsangaben genannt, wobei zu fragen ist, ob sich die Leser darunter etwas vorstellen konnten. Johann Georg Gmelin, Professor der Chemie aus Tübingen, teilte in der ersten Hälfte des 18. Jahrhunderts seine zehnjährige Sibirienreise in »Tageregister«, seine Entfernungsangaben sind gänzlich uneinheitlich nach deutschen, preußischen, sächsischen und bayerischen Meilen angegeben, wobei selbst die »deutsche Meile« keine Normgröße war. Noch für die Karten des 18. Jahrhunderts wurden wechselnde Maßstäbe benutzt, selbst wenn sie in der Werkstatt eines Kartenstechers wie Johann Baptist Homann in Nürnberg hergestellt wurden.[77]

War Sibirien bis zum Ende des 18. Jahrhunderts für die dort lebenden Russen ein weitgehend fremdes, aber wohl doch russisches Gebiet, so setzte im Laufe des 19. Jahrhunderts ein Wandel der Wahrnehmung ein.[78] Auch unter der eingewanderten russischen Bevölkerung entfaltete sich etwa seit der Mitte jenes Jahrhunderts ein regionales Sonderbewußtsein. Nicht wenige verstanden sich als »Sibirjaken« und verfochten einen gewissen Anspruch auf regionale Selbständigkeit oder Autonomie. Claudia Weiss spricht davon, daß seit der zweiten Hälfte des 19. Jahrhunderts auch eine mentale Aneignung Sibiriens stattgefunden habe, die in die »Entwicklung russischen nationalistischen Denkens und russländischer imperialer Machtausdehnung« eingebettet gewesen sei.[79] Störend ist dabei der pejorative Ausdruck »nationalistisch«, eher scheint mir der Begriff »national« angebracht. Das 19. Jahrhundert zeigte sich doch zunächst als Jahrhundert eines nationalen Diskurses, nicht nur eines nationalistischen und imperialistischen.[80]

An regionale Selbständigkeit, in welcher Form auch immer, war in der sowjetischen Zeit nicht zu denken. Doch hat sich dieses regionale Bewußtsein bis heute erhalten. Es gilt übrigens für beide Seiten. Für nicht wenige Russen aus den europäischen Kernlanden ist die Bezeichnung »Sibirjak« nicht selten abwertend gemeint. Als ich 1990 eine Rede Boris El'cins, der aus dem Gebiet um Ekaterinburg (Sverdlovsk) stammte, während der Fernsehnachrichten im Wohnzimmer einer älteren Russin sah, kommentierte sie den Auftritt des Politikers mit der wegwerfenden Bemerkung: »Ach, der ist ein Sibirjake« (Ach, vot on sibirjak).

Im Zuge einer größeren Eigenständigkeit genießt Sibirien heute eine gewisse Autonomie, Teile des Landes, wie etwa Jakutien (Sacha), versuchen einen eigenen

Weg zu gehen. Die nicht nur ökonomische Krise nach dem Ende der Sowjetunion hat jedoch auch Sibirien nicht verschont. In weiten Teilen sind alte Verbindungen und Beziehungen zerrissen, neue erst im Entstehen begriffen. Bei manchen Ethnien zeichnet sich ein Rückgriff auf alte, unter dem sowjetischen System verpönte Traditionen ab. Sie müssen zum Teil künstlich wiederbelebt werden. Dazu gehören etwa die jahrtausendealten religiösen Praktiken des Schamanismus bei den Itel'menen oder den Čukčen, ebenso wie die »Rückkehr« ihrer Sprachen. Sie haben zudem – auch aus der Not heraus – die Rentierzucht in alter, halbnomadischer Tradition wieder aufgenommen. Die Region, seit Jahrhunderten der Schnittpunkt zwischen Europa und Asien, befindet sich, wie der gesamte Raum der ehemaligen Sowjetunion, in einem tiefgreifenden Umbruch, über dessen Richtung und Ergebnis nur Spekulationen möglich sind. Allerdings wird diese Region mehr und mehr als ein eigenständiger Bereich wahrgenommen, deren Geschichte in Europa fast unbekannt ist. Von daher versteht sich dieses Buch als ein Beitrag zu einer vertieften und damit besseren Kenntnis Sibiriens.

KAPITEL I

SIBIRIEN VOR DEN RUSSISCHEN EROBERUNGEN

1. Die Vor- und Frühgeschichte Sibiriens

Sibirien war lange vor Beginn der russischen Herrschaft von zahlreichen anderen Völkern besiedelt. Dieses Faktum wird häufig vergessen. So kommt zu kurz, daß es sich bei den russischen Eroberungen um einen gewaltigen Verdrängungsprozeß kleinerer Völker handelte. Er ist im Prinzip nur mit zwei anderen, von europäischen Völkern begonnenen Prozessen ähnlicher Art zu vergleichen: Mit den spanischen Eroberungen in Mittel- und Südamerika und mit dem kolonialen Vordringen der weißen Siedler im nördlichen Amerika. Vor allem in sowjetischer Zeit wurde der gewaltsame Charakter der kolonialen Eroberung Sibiriens schon durch die Wortwahl heruntergespielt. Statt der Begriffe »zavoevanie« (Eroberung) und »pokorenie« (Unterwerfung) benutzte man die Wörter »prisoedinenie« (Angliederung) und »osvoenie« (Aneignung). In jener Zeit lag die Betonung vor allem auf dem Aspekt des gegenseitigen Austauschs. Auch neuere westliche Gesamtdarstellungen gehen immer noch unreflektiert mit der gewaltsamen Eroberung und Kolonialisierung um und heben die fortschrittlich zivilisatorische »Mission« der Russen hervor, die etwa den Stammeskämpfen der einheimischen Bevölkerung ein Ende gemacht habe.[1]

Bis heute herrscht unter den Archäologen sowie Vor- und Frühgeschichtlern Uneinigkeit über den Zeitpunkt des ersten Auftretens des Menschen in Sibirien. Während die große Mehrheit mit guten Gründen dazu neigt, erste menschliche Spuren auf die Zeit etwa um 100.000 bis 120.000 v. Chr. zu datieren, behaupteten insbesondere die sowjetischen Archäologen A.P. Okladnikov und Ju.A. Mochanov in den 1970er und 1980er Jahren, daß Funde im Altai und an der Lena auf die Zeit zwischen 300.000 und 500.000 oder sogar auf 1,5 Millionen Jahre vor unserer Zeitrechnung zu datieren seien.[2] Die Belege dafür sind mehr als zweifelhaft. Trotz der so häufig unwirtlichen klimatischen Verhältnisse lebten Menschen dort in jedem Falle seit der Altsteinzeit (Jungpaläolithikum).

Gesichert ist die Existenz mehrerer neolithischer Kulturen, die sich seit etwa 6.000 v. Chr. allmählich über ganz Nordasien bis hin zum Nordmeer ausdehnten.[3] Die archäologischen Funde verdichten sich für Sibirien seit dem 5. Jahrtausend v. Chr., jedoch läßt sich über die dort siedelnden Menschen nur wenig Konkretes sagen. Für die späteren Zeiten ab dem Äneolithikum (Chalkolithikum, Kupfersteinzeit oder Kupferzeit), etwa um 3.200 v. Chr., mehren sich die Belege auch für den Norden, also das heutige Jakutien und das obere Ob'gebiet. Es bestanden mehrere Kulturen, die sich gegenseitig beeinflußten. Zunächst lebten die Bewohner der sibirischen Gebiete als Jäger und Sammler, späterhin als nomadisierende Viehhirten. Reiternomaden bevölkerten die Steppen. Von besonderer Bedeutung war die sogenannte Andronovo-Kultur, benannt nach dem ersten Fundort am Enisej, die zwischen 1.800 und 1.600 v. Chr. im südlichen Uralgebiet sowie in Kasachstan entstand und die durch Westsibirien hindurch bis zum Oberlauf des Enisej verbreitet war. Es war eine der ersten seßhaften Kulturen in Sibirien. Die Siedlungen lagen an den Flußufern, betrieben wurde neben der Viehwirtschaft auch Ackerbau. Man lebte in sippenartigen Verbänden zusammen, selten kam es zu größeren Zusammenschlüssen. Archaische Lebensformen hielten sich in jenen Regionen aufgrund der abgeschiedenen Lebensweise länger als andernorts.[4]

Vor allem in Südsibirien finden sich in fast allen Kulturen Kurgane, vorgeschichtliche Hügelgräber, die bereits von den ersten europäischen Sibirienreisenden im 17. und 18. Jahrhundert als Besonderheiten erwähnt wurden.[5] Aus diesen Hügelgräbern stammen fast alle Funde, die Aufschluß über das Leben dieser Menschen geben. Darin fanden sich alle möglichen Arten von Werkzeugen und Gerätschaften wie sie auch aus anderen Teilen Europas oder Asiens für jene Zeiten überliefert sind, ebenso Figuren und Zeichnungen von Hirschen, Tigern und Pferden. In den Kurganen wurden nicht nur die Menschen, sondern auch die Pferde, die für die nomadisierende Bevölkerung der wohl wichtigste Begleiter waren, bestattet.

In der asiatischen Arktis, den Tundragebieten des hohen Nordens, lassen sich aus dem heutigen nördlichen Jakutien sichere Spuren menschlichen Lebens auf die Zeit um 10.000 v. Chr. datieren.[6] Weitere Funde, die auf den »Neuen Sibirischen Inseln« bei 76 Grad nördlicher Breite gemacht wurden, stammen aus dem 6. Jahrtausend v. Chr. Eine kontinuierliche Besiedlung in diesem rauhen Klima läßt sich wohl erst seit der Mitte des 2. Jahrtausends v. Chr. von der Halbinsel Čukotka und der Vrangel'-Insel belegen. Die Bewohner jagten Meeressäuger, insbesondere Wale, doch weiß die Forschung wenig über sie zu berichten, auch wenn Grabungen einiges zutage gefördert haben. Mangels eines besseren Namens werden sie als Paläo-Eskimos bezeichnet, deren Siedlungsraum sich von Čukotka über die Beringstraße bis nach Grönland und hinunter bis Neufundland erstreckte.[7]

Die Migration in diese unwirtlichen Gebiete erfolgte nach neueren Forschungen nicht in einer großen Bewegung, sondern über Jahrtausende hinweg in kleineren Gruppen, die allmählich aus den Steppen Zentralasiens dorthin gelangten. Ähnlich verlief auch die Wanderung über die Beringstraße, die vor rund 11.000 Jahren einsetzte.[8] Seit der Mitte des 5. Jahrhunderts n. Chr. entfaltete sich die sogenannte »Alte Beringmeerkultur«, deren Lebensgrundlage die Jagd auf Land- und Meerestiere bildete. Sie bestand bis ins 12. Jahrhundert, wobei seit dem 3. oder 4. Jahrhundert n. Chr. auch Kontakte mit dem nordöstlichen Asien bestanden. Archäologische Grabungen brachten zahlreiche Kult- und Alltagsgegenstände ans Licht, darunter auch menschliche Figuren aus Walroßknochen und -zähnen, die kunstvoll geschnitzt und dekoriert sind. Aus dem 13. oder 14. Jahrhundert datiert die sogenannte »Wal-Allee«, einmalig in der arktischen Welt, die auf einer heute unbewohnten Insel vor der Küste Čukotkas entdeckt wurde. Der Ort diente offensichtlich als ein Kultzentrum, denn die Walknochen sind in einer spezifischen Weise angeordnet, doch lassen sich über die Art des Kultes keine Aussagen machen.[9]

In diesen Gebieten Sibiriens und auf den pazifischen Inselketten entfaltete sich die Jägerkultur der Yupik, mehrere Gruppen der Eskimos, deren Name lange etymologisch falsch aus einer nordamerikanischen Indianersprache abgeleitet wurde, in der das Wort »Rohfleischesser« bedeutet.[10] In späterer Zeit lassen sich verschiedene sprachliche Gruppen deutlich unterscheiden: turksprachige, mandschu-tungusische, finno-ugrische, mongolische und paläosibirische oder paläoasiatische, die als die Nachfahren der Urbevölkerung angesehen werden. Dazu gehören die Čukčen, die Jukagiren, die Korjaken, die Itel'menen (Kamčadalen) und einige andere.[11] Diese Ethnien scheinen, obwohl sich darüber bisher nur wenig Konkretes sagen läßt, doch miteinander verwandt zu sein. Fast alle Sprachen wiesen oder weisen aber eine große Anzahl von Dialekten auf, so daß die Verständigung ethnisch verwandter Gruppen nicht immer einfach war und ist. Durch Wanderungen kleinerer oder größerer Gruppen wurden wohl auch bestimmte Techniken weitergetragen. So breitete sich etwa die Nutzung von Schlittenhunden bzw. Rentieren aus, die den zumeist nomadisierenden arktischen Völkern den Kontakt und damit auch den Austausch und Handel untereinander ermöglichte.[12]

Aufgrund des Klimas und der Umweltbedingungen war auch ihre Lebensweise sehr ähnlich. Dazu gehörten die teilweise unterirdisch angelegten Behausungen und die aus Fellen oder Häuten hergestellte Kleidung. Auch ihre Boote, mit denen sie Meerestiere jagten, wurden mit Häuten oder Fellen ummantelt. Das soziale Leben basierte auf Familien- und Verwandtschaftsbeziehungen. Ausgeprägte hierarchische Strukturen fehlten, Ansehen und Einfluß gewannen die erfolgreichen Jäger. Da sowohl die materielle als auch die spirituelle Kultur, der weit verbreitete Schamanismus, fast all dieser Ethnien einander sehr ähnelt, so ist davon auszugehen, daß sie gemeinsame Vorfahren hatten und ein gewisser Kontakt bestand.[13]

In den Steppen nördlich des Schwarzen Meeres von der unteren Donau im Westen bis zum Don im Osten erstreckte sich etwa zwischen dem 8. und dem 3. Jahrhundert v. Chr. das Reich der Skythen, »weder ein Volk noch ein Stamm im modernen Sinne«, wie es Hermann Parzinger und Wilfried Menghin formulierten, das Kontakte zu China, Griechenland und Persien unterhielt und von dort auch in seiner kulturellen Entwicklung beeinflußt wurde. Der Begriff »Skythen« bezeichne, so Parzinger und Menghin weiter, ein Phänomen, das sich in der Ausbreitung eines bestimmten Kulturverhaltens in den Steppen Eurasiens geäußert habe.[14] Homer erwähnte sie in der »Ilias«, vor allem aber beschrieb sie Herodot als »Stutenmelker« in seinem Werk über die Perserkriege.[15] Wie lange die antiken Autoren wie Herodot, Strabo, Ptolemäus und der Skythenmythos nachwirkten, zeigt sich unter anderem auch an der Bezeichnung »Oceanus Scythicus« für das Eismeer, die bis ins 17. Jahrhundert gebräuchlich war. Als Zentren frühskythischer und skythischer Kultur seit dem 9. Jahrhundert v. Chr. identifizierte die neuere Forschung Tuva, an den Quellen des Enisej, im Minusinsker Becken, also in Südsibirien, und im Altai. Unklar bleibt bis heute, was die Wanderungsbewegung ausgelöst hat. Mit einiger Wahrscheinlichkeit wird eine Klimaveränderung angenommen. Die Zeit des Skythenreiches, wegen seiner sagenhaften Goldschätze weithin bekannt, gilt als jene Periode, in der die meisten Stämme Sibiriens und Mittelasiens zu einer nomadischen oder halbnomadischen Steppenwirtschaft mit Viehzucht übergingen. Zusammen mit dem Tauschhandel, den sie untereinander betrieben, entfalteten sich aufgrund dieser wechselseitigen Beziehungen eigenständige Kulturen.[16]

2. Die Zeit der Wanderungen

Etwa am Ende des dritten oder zu Beginn des zweiten vorchristlichen Jahrhunderts wanderten die finno-ugrischen Stämme der Vogulen (Mansi), der Ostjaken (Chanten), der Samojeden (Nencen), turkotatarische wie die Jakuten (Sachalar) und Tataren, Mandschu-Tungusen und Mongolen und mongolsprachige Burjaten in diese Gebiete ein. Sie verdrängten die ursprüngliche Bevölkerung an die Ränder der bewohnbaren Welt oder über den Ural hinweg nach Europa. Es begann die Zeit der großen Völkerwanderungen, die sich in diesen Steppengebieten bis ins dritte Jahrhundert unserer Zeitrechnung fortsetzte und durch die Reichsbildung der von den Chinesen als Xiongnu (Hsiung-Nu) bezeichneten Reiternomaden in den innereurasischen Steppen ausgelöst wurde.[17]

Zu jenen wandernden Völkern gehörten auch die Hunnen, über deren Herkunft wenig bekannt ist. Die ältere Forschung ging davon aus, sie seien entweder identisch mit den Xiongnu, die vom dritten vorchristlichen bis zur Mitte des ersten vorchristlichen Jahrhunderts große Teile Zentralasiens kontrollierten und China bedrohten, oder aus diesen hervorgegangen. Doch werden beide Auffassungen inzwischen sehr differenziert betrachtet. Eine Verbindung zwischen Xiongnu, auch als asiatische Hunnen bezeichnet, und den europäischen Hunnen (Schwarze Hunnen) läßt sich nicht nachweisen.[18] Die Xiongnu kontrollierten auf dem Höhepunkt ihrer Macht, etwa zwischen 220 und 60 v. Chr., ein großes Territorium mit dem Zentrum in der heutigen Mongolei, das sich teilweise bis nach Korea im Osten, dem Balchaš-See im Westen, dem Baikal im Norden und Tibet im Süden erstreckte. Durch die Kontrolle wichtiger Handelswege, vor allem der Seidenstraße, spielten sie eine entscheidende Rolle in diesem Gebiet.[19]

Auch die europäischen oder Schwarzen Hunnen waren Reiternomaden, deren ethnische und geographische Herkunft schwer zu bestimmen ist. In den antiken Quellen wird die Bezeichnung »Hunne« in einem weiten Sinne für alle Völker in den pontischen Steppen nördlich des Schwarzen Meeres und in Mittelasien gebraucht, so daß eine eindeutige Zuordnung kaum möglich ist. Sie wurden um die Mitte des 4. Jahrhunderts von den Shu-Shu (Juan-Juan), einer Nomadenföderation, die in jener Zeit die Nordsteppen vom Ordos bis zum Baikal und bis jenseits des Altai beherrschten, nach Westen, in Richtung Europa gedrängt.[20] Die Hunnen verließen die Steppen, überschritten die Wolga und lösten damit die große Völkerwanderung aus.[21] Mongolische Stämme stießen derweil im Fernen Osten am Amur bis zum Pazifik vor, wo auch tungusische (evenkische) Stämme lebten. Um die Mitte des 6. Jahrhunderts zerschlugen turksprachige Stämme das Reich der Shu-Shu, deren Restbevölkerung nach Westen, an die mittlere Donau flüchtete und als Awaren bezeichnet wurde. Diese Turkstämme bildeten ein Großreich, das in vier Chanate geteilt war und sich von der Mandschurei und der Südmongolei über die Altai- und Baikalregion, die Gebiete an Syr-Dar'ja und Ili, die Dsungarei und Chorezm bis nach Sinkiang und Afghanistan erstreckte.[22] Dieses Gebilde zerfiel allerdings in weniger als einem Jahrhundert, konnte sich jedoch beim Zusammenbruch des Chinesischen Reiches noch einmal reorganisieren. Das Zentrum lag nördlich des Gobi-Altai-Gebietes, später im heutigen Kirgisien. Schließlich brach dieses Reich, von anderen Steppennomaden bedrängt, um die Mitte des 8. Jahrhunderts endgültig zusammen.[23]

Ihnen folgten die mongolischen Uiguren aus der östlichen Mongolei. Sie besiedelten das gesamte Tal des Enisej und ihre Herrschaft dehnte sich bis nach Tuva aus. Ihr Reich ging um die Mitte des 9. Jahrhunderts unter dem Ansturm der turksprachigen Kirgisen, die auch nur einen lockeren Verbund zahlreicher Stämme bildeten, unter. Die Kirgisen beherrschten diesen Raum bis zum 10. Jahrhundert.[24] Es waren, wie es neuere Forschungen zeigen, sowohl macht- als auch handelspolitische Gründe, die zu diesen immer neuen Gründungen kurzlebiger Reiche führten, als auch die äußerst wechselhaften klimatischen Verhältnisse. Diese Faktoren bestimmten auch die Beziehungen zwischen den Reiternomaden und den Wanderhirten sowie den seßhaften Ackerbauern. Hier durchdrangen sich äußere politische Faktoren, Handelsbeziehungen und Eroberungszüge expansiver Staaten.[25] Hermann Parzinger unterscheidet, die neuere Forschung zusammenfassend, zwischen den »enclosed nomads« und den »excluded nomads«. Erstere strebten in einem begrenzten Territorium weg von der Zentralherrschaft, die anderen lebten in sehr weiten, aber kargen Territorien, deren Kontrolle durch eine Zentralmacht mit militärischer Präsenz kaum möglich war. Als dritte Gruppe nennt Parzinger jene, die zwar staatsfern lebten, deren Gebiete aber sowohl weniger begrenzt als auch weniger karg waren.[26]

In den fernöstlichen Gebieten entstand im achten Jahrhundert ein staatsähnliches Gebilde der Tungusen-Mandschuren, das nach einer Phase des Niedergangs im 12. Jahrhundert noch einmal eine Blütezeit erreichte, als siegreiche Kriege gegen China unter der Sun-Dynastie geführt wurden und die Mandschurei erobert werden konnte. Schließlich gewann das »Völkergemisch« der Mongolen unter Dschingis-Chan ab dem 12. Jahrhundert die Oberhand.[27] Das Mongolenreich, dem es im 13. Jahrhundert gelang, auch die russischen Fürstentümer unter seine Oberhoheit zu bringen, zwang auch zahlreichen sibirischen und zentralasiatischen Völkern seine Herrschaft auf.

3. Die Entstehung der Rus'

Das erste Reich ostslavischer Stämme, die Rus', entstand um die Mitte des 9. Jahrhunderts in einem Territorium, das sich von der Ostsee bis zum Unterlauf des Dnepr erstreckte. Ihm war seit dem 6. Jahrhundert die Einwanderung slavischsprachiger Stämme vorausgegangen. Zugleich nutzten skandinavische Händler-Krieger die Flüsse und Seen von der Ostsee in Richtung auf das Schwarze Meer, um zu handeln, aber auch zu plündern. Erste Ansiedlungen der Wikinger oder Waräger sind an der Ostsee seit dem Beginn des 7. Jahrhunderts nachweisbar, bald darauf siedelten sie auch immer weiter landeinwärts. Von der zweiten Hälfte des 10. Jahrhunderts an wurde Novgorod, die »neue Stadt«, zum wichtigsten russischen bzw. ostslavischen Handels- und Herrschaftsgebiet in jenem Raum.

Seit der Mitte des 7. Jahrhunderts dominierten in der Region zwischen dem Unterlauf der Wolga, dem Kaspischen und dem Schwarzen Meer die Chazaren, die den jüdischen Glauben angenommen hatten. Ursprünglich waren es wohl turksprachige

Stämme, die aus dem nördlichen Kaukasus stammten, deren Oberschicht aber aus der Mongolei kam. Am Ende des 7. Jahrhunderts besiegten die Chazaren die turksprachigen Wolgabulgaren und Teile von ihnen wanderten in die Balkangebiete ein. Seit dieser Zeit beherrschten sie die Handelswege und das gesamte Gebiet um das Schwarze und das Kaspische Meer sowie den Aralsee. Bis zum Beginn des 10. Jahrhunderts dominierten die Chazaren, deren Herrscher den Titel »Kaghan« führten, dieses Territorium nach den Gesetzen der Steppe, wurden jedoch allmählich seßhaft und verlegten im Laufe des 8. Jahrhunderts den Schwerpunkt ihres Reiches an die untere Wolga. Sie übten die Oberherrschaft aus, trieben Tribute ein und verlangten die Stellung von Geiseln.[28] Konflikte entstanden aufgrund der Auseinandersetzungen um die natürlichen Ressourcen und den politisch-ökonomischen Machtanspruch.

Als ein weiteres Zentrum entfaltete sich nach der Niederlage gegen die Chazaren das Reich der Wolgabulgaren am Unterlauf des Flusses mit dem Zentrum Bulgar in der Nähe des heutigen Kazan'. Sie akzeptierten, wenn auch widerwillig, die Oberhoheit der Chazaren, beherrschten ihrerseits jedoch die benachbarten ugrischen und slavischen Stämme auf die gleiche Weise. Macht und wachsender Reichtum des Reiches beruhten vor allem auf dem Handel mit Pelzen, aber auch auf der Landwirtschaft und zahlreichen Raubzügen, bei denen insbesondere Sklaven genommen und verkauft wurden. Im Unterschied zu den Chazaren übernahmen die Wolgabulgaren den Islam und unterhielten ihre Handelsbeziehungen mit den zentralasiatischen und arabischen Handelszentren.[29]

An der Wende vom 8. zum 9. Jahrhundert verlagerte sich offensichtlich aufgrund der Nähe zu Byzanz, einem der bedeutendsten Zentren der damaligen Welt, der Schwerpunkt der slavisch-warägischen Herrschaft in den Süden. Es entstand die Kiever Rus', deren Herrscher zunächst den chazarischen Titel »Kaghan« übernahmen und deren Wirtschaft hauptsächlich auf dem Handel und der Eintreibung von Tributen basierte, während Ackerbau zunächst kaum eine Rolle spielte.[30] Die Oberschicht der Waräger wurde rasch slavisiert, denn schon für das Jahr 839 berichten die Annales Bertiniani, daß Angehörige des Rhos-Volkes eine byzantinische Gesandtschaft zu Ludwig dem Frommen nach Ingelheim begleitet hätten, die offensichtlich slavisch sprachen und zunächst als »Russen« und erst später als »Schweden« identifiziert wurden.[31]

Aufgrund der sehr dürftigen Quellenlage wissen wir wenig über die Entfaltung dieser Kiever Rus'. Möglicherweise war Kiev schon vor den Warägern ein Zentrum des Chazarenreiches gewesen, von dem aus der Unterlauf des Dnepr kontrolliert wurde. Im Kern verbanden sich in diesem neuen Reich wohl ostslavische »Stammesstaaten« und warägisch-normannische »Stadtstaaten«. Es bestanden vielfältige Kontakte und Beziehungen, einerseits Handelsverbindungen, andererseits Raub- und Kriegszüge, der Rus' zu den benachbarten Nomadenvölkern der Steppengebiete und den umliegenden Staaten. Die Steppe allerdings war nicht das vertraute Gelände der Bewohner der Kiever Rus', eher waren es die Wälder und die Flüsse, auf denen die Waräger das Schwarze Meer und Byzanz erreicht hatten.

Dieses sich nun entfaltende neue Reich stand vor allem in Rivalität zum Chazarenreich, das in jener Phase durch Angriffe der nomadisierenden Pečenegen geschwächt wurde, und zu Byzanz. Von diesen wurde, da es überlegene Kulturen waren, vieles übernommen. Die Rivalitäten gründeten insbesondere in der Kontrol-

le der Handelswege, denn dies bedeutete Reichtum und Macht. Daneben stand das
Interesse an Tributherrschaften, die zusätzliche Reichtümer verschafften. In heftigen
und blutigen Kämpfen setzte sich das neue Reich gegen die Stämme der Nachbarschaft durch. In wechselnden Koalitionen stritten die Rus', das Chazarenreich, das
Reich der Wolgabulgaren und Byzanz um die Vorherrschaft in diesem Raum. Erst
in den 960er Jahren konnte der Kiever Großfürst Svjatoslav sowohl die Wolgabulgaren als auch die Chazaren besiegen und die Rus' neben Byzanz als wichtigste
Macht in der Region etablieren.[32] Doch bildeten die häufigen Einfälle nomadisie-
render Steppenvölker sowohl zu dieser Zeit als auch in den folgenden Jahrhunderten
stets eine gewisse Bedrohung der eigenen Macht. Phasen des Mit- und des Gegeneinander lösten sich in häufiger Folge ab. Die Gewohnheiten, Gebräuche und Gesetze der Steppe waren den Russen daher durchaus vertraut, standen aber den eigenen Lebensformen entgegen und wurden als feindlich betrachtet. Die Überfälle der
Steppennomaden, seit der Christianisierung als Strafe Gottes angesehen, führten
zudem dazu, daß sich die ostslavischen Siedler wieder aus diesen fruchtbaren
Schwarzerdegebieten zurückzogen und sich seit dem 11. und 12. Jahrhundert im
Inneren, insbesondere in der kaum erschlossenen Nordost-Rus', im Großraum um
Vladimir, ansiedelten.[33]

Die ersten Missionierungsversuche der heidnischen slavisch-warägischen Bevölkerung der Rus' gingen von Byzanz aus. Im Jahre 988 ließ sich Großfürst Vladimir
der Heilige taufen und im Lande entfaltete sich unter der Aufsicht des griechisch-
orthodoxen Patriarchen in Byzanz das Christentum.[34] Die Übernahme des neuen
Glaubens brachte der Rus' eine schriftliche Kultur und eine stärkere staatliche
Einheit. Sie bedeutete zugleich eine gewisse kulturelle Abhängigkeit von Byzanz,
denn der Metropolit, das Oberhaupt der Kirche vor Ort, wurde dort vom Patriarchen bestimmt.[35] Allerdings wurde vieles auch von den Bulgaren auf der Balkan-
halbinsel übernommen, die den Russen sowohl sprachlich als auch kulturell näher-
standen als die Griechen aus Byzanz.

Byzanz war vor allem ein wichtiger Handelspartner und abwechselnd Gegner
und Verbündeter.[36] Erb- und Thronstreitigkeiten sowie der niedergehende Handel
mit Byzanz führten nach einer Blütezeit unter Jaroslav dem Weisen (1019-1054)
und Vladimir Monomach (1113-1125) von der Mitte des 11. bis zum Ende des ersten
Viertel des 12. Jahrhunderts zum allmählichen Verfall der Kiever Rus'. Als im
Jahre 1169 Großfürstensitz und -titel nach Norden, nach Vladimir, transferiert
wurden, war das Ende des Kiever Reiches gekommen. Nominell gab es Sitz und
Titel des Großfürsten auch weiterhin, doch die Teilfürstentümer erlangten immer
größere Macht, insbesondere das an der Ostsee gelegene Novgorod mit seinen
vielfältigen Handelsbeziehungen.

4. DIE MONGOLISCHEN EROBERUNGEN

Im Jahre 1223 erreichte die Expansion des Mongolischen Reiches auch die russischen Gebiete. Der Angriff richtete sich eigentlich gegen die in der Steppe lebenden

Polovcer (Kumanen), die das Reich von Chorezm in Mittelasien und im Iran gegen die Mongolen unterstützt hatten. Einige russische Fürsten schlugen sich auf die Seite der Polovcer, doch unterlagen die verbündeten Truppen trotz einer Übermacht in der Schlacht an der Kalka, nördlich des Azovschen Meeres. Zunächst zogen sich die Mongolen nach Raub und Brandschatzung wieder zurück. Dies entsprach den traditionellen Verhaltensweisen der Steppenvölker, wie sie die Russen seit Jahrhunderten erlebt hatten, sie fielen ins Land ein, machten Beute, bisweilen blieben sie für eine kurze Zeit, um sich danach wieder zurückzuziehen. Sie waren eine Geißel Gottes, die Strafe für sündhaftes Leben, für einen Abfall von Gott.[37]

Knapp zwei Jahrzehnte später kehrten die Reiterheere des Dschingis-Chan unter Batu, einem Enkel Dschingis-Chans, wieder zurück und hinterließen eine Spur des Schreckens und der Zerstörung. 1236 unterwarfen sie das Reich der Wolgabulgaren, im folgenden Jahr Rjazan', dann Vladimir und Suzdal'. Den untereinander zerstrittenen und verfeindeten Teilfürstentümern gelang es nicht, einen gemeinsamen Widerstand zu organisieren. 1240 fiel mit Kiev die alte Hauptstadt der Rus' und wurde fast völlig zerstört. Der Tod des Großchans Ogädäi, dritter Sohn des Dschingis-Chan und sein Nachfolger, führte zum Ende des Eroberungszuges, denn die Regelung der Nachfolgefrage löste große Probleme aus.

Das Leben der Bevölkerung und die Zentren der Macht hatten sich in dieser Zeit bereits endgültig nach Norden verlagert, nach Vladimir und Suzdal', nach Novgorod, das nicht erobert worden war, sondern sich freiwillig den Mongolen unterworfen hatte, und Tver' und bald auch in das aufstrebende Moskau, das erst 1147 erstmals urkundlich erwähnt wurde. Den Gesetzen der Steppe folgend, beließen es die Mongolen bei einer tributären Oberherrschaft, behielten sich allerdings ihre Zustimmung zur Vergabe der Großfürstenwürde vor. Die Rechte der orthodoxen Kirche wurden in keiner Weise eingeschränkt, im Gegenteil, die Kirche gewann an Macht und Reichtum, denn sie blieb von Abgaben ebenso verschont wie der Adel.[38] Grundlegend für die Ausübung der Herrschaft war bei den Mongolen die ausgesprochen effiziente Organisation der Nachrichtenübermittlung und der Verkehrswege. Sie bauten ein umfangreiches Netz von Poststationen auf, die im Normalfall einen Tagesritt voneinander entfernt lagen und an denen auch kleinere Truppeneinheiten stationiert waren. Hier erhielten alle jene, die in offizieller Mission reisten, frische Pferde und eine Unterkunft für die Nacht. Dieses System ermöglichte es den Mongolen, Nachrichten auf schnellstem Wege weiterzuleiten. Die Poststationen und ausgebaute Verkehrswege verbesserten zudem den Handel, der nun erheblich sicherer wurde, denn die Strafen für Wegelagerei waren drakonisch, überdies dienten die Stützpunkte nicht selten als Karawansereien.[39]

Die Hauptstadt und der Sitz des Großchans sowie der Verwaltung des gewaltigen Reiches der Mongolen war Karakorum in der Mongolei. Nach Auseinandersetzungen über die Nachfolge entstanden in der zweiten Hälfte des 13. Jahrhunderts vier Chanate als Teilreiche. Die russischen Gebiete gehörten zum Reich der Goldenen Horde, benannt nach dem Goldbesatz des Herrscherzeltes und dem mongolischen Wort für Heerlager. Die Hauptstadt dieses Teilreiches war Saraj, an der unteren Wolga, rund 120 Kilometer nördlich von Astrachan' gelegen. Mit dem Bau der Stadt wurde wohl schon zu Zeiten Batus, in den 1240er Jahren, begonnen. Schließlich führten in der zweiten Hälfte des 14. Jahrhunderts innere Streitigkeiten zum allmählichen Niedergang des mongolischen Großreiches und seiner Teilreiche. Zunächst zerfiel am Ende des 14. Jahrhunderts die mongolische Dynastie in China. Dies führte zu internen Auseinandersetzungen zwischen den verschiedenen mongolischen Stämmen. Eine neue Herrschaft etablierten schließlich die Oiraten (Kalmücken), Westmongolen, unter Einschluß der Dsungaren und Dörböden, die sich in einem großen Teil Innerasiens einschließlich Kirgisiens festsetzten und auch die Altai-Sajan-Region in starkem Maße beeinflußten.[40] Zu dieser Zeit begannen auch die Russen, die Mongolenherrschaft abzuschütteln. 1380 konnte Dmitrij, der Großfürst von Vladimir und Fürst von Moskau, ein mongolisches Heer unter Mamaj in offener Schlacht am Don besiegen und erhielt den ehrenden Beinamen Donskoj. Noch einmal gelang es der Goldenen Horde unter Chan Tochtamyš zurückzuschlagen und zwei Jahre später Moskau zu erobern, zu morden, zu plündern und zu brandschatzen. Dennoch war der Zerfall ihres Reiches nicht mehr aufzuhalten.[41] Denn fast gleichzeitig bedrohte der turkstämmige, in die Familie der Dschingisiden eingeheiratete Timur Lenk (Tamerlan) die Herrschaft der Mongolen. Timur begann 1380 ein riesiges Reich aufzubauen, das weite Teile Asiens umfaßte, nach seinem Tod 1405 aber schon bald wieder zerfiel. Vor allem Tochtamyš wandte sich entschlossen gegen die Herrschaftsansprüche Timurs, wurde aber schließlich 1395 vernichtend geschlagen.

5. DER ZERFALL DES MONGOLENREICHES UND DAS CHANAT SIBIR'

Im Verlaufe des 14. und 15. Jahrhunderts entstanden im Gebiet zwischen Wolga und Altai drei Nachfolgereiche der Goldenen Horde. Das Herrschaftsgebiet der Nogai-Horde unter Edigü und seinen Nachfolgern erstreckte sich vom westlichen Ural bis zur Wolga, das der Usbeken östlich des Ural und das Chanat Sibir', das durch die Nachkommen von Batus Bruder Šejban (Šeiban, auch Šiban) regiert wurde, mit denen der Clan der Tajbugas rivalisierte, ein lokales Herrschergeschlecht. Das Chanat entstand am Anfang der 1470er Jahre, als es sich von usbekischer Oberhoheit befreite, mit einem Kerngebiet am Mittellauf des Irtyš und an den Flüssen Tara, Tobol, Tura und Išim, wobei die Grenzen je nach der politischen Lage fließend waren. Zum Hauptort wurde eine Befestigung der Ugrier am Ufer des Irtyš namens Sibir', im Türkischen Kašlyk genannt, in der Nähe des heutigen Tobol'sk. In den arabischen Quellen der Zeit wird das Reich der Šejbaniden und ihre Hauptstadt als »Tura« bezeichnet bzw. als Čimgi Tura (Čingi Tura, auch Čimki Tura). Dieser Ort lag in der Nähe der heutigen Stadt Tjumen' (Tümen). Die neuere Forschung, die auf muslimischen Quellen beruht, geht davon aus, daß es in dieser Zeit einige temporäre Hauptstädte im Chanat gegeben hat. So soll Isker während der Herrschaft Kučum Chans, unweit der Mündung des Tobol in den Irtyš, eine Hauptstadt gewesen sein.[42] Am Ende des 15. Jahrhunderts vereinte der aus dem Clan der Tajbugas stammende Mohammed die Gebiete an Irtyš, Tobol und den anderen Flüssen.[43] Der Ort Sibir', eher eine Festung als eine Stadt, gab schließlich dem riesigen Territorium seinen Namen. Von den befestigten Plätzen aus regierte der Chan mit seinen Mirzas das Land. Die tatarische Bevölkerung des Chanats bestand überwiegend aus Muslimen, während die anderen Stämme Naturreligionen, zumeist Schamanismus, praktizierten. In dieser Phase vollzog sich im Gebiet vom südlichen Ural zum Ob' eine Turkisierung der Bevölkerung, die immer stärker in den Herrschaftsbereich des sibirischen Chanats geriet.

Herrschaft basierte auch in jener Zeit immer noch vor allem auf der Eintreibung von Tributen, hauptsächlich Fellen oder sonstigen Naturalabgaben. Diese Tributleistungen wurden mit dem Turkwort *jasak* bezeichnet, ein Begriff, den auch die Russen beibehalten sollten. Auch deren Herrschaft in den angrenzenden Regionen und späterhin über ganz Sibirien basierte, dies sei vorweggenommen, zunächst auf dem Jasak-System. Das 15. Jahrhundert war in diesem Gebiet von beständigen Kämpfen der Clans gegeneinander geprägt. Keine der rivalisierenden Horden konnte sich zunächst als entscheidender Machtfaktor durchsetzen. Die sibirischen Chane blieben in interne und externe Auseinandersetzungen um Macht und Einfluß in diesem Raum verwickelt. Dabei kam es zu ständig wechselnden Mächtekonstellationen. Am Ende des 15. Jahrhunderts schlossen die Nogai-Horde und das Chanat Sibir' ein zeitweiliges Bündnis. Die Macht der Goldenen Horde auf dem rechten Ufer der Wolga zerfiel endgültig, und die Horde teilte sich 1475 in die Chanate von Kazan', von Astrachan' und der Krim-Tataren. Damit endete nach rund 240 Jahren die Zeit des »Tatarenjochs« oder der Mongolenherrschaft für die Russen.

6. Das Wissen über Sibir' in Rußland und im übrigen Europa

In Rußland wußte man zu jener Zeit aufgrund der Beziehungen der Rus' zu den Völkern jenseits des Urals, auf die gleich noch einzugehen ist, doch einiges über Teile Sibiriens, das Land jenseits dieser »Steinernen Mauer«, die jedoch an mehreren Stellen ohne größere Mühen überwindbar war. In russischen Chroniken taucht das Wort Sibir' als »Sibur« im zweiten Viertel des 13. Jahrhunderts auf und bezieht sich offensichtlich auf die Gebiete der Samojeden zwischen Ob' und Ural.[44]

Im übrigen Europa gab es hingegen weit weniger Hinweise auf diese riesige Landmasse. Herodot (ca. 500-424 v. Chr.) war wohl der erste, der in seinen »Neun Büchern der Geschichte« darauf hinwies, daß es nördlich des Reiches der Skythen unbekannte Länder und Menschen gebe, von denen auch die Skythen nichts wüßten. Vier Jahrhunderte später finden sich Hinweise auf Sibirien in der »Geographica« des griechischen Geographen und Historikers Strabo aus der Mitte des ersten vorchristlichen Jahrhunderts und weitere sieben Jahrhunderte später in dem Werk des gotischen Historikers Jordanes, »De origine actibusque Getarum« aus dem 6. Jahrhundert n. Chr. In China erwähnte der Historiker Sima Qian (Ssu-ma Ch'ein, ca. 145-90 v. Chr.) in seinem Werk »Shih-Chi« (Aufzeichnungen des Historikers), in dem er sich mit der Geschiche der Xiongnu (Hsiung-Nu) beschäftigte, auch Sibirien.[45]

Erst im 13. Jahrhundert konnten die von Papst Innozenz IV. und dem französischen König Ludwig IX. ausgesandten Legaten Johannes von Plano Carpini und Wilhelm von Rubruk von Menschen und Ländern nördlich der von ihnen durchreisten Gebiete, der Kasachen- und der Kulundasteppe sowie des Altai berichten, ebenso wie Marco Polo und die arabischen Historiker und Reisenden Asad Gardizi, Rashid ad-Din und Ibn Batuta. Keiner von ihnen hatte dieses Sibirien je gesehen, aber sie zeichneten auf, was sie gehört hatten, und lieferten weitere Nachrichten über ein unbekanntes Land im Norden.[46] Am Ende des 14. Jahrhunderts geriet der junge bayerische Adelige Johannes Schiltberger auf einem Kreuzzug unter der Führung des ungarischen Königs, seit 1433 Kaiser, Sigismund in osmanische Gefangenschaft und kehrte erst rund 30 Jahre später zurück. Sein Bericht, der im 15. Jahrhundert zunächst in verschiedenen Handschriften kursierte, erlebte von 1476 bis zum Ende des 16. Jahrhunderts zahlreiche Ausgaben. Er wußte von einem Land »Ibissibur« im Norden zu berichten.[47] Erst ein knappes Jahrhundert danach folgte der Bericht des kaiserlichen Gesandten Sigismund von Herberstein »Rerum Moscoviticarum commentarii« von 1549. Herberstein hielt sich zweimal, von 1516 bis 1518 und zwischen 1526 und 1527 in Moskau auf. Seine Beschreibung Moskowiens, zunächst in Latein, dann 1557 auch in deutscher Sprache erschienen, enthält auch ein längeres Kapitel über die Tataren, in dem das »Land Sibirien« mehrfach erwähnt wird. Eingefügt ist zudem ein anonymer Bericht über Sibirien: »Die Reiß gehn Petzora, Jugra und zu dem wasser Obi« und Erzählungen des hochbetagten Fürsten Semen F. Kurbskij, der am Ende des 15. Jahrhunderts von Ivan III. als einer der beiden Heerführer auf einen Feldzug in die Gebiete jenseits des Ural geschickt worden war.[48] Herberstein hatte diesen Bericht in russischer Sprache erhalten und übersetzt und ließ sich von Kurbskij auch mündlich berichten.[49] Erwähnt werden darin sowohl der Irtyš als auch die Vogulen, die Samojeden sowie die Ugren, die Festung Tumen (Tümen) und die Handelskontakte nach Buchara. Jenseits des Ural gebe es viele Tiere und eine große Vielfalt von Fellen. Der Ob', so hieß es in dem Bericht, fließe bis nach China und entspringe dort in einem großen See, an dem Chanbalik, also Peking, liege.[50] Kein Zweifel also, daß das Wort »Sibirien« in Rußland und im westlichen Europa bekannt war. Welche Vorstellungen allerdings damit verbunden waren und auf welche Region es sich denn bezog, läßt sich für jene Zeiten nur schwer ermitteln. Bis zum Ende des 18. Jahrhunderts war für die Landmasse östlich des Ural, in Erinnerung an die Zeit der Mongolen (Tataren), der verballhornte Begriff »Tartarey« gebräuchlich, den schon Witsen und auch Strahlenberg in ihren Buchtiteln benutzten.[51] Autoren und Verleger gingen also offensichtlich davon aus, daß diese Bezeichnungen eher das Interesse des potentiellen Lesers erregen würden als die Verwendung des Wortes »Sibirien«. [52]

7. Die ersten russischen Kontakte mit Sibirien

Die ersten Kontakte der Russen mit den Bewohnern jenseits des Ural erwuchsen aus den Handelsinteressen der Ostslaven, vornehmlich der Bewohner Novgorods, die vermutlich schon seit dem 10. Jahrhundert in den Raum am Ural vorgedrungen und zunächst auf die finno-ugrischen Zyrjänen (Komi) gestoßen waren. Begehrt waren Fisch, Salz, Perlen, Walroßzähne und Felle, bereits zu dieser Zeit auch Zobelpelze, die von den Novgorodern der einheimischen Bevölkerung als Tribut abverlangt wurden. Möglicherweise schon um 1030, spätestens jedoch im letzten Viertel des 11. Jahrhunderts erreichten sie die Mündung des Ob', wo sie mit den Samojeden, den Nencen und den Ostjaken (Chanten) in Kontakt kamen.[53] Territorial konnte sich die »Stadtrepublik« in jener Zeit jedoch weder nach Westen, dort stieß man auf die schwedischen und norwegischen Interessen, noch nach Süden, dort dominierten die Mongolen, ausdehnen. So erfolgte der Ausgriff nach Osten und Norden in Richtung auf das Weiße Meer. Spätestens am Ende der 1130er Jahre wurden die Flußgebiete von Onega, Dvina (Nördliche Dvina) und Pinega immer stärker besiedelt.[54] Die Novgoroder kannten also zu diesem Zeitpunkt den Nordosten bis zum Ural und vermutlich auch die untere Ob'region in Sibirien. Westlich des Ural errichtete Novgorod kleinere Verwaltungszentren, in denen der Tribut gesammelt wurde.[55]

Novgorod stand seit dem 12. Jahrhundert, um die Mitte jenes Jahrhunderts wurde dort von hansischen Kaufleuten der St. Peterhof als Handelskontor errichtet, in reger Beziehung zur Hanse und war so mit den westlichen Märkten, auf denen die Pelze und Felle aus Rußland wegen ihrer hohen Qualität sehr begehrt waren, verbunden.[56] Etwa um die Mitte des 13. Jahrhunderts galten Teile der Halbinsel Kola als Novgoroder Territorium. Während sich die Komi offensichtlich gegen die Eindringlinge nicht zur Wehr setzen konnten oder wollten, stießen die Novgoroder bei Samojeden und Ugren (vermutlich Vorfahren der Chanten) auf erheblichen Widerstand. Ausgangspunkt der Unternehmungen nach Sibirien war die Stadt Velikij Ustjug an der Suchona. Von dort aus führten zwei Routen über den Ural, die erste über die Suchona und die Vyčegda, dann über Land bis zur Pečora, weiter die Usa aufwärts und über den Ural, den Jugor-Paß bis hinunter zum Ob', die zweite die nördliche Dvina abwärts und dann entlang der Küste des Weißen Meeres und der Kara-See bis zur Ob'mündung.[57] Dieser Weg wurde seit dem Ende des 14. Jahrhunderts mit Holzbooten befahren, in denen zwischen vierzig und sechzig Mann Platz fanden. Mit dem Erstarken der Teilfürstentümer an der oberen Wolga, insbesondere von Suzdal'-Vladimir, seit der Mitte des 12. Jahrhunderts konkurrierten sie mit Novgorod um das ertragreiche Geschäft im Nordosten.

Die Handelskontakte setzten sich auch während der Mongolenherrschaft über die Zeitläufte hinweg fort. Wieder und wieder drangen Novgoroder Handelsgeschlechter mit ihren bewaffneten Truppen über den Ural vor. Sie waren auf der Suche vor allem nach Pelzen, die noch lange Zeit das begehrteste Beutegut bleiben sollten, denn die russischen Gebiete litten bereits an Überjagung.[58] Die indigene Bevölkerung setzte sich auf verschiedene Weise gegen den waffentechnisch überlegenen Gegner zur Wehr. Nicht immer war dies erfolgreich, aber in jenen Zeiten konnte eine dauerhafte Präsenz der Russen jenseits des Ural noch verhindert werden. Auf Geheiß der Novgoroder Kaufleute errichteten schließlich Soldaten die ersten Festungen an den Flüssen Pinega, Pečora und Vyčegda. Auch Novaja Zemlja, Vajgač und die Mündung des Ob' wurden bereits erreicht und in ersten Berichten beschrieben.[59] Schon zu jenen Zeiten war es der Pelzreichtum der Region, an dem Novgorod hauptsächlich interessiert war, und immer wieder entsandte man militärische Expeditionen nach Jugra, um die wertvollen Felle als Tribut einzutreiben. Nachdem die Stadt am Ende des 15. Jahrhunderts ihre Selbständigkeit hatte aufgeben müssen und ein Teil des Moskauer Großfürstentums geworden war, setzten die neuen Herren diese Politik fort. Dabei nutzte Großfürst Ivan III. (1440-1505, regierte 1462-1505) geschickt die Rivalität zwischen den Komi und den Chanten und Mansi aus, um sich zunächst im Gebiet zwischen der Nördlichen Dvina und dem Ural festzusetzen. Einige ihrer Häuptlinge unterwarfen sich um die Mitte der 1460er Jahre und erklärten sich zu Tributen bereit. Schließlich entsandte Ivan III. am Ende des 15. Jahrhunderts zwei große Kriegszüge über den Ural hinaus, um die dortigen Stämme zu unterwerfen und Tribut von ihnen einzutreiben. Der Vorstoß erfolgte bis zu den Flüssen Pelym, Irtyš und Ob'. Dem System der Herrschaft folgend, wurden Geiseln genommen, um die Ablieferung der Felle zu gewährleisten. Einige Stämme der Chanten, Mansi und Samojeden erklärten sich zu tributpflichtigen Vasallen des Moskauer Großfürsten. Dies blieben jedoch Episoden, denn auf Dauer konnten sich die Moskauer vorerst nicht behaupten, da ihnen dazu vorläufig noch die Mittel fehlten. Doch kannten die Russen nun, am Ende des 15. und zu Beginn des 16. Jahrhunderts, Land- und Wasserwege über den Ural und begannen zudem auch, eine Route vom Weißen Meer zur Mündung des Ob' durch den Arktischen Ozean zu etablieren. Der Kontakt mit anderen Ethnien, zu welchen Zwecken auch immer, bestand im alten Rußland und dann im Moskauer Reich grundsätzlich schon vor der Staatsbildung. Einige dieser Völker lebten sehr früh unter russischer Herrschaft, wurden weitgehend assimiliert oder vertrieben. Eine einheitliche Politik ihnen gegenüber gab es nicht.[60]

Den russischen Kaufleuten und Soldaten waren mittlerweile auch die Priester gefolgt. Sie begaben sich als Missionare zu den »Heiden«. Einer der ersten war in den 1380er Jahren der Hl. Stefan von Perm', der aus der Stadt Ustjug an der Dvina stammte. Dort lernte er von den handeltreibenden Zyrjänen (Komi) ihre Sprache. Nach der Priesterweihe zog er als einer der ersten Missionare der orthodoxen Kirche Rußlands in deren Land – etwa dem heutigen Gebiet der Komi-Republik entsprechend , um sie zum Christentum zu bekehren. Stefan von Perm' übersetzte religiöse Texte in die Sprache der Komi, entwarf auch Grundzüge einer Grammatik dieser Sprache, führte zahlreiche theologische Streitgespräche mit den einheimischen Schamanen und demonstrierte handgreiflich durch die Zerstörung der Heiligtümer der Komi die Überlegenheit seines Gottes. Zwar wurde er Bischof von Perm', doch seiner Mission war kein durchschlagender Erfolg beschieden. Er gründete einige Klöster und lebte in einem davon an der Pečora zusammen mit Mönchen, Kriegern und Bauern. Nach seinem Tode 1396 zerfiel die Gemeinde unter den Komi.[61] Erst mehr als ein halbes Jahrhundert später folgten die Fortsetzung dieser Missionierung und die Taufe der Komi unter dem Moskauer Bischof Johann, der dafür jedoch militärische Unterstützung benötigte. Allerdings waren dies keine systematischen Versuche der Christianisierung oder der Eroberung. Dazu waren die russischen Teilfürstentümer und auch der Großfürst im 14. und 15. Jahrhundert noch nicht in der Lage.

Mit dem Aufstieg des Großfürstentums Moskaus als führende Macht unter den rivalisierenden russischen Teilfürstentümern seit der Mitte des 15. Jahrhunderts vereinnahmte es auch die Interessen Novgorods in den nordöstlichen Territorien. Die Ausgriffe der Moskauer wurden mit der stetigen Einverleibung der übrigen Teilfürstentümer, dem »Sammeln russischer Erde«, wie es seit dem 14. Jahrhundert genannt wurde, immer größer, und seine Macht wuchs beständig.[62] Als sich der 16-jährige Ivan IV., der Schreckliche, 1547 als erster zum Zaren von ganz Rußland krönen ließ, setzte eine neue Phase der Expansionspolitik des Moskauer Großfürstentums ein, das sich vor allem nach Süden und Nordwesten auszudehnen suchte. 1552 und 1556 eroberte Ivan IV. die Chanate von Kazan' und Astrachan' und erweiterte damit das Territorium des Moskauer Reiches zum ersten Mal entscheidend über die bisher russischen Gebiete hinaus. Der neue Zar kontrollierte von diesem Zeitpunkt an die Wolga als wichtigen Handelsweg in den Nahen und Mittleren Osten, gewann große und fruchtbare Ländereien und zugleich eröffnete sich ihm als Nachfolger und Erbe großer Gebiete der Goldenen Horde der Weg nach Asien. 1558 begann der Livländische Krieg, um auch in dieser Region eine bessere Position im Handel zu erreichen.[63] Hier allerdings scheiterte der Zar in einem über zwanzigjährigen Ringen gegen die Livländische Konföderation, später gegen Polen-Litauen und Schweden und verlor im Kampf um den Zugang zur Ostsee noch eigene Territorien.[64]

Bei seiner Ausdehnung nach Süden und Osten geriet das Zartum Moskau in die Auseinandersetzungen zwischen Ediger, dem Chan von Sibir' und seinem Rivalen und späteren Nachfolger Kučum, der von den Herrschern der Nogai-Tataren unterstützt wurde. Am Rande dieses Herrschaftsbereiches lebten Ostjaken, Vogulen und Baškiren, die teilweise Tribute leisteten, aber zugleich um ihre Weiderechte kämpften. Das Chanat wurde auch für das Moskauer Reich zum Objekt der Begierde. Die einstmals nomadisierende Bevölkerung war inzwischen weitgehend seßhaft geworden und trieb Handel mit den bedeutenden zentralasiatischen Zentren Buchara, Chiva und vielen anderen, denn es lag an einer wichtigen Karawanenroute, die Kazan' mit eben jenen Orten verband.[65] Den Machtkampf im sibirischen Chanat konnte Kučum 1563 gegen Ediger für sich entscheiden. Doch auch nach dessen Ermordung mußte Kučum lange Jahre gegen die lokale Aristokratie weiterkämpfen, um die Territorien unter seiner Herrschaft zu einen. Dabei stützte er sich aufgrund seiner verwandtschaftlichen Beziehungen zur Nogai-Horde auf eine Armee aus nogaischen Tataren und Kirgisen, die ihm ergeben war.[66]

Zwei Grundmuster der russischen Eroberung werden bereits in jener Frühphase deutlich. Zum einen erfolgte das Ausgreifen fast immer entlang der Flußläufe, zum anderen bestand zwischen den Russen und der indigenen Bevölkerung ein völlig unterschiedliches Verständnis in bezug auf die geschlossenen Verträge oder Abkommen. Während für die seßhaften Europäer ein geschlossener Vertrag als dauerhaft gültig angesehen wurde, galt er den nomadischen oder halbnomadischen Bewohnern Sibiriens als ein nur temporäres Ereignis. Der Abschluß solch tributärer Verpflichtungen erfolgte unter taktischen Gesichtspunkten und wurde als nur vorübergehend betrachtet. Dies hing auch damit zusammen, daß Herrschaft und die Ausübung von Macht noch beinahe ausschließlich auf personaler Ebene erfolgten. Demzufolge konnten Verträge, die eine bestimmte Person, etwa ein Clanchef oder Teilfürst abgeschlossen hatte, für seinen Nachfolger keinesfalls bindend sein.[67]

8. Die indigene Bevölkerung Sibiriens vor und
zu Beginn der russischen Eroberungen

Was in den Weiten Sibiriens am Ende des 16. und zu Beginn des 17. Jahrhunderts
an eigenen Lebensweisen bestand, soll zumindest in Umrissen aufgezeigt werden.[68]
Zunächst ist festzuhalten, daß die meisten der in Sibirien beheimateten Völker
keine Schrift besaßen und für diese frühen Zeiten fast ausschließlich archäologische
Zeugnisse hinterließen. Die halbnomadischen, zur finno-ugrischen Sprachfamilie
gehörenden Ostjaken (Mansi) und Vogulen (Chanty) lebten an Irtyš und Ob', die
Samojeden (Nencen), zur uralischen Sprachgruppe gehörend, bewohnten als Rentierzüchter die Tundra westlich des Enisej und die Halbinseln Tamar' und Tajmyr,
die turksprachigen Jakuten (Sachalar) gehören ethnisch zu den Mongolen und
lebten an Lena, Jana, Indigirka und Kolyma. Die Jakuten wurden wahrscheinlich
von den Burjaten frühestens im 9. und spätestens im 16. Jahrhundert in die Taiga
abgedrängt und erreichten auf ihren Wanderungen dann in etwa ihre heutigen
Gebiete.[69] Die Jakuten kannten bereits vor ihren Wanderungen den Gebrauch von
Eisen, besaßen eine Runenschrift, einen Mondkalender und eine Kosmologie, die
die ihnen benachbarten Tungusen (Evenken), die vom Enisej aus östlich des Pazifischen Ozeans lebten, und die Lamuten (Evenen) am Ochotskischen Meer nicht
hatten.[70] Beide gehören zur tungusisch-mandschurischen Sprachgruppe der Altai-
Sprachen.

Noch immer rätselt die Wissenschaft um die Herkunft der sogenannten Enisejer,
jener weitgehend ausgestorbenen Völker, deren Sprachen im Territorium von der
Selenga in der Nordmongolei bis zum Oberlauf der Kama verbreitet waren. Dazu
gehörten die Arinen, Assanen, Kotten, Pumpokolen, Jugen und Keten, deren Sprachen im 18. Jahrhundert aufgezeichnet wurden. Darüber hinaus werden weitere
Sprachen und somit auch weitere Ethnien in diesem Raum vermutet, denn sie
werden in den russischen Schriftquellen des 17. Jahrhunderts erwähnt. Doch fehlt
jede Überlieferung dieser Sprachen oder Dialekte.[71] Die Dauren (Daor), die vermutlich mit den Evenken verwandt sind und eine Mongolsprache sprechen, trieben
hauptsächlich Ackerbau und bewohnten die Gebiete am Amur. Die Čukčen und
Itel'menen, arktische Ethnien, auch als paläoasiatisch oder paläosibirisch bezeichnet, deren Sprache zur čukčisch-kamčatkischen Sprachfamilie gehört, bevölkerten
die Halbinseln Čukotka und Kamčatka.[72] Fast alle Ethnien lebten nomadisch, fischten, jagten Meerestiere, züchteten Rentiere und/oder Schlittenhunde und jagten in
Tundra und Taiga. Die einzelnen Clans durchstreiften vor allem in den kurzen
Sommern auf der Suche nach Jagd- und Weidegründen riesige Gebiete, die für ihre
Lebensweise unabdingbar waren. Die russischen Eroberer stießen also keineswegs
in ein Machtvakuum vor, auch wenn sie selbst und viele nach ihnen dieser Meinung
waren. Das Territorium war alles andere als menschenleer und herrenlos.

Es muß allerdings betont werden, daß auch die Vorstellung von den in Harmonie mit der Natur lebenden Ethnien durchaus unzutreffend ist. Zwar war es im
Laufe von Jahrhunderten zu erstaunlichen Anpassungsleistungen an das rauhe
Klima und die Naturgewalten gekommen, doch besteht kein Grund zu der Annahme, die indigene Bevölkerung habe ein spezifisch ökologisches Verhalten an den

Tag gelegt. Dies läßt sich kaum belegen und verdankt seinen Ursprung den Konzepten des »guten Wilden«, der in Harmonie und Eintracht mit seinen Mitmenschen und seiner Umwelt, der Natur, existiert. Im wesentlichen war die einheimische Bevölkerung allein von ihrer Zahl her kaum in der Lage, größere Mengen an Tieren zu jagen und ebensowenig war ihre Bewaffnung dazu geeignet. Wenn eine Bootsbesatzung von vier, sechs oder acht Personen benötigt wurde, um ein Walroß zu erlegen, so genügten von seiten der russischen Eroberer häufig ein oder zwei Schuß aus dem Gewehr, um zum gleichen Ergebnis zu gelangen.

Handel existierte zwar, doch war er eben aufgrund der bisweilen schwer passierbaren Wege ein eingeschränktes, aber doch offensichtlich regelmäßiges Unterfangen. Dennoch stellten die sibirischen Ethnien soviel wie nur irgend möglich selbst her und nutzten die vorhandenen und verfügbaren Ressourcen in hohem Maße. Auch von daher erklärt sich die Be- und Verarbeitung von Häuten, Fellen, Knochen und Därmen. Den Luxus fleischloser Kost konnten sich die Bewohner Sibiriens aufgrund der klimatischen Verhältnisse nicht leisten, so daß alles jagdbare Wild und fast sämtliche Meerestiere als Nahrung dienten. Es ist jedoch festzuhalten, daß diese sogenannte primitive Bevölkerung ein hohes Maß an handwerklichem und künstlerischem Geschick besaß. Dies läßt sich etwa in der Bearbeitung des Walroß-Elfenbeins erkennen, aus dem menschliche und Tierfiguren, Kultgegenstände, Harpunenspitzen, Kämme, Schneebrillen und vieles mehr gefertigt wurden.[73]

Die Lebensformen und die soziale Organisation der meisten in Sibirien lebenden Ethnien unterschieden sich von denen der Russen, auch der berittenen und umherstreifenden Kosaken, stark. Die einzelnen Völker teilten sich in zahlreiche Untergruppen, in Stämme, Clans und Großfamilien. Einige von ihnen, so die Burjaten und die Jakuten, besaßen bereits eine sehr ausgeprägte hierarchische Struktur, die von den Russen zumeist anerkannt und soweit als nur möglich zu eigenen Zwecken ausgenutzt wurde. Dies bedeutet, daß die Sozial- und Herrschaftsstruktur weitgehend intakt blieb und in etwa den Zeiten vor der russischen Eroberung entsprach, Macht und Herrschaft aber nun in letzter Instanz im Namen des russischen Zaren ausgeübt wurden. Dabei boten sich allerdings gewisse Rückzugsmöglichkeiten an, die dann im Laufe der Jahrhunderte mehr und mehr eingeschränkt wurden.

Die Unterwerfung der sibirischen Stämme wurde schon von den Zeitgenossen unter anderem damit begründet, daß die Zersplitterungen zwischen den einzelnen Gruppen, Stämmen etc., die einer der wesentlichen Gründe für die dauerhaft sich wiederholenden kriegerischen Auseinandersetzungen waren, mit der Herrschaft der Russen endgültig aufgehört habe und die Kriege der Ethnien gegeneinander zum Ende gekommen seien. In dieser Ansicht war sich die Historiographie der Zaren- und der Sowjetzeit weitgehend einig. Auch wenn die Völker unter »das Joch des Zarismus« gezwungen worden seien, so hätten daraus auch starke positive Entwicklungen resultiert.[74]

Im Gegenbild ist festzuhalten, daß die Eroberungen von russischer Seite ein hohes Maß an Zerstörungen zur Folge hatten. Sowohl die Pax Russica als auch die Pax Sovietica beruhten für alle diese Völker auf mittelbarem oder unmittelbarem Zwang, dem sie sich teilweise nur durch die Flucht über Grenzen, etwa nach China, entziehen konnten. Dieser Zwangscharakter bestand von Anfang an. Da eine kontrafaktische Geschichtsschreibung nur als Gedankenexperiment möglich ist,

läßt sich der Nachweis einer »besseren« Entwicklung ohne die russische Oberhoheit nicht führen. Doch zeigen die Aufstände gegen die zarische und die Widerstände gegen die sowjetische Herrschaft durchaus, daß diese Form der Unterordnung von seiten der sibirischen Völker nicht als endgültig angesehen wurde.

In engem Zusammenhang mit der Sozialordnung stand die für die Lebenswelt
bestimmende Religion der sibirischen Ethnien. Sehr viele von ihnen gehörten Naturreligionen an und praktizierten vor allem Schamanismus. Sowohl die orthodoxen Russen als auch späterhin protestantische oder katholische Forschungsreisende haben gerade auf diese Form des Glaubens mit äußerster Herablassung und
Verachtung reagiert.[75] In den Religionswissenschaften gilt der Schamanismus
»strenggenommen nicht als Religion«, sondern als »ein Ganzes von ekstatischen
und therapeutischen Methoden, die alle das eine Ziel verfolgen, den Kontakt herzustellen zu jenem anderen parallel existierenden, jedoch unsichtbaren Universum
der Geister, um deren Unterstützung für die Besorgung der menschlichen Belange
zu erwirken.«[76] In dieser Vorstellungswelt vermittelt der Schamane symbolisch
zwischen der Welt der Menschen und der gedachten bzw. geglaubten Welt der
Geister oder Seelen. In der Natur bestanden besondere Kräfte oder existierten
Geister, mit denen der Schamane aufgrund seiner teils angeborenen, teils erworbenen Kenntnisse und Fähigkeiten in Kontakt treten konnte. Er besaß die Gabe,
Kranke zu heilen, die Zukunft vorherzusagen und bewahrte die überlieferten Geschichten, Gesänge und Erzählungen seines Volkes. Mit der Vielzahl der ihm zu-
geschriebenen Fähigkeiten stand er in Konkurrenz sowohl zu den Missionierungs-
bestrebungen der orthodoxen Kirche als auch zu den Herrschaftsintentionen des
Staates.

Die meisten Schamanen durchliefen eine intensive Ausbildung durch Ältere,
gingen in gewissem Sinne bei ihnen in die Lehre. Dazu gehörten mentale und kör-
perliche Übungen, Tänze und Gesänge sowie das Erlernen der Bedeutung der
Zeichen. Ihre medizinischen Kenntnisse schöpften sie gleichfalls entweder aus der
Überlieferung oder aus der in die Steppengebiete vermittelten tibetischen und
chinesischen Medizin. Sie konnten sich darüber hinaus durch psychische Konzentration oder durch Hilfsmittel, etwa Pilze oder sonstige Pflanzen, in Delirien und
Trancezustände steigern, um mit den Geistern sprechen zu können. Als wichtigstes
Hilfsmittel gehörte dazu die Trommel, die gleichsam das »Beförderungsmittel« für
die Reise des Schamanen oder der Schamanin zu den Geistern oder die Einladung
an die Geister ist, an der Zeremonie teilzunehmen.[77]

Über diese spezifischen Praktiken hinaus, die bei bestimmten Gelegenheiten,
etwa Frühjahrsriten, rituellen Opfern, Heilungen etc. durchgeführt wurden, exi-
stierten bei den sibirischen Völkern unterschiedliche Vorstellungen oder Anschau-
ungen von der Welt. Viele Völker besaßen ihre eigenen Mythologien, die ihnen die
Welt von Anbeginn und den Ablauf des Lebens erklärten. Ostjaken (Chanten) und
Vogulen (Mansi) glaubten an jenseitige Wohnungen der Toten; häufig bestand das
Bild einer oberen und einer unteren Welt, bisweilen auch einer mittleren Welt. Die
Jukagiren und auch die Itel'menen auf Kamčatka glaubten an ein Leben nach dem
Tode. Georg Wilhelm Steller, ein aus Bad Windsheim stammender Arzt und Teil-
nehmer der Zweiten Kamčatkaexpedition (1733-1743),[78] schrieb darüber: »Die
Welt sei a parte posteriori ewig, die Seelen unsterblich, der Leib werde wieder

auferstehen, und mit der vorigen Seel vereinigt werden, und alsdenn ewig leben, aber auf eben die Art, wie nunmehr auf Erden, unter beständiger Arbeit.«[79] Dennoch werde es in jener Welt besser sein, denn es gäbe alles im Überfluß, niemand werde hungern, und alle Kreatur werde auferstehen und unter der Erde weiterleben. Nach dem Tode gab es in dieser Vorstellung der Itel'menen auch einen Ausgleich zwischen arm und reich, obwohl in deren nicht-hierarchischer Gesellschaft, in der vor der Ankunft der Russen Ware-Geld-Beziehungen unbekannt gewesen waren, die Unterschiede kaum sehr groß gewesen sein dürften. Die Jenseitsvorstellungen entsprachen einer Überhöhung irdischer Glücksvorstellungen. In der unteren Welt würden die Männer wieder mit ihren Frauen leben, es gebe gutes Essen und viele weitere angenehme Dinge.[80]

In bestimmten Grenzregionen, etwa an der Grenze zur Mongolei, nahm der seit dem Ende des 16. Jahrhunderts unter den Mongolen verbreitete tibetische Lamaismus auch Elemente des Schamanismus und volksreligiöser Vorstellungen in sich auf. Daraus erwuchs eine besondere religiöse und weltanschauliche Form, die zahlreiche ältere Überlieferungen konservierte. So waren und sind in diesen Vorstellungswelten auch Berge, Flüsse, Seen und Wälder von Gottheiten und Ahnengeistern beseelt, die einerseits für das Wohlergehen der Menschen sorgen, ihm andererseits aber auch schaden können. Im Kontext der Verehrung von Flüssen und Gebirgen ist auch das Gebot der Reinhaltung der Gewässer zu sehen oder bestimmte Jagdrituale, die einen Schutz vor Überjagung gewährleisten sollen.[81]

Weit verbreitet war bei den sibirischen Völker auch die Deutung von Träumen, die entweder Gutes oder Schlechtes verheißen konnten. Ließ sich ein Traum aufgrund von Erfahrungen nicht deuten, so wurde der Schamane zu Rate gezogen. Da in den Naturreligionen keine bestimmte Vorstellung von Gott existierte, was sowohl bei den Russen als auch späterhin bei ausländischen Wissenschaftlern eine gewisse Abscheu hervorrief, so wurde dieser Glaube als dessen schlimmste Form charakterisiert, als ein Aberglauben. In beinahe allen Gegenständen, ob belebt oder unbelebt, lebten Geister oder waren mit ihnen verbunden. Rituelle Handlungen bestimmten das Leben und zahlreiche Dinge oder Handlungen waren tabuisiert, da sie den Geistern oder den Göttern mißfielen und daraus allerlei negative Folgen zu erwarten standen. So berichtet Steller, der einige Zeit bei und mit den Itel'menen gelebt hatte, daß sie auf dem Weg keine Messer oder Beile schärften, weil dadurch Sturmwinde entstehen konnten. Auch im Sexualleben, das ansonsten von Russen und Ausländern als relativ freizügig geschildert wurde, bestanden gewisse Vorschriften. So sollte der Geschlechtsverkehr nicht aufeinander, sondern nur seitlich, wie es vorgeblich die Fische tun, von denen sie ihre meiste Nahrung haben, ausgeübt werden. Alles andere sei eine große Sünde.[82]

Neben den handwerklichen Kunstfertigkeiten der einheimischen Völker standen ihre Kenntnisse der Natur, vor allem der Witterungsverhältnisse und ihre erfolgreichen Jagdtechniken. Ohne Feuerwaffen wurden selbst Bären erlegt, wenngleich der Bär etwa bei Ostjaken (Chanten) und Vogulen (Mansi) als heiliges Tier galt, bei dessen Kopf sie schworen.[83] Auf der Jagd konnten sie Tierlaute exakt nachahmen und bei ihren Riten den Gang der Tiere und den Flug der Vögel. Auffällig waren bei vielen Ethnien die musikalischen und tänzerischen Fähigkeiten, welche die europäischen Forscher manchmal in Erstaunen versetzten. So kommentierte Steller, daß sich die Itel'menen »mit allerley wunderseltsamen Tänzen, unzähligen Liedern, die sie auf keine unangenehme Weise singen«, ergötzten. Er fuhr fort: »Sie wissen sie auf alle Vorfälle zu componiren und sind nach ihrem musicalischen Ingenio mit dergleichen schönen Melodien versehen, daß man sich nicht genug über die Itälmenen verwundern kann.«[84] Auch der aus Berlin stammende Peter Simon Pallas, ein seit 1767 an der Petersburger Akademie tätiger Universalgelehrter, zeigte sich rund zwanzig Jahre später, am Ende der 1760er Jahre, über die Kunstfertigkeit der Ostjaken bei ihren Tänzen verwundert. »Man sollte kaum so viel künstliches und wohlausgesonnenes bei einer so rohen Nation vermuten.«[85]

Als ein grundlegendes Kriterium und als eine spezifische Kategorie kultureller Überlegenheit auf einer sehr alltäglichen Ebene wurde der Topos Schmutz angesehen. Kaum einer der russischen oder west- und mitteleuropäischen Besucher hat es unterlassen, sich über die »schmutzigen« Völker Sibiriens auszulassen. Dies bezog sich sowohl auf die Menschen selbst als auch auf ihre Behausungen und ihr Essen. Der Schmutz zeigte sichtbar und auf den ersten Blick den erheblichen Unterschied zwischen »zivilisierten« und »unzivilisierten«, zwischen reinlichen und unreinlichen Menschen. Als ein wenig zivilisierter betrachteten die Russen jene Völker, die dem Lamaismus, dem Buddhismus oder dem Islam angehörten. Dies waren immerhin schon gewisse Schritte hin zu einer Zivilisierung, die sie gegenüber denen, die Naturreligionen zugehörten, heraushob. Dennoch hat es sie vor Verfolgungen und Unterwerfungen nicht geschützt. Vor allem der Islam wurde im 18. und 19. Jahrhundert, als das Osmanische Reich zu einem der Hauptgegner des Russischen Reiches geworden war, heftig bekämpft. Jedoch galt dies nicht uneingeschränkt. Wie denn generell festzuhalten ist, daß von russischer Seite zwar durchaus eine Politik der Kolonisierung gegenüber den unterworfenen und eroberten Völkern betrieben wurde, dies aber keineswegs mit letzter Konsequenz. Weder gab es eine durchgängige Politik der Missionierung durch die orthodoxe Kirche, von der noch die Rede sein wird, noch eine konsequente Politik der Russifizierung. Selbst jene sogenannte Phase der Russifizierung unter Alexander III. am Ende des 19. Jahrhunderts ist nur halbherzig und keinesfalls dauerhaft und gegenüber allen Ethnien in gleicher Weise betrieben worden.

Unzweifelhaft kam es im Laufe der Jahrzehnte und Jahrhunderte zu einem gewissen Austausch zwischen der indigenen Bevölkerung und den russischen Eroberern und Kolonisatoren. Dies betraf vor allem Nahrung und Kleidung, die Kenntnis jagdbaren Wildes und eßbarer Pflanzen. Manche der einheimischen »Spezialitäten« blieben für die Europäer ungenießbar, etwa faule Fischsuppe. Jedoch führten die von den Russen eingeführten Erzeugnisse, etwa Alkohol und Tabak,[86] den die meisten Ethnien vorher kaum gekannt hatten, zu Krankheiten und trugen nicht unerheblich zu ihrer Dezimierung bei, ebenso wie viele der für die Europäer eher harmlosen Krankheiten, etwa Windpocken, für die sibirische Bevölkerung schlimme, d.h. tödliche Folgen hatten.

Festzuhalten bleibt, daß die sibirischen Völker seit dem späten 16. Jahrhundert einer dauerhaften Herrschaft durch Rußland unterworfen wurden. Das Russische Reich agierte dabei als eine koloniale und imperialistische Macht, die den Reichtum des Landes und seine Menschen in hemmungsloser Weise ausbeutete. Dabei ist unter anderem spätestens in der Zeit der Sowjetunion auch ein großer Teil des geistig-kulturellen Erbes verlorengegangen.

KAPITEL II

DIE FAMILIE STROGANOV, ZAR IVAN IV.
UND DER KOSAK ERMAK

1. Eine Unternehmerfamilie erbaut ihr Imperium

Der Prozeß der sibirischen Eroberungen durch das Moskauer Reich seit dem letzten Viertel des 16. Jahrhunderts folgte keinem festgelegten Plan. Er vollzog sich ungesteuert und richtungslos, teils bestimmt von unternehmerischen Bestrebungen, teils aus staatlichen Interessen an Steuern, Abgaben, Zöllen und Landbesitz, teils getrieben von der Hoffnung der Kosaken und der *promyšlenniks* auf Beute und Besitz.[1] Kaum einer der Akteure wußte, was ihn erwartete oder was der nächste Tag bringen würde. Der Moskauer Staat, der Zar, spielte in den ersten Jahrzehnten der Eroberung Sibiriens keine besonders wichtige Rolle. Dazu fehlte es dem innerlich zerrütteten Moskauer Reich unter Ivan IV. und seinen Nachfolgern in den Zeiten der Wirren und in der Frühphase der Herrschaft des Hauses Romanov sowohl an Macht als auch an Mitteln.[2] Die Geschichte der sibirischen Eroberungen des Moskauer Reiches ist ohne die aus Novgorod stammende Kaufmannsfamilie der Stroganovs nicht denkbar, denn sie war die treibende Kraft des Expansionsprozesses.

In Novgorod, dem Handelszentrum Rußlands, erwarb die Familie ihr Vermögen durch den Handel mit Salz, Pelzen, Leder und Bauholz sowie in der Land- und Forstwirtschaft. Einer der Vorfahren soll bereits im Jahre 1380 in der Schlacht auf dem Schnepfenfeld (*Kulikovo pole*) an der Seite von Dmitrij Donskoj gegen die Tataren gekämpft haben, ein anderer um die Mitte des 15. Jahrhunderts ein hohes Lösegeld für den Moskauer Großfürsten Vasilij II. Temnyj, (der Dunkle, d.h. der Blinde), der von seinen Feinden geblendet worden war, bezahlt haben.[3] Die Stroganovs verbanden sich somit mit dem aufstrebenden Moskauer Fürstentum und erwarben oder pachteten Land zunächst an der Dvina, dann an der Vyčegda, rund vierhundert Kilometer westlich des Urals mit dem Zentrum Sol'vyčegodsk.

Sol', also Salz, das Sieden des »Weißen Goldes« und der Handel damit, auf den die Familie ein Monopol besaß, wurde zur Grundlage ihres Reichtums und ihrer Macht. Sie dehnte ihren Besitz in den folgenden Jahrzehnten immer weiter in Richtung auf den Ural, ins Perm'er Land,[4] aus, und erweiterte ebenso ihre Aktivitäten im Handel auf alles, was Gewinn versprach: Fisch, Kaviar, Felle und Pelze. Die engen Bindungen zwischen der Familie und dem Moskauer Großfürsten blieben bestehen. So erhielt die Familie auch das Recht, für den Großfürsten die Steuern einzutreiben.[5] Bald zählten die Stroganovs zu den reichsten und einflußreichsten nichtadeligen Geschlechtern des Moskauer Reiches und stiegen zu Hoflieferanten auf. Sie waren Großgrundbesitzer, Großkaufleute und frühindustrielle Unternehmer und mit ihnen verbindet sich der Beginn frühkapitalistischer

Wirtschaft in Rußland. Erfolg, Reichtum und Aufstieg verdankten die Stroganovs auch ihren weitreichenden Handelsbeziehungen mit dem Westen, vor allem zu englischen und niederländischen Kaufleuten. Durch diesen Handel verbesserten die Mitglieder der Familie wohl auch ihre Kenntnisse über die Methoden des Salzsiedens, des Schürfens nach Bodenschätzen, über die Seefahrt und über fremde Länder.[6]

Seit dem Ende des 14. Jahrhunderts dehnte das Moskauer Großfürstentum seine Herrschaft kontinuierlich aus und konnte gegenüber den konkurrierenden Fürstentümern seinen Machtanspruch durchsetzen. Ihre Rechte begründeten die Moskauer Herrscher damit, daß es sich bei all diesen Gebieten um ihr »Vatererbe« (votčina) handele, eine staatsrechtliche Konstruktion, die an frühere Praktiken anknüpfte. Als äußere Feinde drohten noch immer die Goldene Horde und das seit 1386 mit Polen in Personalunion verbundene litauische Großfürstentum. Das Reich der Goldenen Horde verstand sich weiterhin als Oberherr der ganzen Rus' und suchte diesen Anspruch auch durchzusetzen. Litauen machte ebenfalls Rechte auf russische Territorien geltend und verbündete sich dabei mit den Mongolen. Erst ein Jahrhundert später, in der Regierungszeit Ivans III. (1462-1505), gelang die endgültige Konsolidierung des Moskauer Großfürstentums mit dem Abschluß des »Sammelns des russischen Landes«, ein Begriff, der die Eingliederung aller ehemaligen Fürstentümer der Kiever Rus' bezeichnete. Nur die westlichen Gebiete verblieben bei Litauen, mit dem Moskau weiterhin in beständiger Auseinandersetzung stand. 1480 standen sich die Heere der Moskauer und der Großen Horde an der Ugra wochenlang ohne Kampf gegenüber, bis Ahmed, der Chan der Horde, sich kampflos zurückzog, da seine litauischen Verbündeten nicht erschienen waren, denn sie wurden zum selben Zeitpunkt von den mit Ivan III. verbündeten Krimtataren überfallen. Rund zwanzig Jahre später beendete der Krimchan Mengli-Girai, immer noch der Verbündete der Moskauer, die Existenz des Reiches der Großen Horde.[7] Im Kampf um die Macht und die Vorherrschaft diente auf beiden Seiten der Glaube bisweilen nur als Fassade, denn für Ivan III. war der Griff nach dem reichen Novgorod und die Verdrängung von Polen-Litauen weit wichtiger als der Krieg gegen die muslimischen Chanate.

Bereits 1477/78 hatte die »Republik« Novgorod, Groß-Novgorod, ihre Eigenständigkeit verloren. Sie hatte lange Jahre versucht, zwischen Litauen und Moskau zu lavieren. 1494 wurde das dortige Hansekontor geschlossen. Nunmehr lag die Handelspolitik auch im Westen endgültig in den Händen des Moskauer Großfürsten. Kurzzeitig konnte am Ende der 1480er Jahre das Kazan'er Chanat besetzt werden, das ebenso wie das Chanat von Astrachan' und das der Krimtataren im zweiten Viertel des 15. Jahrhunderts im Zuge des Zerfalls der Goldenen Horde entstanden war. Das Moskauer Großfürstentum konnte in dieser Zeit seine Macht immer weiter nach Westen und nach Osten ausdehnen und nutzte dabei geschickt das Machtvakuum im Osten und Süden und die Auseinandersetzungen Polen-Litauens an seinen westlichen und südöstlichen Grenzen. Damit geriet Moskau aus seiner bisherigen Randlage mehr und mehr in den Kontext nicht nur der gesamteuropäischen Politik, sondern auch in unmittelbaren Kontakt mit dem Osmanischen Reich, das seine Macht und sein Territorium in jener Zeit gleichfalls beständig erweiterte. Seine Stellung im Rahmen der christlichen Mächte konnte Ivan III.

1472 durch seine Heirat mit Zoë, der Nichte des letzten byzantinischen Kaisers, erheblich erhöhen. Zugleich erhob er auch den Anspruch, beim Abschluß von Verträgen als Zar bezeichnet zu werden, um damit seine Gleichrangigkeit mit den anderen europäischen Herrschern zum Ausdruck zu bringen.[8] Ivan III. versuchte zudem, in der Nachfolge Novgorods das Gebiet diesseits und jenseits des Urals zu kontrollieren. Nach einem Feldzug unter Fürst Fedor Kurbskij, seinem Statthalter in Nižnij-Novgorod, in das Dvina-Pečora-Gebiet 1483 – danach nahm der Moskauer Großfürst den Titel eines »Herrn von Jugrien« an – sandte er Fürst Semen Kurbskij 1498/99 über den Ural in das Land der Ostjaken, das jedoch nicht auf Dauer gehalten werden konnte.[9] Dies stand in der Tradition Novgorords, das letztmals 1445 einen Heerzug nach Jugra entsandt hatte. Bei diesen Feldzügen wurden auch einheimische Hilfstruppen eingesetzt. 1498 gelang Moskau immerhin die Errichtung der Festung Pustozersk an der Pečora. Dies genügte einigen russischen Siedlern, sich dort niederzulassen. Es war der Beginn einer kontinuierlichen Besiedlung dieser Region durch die Russen, die im Laufe der ersten Hälfte des 16. Jahrhunderts immer häufiger und immer weiter in das Gebiet jenseits des Ural bis an den Ob' und dessen Mündung vorstießen, sich allerdings dort nicht festsetzen konnten, denn es fehlte an Menschen. Schon die Novgoroder wußten von zumindest temporären Handelssiedlungen am Taz, die erste dauerhafte Niederlassung gründeten die Russen schon 1572.[10]

1547 wurde der 16-jährige Enkel Ivans III., Ivan IV., als erster Großfürst zum Zaren gekrönt. Er suchte im Bündnis mit der reichen und mächtigen Kirche, die sich in der Nachfolge des untergegangenen Byzantinischen Reiches als »Drittes Rom« verstand, seinen Herrschaftsanspruch im Inneren gegen den alten Bojarenadel durchzusetzen und sich auf die aufsteigende Schicht des Dienstadels zu stützen.[11] Außenpolitisch stand Ivan IV. weiterhin im Kampf gegen die Tatarenchanate und Litauen. Zunächst schlugen zwei Feldzüge gegen das islamische Kazan' fehl und erst 1552 fielen Stadt und Chanat in russische Hände, 1556 ergab sich auch das Chanat von Astrachan'. Erstmals wurden Gebiete erobert, die nie zuvor zum Kiever Reich gehört hatten und auch nie von Russen besiedelt worden waren. Damit war der Weg nach Osten für das Moskauer Reich weitgehend offen, da auch das sibirische Chanat seine Bereitschaft zeigte, sich einer russischen Oberhoheit zu unterstellen. Nun beherrschte der Zar das handelspolitisch so wichtige Flußsystem von Wolga und Kama, das für den Norden Rußlands seit jeher von großer Bedeutung gewesen war. Moskau verdrängte dadurch auch das Chanat der Krimtataren und dessen Ansprüche einer Oberherrschaft über die angrenzenden Steppengebiete und rückte näher an die Grenzen des Osmanischen Reiches. Das Krimchanat blieb zunächst ein Pufferstaat zwischen den beiden Mächten, lag allerdings auch in der Einflußsphäre des polnisch-litauischen Staates.

Die Eroberung der tatarischen Chanate wurde jedoch auch aus religiösen Gründen gerechtfertigt. Die islamischen Ungläubigen sollten vertrieben und der rechte Glaube verbreitet werden, zugleich aber die in Sklaverei gehaltenen »russischen« oder »christlichen« Gefangenen befreit werden. Die zeitgenössischen Quellen nennen dabei so hohe Zahlen befreiter Gefangener, die Rede ist von 60.000 bis 100.000 Personen, daß die propagandistische Absicht deutlich wird. Dies gilt auch für die vorgebliche Tatsache, daß es sich bei den Gefangenen um »Russen« oder durchweg um »Christen« gehandelt habe, denn »russisch« waren diese Gebiete vorher nicht gewesen.[12] Nach den Eroberungen übernahm Ivan IV. die Titel der früheren Herrscher in seine eigene Titulatur und nannte sich fortan nicht mehr nur Zar und Selbstherrscher der ganzen Rus', sondern auch Zar von Kazan' und Astrachan'. Erst danach folgten die Titel eines Großfürsten von Vladimir und Moskau.[13]

Gegen das Krimchanat allerdings, das zwar innen- und außenpolitisch weitgehende Selbständigkeit genoß, aber unter der Oberherrschaft der Osmanen stand, ging Ivan IV. nicht vor, da er Verwicklungen sowohl mit dem Osmanischen Reich als auch mit Polen-Litauen befürchtete. Stattdessen engagierte er sich nunmehr im Westen im Kampf gegen das vom Deutschen Orden beherrschte Livland, um auch dort den Handel weiter ausbauen zu können. Hier gelangen 1558 und 1560 schnelle Erfolge, und der Ordensstaat brach zusammen. An dessen Stelle jedoch kam es nun zu militärischen Konflikten mit Polen-Litauen und Schweden, dem das Moskauer Reich auf Dauer keinen entscheidenden Widerstand entgegensetzen konnte. Das Engagement der russischen Truppen im Westen nutzten Osmanen und Krimtataren, um verlorenes Terrain zurückzugewinnen. Sie erschienen 1569 vor Astrachan' und brannten 1571 Moskau mit Ausnahme des Kreml nieder. So war Ivan IV. gezwungen, Einheiten aus dem Westen abzuziehen, um die Situation im Osten wieder unter Kontrolle zu bekommen und die Grenzen zu sichern. In den Jahren 1582 und 1583, nach insgesamt über dreißig Jahren Krieg, der das Reich zusammen mit den inneren Problemen, auf die noch einzugehen sein wird, an den Rand des Zusammenbruchs geführt hatte, mußte der Zar einen Frieden mit Polen-Litauen und Schweden schließen, der Moskau weiterhin den Zugang zur Ostsee versperrte und zu Gebietsverlusten im Norden und Westen führte.

Im Kontext der Eroberungen von Kazan' 1552 und Astrachan' 1556 erfolgte der weitere Ausgriff der Stroganovs über den Ural hinweg nach Sibirien, zunächst durch Erkundungszüge, dann aber auch mit dem Ziel, die dortige Bevölkerung nominell dem Zaren tributpflichtig zu machen und das Land in Besitz zu nehmen.[14] Vor diesen russischen Eroberungen verlief die tatsächliche russische Grenze rund einhundert Kilometer südlich von Moskau. Immer wieder war der Moskauer Großfürst gezwungen gewesen, die Einfälle tatarischer Truppen zu verhindern, und aus der Sicht der Tatarenchane galt das Moskauer Reich als tributpflichtig und keinesfalls als souverän.[15] Die Gebiete im Süden und Osten, die der Moskauer Großfürst für sich beanspruchte, waren von Pelztierjägern, flüchtigen Bauern und Einsiedlern oder eben den Stroganovs »wild« besiedelt worden. Der Großfürst erhob dort zwar Tribut und führte die Namen dieser Gebiete in seinem Titel, doch er beherrschte sie nicht. So nannte sich Ivan IV. seit 1555, als Chan Ediger von Sibir' sich zu Tributen an Moskau bereit erklärt und dies 1557 noch einmal bestätigt hatte, »Herr des ganzen Sibirischen Landes«, ging bald dazu über, auch den Titel »Zar von Sibirien« zu führen und bezeichnete sich im Juni 1563, wie seine Vorgänger, in einem Schreiben an den polnischen König Sigismund sogar als *Car' Udorskij, Kondinskij i vseja Sibiri* (Zar von Udorien, Kondorien und ganz Sibirien).[16] Ein bezeichnendes Licht auf die tatsächliche Machtkonstellation wirft die Tatsache, daß der Bischof von Perm' in Vologda seinen Sitz hatte, was rund tausend Kilometer westlich lag. Wer nach Perm' reisen wollte, der mußte auf dem Weg dorthin den

Čeremissen ausweichen, die den russischen Eindringlingen häufig nicht gerade wohlgesonnen waren.[17]

Das Wohlwollen ihres Herrschers, des Zaren Ivan IV., vergrößerten die Stroganovs noch dadurch, daß sie für den Krieg im Westen gegen Livland (1557-1581) Truppen ausrüsteten und finanzierten. Dadurch verstärkten sich die Beziehungen und Geschäfte auf Gegenseitigkeit. Nach einem Besuch Anika Stroganovs, des Familienoberhauptes, am Moskauer Zarenhof, bei dem er Ivan IV. in offensichtlich vorsichtiger Weise vom Vordringen über den Ural berichtet und wohl auch über die dortige Bevölkerung sowie die sich bietenden Möglichkeiten gesprochen hatte, gewährte der Zar im April 1558 in einer Urkunde Grigorij Stroganov, Anikas zweitem Sohn, das Recht auf dieses »leere Gebiet«, mit seinen Wäldern, Flüssen und Seen und erkannte es der Familie als Patrimonium zu. Ivan IV. bewilligte Steuer- und Abgabenfreiheit auf zwanzig Jahre, die Einrichtung von Garnisonen und Forts sowie deren Bewaffnung und Bemannung »gegen die Nogaier und die anderen Horden«, darüber hinaus die Suche nach weiteren Salzvorkommen und deren Ausbeutung, nach Eisenerzen und deren Verarbeitung, den Bau von Städten, die Urbarmachung des Landes und die Fischrechte. Beim Handel mit Ausländern sollten die Zollabgaben entfallen, nur den Fund von Silber, Kupfer und Zinn mußte Grigorij Stroganov dem Zaren melden und durfte diese Bodenschätze auch nicht verarbeiten. Ausbeuten aber konnten die Stroganovs ihre Eisenerzfunde, denn eiserne Kessel waren für das Sieden des Salzes unerläßlich. Zudem handelte die Familie mit Getreide, das sie an den Staat verkaufte.[18] Der Familie oblag außerdem die niedere Gerichtsbarkeit über die einheimische Bevölkerung.[19]

Zwischen dem Moskauer Großfürsten und den muslimischen Nogai-Tataren, die im Gebiet zwischen der unteren und mittleren Wolga, dem Ural-Fluß und dem Kaspischen Meer lebten, bestanden seit dem Ende des 15. Jahrhunderts sowohl diplomatische als auch wirtschaftliche Beziehungen, die sich allerdings nicht problemlos gestalteten. Die Nogai-Horde war keine in sich geschlossene Einheit, sondern eher ein mehr oder minder loser Verband einzelner Clans, die untereinander zerstritten waren. Die Moskauer Herrscher nutzten dies und spielten sie gegeneinander aus. Zudem dienten die Tataren als Söldner in den russischen Truppen und einige Adlige traten in russischeDienste, wofür sie unter anderem mit Landbesitz großzügig entlohnt wurden. Jedoch suchten die Fürsten der Nogaier eine zu starke Abhängigkeit von Moskau zu vermeiden. 1557 schwor einer der Nogai-Fürsten dem Zaren einen Eid, der von Moskau als Unterwerfung verstanden wurde. Doch blieben die Beziehungen gespannt und die Grenzen unruhig.

Die Ausdehnung ihres Besitzes brachte für die Stroganovs einige Probleme mit sich, denn die neu erworbenen Ländereien grenzten nun auch an den Herrschaftsbereich des Chanats Sibir', zunächst unter Ediger, dann unter Kučum, und die neuen Salzsiedereien und Ansiedlungen dehnten sich auf Gebiete aus, in denen die indigene Bevölkerung, vor allem Ostjaken (Chanten) und Vogulen (Mansi), jagte und fischte. Nach zeitgenössischen Quellen sollen zu jener Zeit rund 15.000 Menschen in den Stroganovschen Ansiedlungen tätig gewesen sein. Der Handel mit Jugra, wie es damals bezeichnet wurde, dem Gebiet zwischen dem Unterlauf des Ob' und dem Ural, war für die dortige Bevölkerung auf beiden Seiten des Gebirges ein »normaler« Vorgang. Die russischen Händler überquerten mit ihren Waren den

Ural oder fuhren auf Schiffen vom Weißen Meer zur Ob'- und möglicherweise auch zur Enisej-Mündung und tauschten dafür Pelze ein. Die indigene Bevölkerung kam, um zu jagen oder zu handeln. Dies war für beide Seiten ein durchaus einträgliches Geschäft und weitete sich immer stärker aus, so daß spätestens um die Mitte des 16. Jahrhunderts auch direkt mit Mangazeja, dem Territorium zwischen Ob'busen und Tazmündung, gehandelt wurde, wo es augenscheinlich besonders schöne Zobelfelle gab.[20] Bald nach der Mitte des 16. Jahrhunderts monopolisierte der Moskauer Staat den Pelzhandel und suchte englische und niederländische Seefahrer und Kaufleute am Geschäfte damit zu hindern.[21]

Nun aber änderten sich die Verhältnisse. Das massive Eindringen der Stroganovs in die Territorien der Vogulen und Ostjaken führte zu heftigem Widerstand der indigenen Bevölkerung und des sibirischen Chans.[22] Die Stroganovs bestritten jedes Besitzrecht der dortigen Ethnien und betrachteten das Land als ihren Besitz. Petitionen und Beschwerden der indigenen Bevölkerung über deren Verhalten an den Zaren führten im Ergebnis nur dazu, daß Ivan IV. Grigorij Stroganov die Besitzrechte an ihnen übertrug.[23] Das Geschäft der Familie Stroganov blühte, und Reichtum, Macht und Einfluß wuchsen beständig. Zar Ivan IV. bestätigte in drei weiteren Urkunden aus den Jahren 1564, 1566 und 1568 die Rechte der Stroganovs, vor allem das des Salzsiedens, aber auch der Ansiedlung von Menschen, die weiterhin zahlreich dorthin strebten, denn die Besitzungen der Stroganovs unterstanden nicht dem zarischen Gouverneur, sondern nur der Rechtsprechung und Verwaltung der Familie.[24] Zudem wurde der Familie bald zusätzlicher Landbesitz an der Čusovaja gewährt. 1566 hatten die Stroganovs zudem ihr Land der Opričnina[25] unterstellt, was dem Geschäftshaus weitere Vorteile und Privilegien einbrachte.[26]

Anika Stroganov stiftete auch Kirchen und Klöster, vor allem die Kathedrale der Verkündigung in Sol'vyčegodsk, erbaut zwischen 1560 und 1584. Als Vorbild diente die Verkündigungskathedrale im Moskauer Kreml', die Krönungskirche des Moskauer Zaren, denn als Architekt konnte der Moskauer Hofbaumeister gewonnen werden, auch die Ausmalung der Kirche, die Schnitzereien für die Ikonostase und das Malen einiger Ikonen wurde Moskauer Hofkünstlern übertragen.[27] Die Familie unterhielt zudem Stickereiateliers, deren Leitung in den Händen der Stroganovschen Frauen lag, Werkstätten für Ikonenmalerei sowie Silber- und Goldschmiedewerkstätten. Ebenso gab es spätestens seit der zweiten Hälfte des 16. Jahrhunderts auch eine Bibliothek mit zahlreichen liturgischen und religiösen Werken, aber auch weltlicher Literatur.[28] Es bestand »ein breites Spektrum« kultureller Interessen der Familie, das sich wohl auch aus den vielfältigen Beziehungen zum Westen speiste.[29]

Als Anika Stroganov 1570 starb, setzten seine drei Söhne, Jakov, Grigorij und Semen, das Werk ihres Vaters fort. Jakov und Grigorij allerdings fühlten sich beim Erbe benachteiligt und beklagten sich beim Zaren, der schlichtend eingreifen mußte.[30] Trotz des Familienzwistes war man sich einig, die Befestigungsanlagen weiter auszubauen und tiefer in die Gebiete jenseits des Urals vorzudringen. Doch zunächst gelang es den Stroganovs nicht, sich dort festzusetzen. Die indigene Bevölkerung leistete erbitterten Widerstand und wurde vom sibirischen Chan unterstützt, der nun seinerseits versuchte, die dort lebenden Stämme unter seine Oberhoheit zu bringen. Über die Aktionen des Chans und die Auseinandersetzungen, bei denen die Siedlungen der Stroganovs jenseits des Urals zerstört wurden und sogar an Kama und Wolga gekämpft wurde, erstatteten die Stroganovs dem Zaren in Moskau ausführlich Bericht, an dessen Ende sie darauf verwiesen, daß sie ohne dessen ausdrückliche Erlaubnis keine kriegerischen Aktionen gegen das Chanat Sibir' unternehmen würden. Dabei wußten die Gebrüder Stroganov genau, daß Ivan IV. nicht in der Lage sein würde, sie an weiteren Unternehmungen und am Vordringen nach Sibirien zu hindern. Sie legten jedoch zu diesem Zeitpunkt offensichtlich Wert darauf, nicht ohne eine formelle Bestätigung aus Moskau vorzugehen.[31] In jedem Falle aber, dies wird deutlich, störten der sibirische Chan und seine Verbündeten die einträglichen Geschäfte der Stroganovs und minderten den Profit.

In jener Phase sah sich Rußland massiven Angriffen von mehreren Seiten ausgesetzt, denn auch an der Peripherie setzten sich die Widerstände fort. 1570 hatte Kučum dem Zaren selbstbewußt mitgeteilt, daß er Frieden halten wolle, wenn auch Ivan IV. dies wünsche, aber zu kämpfen bereit sei, wenn der Zar den Krieg wolle.[32] Im folgenden Jahr schickte Kučum auf der Grundlage des alten Vertrages, den Ediger damals mit Moskau geschlossen hatte, noch einmal einen Tribut von eintausend Zobelfellen nach Moskau, dann stellte er diese »Zahlungen« ein, da Moskau Krieg gegen seine Vasallen führte. Gleichzeitig war er auch die treibende Kraft hinter den immer wiederkehrenden Attacken der indigenen Bevölkerung gegen die Besitzungen der Stroganovs, die sie für unrechtmäßig hielten.[33] 1572 erhoben sich im Wolgagebiet die Čeremissen gegen die russische Herrschaft, denen der sibirische Chan seine Unterstützung versprochen hatte.[34] Ein Jahr später ließ er einen russischen Gesandten, der im Auftrag Ivans IV. gekommen war, um den Tribut einzutreiben, auf dem Rückweg nach Moskau ermorden.[35]

Nachdem der sibirische Chan die Festungen der Stroganovs jenseits des Urals zerstört hatte, begann er seinerseits nun die Unterwerfung der indigenen Bevölkerung, die sich dagegen zur Wehr setzte und sich sogar an die Stroganovs wandte und um Unterstützung bat, die gerne gewährt wurde, denn eigene Tributeinnahmen versprachen eine entsprechende Rendite. Auch die Moskauer Regierung stimmte zu und forderte die Stroganovs auf, im Kampf gegen Kučum Freiwillige aus den Reihen der dortigen Ethnien anzuwerben.[36] Weitere Hilfe konnte Zar Ivan IV. angesichts der vielfältigen Bedrohungen seinen getreuen Untertanen nicht leisten. So ließ er ihnen, wie bisher auch, weitgehend freie Hand, versicherte sie seines Wohlwollens und rief zu höchster Wachsamkeit auf. Zugleich versprach er auch, daß diejenigen einheimischen Stämme, die sich von Kučum ab- und Moskau zuwenden würden, belohnt werden sollten. Die Auseinandersetzungen verschärften sich, denn die Stroganovs bauten mittlerweile ihren Besitz konsequent aus, siedeten Salz und schmolzen Eisen, legten Städte, Dörfer und Häfen an, nahmen trotz des zarischen Verbotes auch »Flüchtlinge, Diebe und Vagabunden« auf und trieben die Tribute der indigenen Bevölkerung ein. Dies war ein mehr als lukratives Geschäft, da keine Gegenleistungen erforderlich waren. Die dort lebenden Ethnien litten außerdem darunter, daß sie durch die Anlage immer neuer Salzsiedereien, die Ausbeutung und Verarbeitung der anderen Bodenschätze und die Urbarmachung des Bodens von ihren angestammten Siedlungs- und Weidegebieten vertrieben wurden.

Im Mai 1574 verlieh Zar Ivan IV. den Stroganovs urkundlich das Besitzrecht an den Gebieten jenseits des Urals bis Mangazeja und am Tobol sowie an dessen Nebenflüssen. Er bestätigte damit einen Besitz, der weder ihm noch den Stroganovs gehörte, eine Praxis, die sich in der Folgezeit einbürgerte. Ivan IV. bezog sich dabei ausdrücklich auf den Einfall der sibirischen Tataren aus dem vorangegangenen Jahr. Die Familie Stroganov erhielt nun auch die Erlaubnis, Kriege zu führen und dafür eigene Truppen, auch Kosaken, anzuwerben, um den sibirischen Chan und seine Hilfstruppen aus Ostjaken (Chanty), Vogulen (Mansi), Tataren und Nogaiern zu bekämpfen. Dazu durften sie sich die entsprechenden Waffen und Munition beschaffen, Forts und Garnisonen zur Verteidigung errichten. Zugleich bekamen sie die endgültige Erlaubnis, die Kučum tributpflichtigen Ethnien abzuwerben und sie dazu zu veranlassen, sich der Oberhoheit des Zaren zu unterstellen. Sie sollten dem Moskauer Reich Tribut zahlen und auch für den Kampf gegen Sibir' gewonnen werden. Darüber hinaus bestätigte der Zar alle jene Rechte, die er den Stroganovs fast zwanzig Jahre zuvor bewilligt hatte und gewährte sie erneut für einen solchen Zeitraum.[37]

2. Wie das Wissen in die Welt kommt

Während der Ausbau der jenseits des Urals gelegenen Besitzungen weiterging, entschlossen sich die Stroganovs nun, von einer defensiven zu einer offensiven Kriegführung überzugehen. Die Länder jenseits des Urals, die noch gar nicht erobert worden waren, gehörten ihnen zumindest für die Dauer von zwanzig Jahren. Der Zar überließ ihnen diese Gebiete am Rande seines Territoriums mit allen Risiken, denn nach den russischen Niederlagen im Livländischen Krieg konnte und wollte Zar Ivan IV. keine neuen militärischen Auseinandersetzungen in einem anderen Grenzgebiet des Reiches riskieren. Die Familie Stroganov bemühte sich in jener Zeit nicht nur um die Erweiterung ihrer Besitzungen diesseits und jenseits des Urals, sondern auch um den Ausbau ihrer Handelsbeziehungen nach Westeuropa. Bereits Anika Stroganov hatte Kontakte zur 1555 in England gegründeten Muscovy Company aufgenommen[38] und war von Zar Ivan IV. damit beauftragt worden, die Geschäfte der Ausländer zu beaufsichtigen. Seine Söhne weiteten diese Verbindung entschlossen aus. Kontakte bestanden auch zu den holländischen Seefahrern und Kaufleuten, die ebenso wie ihre englischen Kollegen auf der Suche nach dem nördlichen Weg nach China waren und dabei bis in die Barentssee vorgedrungen waren. Anika Stroganov machte im Unterschied zu anderen russischen Großkaufleuten gegenüber seinen ausländischen Geschäftspartnern keinen Hehl aus seinen Verbindungen und Beziehungen nach Sibirien, worüber die Niederländer Isaac Massa und Nicolaas Witsen schon im 17. sowie der Schwede Philipp Johann Tabbert von Strahlenberg im 18. Jahrhundert ausführlich berichteten.[39]

Die Beziehungen zur Muscovy Company erweiterten die Geschäfte der Stroganovs erheblich. Die Gesellschaft war aus der 1551 gegründeten Company of Merchant Adventurers hervorgegangen, deren Mitglieder einen Weg nach China durch eine mögliche Nordost- bzw. Nordwestpassage suchten. Diese Idee ging zurück auf den gebürtigen Italiener Giovanni Caboto (um 1450-1499), der später in englischen Diensten stehend als John Cabot Berühmtheit erlangte und sie in den 1490er Jahren vertrat.[40] Diese Möglichkeit einer Passage entlang der russischen Nordküste erhielt in den 1520er Jahre neue Nahrung, als der russische Gesandte an Papst Klemens VII., Dmitrij Gerasimov, von seiner Schiffsreise vom Weißen Meer entlang der norwegischen Küste berichtete. Auf der Grundlage dieses Berichts verfaßte der italienische Bischof und Geschichtsschreiber Paolo Giovio sein Werk »Libellus de legatione Basilii Magni« von 1525, das wiederum die Vorlage für eine Karte von Battista Agnese war. Beide Werke deuteten die Möglichkeit einer Nordostpassage an.[41]

Um die Mitte des 16. Jahrhunderts erschien erstmals in lateinischer Fassung das Werk des kaiserlichen Gesandten Sigismund von Herberstein »Rerum Moscoviticarum Commentarii«, in dem er nicht nur über Gerasimovs Reise berichtete, sondern auch über die Seefahrt des Gesandten Grigorij Istoma im Jahre 1496, der vom Weißen Meer aus Trondheim erreicht hatte. Herberstein konnte mit beiden während seiner zwei Aufenthalte im Moskauer Reich sprechen und sich ihre Reiseroute durch das Weiße Meer beschreiben lassen.[42] Kenntnis hatte er zudem auf der Grundlage des Berichts und der Erzählungen des Fürsten Kurbskij über das westliche Sibirien bis hin zu Ob' und Irtyš.[43] In der Regierungszeit Ivans IV. reisten seine Gesandten bis in die Hauptstadt des Chanats Sibir', denn es galt die Fragen der Beziehungen und des Tributs zu klären, hatten also Kenntnis über den Landweg dorthin.

Über die nördlichen Regionen legte der letzte katholische Bischof von Uppsala, Olaus Magnus (1490-1557), etwa zur gleichen Zeit die »Carta marina« vor und schrieb mit der »Historia de gentibus septentrionalibus« einen längeren Kommentar dazu. Auf den Bildtafeln finden sich allerdings noch Zeichnungen von Meeresungeheuern, Seeschlangen und anderen Fabelwesen.[44] Erste Versuche in das Weiße Meer vorzustoßen, machten bereits die Wikinger bzw. Norweger seit dem 9. bis ins 13. Jahrhundert. Am Ende der 1520er Jahre sandte dann der englische König Heinrich VIII. auf Anraten des Kaufmanns Robert Thorne zwei Schiffe in Richtung Norden, über deren Verbleib jedoch nichts bekannt ist.[45] Nachdem Versuche, China in westlicher Richtung zu erreichen, fehlgeschlagen waren, unternahmen dann Richard Chancellor, Hugh Willoughby und Stephen Burrough 1553 im Namen der Muscovy Company die erste Reise nach Osten. Chancellor erreichte die Nördliche Dvina und von dort aus Moskau und bahnte den ertragreichen Handel zwischen England und Rußland an. In der zweiten Hälfte des 16. Jahrhunderts war es insbesondere Anthony Jenkinson, der in großem Maßstab mit dem Moskauer Reich handelte. Jenkinson gelang es zudem 1558/59, wolgaabwärts Astrachan' und von dort aus über das Kaspische Meer schließlich Buchara, einen zentralen Verkehrsknotenpunkt und Handelsplatz an der südlichen Seidenstraße, zu erreichen. Sein Bericht an die Muscovy Company und seine Karte von 1562 bildeten neben denen Herbersteins die Grundlage für die berühmte Karte Rußlands und der tatarischen Gebiete der Gebrüder Jan und Lucas van Deutecum aus den 1560er Jahren. Jenkinsons Karte wurde zudem in veränderter Form in Ortelius' »Theatrum Orbis Terrarum« publiziert. Dieses Material erweiterte in Europa das Wissen über Rußland und die angrenzenden asiatischen Gebiete und damit auch über die möglichen Handelswege erheblich.[46] Bis nach Zentralasien reichten auch die Verbindungen der Stroganovs, deren Handelsrouten nach Asien nunmehr von zwei Seiten, auf dem See- und auf dem Landweg, Konkurrenz erhielten.

Auf dem Seeweg um Norwegen standen anfangs nur die Niederländer in Konkurrenz zum englischen Rußlandgeschäft. Niederländische Seefahrer trieben seit dem Mittelalter Handel mit Norwegen und erreichten schließlich dessen nördlichen Teil und spätestens in den 1560er Jahren auch die Halbinsel Kola, den südlichen Teil des Weißen Meeres und die Mündung der Dvina.[47] Am Ende des Jahrzehnts kartographierte der holländische Kaufmann Simon von Salingen die West- und Nordküste des Weißes Meeres.[48] Etwa zeitgleich mit von Salingen, möglicherweise auch in dessen Diensten, erreichte auch Olivier Brunel (ca. 1540-1585), der seit 1570 in den Diensten der Stroganovs stand, die Halbinsel Kola. Er stammte aus Löwen (Leuven) oder Brüssel und war Mitte der 1560er Jahre als möglicher Spion, wahrscheinlich auf Intervention der Engländer, gefangengenommen und in Jaroslavl' eingekerkert worden.[49] Nun wurde er Handelsagent des Hauses Stroganov in den west- und mitteleuropäischen Ländern und machte für die Familie zahlreiche Reisen dorthin. Auch soll er nach Kazan' und Astrachan' gereist sein, vor allem aber unternahm er nach 1576 zumindest zwei Fahrten in die Gebiete jenseits des Urals in das Land der Samojeden, mit denen ein reger Warenaustausch stattfand. Brunel spielte einerseits im Ost-Westhandel der Niederländer, die alle Arten von Pelzen kauften, offensichtlich eine durchaus bedeutende Rolle, andererseits war er auch an den holländischen Versuchen, die Nordostpassage zu finden, beteiligt.

1576 hielt er sich in Begleitung zweier Mitglieder der Familie Stroganov in Dordrecht, Antwerpen und Paris auf, um sie beim Verkauf von Pelzen sowie bei Rechtsstreitigkeiten zu unterstützen.[50] Ein Jahr später gründete Brunel gemeinsam mit Gillis Hooftman und anderen Antwerpener Kaufleuten in Enkhuizen eine Handelsgesellschaft für die Geschäfte in der Region des Weißen Meeres. Einer der Anteilseigner der Gesellschaft war der finanzkräftige Kaufmann Balthazar de Moucheron, der bis zum Ende des 16. Jahrhunderts im Rußlandgeschäft aktiv war.[51] In jenem Jahr, 1577, kehrte er mit den Stroganovs zurück nach Rußland.[52]

Erst vier Jahre später finden sich die nächsten Nachrichten über Brunel. Ein gewisser Joannes Balakus (Balak) oder Balachus berichtete in einem Brief an den Kartographen Gerhard Mercator vom Februar 1581 über Brunels Fahrten in die Gebiete jenseits des Ural. Brunel habe als erster Westeuropäer den Oberlauf des Ob', das Gebiet um Mangazeja, sowohl über das Meer als auch über Land erreicht und kenne auch die Jamal-Halbinsel.[53] Nach seiner eigenen Erzählung sei er stets von weiteren Angestellten der Stroganovs begleitet worden, die »die Sprache der Samojeden vollständig beherrschen und den Fluß Ob' kennen, weil sie diese Orte jedes Jahr aufsuchen.«[54] Die Angaben zum Verlauf des Ob', die Balakus in seinem Schreiben übermittelte, entstammten offensichtlich dem Samojedischen, soweit die Russen und Brunel dies verstehen konnten.[55] Balakus berichtete zudem ausführlich, Brunel habe ihm mitgeteilt, daß die Stroganovs beabsichtigten, mit zwei seetüchtigen Schiffen, die von Schweden an der Mündung der Nördlichen Dvina gebaut und mit holländischen Seeleuten bemannt werden sollten, zum Ob' und von dort nach China (Cathay) zu segeln. Brunel sollte sich um die Anwerbung der holländischen Besatzung kümmern.[56] Weitere Quellen über die Urheber dieses Planes lassen sich nicht mehr ermitteln, er ist nur in diesem Brief überliefert. Gerhard Mercator, sein Empfänger, hielt diese Mitteilungen für so wichtig, daß er den Brief oder eine Abschrift nach England weitergab, entweder an seinen Freund John Dee oder direkt an Richard Hakluyt, der ihn schließlich in der zweiten Auflage seines Werkes »The Principal Navigations, Voyages, Traffiques and Discoveries of the English Nation« veröffentlichte. In Anbetracht der intensiven Handelskontakte und der wirtschaftlichen Interessen im Ob'gebiet, die die Familie Stroganov hatte, erscheint ein solcher Plan durchaus denkbar. Die dafür erforderlichen Finanzmittel standen jedenfalls zur Verfügung.

Als jener ansonsten unbekannte Balakus diesen Brief schrieb, befand sich Brunel offensichtlich gerade bei ihm und er empfahl Mercator, Brunel zu empfangen und sich mit ihm auszutauschen. Mercator hatte ein Jahr zuvor dem englischen Geographen Richard Hakluyt seine feste Überzeugung mitgeteilt, daß der Weg nach China durch das Eismeer »sehr leicht und kurz« sei und man dieses Land Ob'aufwärts fahrend erreichen könne.[57] In jenem Jahr war es übrigens den Engländern Arthur Pet und Charles Jackman gelungen, die Jugor-Straße zwischen der Insel Vajgač und dem russischen Festland zu durchfahren. Hakluyt hatte Mercator im Vorfeld unter dem Siegel der Verschwiegenheit über das Ziel dieser Fahrt informiert, eine Information, die Mercator sogleich an seinen Freund Ortelius in Antwerpen, wiederum mit der Verpflichtung zu schweigen, weitergab.[58] Ob sich Brunel und Mercator tatsächlich getroffen haben, wie dies in der Literatur immer wieder behauptet wird, läßt sich nicht belegen, ebensowenig, ob Mercator über die weiteren Unternehmungen Brunels, von der Dvina aus durch die Jugor-Straße zu segeln und einen Weg nach China zu finden, informiert oder möglicherweise sogar darin involviert war.[59]

In jedem Falle läßt sich festhalten, daß den Wirtschaftsinteressen der Stroganovs in ihrer angestammten Region erhebliche Konkurrenz durch Engländer und Holländer drohte. Lange Zeit hatte sich die Familie bemüht, diese Konkurrenten durch intensiven Handel von den Rohstoffquellen fernzuhalten. Dies schien auf lange Sicht nur schwer möglich. Brunel und andere niederländische Kaufleute waren in jener Zeit auf der Route um Norwegen so aktiv, daß der dänische König Frederik II., der als norwegischer Landesherr die Halbinsel Kola als seinen Besitz ansah, damit drohte, diesen Weg zu sperren. 1583 verhandelte Brunel als Repräsentant einer niederländischen Kaufmannsvereinigung, der als führendes Mitglied Balthasar de Moucheron angehörte, mit dem dänischen König und konnte einige Privilegien, vor allem eine längerfristige Befreiung von Zöllen und Steuern errreichen.[60]

Schließlich versuchte Brunel 1584, im Namen der von ihm mitgegründeten Gesellschaft den in dem Brief geschilderten Plan in die Tat umzusetzen. Ob dies mit oder ohne Unterstützung der Stroganovs geschah, entzieht sich unserer Kenntnis. Brunel begann seine Fahrt in Enkhuizen und erreichte Novaja Zemlja und die Mündung der Pečora, worüber wir durch einen späteren, kurzen Bericht aus dem Jahre 1592 informiert sind. 1584 errichtete diese Kaufmannsgesellschaft, an der de Moucheron weiterhin beteiligt war, auch eine Handelsniederlassung in Archangel'sk.

Brunel konnte die Fahrt jedoch wegen des starken Eises nicht fortsetzen und fand offensichtlich während der Rückreise bei einem Schiffsunglück den Tod.[61] Alle weiteren Versuche niederländischer Kaufleute, die Nordostpassage zu entdecken und China zu erreichen, gingen auf Brunel und dessen in Rußland, in den Diensten der Stroganovs, erworbene Kenntnisse zurück. Balthasar de Moucheron war bis zur Wende vom 16. zum 17. Jahrhundert an allen beteiligt.[62]

Im gleichen Jahr versuchte auch einer der führenden Angestellten der englischen Muscovy Company, Anthony Marsh, den Ob' zu erreichen, wobei nicht mehr zu klären ist, ob er dies auf eigene Rechnung oder im Namen der Gesellschaft tat. Marsh, der bereits einen Samojeden beschäftigte, gewann die Unterstützung von vier Russen, denen er für ihre Hilfsdienste als Führer eine entsprechende Zahlung anbot. Von Seiten der Russen wurde sowohl der See- als auch der Landweg vorgeschlagen. Über Land wurde der Ob' erreicht, ertragreiche Geschäfte konnten getätigt werden, doch geriet der Angestellte von Marsh auf dem Rückweg in die Hände zarischer Beamter, die ihn verhafteten und die Waren konfiszierten. Nicht nur Marsh, sondern der Muscovy Company generell war seit Mai 1584 vom Zaren der Handel an Pečora und Ob' verboten.[63] Die Stroganovs hatten ihre Ziele erreicht und die potentiell gefährliche Konkurrenz ausgeschaltet. Der Weg zu den Reichtümern des Ostens, der Weg nach China, war frei.[64]

Die genaue geographische Lage Chinas war damals nicht bekannt. Schon Herberstein hatte um die Mitte des 16. Jahrhunderts vermutet, daß man dieses Land erreichen könne, wenn man den Ob' aufwärts führe, wie es auch seine Karte nahelegte.[65] Die Schilderungen von Brunel, wie sie Balakus Mercator mitgeteilt hatte, gaben dieser Vermutung neue Nahrung.[66] Die Kartographen der zweiten Hälfte des 16. Jahrhunderts waren beständig auf der Suche nach neuen Informationen, und die Karten von van Deutecum, Mercator und seinem Freund und Kollegen Abraham Ortelius aus Antwerpen gaben den damals neuesten Wissensstand weiter. Die Grundlage dafür waren nicht nur die überlieferten Karten und die veröffentlichten Reiseberichte, sondern, wie im Falle Mercators deutlich wird, außer den Reiseberichten offensichtlich ein Netz von Informanten aus den Reihen jener, für die seine Karten auch gedacht waren, der Seefahrer und Kaufleute. Beide Seiten arbeiteten auf internationaler Ebene eng zusammen, wie das Beispiel Brunel zeigt. In engem Kontakt stand Mercator ebenso wie die Kaufleute über alle Grenzen hinweg auch mit den Gelehrten seiner Zeit. Schon am Ende der 1540er Jahre hatte er in Löwen, das zu jener Zeit als Zentrum des Humanismus galt, den Engländer John Dee, einen der bedeutendsten Mathematiker, Astronomen und Kosmographen seiner Zeit kennengelernt, als dieser den Austausch mit seinen Kollegen wie Gemma Frisius, Mercator und anderen suchte.[67] Dee und sein Landsmann Richard Hakluyt der Ältere standen zudem in engem Kontakt mit der Muscovy Company, insbesondere mit Richard Chancellor, den Dee in Navigation unterrichtete, aber auch mit Sebastian Cabot und Richard Eden.[68] Aufgrund seiner Verbindungen zu Dee und Hakluyt war Mercator auch über die »Entdeckungen« der englischen Seefahrer im Eismeer ständig unterrichtet. Dees Pendant auf holländischer Seite war der Theologe und Geograph Petrus Plancius, der in enger Beziehung zu den niederländischen Kaufleuten stand und in den 1590er Jahren drei Weltkarten vorlegte, die nunmehr deutlich machten, daß Novaja Zemlja eine Insel war und nicht Teil eines noch von Mercator und Ortelius angenommenen Nordpolarkontinents. Plancius war es auch, der an den Planungen der holländischen Unternehmungen zur Suche nach der Nordostpassage in den 1590er Jahren entscheidend mitwirkte.[69]

3. Die Stroganovs und der Ausgriff nach Sibirien

Kehren wir zurück zu den Stroganovs, die in jener Zeit im Osten nicht nur bis zum Ob', sondern bereits bis nach Zentralasien handelten. Dahinter, auch dies wußten sie sehr wohl, lag China, und der Weg dorthin führte durch Sibirien, durch die Gebiete, die der sibirische Chan beherrschte.[70] Als 1575 und 1579 Jakov und Grigorij Stroganov starben, war die militärische Situation im Westen des Reiches für Moskau aussichtslos. Die Niederlage im Livländischen Krieg begann sich abzuzeichnen, 1579 eroberten die Polen Polock, im September 1580 Velikie Luki und ein Jahr später folgte die Belagerung von Pskov. Zur gleichen Zeit eroberten die Schweden Estland zurück und besetzten Ingermanland. Ivan IV. war gezwungen, Friedensverhandlungen einzuleiten, für die er immerhin Papst Gregor XIII. als Vermittler gewinnen konnte. Zudem hatte die Zeit der Opričnina die inneren Verhältnisse im Zarenreich vollends zerrüttet, das Land lag wirtschaftlich und finanziell am Boden. Unter diesen Umständen suchte Ivan IV. die Eröffnung einer zweiten Front im Osten zu verhindern und untersagte den Stroganovs nun ein weiteres offensives Vorgehen, das er in seiner Urkunde von 1574 noch gefordert hatte.[71]

Ruslan Skrynnikov hat vor einiger Zeit die These vertreten, daß die Rolle der Stroganovs bei der Erschließung des Uralvorlandes und der Eroberung Sibiriens bisher von der historischen Forschung überschätzt worden sei.[72] Die Kaufmanns- und Unternehmerfamilie sei unfähig gewesen, sich im Krieg gegen das Chanat Sibir' auf eigene Kräfte zu stützen, zudem sei das Geschäft immer stärker zum Erliegen gekommen und ihre finanzielle Situation sehr schwierig gewesen. Die Strategie der Söhne von Jakov und Grigorij, Nikita und Maksim Stroganov, zum Zeitpunkt der sibirischen Eroberungen noch junge Männer von Anfang 20, läßt eher einen gegenteiligen Schluß zu. Sie wußten um die Lage im Lande und die katastrophalen Verhältnisse an der Westgrenze des Reiches. Mehrfach teilten sie dem Zaren mit, daß sich die Situation für sie ständig verschlechterte und es ihnen an Männern fehlte, um den Kampf entschlossen führen zu können, obwohl seit 1573 kaum noch militärische Auseinandersetzungen stattgefunden hatten. Sie baten darum, Kosaken, also kriegserfahrene Leute, anwerben zu dürfen, um den Krieg nicht mehr nur zur Verteidigung der eigenen Besitzungen zu führen, sondern die Gegner in deren Land zu besiegen und damit die Angriffe endgültig zu beenden. Offensichtlich hatten Nikita und Maksim Stroganov beschlossen, die Anordnungen aus Moskau zu ignorieren. Sie fühlten sich stark und mächtig genug, nun auch ohne ausdrückliche Zustimmung der zarischen Regierung vorzugehen. Zu einem guten Teil also lag die Initiative, den ersten Schritt zur Eroberung Sibiriens zu machen, im Hause Stroganov. Noch war der zarische Staat trotz seines autokratisch-despotischen Monarchen nicht stark genug, an der Peripherie ein eigenmächtiges Vorgehen zu verhindern. Bei den späteren Eroberungen und dem immer weiteren Ausgreifen Rußlands nach Sibirien werden solche Vorgehensweisen häufig an der Tagesordnung sein. Die spätere offizielle russische Historiographie hat den Anteil der Stroganovs systematisch verkleinert, so wie es jüngst auch Skrynnikov noch einmal versuchte, um dem Zaren, also dem Staat, den Ruhm der Eroberung neuer Länder zuteil werden zu lassen.[73]

Doch hier bot sich der Kaufmannsfamilie eine vernünftige, wenn auch risikoreiche Möglichkeit zum Handeln, die genutzt werden mußte. Ende Dezember 1581 schwenkte die Politik Ivans IV. noch einmal auf die Linie der Stroganovs ein. Der Zar gewährte ihnen das Recht, willige Leute unter den Einheimischen anzuwerben, um den Kampf gegen die Vogulen zu führen, und darüber hinaus auch das Recht, über den Zeitpunkt der Auseinandersetzung sowie die eingesetzten Mittel und Methoden selbst zu bestimmen.[74] Die innere Lage des Reiches blieb auch nach dem formalen Ende der Opričnina im Jahre 1572 wenig stabil. Nach kurzer Zeit entstand sie in leicht gewandelter Form als »Hof« (*dvor'*) erneut und wurde in der zweiten Hälfte der 1570er Jahre noch einmal wiederbelebt. Wirtschaftlich und finanziell lag das Land am Boden. Die langen Zeiten der Kriege hatten die steuerpflichtige Bevölkerung mit immer neuen Abgaben belegt. Viele Bauern flohen in die Randgebiete oder verringerten ihre Anbauflächen. Es kam zu Hungersnöten und großen Wüstungen. Auch der Dienstadel verarmte und große Teile des alten Bojarenadels waren dem Terror der Opričnina zum Opfer gefallen.

Die innere Zerrüttung und die drohende Niederlage gegen Polen-Litauen und Schweden im Livländischen Krieg werden die Stroganovs bewogen haben, auf eigene Faust zu handeln. Gelang die Niederwerfung des sibirischen Chans und seiner Verbündeten, so winkten ungeheure Schätze und Gewinne, schlug die Unternehmung fehl, so lag zwischen dem Ural und Moskau eine erhebliche Entfernung, und die Kräfte, auf die sich der Zar zu jener Zeit stützen konnte, fielen kaum mehr ins Gewicht. Die Gesundheit Ivans IV. war seit Jahren aufgrund seiner exzessiven Lebensweise stark angegriffen. Im November 1581 hatte er aus nichtigem Anlaß seine Schwiegertochter im Jähzorn derart geschlagen, daß sie eine Fehlgeburt erlitten hatte. Seinen Sohn, der seiner Frau zu Hilfe geeilt war, traf er mit seinem Stock derart unglücklich am Kopf, daß Ivan der Jüngere wenige Tage später seinen Verletzungen erlag. Die Reue des Zaren darüber kam einem psychischen Zusammenbruch gleich.[75] Über all dies, so ist mit großer Wahrscheinlichkeit anzunehmen, waren die Stroganovs aufgrund ihrer ausgezeichneten Verbindungen nach Moskau bestens informiert. Sie konnten sich dementsprechend sicher sein, von dieser Seite kaum einen entschiedenen Widerstand gegen eine Eroberungspolitik erwarten zu müssen.

Es fehlte für den Plan, das sibirische Chanat niederzuwerfen, nur noch der richtige Bündnispartner, denn es mangelte den Stroganovs an erfahrenen Kriegern, die den Kampf mit Kučum aufnehmen konnten. Allerdings warben die Stroganovs für ihre militärischen Operationen seit langem schon Soldaten an, die sie zumeist unter den Kosaken fanden. Für den endgültigen Ausgriff über den Ural aber waren sie nicht zahlreich genug. Der passende Partner für die geplante Unternehmung fand sich schließlich in der Person des Ermak Timofeevič, dessen Herkunft und Rolle im Eroberungsprozeß Sibiriens seit der Mitte des 18. Jahrhunderts in der Historiographie umstritten ist.[76] Mit seinem Namen verbinden sich in Rußland und im Westen Mythen und Legenden ohne Zahl. Volkslieder besingen und preisen ihn, manche Schilderung jedoch rückte ihn auch in die Nähe des Banditentums. Eine der Chroniken Sibiriens, die der Adlige S.U. Remezov am Ende des 17. Jahrhunderts verfaßte, erhob Ermak fast in den Rang eines Heiligen und spielte zugleich den Anteil der Stroganovs bei der Eroberung Sibiriens erheblich herunter.[77] Dies setzte sich später fort. So schrieb auch der deutsche Historiker Gerhard Friedrich Müller, der in der zweiten Hälfte des 18. Jahrhunderts als Hofhistoriograph des Russischen Reiches fungierte, in seiner offiziösen Geschichte Sibiriens, daß die Initiative nicht von den Stroganovs, sondern von den Kosaken unter Ermak ausgegangen sei.[78] Kaufleute und Unternehmer, die im Hintergrund agieren, eignen sich nur selten für langfristige Mythen- und Legendenbildungen, für Volkslieder und Denkmäler. In jedem Falle aber gilt, daß für die Eroberung Sibiriens Ermak ebenso wichtig war wie Cortés und Pizarro für die Eroberung Mexikos und Perus. Allerdings handelte Ermak in weit geringerem Maße auf eigene Faust als die spanischen Konquistadoren, auch sein sozialer Hintergrund war gänzlich anders. Als den »russischen Pizarro« hat schon Nikolaj Karamzin, Hofhistoriograph unter Alexander I., Ermak in seiner »Geschichte des Russischen Reiches« bezeichnet, der eine »Bande von Landstreichern« befehligt habe, die »theils von roher Habgier, theils von edler Ruhmsucht« getrieben worden seien. Ermak sei, so hieß es dort schon zu Beginn des 19. Jahrhunderts, »für wilde Völker nicht weniger, aber für die Menschheit nicht so schrecklich als der spanische« gewesen. Ausführlich allerdings beschrieb Karamzin das Wirken der Stroganovs als die eigentlich treibende Kraft des Ausgriffs nach Sibirien.[79]

Über den Eroberungszug Ermaks nach Sibirien liegen vier russische Chroniken vor, von denen allerdings keine zeitgenössisch ist, sowie Korrespondenzen und Urkunden der zarischen Kanzleien, die in den letzten Jahrzehnten insbesondere von Terence Armstrong und Ruslan G. Skrynnikov aufgearbeitet wurden. Offensichtlich gab es einen zeitgenössischen Bericht über Ermaks Zug nach Sibirien, das *Napisanie* (Niederschrift), das jedoch nicht überliefert ist, aus der aber spätere Chronisten mit einiger Sicherheit ihr Wissen geschöpft haben. Diese Chroniken, die schon erwähnte Remezov-Chronik, die Stroganov-Chronik, die Esipov-Chronik und die Neue Chronik, liegen in unterschiedlichen Abschriften und Varianten vor, die russische Historiker Anfang des 20. Jahrhunderts herausgegeben haben.[80]

Seit den Anfängen einer kritischen Geschichtswissenschaft in Rußland um die Mitte des 18. Jahrhunderts wird über das Alter dieser Chroniken und ihre Zuverlässigkeit diskutiert, daneben auch darüber, welche Beziehungen zwischen diesen Chroniken bestehen. Die »Neue Chronik«, in der die sibirischen Eroberungen aber nur in zwei Abschnitten abgehandelt werden, ist trotz ihres Namens wohl die älteste und stammt wahrscheinlich aus dem Jahre 1630. Es handelt sich dabei um eine Zusammenstellung mehrerer Vorlagen, deren Verfasser unbekannt sind. Von der Esipov-Chronik und der Remezov-Chronik kennen wir zwar die Verfasser, wissen aber nicht sehr viel über sie. Savva Esipov stand in Diensten des Tobol'sker Erzbischofs und beendete seine Chronik mit dem Datum des 1. September 1636. Esipov, kaum verwunderlich, betonte die religiöse Seite von Ermaks Eroberungen und die

Rolle und Bedeutung der Orthodoxen Kirche. Die Remezov-Chronik, von der der später noch ausführlich zu erwähnende deutsche Historiker Gerhard Friedrich Müller während der Zweiten Kamčatkaexpedition eine Fassung im Tobol'sker Archiv fand, und die zunächst auch als Tobol'sker-Chronik bezeichnet wurde, stammt aus der Feder des Adligen Semen U. Remezov (1642-nach 1720), dessen Familie seit den 1620er Jahren in Tobol'sk ansässig war. Diese Chronik ist die jüngste, basiert zu großen Teilen auf der Esipov-Chronik und läßt sich auf die Zeit um die Wende vom 17. zum 18. Jahrhundert datieren. Eine Version, das sogenannte Mirovič-Manuskript, ist illustriert.

Auch über die Künstler und den Zeitpunkt der Entstehung dieser Illustrationen ist sich die Forschung nicht einig. Sie sind vermutlich um das Jahr 1700 zu datieren und geben daher, wie Armstrong wohl mit Recht vermutet, eher das russische Leben zu jener Zeit als zu Ermaks Zeiten wieder.[81] Remezov führte im Auftrag der Regierung geographische und ethnographische sowie kartographische Studien durch, auf die auch drei Atlanten Sibiriens zurückgehen.[82] Unbekannt hingegen ist nicht nur der Verfasser der Stroganov-Chronik, sondern auch der Zeitpunkt ihrer Entstehung, der nach neueren Forschungen zwischen 1621 und 1636 gelegen haben soll. Klar allerdings sind die Gründe für ihre Entstehung. Sie sollte die Rolle und Bedeutung der Unternehmerfamilie in diesem Eroberungsprozeß Sibiriens herausstellen. Der unbekannte Verfasser nutzte dazu das Archiv der Familie und fügte auch die zarischen Urkunden in den Text ein. Aber nicht nur die Stroganov-Chronik weist Aussagen eindeutiger Tendenz auf. Die Esipov-Chronik legt ihren Schwerpunkt auf die Rolle der Kirche, die Remezov-Chronik, verfaßt von einem Adligen, der im Staatsdienst stand, unterläßt jeden Hinweis auf die Schwäche des Staates in jener Zeit und die wichtige Rolle, welche die Stroganovs spielten.

4. Ermak und seine Kosaken

Kehren wir zurück zum Gang der Ereignisse. Seit Skrynnikovs Forschungen in den letzten beiden Jahrzehnten wissen wir mit einiger Sicherheit, daß Ermak kein Räuber und Mörder war, sondern als Kosak lange Zeit in Diensten des Zaren gestanden und im Livländischen Krieg gekämpft hatte, also durchaus über entsprechende militärische Erfahrungen verfügte. Ermak befand sich zudem keinesfalls auf der Flucht vor dem Zaren und dessen Zorn, so stellt Skrynnikov heraus, sondern diese Geschichte sei gleichsam nur öffentlich verkündet worden, um die Eroberungspolitik nicht als Teil staatlichen Handelns deklarieren zu müssen. Es mag offen bleiben, inwieweit solche Pläne und Konzepte von seiten Ivans IV. tatsächlich existierten. Die vorgetragene Version erscheint im Sinne modernen staatlichen Denkens und Handelns durchaus plausibel, läßt sich aber bei allem Scharfsinn kaum anhand der Quellen belegen.[83] Erneut ist in diesem Kontext darauf hinzuweisen, daß sich Ivan IV. zu jener Zeit in einem Zustand des körperlichen und geistigen Verfalls befand und solch weitreichende Konzeptionen wohl kaum noch entwickeln konnte.

Fest steht in jedem Falle, daß sich die Stroganovs der Dienste der Kosaken, die unter Führung Ermaks die mittlere und untere Wolgaregion durchstreiften, versicherten. Welche Pläne und ob solche von seiten des Kosakenführers für einen Zug über den Ural überhaupt bestanden haben, läßt sich nicht mit Sicherheit sagen. Mit einiger Wahrscheinlichkeit kehrte Ermak Anfang 1582 aus dem Livländischen Krieg in die Gebiete an der unteren Wolga zurück, denn im Juni und Juli 1581 war er noch an den Kämpfen um Mogilev beteiligt gewesen.[84] In den Steppengebieten an der Wolga, in denen es keine endgültige Grenzziehung gab, kam es immer wieder zu Auseinandersetzungen zwischen den Nogai-Tataren, der indigenen Bevölkerung und dem Moskauer Reich. Dabei ging es im wesentlichen um Weide- und Fischrechte. Eine besondere Rolle spielten die Kosaken, die einerseits als Grenztruppe in Diensten des Zaren standen, andererseits aber auch auf eigene Rechnung auf Beutezüge gingen, wobei die Grenzen fließend waren. Für weiterreichende Aktionen zur »Befriedung« dieser Region fehlten der Regierung in Moskau alle militärischen Möglichkeiten. Zur gleichen Zeit, als sich die russische Niederlage im Livländischen Krieg abzeichnete, zeigten sich die nichtrussischen Ethnien an der Wolga aufsässig, so daß sich die Moskauer Regierung gezwungen sah, mit der Großen Nogaier Horde Frieden zu schließen.[85] Deren Fürsten sahen nun die Möglichkeit, sich durch Beschwerden und Anschuldigungen in Moskau ihrer hauptsächlichen Gegner, der Kosaken, zu entledigen. Ermak wurde beispielsweise des Diebstahls von über eintausend Pferden beschuldigt. Allerdings verfolgte die Regierung des Zaren eine durchaus undurchsichtige Politik gegenüber den Nogaiern. Einerseits versuchte sie, diese als Bündnispartner zu gewinnen, andererseits drohte sie ihnen mit Angriffen der Kosaken, die 1571 als Vergeltung für den Angriff und das Niederbrennen Moskaus die Hauptstadt der Nogaier Horde zerstört hatten.[86] Auch diesmal hielten sich die Kosaken nicht zurück, obwohl es Instruktionen aus Moskau gab, nicht in feindliches Territorium einzudringen. Offensichtlich verstanden sie das politische Spiel, das von Moskau gespielt wurde, nicht. Eine Abteilung unter Führung des Atamans Ivan Kol'co überfiel einen Trupp Nogaier, die einen Gesandten des Zaren zurück nach Moskau begleiteten, und tötete trotz der Proteste des Gesandten viele von ihnen. Als sich die endgültige Niederlage Rußlands im Westen abzeichnete, zeigte Moskau sich sehr versöhnlich gegenüber den Nogaiern, sandte Geschenke und versprach die Schuldigen zu bestrafen. Als Sündenböcke wurden die Kosaken hingestellt, die nun von Moskau den Nogai-Tataren gegenüber als Räuber und außerhalb des Gesetzes stehend bezeichnet wurden.[87] Ivan Kol'co und seine Spießgesellen sollten gehängt werden, doch konnten alle fliehen, um bald darauf auf den Besitzungen der Stroganovs aufzutauchen, denn zwischen Kol'co und Ermak bestand eine enge Verbindung.[88]

Fast gleichzeitig begannen auch im Uralgebiet wiederum Angriffe der sibirischen Tataren einerseits und der dortigen Ethnien andererseits. Die Vogulen, von den Stroganovs von ihren Weidegründen vertrieben und tributpflichtig gemacht, zeigten sich seit dem Sommer 1580 unruhig. Im Herbst 1581 attackierten zwei ihrer Fürsten, Begbeli Agtai und Kichek aus Pelym, erneut die Besitzungen der Unternehmerfamilie bei Čerdyn' und Solikamsk, plünderten und brandschatzten, worüber diese sich bei Zar Ivan IV. in einem längeren Schreiben beklagte. »Und diese niederen Menschen kommen, um zu stehlen, sie treiben unsere Pferde und Kühe fort und töten unsere Leute. Sie ruinieren unsere Geschäfte und lassen uns kein Salz sieden.«[89] Im folgenden Jahr wiederholten sich diese Attacken. Diesmal unterstützten Truppen Kučums die Vogulen und überfielen die Güter der Stroganovs.[90] Der sibirische Chan stand auch erneut hinter den Aufständen der Čeremissen an der Wolga. Ihren Zusammenschluß mit den Nogaiern und den Truppen Kučums suchte Moskau durch die Entsendung militärischer Einheiten in die Region zu verhindern.

Unklar bleibt, wann die Stroganovs von den Taten Ermaks und der anderen Atamane erfuhren. Sicherlich verfügte die Kaufmannsfamilie über ein entsprechendes Kommunikationsnetz, und die Wolga war ein wichtiger Handelsweg. Erstaunlich ist die Tatsache, daß jener zarische Gesandte zu den Nogaiern namens Pelepelicyn, der von Kol'co und seinen Männern überfallen worden war, bald darauf zum Voevoden von Čerdyn', dem zarischen Außenposten in der unmittelbaren Nachbarschaft der Stroganovs, ernannt wurde.[91] Das Beziehungsgeflecht, das offensichtlich bestand, läßt sich anhand der vorliegenden Quellen nicht mehr schlüssig rekonstruieren. Aus der Stroganov-Chronik erfahren wir, daß die Familie im April 1582 von »vertrauenswürdigen Männern« Auskünfte über die »tapferen und mutigen« Kosaken an der Wolga erhielt. Allerdings sind die Datierungen der Chronik ausgesprochen unzuverlässig. Aus anderen Quellen wissen wir, daß die Familienoberhäupter den Kosakenatamanen am 6. April 1582 einen Brief schickten und ihnen anboten, bei ihnen in einen »ehrenhaften Dienst« zu treten. Die Authentizität des Inhaltes dieses Briefes ist in der Forschung jedoch seit Müllers »Sibirischer Geschichte« aus der zweiten Hälfte des 18. Jahrhunderts umstritten. Es gibt ebenso viele Argumente, die dafür wie dagegen sprechen. Gehen wir davon aus, daß der Text dieses Schreibens authentisch ist, so traten die Stroganovs im Namen des Zaren auf. Die Kosaken sollten, so hieß es, keine Räuber mehr sein, sondern Kämpfer des Zaren und »sich mit Rußland versöhnen«. Die Stroganovs hätten Festungen und Landbesitz, aber keine große Gefolgschaft. »Kommt zu uns, um das Große Perm' und die östliche Grenze der Christenheit zu verteidigen.«[92] Handelten die Stroganovs nicht im Auftrag des Zaren, dann lassen sich diese Äußerungen nur als Anmaßung bezeichnen.

Die Einladung der Stroganovs an Ermak und seine Kosaken wird von zahlreichen verlockenden Geschenken und Angeboten begleitet gewesen sein. Die Stroganovs boten Waffen, Quartier, Verpflegung sowie Geld und schilderten vermutlich den Reichtum Sibiriens, also die Beute, die im Falle erfolgreicher Aktionen winkte, in glühenden Farben. Ermak, Ivan Kol'co und andere Anführer mit ihren Männern hätten die Einladung von diesen »ehrenhaften Männern« gerne angenommen, heißt es in den Quellen, und sich mit 540 Männern auf den Weg gemacht. Schließlich erreichten sie am 28. Juni jenes Jahres die Besitzungen der Stroganovs im Uralgebiet.[93] Skrynnikov geht davon aus, daß die Kosaken, wie bei ihnen üblich, auf einer Heeresversammlung darüber beraten und entschieden haben.[94] Die Häupter des Familienunternehmens hielten wohl endgültig die Zeit für gekommen, jene Gebiete in Besitz zu nehmen, die ihnen Zar Ivan IV. in seiner Urkunde aus dem Jahre 1574 übertragen hatte.[95]

Den Stroganovs erschien die Situation grundsätzlich günstig, denn Kučum war seit längerer Zeit kein Vasall des Zaren mehr, an vielen Grenzen des Moskauer

Reiches herrschte Unruhe und im Livländischen Krieg drohte eine deutliche Niederlage gegen Polen-Litauen und Schweden. Die Unternehmerfamilie konnte also
recht sicher sein, daß von seiten des Zaren allerhöchstens Einspruch gegen ihr
Vorgehen erhoben werden würde, ernsthafte Widerstände oder Repressalien hingegen kaum zu erwarten waren. Der Erwerb neuer Ländereien sowie die möglicherweise endgültige Unterwerfung Kučums und der indigenen Bevölkerung versprachen erheblichen Gewinn in Form von Tributen. Endlich konnte ein
langgehegter Plan umgesetzt werden.

Ermak und seine Männer befanden sich zum Zeitpunkt der oben geschilderten
Angriffe auf die Familienbesitzungen bereits an der Čusovaja. Die Truppen Kučums
standen unter dem Befehl seines Sohnes Alej und hatten sich mit denen des vogulischen Fürsten Abalygerim vereinigt. Die Kosaken konnten den Angriff abwehren.
Die Angreifer zogen sich jedoch nicht endgültig zurück, sondern schlugen einen
Bogen und griffen an anderer Stelle erneut an. Sie eroberten die Stadt Sol'-Kamska-
ja, raubten, plünderten, töteten die Einwohner und brannten die Stadt nieder. Von
dort aus marschierten sie weiter nach Čerdyn', der größten Festung im Perm'er
Gebiet, die allerdings nicht den Stroganovs gehörte, sondern dem Zaren, und griffen
diese wohl Ende August oder Anfang September 1582 an. Der dortige Voevode
beschwerte sich bei Ivan IV. darüber, daß ihm die Stroganovs mit ihren Leuten nicht
zur Hilfe gekommen seien, sondern ihre eigenen Interessen verfolgt hätten.[96]

5. Der Angriff auf das Chanat Sibir'

Die Stroganovs und Ermak erkannten, daß Teile der Truppen Kučums und seiner
Verbündeten außer Landes waren und von daher mit einer starken und verteidi-
gungsbereiten Armee in Sibirien nicht mehr zu rechnen war. Die kursierenden
Zahlen über die Stärke der sibirischen Tataren, in den Quellen ist die Rede von
10.000 Mann, werden die Stroganovs aufgrund ihrer ausgezeichneten Kenntnis der
Verhältnisse kaum ernst genommen haben.[97] Ermak hatte gefangene Tataren ver-
hört und erfahren, daß der Chan keinen Angriff erwartete und nur noch über geringe weitere Kräfte verfügte. Zudem hatten die Kosaken rasch herausgefunden,
daß die Kampfkraft der sibirischen Tataren und ihrer Verbündeten nicht besonders
hoch war.[98] Auch war die Jahreszeit günstig. Die Flüsse führten viel Wasser, so daß
die Kosaken über lange Strecken ihre Ruderboote benutzen konnten, um die Pässe des Urals zu überwinden. Diese Wege waren den Russen seit Jahrhunderten
bekannt. Die Mitarbeiter der Stroganovs kannten dort im Gebirge jeden Weg und
Steg, denn sie hatten seit langen Jahren alle Möglichkeiten für ein Eindringen nach
Sibirien ausgekundschaftet, außerdem waren diese Wege seit jenen Zeiten, als die
Novgoroder ihre Handelsbeziehungen zu den Gebieten jenseits des Urals aufgenommen hatten, immer intensiver erkundet worden.[99]

Ermak und seine Männer betraten somit kein Neuland, als sie am 1. September
1582, dem Tag des Heiligen Simeon dem Säulenheiligen, angriffen. Sie waren keine Pioniere oder Entdecker, die sich auf unbekannten Pfaden bewegten. Die Stro-

ganov-Chronik überliefert uns die Geschichte der Eroberung Sibiriens aus der Sicht jener, die mit Gewißheit das finanzielle Risiko und die Verantwortung dafür trugen.[100] Der Zug Ermaks und seiner Kosaken über den Ural kostete die Stroganovs eine immense Summe, vorgeblich 20.000 Rubel, die vor allem für die Bewaffnung und Verpflegung der Truppe aufgewendet wurden. Ermaks Kosaken, verstärkt durch 300 Mann aus den Reihen der Stroganov-Bediensteten, darunter auch mehrere ortskundige Führer, insgesamt also 840 Kämpfer, verfügten über Musketen, Säbel und Langspieße sowie einige kleinere Kanonen. Die Truppe wurde aufgeteilt in Abteilungen zu je 50 Mann, die ihren Vorrat an Verpflegung und Munition mit sich führten. Die Kosaken und auch die Männer der Stroganovs waren mit Sicherheit kampferprobt. Unter der Voraussetzung, daß Ermak, der Anführer, rund zwanzig Jahre dem Zaren Kriegsdienst geleistet hatte, wird er zu jenem Zeitpunkt etwa Anfang bis Mitte vierzig gewesen sein. Gleiches wird für den Großteil der Truppe gegolten haben. Die Stroganovs sorgten auch für den geistlichen Beistand, und so begleiteten drei Priester und ein entflohener Mönch die Kosaken.[101]

Auf dem Wasserweg von einem an der Čusovaja gelegenen Fort der Stroganovs fuhren die Kosaken mit ihren Booten die Serebrjanka (auch Serebranaja genannt), einen rechten Nebenfluß der Čusovaja, aufwärts, mußten ihre Boote dann ein Stück über Land tragen und fuhren dann die Baranča abwärts, bis sie den Tagil erreichten, von dort benutzten sie die Tura, den Tobol und den Irtyš und gelangten in die Nähe der Hauptstadt des sibirischen Chanats Isker. Die Paßhöhen des Urals übersteigen an jener Stelle nur selten 500 Meter, so daß die Fahrt nicht allzu beschwerlich gewesen sein kann, trotz manch gegenteiliger Behauptungen in der Literatur.[102] Die Route über die Čusovaja, die westlich und östlich des Urals fließt und deren höchster Punkt 250 Meter über dem Meeresspiegel liegt, war seit dem Ende des 14. Jahrhunderts bekannt.

Die Kosaken besaßen eine jahrhundertelange Erfahrung im Bau und Gebrauch ihrer Boote, die bis ins 19. Jahrhundert hinein verwendet wurden. Auch bei den großen Sibirienexpeditionen des 18. Jahrhunderts wurden sie benutzt. Es handelte sich um *doščaniki*, in den zeitgenössischen Quellen als *strut* bezeichnet, große, flachbödige Schiffe mit Rudern und einem Segel am Heck, rund 30 Meter lang, in denen etwa zwanzig Mann Platz fanden und die auch die entsprechenden Lasten tragen konnten und für deren Herstellung kein Eisen erforderlich war.[103] Die Kosaken waren geübte Bootsleute, lange bevor sie als berittene Truppen des Zaren in die Geschichte eingegangen sind.

Bei ihrem Weg über den Ural ließen die Kosaken einige schwere Boote zurück und mußten daher für die Fortsetzung ihrer Reise flußabwärts einige neue kleine Boote und Flöße zimmern. Bis nach Isker benötigten die Kosaken rund zwei Monate, d.h. sie kamen gegen Ende Oktober 1582 dort an. Auf dem Weg gab es nur einige kleinere Scharmützel mit der indigenen Bevölkerung und ein kurzes Gefecht mit den Tataren, bei dem aber keine Gefangenen gemacht wurden, die Auskünfte hätten geben können. So suchte Ermaks Truppe den direkten Weg in die Hauptstadt des sibirischen Chanats. Unterdessen waren allerdings einige der Tataren, die sich das Gefecht mit Ermak geliefert hatten, nach Kašlyk gelangt und konnten Kučum über die Vorfälle berichten.

Das Chanat Sibir' war, dies sei noch einmal betont, kein sehr großes Reich, aber es versperrte aufgrund seiner Lage den Weg nach China, nach Buchara und Mangazeja. Um den Thron des Chanats rivalisierten zwei Clans, einerseits die Taibugas, Nachfahren Taibugas, eines Herrschers der Nogai-Tataren, andererseits die Šejbaniden, Abkömmlinge von Šejban, einem Enkel Dschingis-Chans. Kučum, ein Šejbanide, hatte 1563 seinen Rivalen Ediger, einen Taibuga, ermordet und sich anschließend in einem inneren Machtkampf gegen rivalisierende Ansprüche durchgesetzt. Sein Herrschaftsanspruch war nicht unumstritten, seine Macht beruhte zum großen Teil auf angeworbenen Kämpfern der Nogai-Horde. Seine Hilfstruppen bestanden aus den unterworfenen indigenen Ethnien, den Vogulen und Ostjaken, die ihm Tribut zahlten. Sie praktizierten eine schamanistische Naturreligion, während die Tataren Moslems waren. Die Remezov-Chronik schilderte den sibirischen Chan als sündig und verrucht. »Kučum gehörte zu den Ungläubigen, betete Götzen an und aß unreine Speisen. Er führte ein sündiges Leben, hatte 100 Frauen, auch Knaben und Mädchen.«[104]

Die Hauptstadt des Chanats Sibir', Isker oder Kašlyk, war als eine Festungsstadt angelegt, deren eine Seite vom Irtyš und deren drei andere, talwärts abfallende Seiten durch Wälle geschützt waren. Was sich beim Herannahen der feindlichen, aber doch nicht übermäßig großen Kosakentruppe in der Festung abspielte, ist unbekannt. Überliefert, wie fast immer üblich, sind nur die Darstellungen der Sieger. Alle Beschreibungen über die militärischen Pläne und die politischen Konzepte Kučums beruhen entweder auf Annahmen und Vermutungen oder gehen auf russische Quellen zurück. In jedem Falle befand sich ein großer Teil der Armee des Chans mit den Hilfstruppen der Ostjaken und Vogulen unter dem Kommando seines Sohnes und Thronerben Alej westlich des Urals im Kampf gegen die zarische Festung Čerdyn' und die Stroganovschen Besitzungen. Sie hatten sie Anfang September 1582, also nur wenige Tage nachdem Ermak mit seinen Kosaken aufgebrochen war, attackiert. Mit einiger Sicherheit wird Kučum durch Boten über diese Vorgänge informiert worden sein. Angesichts dieser Bedrohung wandte sich der dortige Voevode mit einem Hilferuf an den Zaren. Er meldete auch, daß Ermak mit seiner Truppe bei den Stroganovs angekommen war und sie von dort »nach Sibirien gegangen seien, um gegen den sibirischen Chan zu kämpfen.«[105]

Möglicherweise, doch eher unwahrscheinlich, war das Gesandtschaftsamt (*posol'skij prikaz*) in Moskau allerdings schon durch einen Boten Ermaks, Čerkas Aleksandrov, über diese Vorgänge informiert.[106] Wann und von wo Ermak diesen Boten nach Moskau geschickt hat, bleibt allerdings schon von der Datierung her unsicher. Auch über die Gründe für eine solche Entsendung lassen sich nur Vermutungen anstellen. Für eine Entsendung noch vor der Einnahme von Sibir' fehlte jeglicher Grund. Wurde der Bote erst nach der Einnahme der Festung, die auf den 26. Oktober 1582 zu datieren ist, abgesandt, so kann er Moskau angesichts der klimatischen Bedingungen kaum vor den Boten des Perm'er Voevoden erreicht haben. Wie auch immer sich diese Angelegenheit abgespielt haben mag, der Zar sandte am 16. November 1582 einen Drohbrief an die Stroganovs, auf den gleich zurückzukommen sein wird.

6. DER SIEG DER KOSAKEN

Zunächst aber kehren wir zurück zum Gang der Ereignisse in Sibirien. Kučum beauftragte seinen Sohn Mametkul, nach anderen Angaben soll es sein Neffe gewesen sein, mit der Verteidigung der Hauptstadt. Anstatt sich hinter die sicheren Wälle zurückzuziehen, sollte die Truppe Ermaks vor den Toren der Stadt durch einen Verhau über den Irtyš aufgehalten und dann wohl in offener Schlacht niedergeworfen werden. Nach den Angaben der »Remezov-Chronik« verfügten die Tataren über keine Musketen oder Kanonen, sondern nur Pfeil und Bogen, während die Čuvašen zwei Kanonen gehabt hätten, welche die Kosaken jedoch »zum Schweigen gebracht« hätten, woraufhin jene die Kanonen den Berg hinunter in den Irtyš geworfen hätten.[107] Nach arabischen bzw. turksprachigen Quellen der Zeit waren Schußwaffen in Sibirien zu jener Zeit unbekannt, und Ermak und seine Männer verdankten ihren Sieg allein der Überlegenheit ihrer Waffen.[108] Über die Bewaffnung der tatarischen Truppen wissen wir also wenig und auch welche Übung sie im Umgang mit Schußwaffen hatten, sofern sie denn überhaupt darüber verfügten, ist nicht bekannt. Die Kosaken hingegen besaßen Musketen und Munition in ausreichender Menge und wußten ihre Waffen auch ausgezeichnet zu handhaben. Sie benutzten sie nicht nur auf dem Lande, sondern auch von ihren Schiffen aus. Dabei entwickelten sie eine enorme Feuerkraft, denn während die einen luden, schossen die anderen. So gewann die numerisch deutlich unterlegene Truppe Ermaks diesen Kampf. Mametkul wurde verwundet und konnte nur mit knapper Not entkommen. Seine Truppen flüchteten, ebenso wie Kučum, der den Kampf aus der Ferne beobachtet hatte.[109]

Noch am gleichen Tag wurde auch die Hauptstadt gestürmt und geplündert. Die reiche Beute teilten die Sieger unter sich auf. In der Stroganov-Chronik heißt es: »Sie erbeuteten und teilten einen großen Reichtum an Gold und Silber, an goldenem Tuch und wertvollen Steinen und sehr teure Pelze von Zobel, Marder und Fuchs unter sich auf.«[110] Für nicht wenige Historiker gilt der Fall der Hauptstadt des Chanats als das entscheidende und einschneidende Ereignis und damit als Datum der Eroberung Sibiriens. Es ist allerdings, wie stets in solchen Fällen, festzuhalten, daß diese Sicht nur aus der Retrospektive Geltung gewinnt. Und selbst bei einer solchen Betrachtung der Dinge ist es fraglich, ob einem einzigen Ereignis tatsächlich eine so große Bedeutung zukommt. Wie die Chronik der Sieger berichtet, kam bald darauf einer der Häuptlinge der indigenen Bevölkerung zu Ermak und brachte Fisch und weitere Verpflegung.[111] Dies kann durchaus als ein Zeichen der Unterwerfung gedeutet werden, wenn es denn tatsächlich in dieser Form stattgefunden hat.

Angesichts der fortgeschrittenen Jahreszeit blieb Ermaks Truppe keine andere Wahl, als in Sibirien zu überwintern. Mittlerweile hatte sich Alej, Kučums Sohn, der Čerdyn' nicht hatte erobern können und bei den Kämpfen zahlreiche Verluste hatte hinnehmen müssen, auf den Rückweg gemacht. Da der Ural zu jener Jahreszeit nicht mehr passierbar war, mußte er einen Umweg wählen. Nach einer kurzen Ruhepause sollten Anfang Dezember die Hauptstadt befreit und die Kosaken vertrieben werden. Erneut standen die tatarischen Einheiten unter dem Kommando von Mametkul, der nach russischen Berichten vorgeblich 10.000 Mann um sich geschart hatte. Solche Zahlenangaben können nur als fiktiv bezeichnet werden und sollten offensichtlich, da sie wiederholt auftauchen, die Stärke des Gegners unterstreichen und die Bedeutung des eigenen Sieges herausstellen. Ermak entschloß sich zum offenen Gefecht und nicht zur Verteidigung in der Stadt Isker. Die Chronik berichtet von einem harten Kampf in der Nähe eines Sees, der den ganzen Tag gedauert habe. Beide Seiten beklagten schwere Verluste, doch die Kosaken gingen als Sieger daraus hervor.[112]

Noch vor dieser Schlacht hatte Zar Ivan IV. am 16. November 1582 seinen »Drohbrief« an Maksim und Nikita Stroganov gesandt. Wie er vom Voevoden Vasilij Pelepelicyn aus Čerdyn' gehört habe, heißt es dort, ein Bote Ermaks wird nicht erwähnt, hätten sie am 1. September Ermak und seine Truppe zum Krieg gegen die Vogulen und Votjaken und gegen die sibirischen Tataren geschickt. In jener Zeit sei das Perm'er Land von sibirischen und vogulischen Kämpfern angegriffen worden. Viele Russen seien gefallen und großer Besitz zerstört worden. »Und dies geschah aufgrund Eures Verrats.« Der Zar gab den Stroganovs die Schuld am Angriff der fremden Truppen. Ermak und seine Männer seien Räuber, welche die Stroganovs ohne seine Erlaubnis in Dienst genommen hätten. Noch einmal nannte er das Vorgehen der Stroganovs Verrat und Unehrlichkeit. Er forderte sie auf, die Kosaken sofort aus Sibirien zurückzurufen, um das Perm'er Land zu verteidigen, und alle Anstrengungen zu unternehmen, den Voevoden in Čerdyn' zu unterstützen und die Angriffe der Feinde abzuwehren. Anderenfalls fielen sie »in seine große Ungnade«. Ausdrücklich hieß es in dem zarischen Schreiben, die »Atamane und Kosaken« hätten ihnen, also den Stroganovs, gehorcht, ihnen gedient und das eigene Land verraten, dafür sollten sie gehängt werden. Maksim und Nikita Stroganov wurden außer der Ungnade des Herrschers keine weiteren Sanktionen angedroht.[113]

Vor allem die Datierung des zarischen Schreibens wurde in der historischen Forschung sehr lange kontrovers diskutiert. Gesichert ist aber nunmehr in jedem Falle die Datierung auf den 16. November 1582, aus der auch deutlich wird, daß der Beginn des Ermakschen Feldzuges nicht auf den 1. September 1581, sondern, wie inzwischen Skrynnikov nachgewiesen hat, auf den 1. September 1582 zu datieren ist.[114] Denkbar ist es durchaus, den Brief des Zaren als Versuch zu interpretieren, vom eigenen Versagen abzulenken und die Schuld an der Niederlage gegen die sibirischen Truppen auf Ermak und seine »Räuber« und den »Verrat« der Stroganovs abzuwälzen. Dann allerdings bleibt unverständlich, warum mit Ausnahme der »großen Ungnade« jede weitere Androhung von Sanktionen unterblieb und auch weiterhin nichts gegen die Familie unternommen wurde. So kann nur davon ausgegangen werden, daß der Zar in Moskau von dem Feldzug Ermaks im Dienste der Stroganovs nicht unterrichtet war, ihn auch nicht angeordnet hatte und Ermak und seine Kosaken nicht aus freien Stücken gehandelt und sich auf eigene Initiative in den Kampf gegen das Chanat Sibir' gestürzt hatten, sondern dazu von den Stroganovs beauftragt worden waren. Vvedenskij spricht ganz zu Recht davon, daß die Pläne des Zaren »völlig unrealistisch« gewesen seien.[115] Dies geht mehr als deutlich aus einem weiteren Schreiben des Zaren an die Stroganovs vom 7. Januar 1584 hervor, als Ivan IV. seinen Plan widerrief, im Winter eine Reitertruppe von 50 Mann über den Ural zu schicken, da nun in Moskau bekannt geworden sei, daß im Winter das Gebirge nicht auf Pferden überquert werden könne.[116] Über die Verhältnisse vor Ort wußte die Moskauer Administration offensichtlich nur sehr wenig.

In Sibirien setzten sich derweil Ermak und seine Kosaken in der Hauptstadt Isker fest. Ihr Verhalten ähnelte, wie dies schon Nikolaj M. Karamzin zu Beginn des 19. Jahrhunderts festgestellt hatte, dem der spanischen Konquistadoren. »Die Eroberung Sibiriens verlief in vielerlei Hinsicht ähnlich der Mexikos und Perus: eine Handvoll Männer mit Feuerwaffen überwältigten Tausende, die nur über Pfeile und Speere verfügten.«[117] Tribute der einheimischen Bevölkerung wurden unter brutalem Waffeneinsatz eingetrieben, wer sich zur Wehr setzte »exemplarisch« bestraft. Üblich war es, niederzuknien und die Schwerter der Kosaken zu küssen, einen Eid zu schwören und sich auf diese Art und Weise zur Tributzahlung bereitzuerklären. Daß der Unterlegene dem Sieger einen Treueid leistete, war eine gängige Praxis, doch galten solche Bündnisse wenig und waren, wie sich im Verlauf des Eroberungsprozesses zeigen wird, im Verständnis der Einheimischen nur temporär. Bei »Verhandlungen« mit den Clanchefs und Häuptlingen lag das Schwert stets bereit.[118] Dies alles geschah, wie in Süd- und Mittelamerika unter Cortés und Pizarro auch, im Namen der Krone. Unter den Verhältnissen des späten 16. Jahrhunderts ist es weder denk- noch vorstellbar, daß die Kosaken anders hätten handeln können. Die Inbesitznahme im eigenen Namen oder für eine noch so reiche Kaufmannsfamilie ließ diese Vorstellungswelt nicht zu. Skrynnikovs Einlassung, nichts hätte Ermak hindern können, in Sibirien eine Ordnung zu errichten, »die dem ewigen Traum der Völker von Freiheit entsprochen hätte«, ist eindeutig den Nachwirkungen der kommunistischen Ideologie geschuldet.[119]

Unter den Bedingungen des sibirischen Winters führten die Kosaken ihren Eroberungszug fort und versuchten, so gut es ging, zu überleben. Die Vorräte in Isker gingen offensichtlich rasch zur Neige, und es erwies sich als schwierig, die notwendigen Nahrungsmittel zu beschaffen. Der Hunger war ein ständiger Gast.[120] Dennoch überstanden die Kosaken ihren ersten Winter ohne größere Verluste. Es gelang ihnen sogar, ihren Herrschaftsbereich auszuweiten, obwohl es des öfteren zu Kämpfen mit den Tataren oder der indigenen Bevölkerung kam. Kučum zog sich mit dem größten Teil seiner Streitmacht in den Süden zurück und überließ den nördlichen, unwirtlicheren Teil den Kosaken.

Als das Frühjahr 1583 anbrach, gelang den Kosaken die Gefangennahme Mametkuls, dessen Aufenthaltsort von einem Angehörigen eines der mit Kučum um die Macht rivalisierenden Geschlecher verraten worden war.[121] In dieser Zeit setzten sich die Machtkämpfe unter den herrschenden Tatarenfamilien fort, so daß sich Ermaks Truppe behaupten und bis zum Ob' vorstoßen konnte, auch wenn es immer wieder zu kleineren Gefechten kam. Folgen wir der Stroganov-Chronik, so sandte Ermak in jenem Frühjahr auch ein Schreiben an Semen, Maksim und Nikita Stroganov, in dem er vom Sieg über Kučum, der Einnahme von Isker und der Gefangennahme Mametkuls berichtete. Daraufhin meldeten die Stroganovs diese Erfolge sogleich nach Moskau und reisten bald darauf persönlich dorthin. Zar Ivan IV. gewährte als Belohnung Semen Stroganov weiteren Besitz und seinen Neffen Maksim und Nikita zollfreien Handel in ihren Besitzungen.[122]

Da Ermak selbst erst im Sommer 1583 eine Gesandtschaft von 25 Mann mit einem Brief nach Moskau schickte, so liegt die Vermutung nahe, daß dies auf Anraten der Stroganovs geschah, auch wenn dafür keine Quellen überliefert sind. Als ein ansehnliches Geschenk für den Zaren brachten sie über 2.000 Zobel-, Biber- und Fuchspelze mit. In ihrem Schreiben berichteten sie von ihrem Sieg über Kučum sowie die Vogulen und Ostjaken. Sie hätten das Land für den Zaren erobert und alle, die dort lebten, hätten nach ihrem Glauben geschworen, daß sie seine Herrschaft anerkennen, alljährlich den *jasak* zahlen und niemals gegen die Russen kämpfen würden.[123] Zu jenem Zeitpunkt war der Livländische Krieg durch den Friedensschluß mit Schweden endgültig beendet worden. Die Gebietsverluste, die das Moskauer Reich im Westen hatte hinnehmen müssen, ließen sich durch die Gewinne im Osten, einem Land, das offensichtlich über einen lukrativen Pelzreichtum verfügte, etwas leichter verschmerzen.[124]

Der Zar schenkte den Boten ebenso wie den Atamanen und Kosaken in Sibirien nicht nur seine »große Gunst«, sondern auch Geld sowie wertvolles Tuch und andere Gaben. Auch sollten Voevoden nach Sibirien gesandt werden und im Staatsdienst stehende Männer, was bedeutete, daß das neueroberte Land unter zarische Verwaltung gestellt wurde. Ivan IV. wünschte zum einen, daß Ermak nach Moskau kommen sollte und zum anderen die Auslieferung von Mametkul.[125] Darüber hinaus sollten Verstärkungen nach Sibirien geschickt werden, um Ermak und seine Männer zu unterstützen und den Besitz des neuen Landes zu sichern. Doch schlug der erste Versuch fehl, denn, wie oben bereits erwähnt, sollte Fürst Semen Bolchovskij im Winter den Ural überqueren, was in jener Zeit unmöglich war.[126]

7. Die Sicherung der eroberten Gebiete

Der Entsatz aus Moskau, 300 Strelitzen unter dem Befehl des Fürsten Bolchovskij, der zum ersten Voevoden Sibiriens ernannt worden war, traf erst kurz vor der dritten Überwinterung der Kosaken in Sibirien ein und erwies sich als wenig hilfreich. Bis zu ihrer Ankunft hatten die Strelitzen die mitgeführten Lebensmittel bereits aufgezehrt, so daß die Kosaken weiterhin hungern mußten. Die Strelitzen und ihr Anführer überlebten den Winter nicht, alle starben an Skorbut.[127] Die geschwächte Kosakentruppe suchte sich so gut wie möglich zu behaupten, denn aus Moskau waren zu jenem Zeitpunkt keine weiteren Truppen zu erwarten. Ivan IV. starb Mitte März 1584, ihm folgte sein schwachsinniger Sohn Fedor I. Das Reich war wenig gefestigt, und die Macht lag bald in den Händen von Boris Godunov, einem in den Bojarenstand gelangten sozialen Aufsteiger, dessen Schwester Irina mit Fedor verheiratet war. Er fungierte seit 1587 als Reichsverweser und wurde 1598, nach Fedors Tod, zum Zaren gewählt. Noch vor dieser Wahl war es ihm 1589 gelungen, die seit der Krönung Ivans IV. betriebene Rangerhöhung der russischen Metropolie zu einem Patriarchat durchzusetzen. Die ökonomische und finanzielle Situation des Landes bekam er aber ebenso wie die außenpolitischen Probleme nicht in den Griff.

In Sibirien setzte sich der Machtkampf vor allem zwischen den rivalisierenden Familien der Taibugas und der Šejbaniden mit unverminderter Härte fort, wobei es sogar zu vorgetäuschten Bündnisangeboten der Tataren kam. Eine solche Gelegenheit nutzten sie, um die Kosaken in einen Hinterhalt zu locken und die vierzig Mann starke Truppe von Ivan Kol'co bis auf den letzten Mann zu töten.[128] Die Kosaken hatten in der Zwischenzeit, um die Herrschaft zu stabilisieren, befestigte Forts (*ostrog*) angelegt und trieben die wertvollen Pelze als Tribut ein. Hier und da versuchten sie auch die Einheimischen mit recht zweifelhaften Mitteln zum Christentum zu bekehren. Dies gelang, wenn überhaupt, nur äußerst selten. Die russische Macht beruhte also in dieser Phase auf der Überlegenheit der Feuerwaffen der Kosaken und ihrer physischen Präsenz.

Derweil ließ Kučum nichts unversucht, seine Herrschaft zurückzuerlangen und die Eindringlinge und Eroberer zu verjagen. Er nahm Zuflucht bei den Nogai-Tataren und sandte von dort seinen Sohn Alej mit einem Heer aus, um Isker zu erobern. Dabei kam es allerdings zu internen Auseinandersetzungen, als Seid-Ahmet, der zum Clan der Taibugas gehörte, ihm die Herrschaft streitig machte. Keinem dieser beiden rivalisierenden tatarischen Clans ist es gelungen, noch einmal dauerhaft seine Herrschaft aufzurichten. Kučum wurde endgültig erst im August 1598 in der Baraba-Steppe zwischen Irtyš und Ob' geschlagen und soll danach von den Nogai ermordet worden sein.[129] Doch leisteten Teile der sibirischen Tataren bis in die zweite Hälfte des 17. Jahrhunderts hinein erbitterten und hinhaltenden Widerstand. Der anfänglich errungene Erfolg wurde erst durch einen langen, harten Kampf auf Dauer gefestigt. Allerdings setzten die Russen auch in diesem Fall auf die schon zuvor bewährte Strategie der Inkorporierung lokaler Eliten in die eigenen Reihen. So wurden Mametkul, Seid-Ahmet und einige andere tatarische Adlige vom Zaren in Dienst genommen und auch in den russischen Adel integriert.[130]

Ermak erlebte bereits den endgültigen Sieg über Kučum nicht mehr. Er wurde Anfang August 1585 mit seinen Männern von Kučum in einen Hinterhalt gelockt und in der Nacht in seinem Lager überfallen. Während dieses nächtlichen Überfalls, so erzählen die Chroniken, habe er sich, als er bemerkte, daß ein Kampf gegen die Übermacht zwecklos war, mit seinen Kameraden zur Flucht gewandt, um mit den Booten zu entkommen, doch konnte er sein Boot nicht erreichen und ertrank im Fluß. Die Esipov-Chronik erläutert, daß er »in Eisen« gekleidet gewesen sei, und das Boot sich losgerissen habe.[131] Um diese Geschichte ranken sich viele Legenden, deren Wahrheitsgehalt kaum nachgewiesen werden kann.[132]

Bei einem kurz darauf abgehaltenen Kriegsrat beschlossen die Überlebenden, rund 90 Mann, Sibirien unverzüglich zu verlassen und begaben sich auf zwei unterschiedlichen Wegen zurück über den Ural.[133] Drei Jahre hatten sie dort gekämpft und die Macht des sibirischen Chans grundlegend erschüttert und damit den Grundstein für die weitere Eroberung des riesigen Landes gelegt. In der Zwischenzeit hatte Boris Godunov die Bedeutung Sibiriens für das Moskauer Reich erkannt und sich zur Entsendung einer Streitmacht entschlossen. Als der Kosakentrupp sich auf den Rückweg machte, hatte ein kleineres Heer unter Führung des Voevoden Ivan Mansurov bereits den Ural überquert. Während er nach den Angaben der Stroganov-Chronik den Kosakenataman Matfej Meščerjak noch an der Tura traf, berichten die anderen Chroniken, daß Meščerjak einen nördlicheren Weg gewählt habe. In jedem Falle hatten die Kosaken Isker bereits verlassen, als Mansurov dort eintraf. Da er sich von einer tatarischen Armee in der Nähe bedroht fühlte, zog er weiter zum Ob' und legte dort ein Winterlager an. Dieses Mal waren die Soldaten besser versorgt als Bolchovskijs Truppe im Jahr zuvor. In der Nähe der Irtyšmündung wurde ein Fort (*ostrog*) angelegt, von dem aus Mansurov seine Herrschaft über die indigene Bevölkerung ausübte. Im folgenden Jahr, 1586, entsandte die neue Regierung in Moskau weitere Truppen nach Sibirien, die vor allem die Region an Tura und Tagil sichern sollten. An der Tura entstand unweit der alten Tatarenstadt Čimki-tura die Festung Tjumen', bald darauf wurde am Zusammenfluß von Tobol und Irtyš als weitere Festung Tobol'sk gegründet. Damit hatte sich das Moskauer Reich endgültig jenseits des Urals festgesetzt.[134]

Mit der Eroberung und Durchdringung Sibiriens verbinden sich zahlreiche Legenden und Mythen, sowohl auf seiten der Russen als auch auf seiten der einheimischen Bevölkerung. Ermak zählt in jedem Falle zu den russischen Helden, der auf so wundersame Weise ein neues Reich eroberte und auch noch nach seinem Tode Wunder wirkte.[135] Die Eroberungspolitik, stets als staatliche Initiative angesehen, wurde von sehr vielen Historikern bis heute gerechtfertigt, die Kosaken zu ehrenhaften Kämpfern stilisiert, die die Segnungen der Zivilisation ins Land trugen. Schon Gerhard Friedrich Müller, Hofhistoriograph des Reiches unter Katharina II. stellte fest: »Dabei führten sich die Cosaken nicht niederträchtig auf. Sie wollten diesen Heyden einen ehrfurchtsvollen Begriff von sich und der rußischen Nation beybringen.«[136]

Die Volkslieder über Ermak und die heldenhafte Eroberung Sibiriens stammen zumeist aus den Reihen der Kosaken an Don, Terek, Wolga und Ural, doch entstanden nicht wenige auch in Mittel- und Nordrußland. Gesammelt wurde das Liedgut seit dem 18. Jahrhundert und verzeichnet sind rund 150 Lieder. Der historische Kontext spielte in den Liedern und Legenden keine so große Rolle, wichtiger waren die Person und ihre Taten, die in wenigen Fällen auch negativ beurteilt wurden.[137] Als Held steht Ermak neben solch sagenhaften Recken wie Ilja Muromec. Die Initiative zur Eroberung ging in den Liedern und Legenden stets von Ermak und nicht von den Stroganovs oder staatlicher Seite aus. Diese unterstützten den tapferen und volkstümlichen Helden allerdings nach Kräften. In den 1830er Jahren wurde ihm zu Ehren in Tobol'sk ein Denkmal errichtet, und sein Sieg über Kučum 1895 von dem Maler V.I. Surikov in einem bekannten Schlachtengemälde verherrlicht. Auch in sowjetischer und postsowjetischer Zeit blieb Ermak ein Held in Romanen und Schulbüchern, die ihm noch in den 1990er Jahren gewidmet wurden.[138]

Der Name Ermak (Ermek) ist übrigens türkischen Ursprungs und bedeutet »Vergnügen«, aber auch »Trost«. Eine folkloristische Überlieferung gibt es daher auch im turksprachigen Raum. Danach soll Ermak aus der Nogai-Horde stammen und eine Beziehung zu einer Prinzessin gehabt haben. Vor dem Zorn ihres Bruders sei er an die Wolga geflohen und wegen seines Mutes und seiner kriegerischen Qualitäten schnell zum Kosakenataman aufgestiegen.[139]

Beim Prozeß der Eroberung Sibiriens standen Handels- und Wirtschaftsinteressen im Vordergrund. Der Kriegszug des Kosaken Ermak und seiner Männer war davon nur das sichtbare Zeichen. Die Gebiete diesseits und jenseits des Urals waren den Stroganovs seit Jahrzehnten bekannt. Sie wußten, welche Möglichkeiten sich dort für sie boten und nahmen wohl mit Recht an, daß dies nur ein Anfang sein würde. Zudem spürten nicht nur sie, sondern auch Zar Ivan IV. und einige andere führende Persönlichkeiten des Moskauer Reiches die wachsenden Interessen der Engländer und Holländer in dieser Region, denen mit entschlossenen Maßnahmen zuvorzukommen war.

Mit dem Beginn der Eroberung Sibiriens vermehrten die Stroganovs beständig ihren Reichtum und ihren Besitz. Seit den 1590er Jahren erhielten sie von der zarischen Regierung den bisherigen Besitz bestätigt und neue Ländereien zugewiesen. Das Perm'er Land gehörte ihnen bald fast vollständig, neue Salzsiedereien wurden angelegt, neue Städte und Dörfer gebaut. Zudem verlief seit der Mitte der 1590er Jahre der Weg nach Sibirien nicht mehr durch Čerdyn', sondern durch Solikamsk (in jener Zeit noch Usol'e na Kamskom, Usol'e an der Kama). Die Stroganovs galten als Verteidiger der sich allmählich vorschiebenden östlichen Grenze des Reiches und blieben dies vor allem auch in der »Zeit der Wirren«, der *smuta*, zwischen 1598 und 1613, als das Moskauer Reich eine sehr unruhige und teilweise herrscherlose Zeit durchlebte. Zunächst unterstützten sie finanziell den 1606 zum Zaren gewählten Vasilij Šujskij, dann beteiligten sie sich in nicht geringem Maße am Kampf gegen die polnischen Okkupanten und trugen erheblich zur Finanzierung des Landwehraufgebots (*opolčenie*) zur Befreiung des Landes bei, wofür sie 1610 die Ehrenbezeichnung *imenitye ljudi* (angesehene Personen) erhielten. Als schließlich 1613 Michail Romanov zum Zaren gewählt wurde, und damit eine neue Dynastie die Herrschaft im Moskauer Reich antrat, wurden auch die Romanovs von den Stroganovs finanziell unterstützt, um die Macht in Rußland zu konsolidieren. Ihre wirtschaftlichen und machtpolitischen Interessen verlor die Familie dabei zu keinem Zeitpunkt aus den Augen. Das Perm'er Land blieb das Zentrum ihrer wirtschaftlichen Macht und damit auch ihres politischen Einflusses.[140] Dieses Gebiet soll in etwa die Größe des damaligen Königreiches Böhmen gehabt haben. Ivan V. und Peter I. bestätigten im Jahre 1692 in einer Urkunde erneut die Besitzrechte der Stroganovs und alle jene Rechte, die die Familie seit den Zeiten Ivans IV. erworben hatte.[141]

KAPITEL III

EINE WELT WIRD EROBERT

1. Der Beginn der russischen Expansion

Kontinuierlich setzte sich der russische Expansionsprozeß fort, getrieben von der Jagd nach Fellen, vor allem dem des Zobels, des »weichen Goldes«. An strategisch wichtigen Punkten wurden kleine (*ostrožek*) und große (*ostrog*) Forts errichtet. Dazu gehörten Tjumen' (1586), Tobol'sk (1587), Pelym (1593), Surgut und Tara (1594) sowie Verchotur'e (1598). Als Kučum um das Jahr 1600 von den Nogaiern ermordet wurde, schien die Herrschaft des Moskauer Reiches gesichert.[1] Die Befestigungen wurden stetig ausgebaut. Am Anfang des 17. Jahrhunderts folgten Mangazeja (1601), Tomsk (1604), Kuzneck (1618) und Enisejsk (1619), dann Krasnojarsk (1627), Bratsk (1631), Jakutsk (1632), Ochotsk (1648), Irkutsk (1652) und schließlich Nerčinsk (1653).[2] Zur gleichen Zeit dehnte sich das Moskauer Reich auch nach Westen und Südwesten aus und gewann Teile der heutigen Ukraine im sogenannten Vertrag von Perejaslav (1654) mit den Zaporoger Kosaken, führte zudem Krieg gegen Polen und erhielt im Vertrag von Andrusovo (1667) Smolensk und Kiev. In jener Zeit nutzte Moskau die Gunst der Stunde, denn die polnische Adelsrepublik befand sich im Niedergang und mußte sich nicht nur mit Moskau, sondern auch mit Schweden und den Kosaken am Dnepr auseinandersetzen. Zugleich sah Polen das Osmanische Reich als eine stete Bedrohung an. Angesichts dieser unsicheren Verhältnisse verfügte der Moskauer Zar für den Expansionsprozeß in Sibirien nur über geringe Kräfte der offiziellen Truppen.

In Sibirien wurde zunächst Mangazeja zum Zentrum des Pelzhandels, abgelöst seit der Mitte des 17. Jahrhunderts von Tobol'sk und Enisejsk.[3] Pelze waren in ganz Europa eine gefragte Ware, an deren Besitz sich Rang und Reichtum einer Person erkennen ließen. Rußland, in dem günstige klimatische Bedingungen für das Wachstum der Tierfelle herrschten,[4] wurde im 17. Jahrhundert im Zuge der fortschreitenden Eroberung Sibiriens zum wichtigsten Exportland für Pelze und Felle. Selbstverständlich waren sie auch im Lande selbst begehrt, nicht nur als gern gesehenes Geschenk, sondern auch für viele andere Zwecke eingesetzt.

Grundsätzlich nutzte die russische Seite beim Prozeß der Eroberung das System der Flußläufe. Zunächst waren es Ob' und Irtyš, dann wurde der Enisej erreicht und 1607 schon dessen Unterlauf. Bald folgten Untere, Steinige und Obere Tunguska, ab den 1630er Jahren die Lena mit ihren Nebenflüssen, danach Amur, Indigirka, Anadyr' und Kolyma. Um die Mitte des 17. Jahrhunderts erfolgte die Einnahme der Gegend um den Baikal-See und die Erkundung des Sees selbst. Dort im Süden, an den Rändern der Steppe, ging die Expansion langsamer vonstatten. In diesem Raum stießen russische, mongolische und chinesische Interessen aufeinander.[5]

Neben die militärische und politische Eroberung sollte bald auch die geistig-religiöse Durchdringung treten. Allerdings stand die russisch-orthodoxe Kirche in Sibirien vor einem Betätigungsfeld, das von seiner Größe her jenseits ihrer Möglichkeiten lag. Zudem war ihre Missionstätigkeit in den neu eroberten Gebieten des europäischen Rußland noch nicht abgeschlossen.[6] An der mittleren und unteren Wolga lebten als nichtchristliche Ethnien die Mordvinen (Mordva) und Čeremissen (Mari), dazu Ostjaken (Chanty), Vogulen (Mansi), Čuvašen (Čuvaš) und Tataren. In Sibirien kam nun eine Vielzahl neuer Völker, Sprachen und Religionen hinzu. Naturreligionen, Schamanismus, Buddhismus und Islam waren weit verbreitet. Die wichtigste Aufgabe der Kirche mußte es allerdings sein, die Angehörigen des eigenen Glaubens, die sich hier ansiedelten, zu betreuen. So entstanden auch die ersten Kirchen, die als Wehrkirchen angelegt waren, noch in den 1580er Jahren. Eine der ersten stand in der Festung Tjumen', die 1586 bei den Ruinen des tatarischen Čingi Tura gebaut wurde.[7] In jedem befestigten, mit Kanonen ausgerüsteten Ort befand sich auch eine Kirche. Für die indigene Bevölkerung gehörte beides als Organe und Instrumente der Unterdrückung zusammen. Rund dreißig Kirchen und zwölf Klöster existierten zu Beginn der 1620er Jahre bereits in Sibirien. Zu den dort tätigen Priestern und Mönchen kamen bald auch Nonnen hinzu. Die 1587 gegründete Stadt Tobol'sk wurde 1621 Sitz eines Erzbischofs und 1668 eines Metropoliten.[8]

Der Staat übernahm die Besoldung und Versorgung der Priester, sorgte für die Ausstattung der Kirchen und Klöster und übergab ihnen Landbesitz und Pfründen.[9] Da die Kirchen und Klöster von jeglicher Steuerzahlung befreit waren, konnten sie ihr Land zu günstigen Bedingungen an die bäuerliche Bevölkerung verpachten und gewährten überdies Schutz und Sicherheit, so daß ihnen auch ein wichtiger Anteil am Prozeß der Kolonisierung zukam.[10] Im Konflikt zwischen der Administration und den Kirchenvertretern neigte der Zar seit dem Beginn des 17. Jahrhunderts eher dazu, die Kirche zu bevorzugen, denn ohne Seelsorge war auch in Sibirien kein Leben denkbar. Schon sehr früh wurde deutlich, daß vor allem den Klöstern über ihre sonstigen Funktionen hinaus als Orte der Pflege von Kranken, Alten und Versehrten große Bedeutung zukam.

Die Kirche erfüllte auch rudimentäre Aufgaben im Bildungswesen und nahm zahlreiche wirtschaftliche Funktionen wahr. Neben ihren landwirtschaftlichen Aktivitäten war sie auch im Schiffsbau, der Fischerei, dem Bergbau und im Handel tätig, was häufiger zu entsprechenden Konflikten mit staatlichen und privaten Interessen führte. Die oberste kirchliche Instanz, der Erzbischof, später der Metropolit, übte zugleich eine Kontrollfunktion über die staatlichen Vertreter aus, er wurde zum »Auge des Herrschers«. So erhielt Kiprian, der erste Erzbischof von Tobol'sk, bei seiner Einsetzung 1621 vom Zaren einen deutlichen Auftrag:

> »Und sage dem Voevoden und den Prikazleuten, daß sie den Dienstleuten und den Bewohnern des Posad und allen anderen Leuten aus Eigennutz keine Steuern auferlegen, keinen Handel treiben, die Gesetze nicht brechen und ihre Macht nicht willkürlich ausüben. Falls sie nicht gehorchen wollen, oder deiner Unterrichtung zuwiderhandeln, oder wenn die Voevoden solche Angelegenheiten verheimlichen, so schreibe darüber an den Patriarchen.«[11]

Die Kirche zur Beaufsichtigung der Administration einzusetzen, war für das Moskauer Reich eine durchaus neue Entwicklung, auch wenn spätestens seit der Mitte des 16. Jahrhunderts Kirche und Staat eng verbunden waren, und die machtvolle Kirche sogar die zarische Herrschaft zu begrenzen suchte. Allerdings drängten den Zaren offensichtlich die Verhältnisse vor Ort zu dieser Maßnahme. Die Mißstände in der Verwaltung Sibiriens waren unübersehbar. Bestechung, Ämterkauf, unerlaubter Geldverleih, Unterschlagung, der Verkauf verbotener Waren und behördliche Willkür waren weit verbreitet. Viele der zarischen Beamten in Sibirien sahen hier die Möglichkeit, sich entsprechend zu bereichern und nach dem alten russischen Prinzip der Versorgung aus der jeweiligen Provinz *(kormlenie)* zu leben.[12] Die Probleme der Verwaltung Sibiriens sollen im fünften Kapitel ausführlicher behandelt werden. Kiprian sollte jedoch zugleich auch das Wort Gottes unter den Heiden verbreiten. Er tat dies wenig erfolgreich, indem er Ermak und seine Männer als Märtyrer feierte, die über die »unreinen und schmutzigen« Völker Sibiriens gesiegt hatten. Am Ende des 17. Jahrhunderts war der Orthodoxen Kirche allerdings mehr daran gelegen, die Schismatiker in Gestalt der Altgläubigen in Sibirien zu bekämpfen und den kirchlichen und klösterlichen Besitz zu konsolidieren, als die »Heiden« zu missionieren.[13]

Kehren wir zum Prozeß der Eroberung Sibiriens zurück. Sie erfolgte weiterhin vor allem durch umherschweifende Kosakenabteilungen und die *promyšlenniki*, die von der weit abgelegenen Zentrale kaum oder gar nicht unter Kontrolle gebracht werden konnten, die deshalb meist auch mehr oder minder stillschweigend ihr Einverständnis gab, weil die Aussichten auf erhebliche Einnahmen, auf Reichtum und Beute lockten. So dehnte sich der russische Herrschaftsbereich immer weiter aus, doch stießen die Eroberer bisweilen auf heftigen Widerstand, den auch die Jakuten leisteten. Jakutsk konnte 1634 und erneut 1642 nur mit äußerster Anstrengung gehalten werden. Die Jakuten wurden schließlich in einem blutigen Kampf niedergeworfen. Ähnlich heftig reagierten auch die Tungusen am mittleren Enisej, die zunächst die Russen als Befreier von burjatischer Oberhoheit begrüßt hatten, dann aber bald feststellten, daß sie vom Regen in die Traufe geraten waren. Im ausgedehnten Siedlungsgebiet der Tungusen zogen sich die blutigen Kämpfe über mehr als sechzig Jahre von 1615 bis 1684 hin.[14]

Die Berichte des Voevoden von Jakutsk an den Zaren geben uns Aufschluß darüber, daß allerdings auch weiterhin das Vordringen der Russen den bekannten Mustern folgte. Er beschrieb eine Unternehmung der Kosaken vom Ende der 1630er Jahre. Der Kosakenführer Ivanov versprach der Staatskasse 200 Zobelfelle, wenn ihm eine »Expedition« gestattet würde. Er brach Ende April 1638 mit rund 30 Mann auf und stieß an der Jana entlang zu den Jakuten vor, denen er den *jasak* abverlangte. Dort allerdings, so teilte er mit, könne man keine Geiseln halten, weil man sie nicht ernähren könne, denn der Fluß sei ohne Fische. Im folgenden Jahr marschierte Ivanov dann mit seiner Truppe die Indigirka entlang und erreichte das Gebiet der Jukagiren. In dieser Gegend lebten auch viele Tungusen, die keinen *jasak* bezahlten. Bei den Jukagiren nahm man Geiseln und »sammelte« dafür den Tribut ein: vier Bündel zu 40 Zobelfellen und drei weitere für das vergangene Jahr. Ivanov schilderte die Gegend als durchaus lohnenswert: »Herrscher, es gibt viele Zobel.« Er behauptete weiter, die Jukagiren hätten auch Silber, aber er wisse noch nicht, wo es sei.

Der Voevode von Jakutsk zog aus diesem und anderen Berichten die entsprechenden Schlüsse und entsandte weitere Kosakentrupps, um den Tribut einzufordern. Als Geschenke für die indigene Bevölkerung und »um für Dich, Herrscher, Felle zu kaufen«, wurden blaue Glasperlen in großer Menge mitgenommen, die offensichtlich begehrt waren, sowie eiserne Schuppenpanzer, die in ihre Einzelteile zerlegt und dann verkauft wurden. »Außer Eisen und blauen Glasperlen kaufen die Jukagiren nämlich keine Waren,« wußte der Voevode zu berichten.[15] Die christlichen Eroberer fühlten sich berechtigt, mit Gottes Hilfe die Ungläubigen zu unterwerfen, da sie nach ihrem Verständnis im Auftrag des christlichen Zaren eine gottgewollte und gesegnete Mission erfüllten und vollstreckten.[16] Die schiere Größe des eroberten Sibiriens und die zahllosen unterworfenen Stämme sowie der Reichtum an Pelzen und anderen Gütern zeugten davon, daß das Moskauer Reich von Gott gesegnet war.[17]

Die indigene Bevölkerung interpretierte dieses Vorgehen der Eroberer gänzlich anders. Sie sahen technisch und militärisch überlegene Usurpatoren, die in ihre Gebiete eindrangen, die sie seit alters her besiedelten. Die russischen Eindringlinge beanspruchten Jagd- und Weiderechte, sie verlangten Tributleistungen, vor allem in Form der begehrten Felle. Dabei stand der Zobelpelz als wertvollstes Gut an erster Stelle. Verweigerten die nichtrussischen Ethnien die Unterwerfung oder Tributzahlung, so gingen die Kosakenabteilungen rücksichtslos mit Waffengewalt gegen sie vor. Gegen die Musketen, Gewehre und Kanonen der Russen besaßen die indigenen Ethnien kaum eine Chance. Immer wieder kam es zu heftigen, blutigen und gewalttätigen Kämpfen zwischen den Einheimischen und den Eroberern. Dennoch gelang es zunächst rasch, die auch untereinander zerstrittenen Stämme zu unterwerfen und sie tributpflichtig zu machen. Dieses Prinzip des räuberischen Tributs wurde immer wieder bis zur Eroberung Kamčatkas an der Wende vom 17. zum 18. Jahrhundert angewandt.[18]

Es gab allerdings auch noch rechtlich fixierte Prinzipien, nach denen der *jasak* erhoben wurde. So konnten lokale Häuptlinge oder Kleinfürsten durch die gleichsam »freiwillige« Ablieferung einer bestimmten Menge von Fellen ihre Unterwerfung unter die Herrschaft des Zaren bekunden und erhielten dafür eine spezifische Form der »Unabhängigkeit«.[19] Eine andere Form bestand in der »kollektiven Erhebung« des Tributs. Er wurde einer bestimmten Gruppe der indigenen Bevölkerung insgesamt auferlegt, ohne deren Zahl weiter zu berücksichtigen. Dies bot sich insbesondere bei der seßhaften Bevölkerung an, die jede Angabe über die Größe ihrer Siedlungen verweigerte. Es war ein äußerst willkürliches System, das maßgeblich vom jeweiligen Voevoden und dem Steuereintreiber abhing, entsprach allerdings weitgehend der Kollektivsteuer, wie sie im europäischen Rußland verbreitet war.[20]

Erst allmählich, bis zum Ende des 17. Jahrhunderts, setzte sich eine dritte rechtlich fundierte Form der Erhebung des *jasak* durch, die auf einer Kopfzählung der männlichen Bevölkerung zwischen 18 und 50 Jahren eines Ortes oder Gebietes beruhte. Jeder Mann hatte ein bestimmtes Quantum an Fellen abzuliefern, wobei aber Alte, Versehrte, Blinde und Tote ausdrücklich ausgenommen waren, und Heranwachsende sowie Abhangige eine geringere Menge abzuliefern hatten. Die Kopfzählungen wurden in zumeist unregelmäßigen Abständen wie-

derholt. Es gab jedoch zahlreiche Fälle, in denen die Voevoden und Steuereintreiber sogar den Tribut für Tote einforderten.[21] Teilweise wurde auch eine Kom-
bination der beiden letzteren Verfahrensweisen angewandt, so daß die indigene
Bevölkerung zumindest selbst über die Aufteilung der Tributleistung entscheiden konnte. Der *jasak* wurde zunächst nur nach der Anzahl der Felle bestimmt
und variierte manchmal nach dem Pelzreichtum der Gegend, viel häufiger aber
hing er von der Willkür der Steuereintreiber und des Voevoden ab. Im Laufe des
17. Jahrhunderts ging die zarische Regierung dann dazu über, die Tributzahlung
nach dem Wert der Felle und nicht mehr nur nach deren Quantität zu bemessen.[22]

Die Lebensformen und die soziale Organisation der meisten in Sibirien lebenden Ethnien unterschieden sich von denen der Russen, selbst der Kosaken, in
hohem Maße. Die einzelnen Völker teilten sich in zahlreiche Untergruppen, in
Stämme, Clans und Großfamilien. Einige von ihnen, so die mongolischen Burjaten
im Baikalgebiet, besaßen bereits eine ausgeprägte hierarchische Struktur, die von
den Russen zumeist anerkannt und soweit als nur möglich zu eigenen Zwecken
ausgenutzt wurde. Dies bedeutet, daß die Sozial- und Herrschaftsstruktur weitgehend intakt blieb und in etwa den Zeiten vor der russischen Eroberung entsprach, Macht und Herrschaft aber nun in letzter Instanz im Namen des russischen
Zaren ausgeübt wurden. Dabei boten sich allerdings gewisse Rückzugsmöglichkeiten an, die dann im Laufe der Jahrhunderte mehr und mehr eingeschränkt
wurden.

2. Die russische Besiedelung Sibiriens

Im Verlauf des Eroberungsprozesses wuchs die Zahl der Russen, die nach Sibirien
übersiedelten, nur sehr langsam. Diejenigen, die im Auftrag des Staates oder der
Kirche dorthin gingen, blieben zumeist aufgrund der unwirtlichen Verhältnisse nur
für die Dauer ihres Dienstes. Dazu gehörten die Voevoden, die Dienstleute, staatliche Beamte, Soldaten, insbesondere die Litva und die Strelitzen,[23] Priester und
Handwerker. Andere wiederum flüchteten aus unterschiedlichen Gründen nach
Sibirien und suchten dort eine neue Heimat. Dies waren die *guljaščie ljudi* (wörtlich:
sich herumtreibende Menschen), geflüchtete Leibeigene, soziale Außenseiter, Kriminelle und Ausgestoßene. Später, ab der Mitte des 17. Jahrhunderts, kamen die
Altgläubigen hinzu, religiöse Dissidenten, die vor Staat und Amtskirche flohen und
sich in möglichst abgelegenen Gebieten ansiedelten. Seit dem Beginn des 17. Jahrhunderts diente Sibirien auch als Verbannungsort für diejenigen, die in Ungnade
gefallen, politisch mißliebig oder aber kriminell waren, darüber wird später noch
ausführlich zu berichten sein.[24] Seit dem Livländischen Krieg wurden auch Kriegsgefangene dorthin gebracht. Sibirien war zudem auch ein Ort für Abenteurer und
Wagemutige, für Kaufleute und Unternehmer, die auf schnellen Profit hofften, oder
für solche, die sich den umherschweifenden Kosaken anschlossen. Bisweilen ver-
schmolzen diese Gruppen auch miteinander.

Für eine zureichende Besiedelung des riesigen Territoriums und dessen militärische Sicherung genügte dies nicht. Bei der Anlage der Städte und Siedlungen stand die militärische Sicherung eindeutig im Vordergrund. Sie wurden Tag und Nacht bewacht, denn große Teile der indigenen Bevölkerung waren längst noch nicht pazifiert, hatten sich mit ihrer Unterwerfung nicht abgefunden. Immer wieder kam es zu lokalen Aufständen gegen die Okkupanten. Zudem gab es marodierende Banden von Kriminellen oder Kosaken, die kleinere Orte überfielen, raubten, plünderten und mordeten. Auch war die Disziplin in den Kosakeneinheiten und in den anderen militärischen Verbänden sowie bei den Dienstleuten nicht besonders hoch. Häufiger kam es zu Meutereien und Unruhen in den Städten, Auflehnungen gegen die Willkür und das korrupte Verhalten der Voevoden und ihrer »Beamten«. Zahlreich waren die Beschwerde- oder Bittbriefe (*čelobitnaja*) der Kosaken, der Dienstleute, der Stadtbewohner, der Bauern und teils sogar der indigenen Bevölkerung an den Zaren über den Voevoden oder die Verwaltung insgesamt. Gründe dafür gab es genug: Korruption, Willkür, ungerechte Besteuerung, zu hohe Tributforderungen, Schmuggel und den Verkauf unerlaubter Waren. Die Voevoden versuchten mit allen Mitteln, die Weiterleitung solcher Beschwerden nach Moskau zu verhindern und schreckten bisweilen auch vor der Ermordung der Boten nicht zurück.[25] Wurden die Klagen über Korruption und Willkür zu laut, dann ließen die zuständigen Voevoden schon einmal ein Exempel statuieren. So wurden 1681 zwei Beamte aus dem höheren Verwaltungsdienst, die sich zu offensichtlich an den für die zarische Schatzkammer bestimmten Fellen bereichert und die Tungusen zu maßlos ausgebeutet hatten, in Jakutsk zur Auspeitschung mit der Knute, zur Konfiskation ihres gesamten Besitzes und zum Dienst als einfache Kosaken in Daurien verurteilt.[26]

Den Kosaken, Soldaten, Priestern, Dienstleuten sowie Pelzjägern und -händlern folgten die Bauern.[27] Sie waren von entscheidender Bedeutung für die Versorgung der Bevölkerung. Land stand reichlich zur Verfügung. Manche folgten dem Ruf der Regierung freiwillig, andere gingen auf deren Anordnung als Siedler ins Land, wieder andere flüchteten vor ihren Grundherren in die Weiten Sibiriens. Jene, die mit Zustimmung des Staates siedelten, waren für die ersten drei Jahre von allen Abgaben befreit und erhielten Schutz und Begleitung während der Reise. Zunächst wurden die Bauern in der Nähe der Forts angesiedelt, um diese zu versorgen. Die Freiwilligen wurden als *ochočie ljudi* (willige Leute) bezeichnet. Ihnen sowie den »Verpflichteten« gab der Staat auch Saatgut, Vieh, Ausrüstung und Land. Anfangs wurde bei den Forts und später bei den Städten jeweils der beste Teil des bebaubaren Landes »für den Herrscher« bestimmt. Davon erhielt jeder Bauer einen bestimmten Teil, dessen Erträge abzuliefern waren. Von dem verbliebenen Land konnte er so viel nehmen, wie er meinte bebauen zu können. Seit dem zweiten Viertel des 17. Jahrhunderts bekamen die Bauern dann einen bestimmten Teil ihres rechtlich gesehen staatlichen Landes zugewiesen, von dem sie nun einen festgelegten Anteil »für den Herrscher« zu bebauen und die Erträge abzuliefern hatten. Dabei variierte dieser Anteil von Stadt zu Stadt und Region zu Region, betrug aber im Verhältnis etwa fünf zu eins für den Bauern.[28]

Trotz aller Versuche des Staates, eine ausreichende Zahl von Bauern zur Ansiedlung zu bewegen, ist dies bis zur Wende vom 19. zum 20. Jahrhundert nicht gelungen.[29] Die bäuerlichen Siedler bevorzugten den südlichen Teil Westsibiriens und späterhin das Gebiet um den Baikalsee, mieden dagegen Ostsibirien und die nördlichen Gebiete wegen der schwierigen klimatischen Bedingungen. Die Bauern in Sibirien waren de jure Leibeigene, die jedoch keinem adeligen Grundherrn gehörten, sondern dem Staat oder den Klöstern bzw. der Kirche. Sie lebten in Dörfern, in denen ein Teil des Landes dem Staat gehörte, aber ein Teil auch als Privateigentum galt. Von daher entwickelte sich von Beginn an in Sibirien sowohl in sozialer als auch in ökonomischer Hinsicht eine andere Form des Bauerntums als im europäischen Teil Rußlands. Zwar existierte auch in Sibirien die Einrichtung des *mir* oder der *obščina*, also des kollektiven Landbesitzes bzw. späterhin der kollektiven Verantwortung für die Steuerleistung, aber im Prinzip wirtschaftete der sibirische Bauer als freier Mensch auf eigenem Grund und Boden und konnte so viel Land erwerben, wie er bearbeiten konnte.[30]

Wie in allen anderen Fällen der kolonialen Eroberungen auch, stellte sich in Sibirien sehr rasch ein akuter Frauenmangel ein. Bereits 1630 beschloß die Moskauer Regierung, im russischen Nordosten Mädchen und junge Frauen zu suchen, die freiwillig nach Sibirien heiraten wollten. Inwieweit es sich dabei tatsächlich um »Freiwillige« handelte, ist nicht mehr feststellbar. Doch verfuhr die Regierung sieben Jahre später noch einmal auf die gleiche Weise.[31] Damit war das Problem allerdings keineswegs gelöst. Die russischen Männer holten sich gewaltsam Frauen aus den Reihen der einheimischen Bevölkerung. Vergewaltigungen und Versklavungen einheimischer Frauen und Mädchen waren an der Tagesordnung. Zwangsprostitution griff um sich, denn nicht selten wurden die eigenen Frauen an andere Männer »verliehen«, wenn Expeditionen anstanden. Auch kam es zu inzestuösen Beziehungen.[32] Während die Kirche in Gestalt des Patriarchen in Sendschreiben den Sittenverfall beklagte, stand die weltliche Macht der vom Zaren eingesetzten Voevoden diesen Exzessen unbeteiligt gegenüber. Zum Teil beteiligten sie sich sogar selbst daran oder aber sie kassierten Schweigegelder und ließen sich mit Zobelpelzen bestechen. Das »Geschäft« mit den einheimischen Frauen bestand über einen sehr langen Zeitraum hinweg. Konkubinate, Frauenhandel und Sklaverei existierten mit oder ohne Duldung der russischen Behörden. Versklavt wurden aber auch die männliche Bevölkerung und die Kinder. Staatliche Verbote ließen sich leicht umgehen, Moskau und der Zar waren weit entfernt, und sogar der Besitz getaufter Einheimischer war legal.[33]

3. Das weitere Vordringen des Moskauer Reiches und der Konflikt mit China

Während Westsibirien allmählich von einer bäuerlichen Bevölkerung besiedelt wurde, setzte sich die russische Expansion nach Osten weiter fort. Zu Beginn der 1630er Jahre war die Lena erreicht. 1632 wurde Jakutsk am Mittellauf des Flusses gegründet. Fünfzig Jahre nach dem Beginn der Eroberungszüge standen rund zwei Drittel Sibiriens unter russischer Herrschaft. In den folgenden Jahrzehnten ging der Vorstoß der Russen vor allem in zwei Richtungen, einerseits zum Pazifischen Ozean und andererseits nach Nordosten. 1639 wurde das Ochotskische Meer erreicht und zehn Jahre später die befestigte Siedlung Ochotsk gegründet. Wie so oft ging der Name auf ein Wort der Einheimischen zurück. In der Sprache der tungusischen Lamuten (Evenen) bedeutet »okat« der Fluß. 1643 wurde auch der Baikalsee erreicht, bald darauf die Festung Irkutsk gegründet.[34] Auch hier hinterließen die Eroberer ihre blutigen Spuren in heftigen Kämpfen vom Ende der 1620er bis zum Ende des 17. Jahrhunderts gegen die Burjaten.[35] Auch die Stellung von Geiseln vermochte den Widerstandswillen der indigenen Bevölkerung, der von den benachbarten Mongolen gestärkt wurde, nicht zu brechen. Kriegsgefangene Burjaten wurden zudem als Sklaven nach Rußland verkauft. Darüber hinaus flüchteten nicht nur aus diesem Gebiet, sondern auch aus Transbaikalien viele Bewohner in die Mongolei oder nach China, was die Eroberung durch Moskau entscheidend erleichterte.[36]

Häufiger erzählten jene Ethnien, die in unerwünschten Kontakt mit den Russen gerieten, diesen, es gebe andernorts viel bessere Gegenden und reichere Stämme, schönere Weidegründe, freundlicheres Klima, Bodenschätze, kurzum größere Beute. Dies taten wohl auch die lamutischen Tungusen, als sie Anfang der 1640er Jahre mit den Russen zusammenstießen. Als der Voevode von Jakutsk diese Nachrichten hörte, beschloß er, eine Expedition in Richtung Daurien zu entsenden. Sie stand unter dem Kommando von Vasilij Pojarkov, über den, ebenso wie über die meisten anderen dieser Kosakenführer, wenig bekannt ist. Er war allerdings kein gewöhnlicher Kosak, sondern ein Kanzleivorsteher (*pis'mennyj golova*), also des Lesens und Schreibens wohl kundig, und besaß Erfahrungen in Handelsgeschäften und im Eintreiben des *jasak*.[37] Seine Truppe von rund 130 Mann überquerte das Stanovoj-Gebirge und erreichte den Amur. Dort stieß sie auf die Dauren (Daur). Die ersten Begegnungen verliefen zunächst durchaus friedlich, denn die einheimische Bevölkerung zeigte sich willig, *jasak* abzuliefern und Geiseln, *amanaty*, zu stellen. Doch plünderten die Russen, auf ihre überlegenen Waffen vertrauend, derart brutal und menschenverachtend, daß es sehr rasch zu blutigen und heftigen Auseinandersetzungen mit den Dauren und ihren Nachbarn, den Giljaken (Nivchen), die fast ausschließlich vom Fischfang und der Jagd auf Meerestiere lebten, kam. Mehrfach griffen indigene Kämpfer die Russen an, brannten deren Befestigungen nieder und befreiten die als Geiseln genommenen Angehörigen des eigenen Volkes.[38]

Pojarkov fuhr dann den Amur hinunter, bis er auf den Ussuri stieß. Da er auch dort keine Möglichkeit sah, sich länger aufzuhalten, segelte und ruderte die Truppe weiter den Fluß entlang, bis sie die Mündung des Amur in den Pazifik erreichte. Eine Rückkehr flußaufwärts erschien ihnen kaum möglich, so daß sie es vorzogen, an der Küste des Ochotskischen Meeres entlang zu segeln, bis sie eine Gelegenheit fanden, einen anderen Fluß hinaufzufahren. Schließlich erreichte die Truppe über die Lena wieder Jakutsk. Pojarkov, berüchtigt für seine Grausamkeit und Brutalität gegenüber den Eingeborenen, gehörte gleichwohl zu jenen, die die ersten Karten der durchstreiften und ausgeplünderten Gebiete anfertigten. Dies erleichterte seinen zahlreichen Nachfolgern dort das erneute und weitere Vordringen.[39]

Den Spuren Pojarkovs folgte bald Erofej Chabarov, der zunächst in Diensten des Hauses Stroganov das Salzsieden betrieben hatte. Er war während seiner Zeit in Sibirien durch Salz- und Transportgeschäfte sowie mit Pelzhandel bereits zu erheblichem Wohlstand gekommen. Als er von den Unternehmungen im Amurgebiet hörte, rüstete er mit Hilfe des Jakutsker Voevoden eine eigene Expedition mit rund 150 Mann aus, die sich im Jahre 1650 auf den Weg machte.[40] Die indigene Bevölkerung flüchtete aufgrund ihrer äußerst unliebsamen Erfahrungen mit den russischen Eroberern bei deren Herannahen in unwegsames Gelände. Nachdem Chabarov rund fünfzig Mann am Amur zurückgelassen hatte, zog er sich zunächst zurück, kehrte aber bald darauf mit einer neuen Truppe zurück. Diesmal versuchten die Dauren die Fremden gewaltsam aus ihren Gebieten zu verjagen, unterlagen aber der überlegenen Waffentechnik. Kämpfend, plündernd und marodierend zogen die russischen Eroberer den Amur entlang. Nach Chabarovs eigenen Angaben sollen bei einer solchen Schlacht über 600 Dauren getötet worden sein, darunter auch Frauen und Kinder. Trotz aller Versuche der Russen verweigerte die indigene Bevölkerung jede Art von Tributzahlung und verwies darauf, daß sie bereits dem Bogdo-Chan, dem chinesischen Kaiser, verpflichtet sei.[41] Dennoch setzten Chabarov und seine Männer ihren Weg den Amur entlang fort. Auf beiden Ufern betrieben sie eine Politik der verbrannten Erde und scheuten sich nicht, auch Felder niederzubrennen und das Vieh wegzutreiben. Schließlich wurde Ačansk als Festung am Amur gegründet. Bald darauf allerdings gerieten Chabarov und seine Männer in bewaffnete Auseinandersetzungen mit den Chinesen, die sich als Oberherrn des gesamten Territoriums bis hinunter an den Pazifik betrachteten. Die ersten Feindseligkeiten mit einer mandschu-chinesischen Armee konnten die Russen noch siegreich gestalten, in den folgenden Jahren wurde die Lage dann immer kritischer.[42]

Zunächst allerdings folgten Chabarov die Glücksritter und Abenteurer, die entlaufenen Bauern und die Jäger, die darauf hofften, in den daurischen Gebieten zu Reichtum zu gelangen, vor allem jedoch, dort frei von jeder Obrigkeit leben zu können. Das Gerücht verbreitete sich, daß es in Daurien warm sei und grenzenlose Schätze gebe. Die Region jedenfalls versprach vieles. Der Amur war fischreich, die Einheimischen bauten Getreide an und damit war eine ausreichende Lebensmittelversorgung gesichert. Darüber hinaus gab es Pelztiere und im nahegelegenen China oder sogar direkt vor Ort weitere Schätze: Seide, Silber und Gold. Dies alles veranlaßte Chabarov, dem Voevoden in Jakutsk die Kolonisierung des Gebietes nahezulegen, was ordnungsgemäß nach Moskau weitergemeldet wurde. Dort wurde der Vorschlag aufgegriffen und vom Zaren wohlwollend befürwortet. Es sollte sogar eine kleinere Armee in die Gegend geschickt werden.[43]

Die andauernden Unruhen an ihren Grenzen veranlaßten die Herrscher der Mandschu-Dynastie in China zur entschiedenen Abwehr der Eindringlinge. Die Mandschu hatten 1644 Peking erobert und große Teile des Landes unter Kontrolle gebracht. Nun konnten sie trotz der Bedrohung durch die Dsungaren den sich im Nordwesten des Amurgebietes festsetzenden Russen mehr Aufmerksamkeit schenken. Im März 1652 griff eine kleinere chinesische Armee die Festung Ačansk an und konnte nur mit äußerster Mühe zurückgeschlagen werden.[44] Die militärischen Auseinandersetzungen setzten sich in den nächsten Jahren fort. Im folgenden Jahr wurde Chabarov als Befehlshaber abgelöst, unter Anklage gestellt und nach Moskau geschickt. Dort jedoch gelang es ihm, die Zentralbehörden von

seiner Unschuld, sogar von seinen Heldentaten zu überzeugen und sich als wür-
diger Nachfolger Ermaks zu präsentieren. Er wurde in den niederen Adel erhoben
und durfte sich auf Ländereien in der Nähe der sibirischen Stadt Ilimsk niederlassen.[45]

Einer der Nachfolger Chabarovs, Onufrij Stepanov, drang im Frühjahr 1654 auf
dem Sungari, einem Nebenfluß des Amur, in die Mandschurei ein. Er geriet mit
seiner Schar an eine größere chinesische Truppe und mußte, da ein Kampf aussichtslos gewesen wäre, den Rückzug antreten. Nach jahrelangen Auseinandersetzungen
gelang es den Chinesen schließlich, 1658 Stepanov mit seinen damals rund 500
Mann eine vernichtende Niederlage beizubringen. Nun zogen sich die Russen
vorläufig aus diesen Gegenden zurück. Allerdings blieben einige Abenteurer und
Gesetzlose in den nunmehr verlassenen Territorien oder siedelten sich dort mit
voller Absicht an.[46]

In den folgenden Jahrzehnten dehnte sich die russische Herrschaft am Amur
erneut aus, begleitet wiederum von erheblichen Plünderungen und Übergriffen auf
die einheimische Bevölkerung. Nach der Ermordung eines Voevoden Mitte der
1660er Jahre wuchs der Zustrom von Kosaken und Deserteuren noch weiter an.
Zugleich versuchte die russische Regierung durch diplomatische Missionen ins
Reich der Mitte, ihren Herrschaftsanspruch zu sichern, vor allem aber den Handel
auszuweiten. Doch war die chinesische Seite, die den gesamten Raum als eigenen
Machtbereich betrachtete, daran wenig interessiert. Die russischen Diplomaten, mit
den Gepflogenheiten am chinesischen Hofe kaum vertraut und mit wenig Einsicht
in das Wesen der chinesischen Herrschaft, kehrten weitgehend erfolglos zurück.
Mit der Konsolidierung der Herrschaft des chinesischen Kaisers K'ang-hsi (1661-
1722) ging Peking nun offensiver gegen eine weitere Ausdehnung und den fortge-
setzten Zustrom der Russen vor.[47]

Die militärischen Befestigungen in der nördlichen Mandschurei wurden ausgebaut, weiteres Militär in die Grenznähe verlegt. Die Chinesen drängten aufgrund
ihrer militärischen und zahlenmäßigen Überlegenheit die Russen mehr und mehr
aus der Amur-Region hinaus. Als kein Übereinkommen über den russischen Rückzug zustandekam, griff eine chinesische Armee im Sommer 1685 das befestigte
Albazin an. Nach einer nur wenige Tage dauernden Belagerung kapitulierte die
russische Besatzung und durfte sich nach Nerčinsk zurückziehen. Nachdem sie das
Fort niedergebrannt hatten, zogen die Chinesen ab.[48] Nun kehrte der geschlagene
russische Kommandant Aleksej Tolbuzin mit einer verstärkten Mannschaft zurück
und baute die zerstörte Festung wieder auf. Im nächsten Jahr griffen chinesische
Einheiten erneut an, doch gelang es ihnen in zehnmonatiger Belagerung nicht, den
erbitterten Widerstand der Russen zu brechen. Während dieser Kämpfe einigten
sich beide Seiten darauf, über die strittigen Fragen zu verhandeln. Der chinesische
Kaiser hob sogar die Belagerung des Forts Albazin auf.[49]

Frühere Verhandlungen zwischen beiden Seiten waren stets ergebnislos zu Ende
gegangen. Direkte russisch-chinesische Kontakte hatten seit dem Beginn des 17.
Jahrhunderts bestanden, nachdem im Jahre 1618 eine Gesandtschaft unter Ivan
Petlin Peking erreicht hatte. Die Mission des aus dem Fürstentum Moldau stammenden zarischen Gesandten Nikolaj G. Spatharij (auch Spafarij) in den Jahren
1675 bis 1678 scheiterte nach ersten Erfolgen an der beiderseitigen Weigerung, eine

Ebenbürtigkeit zu akzeptieren. Mit einer gewissen Arroganz lehnte Spatharij das höfische Zeremoniell und die Etikette ab, worauf die chinesische Seite weitere Kontakte, vor allem die gewünschten Handelsbeziehungen ablehnte. Allerdings kehrte der Gesandte mit grundlegenden Kenntnissen über das chinesische Kaiserreich zurück, die für die weitere Politik Rußlands von nicht unerheblicher Bedeutung werden sollten.[50]

Dann reiste Anfang 1687 als russischer Gesandter Fedor A. Golovin, der aus einem Bojarengeschlecht stammte und dessen Vater Voevode in Tobol'sk war, nach Sibirien. Er war mit den dortigen Angelegenheiten entsprechend gut vertraut. Auch an der Spitze der chinesischen Mission standen hohe Beamte. Die Instruktionen für den russischen Unterhändler besagten, daß die Grenze dem Lauf des Amur bis zur Mündung der Zeja folgen solle, eine Auslieferung des Tungusenfürsten Gantimur, der sich von China ab- und Rußland zugewandt hatte, dürfe es nicht geben. Falls die chinesische Seite auf einem Rückzug der Russen aus dem Amurgebiet beharre, sollte ein zweiseitiger Handelsvertrag verbindlich zugesagt werden.[51]

Nachdem erste geplante Gespräche in der russischen Gründung Selenginsk nicht zustandegekommen waren, fanden die endgültigen Verhandlungen im August des Jahres 1689 in der Nähe einer der neugegründeten russischen Festungen, Nerčinsk, statt. Auf chinesischer Seite fungierten dabei zwei jesuitische Missionare – eine Mission der Jesuiten bestand in China seit dem Ende des 16. Jahrhunderts – als Dolmetscher und Berater. Beeinflußt wurden die Verhandlungen von zwei wesentlichen Faktoren; zum einen führten die Dsungaren, vereinigte westmongolische Stämme, einen recht erfolgreichen Kampf gegen China und hatten große Teile der Äußeren Mongolei unter ihre Kontrolle gebracht, und zum zweiten waren die Herrschaftsverhältnisse in Rußland noch ungeklärt. Just im August und September 1689 tobte in Moskau der Kampf um die Herrschaft. Peter I. gelang es, seine Halbschwester Sofija zu verdrängen. Davon konnte der russische Geschäftsträger noch nichts wissen. Doch ihm war bekannt, daß ein russischer Feldzug auf die Krim kurz zuvor ergebnislos geblieben war und erhebliche Kosten verursacht hatte, so daß die Staatsfinanzen noch stärker zerrüttet waren als zuvor. Von daher wurden russischerseits gewisse Hoffnungen auf die Einnahmen aus dem Handel mit China gesetzt.[52]

Die Chinesen demonstrierten trotz der mongolischen Bedrohung ihre Macht und ließen vor Nerčinsk eine Armee von weit über 10.000 Mann aufmarschieren. Dem hatte die russische Seite wenig entgegenzusetzen, denn die russische Besatzung der Festung zählte gerade einmal 2.000 Soldaten. Die Verhandlungen über die Grenzziehung und den Handel, an dem die Chinesen nicht sonderlich interessiert waren, zogen sich einige Zeit hin und wurden mit Hilfe der Jesuiten in lateinischer Sprache geführt. Schließlich wurde am 27. August 1689 russischer Zeitrechnung der Vertrag von Nerčinsk geschlossen, von dem je eine Fassung in lateinischer und russischer Sprache sowie eine in Mandschu ausgefertigt wurde, wobei die lateinische Version gemeinhin als die zuverlässigste gilt und auch die verbindliche Fassung war.[53]

Der Vertrag legte den Grenzverlauf zwischen China und Rußland am Argun fest, von dort nördlich bis zum Kamm des Stanovoj-Gebirges, um schließlich in östlicher Richtung hinunter zum Ochotskischen Meer dem Gebirgszug zu folgen. Nerčinsk blieb russisch, doch mußte die Festung Albazin aufgegeben werden. Den Russen wurden Handelsrechte eingeräumt, die ihnen den chinesischen Markt öffneten.[54] Was allerdings nicht gelang, war die von den Russen angestrebte Monopolisierung des Handels. Weder Nerčinsk noch späterhin, ab 1727, Kjachta wurden zur Drehscheibe des europäischen China- geschweige denn Asienhandels. Unmöglich war es zugleich, den inoffiziellen Handel zu kontrollieren, der nach vorsichtigen Schätzungen den offiziellen erheblich übertraf.[55] Dennoch legte dieser Vertrag die Grundlage für eine lange Friedenszeit zwischen den beiden Mächten, die erst um die Mitte des 19. Jahrhunderts endete. Die chinesische Seite erhielt das Recht, durch Grenzsteine mit einer eingemeißelten Inhaltsangabe des Vertragstextes den genauen Grenzverlauf festzulegen.

4. Die Konsolidierung der russischen Macht

Im Eroberungsprozeß Sibiriens bildeten die Beziehungen mit China die Ausnahme, denn in diesem Falle stieß das Russische Reich auf einen zumindest ebenbürtigen, in der Anfangsphase sogar überlegenen Gegner und suchte baldmöglichst nach einem entsprechenden Übereinkommen, um wenigstens gewisse Vorteile, wie bei den Handelsbeziehungen, zu erreichen. Ansonsten aber folgten die russischen Eroberungen dem geläufigen Muster. Die Russen mischten sich häufig in die inneren Auseinandersetzungen ein und suchten sich die Spaltungen der indigenen Bevölkerung zunutze zu machen. Sie scheuten sich nicht, Rivalitäten zwischen den Ethnien zu forcieren oder die Völker zum Kampf gegen ihre Nachbarn zu zwingen. Da dabei die Kräfte häufiger annähernd gleich waren, zogen sich solche Kämpfe zumeist über längere Zeit hin, bis die indigene Bevölkerung so erschöpft, teilweise im wahrsten Sinne des Wortes ausgeblutet war, daß weiterer Widerstand unmöglich wurde. Zudem nahmen die Russen häufig Geiseln – insbesondere Adlige oder Häuptlinge –, um jeden weiteren Widerstand zu brechen. Oft wurden die Männer getötet und die Frauen und Kinder versklavt.[56]

Erst an der Wende vom 17. zum 18. Jahrhundert erreichten die Russen die Halbinseln Čukotka und Kamčatka und begannen mit deren Eroberung. Dort lebten die Čukčen, die Korjaken, die Jukagiren, Itel'menen (Itènmèn oder Kamčadalen) und die Yupik (asiatische Eskimos). Der Weg dorthin mußte mühsam durch Wälder und Tundra sowie über hohe Gebirgszüge gebahnt werden. Auch wenn das Land nur dünn besiedelt war, so stießen die Eroberer doch immer wieder auf die indigene Bevölkerung. Diese war keineswegs gewillt, sich widerstandslos zu unterwerfen. Doch die Ethnien des hohen Nordens verfügten weder über die notwendige Waffentechnik, im Nordosten war der Gebrauch von Metall noch unbekannt, noch über die zahlenmäßige Größe, um sich erfolgreich verteidigen zu können. Sie wohnten zudem in zerstreuten Siedlungen, aufgespalten in Clans, Großfamilien und Sippen. Die Bevölkerung lebte vom Fischfang und der Jagd auf Wale, Robben und Walrosse. Die Meeresanrainer befuhren mit ihren Kajaks oder Baidarkas den

Ozean und kannten die Inselketten zwischen den Erdteilen Asien und Amerika ebenso wie den gegenüberliegenden Kontinent.[57]

Die nicht an der Küste wohnenden Čukčen und Korjaken lebten als nomadisierende Rentierzüchter. Die Lebensbedingungen im Nordosten waren hart, so daß die gewaltsame Lösung von Konflikten zum Leben gehörte. Vor allem die Čukčen und Korjaken, aber auch die Itel'menen waren durchaus kriegerisch und der Kampf gegen Feinde, wenn auch nicht alltäglich, so doch gewohnt, ein Teil des Lebens. Neben diesen Ethnien lebten im Nordosten noch die Jukagiren und die Ainu, die auch auf den Kurilen siedelten, sowie die Aleüten auf der gleichnamigen Inselkette. Wieviele Bewohner es zur Zeit der russischen Eroberung dieser Gebiete gab, kann nur geschätzt werden. Mit einiger Sicherheit lag ihre Zahl – läßt man die insulare Bevölkerung außer acht – bei etwa 35.000 bis 40.000 Menschen.[58] Erste Kenntnisse von der Existenz der Halbinseln und der dortigen Bevölkerung gab es schon seit der Mitte des 17. Jahrhunderts. Der »Fall« der Entdeckung dieses Territoriums, das dann wieder in Vergessenheit geriet, mag exemplarisch zeigen, wie die russischen Eroberer vorgingen, wie ihre Verwaltung funktionierte und welche Ziele sie verfolgten.

Die in die Weiten Sibiriens vordringenden Kosaken und Dienstleute des Zaren folgten den großen Flußsystemen und legten dort sogenannte Winterlager (*zimov'e*) an. Aus ihnen entstanden die befestigten Stützpunkte oder Festungen (*ostrogi*). Einige davon wurden zu Mittelpunkten der Verwaltung und des Handels, in denen der Statthalter oder Voevode residierte. Dazu gehörten Tobol'sk, Tomsk, Enisejsk und Jakutsk.[59] Alle Städte Sibiriens entwickelten sich aus militärischen Siedlungen und behielten diesen militärischen Charakter auch über sehr lange Zeit hinweg. Als erste Bewohner nach den Kosaken, Soldaten und zarischen Beamten kamen Priester, später auch Handwerker und Kaufleute, schließlich die Bauern. War die Lage günstig, so trug vor allem der Handel dazu bei, daß sich aus einer Festung eine Stadt entwickelte. Hier trafen sich die Kaufleute aus Rußland und den zentralasiatischen Gebieten, um ihre Geschäfte abzuwickeln.[60] Sie zogen andere Berufe an, vor allem Handwerker und »Dienstleister«, Kuriere, Kutscher, Schiffer und Fuhrleute. Bald ließ sich jenes Gemisch der Bevölkerung, das so typisch für eine Stadt ist, auch in Sibirien finden. Die Stadtbevölkerung teilte sich in entsprechende soziale Schichten bis hinunter zu den Kriminellen und Prostituierten. Die Befestigungsanlagen setzten der Ausdehnung eine entsprechende Grenze, so daß die sibirischen Städte zunächst klein, eng, bald übervölkert und ziemlich schmutzig waren. Da Steine als Baumaterial fehlten, waren alle Häuser aus Holz gebaut, was trotz aller Vorschriften und Vorsichtsmaßnahmen bei den häufig ausbrechenden Bränden katastrophale Folgen hatte. In kaum einer sibirischen Stadt finden sich daher heute noch Häuser aus ihrer Gründerzeit. Ein gesellschaftliches Leben entfaltete sich nur sehr allmählich, das Leben war eher eintönig. Glaubt man den zahlreichen Reiseberichten, so war Alkoholmißbrauch, gerade auch bei großen Teilen der indigenen Bevölkerung, der Wodka und andere hochprozentige Getränke bis dahin völlig unbekannt gewesen waren, ebenso weitverbreitet wie Geschlechtskrankheiten. Das »Feuerwasser« fand auch in Sibirien eine schnelle und weite Verbreitung und führte zu den Folgen, wie sie von den Indianern Nordamerikas bekannt sind.[61]

Die Aussicht auf Felle blieb die treibende Kraft für das immer weitere Vordringen der Russen. Das Zobelfell kann im 17. und 18. Jahrhundert als das Gold Sibiriens bezeichnet werden, denn die Edelmetallressourcen wurden erst später entdeckt. So war es die wichtigste Funktion der russischen Verwaltung, mit dem Voevoden an der Spitze, das Sammeln der Felle und deren Transport nach Moskau zu beaufsichtigen.[62] Die Kosaken, *promyšlenniki* und Dienstleute jagten die Zobel nicht immer selbst, sondern sie erhielten die Felle als *jasak* der einheimischen Bevölkerung. Die Zahl der abzuliefernden Felle war festgesetzt und darüber wurde von den administrativen Instanzen genau Buch geführt. Um die Mitte des 17. Jahrhunderts kamen aus Sibirien Pelze im Wert von 600.000 Rubeln, was einem Drittel der Staatseinnahmen entsprach.[63] Die Angaben für das Jahr 1675 aus Jakutsk zeigen, daß von den rund 11.000 dort lebenden Jukagiren, Jakuten und Tungusen mehr als 18.000 Zobelfelle, über 6.000 Fuchsfelle und ein Fuchsmantel abzuliefern waren, was durchaus als maßvoll gelten kann.[64] Jedoch betrug das Verhältnis der erjagten Felle zu denen, die als *jasak* abgeliefert wurden, drei Viertel zu einem Viertel.[65] Die Beute der Jäger oder Trapper wurde an besonderen Zollstationen gestempelt und es mußte ein Zoll in Höhe von zehn Prozent des Warenwertes in Pelzen entrichtet werden. Wurden die Felle dann auf dem Markt verkauft, kam noch einmal eine zehnprozentige Abgabe hinzu, und die Pelze erhielten einen zweiten Stempel.[66]

Trotz all dieser Bestimmungen wurden Pelze unterschlagen, und die Verwaltung war vor allem damit beschäftigt, die Bücher zu fälschen.[67] Der in Sibirien eingesetzte Voevode und seine Verwaltung unterstanden seit 1637 dem sogenannten *sibirskij prikaz*, also der sibirischen Behörde, was in etwa einer Kanzlei entsprach. Zunächst waren die eroberten Territorien vom *posol'skij prikaz*, dem Außenamt, dann vom *kazan'skij prikaz* verwaltet worden. In dieser Behörde, die im Prinzip territorial organisiert war, gab es eine eigene Abteilung, die für die Pelze zuständig war, die Zobelkasse (*sobolinaja kazna*). Mit der im Laufe des 17. Jahrhunderts ständig ansteigenden Zahl der abzuliefernden Felle wuchs auch diese Behörde und verfügte bald über mehrere Unterabteilungen. Ihre wichtigsten Mitarbeiter allerdings arbeiteten »ehrenamtlich«. Es waren jene Moskauer Kaufleute, die über das entsprechende Expertenwissen verfügten, um den Wert der Felle korrekt einzuschätzen. Es versteht sich fast von selbst, daß diese Abteilung weitgehend autonom funktionierte, und die Kaufleute über ein entsprechendes Sozialprestige verfügten.[68]

Es war, soviel läßt sich sagen, gängige Praxis, daß von den ortsansässigen Beamten weniger Einnahmen gemeldet wurden, als tatsächlich Pelze und Felle oder andere Formen des Tributs eingeliefert worden waren, denn die Differenz wanderte in die Taschen der schlecht und unregelmäßig bezahlten Verwaltungsbeamten. Den *jasak* trieben Kosakentrupps ein, die von Ort zu Ort zogen und es gerne sahen, wenn die indigene Bevölkerung für den Zaren, den Voevoden oder für sie selbst über die festgesetzten Abgaben hinaus, »freiwillige« Beiträge leistete. Zugleich fand jener Handel statt, in dem die Einheimischen gnadenlos übervorteilt wurden. Unter mittelbarem oder unmittelbarem Zwang tauschten die Kosaken Töpfe, Äxte und sonstige Gegenstände gegen zusätzliche Felle ein.[69] Sicherlich kann man, wie es bisweilen geschieht, der Meinung sein, daß Töpfe, Äxte und andere Gegenstände für die indigene Bevölkerung durchaus nützlich waren und sie solchen Geschäften sogar gerne zustimmte. Zum einen allerdings hatte sie Jahrhunderte ohne solche Gerätschaften überlebt und sie auch nicht vermißt, zum anderen ändert es nichts am Akt des Betruges, wenn der Betrogene dies nicht realisiert. Der Betrüger weiß es in jedem Falle und verdient »schnelles Geld«.

Das einträgliche Geschäft verstieß eindeutig gegen die aus Moskau empfohlenen und verordneten Verhaltensweisen gegenüber der indigenen Bevölkerung. Mit Freundlichkeit sollte ihr begegnet werden, nicht mit Grausamkeit. Doch bei der Eintreibung des Tributs waren Folterungen und Morde, Vergewaltigungen und Versklavungen an der Tagesordnung. Dies ereignete sich gewöhnlich ein- oder zweimal pro Jahr. Bisweilen allerdings geschah es, daß die Dörfer der Einheimischen von unterschiedlichen Kosakenabteilungen »besucht« wurden, die miteinander rivalisierten oder die den Überblick verloren hatten, für welche Ansiedlung sie zuständig waren. Zur Hebung der »Abgabewilligkeit« der sibirischen Völker wurden auch, wie schon erwähnt, Geiseln genommen. Bei diesen *amanaty* handelte es sich zumeist um Fürsten oder sonstige hochgestellte Persönlichkeiten der tributpflichtigen Stämme, die in den russischen Festungen gefangengehalten und bisweilen gegen Verwandte ausgetauscht wurden.[70]

Dabei suchte die Regierung in Moskau eine Gratwanderung zwischen militärischer Eroberung und »freiwilliger« Unterwerfung, denn sie war sich durchaus bewußt, daß ihre militärische Macht vor Ort äußerst begrenzt war. Selten verfügten die Voevoden über ausreichende Kräfte, um im Falle von Aufständen entsprechend reagieren zu können. So hielten sich im *ostrog* Krasnojarsk Mitte der 1630er Jahre, als es zu Kämpfen mit den dortigen Kirgisen kam, statt der angeordneten 300 nur 250 berittene Kosaken auf. Auch fehlte es an Geld, um für weitere Kosaken Pferde zu kaufen, so daß die Kosaken von ihrem Sold selbst Pferde kaufen mußten und, wie es in einem Erlaß des Zaren Michail Fedorovič an den Voevoden in Tomsk hieß, dazu sogar ihre Mäntel hatten verkaufen müssen. Gleichwohl ordnete der Zar an, mit allen zur Verfügung stehenden Mitteln gegen die »feindlichen und verräterischen Eingeborenen« vorzugehen, den *jasak* einzutreiben und nach Möglichkeit Geiseln zu nehmen. Zugleich aber sollten die Kirgisen nach ihrer erneuten Unterwerfung nicht weiter drangsaliert und ihnen keine »unvernünftigen Lasten« auferlegt werden. Sie sollten weiterhin ungehindert jagen dürfen und die Geiseln sollten gut und mit »großer Höflichkeit« behandelt werden, »damit sie unter unserer mächtigen Zarischen Hand bleiben und jasak bezahlen.«[71] Der *sibirskij prikaz* wies die Voevoden und ihre Stellvertreter immer wieder darauf hin, daß sie die einheimische Bevölkerung »in Güte« überreden und diese mit »Wohlwollen und Freundlichkeit« überzeugen sollte. Deshalb wurde auch die Zwangstaufe abgelehnt, und nur diejenigen sollten getauft werden, die es »aus freiem Willen« heraus taten.[72]

Der Wert des Zobels und die Unterlegenheit der einheimischen Bevölkerung waren für die Kosaken und die sogenannten *promyšlenniki* Antrieb genug, um wieder und wieder wagemutig in unbekannte Gebiete vorzustoßen. Der *promyšlennik* stellte im Eroberungsprozeß Sibiriens das gewerbliche, gleichsam private Element dar, war Jäger, Gewerbetreibender und Kaufmann in einem, verfolgte, wie es das russische Wort *promysel* sagt, ein Gewerbe oder ein Handwerk, vor allem die Jagd. Daneben standen die Staatsdiener, die im Interesse des Zaren handelten. Eine exakte Trennung zwischen beiden Gruppen vorzunehmen, ist äußerst schwierig. Es war eher die Regel als die Ausnahme, daß beide Gruppen gemeinsam agierten.[73] Beide suchten »neue Flüsse« und »nicht-tributpflichtige Leute«. Dazu befuhren sie vor allem die großen Flüsse, die fast alle in süd-nördlicher Richtung verlaufen, also eigentlich den »verkehrten« Weg nehmen. Doch nutzten die Kosaken, die auf den Flüssen unterwegs waren, auch bereits sehr früh die Eismeerschiffahrt. Dazu befuhren sie etwa die Lena bis zu ihrer Mündung, folgten dann der Meeresküste in Richtung Osten, um schließlich wieder den nächsten oder übernächsten Fluß aufwärts zu fahren. 1644 wurde auf diese Weise die Kolyma erreicht, an der man eine kleine Festung errichtete.[74]

Fand sich eine Gruppe von Händlern und Pelztierjägern zusammen, meist waren es zwischen zehn und fünfzehn Mann, bisweilen aber auch dreißig bis vierzig Personen, um Handels- und Entdeckungsfahrten zu unternehmen, konnte dies nicht ohne eine Genehmigung der örtlichen Behörden geschehen. So mußte die Obrigkeit der jeweiligen Festung um Erlaubnis gefragt werden, ob die Suche nach neuen Gebieten genehm sei. Zugleich wurde sehr häufig auch darum gebeten, eine Gruppe von Kosaken zur Unterstützung mitzuschicken. Da an solchen Unternehmungen und Expeditionen zumeist auch die lokale Verwaltung mitverdiente, wurde die Erlaubnis selten verweigert. Die Genehmigungen ergingen ohne Ansehen der Person, so daß häufiger auch begnadigte Verbrecher an solchen Unternehmungen teilnehmen konnten oder sie sogar selbst initiieren.[75] Die Finanzierung solcher Expeditionen stellte das größte Problem dar, denn eine entsprechende Ausrüstung mußte beschafft werden, dazu Waffen und Proviant. Auch mußten die Transportmittel, zumeist mehrere Boote, gebaut oder gekauft werden. Darüber hinaus waren Tauschwaren einzukaufen, deren Verkauf im Prinzip nur die Staatskasse füllte. Denn der Handel war staatlich reguliert, auch wenn dem Staat das Geld fehlte, ihn abzuwickeln. Nicht selten mußte den Teilnehmern der Expedition ein Vorschuß gezahlt werden, um genügend Männer beisammen zu haben. Häufig fand das ganze Unternehmen der »Landdurchstreifer« (*zemleprochodcy*), wie sie im Russischen genannt wurden, sowieso nur auf Kredit statt, denn viele Kosaken, Dienstleute und *promyšlenniki* waren hoch verschuldet. Dies lag auch daran, daß der Staat seine »Diener« schlecht und unregelmäßig bezahlte, viele von ihnen jahrelang unterwegs waren, und die Verwaltung schließlich die Übersicht verlor, wieviel Geld und Sachleistungen (Getreide, Salz etc.) ihnen für die Zeit in den Wäldern, in Taiga und Tundra zustand.[76]

Die *promyšlenniki* stammten zumeist aus dem Norden des europäischen Rußland. Geschätzt wird, daß in der zweiten Hälfte des 17. Jahrhunderts knapp 16.000 Männer für diese Tätigkeit registriert waren, die sich zu sogenannten *arteli* zusammenschlossen. Dabei handelten sie entweder auf eigenes Risiko oder ließen sich von einem Unternehmer anheuern, der die Ausstattung stellte und zumeist in den Städten des Ural, manchmal aber auch in Moskau oder Jaroslavl' ansässig war. Eine solche Jagdgesellschaft war dann häufiger zwei oder drei Jahre unterwegs, in jedem Falle aber den ganzen Winter hindurch von Oktober bis Mai oder Juni, denn dann hatten die Tiere besonders wertvolle Felle. Das Leben in der Wildnis war hart und eintönig. Immer wieder kam es dabei zu

Auseinandersetzungen der Männer untereinander, so daß die Behörden die stets anwesenden *prikazčiki* anwiesen, darauf zu achten, daß nicht zu viel getrunken und um Geld gespielt wurde. Lohnend waren solche Jagdzüge, wenn pro Mann mindestens 120 Zobelfelle zusammenkamen. Schon am Ende des 17. Jahrhunderts war vor allem der Zobel überjagt, so daß sich die indigene Bevölkerung immer wieder bei den Voevoden beschwerte.[77]

Es war also durchaus möglich, daß der Staat seinen Dienstleuten und Kosaken hohe Summen schuldete oder aber, daß die Staatsdiener sich im Dienste des Vaterlandes völlig ruinierten. Die Bittschriften, in denen ausstehende Geld- und Sachleistungen eingefordert wurden, waren Legion. Gingen diese Männer auf Expedition in neue, noch nicht erschlossene Gebiete, so standen sie gleichsam unter Erfolgszwang. Machten sie keine entsprechenden Profite, so konnte das für ihr weiteres Leben erhebliche Schwierigkeiten mit sich bringen. Diese aber ließen sich nur durch gleichsam illegale Einkünfte in Form der gnadenlosen Ausbeutung der sibirischen Völker erzielen. Es fanden sich stets genügend Personen, die bereit waren, das große Abenteuer einzugehen, auch wenn im Sibirien des 17. und 18. Jahrhunderts nicht das sagenumwobene El Dorado der spanischen und portugiesischen Eroberer des 16. Jahrhunderts winkte.[78]

Kosaken und *promyšlenniki* wurden sowohl von Zeitgenossen im eigenen Land als auch von späteren Generationen immer wieder wegen ihres Wagemutes gefeiert und als Helden verehrt. Heldenhaft war ihr Mut angesichts des arktischen Klimas, heldenhaft bekämpften sie die kriegerischen Eingeborenen und heldenhaft fuhren sie auf ihren Booten, den sogenannten *koči*, übers Meer. Diese Schiffe wurden häufig als kaum seetüchtig und als deutliches Zeichen der technischen Rückständigkeit der Russen im 17. Jahrhundert beschrieben und dargestellt. Nun waren sie tatsächlich kaum mit west- und südeuropäischen Atlantikseglern vergleichbar, aber dennoch durchaus seetüchtig. Solche Boote wurden schon seit Jahrhunderten im Küstenhandel in der Barentssee und dem Weißen Meer eingesetzt. Die Segel der kleinen Schiffe bestanden aus Leinwand und die Planken und sonstigen Teile waren entgegen der zählebigen Überlieferung mit Eisennägeln zusammengefügt. Noch Bruce Lincoln wiederholte in seinem in den 1990er Jahren erschienenen Werk über die Eroberung Sibiriens die alten Geschichten der nur mit Zweigen und Lederriemen zusammengefügten Boote.[79] Auch der Kompaß war den Schiffsmannschaften durchaus bekannt, obgleich das Wort selbst wohl erst unter Peter I. am Anfang des 18. Jahrhunderts Eingang in die russische Sprache gefunden hat. Die Kosaken des 17. Jahrhunderts benutzten »Magnetsteine in Knochen«, um sich bei ihren Seefahrten zu orientieren.[80]

5. Die erste Durchfahrt durch die Beringstrasse

Im Sommer 1648 machte sich eine jener zuvor beschriebenen Expeditionen auf den Weg, weil die Gerüchte nicht verstummen wollten, in der Nähe eines Flusses namens Anadyr', in den zeitgenössischen Quellen manchmal auch Počyga genannt, seien ungeheure Reichtümer an Walroßelfenbein zu finden. Dieses Mal fanden sich 90 Mann zusammen, die in sechs oder sieben Booten die Kolyma abwärts fuhren. Finanziert wurde die Unternehmung von einem Kaufmann aus Ustjug, als dessen Bevollmächtigter ein gewisser Fedot Alekseev oder Fedot Alekseevič Popov vor Ort agierte. Als Befehlshaber des mitgeschickten Kosakenkontingents nahm Semen Dežnev an der Fahrt teil, der dem Voevoden von Jakutsk unterstand. Sein Name taucht in den Quellen erstmals 1638 auf, als er in Diensten des Staates von Enisejsk nach Jakutsk wechselte. Sein Geburtsjahr und sein Geburtsort sind unbekannt, über seine früheren Tätigkeiten und seine Herkunft weiß man kaum etwas, doch war er seit dem Beginn der 1640er Jahre an der Jana und der Indigirka mit dem Eintreiben des *jasak* betraut. Von daher galt er offensichtlich als erfahren und erprobt, so daß er, obwohl eigentlich ohne höheren Rang, als Kommandant der Kosakeneinheit fungierte.

Im August des Jahres 1648 erreichten noch drei, nach anderen Berichten fünf der ausgefahrenen Schiffe die äußerste Nordostspitze Asiens, die heute den Namen Kap Dežnev trägt. Bei einem Versuch, auf der Halbinsel Čukotka an Land zu gehen, kam es zu einem Scharmützel mit den kriegerischen Čukčen, in dessen Verlauf Alekseev verwundet wurde. Auf der Weiterfahrt gerieten die Schiffe in einen Sturm und wurden getrennt. Alekseev starb auf ungeklärte Weise auf dem Rückweg, wobei er möglicherweise als erster Europäer seinen Fuß auf die Halbinsel Kamčatka setzte, was sich allerdings nicht eindeutig belegen läßt.[81]

Damit standen Dežnev und seine Reisebegleiter kurz davor, ein geographisches Problem der europäischen Gelehrtenwelt zu lösen. Die Frage nämlich, ob denn Asien und Amerika eine Einheit bildeten oder durch eine Wasserstraße getrennt seien. Sie stand im Zusammenhang mit jener Suche nach der Nordost- bzw. Nordwestpassage nach dem Vertrag von Tordesillas von 1494 zwischen Spanien und Portugal, die im vorigen Kapitel schon geschildert worden ist. Dieser Vertrag, durch Schlichtung von Papst Alexander VI. zustandegekommen, teilte die Welt zwischen beiden Staaten auf und zog am 46. Grad westlicher Länge eine Demarkationslinie zwischen den jeweiligen Interessensgebieten. Damit waren die südlichen Seewege nach China, Indien und Japan um die Südspitzen Afrikas und Südamerikas für die Schiffe der anderen Staaten versperrt, die nun nach neuen Routen suchen mußten.

Bereits im frühen 16. Jahrhundert verzeichnete ein unbekannter Kartograph an der Stelle der heutigen Beringstraße eine Durchfahrt. Dieser Sicht folgten auch Gerhard Mercator und Abraham Ortelius. 1562 wurde die Meeresstraße von Giacomo Gastaldi als »Straße von Anian« bezeichnet, ein Name, der auf Marco Polo zurückgeführt wird. Diese Durchfahrt und ihr Name waren allerdings hypothetisch, denn kein Europäer war zu jener Zeit auch nur in die Nähe dieses Gebietes gelangt.[82] Die Darstellung dieser Meerenge und ihre Bezeichnung wurden in den folgenden eineinhalb Jahrhunderten für die Kartographen zum Allgemeingut, obwohl keinerlei empirische Belege dafür existierten. Sie ist auch in den Atlanten von Ortelius, Mercator und Johan Blaeu verzeichnet. Es sollten nach Dežnevs Fahrt noch rund hundert Jahre vergehen, bis dieses Wissen, das er in einem schriftlichen Bericht festhalten ließ, allmählich in der Welt bekannt wurde.

Semen Dežnev konnte Anfang Oktober 1648 südlich des Anadyr' an Land gehen. Er hatte in der Praxis gezeigt, daß Asien und Amerika nicht zusammenhingen, wovon allerdings weder er in diesem Moment etwas wußte, noch sollte es vor der Mitte des folgenden Jahrhunderts überhaupt bekannt werden. Die wenigen Überlebenden erreichten den Fluß nach einem kräfteraubenden Fußmarsch. Sie legten ein Winterlager an, und elf Kosaken überstanden gemeinsam mit ihrem Anführer das unwirtliche Klima. Rund anderthalb Jahre marodierte die Gruppe umher, ohne Kontakt zu den eigenen Landsleuten aufnehmen zu können. Zugleich jedoch trieb sie, wo immer es gelang, den *jasak* ein. Schließlich trafen in Deznevs Lager, das er nun als *ostrog* bezeichnete, im Frühjahr 1650 zwei andere Kosaken-Expeditionen ein, deren eine unter der Leitung von Michail Staduchin stand. Deznev und Staduchin kannten sich offensichtlich aus früheren gemeinsamen Aktivitäten und waren einander wenig freundlich gesonnen. Sehr rasch entbrannten zwischen ihnen Rivalitätskämpfe, die teilweise sogar mit Waffen ausgetragen wurden, bis Staduchin es vorzog, mit seinen Leuten gen Süden abzuziehen.[83]

Nach zwei weiteren Jahren fanden Deznev und seine Begleiter endlich das, wonach sie so lange gesucht hatten und das wirtschaftlichen Erfolg versprach, größeren jedenfalls als der bisher von der indigenen Bevölkerung eingetriebene *jasak*. Sie stießen in der Bucht, in die der Anadyr' mündet, auf eine riesige Walroßkolonie, deren Elfenbein sie für die eigene und die Staatskasse zusammentrugen. Erneut kam es zu Auseinandersetzungen mit einer rivalisierenden Gruppe von Kosaken und *promyšlenniki* über die Rechte an dem reichen Fund, aber auch über das Verhalten gegenüber den Jakuten. Im Herbst 1654 verfaßte Deznev eine Petition an den Zaren. Er bat um die Zahlung seines rückständigen Soldes und um Ablösung von seinem Posten in Anadyrsk, heute Anadyr'. In diesem Schreiben erwähnte er auch erstmals seine Fahrt aus dem Jahre 1648.[84] Es dauerte noch einmal fünf Jahre, bis ein Kosakentrupp eintraf, um Deznev und seine Männer abzulösen. Erst im Frühjahr 1662 erreichte er mit seiner reichen Beute Jakutsk. Erneut verfaßte er eine Petition an Zar Aleksej Michajlovič, in der er die letzten zwanzig Jahre seines Dienstes darstellte, seinen Sold für 19 Jahre forderte und ausführlich seine Erlebnisse, vor allem seine Seereise, schilderte.[85] Darin beschrieb Deznev auch als besonders bedeutenden Punkt das später nach ihm benannte Kap und die Halbinsel Čukotka. Der Jakutsker Voevode schickte die Petition mit einem Kurier an den *sibirskij prikaz* in Moskau, wenig später ging auch Deznev selbst mit einem Transport von Fellen und anderen Staatseinnahmen dorthin, wo man im September 1664 ankam. Deznev führte dabei auch seinen Elfenbeinfund mit sich. In der Hauptstadt angekommen, reichte er beim *sibirskij prikaz* eine weitere Petition ein, um die ihm zustehenden Gelder zu erhalten.[86] Diese wurden ihm schließlich auch bewilligt, und er konnte zudem das Elfenbein, auch wenn erheblich unter dem Marktwert, an die Staatskasse verkaufen. Er war nun ein gemachter Mann, blieb allerdings weiter in staatlichen Diensten und kehrte nach Sibirien zurück. In den folgenden Jahren kommandierte er kleinere Festungen, bis ihn schließlich der Voevode von Jakutsk 1670 zum Befehlshaber des jährlichen Pelztransportes für die Staatskasse nach Moskau ernannte. Dort erkrankte er und starb 1672, inzwischen wohl fast siebzigjährig.[87]

Nachrichten über die Reise Deznevs verbreiteten sich vor allem am Ende des 17. und zu Beginn des 18. Jahrhunderts, als das Interesse an einer grundlegenden Erforschung Sibiriens und damit auch an der Klärung der Frage nach einer Landverbindung oder einer Seepassage zwischen Asien und Amerika immer stärker wurde. Zunächst verzeichnete der Amsterdamer Bürgermeister Nicolaas Witsen 1687 auf einer Karte den Fluß Kamčatka und schließlich finden sich in seiner Darstellung »Noord en Oost Tartarye« von 1692 bzw. 1705 Nachrichten, die auf Dežnevs Reise hindeuten.[88] Einige Zeit später veröffentlichte der ehemalige schwedische Kriegsgefangene Johann Tabbert von Strahlenberg, der in Sibirien gelebt und den deutschen Forschungsreisenden Daniel Gottlieb Messerschmidt auf dessen mehrjähriger Forschungsreise ein Stück begleitet hatte, in seinem Buch »Das Nord- und Ostliche Theil von Europa und Asia« sowohl eine Karte als auch den Hinweis, daß die Russen vom Kolyma nach Kamčatka gereist waren.[89] Schließlich fand der in russischen Diensten stehende deutsche Gelehrte Gerhard Friedrich Müller während der »Zweiten Kamčatkaexpedition« von 1733 bis 1743 im Jakutsker Archiv die Beschreibung von Dežnevs Reise in einer Abschrift und machte sie 1758 in seiner »Sammlung russischer Geschichte« bekannt.[90] Das Original wurde 1951 wiedergefunden, aber erst 1965 veröffentlicht.[91] Damit ließen sich nun die Unklarheiten, die etwa durch falsches Abschreiben entstanden waren, endgültig beseitigen. Dežnev hatte die Halbinsel Čukotka als erster auf dem Seeweg umfahren und war Jahrzehnte vor Bering unwissentlich zwischen Asien und Amerika hindurchgesegelt.

6. Die Eroberung Kamčatkas, der Kurilen und der Alëuten

Das von Dežnev angelegte Lager Anadyrsk diente am Ende des 17. und zu Beginn des 18. Jahrhunderts als Ausgangsbasis für die Eroberung Kamčatkas, das bis zu diesem Zeitpunkt so gut wie unbekannt war und von dem die Russen glaubten, es sei eine Insel. Über Kamčatka waren zahlreiche Berichte in Umlauf, in denen reiche Beute versprochen wurde. 1697 nutzte der in Jakutsk stationierte Kosake Vladimir Atlasov, der einen Trupp von 50 Mann befehligte, die Gelegenheit, im Gebiet von Anadyrsk den *jasak* einzutreiben, um von dort aus weiter vorzudringen. In Anadyrsk stellte er ein Expeditionscorps mit rund 120 Mann, 60 Russen und 60 Mann jukagirischer Hilfstruppen, auf. Zunächst gelangten sie in die Gebiete der Korjaken. Atlasovs Truppe zeigte sich von Anfang an äußerst brutal den Einheimischen gegenüber und war fast ausschließlich an Beute interessiert. Nicht weniger heftig war daher der Widerstand der indigenen Bevölkerung. Schließlich erreichte Atlasov mit seinen Männern den Fluß Kamčatka, auf dessen gegenüberliegender Seite sie den schneebedeckten, 4.750 Meter aufragenden und rauchenden Gipfel des Vulkans Ključevskaja Sopka sahen.[92]

Atlasov marschierte weiter nach Süden und stieß dort auf die Itenmen oder Itel'menen, die von den Russen Kamčadalen genannt wurden. Die Ethnie spricht eine dem Korjakischen und Čukčischen verwandte, zur paläosibirischen oder arktischen Sprachgruppe zählende Sprache. Die Bevölkerung lebte in größeren Clans zusammen, Stammesorganisationen waren weitgehend unbekannt, ebenso wie Häuptlinge. Sie betrachteten einander als sozial gleich, und es bestand eine gewisse matriarchale Ordnung, auf die der aus Bad Windsheim stammende Georg Wilhelm Steller, ein Teilnehmer der Zweiten Kamčatkaexpedition (1733-1743), der einige Zeit unter ihnen lebte, hingewiesen hat.[93] Die Itel'menen wohnten in größeren Dörfern, die mit Einzäunungen vor allem gegen feindliche Angriffe geschützt waren. Sie lebten vom Fischfang und der Jagd auf Meeressäuger. Ihre Waffen und Gerätschaften bestanden aus Knochen oder Steinen, ihre Kleidung aus Fellen und Häuten.[94]

Nach neueren Schätzungen wohnten zum Zeitpunkt der russischen Eroberung zwischen 10.000 und 17.000 Itel'menen auf Kamčatka. Zahlenmäßig waren die Kosaken völlig unterlegen, doch gelang es ihnen aufgrund der überlegenen Waffen und durch die Ausnutzung örtlicher Meinungsverschiedenheiten und Feindschaften, sich dennoch festzusetzen. Steller, der eine der ersten wissenschaftlichen Aufzeichnungen über deren Geschichte und Kultur verfaßte, schrieb: »Weil nun über dieses die Einwohner selbsten einander in den Haaren lagen, so profitirten die Cosaken von der Gelegenheit, halfen einer Parthey gegen die andere, und machten sie endlich, da sie alles geschwächet, alle unterthänig.«[95]

Zunächst verlief der Prozeß der Eroberung Kamčatkas offensichtlich in den hergebrachten Bahnen. Am Fluß Kamčatka wurde ein befestigtes Lager, Verchnekamčatsk, angelegt, in dem eine kleinere Besatzung zurückgelassen wurde. Die Kosaken stießen unter ihrem Anführer nach Süden vor, wo sie von der Existenz vorgelagerter Inseln, den Kurilen, erfuhren und daß dort die »behaarten Ainu« lebten. Weit jenseits dieser Inseln sollte es, so der Bericht, noch größere Inseln »mit Städten aus Stein« geben. Von dort erhielten die Ainu »Schalen, Baumwollgewänder, Baumwollstoffe mit Mustern und hellen Farben, Nanking-Stoffe und Kaftane.« Zudem wurde Atlasov mitgeteilt, daß »ein Fremder« gefangengehalten werde. Der Gefangene, als dessen Heimat der Kosakenführer seinem Äußeren nach zunächst Griechenland vermutete, stellte sich als gestrandeter Japaner heraus. Nach Befragungen durch einen korjakischen Dolmetscher soll er ausgesagt haben, er komme aus Indien.[96] Der Japaner wurde über Anadyrsk nach Moskau vor Peter I. gebracht, der mit ihm eine japanische Sprachschule aufbaute und ihm die Rückkehr in seine Heimat verweigerte.[97]

Zwar gab es 1697 wiederum einen Zarenbefehl, mit den »Einheimischen« »menschlich« umzugehen,[98] doch konnte davon auf Kamčatka keine Rede sein. Der »Ermak von Kamčatka«, wie Alexander Puškin ihn nannte, war »grausam, habgierig, trunk- und selbstsüchtig sowie despotisch«.[99] So bezeichnete ihn Stepan P. Krašeninnikov, ein Teilnehmer der Zweiten Kamčatkaexpedition (1733-1743), dessen »Beschreibung von dem Lande Kamčatka« Puškin zu seiner Charakteristik veranlaßte.[100] Auch der deutsche Forscher Georg Wilhelm Steller kritisierte die brutale Eroberungspolitik der Russen. Atlasov, so Steller, habe von seinen »Heldentaten« mehr Wind gemacht, »als sich in der That findet.« Er sei der erste gewesen, der mit großem Raub und »unrechtem Guth« von dort nach Jakutsk und dann nach Moskau gelangt sei.[101] Angesichts solcher Zuschreibungen in der zeitgenössischen Literatur und durch den bekanntesten russischen Schriftsteller überrascht die Darstellung Atlasovs in einigen neueren Geschichten Sibiriens. W. Bruce Lincoln, dessen Buch doch ausdrücklich »Die Eroberung Sibiriens« heißt, bezeichnet Atlasov en passant als »Forscher« und bei Sabine Gladkov »durchwandert« er das

Land und schildert »detailliert« die Schönheit und Vielfalt der Natur und der Menschen.[102]

Nach dem Eroberungszug auf Kamčatka unternahm Atlasov die mühselige Reise über Jakutsk nach Moskau, um direkt von seinen Eroberungen zu berichten und eine entsprechende Belohnung zu bekommen. Außer einer Geldprämie erhielt er die Position eines Kommandanten der Kosaken im jakutischen Bezirk. Doch wurde er kurz nach seiner Rückkehr nach Sibirien wegen eines Überfalls auf eine Karawane russischer Kaufleute in Jakutsk eingekerkert. Auf Kamčatka verbesserten sich unterdessen die Verhältnisse nicht. Auch die neuen dorthin geschickten Kosakeneinheiten führten ein entsprechendes Regiment, so daß sich die Itel'menen schließlich im Jahre 1707 gegen die Bedrückung durch die russischen Tributeintreiber erhoben. Atlasov wurde daraufhin wieder freigelassen und nunmehr mit dem Oberkommando auf Kamčatka betraut.[103] In den folgenden Jahren versuchte er mit allen Mitteln, den Widerstand der indigenen Bevölkerung zu brechen, machte sich aber durch sein habgieriges und despotisches Verhalten auch seine eigenen Leute zu Feinden. Schließlich brach eine Meuterei gegen ihn aus, und er wurde mit zwei weiteren Kosakenführern im Januar 1711 ermordet.[104] Doch kehrte auch weiterhin keine Ruhe ein. Die marodierenden Kosakenbanden durchstreiften das Land und suchten den *jasak* einzutreiben oder sich selbst zu bereichern. Die Itel'menen und Jukagiren leisteten verzweifelten Widerstand.[105]

Im Jahre 1713 trat ein neuer Kommandant sein Amt an, der die Unruhen mit aller Gewalt und zahlreichen Opfern unterdrücken konnte. Dafür gab es schließlich einen Freibrief des Herrschers, denn die örtlichen Befehlshaber erhielten freie Hand und waren nur dem Zaren persönlich, aber nicht den Befehlshabern in Tobol'sk oder Jakutsk verantwortlich. In dem persönlichen Befehl Peters I. an einen der beteiligten Offiziere hieß es: »Während er [Hauptmann Petr I. Tatarinov] dort ist, soll er alle Mittel, über die er verfügt, anwenden, um dem Großen Herrscher Nutzen zu bringen.« Widerspenstige »Einheimische« sollten mit Kanonen bekämpft werden. Auch erhoffte sich Peter I., Bodenschätze, Gold und Silber, zu finden.[106] Die Truppe und die bald darauf folgenden Kosaken wüteten nicht nur nach Belieben, sondern schleppten darüber hinaus zahlreiche Krankheiten ein, die bei der indigenen Bevölkerung völlig unbekannt waren und an denen viele starben. »Und haben sie [die Kosaken] binnen 40 Jahren die Zahl derer Einwohner bis auf den 12ten oder 15ten Teil reduciret,« schrieb Steller darüber.[107] Neuere Berechnungen gehen davon aus, daß zwischen 1697 und 1715 die Zahl der Itel'menen von 12.700 auf 9.800 gesunken sei und in den folgenden 23 Jahren bis auf 7.000 abgenommen habe. In der zweiten Hälfte des 18. Jahrhunderts betrieb die Regierung eine forcierte Christianisierung, um das Gebiet endgültig zu pazifizieren. Doch waren die neue Religion und die Lebenswelt und Lebensweise der Itel'menen offensichtlich so unvereinbar und die Bedrückungen durch die Russen so stark, daß es häufig zu Selbstmorden kam. Sie veranlaßten die Regierung, die örtliche Verwaltung mit vorbeugenden Maßnahmen zu beauftragen. Schließlich dezimierte eine eingeschleppte Pockenepidemie am Ende der 1760er Jahre die indigene Bevölkerung so stark, daß nur noch 2.500 Itel'menen überlebten.[108] Zerstört wurden auch, und dies trug in nicht geringem Maße zum

Tod vieler Ureinwohner bei, die Lebensgrundlagen. Allein zwischen 1707 und 1715 sollen etwa 24.000 Zobel-, mehr als 5.000 Fuchs- und 460 Seeotterfelle eingetrieben worden sein. Sehr rasch wurden große Teile der einheimischen Fauna und Flora zerstört. Am Ende des 18. Jahrhunderts war der Zobel nicht nur auf Kamčatka, sondern auch in weiten Teilen des übrigen Sibirien so gut wie ausgerottet, ebenso die von Steller entdeckte und beschriebene Seekuh, deren letztes Exemplar 1768 erschlagen wurde.[109]

Aus den Reihen der Meuterer gegen Atlasov setzte im Jahre 1713 eine Gruppe auch auf die Kurilen über und kam so zum ersten Mal mit den Ainu in Kontakt, für die diese und die folgenden Begegnungen mit den Russen schwerwiegende Folgen haben sollte. Die Eindringlinge nahmen Geiseln mit auf das Festland, und da Pelztiere weitgehend fehlten, wurden die Ainu gezwungen, die begehrten Seeotter zu fangen und als *jasak* abzuliefern. Um ihren Weg wiederzufinden, verfertigten die Kosaken auch die erste Karte der nördlichen Inselkette.[110]

Seit dem Beginn der 1730er Jahre kam es wiederholt zu Aufständen der Itel'menen gegen die russische Oberherrschaft.[111] Im Zuge der weiteren Erforschungen des Gebietes und der Suche nach der Nordostpassage wurden der einheimischen Bevölkerung ständig zusätzliche Belastungen aufgebürdet. Schon während der ersten Expedition unter Vitus Bering am Ende der 1720er Jahre mußten die Itel'menen mit ihren Schlitten und Schlittenhunden sowie ihren Baidaren die Materialien der Expedition über hunderte von Kilometern hinweg transportieren. Dabei starben viele der für ihr Überleben notwendigen Schlittenhunde, die Bevölkerung konnte nicht im notwendigen Umfang jagen und erhielt außer Geld keine sonstige Unterstützung. Doch war Geld für sie sowohl unbekannt als auch nutzlos.[112] Die Angelegenheit wiederholte sich am Ende der 1730er und zu Anfang der 1740er Jahre, als wiederum Bering die Zweite Kamčatkaexpedition anführte. Die indigene Bevölkerung erinnerte sich noch an die rund zehn Jahre zurückliegenden Ereignisse und reagierte auf die Absichten und Handlungen der Russen bzw. der Expeditionsteilnehmer mit bewaffnetem Widerstand, den Bering blutig unterdrückte.[113]

Ebensowenig friedlich verlief der Ausgriff der Russen auf die Kurilen und die Aleuten, der seit den Zeiten dieser Zweiten Kamčatkaexpedition erfolgte. Zumeist aus Kostengründen wurde auf die Errichtung dauerhafter russischer Siedlungen verzichtet. In diesen Territorien, zu denen bald noch Russisch-Amerika, Alaska, hinzukam, ließen sich hohe Gewinne erzielen. Jäger, Händler und Kaufleute schlossen sich zu gemeinsamen Unternehmungen privater Natur zusammen. Der Sache nach handelte es sich um Aktiengesellschaften, in die jeder seinen Anteil einbezahlte. Ein Vertrag regelte die Rechte und Pflichten sowie den jeweiligen Anteil.[114] Dem Staat, der die Konzessionen vergab, standen vom Gewinn der einzelnen Unternehmungen zehn Prozent zu. Die verbliebene Ware, zumeist Pelze oder Felle, wurde in drei Teile geteilt. Ein Drittel erhielten die Kirche, Wohltätigkeitseinrichtungen und Schulen, der Schiffskapitän, der Frachtaufseher und die erfolgreichsten *promyšlenniki*. Das zweite Drittel ging zu gleichen Teilen an die *promyšlenniki* und die Initiatoren des Unternehmens. Das letzte Drittel schließlich ging an die Investoren.[115]

Die Fahrten waren sowohl teuer als auch gefährlich, denn ein Großteil des Proviants und der Ausrüstung mußte über Land transportiert werden. Auch wurden die Schiffe teilweise in Ochotsk oder auf Kamčatka gebaut, wobei die Materialien über große Entfernungen herangeschafft werden mußten. Aufgrund des von ihnen eingegangenen Risikos und der hohen Kosten gingen die Schiffsbesatzungen bei der Eintreibung der Tribute äußerst rücksichtslos vor. Hatten sie eine der Inseln erreicht, nahmen sie Frauen und Kinder als Geiseln. Die einheimischen Männer wurden so gezwungen, zu jagen und die Beute als _jasak_ abzuliefern. Wenn die Unternehmung erfolgreich und profitabel gewesen war, so kehrten die Schiffe in den Heimathafen zurück, war dies nicht der Fall, so wiederholten sie sie an einem anderen Ort, bis die Kosten gedeckt und Gewinn gemacht worden war.[116]

7. Die Missionierungsversuche von kirchlicher und staatlicher Seite

Nach dem Zusammenstoß mit den Chinesen, der dem Russischen Reich die Grenzen seiner Expansionsmöglichkeiten aufgezeigt hatte, und den Eroberungen im Fernen Osten und am Pazifischen Ozean war die Ausdehnung Rußlands vorläufig beendet. In den folgenden Jahrzehnten begann die systematische Durchdringung und Erforschung der eroberten Territorien und die endgültige Unterwerfung der indigenen Bevölkerung. Dies allerdings war der schwierigste Teil der Unternehmung für die Russen und im Grunde war er nur oberflächlich erfolgreich. Neben dem Aufbau einer Verwaltung und der Ausbreitung von Ackerbau, Viehzucht, Handwerk und Industrie, wovon später die Rede sein soll, gehörte dazu vor allem die oben schon angesprochene Mission der orthodoxen Kirche. Aufgrund der bestehenden Gesetze war der Staat, der ansonsten Hand in Hand mit der Kirche vorging, an einer Missionierung der nicht-russischen Bevölkerung jedoch gar nicht so sehr interessiert. Denn wenn die tributpflichtigen Einheimischen sich taufen ließen, so waren sie vom _jasak_ befreit.[117] Die Eintreibung dieser »Pelzsteuer« aber war für das Russische Reich lebensnotwendig, denn sie machte im 17. Jahrhundert rund zwanzig Prozent der gesamten Staatseinnahmen aus, außerdem waren Zobelfelle und dergleichen ein wichtiger Exportartikel.[118]

Somit kam es erst seit dem Beginn des 18. Jahrhunderts in der Regierungszeit Peters I. zum ersten Versuch einer systematischen Missionierung. Mit dem Christentum war im Verständnis der Zeit, wie es Gottfried Wilhelm Leibniz etwa in einer Denkschrift für Peter I. 1712 formuliert hatte, eben auch die westliche Zivilisation verbunden und die Einführung des Christentums versprach von daher zum einen eine verstärkte Bildung und zum anderen eine stärkere Russifizierung.[119] So wurde zu Anfang des 18. Jahrhunderts den in Sibirien tätigen Missionaren erstmals erlaubt, die tributpflichtigen Einheimischen auch dann zu taufen, wenn eine Befreiung von der Abgabepflicht zu erwarten stand.[120] Mit der Ernennung des neuen

Metropoliten Filofej Leščinskij aus dem Kiever Höhlenkloster erreichte die Mission einen ihrer ersten Höhepunkte. Filofej erhielt später von kirchlicher Seite den Beinamen eines »Erleuchters Sibiriens«. Aus dem Blickwinkel der indigenen Bevölkerung sah die Sache allerdings gänzlich anders aus. Im Jahre 1710 erging der Missionserlaß Peters I. an den Metropoliten Filofej. Er sah einen umfangreichen Maßnahmenkatalog bei der Bekehrung vor. Wer sich bekehren ließ, konnte Steuererlaß erhalten oder Geschenke empfangen. Wer sich der Christianisierung widersetzte, wurde mit dem Tode bedroht.[121]

In diesem Missionserlaß hieß es:

> »Finde die verführerischen falschen Götzen, verbrenne sie mit Feuer, und zerstöre ihre heidnischen Tempel und baue an deren Stelle Kapellen und stelle heilige Ikonen auf und taufe sie, die Ostjaken. [...] Und wenn sich einige von den Ostjaken widerspenstig gegenüber unserem Allerhöchsten Dekret erweisen, so werden sie mit dem Tode bestraft.«[122]

Filofej setzte die Mission zumindest an der Oberfläche erfolgreich durch und soll rund 40.000 Menschen getauft haben, wobei er auch entlegenere Gegenden bereiste.[123] Er beklagte zugleich die Willkür der Beamten und die Mißhandlungen der neuen Gläubigen. Die Konvertiten waren darüber hinaus bei ihren Stammes- und Glaubensgenossen schlecht angesehen und so nicht selten doppelter Verfolgung und Bedrückung ausgesetzt, bisweilen kam es auch, wie bei den Samojeden, zu durchaus heftigen militärischen Attacken der Ungetauften gegen die gerade zum neuen Glauben Übergetretenen. Zudem konnte die orthodoxe Kirche keine ausreichende Zahl von Priestern nach Sibirien schicken, um die Übergetretenen mit geistlichem Beistand zu versorgen. So blieb der neue Glaube oberflächlich, und die Missionsbestrebungen verebbten nach dem Tode Peters I. (1725) und Filofejs (1727) sehr rasch wieder.[124]

Erbitterten Widerstand gegen die russischen Eroberer leisteten neben den Itel'menen vor allem die Ethnien im äußersten Nordosten, die Čukčen und die Korjaken, die sich von ihren Weide-, Jagd- und Fischgründen nicht vertreiben lassen wollten. Gegen sie wurden um die Mitte des 18. Jahrhunderts regelrechte Kriege geführt. In jener Zeit der Herrscherinnen Anna und Elisabeth, als sich das Russische Reich mehr und mehr als eine europäische Macht verstand, erhielt der Begriff »Asien« und dazu gehörte Sibirien nun einmal, seine negative Konnotation. Man müsse, so hieß es in einem Erlaß des Senats aus dem Jahre 1742, »die asiatische Unzuverlässigkeit« beenden und die indigene Bevölkerung dazu bringen, »ihre ruhelose Lebensweise zu vergessen und loyale Untertanen zu werden.«[125] Die Kriege endeten unter Katharina II., als auch die russischen Beamten vor Ort zu der Einsicht gelangten, daß sich die Čukčen und ihre Nachbarn allein mit militärischen Mitteln nicht unterwerfen ließen. Erst seit dem Ende der 1780er Jahre, in der Zeit der Billings-Saryčev-Expedition, kam es zum regelmäßigen Warenaustausch zwischen den Čukčen und russischen Händlern. 1789 »empfing« Katharina II. die dortige Bevölkerung als neue Untertanen, denen allerdings bestimmte Rechte zugestanden wurden. So zahlten sie, gesetzlich verankert, den *jasak* sowohl nach Quantität als auch nach Qualität nach eigenem Gutdünken und behielten bis zum Zusammenbruch des zarischen Rußland einen Sonderstatus.[126]

8. DER RUSSISCHE AUSGRIFF AUF AMERIKA

Seit dem Beginn des 18. Jahrhunderts, insbesondere jedoch seit den Expeditionen von Vitus Bering lagen der amerikanische Kontinent und die Inselkette der Alëuten im russischen Blick, bisweilen allerdings, so bei Berings Durchfahrt durch die später nach ihm benannte Meeresstraße, im wörtlichen Sinne »hinter den Nebeln«. Erst im Zuge der Zweiten Kamčatkaexpedition wurden diese Gebiete von den Russen »entdeckt«. So betraten im Abstand von wenigen Tagen der deutsche Universalgelehrte Georg Wilhelm Steller und Berings Stellvertreter Aleksej I. Čirikov im Juli 1741 die St.-Elias-Insel, heute Kayak-Insel, im Golf von Alaska beziehungsweise alaskisches Festland bei Sitka und setzten somit als erste Europäer ihren Fuß vom Osten aus auf amerikanischen Boden.

Seit der Mitte des 18. Jahrhunderts stießen die russischen Pelztierjäger immer weiter in die nordwestpazifische Inselwelt vor, da wegen Überjagung der Tierbestand immer stärker zurückging. In jenen Jahren waren es zumeist Einzelfahrten kleinerer Gesellschaften in dieser Region. Als auch in diesem Gebiet der Tierbestand zurückging, und sich zugleich der Widerstand der indigenen Bevölkerung fortsetzte, verlängerten sich die Anfahrtswege und die Dauer der Reisen immer mehr. Bessere Schiffe wurden gebaut, die länger auf See bleiben und weitere Fahrten unternehmen konnten. Die damit verbundenen hohen Kosten von 20.000 bis 30.000 Rubel, wie Zeitgenossen schätzten, konnten nur noch wenige aufbringen.

Das Risiko einer solchen Reise war hoch, die möglichen Gewinne, teils das Fünffache oder mehr des Einsatzes, noch erheblich höher. Seeotter, Füchse Robben und Seelöwen gab es in großer Zahl, manche Tierart war jedoch bereits völlig ausgerottet. Die Jagdgesellschaften, wie sie Peter Simon Pallas genannt hat, bestanden aus fünfzig bis siebzig Personen und blieben bis zu sechs Jahre fort. Mehr als die Hälfte der Besatzungen waren Russen, häufig wurden Itel'menen, Kamčadalen in der Sprache der Zeit, »wegen ihrer Jagdkunde und dauerhaften Gesundheit bey der schlichten Nahrung« mitgenommen.[127] Die »Insulaner« und die indianische Bevölkerung Alaskas, die Tlingit und andere Ethnien, zeigten sich häufiger feindselig gegenüber den Russen, so daß entsprechende Schutzmaßnahmen notwendig waren.

Von der Jagd auf die Meerestiere verstanden die Russen kaum etwas. Sie zwangen daher die einheimische Bevölkerung entweder durch Waffengewalt oder das bekannte Mittel der Geiselnahme dazu, vor allem Seeotter zu jagen und die Beute abzuliefern. Zum Zentrum der russischen Unternehmungen, später für kurze Zeit auch zum Zentrum von Russisch-Amerika, wurde bald die Insel Kodiak vor der Küste Alaskas, auf der 1784 eine dauerhafte russische Niederlassung gegründet wurde. In jener Zeit dachten einige Russen oder in russischen Diensten stehende Personen an die Möglichkeit, nicht nur den nördlichen Pazifik zu beherrschen, sondern ein russisches Kolonialreich im Pazifischen Ozean zu errichten, das sich bis nach Hawaii und in manchen Vorstellungen bis nach Polynesien erstrecken sollte.[128] Im Zentrum der Überlegungen stand die Idee, Petropavlovsk auf Kamčatka zum Mittelpunkt eines russischen Handelsimperiums mit China, Japan, den Philippinen und Amerika auszubauen.[129]

Zur wichtigsten Person wurde dabei Grigorij I. Šelichov, der »russische Kolumbus«, der 1747 in der Nähe von Kursk geboren wurde. 1773 residierte der junge Kaufmann, vermutlich als Agent der Tulaer Kaufleute Golikov, in Irkutsk, bald darauf hielt er sich in Ochotsk und auf Kamčatka auf. Hier soll er seinen späteren großen Konkurrenten Pavel S. Lebedev-Lastočkin erstmals getroffen haben.[130] 1781 gründete Šelichov gemeinsam mit den Golikovs eine Handelsgesellschaft, die nicht nur den Pelzhandel betreiben, sondern auch eine dauerhafte Niederlassung auf amerikanischem Territorium gründen sollte. Dabei war es das Ziel der Geschäftspartner, das insbesondere Šelichov intensiv verfolgte, für dieses Territorium mit Unterstützung der Regierung ein Handelsmonopol zu errichten, was Katharina II. allerdings ablehnte. 1784 wurde die erwähnte Niederlassung auf Kodiak errichtet und Šelichov begann mit dem Aufbau seines Handelsimperiums.

Mit nicht nur friedlichen Mitteln gelang es ihm in den folgenden Jahren, sein Unternehmen auszubauen und die Inseln und damit auch die indigene Bevölkerung zu kontrollieren. Šelichov verfügte über gute Beziehungen zu einigen Personen am Kaiserlichen Hof in St. Petersburg und zu den führenden Verwaltungsbeamten in Sibirien, die entsprechende Gaben und Geschenke erhielten.[131] Eine bedeutende Rolle in der Entwicklung der Handelsgesellschaft spielte Šelichovs Frau Natal'ja, die er als junges Mädchen 1775 geheiratet hatte, sowie seit dem Beginn der 1790er Jahre der gebürtige deutschbaltische Kaufmann Alexander A. Baranov, der nach einigem Sträuben in dessen Dienst trat. Baranov übernahm die Leitung der Niederlassung auf Kodiak und baute sie kontinuierlich aus, während Šelichov in Irkutsk das Unternehmen auszuweiten versuchte. Er starb überraschend im Juli 1795, doch gelang es seinem Kompagnon Ivan L. Golikov und seiner Witwe Natal'ja nach einigen Schwierigkeiten, auch miteinander, eine größere Handelskompagnie zu gründen, die Rußlands erste teils private und teils staatliche Aktiengesellschaft wurde.

Im Juli 1799 erfolgte offiziell die Gründung der »Russisch-Amerikanischen Kompagnie«, deren Statuten nun von Kaiser Paul I., der seiner ungeliebten Mutter Katharina II. 1796 auf dem Thron gefolgt war, bestätigt wurden. Zugleich erhielt die Gesellschaft auch das seit langer Zeit angestrebte Handelsmonopol auf zwanzig Jahre für weite Teile des Pazifiks, vor allem aber für den Handel mit Amerika. Nach dem Vorbild der englischen und niederländischen Gesellschaften vereinigte sie in sich Politik, Wirtschaft und Religion. Die neue Gesellschaft sollte das Christentum verbreiten, neue Länder entdecken und unterwerfen, die Gebiete besiedeln und kultivieren sowie Handelsverbindungen zu den Anliegerstaaten und den europäischen Kolonialmächten aufbauen.[132]

An der Wende vom 18. zum 19. Jahrhundert begann, nunmehr unter Baranovs Leitung, die Ausdehnung der Gesellschaft auf das amerikanische Festland. Neuer Hauptort wurde Novo-Archangel'sk, heute Sitka, auf der später so genannten Baranov-Insel, nachdem Baranov mit den dortigen Tlingit-Indianern ein entsprechendes Übereinkommen erzielt hatte. Doch kam es schon bald darauf, nachdem er wieder abgereist war, zu schweren Auseinandersetzungen zwischen den Russen und den Tlingit, die schließlich Sitka zerstörten und fast alle Russen töteten. Schon unter Šelichov war es häufiger zu bewaffneten Auseinandersetzungen mit der einheimischen Bevölkerung gekommen, die zu gegen ihn gerichteten Vorwürfen von Übergriffen und brutalem Vorgehen geführt hatten. Katharina II. hatte daraufhin die Leiter der Billings-Saryčev-Expedition mit einer entsprechenden Untersuchung beauftragt, deren Berichte eher gegen Šelichov und seine Leute sprachen.[133] Auch der deutsche Wissenschaftler Georg Heinrich Freiherr von Langsdorff, Naturforscher während der ersten russischen Weltumsegelung unter Adam Johann von Krusenstern in den Jahren von 1803 bis 1807 berichtete von den ausbeuterischen Methoden der Gesellschaft und der schlechten Behandlung der einheimischen Bevölkerung.[134] Baranov jedenfalls reagierte mit entsprechenden Gewaltmaßnahmen und konnte 1804 den Ort zurückerobern, den er unter dem alten Namen Novo-Archangel'sk einige Kilometer entfernt wieder aufbauen ließ. Er wurde bis zum Verkauf Alaskas an die Vereinigten Staaten von Amerika 1867 die Hauptstadt Russisch-Amerikas mit einem internationalen Hafen und einer Schiffswerft.

In den ersten rund zwei Jahrzehnten des 19. Jahrhunderts drang Rußland auf dem amerikanischen Kontinent weiter vor. Sowohl Baranov als auch Šelichovs Schwiegersohn Nikolaj P. Rezanov, Kaiserlicher Kammerherr, Mitglied der Akademie der Wissenschaften in St. Petersburg und seit 1800 Leiter der Hauptverwaltung der Russisch-Amerikanischen Kompagnie in St. Petersburg, entwarfen Pläne für eine Ausdehnung der amerikanischen Besitzungen. Allerdings starb Rezanov schon im März 1807, ohne daß sich seine Träume einer russischen Kolonie in Kalifornien erfüllt hatten. Dies gelang fünf Jahre später, als in der Nähe des heutigen San Francisco Fort Ross gegründet wurde, das allerdings schon 1841 wieder verkauft wurde, denn je weiter sich die Besitzungen der Kompagnie ausdehnten, desto schwieriger gestaltete sich die Versorgung der dort lebenden Menschen mit den notwendigsten Gütern. Im Hinterland blieb es unruhig, so daß eine Ausdehnung auf entsprechende Probleme stieß. Auch die aleutische Bevölkerung war der russischen Besatzung keineswegs wohlgesonnen. Zudem sank die Zahl der Seeotter, die immer noch das wichtigste Jagd- und Handelsgut der Kompagnie waren, immer stärker. Allmählich wuchsen die Verluste der Gesellschaft, so daß 1818 die russische Regierung die Verwaltung des Gebietes übernahm und den Marineoffizier Ferdinand von Wrangel, aus deutschbaltisch-schwedischer Familie, als Gouverneur einsetzte. Die Kompagnie wurde in den folgenden Jahren zunehmend zu einem Handlanger der Regierung, was ihre Geschäfte nur noch stärker zurückgehen ließ.

Im Laufe der folgenden Jahre ließen sich die Probleme nicht beseitigen, sondern nahmen stattdessen noch zu. Von kanadischem Territorium kamen immer mehr britische Siedler nach Alaska, die Hudson Bay-Company errichtete neue Handelsposten, und die Kämpfe mit den Tlingit wollten nicht enden. Die internationale Konkurrenz im Handel wuchs kontinuierlich und im Inneren Alaskas befehdete sich die einheimische Bevölkerung wegen der Kontrolle der Handelswege und der Frage der Zwischenhändler.[135] Hinzu kamen die riesigen Entfernungen zum Mutterland. All dies verursachte gewaltige Kosten und brachte kaum Ertrag; notorisch war von Beginn an der Mangel an Arbeitskräften, denn freiwillige Siedler gab es kaum. Bei Ausbruch des Krimkrieges 1853 mußten Truppen sowohl nach Kamčatka als auch nach Novo-Archangel'sk geschickt werden, um die Hauptstadt Russisch-Amerikas gegen mögliche britische Angriffe zu verteidigen. Das verursachte wiederum enorme Kosten, so daß Alexander II. schließlich dem Verkauf von Alaska und den Alëuten im Jahre 1867 zustimmte.[136]

KAPITEL IV

EINE WELT WIRD ERFORSCHT

1. Die Entwicklung der Kartographie und die frühen Beschreibungen Sibiriens

Am Ende des 15. Jahrhunderts, als Europa endgültig über die Meere hinweg ausgriff, nahmen auch die Wissenschaften und das Wissen über fremde Welten einen gewaltigen Aufschwung. Reiseberichte sowie Karten und Globen vermittelten diese wachsenden Kenntnisse über ferne Länder einem größeren Publikum. Aber schon kurz nach der Mitte des 15. Jahrhunderts war auf der Weltkarte des italienischen Mönches Fra Mauro, die er im Auftrage des portugiesischen Königs Alfons V. anfertigte, nordwestlich der Wolga – auf der Karte noch mit ihrem tatarischen Namen Edil bezeichnet – eine Region als »Sibir« bezeichnet.[1] Seit der ersten Hälfte des 16. Jahrhunderts verzeichneten Karten und Globen mehr oder weniger exakt auch Sibirien oder zumindest Teile davon.[2] Waldseemüllers Karte von 1516 kannte die Nogai-Tataren und zeigte im äußersten Osten einen Schamanen, der auf einem Rentier ritt. Die Kenntnisse erweiterten sich langsam, doch beständig. Der schon erwähnten Karte von Giovio und Agnese folgte die Karte des Danzigers Anton Wied von 1542, die auf Informationen des aus Rußland geflüchteten, ehemaligen Voevoden von Pskov, Ivan Ljackij, beruhte und 1555 gedruckt wurde.[3] Auf ihr war bereits der Ob' verzeichnet, ebenso wie die Stadt Perm' und das Gebiet der Vogulen. Auf dieser Vorlage und den entsprechenden Informationen beruhte auch die Karte Moskowiens in Sebastian Münsters »Cosmographia« von 1544.[4] Es folgten Herbersteins Karte, auch sie nahm Informationen Ljackijs auf, die Karte des englischen Kaufmanns Anthony Jenkinson und die van Deutecum-Karte, beide im Jahre 1562, Gerhard Mercators Weltkarte von 1569 und Abraham Ortelius' Karte der »Tartarei« in seinem Atlas von 1570.[5] Auf Mercators Karte findet sich am Oberlauf des Ob' die Darstellung einer wahrscheinlich ostjakischen Gottheit, der *zolotaja baba* (Goldene Frau), die, erstmals in einer Novgoroder Chronik vom Ende des 14. Jahrhunderts erwähnt, im westlichen Europa durch Herberstein bekannt und auch späterhin noch mehrfach abgebildet und beschrieben wurde.[6] Diese Abbildung soll augenscheinlich die Trennung zwischen der christlichen und der heidnischen Welt versinnbildlichen. Bei Mercator und Ortelius findet sich auch erstmals eine Darstellung Europas als einheitlichem Kontinent, der sich von den anderen abgrenzen ließ. »Moreover, the structure of the atlases and the limitation of geographical knowledge about other continents inevitably meant that Europe emerged as the cultural and political core of the entire world.«[7] Am Ende des 16. Jahrhunderts wuchs das Wissen geradezu sprunghaft an, und zahlreiche Karten erschienen in immer kürzeren Abständen: die Karten von Waghenaer zwischen 1583 und 1592 und die von Plancius zwischen 1590 und 1594, am Ende des Jahrhunderts schließlich noch die Polarkarte von Willem Barents im Jahre 1598.[8]

1612 wurde erstmals die Karte der russisch-sibirischen Nordküste des niederländischen Kaufmanns Isaac Massa, der zwischen 1601 und 1609 in Moskau gelebt
hatte, einem größeren Publikum zugänglich. Die Karte war, wie Massa angibt,
russischer Herkunft, er habe sie »unter großen Mühen« von einem Mann erhalten,
der selbst bis zum Ob' gereist sei. Da es im Moskauer Reich bei Todesstrafe verboten war, Ausländern solche Karten zu geben, verschwieg Massa dessen Namen.[9]
Die Karte zeigt mit russischer Beschriftung, über die Massa in lateinischen Buchstaben die entsprechenden Namen geschrieben hatte, Tobol'sk und Mangazeja
sowie Turuchansk und endet am Enisej. Ihr waren zwei kleinere Schriften beigegeben, auf die gleich noch einzugehen sein wird.

Es war von Beginn an eine der grundlegenden Aufgaben der Kosaken, der
promyšlenniki oder jedes Angehörigen der sibirischen Verwaltung, Karten der
eingeschlagenen oder zurückgelegten Wege zu zeichnen, Städte und Ortschaften
zu kartieren, jede neue Gegend entsprechend zu erfassen und dies nach Moskau zu
berichten. Von daher existierten im 17. Jahrhundert zahlreiche Skizzen, Karten und
Pläne von einzelnen Gebieten, Flußläufen, Gebirgen oder Städten Sibiriens. Sie
erschlossen den riesigen und unbekannten Raum, dienten der Orientierung, machten das bis dahin Unbekannte zumindest in Ansätzen vertraut.[10] Die ungeklärte
Frage bleibt, wer denn Kenntnis davon hatte, wie und wo dieses Wissen gesammelt
und überliefert wurde. So soll schon 1626 Zar Michail eine Karte Sibiriens in Auftrag gegeben haben, die allerdings nie fertiggestellt wurde und deren Existenz sich
nicht nachweisen läßt.[11] Die erste nachgewiesene russische Karte Sibiriens datiert
erst aus dem Jahre 1667. Sie wurde auf Anordnung der Regierung durch den damaligen Gouverneur in Tobol'sk, Petr Godunov, angefertigt und vermutlich von
Semen U. Remezov gezeichnet. Kopien davon wurden über Schweden in Europa
bekannt, denn einer schwedischen Gesandtschaft wurde in den Jahren 1668/69
diese Karte, deren Original verlorengegangen ist, zugänglich gemacht.[12]

Bis zum Ende des 17. Jahrhunderts war dann die Kartographie so weit fortge-
schritten, daß ganz Sibirien bekannt war. Auf der Grundlage einer Karte des niederländischen Diplomaten und Bürgermeisters von Amsterdam Nicolaas Witsen,
einer Karte Atlasovs und der Karten von Johann Philipp Tabbert von Strahlenberg
sowie weiterer Angaben waren zu Beginn des 18. Jahrhunderts auf europäischen
Karten dann auch Čukotka und Kamčatka verzeichnet.[13] Es fehlten allerdings noch
einige Zeit Karten, welche die Lage der beiden Kontinente, Asien und Amerika,
genau erfaßten.[14] In Rußland machte die Kartographie in der Zeit Peters I. erhebliche Fortschritte, was sicherlich auch am persönlichen Interesse des Herrschers an
Geographie lag. Ab 1696 entstanden in Tobol'sk auf Anordnung des Zaren zahlreiche Karten Sibiriens, die alle von Semen U. Remezov gestochen wurden, darunter eine Wandkarte für Peter I.[15] Einer der drei Atlanten Remezovs enthält auch
eine ethnographische Karte Sibiriens, die vermutlich bereits Anfang der 1670er
Jahre entstanden ist, aber erst später gestochen wurde. Remezov kannte die älteren
westlichen Karten Mercators, Ortelius' oder Blaeus und legte sie seinen eigenen
Werken zugrunde. Zugleich setzte er die russische Tradition der Kartographie auf
einem höheren Niveau fort.[16] Sein Kartenwerk begründete zudem den russischen
Anspruch auf die Herrschaft über Sibirien, in dem es alle Namen der dortigen
Ethnien auflistete, die sich unterworfen hatten.[17]

Seit dem 16. Jahrhundert erschien Sibirien ganz oder in einzelnen Gebieten in den Reisebeschreibungen, die mit dem bereits erwähnten kurzen Abschnitt im Bericht des Diplomaten Sigismund von Herberstein einsetzten.[18] Der Kaiserliche Rat und Freiherr kannte Sibirien nicht aus eigener Anschauung. Unklar blieb in jener Zeit, was denn überhaupt unter diesem Begriff zu verstehen war. Bisweilen wurde er synonym mit der seit den Zeiten der Mongolen überlieferten Bezeichnung »Tartarey« gebraucht, manchmal auch für ein Gebiet um die Hauptstadt des Chanats Sibir'. Dies änderte sich auch in den folgenden Jahrzehnten nicht. Die beiden Berichte von Isaac Massa, die rund 30 Jahre nach der Eroberung Sibiriens durch die Russen erschienen, brachten zwar neue geographische Kenntnisse über dieses Territorium, doch war von »Tartarien«, nicht von Sibirien die Rede. Massa veröffentlichte gemeinsam mit seiner Karte bei dem Verleger Hessel Gerritsz zwei kurze Texte in holländischer und lateinischer Fassung, zum einen eine »Beschryvinge van der Samoyeden Landt in Tartarien« und »Een Kort Verhael van de Wegen ende Rivieren uyt Moscovia Oostwaerts«. Beide Texte sind russischer Herkunft, die Originale verlorengegangen. Massa gibt an, er habe sie von guten Freunden bei Hofe erhalten. Es sind die ältesten überlieferten Berichte über das russische Vordringen in Sibirien. Im »Kort Verhael« findet sich auch ein knapper Bericht über eine der Expeditionen der Kosaken an den Enisej, bei dem jedoch der Anfang fehlt, denn es werden nicht wie üblich die Namen der Führer und die entsprechenden Daten genannt.[19] Massas Berichte wurden in den folgenden Jahrzehnten mehrfach übersetzt und nachgedruckt, darunter bei Samuel Purchas und Nicolaas Witsen, so daß davon auszugehen ist, daß sie in der gelehrten Welt wohlbekannt waren.[20]

Es blieb dies für längere Zeit die letzte Veröffentlichung über Sibirien. Die zahlreichen Berichte der Kosakenabteilungen (*kazač'i otpisi*) lieferten zwar ausführliche historische und geographische Daten der entsprechenden Regionen und Informationen über deren Bevölkerung, häufig auch Kartenmaterial, waren aber nur für den internen Gebrauch bestimmt. Sie wurden auf der Grundlage mündlicher Angaben vom jeweiligen Voevoden verfaßt, aber, wie wir dies bereits im Fall von Semen Dežnev gesehen haben, nicht immer an die vorgesetzten Behörden weitergeleitet.[21] So gab es sicherlich eine Fülle von Wissen über Sibirien und die dort wohnenden Menschen, weil alles Unbekannte, wie es die Regierung in Moskau wünschte, erfaßt werden sollte und vieles auch tatsächlich erfaßt wurde. Nicht immer aber wird es die entsprechenden Adressaten erreicht haben oder tatsächlich in praktisch politisches, soziales oder wirtschaftliches Handeln umgesetzt worden sein.

Den nicht-russischen Reisenden blieb Sibirien weitgehend versperrt. Dies hing mit der von fast allen europäischen Regierungen jener Zeit praktizierten Geheimhaltung zusammen, die Ausländern das Betreten der kolonialen Besitzungen aus welchen Gründen auch immer untersagte. Doch gab es durchaus immer wieder Europäer, die zu Wasser oder zu Lande dort reisten und darüber berichten konnten.[22] Insgesamt blieben die Nachrichten über Sibirien eher vage und eine zusammenhängende sowie umfassende Darstellung hat es für längere Zeit nicht gegeben.[23] Erst Mitte des 17. Jahrhunderts erschien auf dem deutschen Markt ein weiterer bedeutender Reisebericht über Rußland, das Werk des Adam Olearius »Beschreibung der Muscowitischen und Persischen Reyse«. Der Verfasser war Sekretär einer

Gesandtschaft des Holstein-Gottorpischen Herzogs Friedrich III. und weilte zwischen 1634 und 1643 mehrmals in Rußland und besuchte auch Persien.[24] Während eines Aufenthaltes in Moskau im Jahre 1643 traf Olearius zwei Samojeden, mit denen er sich – allerdings nur über einen Dolmetscher – unterhielt. Er schilderte in einem Abschnitt, soweit dies für einen Autor der Barockzeit möglich war, durchaus klar und präzise die Lebensweise der einheimischen Bevölkerung, vor allem der Samojeden. Hauptsächlich trat er den Fabeln, die über dieses nördliche Land diesseits und jenseits des Urals verbreitet wurden, entgegen. So etwa jenen Geschichten, daß Menschen im Norden den Winter über tot seien oder den Erzählungen über menschliche Fabelwesen.[25]

Am Ende des 17. Jahrhunderts verfaßte der Kroate Juraj Križanić in lateinischer Sprache eine kleinere Studie über Sibirien »Historia de Sibiria«. Križanić, später als »der erste Sibirologe« bezeichnet, mußte 15 Jahre in der Verbannung in der Stadt Tobol'sk leben, so daß ihm tatsächlich die sibirischen Verhältnisse aus eigener Anschauung vertraut waren.[26] Nach seiner Rückkehr nach Moskau durfte er auf Bitten des dänischen Botschafters Rußland verlassen und verfaßte auf dessen Anregung seine Aufzeichnungen über Sibirien. Allerdings blieb seine Arbeit zunächst folgenlos, denn die erste Veröffentlichung gab es erst 1822 ohne Nennung des Autors. Schließlich wurde am Ende des 19. Jahrhunderts dann eine vollständige Version in lateinischer und russischer Sprache publiziert. Das gleiche Schicksal traf eine zweite Schrift Križanićs, die etwa fünfzehn Jahre vorher, Mitte der 1660er Jahre verfaßt worden war und den Titel trug »Politika, ili razgovori ob vladatel'stvu« (Die Politik oder Gespräch über die Regierung). Auch sie erschien erst in der Mitte des 19. Jahrhunderts erstmals vollständig im Druck.[27] Križanić trat vor allem in seiner kurzen Sibirienschrift für einen intensiven Handelsverkehr der Russen mit der einheimischen Bevölkerung ein und hielt dies für weitaus vorteilhafter als den erzwungenen Tribut.[28]

Im Jahre 1675 verbrachte der russische Gesandte Nikolaj Spatharij (Spafarij), der sich auf dem Wege nach China befand, rund einen Monat in Tobol'sk. Fast täglich suchte er Križanić auf, um sich von ihm, einer gelehrten und gebildeten Person, über die Verhältnisse in Sibirien und China informieren zu lassen. Die dabei von Križanić verfaßten Manuskripte sind nicht überliefert. Spatharijs eigene Berichte, die er während und im Anschluß an seine Gesandtschaftsreise der Jahre 1675 bis 1678 verfaßte, wurden ebenfalls weitgehend erst im 19. und 20. Jahrhundert veröffentlicht. Die dort enthaltenen Informationen und Anregungen blieben ungenutzt in den Archiven liegen.[29]

Seit der Mitte des 17. Jahrhunderts, als im Zeitalter des Barocks die Entwicklung der Wissenschaften geradezu sprunghaft voranschritt, wuchs die Zahl der Werke, die über Sibirien zu berichten wußten oder sogar ausschließlich diesem neuentdeckten Gebiet gewidmet waren. Dies galt nicht nur für den deutschsprachigen Raum, sondern auch für das englische, französische und italienische Sprachgebiet. Mancher der Autoren gab vor, selbst in Sibirien gewesen und dort gereist zu sein, eine für den damaligen Leser nicht immer erkennbare Täuschung. So hatte der fahrende Scholar Georg Adam Schleissing (Schleussing) zwar Rußland bereist, kannte Sibirien aber wohl nur vom Hörensagen. Allerdings veröffentlichte er nicht nur in seinem Werk über Sibirien, sondern auch in seinen weiteren Werken über

Rußland Godunovs Sibirienkarte, unterließ jedoch jeden Verweis auf den Urheber der Karte. Das Interesse an den unbekannten Welten war so groß, daß sein 1690 publiziertes Buch in vier Jahren neun Ausgaben erlebte.[30]

Zu vermehrter Kenntnis trugen schließlich am Ende des 17. Jahrhunderts drei bedeutende Reisebeschreibungen bei. Die erste war der Bericht von Eberhard Isbrand Ides, der aus einer holländischen Familie stammte, 1657 in Glückstadt an der Elbe geboren wurde und seit 1677 von Hamburg und Amsterdam aus im Rußlandhandel tätig war. Zwischen 1687 und 1690 ließ er sich in der Moskauer Deutschen Vorstadt nieder und gehörte dort zu den führenden Persönlichkeiten, der auch den jungen Zaren Peter I. in seinem Haus als Gast empfing. 1691 stand Ides allerdings vor dem Bankrott und bat den Zaren um eine Handelserlaubnis nach China. Peter I. erteilte ihm nicht nur diese Genehmigung, sondern machte ihn 1692 zum offiziellen Gesandten »Ihrer Majestäten«, denn der Chinahandel versprach auch für den russischen Staat lukrative Einnahmen. Zudem bestand nach dem gerade geschlossenen Vertrag von Nerčinsk politischer Klärungsbedarf. Während die Mission diplomatisch scheiterte, war sie für Ides ökonomisch ein voller Erfolg. Bald nach seiner Rückkehr verlagerte er seine Geschäftsinteressen vom Handel auf die Unternehmertätigkeit, war auch dort äußerst erfolgreich und genoß das Wohlwollen des Zaren. Ides' Bericht verdankt sich im wesentlichen dem großen Interesse an China in der damaligen Zeit. Sein Hin- und Rückweg führte ihn auch durch Sibirien, wo er sich längere Zeit aufhielt. Der Bericht über diese Gesandtschaftsreise und damit auch über Sibirien erschien zunächst 1704 in Amsterdam, dann 1706 in London in englischer und 1707 in Frankfurt in einer deutschen Ausgabe.[31]

Zu den Begleitern des Isbrand Ides gehörte der wahrscheinlich aus Lübeck stammende Kaufmann Adam Brand, über dessen Leben vor der Gesandtschaftsreise und dessen Funktion während der Reise wenig bekannt ist. Er verließ Moskau unmittelbar nach der Rückkehr aus China und ließ sich in Lübeck als Kaufmann nieder. Nach einem Bankrott kehrte er nach 1707 der Stadt den Rücken und ging zuerst Berlin, danach 1710 nach Königsberg. Der preußische König ernannte ihn schließlich zum Kommerzienrat, nach 1720 verliert sich schließlich seine Spur. Auch über die Umstände der Entstehung seines Berichtes ist nichts bekannt. Seine »Beschreibung der Chinesischen Reise« erschien erstmals 1698, sechs Jahre vor dem Bericht von Isbrand Ides. Nachdem dieser sein Werk publiziert hatte, kam von Adam Brands Buch eine zweite, erweiterte Ausgabe 1712 in Berlin heraus, der 1723 eine dritte und 1734 eine vierte Auflage folgten.[32]

Der dritte Bericht entstammt der Feder des Amsterdamer Diplomaten Nicolaas Witsen, der den Zaren Peter I. persönlich kannte und von 1682 bis 1706 Bürgermeister seiner Vaterstadt war. Er hielt sich in den 1660er Jahren, noch als junger Mann, in Moskau auf und sammelte dort vor allem Nachrichten über Nord- und Ostasien.[33] Dies setzte er auch nach seiner Rückkehr nach Amsterdam fort, wobei er auch Kontakte zu Ides und Brand unterhielt. Als einziger der drei setzte seinen Fuß nicht auf sibirischen Boden, war aber mit der damals vorhandenen Literatur zum Thema und den allgemein überlieferten Erzählungen sowie der Kartographie zu Sibirien, mit der er sich auch selbst beschäftigte, bestens vertraut.[34] 1687 legte er die erste Karte vor, die Sibirien bzw. Nordasien in ihrer Gesamtheit zeigte.[35] Sie blieb bis zur Mitte des 18. Jahrhunerts maßgeblich und einflußreich, auch wenn sie

gewisse Mängel aufwies, die Witsen durchaus bewußt waren. Eine erste Ausgabe
seines Werkes »Noord en Oost Tartarye« erschien 1692, ihr folgte eine erheblich
erweiterte Edition 1705.[36] Wie in jenen Zeiten üblich, als das Urheberrecht der
Autoren noch keine so große Rolle spielte wie heute, druckte Witsen die Berichte
anderer nach, so etwa die von Massa oder auch den Brief von Balak an Mercator,
die dadurch eine entsprechende Verbreitung erhielten.

Isbrand Ides und Brand waren die ersten, die aufgrund eigener umfangreicher
Aufzeichnungen über Sibirien berichten konnten. Sie versuchten zu schildern, was
sie sahen: die Städte und Dörfer, die Siedlungen der einheimischen Bevölkerung und
vor allem die Natur des unbekannten Landes. Soweit es möglich war, berichteten
beide weder unwahrscheinliches noch unverständliches oder unglaubwürdiges. Eines ihrer Hauptverdienste war die Beschreibung der einheimischen Bevölkerung,
deren Zelte und Jurten sie aufsuchten. Alles fand ihr Interesse: Nahrung und Kleidung, Fischfang und Jagd, religiöse Riten und Lebensweise. So schrieb Brand über
die Samojeden: »Bisweilen ziehen sie, wann es kalt ist, den Rock über den Kopf, und
lassen die Ermel auf den Seiten herunter hangen, welches vielleicht zu der Fabel mag
Anlaß gegeben haben, daß Menschen auf der Welt gefunden würden, welche keine
Köpfe, sondern das Angesicht auf der Brust hätte, item daß ihre Füsse so groß wären, wo durch vielleicht dieser Nordischen Völcker, ihre lange Schnee- oder Schlitt-
Schuhe verstanden werden, welche sie Natten nennen.«[37]

Brand verwies ausdrücklich an dieser Stelle auf weitere Beschreibungen und
Abbildungen der Jurten, Schlitten und Rentiere dieser Ethnie in Witsens Buch.
Ausführlich beschrieb Brand auch die anderen Völkerschaften Sibiriens, so die
Ostjaken und Tungusen. Stets belehrte der Autor seine Leser auch über deren jeweilige Charaktereigenschaften. Er bezeichnete die Ostjaken als »ein faules und die
Arbeit fliehendes Volck. Sie haben auch nicht einmahl Lust dem Wild nach zu
gehen, sondern beweisen in allen Stücken, daß kein fauler und langsamer Volck
unter der Sonnen, als die Ostiacken seyn.«[38] Auch das Leben der Tungusen fand
Brand »erbärmlich« und »kümmerlich«. Seinem Berichte nach hielten sie sich allerdings selbst für »glücklich«. Sie fluchten und schimpften kaum, höchstens daß
sie jemandem wünschten, er möge »unter den Russen wohnen«.[39] Fluch- und
Schimpfworte galten augenscheinlich als besonders schrecklich und waren deswe-
gen unerwünscht.

Die Tungusen waren Heiden und trieben Vielweiberei. Bei ihnen wohnte Brand
einem schamanistischen Ritual bei, das er ausführlich beschrieb. Das Kleid des
Schamanen sei mit »Eisenwerck« behangen, sowie mit

> »allerhand Teuffels-Larven, Bären, Löwen, Schlangen, Drachen, Beilen, Sägen,
> Hämmern, Messern, Säbeln, wie auch mit allerley Thier- und Vogel-Klauen, und
> andern mehr ausgeschmücket, und ist dieß Teuffels-Kleid Gliedweise aneinander
> gehefftet, und überall beweglich, dieses Kleid haben wir mit großer Verwunderung
> beschauet und betastet: wenn sich nun selbiger Schamann in solcher Kleidung
> ausstaffiret sieht, nimmt er eine nach ihrer Art gemachte Trommel in seine lincke
> Hand, und ein mit Fell überzogenes glattes Steckgen in seine rechte Hand, und
> schläget springend, und zugleich den Leib schüttelnd (welches dann wegen des
> anhabenden Eisenwercks ein grosses Geräß und Geprassel macht) Schlag auff
> Schlag darauff, wobey er auch die Augen im Kopff verkehret, und ein greuliches

Geschrey machet, bey solchen Trommelschlagen schreyen und heulen die andern mit als die Hunde.«[40]

Im Laufe der folgenden Jahrzehnte werden sich ähnliche Beschreibungen schamanistischer Rituale noch in sehr vielen Berichten finden. Das Fremde und Befremdliche dieser unbekannten Handlungen, der offensichtliche Aberglauben, zog zahlreiche Reisende und Forscher zugleich an und stieß sie ab. Beinahe jeder Wissenschaftler, der vor allem im 18. Jahrhundert, dem Zeitalter der Aufklärung, in Sibirien forschte, suchte bei den sibirischen Ethnien nach dem Schamanen, um das Ritual aus eigener Anschauung zu erleben.[41]

Brand, der keine wissenschaftlichen Interessen verfolgte, sondern nur ein Teilnehmer der Gesandtschaft war, versuchte zu beschreiben, was er sah und hörte, allerdings zweifellos mit einem gewissen Vorverständnis, mit Vorurteilen und Stereotypen. Am Ende, nachdem sich der Schamane in Trance versetzt hatte,

> »als todt und ohne Verstand, etwa eine Viertel-Stunde gelegen, so kommt er wieder zu sich selbst, und sagt alsdann dem, der ihn Raths gefragt, wer ihn bestohlen, und was er sonst zu wissen begehrt, da soll dann auch alles, wie sie sagen, nach dem Wort des Schamann oder Zauberers eintreffen, ihr Schamann wird bey ihnen in grosse Aestim gehalten, und haben sie grossen Respect für ihn.«[42]

Bemerkenswert an Brands Schriften, aber auch an denen von Ides und Witsen, ist die große Menge ethnologischer Beobachtungen. In zahlreichen Details und manchmal in Form von Momentaufnahmen wurde das Leben der Völker beschrieben. Sehr intensiv wurde von ihnen auch das religiöse Leben beobachtet und versucht, das Fremdartige daran zu erfassen. Immer wieder auch stellten alle drei Autoren Vergleiche an, beobachten die Sprache und suchen nach Verwandtschaftsbeziehungen zwischen den sibirischen Ethnien.

2. Der Beginn der gezielten Erforschung Sibiriens seit Peter I.

In der Regierungszeit Peters I. setzte dann die systematische Erforschung der riesigen Landmasse Sibiriens, vor allem aber auch der Meere ein. Zunächst wurde eine Seeverbindung zwischen Ochotsk und Kamčatka gesucht, bald auch die Suche nach der Nordostpassage vorangetrieben. Es begann die Zeit der wissenschaftlichen Expeditionen, die Informationen sammelten und Unmengen an Material zusammentrugen, das die Archive und Bibliotheken der Hauptstadt und der sibirischen Städte füllte. Der Zar folgte damit den übrigen europäischen Staaten, in denen die wissenschaftliche Forschung seit dem ausgehenden 17. Jahrhundert intensiv betrieben wurde. Peter stand in Kontakt mit dem Philosophen Gottfried Leibniz, nach dessen Tod mit dem Gelehrten Christian Wolff, kannte Nicolaas Witsen und dessen Asieninteresse und plante eine russische Akademie der Wissenschaften, die an westeuropäischen Vorbildern, etwa der Pariser Akademie der Wissenschaften, orientiert sein sollte. Es war allerdings nicht nur das wissenschaftliche, sondern in hohem Maße auch ein handelspolitisches Interesse, das Peter zu geographischen

Entdeckungen und Erkundungen trieb. Er hoffte auf intensive Beziehungen mit Japan und China, möglicherweise mit Indien. Seit dem Ende des 17. Jahrhunderts begann in Sibirien verstärkt die Suche nach Gold und anderen Edelmetallen, die allerdings zunächst erfolglos blieb.[43]

Vermutlich Mitte der 1710er Jahre erhielt Zar Peter I. von Ivan L'vov, ehemals Kommandant in Anadyr', eine Karte, die östlich der sibirischen Küste ein »Großes Land« zeigte. 1713 beauftragte der Voevode von Jakutsk den Kosaken Ivan P. Kozyrevskij, der am Aufstand und an der Ermordung Atlasovs und der beiden anderen Kosakenführer beteiligt gewesen war und danach auf Kamčatka und den Kurilen gelebt hatte, mit einer Erforschung dieser Region, der Suche nach der Lage Japans und der Erkundung eventueller Handelsmöglichkeiten. Kozyrevskij stellte in seinem Bericht fest, daß die Inselkette der Kurilen bis nach Japan reichte, konnte aber kein »Großes Land« entdecken. Ein Jahr später übersandte Fedor Saltykov, der inoffizielle Gesandte Peters I. in London, der die zahlreichen Aktivitäten der Engländer und Niederländer auf der Suche nach neuen Kolonien in jener Zeit aus nächster Nähe miterlebte, einen ausführlichen Vorschlag zur Erforschung der Küsten des Eismeeres und des Pazifiks von der Dvinamündung bis nach China.[44] Eine weitere Expedition, die der Gouverneur von Sibirien 1716 aussandte, um zuverlässige Informationen über Kamčatka und Čukotka zu erhalten, brachte neue Erkenntnisse über den Wasserweg von Jakutsk nach Ochotsk und die dortige Bevölkerung.[45]

In jenem Jahr regte auch Gottfried Wilhelm Leibniz kurz vor seinem Tod in einer Denkschrift an, eine Expedition nach Kamčatka zu entsenden, um festzustellen, »ob Asien gegen Norden zu umbschiffen, oder ob das äußerte Eißcap an America hange, welches die Engländer und Holländer durch gefährliche Schiffahrt vergebens gesuchet.«[46] Nach der Rückkehr Peters I. von seiner Auslandsreise in den Jahren 1716 und 1717, bei der er in Paris die dortige Akademie der Wissenschaften besucht hatte und ihm als ein noch ungelöstes Problem eben jene Frage ebenfalls gestellt worden war, und der königliche Kartograph Joseph-Nicolas Delisle ihm seine neuen Karten gezeigt hatte, beschäftigte sich der Zar intensiver mit kartographischen und geographischen Problemen, die jedoch immer auch in Verbindung mit handels- und machtpolitischen Fragen gesehen werden müssen.[47] Anfang 1719 beauftragte Peter I. die beiden jungen Geodäten Ivan M. Evreinov und Fedor F. Lužin, auf Kamčatka eine »genaue Karte von allem« anzufertigen und nach einer Landverbindung zwischen Asien und Amerika zu forschen. Sie konnten eine relativ exakte Karte vorlegen, auf der auch die Kurilen, in der Sprache der Zeit die »Japanischen Inseln«, eingezeichnet waren.[48] Zunächst ließ Peter I. in Nürnberg von dem Kartenstecher Johann Baptist Homann noch vor 1724 eine Karte von Kamčatka mit einer deutschen Überschrift und deutschen Texten anfertigen.

Aus diesen Texten geht eindeutig hervor, daß die Karte auf jenem Material basierte, das von den oben erwähnten Kosaken gesammelt worden war. Aus Homanns Verlag folgten zwei weitere Karten des Russischen Reiches, von denen die eine offensichtlich 1723 gestochen wurde und auch die pazifischen Gebiete zeigt.[49] Zudem lag dem Zaren eine von dem schwedischen Offizier Johann Philipp Tabbert von Strahlenberg, der – wie viele seiner Landsleute und Schicksalsgenossen – wäh-

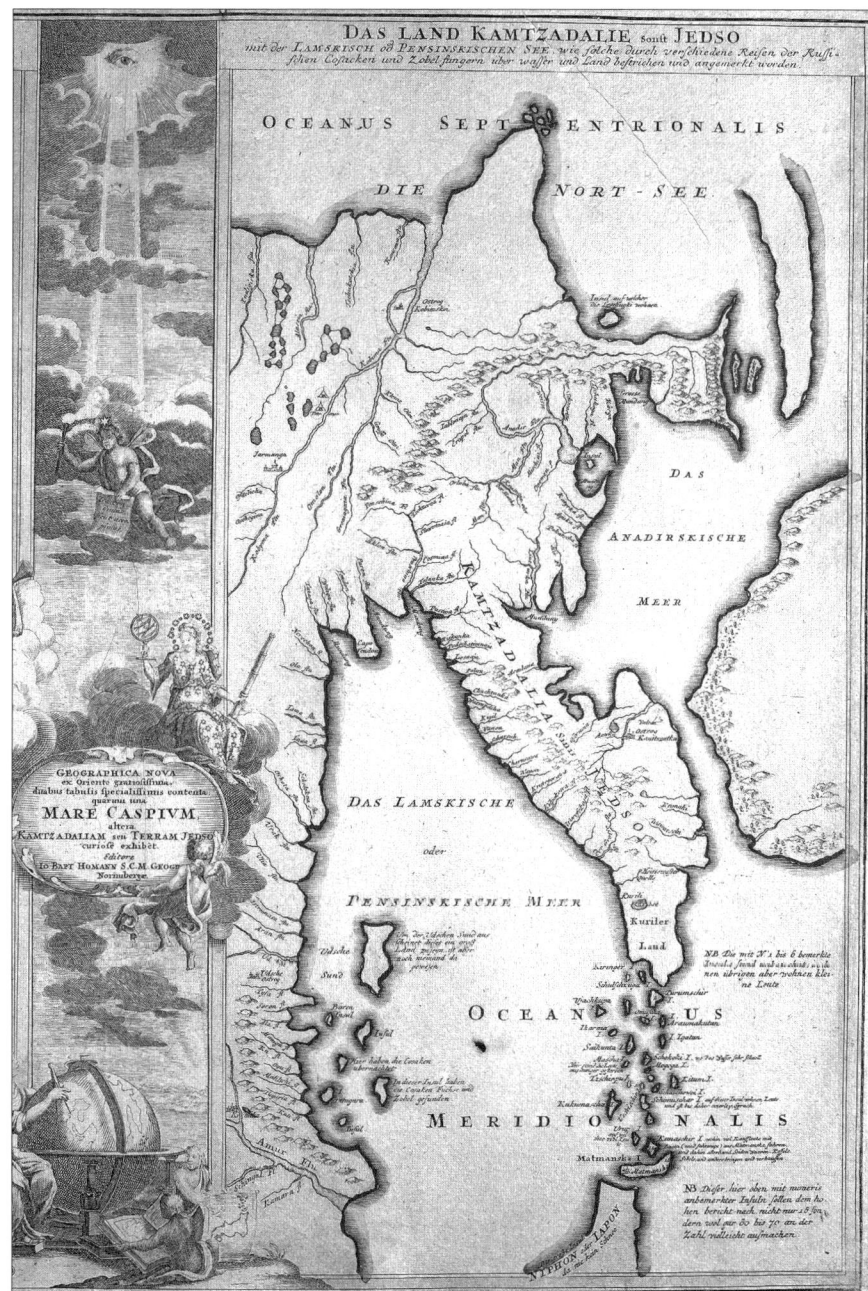

Karte 1: Die erste Karte der Halbinsel Kamčatka

Im Original handelt es sich um eine farbige Doppelkarte, auf der links das Kaspische Meer und rechts die Halbinsel Kamčatka zu sehen sind. Die Karte wurde von Johann Baptist Homann in Nürnberg zwischen 1718 und 1724 (wahrscheinlich 1720) gestochen. Es ist nicht geklärt, woher Homann seinen Auftrag und seine Informationen erhalten hat.

rend des Nordischen Krieges als Kriegsgefangener nach Sibirien geschickt worden war und seit 1711 in Tobol'sk lebte, angefertigte Karte Sibiriens vor.[50]

Strahlenberg hatte für 14 Monate den schon 1718 von Peter I. mit der Erforschung des Inneren Sibiriens beauftragten Arzt Daniel Gottlieb Messerschmidt begleitet. Messerschmidt, aus Danzig gebürtig, begann seine Reise 1720 und beendete sie sieben Jahre später. Die meiste Zeit reiste er allein, nur in Begleitung seines Dieners und einiger Soldaten. Messerschmidt, der akribisch Tagebuch führte, verzeichnete die Pflanzen- und Tierwelt, nahm Gesteinsproben, sammelte Informationen über die Anzahl der Bewohner. Als er 1727 von seiner Reise zurückkehrte, war sein Auftraggeber, Peter I., bereits verstorben. Auf Betreiben des Akademiepräsidenten Laurentius Blumentrost mußte er alles, sogar seine Manuskripte, an die Kunstkammer der Akademie abliefern. Völlig enttäuscht verließ er daraufhin Rußland, kehrte jedoch 1731 auf Wunsch der Akademie wieder zurück. Es blieb ihm jedoch weiterhin versagt, seine Forschungsergebnisse auszuwerten. Verbittert und verarmt starb er 1735 in der russischen Hauptstadt.[51]

Messerschmidts Begleiter Tabbert von Strahlenberg konnte 1723 nach Schweden zurückkehren. Auf der Grundlage seiner früher gezeichneten Karten und seiner Aufzeichnungen begann er mit der Arbeit an einer neuen Karte und an einem Buch über Sibirien, obwohl er Messerschmidt zugesichert hatte, über die auf der Reise erworbenen Kenntnisse nichts zu publizieren.[52] Sein Werk »Das Nord- und Ostliche Theil von Europa und Asia« erschien 1730 in Stockholm und unter einem geänderten Titel auch in Leipzig und hatte als Beilage die neue Karte Sibiriens, die auch als Separatdruck publiziert wurde.[53] Sein Buch brachte einen erheblichen Erkenntnisgewinn, denn Strahlenberg hatte nicht nur Messerschmidt begleitet, sondern seine zehnjährige Kriegsgefangenschaft in Tobol'sk für eine ausführliche Erkundung der Region genutzt. So kannte er auch das Gebiet um den Baikalsee aus eigener Anschauung. Er setzte sich in seiner rund einhundert Seiten langen Einleitung mit der bis zu diesem Zeitpunkt erschienenen Literatur über Sibirien auseinander und legte damit einen ersten kritischen Forschungsbericht vor, obwohl ihm einige Werke unbekannt geblieben waren. Auch Strahlenberg berichtete, wie vor ihm bereits Nicolaas Witsen, etwas vage über Semen Dežnevs Umfahrung der Čukčenhalbinsel und die Eroberung Kamčatkas durch Atlasov.[54]

Messerschmidts Aufzeichnungen und Berichte hingegen wurde lange Zeit geheimgehalten und blieben unpubliziert. Diese Geheimhaltung der Ergebnisse von Forschungsreisen war eine damals in vielen europäischen Ländern geübte Praxis. Aus den zumeist sehr teuren und aufwendigen Expeditionen sollte zunächst ein möglichst großer eigener Nutzen gezogen werden. Messerschmidts Materialien und Sammlungen bildeten für alle folgenden forschenden Sibirienreisenden des 18. Jahrhunderts die Grundlage und die von ihm erschlossene Systematik den methodischen Leitfaden ihrer eigenen Arbeiten.[55] Erst der aus Berlin stammende Universalgelehrte Peter Simon Pallas konnte in den Zeiten Katharinas II., die ihn 1767 persönlich eingeladen hatte, nachdem sich die Verhältnisse gewandelt hatten, einige Auszüge aus den Arbeiten von Messerschmidt veröffentlichen. Dessen Tagebuchaufzeichnungen wurden jedoch erst in der zweiten Hälfte des 20. Jahrhunderts in einem Gemeinschaftsunternehmen von sowjetischen und DDR-Wissenschaftlern, allerdings immer noch unvollständig, ediert.[56]

Messerschmidt hatte in Halle studiert und stand mit dem dortigen Pietismus eines August Hermann Francke in enger Verbindung. Seit längerem gab es Missionsversuche der Hallenser Pietisten in Rußland, auch und gerade an entlegeneren Orten wie Tobol'sk, Astrachan' oder Baku.[57] Im Raum um Tobol'sk ergaben sich Beziehungen zu den schwedischen Kriegsgefangenen, auch diese waren Lutheraner, einige von ihnen Pietisten. So kam es zu einem regen Austausch von Informationen und Berichten, so daß die angestrebte Geheimhaltung der russischen Seite immer wieder durchbrochen wurde. Dies setzte sich auch in den Zeiten der Zweiten Kamčatkaexpedition fort, denn Georg Wilhelm Steller, von dem noch zu reden sein wird, gehörte ebenfalls ins Beziehungsgeflecht der Franckeschen Stiftungen und der Universität in Halle.[58] Es bestanden seit den Zeiten Peters I. enge Verbindungen und Kontakte zwischen Rußland und der europäischen Gelehrtenwelt und ebenso gab es eine intensive Zusammenarbeit in Rußland zwischen den »ausländischen« und den russischen Wissenschaftlern oder jenen, die an den Wissenschaften und ihrer Entwicklung ein reges Interesse hatten.

3. DIE ERSTE KAMČATKAEXPEDITION UNTER VITUS BERING

Kurz vor seinem Tod forcierte Peter I. noch einmal die Erforschung dieser Fragen. Ende Dezember 1724 wurden die Pläne für eine weitere und größere Expedition fertiggestellt. Die Leitung der Ersten Kamčatkaexpedition sollte der in russischen Diensten stehende, aus dem dänischen Horsens stammende Kapitän Vitus Bering übernehmen.[59] Mit einiger Wahrscheinlichkeit diente die von Homann 1723 gestochene Karte als Grundlage für diese Entdeckungsfahrt. Auf ihr liegt gegenüber der Halbinsel Čukotka und von ihr durch eine Meeresstraße getrennt ein als »incognita« bezeichnetes Land.[60] Auf vielen Karten der damaligen Zeit finden sich nordöstlich bzw. östlich von Japan zwei vorgeblich existierende Gebiete eingetragen, das Da-Gama- oder Compagnieland und das Jesso- oder Jedsoland. Das eine ging auf die Aussage des portugiesischen Seefahres João da Gama zurück, der Ende des 16. Jahrhunderts behauptet hatte, nördlich von Japan Land entdeckt zu haben, das andere auf eine Beobachtung der Besatzung des holländischen Schiffes »Castricom« aus der Mitte des 17. Jahrhunderts.[61] So konnte es sich bei diesem Land »incognita« entweder um die amerikanische Küste oder einen Teil Japans oder eben um ein gar nicht existierendes Land handeln. Diese »Länder« fanden sich auf der Karte Strahlenbergs, und auch in einem der bedeutendsten Kartenwerke des Barock, dem »Atlas Major« von Johann Blaeu aus dem Jahre 1665 ist die Insel Ieso nördlich von Japan verzeichnet.[62] Beide »Länder« gibt es auch auf der damals weit verbreiteten und als maßgeblich geltenden Karte des französischen Hofgeographen Guillaume Delisle von 1707.[63] Vitus Bering und sein Stellvertreter Aleksej I. Čirikov,[64] so wird sich zeigen, hegten zwar an der Existenz dieser »Länder« gewisse Zweifel, schlossen aber die Möglichkeit, daß es sie tatsächlich gab, nicht gänzlich aus.

Auf der Grundlage dieses Kartenmaterials entwarf Peter I. wenige Wochen vor seinem Tod am 28. Januar 1725 folgenden Plan: Bering sollte auf Kamčatka oder an einem anderen Ort ein oder zwei Schiffe bauen und mit diesen an der Küste entlang nordwärts segeln, um festzustellen, ob sie mit Amerika zusammenhing. Er sollte so weit segeln, bis er auf die erste Ansiedlung einer europäischen Macht stieße, falls er einem Schiff unter einer europäischen Flagge begegnete, so sollte er den Namen der nächsten Küste in Erfahrung bringen, ihn aufschreiben, persönlich an Land gehen und eigene Informationen sammeln, das neuentdeckte Land auf einer Karte verzeichnen und wieder zurückkehren.[65] Über die Bedeutung dieser Instruktion ist in der Forschung immer wieder diskutiert worden. So hat Carol Urness aus diesen Anweisungen nur den Auftrag zur Kartierung der Küsten herausgelesen. Orcutt Frost argumentierte ähnlich und verwies darauf, daß etwa Acapulco zu jener Zeit der nördlichste spanische Hafen an der Pazifikküste gewesen sei und fügte hinzu, daß für den Fall, daß tatsächlich die Frage nach der Landverbindung zwischen Asien und Amerika Berings Auftrag gewesen sei, doch der Seeweg um das Kap der Guten Hoffnung einfacher gewesen wäre. Diese Argumentation ergibt noch nicht einmal hypothetisch einen Sinn. Ein Schiffsbau auf russischem Boden, wie es Kamčatka war, war in jedem Falle einfacher zu bewerkstelligen, als um die halbe Welt zu segeln. Die Kartierung spielt überdies nur im letzten Punkt der Instruktion eine Rolle und ist von daher der grundsätzlichen Frage nach einem Landzusammenhang unterzuordnen.[66] Berings Forschungsreise bildete einen Höhepunkt der von Peter I. betriebenen Erforschung Sibiriens und der pazifischen Gewässer. Die Unternehmung Berings zur Erkundung der Nordostpassage begann unmittelbar nach dem Tode Peters I. im Februar 1725, nachdem Kaiserin Katharina I. die Instruktion Peters übergeben hatte. Neben Bering führten Aleksej I. Čirikov und ein weiterer Däne, Martin Spanberg oder Spangberg, die Expedition.

Die Expedition erforderte einen erheblichen Aufwand, denn jener Teil des Materials, der nicht unterwegs oder vor Ort beschafft werden konnte, mußte über Land nach Ochotsk und von dort mit einem eigens gebauten Schiff nach Kamčatka gebracht werden. Auch Bering und seine Mannschaft reisten quer durch Sibirien an die Küste des Pazifischen Ozeans. Bis Tobol'sk verlief die Reise ohne Probleme, danach allerdings häuften sie sich. Nach dem Ende des Winters setzte man die Weiterreise auf den Flüssen fort. Dafür wurden Schiffe benötigt, die entweder beschafft oder erst gebaut werden mußten. Zudem trafen die benötigten Gelder aus St. Petersburg häufig verspätet ein, und die Behörden vor Ort konnten oder wollten nicht immer die erforderliche Hilfe leisten. Bering beklagte sich, daß er oft Männer zugeteilt bekomme, »von denen wenige verwendungsfähig sind, viele sind lahm, blind und schwer krank.«[67] Von einem aus Kamčatka zurückreisenden Offizier erfuhr Bering, daß es dort keine Pferde für den Transport gab und stattdessen dafür die Hundeschlitten der indigenen Bevölkerung benutzt werden mußten. Auch seien, so der Offizier, die Itel'menen den Russen im Augenblick äußerst feindlich gesinnt, so daß Bering es für notwendig hielt, mehr Soldaten zum Schutz der Handwerker und der Schiffsbesatzung anzufordern.[68]

Als er schließlich Ende Oktober 1726 Ochotsk erreichte, lag vor ihm nicht wie erwartet, eine Stadt, sondern eine kleine Siedlung von kaum mehr als zehn Hütten, in der weder das von ihm benötigte Material noch Verpflegung für seine Leute vorhanden war. Martin Spanberg, der mit dem Großteil der Ausrüstung folgte, wurde vom Wintereinbruch überrascht und konnte auf den zufrierenden Flüssen nicht mehr weiterfahren. Auf dem extrem beschwerlichen Landtransport starben einige der Männer, vieles ging verloren, einiges wurde am Wegesrand deponiert. Erst Anfang Januar 1727 traf Spanberg mit seiner Mannschaft in Ochotsk ein.[69] Da es in dieser Gegend kein passendes Holz für ein hochseetaugliches Schiff gab, wurde eines der üblichen kleineren Schiffe gebaut, das im Juni 1727 fertig wurde. Ende des Monats segelte Spanberg das erste Mal hinüber nach Kamčatka, und Anfang Juli traf der in Jakutsk zurückgelassene Čirikov mit weiterer Verpflegung ein. Am 21. August wurden das restliche Material und die zunächst zurückgelassenen Männer nach Bol'šereck an der süwestlichen Spitze Kamčatkas geschafft.

Nun mußten Mannschaft und Ausrüstung rund 500 Kilometer zur Mündung des Flusses Kamčatka transportiert werden, denn bei der dort gelegenen Festung Nižnekamčatsk wollte Bering einen Hochseesegler bauen und dann in See stechen. Dazu war die Hilfe der indigenen Bevölkerung unbedingt erforderlich, denn keiner der Russen konnte mit den zu dieser Jahreszeit zwingend notwendigen Hundeschlittengespannen umgehen. Die Itel'menen wurden daher von Bering und seiner Mannschaft zwangsrekrutiert, um den Transport mitten im Winter zu bewerkstelligen. Auf dem Weg mußten zwei Gebirgskämme überwunden werden, Schneestürme waren zu überstehen. Viele Hunde, für die Itel'menen lebenswichtig, starben an Erschöpfung, die Männer konnten die Jagdsaison nicht nutzen, so daß die Nahrung für die Familien fehlte. Als Entlohnung erhielten sie nur Geld, das für sie völlig wertlos war.[70] Da in den vorangegangenen Jahren der *jasak* immer brutaler eingetrieben worden war, war die Stimmung unter der indigenen Bevölkerung gereizt und die Lage unruhig. Es kann daher nicht verwundern, daß es kurz nach dem Ende der ersten Beringschen Expedition, im Jahre 1731, zu einem Aufstand der Itel'menen kam, der blutig niedergeschlagen wurde.[71]

Von April bis Juli wurde nun ein Schiff gebaut, die St. Gabriel, mit der Bering und seine Mannschaft am 14. Juli 1728 nach Norden segelten. Bis Anfang August folgten sie der Küste der Halbinsel Čukotka und trafen schließlich auf Čukčen, die der Aufforderung an Bord zu kommen, folgten und mit Hilfe zweier Dolmetscher erklärten, daß die Küste zunächst nordöstlich und danach nach Westen verliefe. Kurze Zeit danach passierte die St. Gabriel die später nach Bering benannte Meerenge. Allerdings blieben Kapitän und Mannschaft die Erkenntnis der eigenen Leistung verwehrt. Aufgrund des dichten Nebels konnten sie die nur wenige Kilometer entfernte amerikanische Küste nicht erkennen.[72] Am 15. August erreichte das Schiff 67 Grad, 18 Minuten nördlicher Breite und kehrte um, da »die Küste nicht weiter nach Norden verlief«, wie Bering zutreffend in seinem Bericht notierte.[73] Auch ein im folgenden Jahr begonnener Versuch mußte aufgrund schlechter Witterungsverhältnisse bald wieder abgebrochen werden. Schließlich kehrte Bering mit seiner Mannschaft im Jahre 1730 nach St. Petersburg zurück. Unmittelbar im Anschluß an diese Erste Kamčatkaexpedition erkundete eine kleinere Mannschaft unter der Leitung des in Jakutsk stationierten Kosakenoffiziers Afanasij Šestakov auf zwei Schiffen nordpazifische Gebiete. Nach dessen Tod 1730 segelte ein Teil der Expedition auf der St. Gabriel 1732 von der Mündung des Anadyr' in nördliche Richtung. Dabei kamen der Holländer Jacob Hens und die beiden Russen Ivan Fedorov und Michail Gvozdev beim Prince of Wales-Kap als erste Europäer eher unfreiwillig aufgrund der Witterungsverhältnisse in Kontakt mit der Küste Alaskas.

Doch blieb ihr Report von seiten der Regierung und der Wissenschaftler zunächst unbeachtet.[74]

4. Die Vorbereitung und der Verlauf der Zweiten Kamčatkaexpedition

Bald nach seiner Rückkehr von der nicht allzu erfolgreichen Expedition, Ende des Jahres 1730, verfaßte Vitus Bering zwei Dokumente zur weiteren Erforschung Sibiriens, von denen sich eines mit der Christianisierung und Unterrichtung der Jakuten und anderer sibirischer Ethnien, der Ansiedlung von Kosaken, Bauern und Handwerkern und der grundsätzlichen Entwicklung Sibiriens befaßte, das zweite seinen Plan zu einer erneuten Seeexpedition in den pazifischen Gewässern enthielt. Sie sollte von Kamčatka nach Osten führen, einen Weg nach Amerika und zu den zwischen den beiden Kontinenten vermuteten Ländern finden, die Mündung des Amur und den Weg nach Japan erkunden. Zudem sollte nach Möglichkeit die Küste des Eismeeres von der Mündung des Ob' bis nach Kamčatka kartographiert werden. Für die Kosten veranschlagte er die äußerst niedrige Summe von 10.000 bis 12.000 Rubeln, die sich später als absolut unrealistisch erweisen sollte.[75] Es gelang Bering, sowohl die Admiralität als auch den Senat, das Kollegium für Auswärtige Angelegenheiten und die Akademie der Wissenschaften für seine Pläne zu gewinnen. Dabei hatte er vor allem drei wichtige und bedeutende Fürsprecher auf seiner Seite. Dazu gehörten Heinrich Graf Ostermann, führendes Mitglied des dreiköpfigen Ministerkabinetts der Kaiserin Anna, die seit 1730 regierte, Nikolaj F. Golovin, Mitglied, dann Präsident der Admiralität, und Ivan K. Kirilov, Obersekretär des Senats und selbst Geograph und Kartograph. Er arbeitete seit rund einem Jahrzehnt an der Erstellung eines Atlasses des Russischen Reiches, dessen erster Band im Jahre 1734 erschien. Mit Unterstützung und Hilfe dieser Personen wurden die Planungsarbeiten und Vorbereitungen in den zuständigen Institutionen in die Wege geleitet. Dabei fungierte der Senat, der politisch bedeutungslos geworden war, als Instanz zur Koordinierung der Vorschläge und Vorbereitungen.[76]

Zu den ersten Maßnahmen gehörte die Ernennung von Grigorij G. Skornjakov-Pisarev zum Befehlshaber in Ochotsk, um in der Region eine funktionierende Verwaltung aufzubauen. Er befand sich zu dieser Zeit in der Verbannung am Unterlauf der Lena, hatte aber zuvor lange in der russischen Armee gedient und war auch im Staatsdienst tätig gewesen, darüber hinaus verfügte er über gute Kenntnisse in Mathematik und Mechanik. Im Juli 1731 erhielt Skornjakov-Pisarev seine Instruktionen. Er erwies sich schon zu Beginn als ein vollständiger Fehlgriff, denn er begab sich erst vier Jahre später, 1735, nach Ochotsk, so daß dort keinerlei Vorbereitungen für die Expedition getroffen worden waren.[77] Mit Ukaz der Kaiserin Anna Ivanovna vom 17. April 1732, der auf den Entwürfen von Bering basierte, wurde dann die Expedition angeordnet.[78] Die weiteren Monate des Jahres vergingen mit intensiven Vorbereitungen für das Forschungsunternehmen, das bis ins 20. Jahrhundert hinein eine der größten Expeditionen nicht nur der russischen, sondern auch der europäischen Wissenschaftsgeschichte wurde. Sie ist als Große Nordische, Zweite Kamčatka- oder Zweite Beringexpedition in die Geschichte der Wissenschaft und der Erschließung Sibiriens und des Fernen Ostens eingegangen.[79] Von ihrer Zielsetzung her, die sich aus den Anweisungen der Zarin, des Senats, der Admiralität und schließlich auch der Akademie der Wissenschaft ergaben, war sie umfassender als alle bisherigen Unternehmungen. Zu ihren Aufgaben sollte die Erkundung neuer Handelswege nach China und Japan, die Erschließung der bereits zum Russischen Reich gehörenden Gebiete sowie die Entdeckung und Erschließung neuer, bisher unbekannter Gebiete gehören.

In einem ausführlichen Beschluß des Senats vom 17. Dezember 1732, den Kaiserin Anna am 28. Dezember 1732 bestätigte, wurden die umfassenden Aufgaben der Expedition aufgeführt. Sie erhielt den Auftrag, erneut nach der Nordostpassage bzw. einem Landzusammenhang zu suchen, umliegende Inseln zu erforschen und nach den ersten Ansiedelungen einer europäischen Macht in Amerika zu forschen. Zudem sollten die nördlichen Flußläufe und die Eismeerküste erkundet werden. Verzeichnet werden sollten alle Bestände wertvoller Tiere (Pelze und Felle), Bodenschätze und sonstige Ressourcen.[80] Neben der Suche nach der möglichen Verbindung zwischen Amerika und Asien stand vor allem die Suche nach einem Seeweg nach Japan und das Verhalten gegenüber den in Kamčatka gestrandeten Japanern im Vordergrund des Interesses. Feindseliges Verhalten gegenüber Japanern und ihren Schiffen sollte vermieden werden.[81] Diese Aufgabe, einen Weg nach Japan zu finden, sollte Martin Spanberg, der Bering schon auf seiner ersten Reise begleitet hatte, übernehmen. Auch wenn nicht eindeutig vom Handel mit Japan die Rede war, so geht aus dem Kontext der Anordnung doch deutlich diese Absicht hervor. »Keinerlei feindliche Aktion« sollte unternommen werden, Informationen jeder Art über Regierung und Häfen gesammelt, vor allem aber »freundschaftliche Beziehungen« hergestellt werden. Aus diesem Grund auch sollte den gestrandeten Japanern stets so umfassend wie nur möglich geholfen, ihnen die Rückkehr in ihr Heimatland ermöglicht, zugleich aber auch Informationen von ihnen eingeholt werden.[82] Graf Nikolaj Golovin hatte im Oktober 1732 in einer Eingabe an die Kaiserin sogar vorgeschlagen, zwei Fregatten der russischen Marine um die halbe Welt nach Kamčatka zu schicken. Sie sollten auf der Route der holländischen Schiffe segeln, die mit Japan Handel trieben und die, so Golovin, in sechzehn oder achtzehn Monaten von den niederländischen Häfen aus Japan erreichten, und von dort aus dann den Weg nach Kamčatka suchen.[83]

Die Instruktionen an Bering als den Kapitän-Kommandeur, also den Leiter des Gesamtunternehmens, enthielten auch konkrete Anweisungen bezüglich des Umgangs mit der indigenen Bevölkerung. Dabei standen vor allem jene Territorien im Vordergrund des Interesses, die noch von keiner anderen europäischen Macht vereinnahmt worden waren. Nach den damaligen Grundsätzen des Völkerrechts, das ein europäisches Konstrukt war, galten die von »Eingeborenen« bewohnten Gebiete als Niemandsland. Die einheimische Bevölkerung sollte kleinere Geschenke erhalten und aufgefordert werden, sich russischem Schutz und damit auch russischer Herrschaft zu unterstellen, indem sie den geforderten Tribut entrichteten. Dabei sollten jedoch, wie es in den Anordnungen hieß, Gewalt und Zwangsmaßnahmen unterbleiben.[84] Es war auch nicht vorgesehen, unmittelbare Handelsbeziehungen aufzunehmen, stattdessen standen Erkundung und Entdeckung – für die russische Seite – im Vordergrund.

Daneben trat als ein weiterer wichtiger Aspekt die Erforschung Sibiriens. Denn neben Admiralität und Senat war auch die gerade gegründete Akademie der Wissenschaften (1724 Gründungserlaß, Dezember 1725 Eröffnung) an der Expedition beteiligt. Sie wurde auf Vorschlag des Senats am 19. Juni 1732 beauftragt, nachdem Bering zwei Geodäten angefordert hatte, einen Professor der Akademie mitzuschicken, der »in diesen unerschlossenen und bisher noch nicht bekannten Gegenden viele Observationen« durchführen sollte. Dazu gehörten die Beschreibung der dortigen Völker und ihrer Sitten sowie Flora und Fauna. Der Wissenschaftler sollte von zwei russischen Studenten der Akademie begleitet werden. Zudem sollten ein Experte (Probiermeister) für die Suche nach »metallischen Ertzen« und zwei oder drei Personen aus den Hütten von Ekaterinburg für die Suche nach Bodenschätzen mitgeschickt werden.[85] Die Akademieleitung stimmte diesem Vorschlag grundsätzlich zu, schlug aber ihrerseits vor, doch zwei Professoren mitzuschicken, da die Anstrengungen während der Expedition und die zahlreichen anstehenden Aufgaben die Kräfte einer Person erheblich überfordern würden. Ganz praktisch wurde angemerkt, daß doch der ausgewählte Professor krank werden oder sogar sterben könne. Auch sollten statt der vorgesehenen zwei Studenten zehn oder zwölf die Reise antreten, auf der sie doch vieles lernen könnten. Da es an der Akademie nicht so viele Studenten gab, sollten die besten der Moskauer Lateinschule oder anders woher teilnehmen.[86] Schließlich wurden zwei Wissenschaftler, der aus Tübingen stammende Professor der Chemie und Naturgeschichte Johann Georg Gmelin (1709-1755) und der französische Astronom Louis de L'Isle de la Croyère (vor 1688-1741), ausgewählt, da vor allem naturwissenschaftlich geforscht werden sollte, sowie eine Gruppe von zwölf Studenten.[87]

Wissenschaft systematisch zu betreiben, war im Russischen Reich eine Neuheit, die erst seit Peter I. gepflegt wurde und die zuvor aufgrund religiöser Überzeugungen wenig Interesse gefunden hatte. Von daher fehlte es vor allem an ausgebildeten Wissenschaftlern im Lande. So fanden sich sowohl an der Akademie der Wissenschaften selbst als auch bei der von ihr geleiteten Expedition zahlreiche Ausländer ein. Ihnen wurden gute Arbeitsbedingungen für ihre wissenschaftlichen Forschungen geboten und dazu gehörte auch ein durchaus akzeptables Gehalt. Es waren dabei vor allem deutsche Gelehrte, die aufgrund der nicht sehr günstigen Beschäftigungsmöglichkeiten an deutschen und anderen europäischen Universitäten und Akademien in die Welt hinausstrebten.[88]

Im Zuge der Vorbereitungen der Expedition wurde der aus Herford stammende Historiker Gerhard Friedrich Müller (1705-1783), ebenfalls Professor an der Akademie, mit der Übersetzung einiger Dokumente und dem Geographieunterricht der für die Expedition vorgesehenen Studenten beauftragt. Müller hatte zuvor das Material der Messerschmidtschen und auch der ersten Reise Berings bearbeitet sowie eine kurze Mitteilung über Berings erste Expedition und über Kamčatka veröffentlicht. Als Gmelin erkrankte und offensichtlich nicht reisen konnte oder wollte, bot sich Müller, der im November 1732 eine »Instruktion für die Untersuchungen zur Völkergeschichte« für die Expedition verfaßt hatte, im Februar 1733 als Teilnehmer an.[89] Seine »Bewerbung« wurde akzeptiert, wobei sicherlich seine

Bekanntschaft mit dem Sekretär des Senats, Ivan K. Kirilov, auf dessen Veranlassung die wissenschaftliche Erforschung Sibiriens in das Programm der Expedition aufgenommen worden war und der ein großes Interesse an geographischen Fragen hatte, von Nutzen war.

Erneut wurde im Zuge der Vorbereitungen der Expedition auch über die Existenz des Jesso-Landes und des da-Gama-Landes diskutiert. Louis de L'Isle de la Croyère, ein Bruder von Guillaume und Joseph Nicolas Delisle, legte auf Anforderung des Senats und der Akademie der Wissenschaften am 6. Oktober 1732 dazu eine Karte und eine Denkschrift vor. Auf der Karte wurden die Entfernungen zwischen Asien und Amerika dargestellt, zugleich aber waren auch die imaginären »Länder« eingezeichnet, deren Existenz de L'Isle de la Croyère in seinen Ausführungen zu belegen suchte.[90] Gerhard Friedrich Müller, der sich schon sehr früh intensiv mit geographischen Fragen befaßt hatte, hielt noch Ende der 1720er Jahre die Existenz des Jesso-Landes, das er mit Kamčatka gleichsetzte, für durchaus gegeben, rückte aber im Verlauf der Expedition von dieser Ansicht ab.[91] Auch Vitus Bering und sein Stellvertreter Aleksej I. Čirikov hegten, wie bereits bei ihrer ersten Expedition, an der Existenz dieser »Länder« gewisse Zweifel, konnten aber nicht gänzlich ausschließen, daß es sie gab.

Das wissenschaftliche Programm, das die Akademie der Wisssenschaften schließlich zunächst in zwei zusammenfassenden Instruktionen der Professoren Georg Wolfgang Krafft und Johann Georg Duvernoi von Anfang April 1733 und dann in einer »Speziellen Instruktion« vom 5. Juli 1733 vorlegte, war sehr umfangreich und umfaßte geographische, astronomische und physikalische Beobachtungen. Dieses Programm basierte auf Instruktionen, die die Wissenschaftler entweder selbst geschrieben hatten oder von ihren Fachkollegen an der Akademie verfaßt worden waren. Konkret sollten Tiere und Pflanzen gesammelt und gezeichnet werden, nach Erzen sowie Mammut- und Walroßelfenbein gesucht werden. Darüber hinaus interessierten auch der Untergrund und seine Vegetation, die geomorphologischen Strukturen, Berge und Täler sowie Gesteinsschichten. Überdies sollten auch meteorologische Beobachtungen und Aufzeichnungen gemacht werden. Besonderes Augenmerk galt dem Vulkanismus auf Kamčatka und dem dortigen Vorkommen heißer Quellen. Endemische Krankheiten sollten ebenso erforscht werden wie Lebensgewohnheiten, Religion und Sprache der sibirischen Völker. Müller sollte sich darüber hinaus mit der Geschichte der Besiedelung Sibiriens befassen und die Archive in den wichtigsten Städten aufsuchen und erfassen.[92]

Anfang Juli 1733 legten der Akademiepräsident Laurentius Blumentrost und der Akademiesekretär Johann Daniel Schumacher den teilnehmenden Professoren noch einmal allgemeine Instruktionen vor. Sie verpflichteten zur Geheimhaltung sowohl privat als auch öffentlich, zu Eintracht und Freundschaft, vor allem aber zur regelmäßigen Berichterstattung an den Senat und die Akademie. Diesen Berichten in lateinischer und russischer Sprache war jeweils ein Exemplar der gezeichneten Bilder beizufügen. Müller sollte zudem in lateinischer Sprache ein Journal führen, in dem alle Begebenheiten während der Expedition aufgezeichnet werden sollten. Schließlich waren die Professoren gehalten, ein Reisearchiv anzulegen, in dem unter anderem auch Kopien der Berichte aufbewahrt werden sollten. »Im übrigen«, so hieß es abschließend, »ordnen wir an, daß sie alles, was sie in den hiermit im Zusammenhang stehenden Reversbriefen und Instruktionen unter Eid versprochen haben, wie es sich für Ehrenmänner geziemt, nach Kräften tun und einhalten werden.«[93] In einer Eingabe von Ende Juli 1733 machten Gerhard Friedrich Müller und Johann Georg Gmelin noch diverse Änderungsvorschläge zu den Instruktionen, die die Akademieleitung allerdings zurückwies.[94]

Gmelin war im Frühjahr 1733 überraschend wieder von seiner Krankheit genesen und teilte Ende April zunächst dem Senat und Anfang Mai 1733 dem Akademiesekretär Schumacher mit, daß er »Gott sey danck gesund, und wann es befohlen wird, Zu reisen bereit« sei.[95] Er hatte zuvor versucht, seinen Kontrakt mit der Akademie zu kündigen, dabei jedoch die Fristen versäumt. Offensichtlich erschien ihm nun die Expedition ein wissenschaftlich lohnendes Unterfangen, so daß er doch teilnehmen wollte. Schließlich stimmten Akademie und Senat zu, statt der ursprünglich zwei, doch drei Professoren nach Sibirien zu schicken. Auch Gmelin erhielt ein doppeltes Salär für zwei Jahre im voraus zuzüglich der Verpflegungskosten.

Anfang Juli 1733 wurden die Mitglieder der akademischen Gruppe der Expedition bei Kaiserin Anna zum »allerhöchsten Handkusse« zugelassen und somit feierlich verabschiedet. Unterdessen hatten andere Gruppen der Expedition die Hauptstadt längst verlassen. Das erste Kommando unter Martin Spanberg reiste bereits im Februar 1733 aus St. Petersburg ab, Aleksej Čirikov, nun im Range eines Kapitäns, und Bering folgten im April. Anfang August schließlich machten sich auch die Akademiker auf den Weg ins ferne Sibirien. Die Reise sollte zehn Jahre dauern, wovon jedoch zu diesem Zeitpunkt niemand etwas ahnte. Sie wurden begleitet von fünf russischen Studenten, darunter Stepan Krašeninnikov, zwei Zeichnern, einem Dolmetscher, einem Instrumentenmacher, einigen Feldmessern, weiteren Hilfskräften sowie einer militärischen Bedeckung von zwölf Mann mit einem Korporal und einem Trommler.[96] Die Professoren reisten in Begleitung je zweier Diener, den beiden Zeichenmeistern wurde immerhin noch jeweils ein Diener zugestanden, ebenso einem der Geodäten, die Studenten und Instrumentenmacher mußten sich selbst behelfen.[97] Für Menschen und Material allein der Akademischen Gruppe wurden insgesamt 62 Kutschen und Fuhrwerke benötigt, die sich teils zu Land und teils zu Wasser auf den Weg machten.[98]

Schon die Vorbereitungszeit der Expedition war von einem hohen bürokratischen Aufwand mit erheblichen Reibungsverlusten geprägt. Der Schriftwechsel zwischen den beteiligten Institutionen füllt zahlreiche Aktenbände. Es gab kaum eine Regierungsbehörde, die nicht an der Unternehmung beteiligt war. Für alles und jedes waren schriftliche Anweisungen erforderlich. So wurde die Akademieleitung wiederholt beim Senat vorstellig, weil ihr die Mittel fehlten, um das doppelte Gehalt der Professoren für die Dauer der Reise und die Kosten für deren Verproviantierung bezahlen zu können. Die Professoren suchten wiederholt darum nach, daß Ihnen doch schriftlich bestätigt werden möge, daß sie nach ihrer Rückkehr wieder ihre angestammten Positionen mit dem entsprechenden Gehalt einschließlich der Zulagen würden einnehmen können. All dies gilt nicht nur für die Akademiegruppe, sondern auch für Berings »Seecommando« und die Nord- oder Eismeergruppe. Bis heute fehlt eine umfassende Geschichte dieser Expedition, die nicht nur den Grundstein für die Entwicklung der Wissenschaften im Russischen Reich legte, sondern auch die Wissenschaften in West- und Mitteleuropa in hohem

Maße befruchtete. Was sich in den Jahren zwischen 1733 und 1743 am Rande der damals bekannten Welt abspielte, kann angesichts der Vielfalt der Ereignisse hier nur in Umrissen erzählt werden.

Die Abreise aus St. Petersburg nach Sibirien erfolgte am 8. August 1733, die sibirische Hauptstadt Tobol'sk wurde Anfang 1734 erreicht. Die Reiseroute von Gmelin und Müller, die die meiste Zeit gemeinsam unterwegs waren, verlief folgendermaßen: St. Petersburg – Jaroslavl' – Ekaterinburg (19. Januar 1734) – Tjumen' – Tobol'sk – Tjumen' – Ekaterinburg – Tobol'sk – Tara – Semipalatinsk – Kuzneck – Tomsk – Enisejsk – Krasnojarsk – (15. Januar 1735) – Irkutsk – Selenginsk – Kjachta – Selenginsk – Čita – Nerčinsk – Bergwerke von Argun' – Čita – Ulan-Udė – Irkutsk (Überwinterung 1735/36) – Bratsk – Ilimsk – Ust'-Kut – Ust'-Ilga – Vitim – Olekminsk – Jakutsk (Überwinterung 1736/37) – Kirensk (Überwinterung 1737/38) – Irkutsk – Bratsk – Ilimsk – Angara abwärts – Enisejsk (Überwinterung 1738/39) – Turuchansk – Enisejsk – Krasnojarsk Abakan – Krasnojarsk (Überwinterung 1739/40) – Tomsk (Überwinterung 1740/41) – Tara – Tjumen' – Tobol'sk (Überwinterung 1741/42) – Solikamsk (15. Dezember 1742) – St. Petersburg (16. Februar 1743).[99]

Die akademische Gruppe führte eine Bibliothek mit 217 der wichtigsten wissenschaftlichen Werke mit sich sowie die notwendigen astronomischen, mathematischen und physikalischen Instrumente und weiteres, für die Forschungen erforderliche Material, wie die Leipziger »Neue Zeitung von gelehrten Sachen« im Herbst 1734 berichtete. Als während der Reise Carl von Linnés bahnbrechendes Werk »Systema naturae« erschien, ließ Gmelin es sich sogleich per Kurier zusenden.[100] Die Akademieprofessoren Gmelin, Müller und de L'Isle de la Croyère sowie später der aus Bad Windsheim gebürtige Arzt und Naturforscher Georg Wilhelm Steller, eigentlich Stöller (1709-1746), der ab 1737 Gmelin als Adjunkt, eine Art wissenschaftlicher Hilfsarbeiter, zugeteilt war, und der Historiker Johann Eberhard Fischer (1697-1771), der ab 1739 Müller bei seinen Forschungen unterstützen sollte, waren nach Messerschmidt die ersten Wissenschaftler, die Sibirien bereisten. Sie alle hatten die vorliegende wissenschaftliche Literatur und das Material in der St. Petersburger Akademie, insbesondere die Aufzeichnungen Messerschmidts, genau studiert und ein klar umrissenes Forschungsprogramm. Darüber hinaus waren sie, Universalgelehrte der Frühaufklärung, an allen nur denkbaren wissenschaftlichen Fragen und Forschungen in hohem Maße interessiert. Obwohl die Expedition, ihr Programm und ihre Forschungen der Geheimhaltung unterlagen, waren schon in der Vorbereitungsphase entsprechende Nachrichten nach West- und Mitteleuropa gelangt und ausführlich darüber berichtet worden.[101] Dies hielt auch bis zum Ende der Expedition und noch darüber hinaus an.

Die gesamte Unternehmung, an deren Spitze Vitus Bering als Kapitän-Kommandeur stand, umfaßte neben der akademischen Gruppe das sogenannte Seecommando oder die pazifische Gruppe, die wiederum aus zwei Teilen bestand, der Abteilung unter Spanberg und seinem ersten Offizier Sven Waxell, ebenfalls ein Däne, die den Seeweg nach Japan suchen, und der Abteilung unter Bering und Čirikov, die die genaue Lage von Amerika erkunden, sowie die Nord- oder Eismeergruppe, die die nördlichen Wasserwege Sibiriens und den Küstenverlauf von Archangel'sk bis zur heutigen Beringstraße erkunden sollte. Es hat sich als unmöglich erwiesen, die genaue Zahl der Teilnehmer der Expedition zu ermitteln. Mit einiger Sicherheit waren es rund 600 Personen, die 1733 aus der russischen Hauptstadt aufbrachen, um Sibirien, Kamčatka und die vorgelagerten Inseln zu erforschen, Amerika und Japan zu suchen. Insgesamt umfaßte die Expedition während ihrer zehnjährigen Dauer wohl rund 3.000 Personen. Auf Wunsch Berings begleitete anfangs auch ein evangelischer Pfarrer die Expedition, der sich allerdings nicht bewährte und schon nach drei Jahren mit Schimpf und Schande zurückgeschickt wurde.[102]

Erneut mußte das gesamte Ausrüstungsmaterial über Land nach Sibirien geschafft werden, wobei Bering mit erheblichen Problemen zu kämpfen hatte. Aber als noch problematischer sollte sich die Zusammenarbeit mit mißmutigen, mißtrauischen und unwilligen Beamten der sibirischen Behörden erweisen, die Bering und den übrigen Expeditionsteilnehmern die Arbeit eher erschwerten, denn erleichterten. Die Obstruktion der örtlichen Behörden war vor allem darauf zurückzuführen, daß sie von seiten der Petersburger Regierungsstellen angewiesen wurden, aus eigenen Beständen und mit eigenen Mitteln, die häufig knapp genug bemessen waren, die Wissenschaftler und Forscher zu unterstützen.[103] Es konnte daher kaum ausbleiben, daß sich die örtlichen Beamten ihrerseits über die anmaßenden Seefahrer, Forscher und Wissenschaftler, die zudem meist Ausländer waren, bei den vorgesetzten Stellen beschwerten. Aufgrund der anhaltenden Probleme kam es auch innerhalb der Expedition zu Auseinandersetzungen. So verweigerte Bering den Mitgliedern der Akademie-Gruppe Verpflegung und Passage nach Kamčatka. Diese reagierten darauf mit harschen Berichten nach St. Petersburg.[104]

Wie schon bei der ersten Expedition Berings ergaben sich zahlreiche Schwierigkeiten und Probleme, die den Ablauf erheblich verzögerten. Als erste Gruppe erreichte ein kleineres Vorauskommando unter Martin Spanberg, der den Weg nach Japan suchen sollte, Ochotsk, den Hafen am Pazifik. Zu diesem Zeitpunkt, im Jahre 1736, also drei Jahre nach der Abreise von St. Petersburg, befand sich die Mehrheit der Gruppe einschließlich des Kapitän-Kommandeurs Bering noch in Jakutsk. Erst im Sommer 1740 wurde der Hafen von Berings Gruppe erreicht. Zu diesem Zeitpunkt hatte Spanberg einen ersten großen Erfolg der Expedition erzielt, denn es war ihm gelungen, zunächst 1738 entlang der Kette der Kurilen zu segeln und im folgenden Jahr die japanischen Inseln Honshu bzw. Hokkaido auf dem Seeweg von Norden her zu erreichen. Allerdings zweifelte Skornjakov-Pisarev, ehemals Chef der Seeakademie in St. Petersburg, der mit Spanberg zerstritten war, dessen neue Karten an und berichtete in die Hauptstadt, daß nicht Japan, sondern Korea erreicht worden sei. Da man ihm dort eher glaubte als Spanberg, mußte dieser auf Verlangen der Admiralität die Fahrt wiederholen, was denn auch geschah. Spanbergs erste Fahrt hatte immerhin dazu geführt, daß nunmehr die Küsten des Ochotskischen Meeres und Kamčatkas bekannt waren, ebenso wie die Inselkette der Kurilen. Die Existenz vorgeblich existierender weiterer Inseln konnte widerlegt werden.[105]

Beim Transport des Materials griffen Bering und seine Mannschaft erneut, wie schon bei der ersten Expedition, auf die Dienste der indigenen Bevölkerung zurück, die notfalls auch mit Gewalt erzwungen wurden. Für den Transport von Jakutsk nach Ochotsk wurden mehr als 500 Jakuten benötigt, die zudem zahlreiche Pferde bereitstellen mußten, auch wurden die Bauern der Region zu allerlei Leistungen, vor allem zum Transport und zur Versorgung der Expeditionsteilnehmer herangezogen.[106] Auch auf Kamčatka waren entsprechende Hilfsdienste zu leisten. Bering, der dieses Mal auf der Halbinsel alle Autorität für sich beanspruchte, brauchte die Dienste der Itel'menen und ihrer Hundeschlitten. Zwar war bei dieser Expedition, anders als wenige Jahre zuvor, eine erheblich geringere Distanz vom Bol'šaja Reka zur Avača-Bucht zurückzulegen, doch die Itel'menen verweigerten eingedenk ihrer Behandlung Jahre zuvor und der für sie desaströsen Folgen jegliche Unterstützung und griffen im Mai 1741 zu den Waffen. Bering schlug die Unruhen mit militärischer Gewalt und Schußwaffengebrauch auch gegen Frauen und Kinder nieder und ließ die Anführer auspeitschen. Die Jahre der Zweiten Kamčatkaexpedition waren daher, so resümiert James Forsyth, eine der schlimmsten Episoden der Zeit der russischen Herrschaft. Zwar wandte sich Bering durchaus gegen die willkürliche Eintreibung des *jasak* und die Übergriffe der örtlichen Administration, aber die von ihm geleiteten Expeditionen fügten der indigenen Bevölkerung einen erheblich größeren Schaden zu.[107]

Die maßgeblichen Personen und Institutionen in St. Petersburg, vor allem Senat und Admiralität, zeigten sich allerdings im Laufe der Jahre immer ungehaltener über das Verhältnis zwischen den Aufwendungen für die Expedition und deren Ergebnissen. Es war zunächst mit einer Dauer von sechs Jahren gerechnet worden, die bereits überschritten war, bevor Bering überhaupt in See stach. Zudem betrugen die Ausgaben bis zum Jahre 1738 rund 300.000 Rubel, eine für damalige Verhältnisse ungeheuer große Summe.[108] Vorwürfe und Angriffe gegen Bering setzten sich fort. Schließlich wurde er im Rang herabgestuft und sein Gehalt um die Hälfte gekürzt. Der Kapitän-Kommandeur, der ständig mit neuen großen Schwierigkeiten zu kämpfen hatte, so fehlten Holz für den Schiffbau, Wagen für den Transport und auch Lebensmittel waren nur schwer zu bekommen, versuchte sich gegen die seiner Meinung nach ungerechtfertigten Attacken zu verteidigen und wollte zugleich das gesteckte Ziel, Amerika zu erreichen, bewerkstelligen.

5. DIE EXPEDITION AUF SEE

Gemeinsam mit Aleksej Čirikov, der ihn schon auf der ersten Fahrt begleitet hatte, konnte Bering schließlich am Morgen des 29. Mai 1741 mit zwei Schiffen, St. Peter und St. Paul, von Petropavlosk in der Avača-Bucht auf Kamčatka in See stechen, um erneut die Nordostpassage bzw. den Seeweg nach Amerika zu suchen. Die bewaffneten Schiffe waren für über siebzig Mann verproviantiert und mit Wasser versorgt. An Bord der St. Peter befand sich Georg Wilhelm Steller, auf der St. Paul Louis De L'Isle de la Croyère.[109] Zunächst sollte »Compagnieland« bzw. »Da-Gama-Land«, gesucht werden. Nachdem die beiden Schiffe eine Zeitlang Kurs auf das imaginäre Gebiet gehalten hatten, aber Mitte Juni immer noch kein Land gesichtet worden war, wurde eine Kursänderung beschlossen. Kurz darauf verloren sich die Schiffe während eines Sturmes aus den Augen und mußten nun ihre Reise auf sich gestellt fortsetzen. Die schlechte Witterung dauerte an und ließ die Fahrt zur gefährlichen Unternehmung werden.[110]

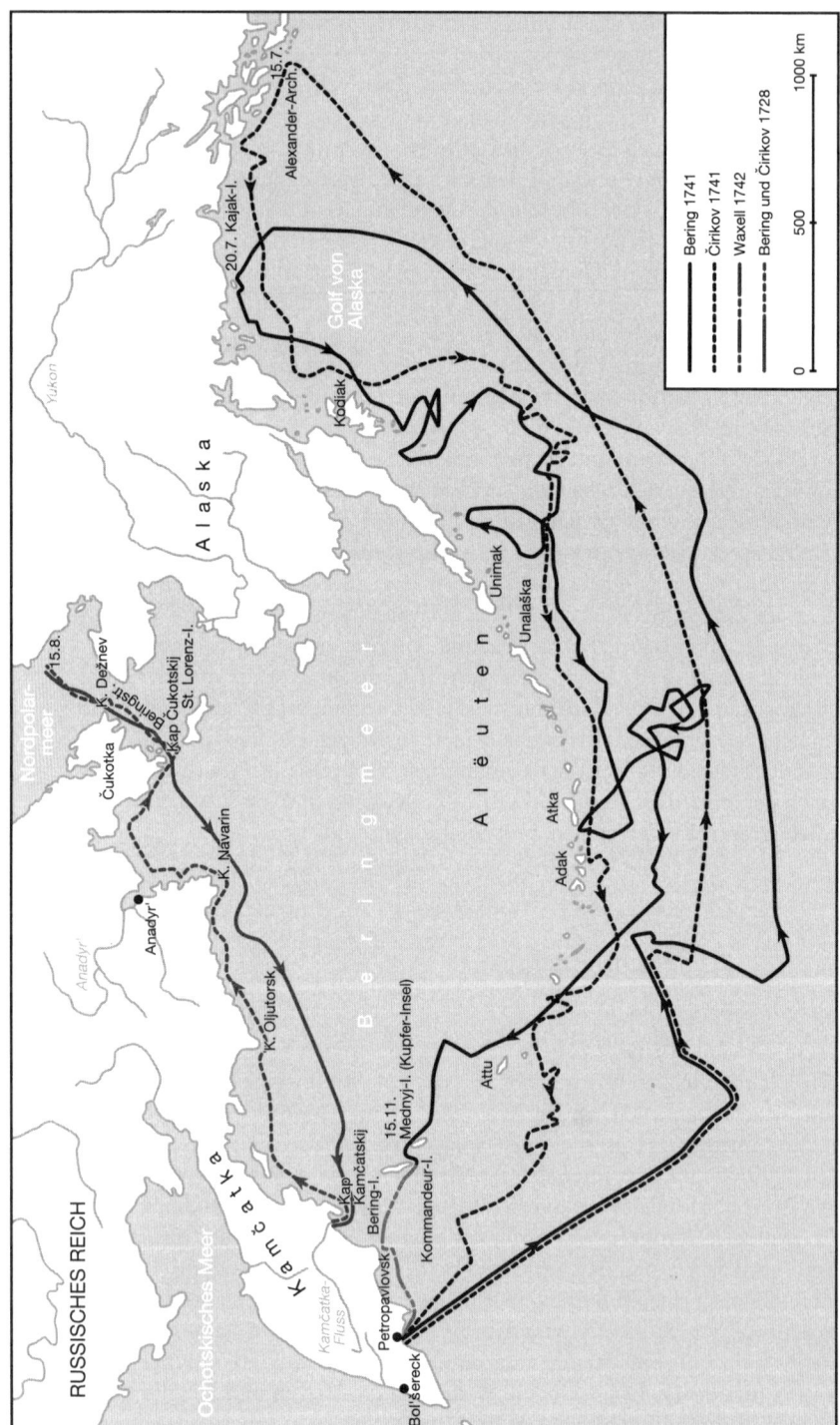

Karte 2: Die Erste und Zweite Kamčatkaexpedition

Reiseroute der Ersten Kamčatkaexpedition (1725–1730) im Jahre 1728 sowie der Fahrten von Vitus Bering, Aleksej I. Čirikov und Sven Waxell während der Zweiten Kamčatkaexpedition (1733–1743) im Jahre 1741/42

Steller kommentierte diesen Teil der Reise in einem Brief an Gmelin:

>»Da aber der hohe Geist der Seeleute keine raison angenommen und man vorhero
Compagnieland aufsuchen und ausserhalb der Canal America finden wollte, fanden
wir solche zwar, aber 500 holländische Meilen von Awatscha wo wir ausgelaufen auf
der Breite von 59 Grad, da wir über 7 Wochen schon in der See herumgeschweiffet
und immer unter und längst dem Lande gelauffen, da wir alle Tage mit einem nördlichen Curs innerhalb 24 Stunden das Land anlauffen können, welches aus unzähli-
chen Kenntzeichen auf der See allezeit vermuthet und sowohl von mir als andern
wiewohl vergebens vorgeschlagen wurde. Ich wunderte mich nicht wenig über die
Aufführung des Hrn. Cap. Commandeurs, der immer nach Haus aber weder mir
noch jemand anders zulassen wollte, was rechtschaffens auszurichten.«[111]

Zunächst segelte die St. Peter in nordöstlicher Richtung, als auch auf diesem Kurs kein
Land in Sicht kam, erfolgte eine abermalige Kursänderung nach Nord. Schließlich
erblickten die Seefahrer am 16. Juli 1741 die mit Schnee bedeckten Berge der Südküste Alaskas. Zur Aufnahme von Trinkwasser ging die St. Peter kurz darauf im Westen
von Kayak Island vor Anker. Nach dem Tagesheiligen Elias erhielt der Landeplatz
den Namen Kap St. Elias und der gesichtete Gipfel wurde St. Elias genannt.[112] Georg
Wilhelm Steller, vom wissenschaftlichen Forschergeist durchdrungen, der ihn häufiger
in Konflikte mit Bering und den Schiffsoffizieren brachte, erhielt die Erlaubnis, für
kurze Zeit an Land zu gehen, denn die Offiziere drängten zur Eile.[113] Der Forscher,
der aufgrund seiner Beobachtungen zu dem Schluß gelangte, Amerika erreicht zu
haben, kommentierte mit bitteren Worten: »Zehn Jahre währete die Vorbereitung zu
diesem großen Endzweck, zehn Stunden wurden zur Sache selbst gewidmet.«[114] Steller fand einen Vorratskeller der indigenen Bevölkerung und sah auch Rauch aufsteigen.
Doch konnte er die Insel nicht intensiv erforschen. Am nächsten Morgen bereits
wurden die Anker gelichtet. Nun segelte die St. Peter einen Monat an der Küste
Amerikas entlang, wobei Stürme und schlechtes Wetter die Fahrt erheblich behinderten, so daß Proviant und Frischwasser zur Neige gingen.

   Ende August war der erste Tote durch Skorbut zu beklagen. Er wurde auf einer
Insel begraben. Bald darauf, Anfang September 1741, kam es zur ersten Begegnung
mit den Ureinwohnern der Gebiete. Zwei Aleuten näherten sich in Kajaks dem
Schiff und luden die Besatzung durch Zeichen und Gebärden ein, an Land zu
kommen. Eine Verständigung war auch mit Hilfe eines korjakischen Dolmetschers
nicht möglich. Die erste Begegnung dauerte nur kurz, da die Besatzung der St.
Peter wegen des Tiefgangs auch mit dem ausgesetzten Boot nicht landen konnte,
während die Kajaks der Einheimischen keine Schwierigkeiten hatten. Einem der
Aleuten wurden Branntwein und Tabak in einer brennenden Pfeife angeboten.
Beides rief keinerlei Begeisterung hervor. Der Branntwein wurde ausgespieen, nach
einem Zug aus der Pfeife wandte sich der Aleute mißvergnügt ab. Steller, der eine
gewisse Sympathie für die indigene Bevölkerung empfand, verstand diese Hand-
lungsweise im Unterschied zu der Besatzung des Schiffes sehr wohl und schrieb:
»Und eben das würde der klügste Europäer thun, wenn man ihn mit Fliegen-
schwamm oder fauliger Fischsuppe und Weidenrinde tractiren wollte, die doch den
Kamtschadalen so lecker dünken.«[115]

   Bald darauf endete diese erste Kontaktaufnahme, als die Europäer aus Furcht,
daß ihr Boot an den Felsen zerschellen könnte, einen Landgang verweigerten und

jene, die ans Ufer gewatet waren, von den Eingeborenen – aus welchen Gründen auch immer – festgehalten wurden. Daraufhin ließ Waxell aus drei Musketen feuern. Trotz der Hektik der ersten Begegnung fand Steller Zeit für präzise und genaue Beobachtungen. Die wissenschaftliche Erforschung betrachtete er als das eigentliche Ziel der Expedition, während Bering und mit ihm seine Offiziere sich an die Vorgaben aus St. Petersburg hielten. Für den Kapitän-Kommandeur stand die Erfüllung seiner Pflichten und die sichere Rückkehr seiner Mannschaft an erster Stelle. Dies führte nicht selten zu heftigen Auftritten zwischen den beiden Männern und zwischen Steller und den Offizieren. Auch empfahl Steller aufgrund seiner Beobachtung und von Vergleichen immer wieder Dinge, die für die Praktiker an Bord völlig unverständlich waren. Zugleich war er, wie das obigen Zitat zeigt, zu einer Relativierung seines Standpunktes durchaus in der Lage, vielleicht fehlte ihm auch ein Teil jenes durchgängigen europäischen Überlegenheitsgefühls, das die Offiziere und die Mannschaft des Schiffes in der Begegnung mit den Einheimischen empfanden.[116] Steller war auch bereit, die Erzählungen der sibirischen Völker über die Inselwelten und deren Bewohner und über die Entfernungen zwischen Asien und Amerika zu glauben, sie aber doch zumindest einer empirischen Überprüfung für wert zu halten. Er war überzeugt, daß die Čukčen mit den amerikanischen Ureinwohnern handelten und ging auch davon aus, daß Erzählungen der Kosaken über ihren eigenen Handel mit ihnen zutreffend seien. Die Betrachtung der Kajaks der aleütischen Ureinwohner, von Steller sehr genau beschrieben, führte ihn zu Vergleichen mit den »Kähnen« der »Samojeden und der Bewohner Neu-Dänemarks«, also Grönlands. Er legte damit den Grundstein für zukünftige Untersuchungen über die Verwandtschaft der am Eismeer ansässigen Völker.[117] Er selbst war nach weiteren Begegnungen mit den »Amerikanern« überzeugt, daß »die Amerikaner aus Asien stammen«.[118]

Auf der Rückfahrt wurde die St. Peter von den Herbststürmen überrascht. Die Vorräte gingen schnell zur Neige und der Skorbut griff immer weiter um sich. Anfang November 1741 mußte die Besatzung auf einer unbewohnten und unbekannten Insel an Land gehen. Daß es sich um eine Insel und nicht um die Küste Kamčatkas handelte, brachten die Gestrandeten allerdings erst später in Erfahrung. In jedem Falle zeigten die dort lebenden Tiere keine Scheu vor Menschen, so daß die massenhaft umherstreifenden Füchse allmählich zu einer Plage wurden. Ende November wurde das Schiff aufs Land geworfen. Damit war allen klar, daß vor einer möglichen Weiterreise ein neues Schiff gebaut werden mußte, was jedoch im Winter nicht möglich war. So mußte die gestrandete Besatzung auf der Insel überwintern.

6. Forschungsergebnisse

Am 8./19. Dezember 1741 starb der seit langem erkrankte Kapitän-Kommandeur Vitus Bering. Den Überlebenden zeigte der sibirische Winter seine ganze Härte. Die verzweifelte Lage der auf der später sogenannten Bering-Insel lebenden Menschen haben Steller und Waxell eindringlich beschrieben.[119] Erst Anfang April 1742 konnte daran gedacht werden, Überlegungen über die Fortsetzung der Expedition anzustellen. Unter dem Kommando von Sven Waxell wurde beschlossen, ein kleineres Schiff zu bauen. Die Leitung übernahm der Zimmermann Savva Starodubcev, der schon am Bau der Schiffe in Ochotsk beteiligt gewesen war. Das Schiff erwies sich als in hohem Maße seetüchtig und fuhr noch zehn Jahre später auf dem Ochotskischen Meer.[120] Während die Schiffsbauer bei der Arbeit waren, erforschte Steller Flora und Fauna der Insel. Hier entdeckte er die später nach ihm benannte Seekuh (Hydrodamalis gigas, Syn.: Rhytina stelleri) und andere unbekannte Meerestiere. Er verfaßte darüber sein bedeutendes Werk »Ausführliche Beschreibung von sonderbaren Meerthieren«.[121] Die friedliche Seekuh, von deren Fleisch sich auch die zeitweiligen Inselbewohner ernährten, war 1768, nur wenig mehr als 25 Jahre nach ihrer wissenschaftlichen Erstbeschreibung, so gut wie ausgerottet. Ausführlich beschrieb Steller auch die Insel, auf der überwintert werden mußte.[122] Nicht nur die Expedition mit Bering hielt er in Tagebuchaufzeichnungen fest, die erst am Ende des Jahrhunderts ein weiterer Deutscher in russischen Diensten, Peter Simon Pallas, in Auszügen veröffentlichte.[123] Steller, der zahlreiche Arbeiten zur Flora und Fauna Sibiriens und über Kamčatka verfaßte, sah keines seiner Werke im Druck. Die Wissenschaft verdankt ihm und seinem jüngeren Kollegen, damals noch ein Student, Stepan Krašeninnikov, seit 1750 Professor an der Petersburger Akademie der Wissenschaften, die wissenschaftlichen Erstbeschreibungen der Itel'menen und der Halbinsel Kamčatka. Auch Krašeninnikov erlebte die Veröffentlichung seiner Schrift nicht mehr. Sie erschien erst kurz nach seinem Tode im Jahre 1755 in St. Petersburg.[124]

Steller kritisierte in seiner »Beschreibung von dem Lande Kamtschatka« das Verhalten der russischen Behörden und Soldaten äußerst heftig. Auch wenn ihm die Naturreligion der Itel'menen wenig zusagte und sich der von Aufklärung und Pietismus geprägte Verstand des Wissenschaftlers darüber erhob, so galt der unterdrückten Urbevölkerung eindeutig seine Sympathie, der er nicht nur in Worten, sondern auch in Taten Ausdruck verlieh. Seine ethnographischen Aufzeichnungen, die er aus unmittelbarer Anschauung gewann, haben weder für die Wissenschaft noch für die heute dort Lebenden ihre Bedeutung verloren.[125] Er starb auf der Rückreise von Kamčatka nach St. Petersburg am 12. November 1746, gerade 37-jährig, in Tjumen'.[126] Die letzte Zeit seines Lebens hatte sich überaus schwierig gestaltet. Aufgrund seines entschiedenen Eintretens für die Rechte der einheimischen Bevölkerung war er in St. Petersburg angeklagt worden. Die Kommunikationsprobleme, hervorgerufen durch die riesigen Distanzen, erschwerten eine Aufklärung des Sachverhalts und verzögerten die endgültige Rehabilitierung Stellers. Als sie ihn schließlich in Tara erreichte, suchte Steller so schnell wie möglich nach Petersburg zurückzukehren. Mittlerweile war es Winter geworden, und in Tobol'sk erkrankte er schwer. Doch nahm Steller offensichtlich darauf keine Rücksicht und setzte trotz Fiebers die Reise fort. Als er in Tjumen' angekommen war, konnten ihm auch die dortigen Ärzte nicht mehr helfen.[127]

Neben Steller und Krašeninnikov waren es vor allem Johann Georg Gmelin und Gerhard Friedrich Müller, die im Laufe der Expedition Sibirien kreuz und quer bereisten und dabei umfangreiche Forschungen betrieben. Im Unterschied zu dem

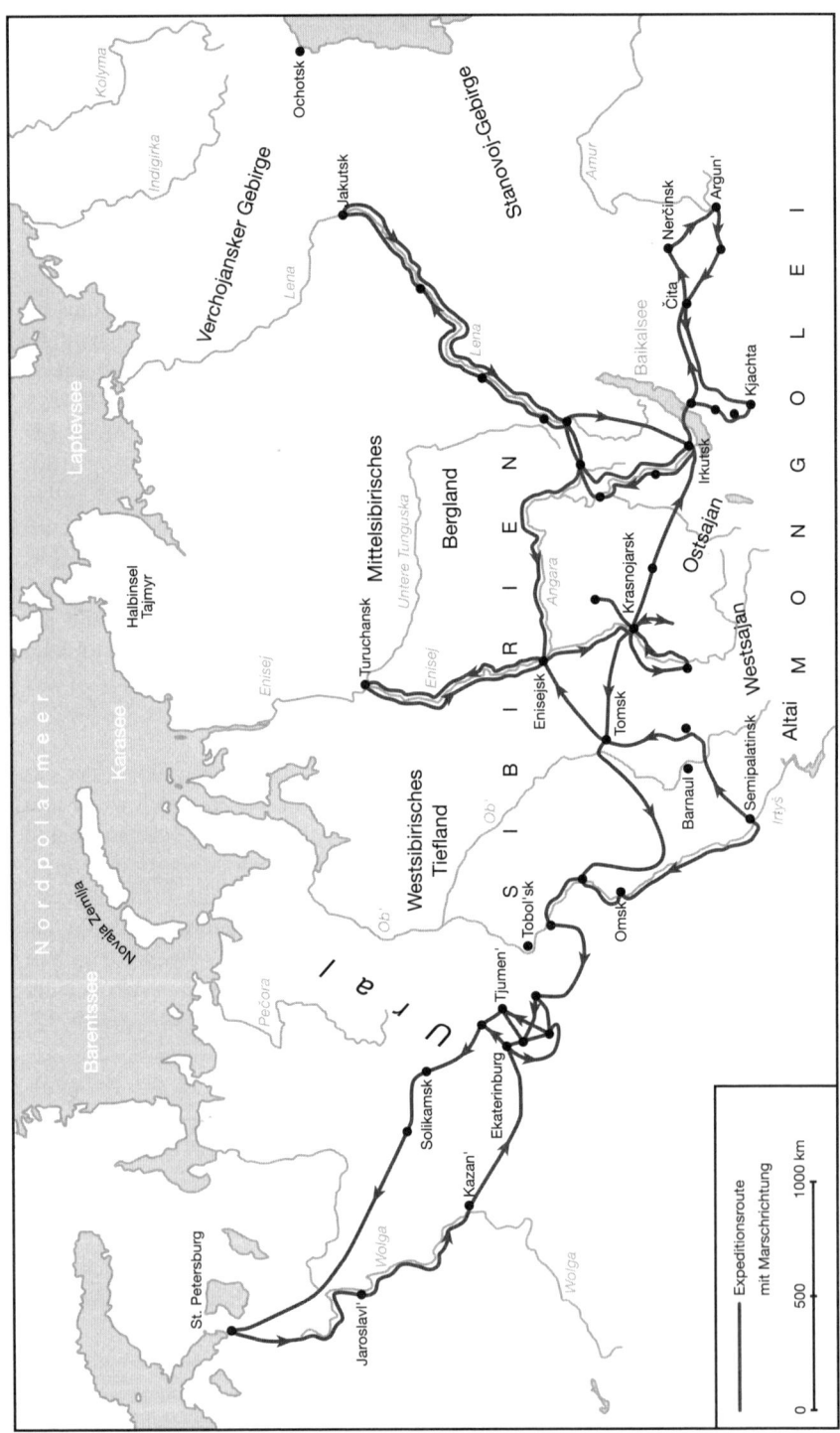

Karte 3: Reiseroute von Johann Georg Gmelin und Gerhard Friedrich Müller während der Zweiten Kamčatkaexpedition 1733–1743

wagemutigen Steller zogen es Gmelin und Müller vor, in einigermaßen sicheren Quartieren zu überwintern. Beide wünschten die Hilfe dienstbarer Geister, soweit dies in den Weiten Sibiriens möglich war. Sie scheuten allerdings die Begegnung mit der einheimischen Bevölkerung keineswegs. Sowohl Gmelin, der Chemiker, Botaniker und Naturforscher, als auch Müller, der Historiker, beschäftigten sich intensiv mit der Sammlung von Materialien über die einheimische Bevölkerung.[128] Im Sinne universalwissenschaftlicher Forschungen zeigten beide an allen Lebensumständen und Lebensformen der indigenen Bevölkerung lebhaftes Interesse. Müller entwickelte für seinen Mitarbeiter Johann Eberhard Fischer einen umfangreichen Katalog von Fragen und Anregungen, was bei der Begegnung mit den Einheimischen zu beachten, aufzuzeichnen und zu vermerken war. Prinzipiell wurde kein Bereich ausgeschlossen, jedoch standen Sprache und Religion im Vordergrund.[129]

Durch die Erstellung von Wortlisten und Grammatiken ließen sich, so das Konzept, mögliche Verwandtschaftsbeziehungen der Völker feststellen. Zugleich stand immer noch die Frage in der wissenschaftlichen Diskussion, ob es denn einen Ursprung der Menschheit gebe oder mehrere. Auch dies, hier spielte das Leibnizsche Programm einer Ursprache eine Rolle, ließ sich durch vergleichende Sprachstudien ermitteln.[130] Müller hatte sich bei seinen Sprachstudien zunächst auf ältere Vorbilder konzentriert und wollte Übersetzungen des »Vater Unser« in die jeweilige Sprache der Urbevölkerung vornehmen. Dies erwies sich jedoch bereits bei ersten Vorstudien im Gouvernement Kazan' als unmöglich. »Allein die im Vater Unser vorkommenden und diesen Völkern [des Kasanschen Gouvernements] unbegreiflichen Ideen lehrten mich bald, daß dieser nicht der Weg sei, die Sprachen gründlich zu beurteilen und nach ihrer Abstammung zu vergleichen.«[131]

Müller wollte nun stattdessen Wortgruppen oder Wortfelder anlegen lassen, wobei er 25 Gruppen unterschied. Er begann bei den Bezeichnungen für Gott, Teufel, Himmel und Hölle, setzte sie fort mit den Wochentagen und den Monaten bis er schließlich bei den Zahlen anlangte. Ihn interessierte dabei, ob überhaupt ein Wort für Zahl existierte, aber auch die Bezeichnungen der Zahlen von eins bis hunderttausend. Müller und Gmelin, insbesondere jedoch Johann Eberhard Fischer legten solche Vokabularien an. Fischer schenkte seines schließlich dem Historischen Institut der Göttinger Universität.[132]

Müller, der sein in Sibirien gesammeltes ethnographisches Material kaum veröffentlichte – es wird erst seit Ende der 1980er/Anfang der 1990er Jahre aus den Archiven erschlossen –, erwarb sich vor allem Verdienste bei der Inventarisierung der sibirischen Archive, die er nahezu alle aufsuchte, dort umfangreiche Exzerpte anfertigte und Archivalien durch Kopisten abschreiben ließ. Er fand im Archiv zu Jakutsk den Bericht des Semen Dežnev über seine Umrundung der Halbinsel Čukotka, die zweifelsfrei belegte, daß Asien und Amerika durch eine Wasserstraße getrennt waren. Seine »Sibirische Geschichte«, ein Teil seiner »Sammlung russischer Geschichte«, die er zwischen 1732 und 1764 in neun Bänden publizierte, wurde schon erwähnt.[133]

Über Jahrzehnte hinweg verband Müller eine enge Freundschaft mit dem Mathematiker Leonhard Euler, mit dem er eine rege Korrespondenz unterhielt.[134] Zu Anfang des Jahres 1765 übersiedelte Müller schließlich nach Moskau, wo er die Stelle eines Leiters des Archivs des Kollegiums für Auswärtige Angelegenheiten erhielt. Er wirkte späterhin aufgrund seiner überragenden Kenntnisse der russischen Geschichte und vor allem seiner Archivkenntnisse vielfach als Vermittler. Müller blieb auch in seinen späteren Jahren am Fortgang der wissenschaftlichen Arbeiten über Sibirien außerordentlich interessiert. Viele Materialien späterer Expeditionen gingen durch sein Hand.[135] Er war der erste Historiker Sibiriens, der seine Untersuchungen auf die unmittelbare Einsicht von Archivalien stützte und sie kritisch zu gewichten suchte.[136]

Müllers jahrelanger Begleiter in Sibirien, der Chemiker und Naturforscher Gmelin, machte während seines zehnjährigen Aufenthaltes geographische Aufnahmen und Temperaturbeobachtungen, untersuchte Bergwerke und Mineralquellen, legte botanische und zoologische Sammlungen an und entwickelte, wie auch Müller, lebhaftes Interesse an ethnographischen Aufzeichnungen. Es gab nichts, was Gmelin nicht interessiert hätte. Seine Wißbegier und sein Forscherdrang waren grenzenlos, allerdings hielt er sich, wie Müller auch, lieber in den nicht ganz so wilden Gegenden auf, die eher Steller und Krašeninnikov aufsuchten. Ein ganz besonderes Interesse Gmelins galt der sibirischen Flora, deren Schönheit er bewunderte und die er mit großer Freude beschrieb. So wurde denn auch die »Flora Sibirica« sein Hauptwerk, das seinen Ruhm als Naturforscher begründete.[137] Gmelin bereiste – zumeist mit Müller, da beide sowohl wissenschaftlich als auch persönlich ihren französischen Kollegen de L'Isle de la Croyère nicht besonders schätzten – das Gebiet des Irtyš, erreichte Irkutsk, fuhr dann in das Baikalgebiet und nach Transbaikalien um Kjachta nahe der chinesischen Grenze. Daraufhin besuchte er das Lena-Gebiet und Jakutsk. Dort verlor Gmelin im September 1736 bei einem Brand einen Teil seiner Sammlungen und Aufzeichnungen.[138]

Immer wieder kam es auch zu erheblichen Schwierigkeiten mit den örtlichen Behörden, die ihre Unterstützung und Hilfe verweigerten. So konnten Gmelin und Müller nicht nach Kamčatka reisen, weil es an Transportmitteln fehlte. Dies kam ihnen nicht ungelegen, da sie gar nicht dorthin wollten, denn dies hätte ihre Unterordnung unter das Kommando Berings und seiner Offiziere bedeutet, was sie entschieden ablehnten.[139] Deshalb waren sie hocherfreut, als im August 1738 Steller zu ihnen stieß, der geradezu bereitwillig auf die Halbinsel reiste. Gmelin bereiste Ende der 1730er Jahre die Gebiete des Enisej bis nahe an den Polarkreis, dann wieder südwärts durch die Baraba-Steppe um Išim und Vagaj und ins Gebiet des Kaspischen Meeres. Bevor er mit Müller im Februar 1743 nach St. Petersburg zurückkehrte, untersuchte er noch die Bergwerke des Ural.[140]

Die geographischen Besonderheiten Sibiriens beschrieb Gmelin ausführlich in seiner »Flora Sibirica«. Er erörterte dabei auch die Frage nach der geographischen Grenze zwischen den Kontinenten Europa und Asien. Die Geographen um Verzeihung bittend, meinte er: »Erst als ich den Jenissei erreichte, hatte ich das Gefühl, Asien zu betreten. Bis in diese Gegend habe ich kaum irgendwelche Tiere gesehen, die nicht auch in Europa lebten, wenigstens in den weiten Steppen am Unterlauf der Wolga, auch kaum andere Pflanzen und andere Erd- und Steinarten. Das ganze Aussehen des Landes bis in dies Gebiet machte mir einen europäischen Eindruck. Doch vom Jenissei östlich so gut wie südlich und nördlich zeigte sich ein ganz anderes Bild und, ich möchte fast sagen, lauter neue, frische Farben.«[141] Wohl als erster hat Gmelin über die klimatischen Verhältnisse in Sibirien wissenschaftlich berichtet, den »Eisboden«, also den Permafrostboden, im Norden beschrieben, ebenso wie den schroffen Wechsel der Jahreszeiten. »Von allen Eigenschaften der sibirischen Luft ist ihre eisige Kälte am charakteristischsten.«[142] Von besonderer Bedeutung waren auch die zahlreichen von ihm entdeckten neuen Pflanzenarten, die er so exakt wie möglich beschrieb und zu bestimmen suchte, wobei er auch Vergleiche zwischen Europa und Asien, also Sibirien, anstellte.

Auf seiner Reise führte Gmelin ein ausführliches Tagebuch, das er später in Form einer Reisebeschreibung veröffentlichte.[143] Zunächst allerdings war daran nach der Rückkehr nach St. Petersburg nicht zu denken. Gmelin beschäftigte sich anfangs mit dem Ordnen seines Materials, geriet aber bald in Auseinandersetzungen mit der Akademie der Wissenschaften. Dabei ging es sowohl um Forderungen ausstehender Gehälter, die die Akademie nicht auszahlen wollte, als auch um die Einsetzung in seine ehemalige Stellung, welche ihm trotz einer Anordnung des Senats gleichfalls vorenthalten wurde. Gmelin beantragte schließlich seine Entlassung aus russischen Diensten, die ihm nach längeren Querelen auch gewährt wurde, allerdings nur zeitweise. Vor einem einjährigen Auslandsaufenthalt mußte er sich in einem neuen Vertrag auf weitere vier Jahre der Akademie verpflichten.[144] Jedoch kehrte er nicht mehr nach Rußland zurück, sondern nahm im August 1749 in seiner Heimatstadt Tübingen einen Lehrstuhl für Chemie und Botanik an, starb jedoch schon wenige Jahre später, 1755. An seiner Person zeigte sich das ganze Dilemma der russischen Wissenschaftspolitik, die offensichtlich zunächst darauf gerichtet war, Forschungsergebnisse selbst auszuwerten, bevor sie veröffentlicht wurden. Doch war die Akademieleitung kaum in der Lage, die Auswertung der riesigen Materialmengen adäquat durchführen zu lassen. Häufig wurde in durchaus inkompetenter und fachfremder Weise in die Manuskripte eingegriffen und die Autoren zu Änderungen gezwungen, deren Sinn und Zweck kaum einsehbar waren. Hinzu kamen persönliche Feindschaften und Intrigen in der jungen Institution, die eine fruchtbare Zusammenarbeit verhinderten.[145]

All dies führte im Endeffekt dazu, daß nur ein geringer Teil der Materialien ausgewertet bzw. deren Auswertung erst am Ende des Jahrhunderts, also rund sechzig Jahre nach dem Ende der Expedition annähernd beendet war.[146] Die Geheimhaltung, die von seiten der Akademieleitung und offensichtlich auf Wunsch der Regierung betrieben wurde, ließ sich allerdings schon im damaligen Wissenschaftsbetrieb nicht bewerkstelligen. Die akademische Gemeinschaft, noch relativ klein, basierte auf einem Informationsaustausch über Grenzen hinweg und nahm keine Rücksicht auf Geheimhaltungswünsche wissenschaftlicher Bürokratien und von Regierungen. So erhielt Leonhard Euler vor allem von Müller zahlreiche Informationen über die Fahrten Berings und die Entdeckungen im Nordpazifik, die er wiederum englischen Korrespondenzpartnern übermittelte. Einer von ihnen, Johann Caspar Wettstein in London, veröffentlichte teilweise diese Mitteilungen ohne Eulers Zustimmung in den »Philosophical Transactions«.[147] Damit war die wissenschaftliche Welt über die neuentdeckten Gebiete zwischen Asien und Amerika zumindest in Ansätzen informiert, was allerdings den Wunsch nach weiteren Publikationen nur verstärkte.

So verwundert es nicht, daß sich der nunmehr in Tübingen lebende und lehrende Gmelin entschloß, seine Tagebuchaufzeichnungen der Sibirienreise auf Anregung

seines Studienfreundes Albrecht von Haller zu veröffentlichen. Die umfangreiche
Publikation richtete sich an ein gebildetes, aber nicht ausschließlich an das Fachpu-
blikum. Reiseberichte über ferne, unbekannte Welten hatten spätestens in jener Zeit,
also um die Mitte des 18. Jahrhunderts, Konjunktur. Gmelins Prägung durch Pietismus und Frühaufklärung findet seinen Niederschlag auch in seiner Reisebeschreibung. Neben die Wissenschaftlichkeit trat die Frömmigkeit. Eine Vernunft ohne
Gott war nicht denkbar. So bildete der »heidnische Unglaube« der indigenen Bevölkerung ein Thema, auf das Gmelin immer wieder einging.[148] Ebensowenig wie
sein Begleiter und Kollege Gerhard Friedrich Müller oder wie Georg Wilhelm Steller hieß er die Praktiken der russischen Verwaltung in Sibirien gegenüber den Einheimischen gut. Im Gegenteil, alle drei wandten sich mehr oder minder entschieden
dagegen. Doch blieben die sibirischen Völker, die nicht zivilisierten »Wilden«, ein
Studienobjekt wie Flora und Fauna, das zu untersuchen war. Von einer gleichbe-
rechtigten Existenz dieser Völker ist weder bei Gmelin noch bei Müller oder Steller
je die Rede. Diese Naturvölker, so schrieb Gmelin an einer Stelle, wußten noch nicht
einmal, ob sie eine Seele hatten und hatten also gar keinen Begriff davon.[149] Auch
von Gott wußten sie nichts und was sie praktizierten war Aberglauben, vergleichbar
mit dem doch gerade in West- und Mitteleuropa durch das Walten der Vernunft
ausgerotteten Hexenglauben. Noch die »Encyclopédie« der 1750er und 1760er Jahre wird den Aberglauben als »die schrecklichste Plage der Menschheit« geißeln.[150]
    Doch war Gmelins Reisebeschreibung über seinen zehnjährigen Aufenthalt in
Sibirien ein gewaltiger Fortschritt, auch wenn der Stil ein wenig trocken wirkt. Der
Forschungsreisende berichtete aus eigener, langjähriger Erfahrung, hatte das Land
kreuz und quer durchreist. Er beherrschte die russische Sprache und kannte nach
einiger Zeit wohl auch einige Begriffe in den einheimischen Sprachen. Darüber
hinaus war das Buch die Frucht wissenschaftlicher Forschung, die eine Unmenge
bisher unbekannter Daten und Fakten zutage gefördert hatte. Zudem gründete der
Bericht nicht nur auf den Studien seines Verfassers, sondern auch auf denen seiner
Kollegen, die sie in jener Zeit angefertigt hatten. Gmelins »Reise durch Sibirien«
war ein großer Publikumserfolg und blieb für die nächsten Jahrzehnte das maß-
gebliche Werk über diesen Teil der Erde, in dem so umfassend wie nur möglich
über alle Bereiche berichtet wurde.[151] Während für die Zeitgenossen dieser Gelehrten die Ergebnisse ihrer Forschungsreisen in den Weiten Sibiriens als Vergleichs-
maßstab von hohem Wert waren, so zeigt die heutige Forschung über das Zeitalter
der Aufklärung, selbst wenn »die außereuropäische koloniale Welt« ausdrücklich
im Titel angesprochen wird, dafür kaum noch Interesse.[152]
    In Rußland erregte Gmelins Buch einiges Aufsehen und in den Reihen der Aka-
demie der Wissenschaften eine gewisse Empörung, doch blieben Konsequenzen
aus.[153] So lag schließlich, nachdem auch die historiographischen Arbeiten Müllers
und die unterschiedlichen Studien und Journale Stellers publiziert worden waren,
am Ende des 18. Jahrhunderts eine bemerkenswerte Fülle neuer Darstellungen und
Untersuchungen über Sibirien vor, die auch bald Eingang in die allgemeineren
Werke zur Botanik, Historiographie, Ethnographie und Zoologie fanden.[154] Nachdem auch Karten mit den neuentdeckten Territiorien im Nordpazifik publiziert
worden waren, die später von James Cook auf seiner Weltumsegelung benutzt
wurden und die er im wesentlichen bestätigte, waren nunmehr Land- und Seegren-

zen Sibiriens bekannt, auch wenn es darüber späterhin noch zu einigen Kontroversen kam.[155] Für den deutschsprachigen Raum faßte um die Mitte des 18. Jahrhunderts Zedlers »Universal-Lexicon« das Wissen über Sibirien zusammen.[156]

Alle Gruppen der Expedition mußten ungeheure Strapazen, Anstrengungen und Mühen ertragen, die in den vorliegenden Berichten nur selten aufscheinen. Die Teilnehmer kämpften gegen widrige klimatische und geographische Bedingungen ebenso wie gegen die Lustlosigkeit und Willkür zahlreicher Behörden vor Ort und in der Hauptstadt. Viele Teilnehmer, darunter Bering, de L'Isle de la Croyère und Steller starben. Äußerst widrigen Verhältnissen war die nördliche Abteilung ausgesetzt, die nach den ursprünglichen Plänen der Akademie ihre Arbeit der Vermessung des gesamten Küstenverlaufs von Archangel'sk bis zur Beringstraße in zwei Jahren verrichten sollte, was sich als unmöglich erwies.[157] Sie war in insgesamt fünf Gruppen aufgeteilt, deren eine unter Semen Čeljuskin die nördlichste Landspitze Asiens erreichte, die nach ihrem Entdecker benannt ist. Das schlimmste Schicksal widerfuhr den Teilnehmern jener Abteilung, die unter Führung des Leutnants Petr Lasinius (Lassenius) von der Lena aus nach Nordosten vorstieß. Lasinius starb bereits im Dezember 1735 an Skorbut und ihm folgten in den folgenden Jahren weitere 35 Teilnehmer dieser Expeditionsgruppe. Den Weg um die Čukčenhalbinsel konnte man nicht nehmen, da riesige Eismassen den Weg versperrten. Doch gelang bis 1741 eine kartographische Aufnahme der Küste des Nordmeers von Archangel'sk bis zur Kolyma, nur die Küsten von Čukotka konnten aufgrund der Eismassen in jener Zeit nicht vermessen werden. Darüber hinaus wurden die Taimyr-Bucht und die gleichnamige Halbinsel untersucht sowie die Mündungsgebiete der Indigirka und der Kolyma. Die Namen der Forscher finden sich auch heute noch auf den Karten der russischen Arktis: Laptev, Lasinius, Ovcyn, Sterlegov, Čeljuskin, Prončiščev und viele andere.[158]

Von ihrer zehnjährigen Expedition brachten die Teilnehmer mehrere zehntausend Manuskriptblätter mit ihren Aufzeichnungen aus beinahe allen Wissensgebieten mit, dazu Zeichnungen, Karten sowie hunderte und aberhunderte von Objekten: geologische Proben, Steine, Pflanzen, ausgestopfte Tiere, Kult- und Alltagsgegenstände der indigenen Bevölkerung. Die Bandbreite der Resultate zeigt sich daran, daß erstmals ethnologische Beschreibungen der sibirischen Ethnien, zugleich auch erstmals exakte meteorologische Beobachtungen und Messungen durchgeführt wurden, die auch nach dem Ende der Expedition fortgesetzt wurden.

Beschrieben und teilweise kartiert wurden die Meerenge zwischen Asien und Amerika, später als Beringstraße bekannt, die neuentdeckten Inselketten der Aleuten und Kurilen sowie der alaskischen Küste. Die Existenz des Jesso- und des da-Gama-Landes konnte endgültig widerlegt werden. Große Teile Sibiriens und nun auch Kamčatka, das Ochotskische Meer und der Weg nach Japan konnten jetzt exakt beschrieben werden, ebenso wie Flora, Fauna und Bodenschätze auf der Basis neuerer wissenschaftlicher Entwicklungen, so Carl von Linnés neuen Klassifizierungen, die er in seinem bahnbrechenden Werk »Systema naturae« von 1735 publiziert hatte. Dazu gehörte auch die Beschreibung des Vorkommens von Steinkohle, Silber, Eisen- und Kupfererzen, Salzlagern und weiterer Bodenschätze, ebenso wie die Erläuterungen über die Schiffbarkeit der Flüsse oder das Auffinden neuer Wege. Schließlich war die Expedition ein wichtiger Schritt auf dem Weg der

Wissenschaftsentwicklung im Russischen Reich, der dennoch keineswegs geradlinig verlief, sondern immer wieder von Rückschlägen gekennzeichnet war. Trotz der versuchten Geheimhaltung strahlten die Ergebnisse der Forschungen auch nach West- und Mitteleuropa aus und befruchteten dort den wissenschaftlichen Fortschritt. So ist die Entwicklung der Ethnologie als Wissenschaft seit der Mitte des 18. Jahrhunderts ohne Gerhard Friedrich Müllers Forschungen kaum denkbar.[159]

7. Die weiteren Sibirienexpeditionen im 18. Jahrhundert

Auch nach der Zweiten Kamčatkaexpedition waren die Forschungen in und über Sibirien im 18. Jahrhundert keineswegs beendet. So legte im September 1763 der aus Sibirien gebürtige Universalgelehrte Michail Vasil'evič Lomonosov, Mitglied der Russischen Akademie der Wissenschaften, dem Admiralitätskollegium eine Denkschrift mit dem Titel »*Kratkoe opisanie raznych putešestvij po severnym morjam i pokazanie vozmožnogo prochodu Sibirskim okeanom v vostočnuju Indiju*« (»Kurze Beschreibung verschiedener Reisen durch die Nordmeere und Hinweise auf den möglichen Seeweg nach Ost-Indien über den Sibirischen Ozean«) vor.[160] Lomonosov verfaßte damit die ersten theoretischen Grundlagen für die wissenschaftliche Erforschung des russischen Nordens und des Fernen Ostens und konzipierte ein umfasssendes Programm in politischer, wirtschaftlicher, wissenschaftlicher und auch in praktischer Hinsicht, das sowohl die begeisterte Zustimmung Katharinas II. als auch des Admiralitätskollegiums fand. Es sollte für die nachfolgenden Generationen zur Basis ihrer Tätigkeiten werden.

Es diente aber schon der sogenannten Akademie-Expedition von 1768 bis 1774, nunmehr bereits in der Regierungszeit Katharinas II., als Grundlage ihrer Aktivitäten. An dieser Expedition nahmen unter anderem auch Peter Simon Pallas, Johann Peter Falck, ein Schwede, Johann Gottlieb Georgi, Petr I. Ryčkov, Johann Anton Güldenstädt und Samuel Gottlieb Gmelin, ein Neffe von Johann Georg Gmelin, teil.[161] Anlaß dafür war der Venusdurchgang im Mai 1769, der bahnbrechende neue Erkenntnisse über diesen Himmelskörper erwarten ließ. Auch die erste Fahrt von James Cook in den Jahren von 1768 bis 1771 diente unter anderem diesem Zweck. Begleiter Cooks war der Botaniker Joseph Banks, der später Präsident der Royal Society wurde und mit dem Pallas seit 1777 korrespondierte. Darüber hinaus sollten im Kontext der Akademie-Expedition auch die größeren Orte des Russischen Reiches geodätisch-astronomisch genauer bestimmt werden, um die geographischen Karten des Reiches zu verbessern.[162] Die Möglichkeit einer größeren wissenschaftlichen Expedition nutzte Katharina II. zugleich, um die dahinsiechende Akademie wiederzubeleben und für ihre eigenen Ziele zu gewinnen. Auch diesmal dauerten Planungen und Vorbereitungen wiederum rund zwei Jahre und folgten dem schon bekannten Muster. Die im Akademiearchiv liegenden Berichte der vorangegangenen Unternehmungen wurden aufgearbeitet, Instrumente und Materialien beschafft und Instruktionen geschrieben. Wendland nennt drei Schwerpunkte der Arbeit der Expedition, 1) die Untersuchung des Standes der Wirtschaft und des Niveaus der Landwirtschaft, 2) die geographische Beschreibung der bereisten Gebiete und 3) die Durchführung geologischer Untersuchungen, vor allem hinsichtlich der Verbreitung der Bodenschätze, die Grundlage für die Errichtung von Manufakturen und Stätten der Rohstoffveredelung sein sollten.[163]

Da immer noch einheimische Wissenschaftler in ausreichender Zahl und Qualität fehlten, wurden erneut ausländische Gelehrte angeworben. Es waren diesmal überwiegend Deutsche und Deutschbalten, die neben einigen Russen teilnahmen. Die meisten waren jung, nur Falck hatte das 30. Lebensjahr schon überschritten, und gut ausgebildet. Wiederum war das Gesamtunternehmen in kleinere, unabhängig voneinander operierende Abteilungen aufgegliedert, je nach den spezifischen Aufgaben entweder fachlich oder territorial. Außer dem Ural und Sibirien sollten das Wolgagebiet, die Territorien am Schwarzen und am Kaspischen Meer, der russische Norden sowie der Kaukasus untersucht werden.

Pallas leitete die sogenannte Orenburger Expedition und wurde, wie mehr als dreißig Jahre zuvor Bering, von seiner Frau begleitet. Für die notwendigen Arbeiten wurden auch dieses Mal Studenten des Akademischen Gymnasiums ausgewählt, Präparatoren, Zeichner und Soldaten waren wiederum dabei. Rund sechs Jahre, von 1768 bis 1774, bereiste Pallas vor allem Sibirien und schickte, wie seine Kollegen auch, zahlreiche Berichte und entsprechendes Material nach St. Petersburg. Nunmehr hatte sich auch die Politik der russischen Regierung im Zeitalter des aufgeklärten Absolutismus unter Katharina II. grundlegend geändert. Die Forschungsergebnisse sollten so rasch wie möglich der ganzen Welt bekannt werden und den Ruhm und das Ansehen des Russischen Reiches mehren. So erschien der erste Band des wissenschaftlichen Reisejournals von Pallas, einem der bedeutendsten Universalgelehrten der zweiten Hälfte des 18. Jahrhunderts, noch während seiner Reise im Jahre 1771.[164] Aber nicht nur die Beschreibung von Pallas wurde zügig publiziert, sondern auch die vieler anderer Teilnehmer der Expedition.[165]

In jenem Jahr veröffentlichte auch der Göttinger Historiker und Universalgelehrte August Ludwig Schlözer (1735-1809), der zuvor einige Jahre in Rußland gelebt und unter anderem sehr eng mit Gerhard Friedrich Müller zusammengearbeitet hatte, seine »Nordische Geschichte«, in der er in einem Kapitel auch Sibirien behandelte. Es war übertitelt »Allgemeiner Abriß des Asiatischen Nordens« und für Schlözer war dieses Gebiet gleichbedeutend mit Sibirien. Dabei wies er auf den Wandel der Begrifflichkeit hin und erinnerte daran, daß in der Zeit Ivans IV. nur die »unteren Gegenden« am Ob' als Sibirien verstanden worden seien. Im Laufe der letzten zwei Jahrhunderte habe sich der Begriff beständig erweitert.[166] Schlözer zog in diesem kurzen Kapitel eine erste Bilanz der Forschungen über Sibirien, verwies auf Herodot und Ptolemäus, auf die Reiseberiche von Plano Carpini und Wilhelm von Rubruk, vor allem aber auf die neueren Arbeiten von Witsen, Gmelin, Müller und anderen. Als Bewohner nannte er »Kalmücken, Dsongaren, Teleuten, Jakuten, Samojeden, Wogulen, Ostacken, Tataren, Kurilen, Kamczadalen, Koräken, Lamuten, Jukagern und Czuckczen«, die als letzte unterworfen worden seien.

Während die Teilnehmer der Akademie-Expedition die Weiten des Russischen Reiches und der angrenzenden Gebiete erforschten, war James Cook 1771 von seiner ersten Reise zurückgekehrt und bereits ein Jahr später erneut zu einer Fahrt aufgebrochen, auf der ihn diesmal Vater und Sohn Forster begleiteten und von der er 1775 zurückkehrte. Die Ergebnisse der Akademie-Expedition vertieften und erweiterten die Kenntnisse über das Russische Reich und einige damals noch weitgehend unbekannte Territorien. Erneut wurden große Fakten- und Datenmengen zusammengetragen, die sowohl für die Entwicklung der Wissenschaften als auch für die Infrastruktur des Reiches von großer Bedeutung waren. Vor allem wurden, wie Wendland betont, große Teile der Landmasse Rußlands erschlossen. Ein nicht unwichtiger Aspekt war gewiß auch die Bestimmung des Urals als Grenze zwischen Europa und Asien. Pallas publizierte zudem bald nach dem Ende der Expedition seine Schrift über die »Mongolischen Völkerschaften« und seine »Betrachtungen über die Beschaffenheit der Gebürge«, in der er seine Theorien über die Entstehung der Gebirge darlegte.[167] Als eine weitere Frucht der Expedition kann die Arbeit von Johann Gottlieb Georgi »Beschreibung aller Nationen des Russischen Reichs« angesehen werden, die zwei Jahre nach deren Ende erschien und eine Bestandsaufnahme der zahlreiche Ethnien, gleichsam die Summe der bisherigen ethnologischen Forschungen war.[168]

In diese Zeit fiel auch das Vordringen der Spanier und Briten an der Westküste Nordamerikas. Aus Furcht vor russischen Pelztierjägern sandten die Spanier in den Jahren 1774 und 1775 zwei Schiffe aus, die bis nach Vancouver Island vorstießen, ohne jedoch dort zu landen. Erst James Cook, der für seine dritte Weltumsegelung von 1776 bis 1779/80 unter anderem den Auftrag erhielt, die Nordwestküste Amerikas zu erforschen, die Beringstraße zu durchsegeln und von dort aus die Nordwestpassage zu suchen, landete auf dieser Insel, die bis zum Ende des Jahrhunderts zwischen den beiden Ländern umstritten war, dann aber britischer Besitz wurde. Rußland hatte inzwischen seine Interessen an den amerikanischen Gebieten und den Aleüten bekundet und begann dort in Konkurrenz zu den Briten einen regen Handelsverkehr. Nicht zufällig legte genau zu jenem Zeitpunkt der Theologe und Historiker William Coxe (1747-1828), Fellow am King's College in Cambridge, seinen »Account of the Russian Discoveries« vor, in dem er sich auch ausführlich mit dem russisch-chinesischen Handel befaßte und in einer späteren Auflage einen Vergleich der russischen und der britischen Entdeckungen in jener Region hinzufügte. Einen Gutteil seiner Informationen verdankte Coxe übrigens seiner Bekanntschaft mit Gerhard Friedrich Müller und seiner Mitgliedschaft in der Kaiserlich Freien Ökonomischen Gesellschaft.[169] Einige Jahre später als Cook umsegelte auch der französische Entdecker Jean-François de La Pérouse die Welt und erreichte 1787 Sachalin, die Kurilen, Kamčatka und Alaska, die er umfassend kartierte und teilweise erforschte; ein Jahr später strandeten seine Schiffe an der Küste von Vanikoro, einer Insel der Salomon-Inseln im Südpazifik.[170]

In jenem Kontext konkurrierender politischer und wirtschaftlicher Interessen stand am Ende der Regierungszeit Katharinas II. die sogenannte Billings-Saryčev-Expedition von 1785 bis 1795, die offiziell den Namen »Geheime astronomische und geographische Expedition zur Erforschung Ostsibiriens und Alaskas« trug. Joseph Billings (1758 oder 1761-1806) war auf der dritten Weltumsegelung mit James Cook gesegelt, 1783 in russische Dienste getreten und wurde 1785 zum Kapitänleutnant und gleichzeitig zum Leiter dieser Expedition ernannt. Sein Stellvertreter und Erster Offizier wurde der russische Leutnant Gavriil A. Saryčev

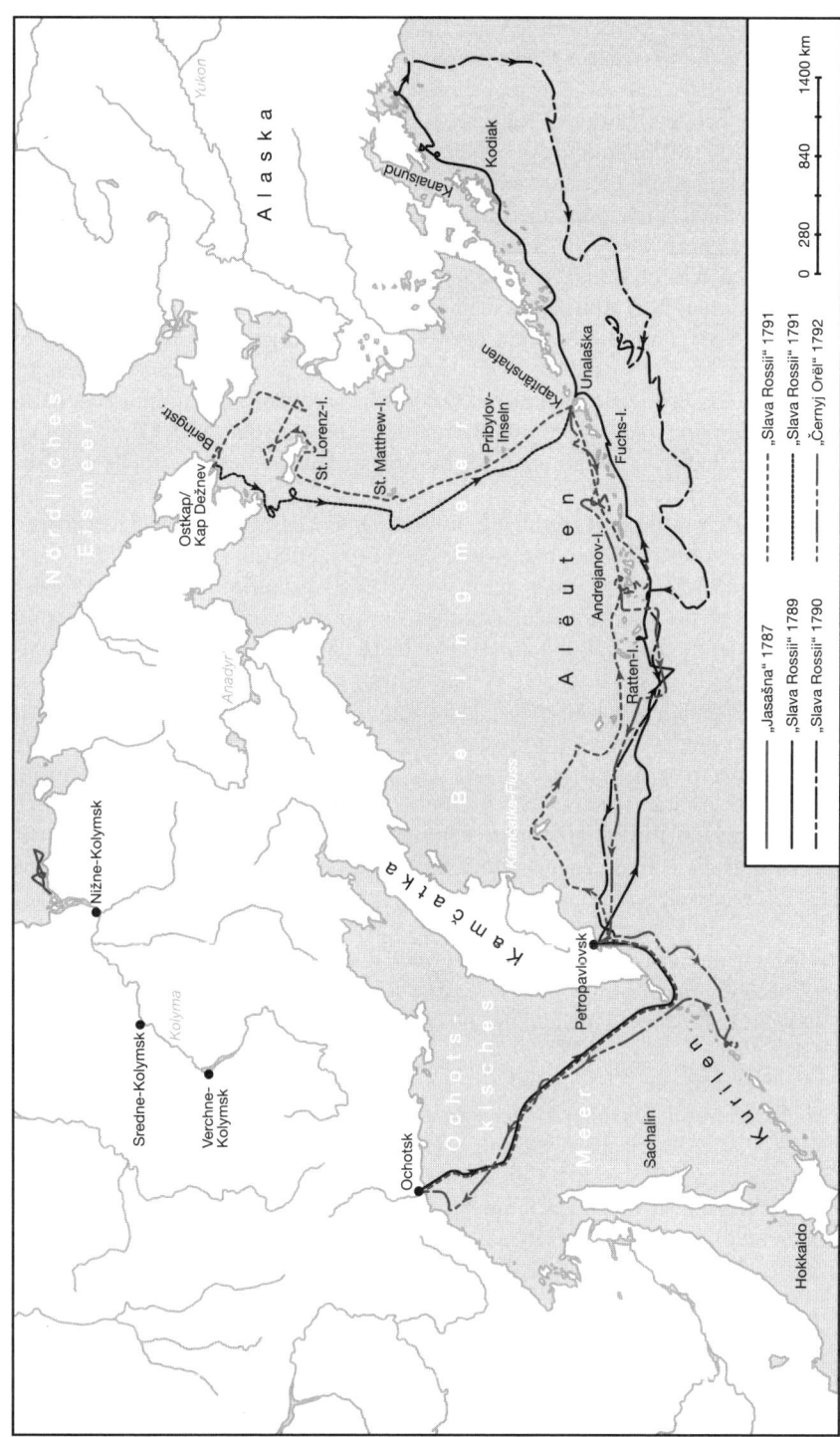

Karte 4: Der Verlauf der Billings-Saryčev-Expedition in den Jahren 1785 bis 1793

(1763-1830). An der Vorbereitung war erneut das Admiralitätskollegium entscheidend beteiligt, die wissenschaftliche Betreuung lag in den Händen von Peter Simon Pallas, der zu jener Zeit ein europaweit anerkannter und einflußreicher Gelehrter in der persönlichen Obhut der Kaiserin Katharina II. war.[171] Er verfaßte die wissenschaftlichen Leitlinien und Anweisungen für die Expedition und auch die vom Admiralitätskollegium beschlossene allgemeine Instruktion ging auf seine Ausarbeitungen zurück, die eindeutig auf Lomonosovs Schrift »Kratkoe opisanie« aus dem Jahr 1763 zurückgriffen. Neben einer Vermessung und Kartierung der nordostpazifischen Küsten und Territorien sowie den beinahe schon üblichen zoologisch-botanischen und ethnologisch-linguistischen Forschungen sollte die Expedition insgeheim auch die Aleuten und das Küstengebiet Alaskas politisch und wirtschaftlich für das Russische Reich sichern.[172] Wie bei allen Unternehmungen zuvor war die Mannschaft auch dieses Mal wieder international zusammengesetzt, darunter auch ein Enkel von Vitus Bering und der deutsche Arzt Carl Heinrich Merck, der erst kurz vor Beginn zur Expedition stieß und eine persönliche Instruktion von Pallas erhielt.[173]

Die Expedition, deren Geschichte, wie übrigens auch die der beiden anderen großen Sibirienexpeditionen, bisher noch nicht geschrieben wurde, galt den Zeitgenossen und auch weiten Teilen der historischen Forschung als nicht sehr erfolgreich, weil sich die Zeiten erneut geändert hatten und die Ergebnisse wiederum weitgehend der Geheimhaltung unterlagen. Die Expedition konnte allerdings zahlreiche neue Ergebnisse vorlegen.[174] Dazu gehörten vor allem die bis dahin umfassendsten und genauesten Karten folgender Regionen: der Lauf des Flusses Kolyma bis zur Mündung in das Ochotskische Meer, eine Karte des südlichen Teils von Kamčatka, die erste korrekte Seekarte des Beringmeeres und der Beringstraße, Seekarten der Aleuten, die Erstbeschreibung der Südküste Alaskas, einschließlich der vorgelagerten Inseln, eine erste offizielle Karte des Inneren der Halbinsel Čukotka und die ersten genauen Karten der Kurilen. Sie korrigierten zahlreiche Fehler der früheren Karten dieser Region, darunter auch die derjenigen, die während der dritten Weltumsegelung von James Cook gemacht worden waren.[175] Zudem erbrachten die mißlungenen Versuche, auf dem Seeweg aus dem Ostsibirischen Meer durch die Beringstraße in den Pazifischen Ozean zu gelangen, den endgültigen Beweis, daß Alaska eine Halbinsel ist und es von dort keine Landverbindung nach Asien gibt.

In Fortsetzung der Klimaforschung der vorangegangenen Expeditionen führte Gavriil Saryčev von Oktober 1786 bis Mai 1787 in Verchnekolymsk umfangreiche meteorologische Beobachtungen durch. Er konnte dabei feststellen, daß im nördlichen Ostsibirien »Pole der Kälte« existieren, die territorial einzuordnen sind. Er bemerkte zudem, daß die tiefen Temperaturen in Sibirien mit den fehlenden Winden zusammenhängen. Schließlich entdeckte Saryčev bei seinen Forschungen im Ostsibirischen Meer, daß die Menge der Eisberge von der Windrichtung abhängig ist und die Bewegung der Eismassen an den Küsten ausschließlich von den Meeresströmungen abhängt.

Die Teilnehmer der Expedition forschten darüber hinaus auch auf ethnologischem, biologischem und naturwissenschaftlichem Gebiet. Der deutsche Arzt Carl Heinrich Merck, der auf Drängen von Pallas an der Expedition teilnahm, und Joseph Billings legten umfangreiche Beschreibungen der Čukčen vor, die bis dahin fast jeden Kontakt zu den russischen Eroberern verweigert hatten. Beide wiesen auf die Unterschiede zwischen den seßhaften und den Rentier-Čukčen hin. Darauf aufbauend konnte die spätere Forschung im 19. Jahrhundert klare Kriterien für die Trennung zwischen den Čukčen und den Yupik bzw. den Eskimos herausarbeiten. Weiter erforscht wurden darüber hinaus die ostsibirischen Jukagiren, die Jakuten, die Itel'menen, die Korjaken, die Aleuten und die Yupik bzw. die Eskimos. Zudem ist mit dieser Expedition der Beginn der Polararchäologie verbunden. Denn als im Sommer 1787 am Kap B. Baranov am Ostsibirischen Meer ethnologische Forschungen über die Jukagiren betrieben wurden, ordnete Saryčev eine Ausgrabung an, um mehr über deren Behausungen zu erfahren.[176]

Die Expedition setzte auch die von Georg Wilhelm Steller und Stepan Krašeninnikov begonnene Beschreibung der Tier- und Pflanzenwelt Ostsibiriens und des Fernen Ostens fort. Es war vor allem Carl Heinrich Merck, der eine erstmalige und umfassende Beschreibung von Flora und Fauna dieser Regionen fertigstellte. Merck allerdings war es, wie vor ihm Georg Wilhelm Steller, nicht vergönnt, den Ertrag seiner Forschungen zu ernten. Er starb im Januar 1799 in St. Petersburg im Alter von 38 Jahren an einem Schlaganfall, nachdem er 1796/97 noch einmal in seine Heimat zurückgekehrt und in Göttingen zum Korrespondierenden Mitglied der Sozietät der Wissenschaften ernannt worden war. Vor allem seine ornithologischen Studien wurden, nachdem sein über ein Jahrhundert verschollenes Tagebuch im Jahre 1936 wieder aufgefunden werden konnte, von der Fachwelt intensiv rezipiert.[177] Merck war darüber hinaus der Pionier der Erforschung der Halbinsel Čukotka, auf der er während eines sechsmonatigen Aufenthaltes eine Erstbeschreibung der dortigen Bevölkerung und der Biosphäre leistete. Auch andere Expeditionsteilnehmer hinterließen wertvolle Aufzeichnungen über die Vulkane auf Kamčatka und den Aleuten sowie zu den Thermalquellen in diesen Gebieten.[178]

Die größten Erfolge zeitigte die Expedition wohl auf politischem und wirtschaftlichem Gebiet, und dies mag einer der Gründe dafür sein, daß sie in der wissenschaftlichen Welt bisher so wenig Interesse gefunden hat. Aufgrund der erstmaligen genauen Beschreibung der bereisten Regionen, der Korrektur früherer kartographischer Fehler und durch den intensiven Kontakt mit der indigenen Bevölkerung konnten die Aleuten und die Südküste Alaskas zu einem Teil des Russischen Reiches erklärt werden. Da auch zum ersten Mal eine Durchdringung der gesamten Halbinsel Čukotka gelang und Billings, Merck und einige andere Mitglieder der Expedition rund ein halbes Jahr mit der Bevölkerung intensiven Kontakt hatten, der zuvor, wie auch jede Verhandlung mit den Vertretern der russischen Regierung, grundsätzlich verweigert worden war, erfolgte nun die endgültige Inbesitznahme auch dieses Territoriums.[179]

Auch im 19. Jahrhundert wurden im Russischen Reich die wissenschaftlichen Expeditionen nach Sibirien und in den pazifischen Raum fortgesetzt, ebenso fanden mehrere Weltumsegelungen statt. Sie begannen im Jahre 1803 mit der dreijährigen Weltumsegelung unter Adam Johann von Krusenstern, an der Georg Heinrich von Langsdorff als Naturwissenschaftler teilnahm, wurden fortgesetzt mit der zweiten russischen Weltumsegelung unter Otto von Kotzebue, dem Sohn des ermordeten Schriftstellers August von Kotzebue, in den Jahren von 1815 bis 1818, an der Adelbert von Chamisso als Wissenschaftler teilnahm. Kotzebue hatte bereits an Krusensterns Reise teilgenommen und umsegelte die Welt ein drittes Mal in den Jahren von 1823 bis 1836. Schließlich bereiste Alexander von Humboldt 1829 auf Einladung der russischen Regierung Sibirien bis an die chinesische Grenze.

All diese Forschungen erweiterten das Wissen und die Kenntnisse über Sibirien in ganz erheblichem Maße, standen aber unter völlig anderen Voraussetzungen und Konstellationen als die Anfänge der wissenschaftlichen Erforschung Sibiriens im 18. Jahrhundert. Die Weltumsegelungen traten an die Stelle der Landreisen, das öffentliche Interesse an Forschungsreisen nahm immer stärker zu ebenso wie das an Wissenschaft generell. Schließlich wurde im Jahre 1845 die Kaiserlich Russische Geographische Gesellschaft gegründet, die bald darauf eine sibirische Abteilung erhielt und damit in der zweiten Hälfte des 19. Jahrhunderts einen entscheidenden Anteil an der Erforschung und »Nationalisierung« Sibiriens gewann. In ihren Reihen fanden sich mit Graf Fedor P. Litke (Friedrich B. Lütke), Karl Ernst von Baer, Alexander Theodor von Middendorff, Wilhelm Radloff, Fürst Petr A. Kropotkin und Petr P. Semenov, der den Beinamen Tjan-Šanskij erhielt und die Geschicke der Gesellschaft für rund vierzig Jahre lenkte, die bedeutendsten Wissenschaftler, die sich in jener Zeit mit der Erforschung Sibiriens beschäftigten.[180]

KAPITEL V

EINE WELT WIRD VERWALTET

1. Von den Anfängen der russischen Verwaltung bis zum Ende des Zarenreiches

Die Verwaltung des unfaßbar großen neuen Territoriums oblag in den ersten Jahren bis 1599 dem *posol'skij prikaz*, dem Außen- oder Gesandtschaftsamt, danach bis 1637 dem *Kazanskij dvorec*, dem Kazan'er Hof, bis mit dem *sibirskij prikaz*, dem Sibirischen Amt, eine eigene Behörde geschaffen wurde, die endgültig erst im Zuge der Verwaltungsreformen unter Katharina II. in der zweiten Hälfte des 18. Jahrhunderts aufgelöst wurde.[1] Dieses Amt war für alle Angelegenheiten zuständig, die Sibirien betrafen, also nicht nur für Verwaltung, Finanzen, Zoll und Militär, sondern auch für die diplomatischen Beziehungen zu den benachbarten Staaten wie China und Ethnien wie den Mongolen und Kasachen.[2] Aufgeteilt wurde die riesige Landmasse in Kreise, *uezdy*, die einem Voevoden unterstanden, dem wiederum die Kommandanten der *ostrogi* untergeordnet waren. Noch einmal dreißig Jahre später, 1667, änderte sich die staatsrechtliche Stellung Sibiriens, als im offiziellen Staatswappen über dem doppelköpfigen schwarzen Adler drei Kronen zu sehen waren, die für die eroberten Chanate von Kazan', Astrachan' und Sibir' standen. Den Titel eines »sibirischen Zaren« führte der Moskauer Herrscher spätestens seit 1563, und mit der Kaiserkrönung Peters I. 1721 wurde aus dem Moskauer Zartum ein Rußländisches Imperium.[3]

Die Wege vom Zentrum Moskau in die neueroberten Gebiete waren weit und beschwerlich. Schon von daher ergab sich eine Sonderstellung Sibiriens. Die Flußsysteme blieben bis zum Beginn des Eisenbahnbaus am Ende des 19. Jahrhunderts die wichtigsten Verbindungswege, wobei sich an den jeweiligen Übergängen entsprechende Schleppstellen (*voloki*) befanden. Die Flüsse bargen aber auch Gefahren durch Klippen und Untiefen, deren Lage sich häufig veränderte und die Reise erschwerte. Da sie zudem für mehrere Monate vereisten, mußte in dieser Zeit alles auf Schlitten transportiert werden. So dauerte es häufig, wie man schon bei den beiden Bering-Expeditionen sehen konnte, mehrere Jahre, bis manches Gut seinen Bestimmungsort erreicht hatte.[4]

An der Spitze des »Sibirischen Amtes« stand ein *Bojar* als »Richter« (*sud'ja*),[5] dem zunächst zwei, später drei sogenannte *d'jaki* (Sekretäre) zugeordnet waren. Der *Bojar* und seine Sekretäre wurden vom Zaren ernannt und anschließend von der Bojarenduma bestätigt. Die Bojaren bildeten den obersten der sogenannten Dumaränge, die ein Teil des Herrscherhofes waren. Sie gehörten zu angesehenen aristokratischen Familien mit entsprechendem Besitz an Land und Leibeigenen, dienten seit alters her dem Herrscher und waren im Prinzip zum Dienst verpflichtet. Die Sekretäre hingegen entstammten dem niederen Adel oder bisweilen der

Oberschicht der Kaufleute, den *gosti*, da sie für die Schätzung des Wertes der Pelze unabdingbar waren. Sie dienten dem Herrscher aufgrund eines »Vertrages« und wurden durch seinen Willen berufen. Nach den geltenden Gesetzen durften sie kein Dienstgut (*pomest'e*) mit Leibeigenen besitzen, ein sozialer Aufstieg war allerdings durchaus möglich.[6]

Beim »Amt« gab es darüber hinaus zahlreiche weitere Mitarbeiter, die unterschiedliche Aufgabenbereiche verwalteten, vor allem waren sie für die Abfassung der Erlasse, Anordnungen etc., also den Schriftverkehr, zuständig. Da häufiger die »leitenden Beamten« weder lesen noch schreiben konnten, sondern ihr Amt dem Wohlwollen des Zaren und ihrer Standesgenossen verdankten, lag die eigentliche Verwaltungstätigkeit zumeist in den Händen dieser Sekretäre.[7] Wie denn genau ein solcher *prikaz* funktionierte, wissen wir nicht, wohl aber einiges über seine Organisation.[8] Das »Sibirische Amt« war in verschiedene Abteilungen gegliedert, einerseits nach dem Territorial-, andererseits nach einem Sachprinzip. Diese Abteilungen hießen *stol*. Es gab sie etwa für Militär- und Finanzangelegenheiten, vor allem aber für die Oberaufsicht über die Pelzablieferungen. Dies war die *Gosudareva* oder *Sobolinaja kazna*, das Schatzamt des Zaren oder die Zobelkasse. Die Gebiete (*uezdy*), in die Sibirien unterteilt war, wurden noch einmal in jene gegliedert, in denen die russische Bevölkerung wohnte (*prisudki*), und jene, in denen die indigenen Ethnien, die den *jasak* zu zahlen hatten (*jasačnye*), lebten. Beide Territorien erhielten eine gewisse Form der Selbstverwaltung, wobei Eingriffe der übergeordneten Stellen nicht selten waren.[9] Im Kern blieben die Traditionen und Sitten der einheimischen Bevölkerung unberührt, doch kam es durchaus zu Übergriffen und vielfachen Mißhandlungen. Über diese Ethnien wußte die russische Administration vor Ort einiges, die Zentralregierung in Moskau bis zum Beginn des 18. Jahrhunderts dagegen wenig und versuchte auch kaum, mehr über deren Leben, Sitten und Gebräuche zu erfahren. Wichtig war vor allem die Tributleistung und die Klärung der Frage, ob sie bereits anderweitig dazu verpflichtet waren.[10]

Territorial- und Sachprinzip überschnitten sich bisweilen oder sogar häufiger, so daß Konflikte im Amt nicht ausblieben. Zudem waren auch andere Ämter mit sibirischen Angelegenheiten befaßt. Der *razrjadnyj prikaz* (Militäramt) empfahl die Voevoden, die militärischen Befehlshaber vor Ort, und stellte generell das Militär. Dem Außenamt oblag die Oberaufsicht über diplomatische Kontakte und Beziehungen zu den neuen Nachbarn, China, den Mongolen, Kirgisen und Kalmücken, und schließlich war das »Postamt« (*jamskij prikaz*) für alle Arten der Kommunikation mit Sibirien zuständig, darunter auch für den Erhalt der Straßen, die späterhin sogenannte »Große Sibirische Poststraße« oder den »Sibirischen Trakt«.[11] Diese sich überlappenden Funktionen und die gewaltigen Entfernungen stellten die Verwaltung vor immense, teilweise kaum lösbare Probleme, die häufig die Amtsträger vor Ort aufgrund ihrer Machtfülle zu Amtsmißbrauch und Willkür verführten.

Der Zar und die Bojarenduma wurden von den »Beamten« des *sibirskij prikaz* über alles, was sich dort ereignete, ebenso informiert wie über die laufenden Amtsgeschäfte, bisweilen aber auch nicht informiert. Diese »Beamten« übermittelten die Anordnungen des Zaren und der Duma an die vor Ort tätigen Personen. Zugleich waren sie auch für deren Überwachung zuständig, für das reibungslose Funktionieren der Administration vor Ort und für die täglichen Verwaltungsgeschäfte.

Über ihre Tische gingen die Berichte aus Sibirien über das Verhalten der indigenen Bevölkerung, über Unruhen, den Erwerb neuer Territorien, kurzum, alles, was sich dort ereignete.

An der Spitze der jeweiligen territorialen Einheit in Sibirien stand der Voevode, an dessen Ernennung zwei Moskauer Ämter beteiligt waren. Der Voevode kam in der Regel aus einer angesehenen Adelsfamilie, die über entsprechende Verbindungen verfügte. Im Laufe der Zeit entwickelten sich daher Netzwerke und Monopolstellungen, denn in Sibirien ließen sich große Gewinne machen und vor Ort war der Voevode Herr über Leben und Tod.[12] Jedoch bemühten sich Zar, Bojarenduma und *sibirskij prikaz* Amtsmißbrauch, Korruption und Bestechung zu verhindern. Sie überprüften die Qualifikationen des Kandidaten und sein Vorleben, gaben ihm sehr strenge Instruktionen mit auf den Weg und wiesen auf die möglichen Folgen eines Fehlverhaltens hin. Darüber hinaus war der Voevode verpflichtet, umfassend und so häufig wie möglich seiner Zentrale zu berichten. Die Amtszeit war anfangs auf zwei, seit dem Ende des 17. Jahrhunderts dann auf sechs Jahre befristet. An bestimmten »Zentralorten« wurden zwei Voevoden eingesetzt, die einander kontrollieren sollten, auch war sowohl den russischen als auch den nichtrussischen Untertanen ausdrücklich erlaubt, sich mit Beschwerden direkt an die Kanzlei, den Zaren oder die Bojarenduma zu wenden.[13] Für seine Dienste erhielt der Voevode ein Gehalt von jährlich 250 Rubel – eine sehr große Summe, wenn man bedenkt, daß für einen Rubel bis zu 35 Kilogramm Rindfleisch gekauft werden konnten –,[14] dazu auch ein gewisses Quantum an Fellen und sonstige Naturalleistungen. Ihm standen zudem an den zahlreichen offiziellen Feiertagen Geschenke (*pominki*) von seiten der ortsansässigen Bevölkerung zu, deren Ablieferung im Gegensatz zu ihrem Namen eine Pflicht war und von denen auch die »Beamten« ihre Anteile beanspruchten und erwarteten. Dies war auch im europäischen Rußland eine gängige Praxis. Zu hohe Forderungen in solchen Fällen führten immer wieder zu städtischen Unruhen, in deren Verlauf die Voevoden häufig gezwungen wurden, diese »Geschenke« wieder herauszugeben.

Das Problem der Kontrolle über die Voevoden suchte die Moskauer Zentrale auf zwei Wegen zu lösen. Einerseits sollte die Kirche, insbesondere der seit 1621 für die sibirische Diözese eingesetzte Erzbischof, die Verwaltungsorgane überwachen und dem Zaren ausführlich berichten, was auch geschah. Seit der Mitte des Jahrhunderts befürchtete die Moskauer Regierung allerdings einen zu großen Machtzuwachs der Kirche und »das Entstehen einer parallelen Machtstruktur«, so daß sie diese Praxis zunächst einschränkte und bald ganz untersagte.[15] Daneben bestand, wie es neuere russische Forschungen zeigen, in jeder Stadt die Gemeinde (*obščina*) der Dienstleute, Stadtbewohner und Bauern. Diese ständischen Gemeindevertretungen gelangten »mit den ersten Wellen russischer Einwanderung« nach Sibirien.[16] In den Gemeinden wurden die entsprechenden Funktionsträger, wie in der dörflichen Gemeinde auch, gewählt. Die sibirischen Gemeinden hielten, als eine Art von Kontrollfunktion, vor allem an ihrem Recht fest, sich über die ihres Erachtens nach gesetzwidrigen Aktionen der lokalen Verwaltung direkt in Moskau zu beschweren. Als sich jedoch im Laufe des 17. Jahrhunderts die Leibeigenschaft mehr und mehr durchsetzte, beschränkte die Zentralregierung in Moskau diese Rechte zunehmend, bis sie zu Beginn des 18. Jahrhunderts gänzlich durch einen bürokratisierten Beamtenapparat verdrängt wurden.

Ein grundsätzliches Problem war auch die Zollinspektion für die Ausfuhr von Waren, vor allem Pelze, ins europäische Rußland. Seit 1601 diente Verchotur'e, am Ostrand des Ural und am linken Ufer der Tura gelegen, als alleiniger Grenzort zwischen den beiden »Reichsteilen«. Alle anderen Wege von und nach Sibirien wurden verboten. Der dortige Zollinspektor (*tamožennyj i zastavnyj golova*) erhielt umfassende Instruktionen für seine Arbeit, die immer wieder erneuert und wiederholt wurden. In zahlreichen Erlassen wies die Regierung in Moskau darauf hin, daß auch die Voevoden und sonstigen Staatsbediensteten sowie die sie begleitenden Verwandten und Dienstboten an der Grenze sorgfältig nach eventuell mitgeführten Pelzen, die die erlaubte und in den Reisepapieren ausgewiesene Menge überschritt, zu untersuchen waren. Auch Frauen und Kinder, so hieß es schon 1635, hatten die Schlitten oder Kutschen zu verlassen, damit niemand Felle »unter den Mänteln, in den Hosen oder in die Kleidung eingenäht« herausschmuggeln konnte. Der Zollinspektor solle dabei »keine Angst oder Furcht vor igendjemandem oder irgendetwas« haben.[17] Schließlich wurden seit dem Ende des 17. Jahrhunderts die Aufsicht über den Zoll und die Einnahmen aus dem Alkoholmonopol den Voevoden entzogen, da es immer wieder zu Mißbrauch gekommen war. Sie oblagen seit dieser Zeit vereidigten »Einsammlern«, was allerdings auch keine durchgreifende Verbesserung brachte.[18]

Stationiert und mit der Verwaltung betraut waren in den sibirischen Weiten insbesondere die Kosaken und die Dienstleute (*služilye ljudi*). Die Kosaken jener Zeit, fast ausschließlich Russen, waren mit den semiregulären Truppen späterer Zeit, seit der Mitte des 18. Jahrhunderts, nicht zu vergleichen. Sie traten freiwillig in die Dienste des Zaren, waren in nicht geringem Maße aufsässig und unbotmäßig, wie es die zahlreichen Kosakenunruhen gerade in Sibirien zeigen, und verließen den Dienst auch wieder, wenn sich ihnen bessere Möglichkeiten boten.[19] Außer den Kosaken wurden in Sibirien auch Strelitzen eingesetzt, die einem eigenen Amt in Moskau unterstanden, dem *streleckij prikaz*, dem Amt für die Musketiere oder Schützen.[20] Diese Einheiten entstanden in der Regierungszeit Ivans IV. zunächst als hauptstädtische Leibwache, aus der sich dann im Laufe des Jahrhunderts der Kern eines regulären Teils des Heeres herausbildete.[21] Die Dienstleute unterschieden sich nach der Abstammung (*po otečestvu*) und nach der Ernennung (*po priboru*). Die erste Gruppe bildete in einem weiteren Sinne der gesamte russische Adel, der zum Dienst verpflichtet war, die zweite bestand aus nichtadligen Personen. In Sibirien begegnen uns beide Gruppen; aus den Reihen des Adels allerdings vor allem die Bojarenkinder (*deti bojarskie*), die im Rang niedrigste Gruppe des Adels.

Die militärische Präsenz der Russen blieb auch im Laufe des 17. Jahrhunderts erstaunlich niedrig. Einer Statistik des *sibirskij prikaz* aus dem Jahre 1683 läßt sich entnehmen, daß in dem zu diesem Zeitpunkt heftig umkämpften Daurien nur rund 2.000 Mann stationiert waren, die über gerade einmal 21 Kanonen und rund 480 Arkebusen verfügten. In Tobol'sk waren es 1.719 Mann mit 46 Kanonen, in Verchotur'e, Tjumen', Pelym, Turinsk und Tara zusammen 1.600 Mann, so daß in ganz Sibirien etwas mehr als 5.300 Mann unter Waffen standen. Als militärische Reserve rechnete die Behörde in Moskau die bäuerliche Bevölkerung mit rund 8.200 Mann im Raum Tobol'sk und 5.100 Mann im Bezirk Verchotur'e.[22] Die Zahl der im Laufe der Zeit in Sibirien stationierten Soldaten blieb bis zum Ende des 19. Jahrhunderts relativ gering. So gab es 1854, zur Zeit des Krimkrieges, in Petropavlovsk, dem Haupthafen Kamčatkas, gerade einmal eine Garnison mit fünfzig Soldaten.[23]

Im Mittelpunkt der Verwaltungstätigkeit stand neben der Sicherung und Behauptung der eroberten Gebiete die Eintreibung des *jasak* und der Zobel-Steuer, welche die *promyšlenniki* in Höhe von zehn Prozent ihrer Jagdbeute zu entrichten hatten. Zeitgenossen schätzten, daß die Ablieferung von Fellen etwa zwanzig Prozent der Gesamteinnahmen des Staates im Laufe des 17. Jahrhunderts ausmachten. Allein der Wert der Zobeleinnahmen betrug zwischen 1621 und 1690 im Ortswert 5,24 Mio. Rubel, davon kamen 2,4 Mio. aus Jakutsk. Hinzu kamen die Erträge der *promyšlenniki*, die sich nach Steuern für jenen Zeitraum auf 6,16 Mio. Rubel beliefen. Der Großteil davon ging an die »Unternehmer« selbst, die für die Jägergruppen die Ausrüstung lieferten. Schließlich gab es nicht nur den Zobel, sondern auch andere Felle, die gewinnbringend verkauft werden konnten oder an die Staatskasse abzuliefern waren. Mit sinkendem Zobelertrag stieg selbstverständlich ihr Wert an.[24]

Sehr große Bedeutung kam, wie schon im dritten Kapitel erwähnt, der Kolonisation Sibiriens zu, denn das Versorgungsproblem bestand von Anfang an und setzte sich teils bis ins 20. Jahrhundert hinein fort. Um ihm abzuhelfen, waren die Regierung in Moskau und die Verwaltung in Sibirien bereit, gegen die eigenen Gesetze und Bestimmungen zu verstoßen, um die so dringend gebrauchte bäuerliche Bevölkerung ins Land zu holen. Als erste kamen Bauern aus der Dvina-Pečora-Gegend nach Westsibirien, deren Zuwanderung gefördert wurde. Auch wurde zugelassen, daß sich entlaufene Bauern (*beglye ljudi*) ebenso wie Altgläubige und andere religiöse Dissidenten, die ansonsten von Staat und Kirche verfolgt wurden, seit der zweiten Hälfte des 17. Jahrhunderts ansiedelten. Sie kamen für die damaligen Verhältnisse in großer Zahl.[25] Bekannt waren sie als *guljaščie ljudi*, das Wort *guljat'* bedeutet spazierengehen oder bummeln. Sie suchten in den Weiten Sibiriens eine Zuflucht, wurden aber bisweilen auch von der Verwaltung zu verschiedenen Aufgaben und Arbeiten eingeteilt.

Als grundsätzliches Problem zeigte sich jedoch bald, daß die Bodenqualität in Westsibirien, insbesondere im Ob'-Irtyš-Gebiet nicht genügte, um entsprechende Überschüsse zur Versorgung Mittel- und Ostsibiriens zu erwirtschaften. Die fruchtbaren Schwarzerdegebiete im südwestlichen Sibirien lagen zunächst in unmittelbarer Reichweite der Nomadenvölker, so daß hier an eine Besiedlung kaum zu denken war, und die Gebiete an der Lena taugten aufgrund der klimatischen Verhältnisse nicht zum Ackerbau, so daß man entsprechende Versuche bald wieder aufgab.[26] So konzentrierte man sich auf die Waldsteppen Westsibiriens bis hin zum Enisej, wo schon bald die russische Bevölkerung die indigene zahlenmäßig um einiges übertraf. Ganz anders lagen die Verhältnisse im Norden und in Jakutien. Dort gab es nur Amtsträger, Dienstleute und *promyšlenniki*, die allerdings zumeist »umherstreiften« und zur Versorgung nur ihre Steuern und Abgaben leisteten.[27] Sehr früh fanden sich auch Händler und Kaufleute (*torgovye ljudi*) aus den Städten des europäischen Rußland ein, die sich dort niederließen, um ihr Glück zu machen und Reichtum zu erlangen.

Im Laufe des 17. Jahrhunderts kamen als eine weitere Bevölkerungsgruppe die Kriegsgefangenen hinzu, zumeist Polen, Litauer, Weißrussen, Schweden, Deutschbalten und andere Westeuropäer, die in der Sprache der Zeit als *litva* bezeichnet wurden, da die ersten von ihnen vorgeblich oder tatsächlich aus Litauen gekommen waren. Sie sollten dort, ebenso wie die Kosaken und Strelitzen, Militärdienst leisten und zur Verteidigung des Landes beitragen. Da viele von ihnen über eine bessere Bildung als die übrigen militärischen Kräfte verfügten, stiegen einige von ihnen bald in der Hierarchie auf.[28] Die Praxis, Kriegsgefangene nach Sibirien zu schicken, setzte Peter I. im Laufe des Nordischen Krieges fort, als er schwedische Soldaten, zumeist Offiziere, in die Gebiete jenseits des Urals schickte. Sie konnten sich allerdings dort weitgehend frei bewegen. Kriegsgefangenenlager in Sibirien gab es erst im Laufe des Ersten Weltkrieges.[29] Als Hilfstruppen wurden auch Tataren eingesetzt, die ähnliche Funktionen erfüllten, wie sie von den nordamerikanischen Indianern bekannt sind, und als Führer, Übersetzer und Kundschafter fungierten. Schließlich, worauf schon hingewiesen wurde, lebten Priester, Mönche und Nonnen in Sibirien.

In der Reformzeit unter Peter I. wurde bei der Einteilung des Russischen Reiches in Gouvernements im Jahre 1708 das gesamte Territorium vom Ural bis zum Pazifik zum Gouvernement Sibirien, an dessen Spitze ein Gouverneur mit dem Sitz in Tobol'sk stand. Als erster übernahm 1711 Fürst Matvej P. Gagarin dieses Amt bis 1719, der 1721 wegen schweren Amtsmißbrauchs hingerichtet wurde. Er hatte seine kurze Amtszeit dazu genutzt, Vorbilder gab es in ausreichendem Maße und Nachahmer auch, ein riesiges Privatvermögen anzuhäufen. Gagarin gestand alle seine Verfehlungen und bat um Gnade, doch wollte Peter I. an ihm ein Exempel statuieren, das die Nachfolger dennoch nicht abschreckte.[30]

Der *sibirskij prikaz* wurde nun vorübergehend zu einer Moskauer Kanzlei des sibirischen Gouvernements.[31] Diese Einteilung erwies sich wegen ihrer Größe als wenig funktionsfähig, so daß schon 1727 Vjatka dem Gouvernement Kazan' zugeteilt wurde. 1730 erhielt der *sibirskij prikaz* seine alten Funktionen wieder zurück, um vor allem die Verwaltung der Tributleistungen an Pelzen durch die indigene Bevölkerung effektiver kontrollieren zu können. Die Kanzlei unterstand nun dem Senat, den Peter I. 1711 als oberste Reichsbehörde zur Kontrolle von Verwaltung und Justiz geschaffen hatte. 1736 wurde in Irkutsk ein Vizegouverneur für Ostsibirien eingesetzt, da sich das riesige Gebiet doch nicht von einem Ort aus verwalten ließ. 1763 löste Katharina II. den *sibirskij prikaz* auf und beendete damit die bisher bestehende Sondergesetzgebung für Sibirien. »Und nun steht Sibirien unter den Reichs-Kollegien, so daß die zu jedem Kollegio gehörige angelegenheiten daselbst geschlichtet werden. Die jassaks-kasse aber ist unter der unmittelbaren direction Ihro Kaiserlichen Majestäts Kabinet«, schrieb Johann Eberhard Fischer wenige Jahre später.[32] Damit endete auch die Existenz Sibiriens als eines weitgehend in sich geschlossenen Wirtschaftssystems, was sich unter anderem auch an einer eigenen Münzprägung gezeigt hatte. Da die dortigen Kupfermünzen goldhaltig waren, war ihr Gebrauch in den übrigen Teilen des Reiches ebenso wie ihre Ausfuhr verboten gewesen.[33]

Im Zuge der Reorganisation der Lokalverwaltung im Jahre 1775 führte Katharina II. eine neue Gouvernementseinteilung durch, um durch eine Verkleinerung der bisherigen Gebiete eine effektivere und effizientere Verwaltung zu schaffen. Im europäischen Teil gab es nun vierzig Gouvernements, die in Kreise (*uezdy*) gegliedert waren.[34] An der Spitze stand ein Gouverneur, der vom Herrscher bzw. der Herrscherin persönlich ernannt wurde, dessen Verwaltung aber dem Senat unterstand. Der Amtsinhaber und sein Stellvertreter entstammten grundsätzlich dem Adel. Gemeinsam mit der zehn Jahre später, 1785, erlassenen »Gnadenurkunde für den Adel« sollten auf diese Weise die Selbstverwaltungsfunktion der führenden Sozialschicht des Reiches und deren Verantwortungsbewußtsein für die lokalen Verhältnisse gestärkt werden. Sibirien wurde nun in die zwei Gouvernements Tobol'sk (Westsibirien) und Irkutsk (Ostsibirien) aufgeteilt, doch fehlte in Sibirien der Adel, und der Kaufmannschaft als der einzigen anderen Schicht, die für eine Mitwirkung an der lokalen Selbstverwaltung in Frage kam, mißtrauten die russischen Herrscher seit Jahrhunderten. So wurden jene Funktionen, die im europäischen Teil vom lokalen Adel übernommen wurden, in Sibirien der Bürokratie überantwortet.[35] Von daher konnte sich in Sibirien eine lokale Selbstverwaltung durch die führende Sozialschicht noch nicht einmal in Ansätzen entwickeln. Eine ganze Reihe der dortigen Gouverneure seit der Mitte des 18. Jahrhunderts bis in die 1820er Jahre hinein entstammte im übrigen deutschbaltischen oder zugewanderten ausländischen Familien, ohne daß sich ein Grund dafür erkennen läßt.

Der Versuch, Sibirien und den europäischen Teil des Landes auf gleiche Weise zu verwalten, scheiterte einerseits an den geographischen Verhältnissen und den damit verbundenen Kommunikationsproblemen und andererseits an der gänzlich anders gearteten Infra-, Sozial- und Wirtschaftsstruktur. So wurde im Jahre 1803, zwei Jahre nach dem Regierungsantritt Alexanders I., für ganz Sibirien ein Generalgouverneur eingesetzt, wobei Perm' und Vjatka nun endgültig zu den europäischen Governements gerechnet wurden, um den Besonderheiten des Gebietes Rechnung zu tragen. Unter militärischer Verwaltung in Sibirien standen die sogenannten »befestigten Linien«, Grenzbefestigungen, die seit dem späten Mittelalter gegenüber der nomadisierenden Bevölkerung zunächst vor allem im Süden des Landes errichtet und seit den Zeiten Peters I. mit dem Fremdwort *linija* bezeichnet wurden. Die dort stehenden Truppen, deren Kern dann im 19. Jahrhundert an der chinesisch-russischen Grenze stationiert war, bildeten ab 1815 das Sibirische Korps. Eine Sonderrolle spielten längere Zeit auch das als Kriegshafen genutzte Ochotsk und die Halbinsel Kamčatka.[36]

Auch die Schaffung des Generalgouvernements löste die bestehenden Probleme nicht, sondern verschlimmerte sie noch. Die Verwaltung erhielt immer mehr Macht, ohne daß es effektive Mittel gab, sie zu kontrollieren. Insbesondere die lange Amtszeit des Generalgouverneurs Ivan B. Pestel' und seines engsten Mitarbeiters N.I. Treskin zwischen 1805 und 1819 führte zu erheblichen Problemen. Im Stile des aufgeklärten Absolutismus des 18. Jahrhunderts glaubten beide, daß die Entwicklung Sibiriens unter keinen Umständen der Bevölkerung selbst überlassen werden dürfe, sondern ausschließlich von einer effizienten Verwaltung vorangetrieben werden müsse.[37] Sie gerieten dabei nicht nur in Konflikt mit der indigenen Bevölkerung und dem aufstrebenden Bürgertum, insbesondere der sibirischen Kaufmannschaft, sondern auch mit anderen Ministerien und Behörden in St. Petersburg.

1819 löste Michail M. Speranskij Pestel' als Generalgouverneur von Sibirien ab und erhielt außerordentliche Vollmachten. Speranskij war der Sohn eines Dorfpriesters und aufgrund seiner überragenden Fähigkeiten bald in der Verwaltungshierarchie aufgestiegen. Zwischen 1807 und 1812 war er einer der wichtigsten Berater Alexanders I. Schon in dieser Zeit arbeitete er eine neue Verfassung des Russischen Reiches aus, die auf dem Prinzip der Gewaltenteilung basierte. Durch Intrigen wegen seiner vorgeblichen Zusammenarbeit mit Frankreich zu Fall gebracht, wurde er 1812 all seiner Ämter enthoben und verbannt, jedoch 1816 wieder in den Staatsdienst zurückberufen und zum Gouverneur von Penza ernannt.[38]

Als erstes führte Speranskij eine grundlegende Revision der herrschenden Zustände durch, die ihn zu der Erkenntnis führte, daß die Verhältnisse in Sibirien einer grundlegenden Änderung bedurften.[39] Zwei Gouverneure und rund fünfzig hohe Beamte wurden angeklagt, über 680 Verwaltungsbeamte entlassen, von ihnen wurden zudem mehr als drei Millionen Rubel als Strafe für ihre Vergehen eingefordert.[40] 1822 dann wurde die Verwaltungsreform in Sibirien in Kraft gesetzt, die inoffiziell schon seit dieser Zeit Speranskijs Namen trägt. Nun gab es zwei Generalgouvernements, West- und Ostsibirien mit den Zentren in Tobol'sk, ab 1838 Omsk, und Irkutsk sowie deren Unterteilung in mehrere Gouvernements. Ebenfalls geändert wurde die städtische Verwaltung, in der es nun einen gewählten Stadtrat (*duma*), einen gewählten Bürgermeister sowie weitere gewählte Amtspersonen gab. Allerdings durften höchstens fünf Prozent, zumeist eher weniger, der städtischen Bevölkerung überhaupt wählen und außerdem waren all diese Selbstverwaltungseinrichtungen einer strikten Kontrolle durch die Gouverneure und deren Beamte unterworfen. Die Machtfülle der Generalgouverneure und Gouverneure hatte sich kaum verändert und im Prinzip waren sie kaum zu kontrollieren.[41] Ein wichtiger Schritt war die Freigabe des Handels, der nun nicht mehr von der Vergabe von Genehmigungen durch die Behörden abhängig war, was teilweise auch dazu führte, daß die bäuerliche Bevölkerung stärker für den Markt produzierte.

Einer der wichtigsten Aspekte der Reform war jedoch jener Teil, der die indigene Bevölkerung betraf (*ustav ob upravlenij inorodcev*, Verordnung über die Verwaltung der Fremdstämmigen). Sie wurde nach allerdings unklaren Kriterien eingeteilt in die Nomadisierenden (*kočevye*) und die Umherschweifenden (*brodjačie*) sowie die Seßhaften (*osedlye*). Zu den Nomadisierenden gehörten die Burjaten, Jakuten, Teleuten, die meisten Ethnien der Altairegion und einige andere, zu den Umherschweifenden all jene Völker, die Jäger und Sammler waren oder Rentiere züchteten, darunter alle Ethnien des Nordens und die Tungusen. Seßhafte waren die sibirischen Tataren, die Chanten und Mansi und einige wenige Ethnien im Altai. Die seßhaften Ethnien erhielten jene Rechte und Pflichten, die auch die russische Bevölkerung besaß, durften dabei aber ihre traditionalen Selbstverwaltungsorgane weiterführen. Auch die Nomadisierenden und die Umherschweifenden hatten das Recht auf Selbstverwaltung und eigene Gerichtsbarkeit für geringfügige Vergehen. Administrativ gab es in diesen Regionen zwei Ebenen, die »Verwaltung der Fremdstämmigen« und die ihnen unterstellten Clans (*rody*). Im Prinzip sollten die spezifischen Besonderheiten jeder Ethnie berücksichtigt werden, um ihr Überleben zu sichern. Dies allerdings erwies sich als Illusion eines fortschrittlichen Reformers.[42]

Zunächst ist festzuhalten, daß die kategoriale Einteilung eher willkürlich war, da genaue Kenntnisse über die Lebensweise der sibirischen Ethnien kaum vorhanden waren. So lebten mit Ausnahme einiger Tataren alle sibirischen Völker, auch jene, die wie die Chanten und Mansen in Dörfern wohnten, nach dem Gesetz der Steppe und zahlten Tribut in Pelzen. Nun mußten sie, wie die russischen Bauern auch, eine Dorfgemeinde (*obščina*) bilden und die Kopfsteuer bezahlen, die jedoch erheblich höher war als ihre frühere Tributleistung in Pelzen. So verschuldeten sich ganze Dörfer noch mehr als zuvor. Das Ziel der im Fortschrittsdenken der Zeit verankerten Reformen war es, die nomadisierende Bevölkerung notfalls auch mit Zwang seßhaft zu machen, um den größten Teil des Landes für den Ackerbau zu gewinnen. Alles Land, so die Annahme des Statuts, gehörte dem russischen Staat, der es seinen Bewohnern zur Nutzung überließ, aber nach Gutdünken darüber verfügen konnte.[43]

Im Grundsatz blieb das Speranskijsche Statut von 1822 bis zum Ende des Zarenreiches in Kraft. Da sich jedoch die territoriale Expansion des Russischen Reiches im Laufe des 19. Jahrhundert fortsetzte – so fiel die Ausdehnung nach Zentralasien in die 1860er bis 1880er Jahre und war mit einem immer stärker werdenden russischen Einfluß in Persien verbunden –, änderte sich auch die Gouvernementseinteilung Sibiriens. In den Jahrzehnten zuvor war es zudem gelungen, wenn auch nur in einem langen und blutigen Krieg, die Bergvölker des Kaukasus zu unterwerfen. Es war die Phase des sogenannten »Great Game« zwischen dem britischen und dem russischen Imperium um die Macht und Vorherrschaft in Asien.[44] 1882 wurde das Generalgouvernement Westsibirien aufgelöst, die Gouvernements Tobol'sk und Tomsk direkt dem Innenministerium unterstellt und damit den europäischen Gouvernements gleichgestellt, während die übrigen Teile mit dem Zentrum Omsk einem neuen Generalgouvernement der Steppenregion zugeschlagen wurden. Infolge der russischen Ausdehnungen am Amur wurde das »Küstengebiet«, der Landstreifen am Ozean und die Halbinsel Kamčatka, erheblich vergrößert und schließlich 1890 Vladivostok zum Verwaltungssitz dieses Territoriums. Zuvor schon war 1884 ein eigenes Amur-Generalgouvernement gegründet worden.[45] 1887 wurden die drei Gouvernements Ostsibiriens (Irkutsk, Enisejsk und Jakutsk) zum neuen Generalgouvernement Irkutsk zusammengefaßt.[46] All diese Veränderungen in der Zuordnung und der administrativen Struktur Sibiriens konnten die bestehenden Probleme der Verwaltung jedoch nicht lösen.

2. Die Entwicklung der Bevölkerungsstruktur und die indigenen Ethnien

Die indigene Bevölkerung wurde in der Sprache der Zeit bis zum Beginn des 19. Jahrhunderts als *inozemcy*, was sich als Fremdländische, oder *inovercy*, was sich als Fremdgläubige übersetzen läßt, bezeichnet. Spätestens mit den Verwaltungsreformen des Grafen Speranskij aus dem Jahre 1822 wurden sie *inorodcy* genannt. Dies mag, wie von einigen Historikern und Ethnologen ausgeführt, durchaus einhergegangen sein mit der zunehmenden Integration Sibiriens, der imperialen Entwicklung Rußlands und einem Wandel von einer geographischen zu einer ethnisch-nationalen Wahrnehmung.[47] Auf die Problematik solcher Zuschreibungen kann hier nicht eingegangen werden, festzuhalten ist jedoch, daß nicht nur die Russen die indigenen Ethnien häufig in der eigenen Sprache benannten und keinesfalls deren Eigenbezeichnungen übernahmen.

Kaum endgültig bestimmen läßt sich für die Zeit bis zum Beginn des 19. Jahrhunderts, wie schon mehrfach angesprochen, eine auch nur annähernd genaue Bevölkerungszahl Sibiriens. Die exakteste und genaueste Untersuchung verdanken wir dem sowjetischen Historiker Boris O. Dolgich, der für das 17. Jahrhundert vor allem die überlieferten *Jasak*-Listen sowie einiges weitere amtliche Material für die damals bestehenden zwanzig Kreise Sibiriens ausgewertet hat. Er gelangte auf dieser Grundlage zu der Angabe, daß die indigene Bevölkerung im Laufe jenes Jahrhunderts nur rund 160.000, nach den Eroberungen an der Wende vom 17. zum 18. Jahrhundert dann etwa 235.000 Menschen umfaßt habe.[48] Nach offiziellen Angaben betrug deren Zahl 1622 173.000 Personen, 1709 waren es 200.000, 1815 434.000, bei der Volkszählung 1897 870.536 und 1911 schließlich 972.866 Menschen. Für den Anteil der russischen Bevölkerung werden folgende Zahlen genannt: 1622 23.000, 1709 230.000, 1815 1,1 Mio., um dann über 4,889 Mio. auf 8.393.469 Personen anzusteigen. Bis zum Ende des 18. Jahrhunderts lag dabei das Verhältnis zwischen Männern und Frauen bei drei zu eins.[49] Die Zahlen spiegeln eine Exaktheit, die auch am Ende des 19. Jahrhunderts nicht zutraf. Für das Moskauer und das Russische Reich gibt es nur Näherungswerte für die Einwohnerzahlen. Carsten Goehrke, einer der anerkannten Spezialisten für diese Fragen, geht davon aus, daß um die Mitte des 16. Jahrhunderts die Gesamtbevölkerung Rußlands zwischen sechs und sechseinhalb Millionen betragen hat. Für das erste Viertel des 18. Jahrhunderts berechnet er rund 15,5 Millionen, Richard Hellie, ein amerikanischer Historiker, zwischen neun und zehn Millionen Einwohner.[50]

Das Problem der Berechnung zeigt sich sehr deutlich im Vergleich der Aufzeichnungen des deutschstämmigen Historikers Gerhard Friedrich Müller über russische und indigene Siedlungen und deren Einwohner in Sibirien während der Zweiten Kamčatkaexpedition aus dem Jahre 1734 und offiziellen Statistiken, die auf die amtliche Volkszählung von 1744 zurückgehen. Sie beziehen sich allerdings nur auf Teile Sibiriens wie die Kreise Tomsk, Enisejsk oder Kuzneck, lassen aber vermuten, daß es sich um ein grundsätzliches Phänomen handelte. In jedem Fall lagen Müllers Zahlen über die von Russen besiedelten Orte und deren Einwohner erheblich höher als die amtlichen Angaben. So stellte er für diese drei genannten Kreise rund ein Drittel mehr Ortschaften fest, als in der amtlichen Statistik auftauchten und damit eben auch eine weitaus höhere Einwohnerzahl.[51] Müller suchte auf seiner Forschungsreise fast alle städtischen oder sonstigen Archive in Sibirien auf und sammelte dieses Material offensichtlich für seine Geschichte Sibiriens, mit deren Abfassung er Anfang der 1740er Jahre begann. Der sibirische Historiker Alexander Élert führt diese Differenz darauf zurück, daß die amtliche Statistik die Bevölkerung nur an ihrem amtlich gemeldeten, nicht aber an ihrem realen Wohnort erfaßte. Er folgert daraus, daß die Besiedlung Sibiriens durch russische Siedler bis zur Mitte des 18. Jahrhunderts schneller erfolgt sei, als dies bisher angenommen wurde, und die Zahlen auch entsprechend höher gewesen seien.[52]

Seit den Zeiten Peters I., des Großen, wie er schon zu Lebzeiten genannt wurde, der die im Moskauer Reich bestehenden Verhältnisse modernisieren oder europäisieren wollte, traten auch in Sibirien große Veränderungen ein.[53] Schon in seiner Jugend pflegte er einen intensiven Umgang in der Moskauer Deutschen Vorstadt und kam dort mit westlichem Gedankengut und neueren technischen Entwicklungen in Kontakt. Sein Auslandsaufenthalt während der »Großen Ambassade« in den Jahren 1697 und 1698 bestärkte ihn in seinem ungestümen Reformwillen, der bisweilen über das Ziel hinausschoß und nicht immer durchdacht war.

Nicht nur wurde Sibirien nun, wie im vorigen Kapitel ausführlich beschrieben, systematisch erforscht, sondern es sollte auch stärker besiedelt werden, denn immer noch lebten dort gerade einmal 300.000 Russen oder Ostslaven, davon rund 250.000 in Westsibirien. Am Anfang des 19. Jahrhunderts waren es dann schon 1,1 Mio. Russen bei insgesamt 1,5 Millionen Einwohnern.[54] Das Innenministerium kam bei einer statistischen Zählung im Jahre 1796 auf rund 206.000 steuer-, also abgabepflichtige Angehörige der indigenen Bevölkerung, zu denen die Familienangehörigen und eine gewiß nicht unbeträchtliche Zahl von Personen gerechnet werden müssen, die sich dieser Zählung entzogen hatten. Die größte Gruppe waren die Burjaten mit knapp 59.000 und die kleinste die Bewohner der Kurilen mit gerade einmal 100 Personen.[55] Erst im Laufe des 19. Jahrhunderts, vor allem seit den 1880er Jahren, kam es zu einem entscheidenden Anstieg der Bevölkerungszahl. Als 1897 zum ersten Mal im Russischen Reich eine Bevölkerungszählung nach modernen Prinzipien durchgeführt wurde, lebten in Sibirien rund 5,75 Millionen Menschen einschließlich der 750.000 bis 820.000 Angehörigen der indigenen Bevölkerung.[56]

Für sie änderte sich im Laufe des 17. und der ersten Hälfte des 18. Jahrhunderts wenig. Die Zwangschristianisierungen, wie sie unter Peter I. und auch noch von seinen Nachfolgerinnen betrieben worden waren, endeten unter Katharina II., die eine Politik der religiösen Toleranz verfocht. Das Christentum übte auf die Völker Sibiriens keinen besonderen Reiz aus, stattdessen hielten sie mit großer Beharrlichkeit an ihrem traditionalen Glauben fest, auch wenn sie unter Druck konvertiert waren wie etwa die Chanten und Mansen, die ihre schamanistische Religion bis zum Beginn des 20. Jahrhunderts im Geheimen praktizierten.[57] Nicht selten wurden auch, wie aus anderen Kulturkreisen überliefert ist, christliche Symbole, Elemente oder Heilige in den alten Glauben übernommen.[58]

In der Regierungszeit Katharinas II. wandelten sich die Verhältnisse und die Tributpflicht wurde abgeschafft. Die Ablieferung der Felle war schon am Ende des 17. Jahrhunderts teilweise durch Geldzahlungen ersetzt worden, da viele Tierarten in ihrem Bestand stark reduziert oder sogar gänzlich ausgestorben waren. Dazu trug auch die allmählich einsetzende Abholzung der Wälder bei, die sich dann im Laufe des 19. Jahrhunderts immer weiter ausbreitete; eine Vorgehensweise, die auch heute noch bekannt ist. 1763 schaffte die Kaiserin endgültig das Geiselsystem ab, das nun durch eine Ablieferungspflicht des Clans oder des Dorfes ersetzt wurde, wobei der Chef des Clans oder der Häuptling mit dem Einsammeln und der Übergabe an die russische Verwaltung betraut wurde. Zumeist lernten diese Personen sehr rasch, daß sie nunmehr über die Macht verfügten, ihre Landsleute genauso auszubeuten, wie es zuvor die russische Administration getan hatte. Die Abhängigkeit gewann nun eine andere Qualität.

Fast gleichzeitig, 1762, wurde auch das staatliche Handelsmonopol für Pelze aufgehoben. Damit geriet die indigene Bevölkerung in die sich entfaltenden kapitalistischen Marktstrukturen, die ihnen völlig unbekannt und denen sie in keinster Weise gewachsen waren. Begehrte Waren wie Tabak, Alkohol, Schießpulver oder Eisenwaren kauften sie »freiwillig« zu überhöhten Preisen und gerieten bisweilen in schlimmere Abhängigkeiten als zuvor. Zudem besetzten die russischen Bauern häufig Weideland oder Fischgründe, die zuvor von den Einheimischen als ihr traditionaler Besitz betrachtet worden waren, und verpachteten sie dann an die vormaligen Besitzer, für die der Vorgang der Pacht und der Pachtzahlung gänzlich neu war.[59] Auch nahm der Alkoholmißbrauch, schon bis zu diesem Zeitpunkt ein erhebliches Problem, weiter zu. Hinzu kamen die von der »weißen« Bevölkerung eingeschleppten Krankheiten und Epidemien wie Typhus, Pocken, Masern oder die Grippe.

So lösten sich seit dem Ende des 18. Jahrhunderts die bisherigen traditionalen Beziehungen mehr und mehr auf. Wie auch in allen anderen Kolonialgesellschaften stand die indigene Bevölkerung auf der untersten Stufe der Hierarchie. Die Gesetze und Verordnungen zu ihrem Schutz erwiesen sich als verfehlt oder wurden umgangen. Weitgehend herrschte sowohl die Willkür der russischen Verwaltung als auch die der übrigen russischen Bevölkerung, wenn sie mit den »Wilden« ihre ausbeuterischen Geschäfte machte. Weniger betroffen davon waren die fast autonomen Čukčen im hohen Norden sowie die Burjaten und Jakuten, denen es weitgehend gelang, ihre traditionalen Lebensformen zu erhalten, wobei die Religion einerseits und ein starkes Gemeinschaftsgefühl andererseits eine erhebliche Rolle spielten.

Dennoch kann nicht nur von negativen Entwicklungen gesprochen werden, auch wenn die spezifischen kulturellen Traditionen sich grundlegend wandelten oder sogar gänzlich verlorengingen. Seit der Mitte des 19. Jahrhunderts drang schulische Bildung, wenn auch nur in russischer Sprache, langsam vor. Vor allem aber erkannte ein Teil der russischen Intellektuellen Sibiriens, insbesondere die sogenannten Regionalisten, die miserable Lage der einheimischen Bevölkerung und suchte nach Lösungsmöglichkeiten, um sie vor weiteren Entfremdungsprozessen zu bewahren.[60]

3. Verbannung, Verschickung und Zwangsarbeit im zarischen Russland

Seinen schlechten Ruf, wie schon eingangs beschrieben, verdankte Sibirien der Zuschreibung, schon in zarischen Zeiten das »größte Gefängnis der Welt« gewesen zu sein, die sich endgültig in der zweiten Hälfte des 19. Jahrhunderts verfestigte. Diese Charakterisierung, die einerseits auf die liberale und sozialistische Bewegung des 19. Jahrhunderts, andererseits aber auf die sowjetische Historiographie, die dann im Westen übernommen wurde, zurückgeht, ist in fast jeder Hinsicht verfehlt. Vor allem aber ist die Gleichsetzung der Verhältnisse in den zarischen Gefängnissen mit den Zuständen in den Lagern der Stalinzeit und auch noch danach grundlegend falsch. Weder befanden sich in der Zarenzeit auch nur annähernd so viele Verbannte und Sträflinge in Sibirien wie nach der Oktoberrevolution 1917, für das gesamte 19. Jahrhundert ist von maximal 900.000 Menschen auszugehen, noch wurden die Gefangenen derart brutal behandelt, wie es in der Sowjetzeit der Fall war. Die Entwicklungen in der Zeit des Stalinismus, in denen Sibirien tatsächlich zum Synonym für den Begriff Lager, für das Leid von Millionen Menschen wurde, wurden häufig rückprojiziert, eine Kontinuität konstruiert, die gänzlich unzutreffend ist.[61]

Zu diesem schlechten Leumund Sibiriens trugen mehrere Faktoren bei. Seit den Zeiten der Befreiungskriege gegen das napoleonische Frankreich in den 1810er Jahren galt Zar Alexander I. als »Befreier Europas«, enttäuschte diese Hoffnungen jedoch nach dem Wiener Kongreß 1815. Sein Bruder und Nachfolger Nikolaj I., der seit dem zweiten Viertel des 19. Jahrhunderts ein autokratisch reaktionäres Regime in Rußland führte, galt den Liberalen des 19. Jahrhunderts als personifizierter Feind der Freiheit, seitdem er unmittelbar nach seinem Regierungsantritt den Dekabristenaufstand 1825 mit Todesurteilen und lebenslänglichen Verbannungen nach Sibirien beendet hatte.[62] Gut zwanzig Jahre später, 1849, war er dem Wunsch des österreichischen Kaisers nachgekommen und hatte die revolutionäre Bewegung in Ungarn militärisch niedergeschlagen. Blutig unterdrückt wurden von russischer Seite auch die Aufstände in Russisch-Polen 1830/31 und 1863. Viele Polen, darunter nicht nur die Teilnehmer der Aufstände, wurden nach Sibirien verbannt.[63] Sibirien wurde nun endgültig zum Synonym für die brutale Unterdrückung der nationalen Freiheitsbestrebungen und der liberalen Bewegung, der Opposition in Rußland schlechthin. Dazu trugen seit der Mitte des 19. Jahrhunderts auch die zahlreichen Berichte der politisch Verbannten bei, die im westlichen Europa erschienen. Ein Höhepunkt war schließlich die Schilderung des amerikanischen Journalisten George Kennan über »Siberia and the Exile System« in der zweiten Hälfte der 1880er Jahre, auf den noch einzugehen sein wird.

Ein Ort der Verbannung (*ssylka*) war Sibirien spätestens seit der Mitte des 17. Jahrhunderts, festgeschrieben im *uloženie* (Gesetzbuch) von 1649, doch hatte es Einzelfälle bereits an der Wende vom 16. zum 17. Jahrhundert gegeben.[64] Zuerst, so die Überlieferung, wurde die Glocke des Klosters von Uglič, gemeinsam mit einigen aufsässigen Ortsbewohnern, von Boris Godunov nach Sibirien verschickt, weil sie im Mai 1591 den Tod des Zarewitsch Dmitrij, des jüngsten Sohnes Ivans IV., der ermordet worden war, verkündet hatte. Angeblich war der Reichsverweser und spätere Zar Boris Godunov in diese Tat verwickelt und soll an der Glocke Rache genommen haben, auch durch eine symbolische Auspeitschung mit der Knute sowie das Herausreißen der »Zunge«, also des Klöppels.[65] Wie auch immer es gewesen sein mag, noch heute führt an diesem Tag in der Kleinstadt am Wolgaknie, 200 Kilometer nördlich von Moskau, eine Prozession zu der Stelle, an die die Tat geschehen sein soll.

Die Verbannung war als Strafe bereits in Altrußland bekannt und wurde in der ersten Sammlung des russischen Rechts, der *Russkaja Pravda*, bereits erwähnt.

Gebräuchlich war die Verbannung oder Verschickung für religiöse und politische Delikte, wobei dies durchaus zusammenfallen konnte, seit den 1560er Jahren. Der Begriff selbst ist in den Quellen erstmals für das Jahr 1582 nachgewiesen, also für jenes Jahr, in dem auch der russische Ausgriff nach Sibirien begann.[66] Der Verurteilte mußte entweder das Land verlassen oder sich in abgelegenen Gebieten niederlassen, ohne daß ihm ein konkreter Ort zugewiesen wurde. Als der Eroberungsprozeß Sibiriens im Laufe der ersten Hälfte des 17. Jahrhunderts zügig voranschritt und der Bedarf an Menschen in den unermeßlichen Weiten stieg, entwickelte es sich mehr und mehr zum Gebiet der Verbannung und Verschickung. Neben jenen, die aus politischen und religiösen Gründen auf diese Art und Weise bestraft wurden, wurden auch Räuber, Diebe und Kriegsgefangene dorthin verschickt, ebenso aufständische Bauern oder meuternde Soldaten, darunter die Teilnehmer des Aufstandes unter Stepan Razin (1670/71). Im weiteren Verlauf des Jahrhunderts kamen immer neue Gruppen hinzu: Meineidige, Verleumder und Aufrührer sowie die, die gegen irgendwelche Verbote, etwa das Tabakrauchen, verstoßen hatten. Seit der Mitte des 17. Jahrhunderts wurden auch die religiösen Schismatiker, die Altgläubigen, nach Sibirien verbannt. Als erster einer ihrer wichtigsten Führer, der Protopope Avvakum, der neun Jahre, 1655 bis 1664, mit seiner Frau und seinen Kindern in der Verbannung in Tobol'sk, teils auch in Nerčinsk, wo es zu jener Zeit nur einen *ostrog* gab, verbrachte.[67] In Avvakums religiösem Traktat spielt Sibirien allerdings keine besondere Rolle, auch wenn Städte, Ströme und Gebirge, das Baikal-Meer, Flora und Fauna sowie die indigene Bevölkerung erwähnt werden. Die Natur ist jedoch besonders eindrucksvoll beschrieben, denn sie ist das sichtbare Zeichen der Existenz Gottes. So sind die Gebirge gewaltig, wie Avvakum sie noch nie gesehen hat, Fisch und Wild gibt es im Übermaß und bester Qualität ebenso wie Nutzpflanzen. Obwohl es Süßwasser ist, so leben doch Seehunde und Seehasen darin. All diese Schilderungen der wunderbaren, von Gott geschaffenen Natur aber bilden nur den Hintergrund für die Verfolgungen des »Ketzers« und seine Standfestigkeit im Glauben.[68]

Seit der Mitte des 17. Jahrhunderts wurden viele der Verbannten an einen bestimmten Ort verschickt, zumeist zu einer Kosakeneinheit. Sie leisteten eine Art Strafdienst, standen also im Dienst des Zaren, konnten heiraten und sollten zu Einheimischen werden, denn es fehlte weiterhin an Menschen.[69] Seit dem Ende des Jahrhunderts wurde Tobol'sk, seit 1708 die Hauptstadt des Gouvernements Sibirien, zum Zentrum der Ansiedlung. Die Ansiedlungsmuster der Bestraften waren uneinheitlich, eine strikte Kategorisierung nach der Art des Verbrechens unterblieb. Das System war inkonsequent, die Menschen wurden dorthin geschickt, wo sie nach Überzeugung der Regierung in Moskau oder der lokalen Instanzen gebraucht wurden. Seit den Zeiten Peters I., spätestens seit 1703, wurde die Verbannung auch in Verbindung mit Zwangs- oder Sträflingsarbeit (*katorga*) angewandt. Die Strafe konnte zeitlich begrenzt sein, dann war sie nicht mit Ehrverlust verbunden, wurde sie aber auf Lebenszeit verhängt, so bedeutete dies auch den dauerhaften Ehrverlust. Der Verurteilte wurde vor der Verschickung ausgepeitscht, man schnitt ihm die Nasenflügel ab und zeichnete ihn mit einem Brandmal. Diejenigen, die »nur« verbannt wurden, durfte ihre Familie mitnehmen und behielten ihre Rechte als Familienoberhaupt.

Am Tage ihrer Thronbesteigung, dem 25. Dezember 1741, gelobte Kaiserin Elisabeth, daß während ihrer Herrschaft in Rußland keine Todesstrafe mehr vollzogen werden solle. Das entsprechende Gesetz wurde allerdings erst 1753 erlassen. Seit dieser Zeit wurde die Todesstrafe gleichsam rituell und durchaus auch öffentlich als »bürgerliche Hinrichtung« (*graždanskaja kazn'*) vollzogen, denn die Verbannten verloren alle ihre Rechte und galten als tot, oder die Verurteilten starben den »politischen Tod« (*političeskaja smert'*), d.h. sie wurden wie vorher auch mit der Knute geschlagen, in Ketten gelegt und ihnen wurden die Nasenflügel aufgeschlitzt, danach gingen sie in die Verbannung. Über einem Adligen wurde öffentlich ein Degen zerbrochen. Dieses Ritual der »bürgerlichen Hinrichtung« ist das, was in der Literatur immer wieder als Scheinexekution bezeichnet wird. Es war eine erniedrigende symbolische Handlung, die erst in der zweiten Hälfte des 19. Jahrhunderts abgeschafft wurde.[70]

Katharina II. bestätigte 1775 die Abschaffung der Todesstrafe mit Ausnahme schwerster Staatsverbrechen gegen die Integrität des Reiches oder des Herrschers und seiner Familie. Zuvor hatte die Kaiserin 1771 aufgrund einer im Lande wütenden Pestepidemie jeglichen Verstoß gegen Quarantänevorschriften mit der Todesstrafe bedroht, die in allen Fällen nur durch Militärgerichte verhängt werden konnte. Diese Praxis blieb bis zum Ende des Zarenreiches im wesentlichen bestehen. Einschränkend ist jedoch festzuhalten, daß die Körperstrafen, vor allem die Leibeszüchtigung mit der Knute, weiterhin praktiziert wurden und in zahlreichen Fällen zum Tode führte. Sicherlich zu Recht wurde sie als »maskierte Todesstrafe« bezeichnet.[71] Abgeschafft wurden die Körperstrafen erst durch die Justizreform von 1864 im Zuge der großen Reformen der 1860er und 1870er Jahre unter Alexander II. Auch der sich ausbreitende politische Terrorismus seit den späten 1860er Jahren veränderte diese Praxis nicht grundsätzlich. Zwar boten insbesondere die gesetzlichen Maßnahmen seit den späten 1870er Jahren und insbesondere die Einführung des Ausnahmerechts nach der Ermordung Alexanders II. 1881 die Möglichkeit einer Ausweitung der Todesstrafe, doch ist sie in der strafrechtlichen Praxis kaum angewandt worden. Erst in der Krisensituation der Revolution 1905/07, als Ministerpräsident Petr A. Stolypin 1906 die Standgerichtsbarkeit einführte, kam es zu einer exzessiven Verhängung der Todesstrafe, die aber nur in weniger als zwei Dritteln der Fälle auch vollstreckt wurde.[72]

Die Forschung geht bis heute davon aus, daß sich nach der gesetzlichen Abschaffung der Todesstrafe die Zahl der Verbannten erheblich erhöhte und rechnet mit bis zu 10.000 Verbannten pro Jahr. Dies allerdings läßt sich nicht belegen und kann nur als Näherungswert gelten. Genauere Zahlenangaben liegen erst für die Zeit um die Mitte des 19. Jahrhunderts vor.[73] Darauf wird noch einzugehen sein. Seit 1736 konnte die Dorfgemeinde (*obščina*) aufgrund der Entscheidung der Dorfversammlung »verderbte« Personen nach Sibirien verschicken, bald darauf, 1751, konnten auch Frauen deportiert werden, und 1760 erhielten die Gutsbesitzer, also Adlige, das Recht, aufgegriffene entlaufene Bauern oder widerspenstige Leibeigene nach Sibirien zu schicken, ein Recht, das dann auch den Manufakturbesitzern zugesprochen wurde.[74]

Die Zwangsarbeit, für die sich dann der Begriff *katorga* einbürgerte, begann unter Peter I., der die neue Hauptstadt St. Petersburg oder den Hafen von Azov am Schwarzen Meer durch Zwangsarbeiter errichten ließ. Die Verurteilten arbeiteten im Straßen- und Wegebau oder in den vom Staat betriebenen Bergwerken in Sibirien, aber auch in Fabriken und bei der Errichtung von Festungen.

Im Laufe des 18. Jahrhunderts und auch noch zu Beginn des 19. Jahrhunderts wurden zahlreiche in Ungnade gefallene hohe Würdenträger nach Sibirien in die Verbannung geschickt.[75] Dieses Schicksal ereilte beispielsweise 1727 Fürst Alexander D. Men'šikov, einen engen Vertrauten Peters I., und 1742 Heinrich Graf Ostermann, den aus Bochum gebürtigen ehemaligen Kanzler des Reiches unter Peter I. Am Ende des 18. Jahrhunderts fanden sich auch politische Oppositionelle wie der Schriftsteller und Aufklärer Alexander N. Radiščev unter den Exilierten, der 1791 unter Katharina II. wegen seiner Gesellschaftskritik in seinem Werk »Reise von Petersburg nach Moskau« zunächst zum Tode und dann zu einer zehnjährigen Verbannung nach Sibirien verurteilt wurde. Wie viele andere Dichter und Denker, die später dieses Schicksal teilten, widmete er sich wissenschaftlichen Studien über die dortigen Verhältnisse, unternahm Forschungsreisen und schrieb ein allerdings sehr idealisierendes und romantisierendes Poem über Ermak (*Slovo o Ermake* (Lied über Ermak)), das allerdings erst nach seinem Tode erschien.[76] In Krisenzeiten, etwa nach der Niederschlagung des großen Aufstandes unter dem Kosaken Emel'jan Pugačev von 1773 bis 1775 griff die kaiserliche Regierung allerdings auch zum Mittel massenhafter Verurteilungen zur Verbannung oder zur Zwangsarbeit nach Sibirien. Pugačev, der Anführer, wurde als Hochverräter öffentlich auf grausame Weise in Moskau hingerichtet.

Das Schicksal solcher Persönlichkeiten ebenso wie das derjenigen, die aus politischen Gründen in die Verbannung geschickt wurden, hat die Öffentlichkeit in Rußland und im übrigen Europa schon damals stark bewegt. Zu ihnen gehörten etwa die Dekabristen, die durchweg aus dem Adel stammenden jüngeren Offiziere, die im Dezember 1825, in den Zeiten der Thronvakanz nach dem Tode Alexanders I., einen Aufstand gegen die herrschende Dynastie versuchten, der binnen kürzester Frist in sich zusammenbrach.[77] Fünf der Verschwörer wurden hingerichtet, viele andere nach Sibirien zur Zwangsarbeit verschickt, später zur Verbannung begnadigt, die bei einigen dreißig Jahre dauern sollte. Zwölf von ihnen wurden von ihren Frauen und Kindern begleitet, auch sie verloren alle ihre Standesvorrechte. Zum weiteren Kreis der Verschwörer gehörte auch Rußlands bekanntester Dichter, Alexander S. Puškin, der zwei Jahre nach dem Aufstand sein »Sendschreiben nach Sibirien« verfaßte, ein unter den späteren russischen Revolutionären sehr populäres Gedicht, in dem sich die Zeilen finden: »Harrt aus! Sibiriens Bergwerksnacht darf euren Stolz nicht niederzwingen! Was ihr erstrebt, so kühn gedacht, Wofür ihr büßt wird einst gelingen!«[78]

Den Dekabristen folgten im Laufe des 19. Jahrhunderts noch zahlreiche weitere politisch Verbannte. Zu ihnen gehörten die Kämpfer des polnischen Novemberaufstands von 1830 und des polnischen Aufstandes von 1863, der Kreis der Petraševcy, dem mit Fedor M. Dostoevskij erneut ein bedeutender russischer Dichter angehörte, schließlich die Narodniki wie Nikolaj G. Černyševskij, der von 1864 bis 1883 fast zwanzig Jahre seines Lebens in Ostsibirien verbringen mußte. Es folgten die Terroristen seit den 1860er Jahren sowie die Mitglieder der sozialistischen Parteien oder ihnen nahestehende Intellektuelle wie der Schriftsteller Vladimir G. Korolenko im späten 19. und frühen 20. Jahrhundert. Im Unterschied zu Puškin, den Zar Nikolaj I. nicht in die sibirische Verbannung schickte, mußte Dostoevskij die Jahre 1850 bis 1854 als Sträfling bei der Zwangsarbeit in Omsk und nach seiner Begnadigung weitere sechs Jahre als Soldat, später zum Leutnant befördert, in Semipalatinsk verbringen. Sein Werk »Aufzeichnungen aus einem Totenhaus« legt davon ein beredtes Zeugnis ab. Die Erzählung ist allerdings im Kern eine Geschichte der Selbstfindung des Autors. Sibirien war für Dostoevskij ein »Ort der moralischen Wiedergeburt«, an dem er seine Verbindung mit dem »Volk« (*narod*) wiederentdeckte.[79]

Mit der fortschreitenden Kodifizierung des russischen Rechts, die der Jurist und Staatsmann Michail M. Speranskij 1834 begonnen hatte, nachdem er aus dem sibirischen Exil, allerdings als Generalgouverneur des Gebietes,[80] zurückgekehrt war, entstand 1845 ein neues Strafgesetzbuch, das *uloženie o nakazanijach ugolovnych i ispravitel'nych*, mit dem auch die Knutenstrafe abgeschafft und durch die Züchtigung mit einer Riemenpeitsche (*pleti*) ersetzt wurde; nur Adlige waren davor geschützt. Zudem wurde den Verurteilten die eine Hälfte des Kopfes geschoren. Das Gesetzbuch unterschied drei Arten von Strafen für »kriminelle« Vergehen: Todesstrafe, Zwangsarbeit und Verbannung nach Sibirien oder in den Kaukasus. Alle anderen Arten von Strafen wurden als »erziehend« bezeichnet, etwa die Verbannung nach Sibirien »zum Wohnen« (*na žit'e*) bis zu vier Jahren oder die Gefängnishaft.[81] Im Falle einer Kriminalstrafe verloren die Angehörigen der höheren Stände ihre besonderen Rechte und Privilegien, was oben bereits beschrieben und im Französischen als *mort civile* bezeichnet wurde. Dazu gehörten auch der Verlust des Vermögens, der Ränge und der Titel.[82] Beim Strafmaß bedeutsam war auch die geographische Distanz in »entferntere« (Ostsibirien, Jakutien, Transbaikalien und Sachalin) und »weniger entfernte« (Nordrußland, das Uralgebiet und Westsibirien) Gebiete. Bestehen blieb die administrative Verbannung durch die Behörden und diejenige durch die Bauerngemeinde.[83]

Es ist hier nicht der Ort, um das Strafsystem des Russischen Reiches und seine Reformen während des 19. Jahrhunderts zu erörtern, doch ist festzuhalten, wie es die neuere vergleichende Forschung herausarbeitet, daß selbst für politische Straftaten, also Hochverrat oder Verschwörung, bei denen die Militärgerichte zuständig waren, zwar Todesurteile verhängt wurden, aber kaum die Hälfte von ihnen auch vollzogen wurde.[84] Im Vergleich mit den übrigen europäischen Staaten und den Vereinigten Staaten erweist sich die russische Strafpraxis und auch das Strafsystem als relativ liberal. Dies mag auch daran gelegen haben, daß selbst schwere Straftaten wie Mord, Vergewaltigung, bewaffneter Raub oder Brandstiftung nicht als Kapitalverbrechen angesehen wurden, als solche galten nur jene schon erwähnten Gewalttaten gegen den Herrscher oder den Staat.

Im sogenannten Zeitalter der »Großen Reformen« im Russischen Reich nach dem verlorenen Krimkrieg (1853-1856) unter Alexander I., das mit der Bauernbefreiung 1861 einsetzte, wurde auch das Rechtssystem 1864 grundlegend reformiert. Diese Justizreform bedeutete bei aller Kritik daran doch einen wichtigen Schritt auf dem Weg von der autokratischen Regierung zu einem in Ansätzen konstitutionellen Rechtsstaatsystem. Eingeführt wurden unabhängige Geschworenengerichte und die Trennung von Ermittlungs- und Strafverfolgungsbehörde. Die Polizei durfte Verdächtige nur noch für maximal 24 Stunden inhaftieren, auch wurden die Rechte der Militärgerichte weiter eingeschränkt. Die Auspeitschung wurde durch eine Rutenstrafe abgelöst, endgültig wurden die Körperstrafen – mit Ausnahme von Gefangenen – im August 1904 abgeschafft. 1864 endete auch die Brandmarkung mit den Buchstaben »KAT« oder nur »K« auf Wangen und Stirn jener Gefangenen, die zur Zwangsarbeit (*katorga*) verurteilt worden waren.

Im wesentlichen gab es seit 1845 als Strafen die lebenslängliche Ansiedlung (*ssylka na poselenie*), die Ansetzung (*ssylka na vodvorenie*) und als schwerste Strafe die Verschickung zur Zwangsarbeit (*katorga*) zwischen vier Jahren und lebenslänglich. Diese Form der Strafe wurde nur auf Sachalin, in einigen sibirischen Gefängnissen, Bergwerken und Fabriken sowie beim Bau der Transsibirischen Eisenbahn durchgeführt. Am häufigsten war die Verurteilung zu zehn Jahren Zwangsarbeit, was auch für Mord galt. Da zehn Monate *katorga* als ein Jahr gerechnet wurden, verbüßten die meisten Verurteilten maximal etwas mehr als acht Jahre Zwangsarbeit.[85] Lebenslänglich bedeutete zumeist eine zwanzigjährige Zwangsarbeit, danach folgte in den meisten Fällen eine »Begnadigung« zu einer weniger harten Arbeit. Viele der Verurteilten, auch und gerade die Kriminellen, durften außerhalb der Gefängnisse wohnen und finanzielle und sonstige Unterstützung von ihren Angehörigen empfangen. In der Praxis war es zudem so, daß sich die meisten Verurteilten, nachdem sie zwei Drittel ihrer Strafe verbüßt hatten, wie Verbannte nur noch an einem Ort in Sibirien ansiedeln mußten.[86]

Im Jahre 1892 gab es, folgen wir der offiziellen Statistik des Russischen Reiches und der neueren Forschung, insgesamt 14.484 Personen, die zur Zwangsarbeit verurteilt worden waren, bei einer Gesamtbevölkerung des Landes von rund 120 Millionen. Jedes Jahr wurden zwischen ein- und zweitausend Menschen verurteilt. So nennt Nikolaj M. Jadrincev, einer der Führer der sogenannten Regionalisten in Sibirien, der dem zarischen System durchaus kritisch gegenüberstand und selbst eine Zeitlang ein Verbannter war, für das Jahr 1884 1.708 Personen, davon 135 Frauen, die zur Zwangsarbeit in Sibirien verurteilt wurden, auf Anordnung der Regierung wurden 90, davon 14 Frauen, auf Anordnung der bäuerlichen Gemeinden jedoch 4.565 Personen, davon 301 Frauen, administrativ verschickt.[87] Die Masse der nach Sibirien Verschickten oder Verbannten waren Kriminelle bzw. Bauern, die aus ihren Gemeinden ausgeschlossen wurden, und nicht die sogenannten Politischen. Deren Zahl war, wenn man sie in Relation zueinander setzt, ausgesprochen gering. Von jenen rund 14.500 Verbrechern waren 39 Prozent wegen Mordes, 26,5 Prozent wegen bewaffneten Raubes und anderer schwerer Eigentumsdelikte, knapp 14 Prozent wegen schwerer Körperverletzung und rund drei Prozent wegen Vergewaltigung verurteilt worden. Von rund 11.000 Katorga-Insassen im Jahre 1901 waren nur 180, also gerade einmal 1,6 Prozent »Politische«.[88] Vergleichende Untersuchungen zu den Strafsystemen in Frankreich und Großbritannien, die ebenfalls die Verbannung zur Zwangsarbeit als Strafe kannten, zeigen, daß das russische System keinesfalls strenger war oder eine erheblich höhere Personenzahl verschickt wurde. Dies gilt nur mit Bezug auf die Zeit der Revolution der Jahre 1905/07 und die Jahre bis zum Ausbruch des Ersten Weltkrieges, als die Zahl der zur Zwangsarbeit Verurteilten ihren Höhepunkt erreichte.[89]

Werfen wir einige weitere Blicke auf das Verbannungssystem des Russischen Reiches, bei dem zwei Formen zu unterscheiden sind, einerseits die Verurteilung durch ein Gericht, andererseits die administrative Verschickung, die durch die Dorfgemeinden, die ständische Versammlung der Kleinbürger (*meščane*) und die Gutsbesitzer bis 1861 ausgesprochen werden konnte. Zwischen 1807 und 1899 wurden rund 865.000 Menschen exiliert, fast alle nach Sibirien, ungefähr die Hälfte von ihnen gehörte zur Kategorie der administrativ verschickten Bauern. Diese durften sich, mit geringen Einschränkungen, ansiedeln, wo sie wollten und waren in ihrer Bewegungsfreiheit kaum eingeschränkt. Dies galt ebenso für die von einem Gericht zur Verbannung Verurteilten. Sie konnten sich bei guter Führung nach sechs, ansonsten nach zehn Jahren ebenfalls an fast jedem Ort Sibiriens niederlassen, sofern die jeweilige Stadt oder Gemeinde keinen Widerspruch dagegen erhob. Hoch war zudem die Zahl der Flüchtigen, die fast während des gesamten 19. Jahrhunderts bisweilen die Hälfte der Gesamtzahl ausmachte.[90] Die Straßen galten daher als höchst unsicher, fast überall gab es Landstreicher und Banditen, die sich zu Banden zusammenschlossen, Reisende überfielen und Dörfer terrorisierten. Darüber existierten zahlreiche Geschichten, die Sibirien wie den Wilden Westen Amerikas als Rußlands »Wilden Osten« bezeichneten, als Ort der Gesetzlosen. Auch zu dieser Geschichte trug die liberale Opposition gegen das zarische Regime in der zweiten Hälfte des 19. und zu Beginn des 20. Jahrhunderts das ihrige bei, ebenso wie die Berichte des amerikanischen Liberalen George Kennan, die auch heute noch fast kritiklos für bare Münze genommen werden.[91] Es gab jedoch auch einen anderen Blick auf Sibirien in jener Zeit, etwa den des Norwegers Fridtjof Nansen, für den es das »Land der Zukunft« war, oder des gebürtigen Letten Carl Ballod (Kārlis Balodis), Mitglied des Königlich Preußischen Statistischen Landesamtes, und des Handelssachverständigen des Deutschen Generalkonsulats Otto Goebel, der nach der Revolution von 1905 über ein Jahr in Sibirien gewesen war, die beide die glänzenden wirtschaftlichen Möglichkeiten betonten. Ökonomisch jedenfalls, wie im nächsten Kapitel gezeigt werden wird, prosperierte Sibirien an der Wende vom 19. zum 20. Jahrhundert durchaus, und selbst ein regimekritischer Schriftsteller wie Anton P. Čechov fühlte sich auf den sibirischen Straßen durchaus sicher.[92] Für die noch zu Anfang der 1990er Jahre aufgestellte Behauptung des britischen Historikers Alan Wood, daß dieses Banditentum »den Körper der sibirischen Gesellschaft« bis zum Zusammenbruch des Zarismus vergiftet habe, fehlen entsprechende empirische Untersuchungen. Auch hier wird ein Argument der liberalen Opposition, in diesem Falle der sibirischen Regionalisten, wiederholt.[93]

Das System der Verbannung galt und gilt auch heute noch als Beleg für die Rückständigkeit des zarischen Rußland und als Zeichen der Barbarei, da es die Freiheitsrechte seiner Bürger beschnitt und zugleich einen schlechten Einfluß auf die Bevölkerung Sibiriens hatte. Das grundlegende Problem dabei war die administrative und damit weitgehend willkürliche Verschickung mißliebiger Personen durch die bäuerlichen Kommunen, den Stand der Kleinbürger (*meščanskoe obščestvo*) und bis zur Bauernbefreiung von 1861 die Grundherrn, denn dafür existierten keinerlei festgelegte Grundsätze, wer denn aus welchem Grund und wie lange verschickt wurde.[94] Innerhalb dieser Verbannten bildeten die »Politischen« eine eigene Gruppe. Die politischen Gegner, daran kann kein Zweifel bestehen, bekämpfte das zarische System seit den Zeiten Ivans IV. mit aller Härte. Dies zeigt sich schon daran, daß die Todesstrafe im wesentlichen nur für Verbrechen gegen den Herrscher oder den Staat galt. Im Laufe des 19. Jahrhunderts, als die oppositionelle Haltung vor allem der sogenannten Intelligencija immer größere Verbreitung fand, weitete der Staat seinen Strafenkatalog gegen diese »subversiven Elemente« entsprechend aus. Dies betraf die Justizreform von 1864, setzte sich nach der Ermordung Alexanders II. im März 1881 mit der Einführung der Ausnahmegesetzgebung fort und kulminierte in der Revision des Strafgesetzbuches von 1903 sowie den erneuten Ausnahmeregelungen, die im Verlauf und nach der Revolution von 1905/07 in Kraft gesetzt wurden.[95]

Die aus politischen Gründen zur Verbannung oder Zwangsarbeit Verurteilten bestimmten wie schon in den Jahrhunderten zuvor, erinnert sei an Kotzebue oder an Benyowski, an die Dekabristen und die polnischen Freiheitskämpfer des 19. Jahrhunderts, auch in den letzten Jahrzehnten des Zarenreiches das Bild nicht nur in der russischen, sondern in der Weltöffentlichkeit. Zahlreiche Memoirenwerke und Erlebnisberichte erschienen, bald auch begleitet von Fotografien, in denen das eigene Schicksal und das der Leidensgenossen, abenteuerliche Fluchten und der Kampf gegen das brutale Unterdrückungssystem geschildert wurden. Im 19. Jahrhundert war der russische Anarchist Michail A. Bakunin einer der ersten, der, 1857 nach Sibirien verbannt, im Dezember 1861 nach einer abenteuerlichen Flucht über Japan und die Vereinigten Staaten London erreichte.[96] Weite Verbreitung in ganz Europa fand das Buch des Sozialdemokraten Leo Deutsch (Lev G. Dejč) »Sechzehn Jahre in Sibirien«, der die Katorga mit der Hölle in Dantes »Göttlicher Komödie« verglich.[97] Diese Berichte der »Opfer des zaristischen Systems«, wie es in der Propagandasprache der damaligen Revolutionäre und später der Bol'ševiki hieß, bildeten den Hintergrund für den Opfermythos, mit dem sich die revolutionäre Bewegung in Rußland im In- und Ausland umgab; schon früh unterstützt durch das bekannte Bild des Malers Il'ja Repin »Auf schmutziger Straße« von 1876, das einen Häftling auf dem Weg in die Verbannung zeigt.[98]

Vor allem aber trugen dazu die Berichte des als Rußlandkenner geltenden amerikanischen Journalisten George Kennan (1845-1924) bei. Sie erschienen 1888/89 im New Yorker »The Century Magazine« und 1891 unter dem Titel »Siberia and the Exile System« in einer zweibändigen Buchausgabe, die bald in zahlreiche Sprachen, darunter auch ins Deutsche, übersetzt wurde.[99] Kennan war zunächst ein Bewunderer Rußlands gewesen, vor allem Sibiriens, das er als junger Mann, als Vermesser in Diensten einer amerikanischen Telegraphengesellschaft, erstmals in den 1860er Jahren besucht hatte, Nach seiner Rückkehr veröffentlichte er ein vielgelesenes Buch über sein »Zeltleben in Sibirien«, das ihn in Amerika schlagartig bekannt werden ließ.[100] Er verteidigte danach in zahlreichen öffentlichen Vorträgen das zarische Rußland und dessen Verbannungssystem. Kritische Einwände von seiten der Presse und seiner Zuhörer brachten ihn auf die Idee, das russische Gefängnis- und Verbannungssystem genauer zu studieren. Bestärkt wurde er darin von Sergej M. Stepnjak-Kravčinskij,[101] einem Anhänger der Narodniki, der 1878 den St. Petersburger Polizeichef N.V. Mezencov auf offener Straße erdolcht hatte, entkommen war und seitdem in London im Exil lebte. Dort gründete er die »Society of Friends of Russian Freedom«. Ihr gehörte auch Fürst Petr A. Kropotkin an, der bekannte Geograph und Anarchist, der 1876 aus der Peter-und-Paul-Festung in St. Petersburg entflohen war und seit den frühen 1880er Jahren in London wohnte.[102]

Kennan unternahm in den 1880er Jahren sogar mit Unterstützung der russischen Behörden eine erneute Reise nach Sibirien, um die dortigen Verhältnisse vor Ort zu studieren. Nach seiner Rückkehr wurde er zu einem scharfen Kritiker des Verbannungssystems, das er in Artikeln, Büchern und Vorträgen vehement und anschaulich attackierte. Kennans Bericht krankt daran, daß er sich fast ausschließlich auf die Schilderungen der politischen Gefangenen sowie die deutlich politisch gefärbten Berichte der russischen Liberalen und Oppositionellen stützte, vieles also nur vom Hörensagen kannte und dementsprechend eine ausgesprochen einseitige Sicht vertrat.[103] Die Bol'ševiki verstärkten dies nach der siegreichen Oktoberrevolution noch durch die Publikation der Zeitschrift »Katorga i Ssylka« (Zwangsarbeit und Verschickung), die zwischen 1921 und 1935 in sechzig Bänden erschien und in der unter anderem zahlreiche ehemalige politische Gefangene im Zarenreich ihre Erinnerungen publizierten.

Diese kritischen Bemerkungen zu Kennans einflußreichen Berichten bedeuten nun keineswegs, daß in der sibirischen Verbannung oder bei der Zwangsarbeit den Geboten der Rechtsstaatlichkeit immer Genüge getan wurde, auch wenn das Russische Reich sich seit der Justizreform von 1864 solchen Verhältnisse zumindest teilweise näherte. Die Lage der Gefangenen war auch für damalige Verhältnisse miserabel. Zu viele von ihnen mußten sich eine Zelle oder Schlafräume teilen, die Verpflegung war völlig unzureichend, so daß nicht wenige von ihnen an Skorbut oder anderen Mangelkrankheiten litten. Die Arbeit war schwer, die klimatischen Bedingungen extrem, das Personal meistens unqualifiziert, völlig überlastet, bisweilen auch böswillig und häufig korrupt, was die Lage der Gefangenen dann allerdings wieder ein wenig erträglicher werden ließ, weil sie sich durch Bestechung besseres Essen oder andere Vergünstigungen erkaufen konnten, wenn sie über die entsprechenden Mittel verfügten Allerdings ist zu bedenken, daß russische Revolutionäre im englischen Exil, die sowohl russische als auch englische Gefängnisse kennengelernt hatten, letztere für schlimmer erklärten als jene.[104]

Besonders beschwerlich und leidvoll war bis zum Bau der Transsibirischen Eisenbahn der Weg der Gefangenen nach Sibirien, der häufig beschrieben worden ist. Von Moskau aus, wo der Transport der Gefangenen seinen Anfang nahm, waren es bis Irkutsk, einem der Zentren der Verbannung, 6.400 Kilometer, von dort bis Kara oder Nerčinsk nochmals eintausend Kilometer. Für gewöhnlich brauchten die Gefangenen, die an den Füßen aneinander gekettet waren, ein halbes Jahr, manchmal auch länger, dann gerieten sie in den sibirischen Winter, litten unter Hunger und Kälte und den grauenhaften Verhältnissen der Etappengefängnisse.[105] Diese Vorgehensweise bestand seit den Reformen Speranskijs im Jahre 1822. Die Strecke wurde in 61 Abschnitte eingeteilt, die der Länge eines Tagesmarsches entsprachen, an dessen Ende Baracken für die Unterkunft errichtet wurden. In Tobol'sk, später in Tjumen', wurde ein eigenes Büro (_Ssyl'naja ekspedicija_) eingerichtet, das die Gefangenen je nach Kategorie des Strafmaßes und der Art der Arbeit verteilte. Den weiteren Weg mußten nun nur noch diejenigen, die zu den ersten beiden Kategorien, zur Zwangsarbeit Verurteilte und Strafkolonisten, in Ketten zurücklegen. Das Statut war allerdings auf eine maximale Zahl von rund zweitausend Verurteilten pro Jahr ausgelegt, so daß es bei höheren Zahlen, die in den folgenden Jahrzehnten keine Seltenheit waren, schnell an seine Grenzen stieß und die Verhältnisse nicht grundlegend verbesserte.[106]

Auf dem Transport trafen die »Politischen« und die »Kriminellen« zusammen. Häufiger gelang es den politischen Gefangenen allerdings, ihre Trennung von den anderen durchzusetzen. Zu Auseinandersetzungen zwischen den beiden Gruppen scheint es, anders als dies später über den GULag berichtet wird, eher selten gekommen zu sein. In jedem Falle galten die »Politischen« als renitent und das Wachpersonal sorgte schon aus Eigeninteresse dafür, daß diese Trennung vollzogen bzw. nur kleinere Gruppen von ihnen den »Kriminellen« zugeordnet wurden. Die Transportbedingungen änderten sich erst mit der Eröffnung der Transsib, die nur wenige Jahre vor dem Anschwellen der Zahl der aus politischen Gründen in Folge der ersten russischen Revolution von 1905/07 Verbannten im wesentlichen fertiggestellt wurde. Dies war die Zeit der überfüllten Gefängnisse sowohl für Frauen als auch für Männer. Die Überbelegung und die hohe Zahl der »Politischen« führte in manchen Gefängnissen zu Unruhen, bisweilen aber auch, da der Gefängnisleitung die Machtmittel fehlten, um die entsprechenden Zwangsmaßnahmen durchzusetzen, in einigen Regionen zu »freiheitlichsten Zeiten«. Die Gefangenen trugen keine Fesseln und ihre eigene Kleidung, die Zellentüren standen offen, man kommunizierte mit der Außenwelt. Erst als sich nach 1907, endgültig aber ab 1910, die Verhältnisse wieder normalisierten und stabilisierten, kehrte auch dort der Gefängnisalltag wieder ein.[107] Unruhen und Auseinandersetzungen mit der Gefängnisleitung und den Behörden, die die Staatsmacht repräsentierten, blieben fast allgegenwärtig. Die »Politischen« nutzten jede Gelegenheit zur Fortsetzung ihres politisch revolutionären Kampfes und verfügten über Verbindungen nach außen, bis in die Hauptstadt des Reiches, um Verletzungen ihrer Menschenwürde in die Öffentlichkeit zu tragen.[108] Kein Grund besteht dazu, die Verhältnisse in den zarischen Gefängnissen, bei der Zwangsarbeit oder die Praxis der Verbannung und Verschickung im zarischen Rußland zu verharmlosen, doch gab es den »GULag des Zaren«, von dem bisweilen die Rede ist, ganz gewiß nicht. Die Gleichsetzung des zarischen Strafsystems im 19. und frühen 20. Jahrhundert mit der stalinistischen Lagerwelt entbehrt jeder Grundlage.

Einer der gefürchtetsten und übel beleumundetsten Verbannungsorte war die Insel Sachalin am Rande der Ochotskischen Meeres, die der russische Schriftsteller Anton P. Čechov im Sommer 1890 besuchte. Sachalin war seit dem 18. Jahrhundert von den Russen besiedelt, zuvor allerdings bereits von den Japanern bewohnt worden. Auch die Chinesen erhoben dort Ansprüche. Auf der rund 78.000 Quadratkilometer großen Insel lebten in jener Zeit die Ainu, die Nivchen (Giljaken) und die Oroki, die sich selbst als Ulta oder Ulcha bezeichnen. 1855 teilten sich Rußland, das den Norden, und Japan, das den Süden erhielt, vertraglich die Insel, ohne daß eine klare Grenze gezogen wurde. 1875 übernahm Rußland auch den südlichen Teil und übergab stattdessen die Inselkette der Kurilen an Japan. Die Insel ist auch heute noch stark bewaldet und dort leben viele Tierarten, Bären, Füchse, Zobel, Lachse und Wale, insbesondere der heute stark in seinem Bestand gefährdete Grauwal. Die klimatischen Verhältnisse lassen kaum Ackerbau zu, denn die Vegetationsperiode beträgt nur rund einhundert Tage. Kohlevorkommen wurden früh entdeckt und abgebaut, inzwischen sind auch große Lagerstätten von Erdöl und Erdgas bekannt geworden und werden ausgebeutet.[109]

Sachalin wurde schon bald von russischer Seite als Verbannungsort genutzt und galt als Sträflingsinsel wie Cayenne auf französischer und Australien von britischer

Seite.[110] Die meisten Sträflinge wurden zur Ansiedlung dorthin geschickt und auch von denjenigen, die zur Zwangsarbeit verurteilt worden waren, lebte meist weniger als die Hälfte im Gefängnis. Čechov, von Beruf Arzt, beschrieb das dortige Leben ausgesprochen sachlich und nüchtern. Er schilderte die öde und langweilige Existenz sowohl der Beamten als auch der Gefangenen bzw. Verbannten.[111] Vor allem aber wies er auf die unglaublichen hygienischen und sanitären Verhältnisse hin, auf den unvorstellbaren Schmutz und das Ungeziefer in den Unterkünften der Gefangenen und den Häusern der Verschickten. Da fast alle Lebensmittel eingeführt werden mußten, war das alltägliche Leben extrem teuer, die Verpflegung der Strafgefangenen und -kolonisten schlecht und völlig unzureichend. Die meisten von ihnen waren für die ihnen aufgezwungenen Arbeiten gänzlich ungeeignet, da sie unterernährt oder krank oder beides waren. Zur Zwangsarbeit verurteilt waren nach Čechovs Schilderungen ausschließlich Kriminelle, die entweder in den Kohlegruben, beim Straßenbau oder in der Forstwirtschaft arbeiteten. Die Arbeit im Kohlebergbau, so meinte er, sei nicht schlimmer als im Donbassgebiet. Schlimm sei an den dortigen Umständen vor allem die Willkür und die Ungerechtigkeiten der Beamten.[112] In Čechovs Darstellung fehlt der lautstarke moralische Appell und der erhobene Zeigefinger, der Kennans Schilderungen durchzieht. Schon von daher, aber auch weil sie erheblich fundierter recherchiert ist, ist sie umso eindrucksvoller.

Im Prinzip wurde die Verurteilung zur Verbannung, außer für religiöse und politische Vergehen, mit dem Gesetz vom 12. Juni 1900 abgeschafft, bestand aber dennoch bis zum Ende des Zarenreiches weiter. Eingeschränkt wurde zudem die administrative Verschickung.[113] Für den Zeitraum zwischen 1900 und 1914 gibt es unterschiedliche Angaben über die Gesamtzahl der nach Sibirien Verschickten. Einige Autoren nennen eine Gesamtzahl von 50.000 Personen für den gesamten Zeitraum, andere behaupten, daß allein von 1906 bis 1910, also in der Folge der Revolution von 1905/06 50.000 Personen verbannt wurden. Danach allerdings seien die Zahlen drastisch gesunken.[114] Hinzuweisen ist in diesem Zusammenhang noch einmal darauf, daß in Strafgerichtsprozessen im Russischen Reich keine Todesstrafe verhängt werden konnte. Nur das Sondergericht des Senats und Militärgerichte konnten Todesurteile in den bereits genannten Fällen aussprechen oder wenn das Kriegsrecht verhängt worden war beziehungsweise bestimmte Teile des Landes unter den Ausnahmegesetzen standen, die nach der Ermordung Alexanders II. 1881 eingeführt worden waren.[115] Daß die Zahl der nach Sibirien Verbannten oder zur Zwangsarbeit Verschickten nach der Wende vom 19. zum 20. Jahrhundert immer weiter abnahm, lag auch daran, daß das Russische Reich seinen Strafvollzug »modernisierte« und die Zahl der Gefängnisneubauten beständig stieg. Allerdings war auch dabei die Ziffer der Inhaftierten im Vergleich mit anderen europäischen Ländern und den Vereinigten Staaten relativ niedrig. So entfielen 1880 auf 100.000 Einwohner in Rußland 97 Gefangene, in den Vereinigten Staaten 138, in Frankreich 132, in Preußen 230 und in England und Wales 116, wobei die Zahlen für Rußland bis 1910 in geringem Maße anstiegen, für Preußen, Frankreich und England/Wales dagegen entscheidend und in den Vereinigten Staaten geringfügig fielen.[116] Ob dies nun zunächst Anzeichen von ineffizient arbeitenden Ermittlungs- und Strafverfolgungsorganen in Rußland waren oder für nachlassende Effizienz in den anderen Ländern, sei dahingestellt. Jedenfalls scheint es keinerlei Anzeichen dafür zu geben, daß im Russischen Reich bis 1917 mehr Menschen wegen krimineller, politischer oder religiöser Vergehen verfolgt und bestraft wurden, als dies im übrigen Europa und in den USA der Fall gewesen ist.

Es war ein Spezifikum des gesellschaftspolitischen Systems des Russischen Reiches im allgemeinen und der zarischen Politik der Verbannung im besonderen, daß es einen Teil seiner Untertanen zwar für einen gewissen Zeitraum ausgrenzte, ihnen aber zugleich eine gesellschaftlich nützliche Tätigkeit ermöglichte. So rekrutierten sich aus den Reihen der Verbannten im Laufe des 19. und auch noch des frühen 20. Jahrhunderts zahlreiche Wissenschaftler, die sich vor allem mit der indigenen Bevölkerung Sibiriens beschäftigten und bedeutende Beiträge zur Ethnologie, Anthropologie, Geologie und Zoologie lieferten. Zu ihnen gehörten die Polen Alexander Czekanowski, Iwan Czerski, Benedykt Dybowski, Wacław Sieroszewski und Bronisław Piłsudski, der Bruder des späteren polnischen Staatschefs und Marschalls Józef Piłsudski. Sie alle waren wegen mißliebiger politischer Aktivitäten nach Sibirien verbannt worden, aber niemand hinderte sie daran, dort ihr Leben mit wissenschaftlichen Forschungen zu verbringen. Czekanowski und Czerski erforschten die Geologie Jakutiens, während sich Dybowski mit der Zoologie Transbaikaliens befaßte. Sieroszewski erforschte den Amur im Auftrag der Kaiserlich Russischen Geographischen Gesellschaft, und Piłsudski trieb ethnologische Studien.[117]

Die Polen waren wegen ihrer Beteiligung am Aufstand des Jahres 1863 nach Sibirien verbannt worden, andere wie Lev Ja. Sternberg, Vladimir Bogoraz und Vladimir Iochel'son (Vladimir Jochelson) wegen ihrer Teilnahme an der terroristischen _Narodnaja Volja_, der 1881 Zar Alexander II. zum Opfer fiel.[118] Sternberg, nach Sachalin verbannt, erforschte dort die Giljaken (Nivchen), die Ainu und die Oroken. Er nahm an der Nordpazifikexpedition von 1897-1902 teil, die von dem amerikanischen Unternehmer und Bankier Morris K. Jesup für das American Museum of Natural History in New York finanziert wurde und unter der Leitung des aus Minden gebürtigen Franz Boas stand, einem der bedeutendsten Kulturanthropologen seiner Zeit. Ihr Ziel war es, die Beziehungen der Ethnien in Sibirien, Alaska und dem Nordwesten Kanadas, also diesseits und jenseits der Beringstraße, zueinander zu erforschen.[119] Sternberg, jüdischer Herkunft, war schließlich ab 1901 im Museum für Ethnographie und Anthropologie in St. Petersburg und für die Jüdische Historisch-Ethnographische Gesellschaft tätig.[120] Er gilt als einer der führenden Ethnologen seiner Zeit. Vielleicht noch größeren Ruhm erlangte Vladimir G. Bogoraz, später Tan-Bogoraz, auch er jüdischer Herkunft, als Ethnologe, Linguist und Schriftsteller. Er beteiligte sich nach seiner Verbannung in die Nähe von Jakutsk in den 1890er Jahren an einer Expedition, deren Mäzen der sibirische Unternehmer Innokentij Sibirjakov war und die das Leben der Čukčen erforschte. Gemeinsam mit seinem Freund Jochelson und dessen Frau Dina Jochelson-Brodskaja gehörte er dann 1900/01 ebenfalls der Nordpazifikexpedition an. Während Bogoraz und Sternberg in der Sowjetunion blieben, und dort weiterhin wissenschaftlich und gesellschaftspolitisch aktiv waren, emigrierte Jochelson nach der bolschewikischen Revolution in die USA. In zahlreichen Werken befaßte er sich mit den Korjaken, den Jukagiren, den Tungusen, den Alëuten und vielen weiteren Ethnien des sibirischen Nordens und Nordostens.[121]

KAPITEL VI

AUF DEM WEG IN DIE MODERNE

1. REFORMEN UND VERÄNDERUNGEN

Am Ende des 18. und zu Beginn des 19. Jahrhunderts suchte die russische Regierung zunächst unter Katharina II., dann unter ihrem Sohn und Nachfolger Paul I. die Besiedlungspolitik in Sibirien noch einmal zu forcieren. Dazu allerdings fehlten in fast jeder Hinsicht die Voraussetzungen, vor allem waren weite Teile des Landes immer noch nicht vermessen, so daß es weder potentiellen Neusiedlern noch der indigenen Bevölkerung auf Dauer zugeteilt werden konnte.[1] Zugleich hatte, wie im vorigen Kapitel beschrieben, der Handel in Sibirien immer stärker zugenommen und war zu einem wichtigen Aktivposten für die Wirtschaft des Russischen Reiches geworden. Mit dem Ausgriff nach Russisch-Amerika, später als Alaska bezeichnet, vor allem aber mit der Gründung der »Russisch-Amerikanischen Kompagnie« im Juli 1799 begann ein weiteres Vordringen der Russen in den pazifischen Raum. 1812 wurde in Kalifornien Fort Ross gegründet, das bis 1841 russisch blieb, und mancher Beamte oder Unternehmer träumte von einem russischen Pazifikimperium, das sogar Hawaii einschließen sollte.[2] Zu jenem Zeitpunkt hatte das russische Imperium im amerikanisch-asiatischen Raum seine größte Ausdehnung erreicht.

Nach dem Tode Katharinas II. 1796 folgte die kurze Regierungszeit ihres ungeliebten Sohnes Paul I. (1754-1801, regierte 1796-1801), der 1801 mit Wissen seines ältesten Sohnes und Thronfolgers Alexander einem Staatsstreich, der letzten Palastrevolution des Russischen Reiches, zum Opfer fiel. Unter Alexander I. (1777-1825, regierte 1801-1825) setzte im Land eine Zeit der Reformen ein, die auch Sibirien erfaßten. Der aus politischen Gründen 1812 verbannte engste Berater des Kaisers, Michail M. Speranskij (1772-1839), von Hause aus Mathematiker und Physiker, wurde 1819 zum Generalgouverneur Sibiriens ernannt. Er begann, wie bereits beschrieben, noch vor seinem eigentlichen Amtsantritt mit der Revision und Reorganisation der sibirischen Verwaltung und setzte damit die Arbeit fort, die das 1813 vom St. Petersburger Ministerkomitee eingesetzte spezielle Sibirienkomitee angestoßen hatte. Grundlegende Probleme waren hierbei vor allem die Willkür der sibirischen Bürokratie, die kaum beaufsichtigt wurde, und die verbreiteten Handelsmonopole der Kaufleute, die jede Konkurrenz im Keim erstickten. Hinzu kam die immer problematischer werdende Lage der kleineren Ethnien des Nordens. Epidemien und eine starke Vermehrung der Rentierherden der Čukčen hatten dazu geführt, daß die wilden Rentiere sich neue Wege gesucht hatten. So mußten nun Jukagiren, Lamuten, Evenken und Korjaken weitere Wege zurücklegen, um ausreichend Fleisch zu erjagen, was nicht immer gelang und im ersten Viertel des 19. Jahrhunderts zu Hungersnöten unter der Bevölkerung führte, bei denen viele Tausend starben und andere fortzogen, um anderswo Weide- und Fischgründe zu finden. Dennoch änderte die Regierung zunächst ihre Politik nicht und bestand darauf, daß die pro Clan auferlegte Zahlung des *jasak* in gleicher Höhe wie bisher erfolgte, was erhebliche Widerstände bei diesen Ethnien hervorrief.[3]

Nicht zuletzt angesichts dieser Mißstände maß Speranskij seiner Verwaltungsreform besondere Bedeutung für die weitere Entwicklung Sibiriens zu. Er selbst sah sich gar als zweiter Ermak, als politischer Entdecker Sibiriens. So legte er neben seinem Revisionsbericht außerdem einen weitergehenden Reorganisationsplan für die sibirische Verwaltung in der Zukunft vor.[4] Schon die Zeitgenossen und in der Mitte des letzten Jahrhunderts auch Marc Raeff haben darauf hingewiesen, daß etwa zur gleichen Zeit in Lateinamerika die Befreiungskriege der dortigen Kolonien gegen das spanische Mutterland begannen. In einer der in dieser Hinsicht einflußreichsten Schriften, dem Werk von Dominique des Pradt »Des Colonies«, vertrat der Autor die These, daß das Mutterland nur dann seine Kolonien werde halten können, wenn es ihnen dieselbe administrative Struktur gewähre und sie organisch anbinde.[5] Speranskij kannte diese Schrift ebenso wie die zeitgenössischen Entwicklungen und betrachtete wie die meisten seiner Zeitgenossen auch Sibirien als eine russische Kolonie.

Die beiden Dokumente Speranskijs wurden schließlich 1821 einem neuen Sibirienkomitee vorgelegt, das sich aus hohen Würdenträgern rekrutierte. Die Macht der Generalgouverneure und Gouverneure in Sibirien sollte grundlegend durch kollegiale Einrichtungen beschnitten, die Kontrolle über die Verwaltung verschärft, der Verwaltungsapparat übersichtlicher gestaltet und den Bedingungen vor Ort angepaßt werden.[6] Auf dieser Grundlage kam es zum Gesetzeswerk von 1822, das die sibirische Administration neu gestaltete.[7] Dem Generalgouverneur wurde ein Rat an die Seite gestellt, dessen Mitglieder zur einen Hälfte auf Empfehlung des Generalgouverneurs und zur anderen Hälfte auf Empfehlung des Ministerkomitees vom Kaiser ernannt wurden. Allerdings war dessen Macht eher gering und seine Rolle im weiteren Verlauf ohne große Bedeutung. Wichtiger war, daß Sibirien nun in zwei Generalgouvernements, West- und Ostsibirien, geteilt wurde, dessen Verwaltungssitze in Tobol'sk – später in Omsk – und in Irkutsk lagen.

Der grundlegende Teil des Reformwerkes betraf jedoch die indigene Bevölkerung Sibiriens, die nun eine eigene administrative Ordnung erhalten sollte. Zu diesem Zweck hatte Speranskij ausführliche Studien betrieben oder betreiben lassen, die auch die benachbarten Ethnien einbezogen, und umfangreiches statistisches Material gesammelt. Auf dieser Basis gab es kein einheitliches Schema für alle Ethnien Sibiriens, sondern eine entsprechend ihrem sozialen und ökonomischen Entwicklungsstand abgestufte Ordnung, wobei den seßhaften Völkern der höchste Entwicklungsgrad zugeschrieben wurde. Im Statut wurde die indigene Bevölkerung demzufolge in drei Kategorien eingeteilt: Seßhafte, Nomaden und Halbnomaden, um die Sitten und die Lebensweise aufrechtzuerhalten. Die Schwierigkeiten ergaben sich sehr bald, da entsprechende Ausführungsbestimmungen, wie es heute wohl heißen würde, fehlten. Es gab keine Standards, nach denen die Ethnien in diese Kategorien eingeteilt werden konnten. Da wissenschaftliche Untersuchungen fehlten, basierte die endgültige Einteilung auf recht oberflächlichen Kriterien, mit denen sich die lokale Administration behalf.[8]

Diese Einteilung mag man als eurozentrische Überlegenheitsgeste deuten, doch läßt sich das Gesetzeswerk auch als Anstoß einer Hilfe zur Selbsthilfe interpretieren, dessen Mängel allerdings nicht zu verleugnen sind. Auf dem Papier jedenfalls war es ein fast vorbildliches Projekt, das den sibirischen Ethnien ein erhebliches Maß an eigener Verwaltung, Rechtsprechung und sozialer Ordnung zubilligte, wie es für das frühe 19. Jahrhundert andernorts noch nicht einmal gedacht wurde. Es sah den Gebrauch der eigenen Sprache als Amtssprache vor, eigene Rechtsnormen und jurisdiktionelle Befugnisse sowie den Fortbestand der Familien- und Sippenverbände, wobei das Statut durchaus den ökonomisch oder sozial Bessergestellten von vornherein eine dominierende Stellung zugestand. Dabei spielte es keine Rolle, ob sie zum erblichen Adel gehörten oder in Ämter gewählt worden waren. De jure besaßen die Ethnien Sibiriens nun eine größere Selbständigkeit und mehr Rechte als die leibeigenen Bauern im europäischen Teil des Reiches.[9] Die Čukčen behielten ihren quasi autonomen Status. Sie seien, so hieß es, »nicht völlig abhängig« und zahlten den Tribut gleichsam nach Gutdünken.[10]

Zugleich gab es eine Bestandsaufnahme und Kodifizierung des Gewohnheitsrechtes der sibirischen Ethnien, die 1841 zum Entwurf eines entsprechenden Gesetzbuches führte, das nie in Kraft trat, aber in der Praxis der Jurisdiktion dieser Ethnien bis zum Ende des Zarenreiches zugrundelag und ihnen eine gewisse Rechtsautonomie sicherte.[11] Schließlich wurden auch die Abgaben und Dienstleistungen, zu denen die einheimische Bevölkerung verpflichtet war, erheblich reduziert, ebenso sollte die Kirche ihre Missionsbemühungen ohne Druck betreiben. All diese Maßnahmen blieben aber weitgehend Makulatur, denn in der Praxis bestanden Willkür und Amtsmißbrauch fort. Die neuen Verwaltungseinrichtungen entwickelten sich kaum, einerseits weil einige Ethnien den Kern der Bestimmungen nicht verstanden, andererseits weil die russischen Behörden vor Ort keinerlei Interesse zeigten, die Intentionen der Gesetze entsprechend umzusetzen. Doch begannen in jener Zeit intensivere wissenschaftliche Studien über die indigene Bevölkerung und ihre Lebensweise. Einige Ethnien schrumpften dramatisch, so die Itel'menen und die Korjaken auf Kamčatka, die Jukagiren und die Eskimos sowie einige andere, da ihr Lebensraum erheblich eingeschränkt wurde und sie sich bei Hungersnöten nicht auf andere Ernährungsweisen umstellen konnten. Hinzu kam die Zerstörung der Lebenswelt durch Überjagung und Überfischung, den beinahe allgegenwärtigen ungleichen Handel und den Alkoholmißbrauch. In einer Beschreibung aus der Mitte des 19. Jahrhunderts heißt es: »Die Leidenschaft des Trinkens ist bei den Ostjaken und Samojeden so stark, daß sie manchmal hundert Werst fahren, nur um Alkohol zu kaufen.«[12] Andere Ethnien hingegen, wie etwa die Jakuten, die lamaistischen Burjaten, die turksprachigen Stämme des Altai und die Čukčen wuchsen, da sie sich den veränderten Lebensbedingungen anzupassen vermochten und nur geringe Kontakte mit den Russen pflegten. Jedoch wandelten sich dabei auch ihre traditionalen Lebensformen und das Sozialsystem. Der Clan, der bis zum Beginn des 19. Jahrhunderts eine so wichtige Rolle gespielt hatte, verlor mehr und mehr an Bedeutung.[13]

Die Missionsbestrebungen der Orthodoxie, teils von staatlicher Seite unterstützt, spielten im Kontext der Russifizierung im Laufe des 19. Jahrhunderts sicherlich eine wichtige Rolle, auch wenn sie bei vielen Ethnien nicht unbedingt auf fruchtbaren Boden fielen. Häufig bestanden alter und neuer Glaube nebeneinander, wurden Elemente des Neuen in die überlieferte Glaubenswelt integriert. Die Taufe brachte zudem materielle Vorteile mit sich, möglicherweise auch eine stärkere Teilhabe an der Macht. Zwang, so betonten es in jener Zeit staatliche und kirchliche Organe, sollte auf die indigene Bevölkerung nicht ausgeübt werden. In jedem Falle aber bedeutete die Taufe die Übernahme christlicher Vornamen, die nun parallel mit den alten gebraucht wurden. Russische Namensformen, also der Gebrauch von Vorname, Vatersname und Nachname, blieben aber oftmals bis in das erste oder zweite Jahrzehnt des 20. Jahrhunderts gänzlich ungebräuchlich. In seinen Memoiren schilderte ein Geistlicher auf Kamčatka, wie zu Beginn des 20. Jahrhunderts diese Namensgebungen verliefen. So unterschieden sich die Evenen nach Jurten und übertrugen jeweils den Namen des ältesten Bewohners der Jurte auf sich selbst. Da dies administrativ zu heilloser Verwirrung führte, sollte der Geistliche, der mit der indigenen Bevölkerung gut vertraut war, ihnen nun Nachnamen geben. Einer, der schreiben gelernt hatte, erhielt den Namen »Pisarev« (russ. *pisat'* = schreiben), ein anderer, der als guter Bärenjäger bekannt war, den Namen »Medvedev« (von russ. *medved'* = Bär). Die Kirche unterhielt auch eigene Schulen, zumeist die einzigen in der Region, da es im zarischen Rußland bis zu den Revolutionen des Jahres 1917 keine staatliche Schulpflicht gab.[14] Zudem fehlten in Sibirien die im europäischen Teil des Landes 1864 eingeführten ländlichen Selbstverwaltungsorgane, die *Zemstva*, die unter staatlicher Aufsicht mit gutem Erfolg eigene Schulen betrieben.

Sibirien blieb darüber hinaus ein Rückzugsgebiet für viele Sekten, die die Orthodoxe Kirche zahlreich hervorbrachte. Schon seit der Spaltung der Kirche um die Mitte des 17. Jahrhunderts hatten sich die Altgläubigen, von denen es ebenfalls zahlreiche Abspaltungen gab, vor den Verfolgungen von Staat und Kirche in die Weiten des Landes zurückgezogen. Sie galten als besonders arbeitsam und tatkräftig, Wort und Schrift standen bei ihnen in höherem Ansehen als bei der Orthodoxie. Sie unterstützten einander nach Kräften, bildeten Netzwerke, die das ganze Reich umfaßten und waren, wohl auch aufgrund ihrer spezifischen Minderheitensituation ökonomisch erfolgreich. Hinzu kamen die Duchoborcen (Geisteskämpfer), strikte Pazifisten, die Molokanen (Milchtrinker), strenge Vegetarier, die aber an den kirchlichen Fasttagen Milch tranken, zugleich auch die Autorität von Zar und Kirche in Frage stellten, sowie die Chlysten (Geißler), religiöse Ekstatiker, sowie weitere Sekten. Fast alle lebten weitgehend isoliert und vermieden möglichst den Kontakt mit administrativen Instanzen. In dieser Hinsicht war Sibirien ein Rückzugsgebiet, aber kein Schmelztiegel, denn die Vermischung mit anderen suchten sowohl die indigene Bevölkerung als auch die Sekten zu vermeiden.

Ökonomisch und kulturell blieb Sibirien in jenem ersten Viertel des 19. Jahrhunderts eine kaum entwickelte Peripherie des Russischen Reiches. In weiten Bereichen des Warenverkehrs war das Land von der Einfuhr aus dem europäischen Teil des Reiches abhängig, während die eigenen Produkte zumeist nach China gingen. Hinzu kam, daß die »Russisch-Amerikanische Kompagnie« ein Monopol besaß, das die russischen Geschäfte im pazifischen Raum kaum zu stimulieren vermochte,[15] weil es im wesentlichen auf der Ausbeutung der indigenen Bevölkerung der Kurilen, der Aleuten und Russisch-Amerikas beruhte. Es existierten fast keine Schulen, die erste Universität wurde erst 1888 in Tomsk gegründet, Zeitungen und Zeitschriften gab es kaum, häufig erschienen nur einige Nummern oder ein Blatt wie der »Sibirskij Vestnik« wurde nur wenige Jahre publiziert.[16]

Tiefgreifende Veränderungen für Sibirien ergaben sich jedoch in Folge des gescheiterten Umsturzversuches der sogenannten Dekabristen im Dezember 1825
nach dem überraschenden Tode Alexanders I.[17] Es handelte sich dabei um eine
Gruppe jüngerer Offiziere, die sich aus dem Adel, teilweise der Hocharistokratie,
rekrutiert hatte und vor allem im Zuge der napoleonischen Feldzüge mit dem Gedankengut der Aufklärung und der französischen Revolution in Berührung gekommen war. Die Dekabristen wollten durch einen Umsturz Rußland in eine konsti-
tutionelle Monarchie umwandeln und das Land grundlegend reformieren. Der
Putschversuch scheiterte schon im Ansatz. Einige Verschwörer wurden hingerichtet, die Mehrzahl nach Sibirien verbannt, teilweise von ihren Frauen und Kindern
begleitet.[18] Diese Gruppe der Verbannten, hochgebildet, den Prinzipien der Aufklärung verpflichtet, aber auch durchaus praktisch orientiert, bildete seit dem Ende
der 1820er und dem Beginn der 1830er Jahre eine erste intellektuelle Elite in Sibirien mit dem Zentrum in Irkutsk. Unter ihnen kursierte als geflügeltes Wort, daß
sie Sibirien nicht fürchteten, denn auch dort sei Rußland. Zu ihnen gesellte sich eine
neue Generation von Verwaltungsbeamten, die nach den Reformen von 1822 ins
Land gekommen waren. Diese beiden Gruppen trugen seit der zweiten Hälfte des
19. Jahrhunderts zum kulturellen, sozialen und wirtschaftlichen Aufschwung Sibiriens in hohem Maße bei.

Schon zuvor hatte im zweiten Viertel des 19. Jahrhunderts – teils auch ausgehend
von den Dekabristen – die Romantisierung der sibirischen Landschaft und der indigenen Bevölkerung begonnen. Die ungezähmte Natur gebar ihre ungezähmten
Kinder. In der Literatur tauchte der »stolze Eingeborene« auf, der die Freiheit verkörperte, das freie nomadische Leben. In die literarischen Salons St. Petersburgs und
Moskaus hielten tungusische Schönheiten Einzug, beschrieben unter anderem von
Ivan T. Kalašnikov, dem James Fenimore Cooper Sibiriens.[19] Es setzte sich aber auch
mehr und mehr die Ansicht durch, daß dieses Sibirien seit den Eroberungen Ermaks
nur noch eine russische und keine eigene Geschichte mehr habe. Die Bemühungen
Gerhard Friedrich Müllers, Georg Wilhelm Stellers und Vasilij N. Tatiščevs aus der
Mitte des 18. Jahrhunderts, die Geschichte der indigenen Bevölkerung vor der An-
kunft der Russen zu erforschen, gerieten bisweilen in Vergessenheit.[20]

Im Wandel begriffen war in jener Zeit auch die Unternehmerschaft Sibiriens,
denn hier übernahm eine neue Generation die Geschäfte. Deren Angehörige hatten
häufig ihre Erziehung im europäischen Teil des Reiches oder sogar im Ausland
erhalten, Sprachen erlernt und zeigten großes Interesse an kulturellen Aktivitäten
und dem Erwerb von Bildung. Sie förderten Bibliotheken und Schulen, den Bau
von Kranken- sowie Waisenhäusern und spendeten für weitere Wohlfahrtseinrich-
tungen. Vor allem die medizinische Versorgung war sowohl bei der russischen, aber
in noch viel höherem Maße bei der indigenen Bevölkerung während des gesamten
19. und noch weit ins 20. Jahrhundert hinein katastrophal. Die russischen Bauern
in Sibirien, ebenso wie die einheimischen Völker, behalfen sich mit der jeweiligen
Volksmedizin, die sich gar nicht so grundlegend unterschied.[21] In jedem Falle trug
die neue Generation der sibirischen Unternehmerschaft auf diese Weise zur Entwicklung ihrer Heimat bei und gehörte zu einer sich entfaltenden Elite, die ein
spezifisch regionales Selbstbewußtsein entwickelte, von dem noch gesprochen werden wird.[22]

Zu jenen neuen Kräften, die um die Mitte des 19. Jahrhunderts nach Sibirien kamen, gehörte auch der aus einem alten Adelsgeschlecht stammende Nikolaj N. Murav'ev (1809-1881). Nach einer längeren Militärkarriere, aus der er im Rang eines Generalmajors ausgeschieden war, ernannte ihn Kaiser Nikolaj I. (1796-1855, regierte 1825-1855) 1847 zum Generalgouverneur von Ostsibirien.[23] Murav'ev erkannte vor allem die Bedeutung des Amur für Rußland. Dieser Fluß mündet im Unterschied zu allen anderen großen Flüssen Sibiriens nicht in das Eismeer, sondern in den Pazifik, war also für den Handel von erheblichem Interesse. Im Kontext der sinkenden Macht des chinesischen Mandschu-Reiches und der beginnenden Auseinandersetzung der europäischen Mächte im Zeichen des Imperialismus um die Mitte des 19. Jahrhunderts kam ihm eine entsprechende Bedeutung zu. Mitte der 1840er Jahre stellte der deutschbaltische Forschungsreisende Alexander von Middendorff, der den Oberlauf des Flusses erforschte, fest, daß China das ihm seit dem Vertrag von Nerčinsk zustehende Recht der Besiedlung des linken Ufers nicht wahrnahm.[24] Murav'ev nutzte die Schwäche des chinesischen Staates sowie das Wohlwollen des Kaisers und des Thronfolgers Alexander gegen die Bestrebungen der offiziellen russischen Außenpolitik, einen möglichen Konflikt mit Großbritannien zu vermeiden, um 1858 mit dem Vertrag von Argun' die Gebiete am Amur und am Ussuri für das Russische Reich in Besitz zu nehmen, was ihm den ehrenden Beinamen Murav'ev-Amurskij und den Grafentitel einbrachte. Die Region wurde, um sie zu russifizieren, zügig besiedelt und zehn Jahre später lebten dort dreimal so viele Russen wie Einheimische.[25] In dieser Region entstanden die Städte Vladivostok, Chabarovsk und Blagoveščensk oder wuchsen aus Siedlungen zu Städten heran. Im Falle von Vladivostok, gegründet 1860, war der Name »Beherrsche den Osten« durchaus Programm, denn die Stadt wurde zum Heimathafen der russischen Pazifikflotte und zum Handelszentrum.[26] Rußland zeigte in jener Region seine Stärke, während ihm zur gleichen Zeit im Krimkrieg (1853-1856) gegen Großbritannien, Frankreich und einige weitere verbündete Staaten in aller Deutlichkeit die Grenzen seiner Macht aufgezeigt wurden.

Während Rußland auf dem asiatischen Festland seine Macht weiter ausdehnen konnte, ging sie auf dem amerikanischen Kontinent immer mehr zurück. Nachdem die Russisch-Amerikanische Kompagnie 1841 Fort Ross in Kalifornien an John Sutter verkauft hatte,[27] zeigte sich rund eineinhalb Jahrzehnte später, daß auch Alaska kaum noch zu halten war. Die Verwaltungskosten, die die Russisch-Amerikanische Kompagnie der Regierung berechnete, stiegen stetig, während die Jagderträge, vor allem auf Seeotter, immer geringer wurden und sich die Auseinandersetzungen mit einem Teil der indigenen Bevölkerung, den Tlingit, nicht beilegen ließen. Außerdem wuchs in Rußland die Befürchtung, daß Russisch-Amerika im Prozeß des beständigen Vordringens Nordamerikas, der andauernden Westverschiebung der Grenzen der USA, von den Siedlern einfach überlaufen werden würde. So setzte sich die Überzeugung durch, daß man die Halbinsel am besten an die Vereinigten Staaten verkaufen sollte, was nach dem verlorenen Krimkrieg und der Eroberung der Gebiete im Fernen Osten von Experten wie dem ehemaligen Gouverneur von Russisch-Amerika, Ferdinand von Wrangel (Vrangel') auch als Lösung vorgeschlagen wurde. Aber erst nach dem amerikanischen Bürgerkrieg (1861-1865), in dem Rußland die Nordstaaten wohlwollend unterstützt hatte, konnten die entscheidenden Gespräche stattfinden, die rasch zu dem Ergebnis führten, Alaska und die Aleüten für insgesamt 7,2 Mio. Dollar – also fünf Cent pro Hektar, wie einmal ausgerechnet wurde – an die Vereinigten Staaten zu verkaufen.[28]

2. Neuorientierungen

Schon seit den 1840er Jahren suchte vor allem der in Tobol'sk ansässige Kaufmann und Goldminenbesitzer Vasilij N. Latkin (1809-1869) nach einem möglichen Wasserweg vom Oberlauf des Ob' zur Pečora oder sogar zur Nördlichen Dvina, um seinen Handel auch nach Europa ausdehnen zu können. Für dieses Projekt, sibirische Waren auf dem See- statt auf dem viel zu teuren Landweg zu exportieren, hoffte er auch die Regierung in St. Petersburg interessieren zu können, doch blieben diese Bemühungen erfolglos.[29] Kaufleute und Unternehmer wollten auf den sibirischen Flüssen, insbesondere auf dem Ob', das Eismeer erreichen, um von dort aus, auf dem alten Weg um Norwegen herum, eine Anbindung an den Handel mit Europa zu bekommen. Aus diesem Grunde reichte der sibirische Kaufmann und Goldminenbesitzer Michail K. Sidorov (1823-1887) dem Gouverneur in Enisejsk 1859 eine Denkschrift mit dem bezeichnenden Titel: »Über die Möglichkeit eines Seeweges von Europa nach Ost- und Westsibirien zu den Mündungen der Flüsse Ob' und Enisej« ein.[30]

Die Gründe für diese Bemühungen sibirischer Unternehmer und Kaufleute lagen in den sich wandelnden ökonomischen Verhältnissen Sibiriens und Rußlands nach der Niederlage im Krimkrieg (1853-1856) und den nachfolgenden sozioökonomischen und politischen Reformen im Russischen Reich seit 1861. Seit dem Ende der 1850er Jahre wuchs die Bevölkerung Westsibiriens aufgrund des Zuzugs von Bauern in die landwirtschaftlich nutzbaren Gebiete beständig. Dadurch stieg auch die Getreideproduktion in Sibirien, die aber dort kaum absetzbar war. Der Export rechnete sich nicht, da die weiten Transportwege nicht nur das Getreide, sondern alle landwirtschaftlichen Produkte verteuerten, so daß sie mit den Erzeugnissen im europäischen Rußland kaum konkurrieren konnten. Eine maritime Anbindung Sibiriens an den europäischen Raum wurde daher in den Kreisen der sibirischen Wirtschaft lebhaft begrüßt. Jedoch scheiterten letztlich alle diese Versuche, an denen sich auch deutsche Unternehmer, die in Rußland ansässig waren, beteiligten, aufgrund der extrem hohen Kosten. Mehrere Forschungsreisen im Eismeer und selbst die erfolgreiche Fahrt des schwedischen Forschers Adolf Erik Nordenskiöld, der mit der »Vega« im Jahre 1879 auf der Nordpolarroute Kap Dežnev erreichte und durch die Beringstraße in den Pazifik gelangte, zeigte die enormen Schwierigkeiten auf dieser Route.[31]

Im Kontext dieser wirtschaftlichen Interessen stand zu einem nicht geringen Teil das seit der Mitte des 19. Jahrhunderts überall in Europa steigende Engagement in der Polarforschung. In Deutschland entwickelte sich Bremen zu einem dieser Zentren und dort wurde im September 1870 der »Verein für die deutsche Nordpolarfahrt«, kurz »Bremer Polarverein« gegründet, der später in »Geographische Gesellschaft in Bremen« umbenannt wurde.[32] Im »Polarverein« begegneten sich Forscher und Unternehmer aus Deutschland und Rußland. Während die wissenschaftliche Planung in den Händen des Geowissenschaftlers Karl Petermann lag, standen an der Spitze des Vereins Unternehmer wie George Albrecht aus Bremen, Teilhaber der alteingesessenen Werft Joh. Lange Sohns Wwe. & Co., und aus der Ferne wirkte der sibirische Unternehmer Alexander M. Sibirjakov mit. Die Statuten des »Polarvereins« sahen durchaus die »Förderung der geographischen Forschung überhaupt« vor, an einer späteren Reise nahm auch Alfred Brehm teil, legten aber zugleich als Leitlinie fest, »die Wahl auf solche Gegenden zu richten, deren Erzeugnisse und Hülfsquellen bei der steten Ausdehnung des Verkehrs früher oder später auf den deutschen Handel von Einfluß werden könnten.«[33] Diese Beteiligungen sibirischer Kaufleute und Unternehmer an solch grenzüberschreitenden Projekten lassen sich einerseits auf deren wachsende Wirtschaftskraft zurückführen, andererseits aber auch auf ihr gesteigertes Selbstbewußtsein. Dies fand seinen Ausdruck in solchen Unternehmungen und einer immer größeren Integration in die internationalen Marktbeziehungen. Es zeigte sich aber auch in anderen Gesellschaftsschichten.

Grundsätzlich war Sibirien um die Mitte des 19. Jahrhunderts ein Agrarland, in dem die Industrie nur eine geringe Rolle spielte. Zu nennen sind jedoch der Gold-, Silber- und Steinkohlebergbau oder der Abbau von Graphit, den auch Faber & Castell von dort bezog.[34] Seit der Mitte der 1820er Jahre erlebte Sibirien zudem einen kurzfristigen Goldrausch, doch erwiesen sich die klimatischen Bedingungen als zu extrem, so daß das Geschäft bald von Bergbau- und Schürfgesellschaften bzw. vom Staat übernommen wurde. Eines der größten Abbaugebiete lag nach der Mitte des 19. Jahrhunderts an der Lena, später dann an der Kolyma.[35]

Ebenso fand man Gold im Altai, vor allem aber Silber und Erze, so daß dort eine Reihe metallurgischer Werke entstanden, doch blieb der Handel generell einer der wichtigsten Erwerbszweige. Dabei spielten Jahrmärkte und Handelsmessen bis weit in die zweite Hälfte des 19. Jahrhunderts hinein eine wichtige Rolle. Sie fanden regelmäßig in den größeren Städten statt: in Tobol'sk, Enisejsk, Irkutsk, Jakutsk und Tjumen'. Bis zur Eröffnung der Transsibirischen Eisenbahn war Irbit, 200 Kilometer nordöstlich von Ekaterinburg, eine der wichtigsten Messestädte an der Grenze zwischen Europa und Asien. Kurz vor dem Beginn des Eisenbahnbaus um die Mitte der 1880er Jahre lag der Wert der hier umgesetzten Waren bei über 65 Mio. Rubel.[36] Der Welthandel, so hieß es in einer Publikation vom Ende der 1870er Jahre, habe die Bedeutung Sibiriens längst erkannt, »welches in nicht allzu ferner Zukunft durch einen riesigen Schienenweg zur Brücke von dem Atlantischen zum Stillen Ozean erhoben wird.«[37]

Das Zentrum des gesellschaftlichen Lebens Sibiriens war Irkutsk auf dem rechten Ufer der Angara in der Nähe des Baikalsees, das bisweilen ein wenig überschwenglich als »Paris Sibiriens« bezeichnet wurde und am Ende des 19. Jahrhunderts rund 52.000 Einwohner zählte. Aufgrund der typisch sibirischen Holzbauweise – Stein war teuer – wurde die Stadt häufiger, zuletzt 1879, durch Feuersbrünste zerstört, aber doch immer wieder aufgebaut. Mancher Reisende fühlte sich dort an den unbekümmerten Lebensstil in San Francisco erinnert, doch waren die Straßen bis zum Ende des 19. Jahrhunderts ungepflastert und schlecht beleuchtet, die Trottoirs aber immerhin aus Holz. Die hygienischen Verhältnisse ließen sehr zu wünschen übrig. Allerdings gab es ein Theater, das von den Bürgern der Stadt unterhalten wurde, ein Museum, Bibliotheken und elegante Restaurants, in denen Kellner im Frack servierten und eine entsprechende Kleiderordnung für die Gäste bestand. Im Zuge des Wiederaufbaus nach dem großen Brand von 1879 wurden Elektrizitäts- und Telefonleitungen gelegt, nunmehr gab es auch eine freiwillige Feuerwehr. Das kulturelle Leben war durchaus rege, zudem war die Stadt seit 1851 Sitz der sibirischen, dann ostsibirischen Abteilung der Kaiserlich Russischen Geographischen Gesellschaft. Neben den zahlreichen orthodoxen Gotteshäusern gab es auch jeweils eine katholische und lutherische Kirche, zwei Synagogen und eine Moschee, was auf eine multiethnische Zusammensetzung der Einwohnerschaft verweist.[38] Anton Čechov, der sich 1890 auf der Reise nach Sachalin in Irkutsk aufhielt, äußerte sich beinahe enthusiastisch über die Stadt und schrieb an die Familie, daß sie »vortrefflich« sei, es gebe ein Theater, ein Museum, einen Stadtgarten mit Musik, gute Hotels und eine »ausgezeichnete Konditorei«. Die Bürgersteige seien aus Holz, die Stadt »ganz intellektuell«, aber »höllisch teuer«.[39] Die Irkutsker Kaufleute galten als besonders reich und hätten, wie Valentin Rasputin bemerkt, es vortrefflich verstanden, sowohl Gott als auch dem Mammon zu dienen. Sie spendeten reichlich für karitative Zwecke, denn sie konnten im Geld schwimmen.[40] Der amerikanische Weltreise Burton Holmes fand die Stadt sehr schön und voller Luxus – die neueste Mode aus Paris und Berlin war zu kaufen –, aber die Hotels »abscheulich« und die Restaurants ebenso. Er betonte die Kontraste zwischen den Holzhäusern und der elektrischen Straßenbeleuchtung, zwischen den Schlammlöchern auf den Straßen und den Häusern der Millionäre.[41]

Heute beherbergt die Stadt auch das Museum der Dekabristen, denn zwei ihrer zu Zwangsarbeit und anschließender Verbannung verurteilten Anführer, Fürst Sergej G. Volkonskij (1788-1865) und Fürst Sergej P. Trubeckoj (1790-1859), lebten dort nach ihrer Freilassung in zwei ansehnlichen und repräsentativen Holzhäusern, die den großen Brand von 1879 überstanden haben. Die Fürstin Marija N. Volkonskaja (1806-1863), Fürst Volkonskijs Gattin, die ihm mit ihren Kindern ins Exil folgte, ist noch heute als »Prinzessin von Sibirien« oder »Unsere Fürstin« in der Region bekannt, denn einen einheimischen Adel hatte Sibirien nie gekannt. Auch die Fürstin Ekaterina I. Trubeckaja,[42] mit Marija Volkonskaja befreundet, begleitete ihren Mann nach Sibirien und verbrachte dort bis zu ihrem Tod 1854 fast dreißig Jahre ihres Lebens.

Unter dem Eindruck der sich rasch wandelnden Verhältnisse und eines beständig steigenden Gefühls, sich von den Russen im europäischen Teil doch zu unterscheiden, entfaltete sich in den Kreisen der sibirischen Eliten in der zweiten Hälfte des 19. Jahrhunderts eine Bewegung, die als »sibirischer Regionalismus« bzw. im Russischen als *oblastničestvo* bezeichnet wird.[43] Als ihre herausragenden Protagonisten gelten die beiden Wissenschaftler Nikolaj M. Jadrincev (1842-1894) und Grigorij N. Potanin (1835-1920). Beide stammten aus Sibirien und verbrachten ihre Studienjahre in St. Petersburg, wo sie sich einem bereits bestehenden sibirischen Studentenbund anschlossen. Den Kern der Überlegungen und des Konzeptes dieser Bewegung, wenn man sie denn so nennen kann, bildete die These, daß

Sibirien eine Kolonie des europäischen Rußland sei und seine genuinen Interessen vom Zentrum, der Regierung in St. Petersburg, nicht berücksichtigt würden. Folgerichtig nannte Jadrincev sein Hauptwerk »Sibir' kak kolonija« (Sibirien als Kolonie), das ausdrücklich zum 300. Jahrestag der russischen Eroberung erschien.[44] Als Ziele ihres Programms formulierten die Regionalisten (oblastniki) die Abschaffung der Strafverschickung nach Sibirien, eine Verbesserung und den Ausbau des Bildungssystems, unter anderem durch die Gründung einer Universität und die Förderung der regionalen Presse, eine stärkere Einwanderung von freien Bauern aus dem europäischen Teil nach Sibirien, eine Verbesserung der Lage der indigenen Bevölkerung und anderer nationaler Minderheiten sowie das Ende diskriminierender und restriktiver Maßnahmen, die Sibirien ökonomisch vom Zentrum abhängig machten.[45] Im Extrem wurde auch eine Abtrennung Sibiriens vom Russischen Reich erörtert und für diesen Fall die Bildung einer Föderation mit dem russischen Mutterland ins Auge gefaßt. Sogar ein Anschluß Sibiriens an Amerika wurde diskutiert. Dies waren jedoch nie reale Grundlagen politischer Aktivitäten in jener Zeit.

Mitte der 1860er Jahre wurden die Separatisten verhaftet und verbrachten mehrere Jahre im Gefängnis. Danach widmeten sich sowohl Jadrincev als auch Potanin überwiegend der Wissenschaft, beide in den Reihen der Kaiserlich Russischen Geographischen Gesellschaft. Jadrincev bekleidete zudem längere Zeit den Posten eines Sekretärs des Generalgouverneurs von Westsibirien in Omsk und beschäftigte sich insbesondere mit der Lage der indigenen Bevölkerung, den inorodcy, wie sie seit den Reformgesetzen Speranskijs bezeichnet wurden.[46] Einige Teile der Gesellschaft hat die Bewegung der Regionalisten durchaus erfaßt, auch wenn sie im Kern eine Bewegung der Intellektuellen und von Teilen des liberalen Bürgertums blieb, die aber doch bis in die 1920er und 1930er Jahre existierte und, wie im folgenden Kapitel noch zu zeigen sein wird, in Revolution und Bürgerkrieg eine nicht unerhebliche Rolle spielte. Jadrincev und einige andere Regionalisten waren seit den 1880er Jahren vor allem publizistisch tätig und suchten ihre Gedanken und Ideen in Zeitungen und Zeitschriften, wie »Vostočnoe Obozrenie« (Ost-Rundschau), die Jadrincev herausgab, zu verbreiten.[47]

Als ein großer Erfolg dieser Bewegung kann gewiß die Eröffnung der ersten sibirischen Universität in Tomsk im Jahre 1888 gelten, die bereits zehn Jahre zuvor durch ein Dekret Kaiser Alexanders II. gegründet worden war und zu deren Finanzierung sibirische Unternehmerfamilien wie die Demidovs, die seit den Zeiten Peters I. zunächst mit der Eisenproduktion im Ural, später auch mit der Verarbeitung von Gold, Silber und Kupfer, zu großem Reichtum gelangt waren, und die Sibirjakovs in erheblicher Weise beitrugen. Sie wollten auf diese Weise auch die Abwanderung begabter Studenten wie etwa des aus Tobol'sk gebürtigen, später weltberühmten Chemikers Dmitrij I. Mendeleev verhindern. Zunächst gab es nur eine Medizinische Fakultät, was durchaus verständlich ist, denn der Bedarf an Ärzten war in Sibirien besonders groß. Ab 1898 kam eine Juristische Fakultät hinzu, die übrigen folgten allerdings erst nach 1917. Seit 1910 konnten auch Frauen ein Studium an der Tomsker Universität aufnehmen. Seit dem letzten Viertel des 19. Jahrhunderts wurden verstärkte Anstrengungen unternommen, das Bildungsniveau in Sibirien zu heben. Auch hier waren es häufig private Initiativen oder

Anstöße, die dazu führten. So stieg der Grad der Alphabetisierung Sibiriens seit 1897, dem Datum der ersten Volkszählung, von 12,5 auf rund 27 Prozent im Jahre 1917, lag damit allerdings um etwa zwanzig Prozent unter dem Wert für das europäische Rußland.[48] In diesem Kontext der Bemühungen der Regionalisten, Anschluß an das europäische Rußland zu finden, ist in gewisser Weise auch der Baubeginn der Transsibirischen Eisenbahn zu sehen.

3. DER BAU DER TRANSSIBIRISCHEN EISENBAHN

Bis heute hat die längste Eisenbahnstrecke der Welt, die Große Sibirische Magistrale, ihren Reiz bei Globetrottern, Eisenbahnromantikern und Luxusreisenden nicht verloren. Noch bevor die Bahnlinie von St. Petersburg bis Vladivostok endgültig vollendet war, erschien der erste Reiseführer, den das russische Verkehrsministerium in den Jahren 1900 und 1901 in Russisch, Englisch, Französisch und Deutsch auf den Markt brachte.[49] Der Band bot auf 500 eng bedruckten Seiten eine Geschichte Sibiriens im russischen Kontext, die Geschichte des Baus der Linie sowie ausführliche Landschafts- und Städtebeschreibungen einschließlich Hotel- und Restaurantempfehlungen. Der Reisende konnte rund 360 Fotografien,[50] vier Karten und drei Stadtpläne betrachten. Das Buch wog zwar schwer in der Hand, bot aber auf der langen Reise ausführlichen und informativen Lesestoff. Auch ein Fahrplan mit Tarifangaben und nützlichen Hinweisen sowie zahlreiche Anzeigen von Banken und Industrieunternehmen fehlten nicht.

Reisebeschreibungen dieser neuen Route, auf die ich noch eingehen werde, ließen nicht lange auf sich warten. Heute ist die Zahl der beständig aktualisierten Handbücher für Reiselustige in fast allen Sprachen der Welt kaum noch überschaubar, und selbstverständlich bietet auch das Internet entsprechende Informationen.[51] Ein Luxuszug befährt diese Strecke immer noch. Wer möchte, kann für über 10.000 Euro ein DeLuxe-Abteil buchen und, wie es in der Anzeige des Veranstalters heißt, in einem Privatzug, »der sich mit den komfortabelsten Zügen der Erde messen« kann, begleitet von einer Rußlandexpertin, zwei Wochen von Moskau nach Vladivostok reisen. Die Abteile verfügen über allen Komfort einschließlich DVD-Player und Flachbildschirm.[52] Schon zu Beginn des 20. Jahrhunderts fuhren auf der gerade fertiggestellten Magistrale neben acht Zügen der Russischen Staatsbahn auch drei Luxuszüge des belgischen Unternehmens *Compagnie Internationale des Wagons-Lits*, die vor allem ausländische Reisende nach Sibirien locken sollten. Firmenchef George Nagelmacher, dessen Unternehmen in Europa auch andere Luxuszüge, wie den berühmten Orient-Express, betrieb, hatte bereits auf der Pariser Weltausstellung 1900 die Werbetrommel für den Transsibirien-Expreß rühren lassen. Dieser stand seinem Pendant hinsichtlich des Komforts für die damalige Zeit in nichts nach. So teilten sich Passagiere der 1. Klasse zu viert ein Badezimmer mit Wanne und Turngeräten. Im Salon- und Speisewagen der 1. und 2. Klasse befanden sich außer der Gastronomie noch eine Bibliothek, mehrere Brettspiele und ein Piano, um den Gästen während der langen Fahrt die Zeit zu vertreiben.[53] Die meisten Passagiere auf der Transsib reisen bzw. reisten aber nicht ganz so komfortabel – heute genau wie vor über 100 Jahren.

Das Eisenbahnzeitalter wurde im Russischen Reich mit dem Bau der »Spielzeugbahn« im Jahre 1837 eingeleitet, die St. Petersburg und die kaiserlichen Paläste in Carskoe Selo und Pavlovsk auf einer Strecke von 25 Kilometern miteinander verband.[54] Die erste große Linie von St. Petersburg nach Moskau wurde erst 1851 in Betrieb genommen. Kaiser Nikolaj I., der der Eisenbahn trotz erheblicher Bedenken seiner Berater mit der Zustimmung zu diesen Projekten den Weg ebnete, setzte allerdings vor allem aus militärischen Gründen auf das neue Verkehrsmittel, da es raschere Truppentransporte ermöglichen sollte.[55] Unter diesem Vorzeichen standen auch andere Projekte, wie etwa eine Verbindung zwischen St. Petersburg und Warschau, die schon in den 1840er Jahren geplant worden war. Der Bau begann dann erst 1852 und wurde schließlich 1862 vollendet. Zu diesem Zeitpunkt verfügte das riesige Land gerade einmal über ein Schienennetz von rund 2.000 Kilometern, während in Deutschland 11.000 und den USA bereits 49.000 Kilometer Schienenstrecke verlegt worden waren. Es war die vernichtende Niederlage Rußlands im Krimkrieg, die den entscheidenden Anstoß zu einem intensiveren Ausbau der Eisenbahnstrecken gab. Denn während der Kämpfe im eigenen Land hatte sich aufgrund der fehlenden Infrastruktur gezeigt, daß Nachschub und Soldaten nur äußerst langsam an die Front geschafft werden konnten.

Zu Beginn der zweiten Hälfte des 19. Jahrhunderts kamen im Russischen Reich so auch die ersten Überlegungen auf, eine Eisenbahnlinie vom europäischen Rußland durch Sibirien bis zum Pazifischen Ozean zu bauen. Die ersten Vorschläge, nicht nur von russischer, sondern auch von englischer und amerikanischer Seite, wurden zwischen 1857 und 1860 erörtert. In den 1860er Jahren diskutierte man drei alternative Linienführungen nach Sibirien: 1) von Perm' nach Tjumen', 2) von Perm' nach Belozersk und 3) von Ekaterinburg nach Tjumen'.[56] Doch blieben alle diese Pläne zunächst Makulatur. In den folgenden dreißig Jahren wurde heftig über verschiedene Konzepte diskutiert. Jedoch verhinderte die Angst vor fremder Einflußnahme auf die Streckenführung und ebenso auf den Bau der Bahnlinie die Annahme der Projekte ausländischer Ingenieure. Hinzu kamen eine langsam arbeitende Bürokratie, fehlender Enthusiasmus der Verantwortlichen, Kapitalmangel und die Kriege im Kaukasus, in Zentralasien, im Süden Rußlands gegen das Osmanische Reich und auf dem Balkan, die den Baubeginn immer wieder verzögerten.[57] Schließlich führten wirtschaftliche, demographische und insbesondere wiederum militärische und strategische Gründe im Februar 1891 zum Regierungsbeschluß, den Bau der Linie endgültig in Angriff zu nehmen.

Besonderes Interesse zeigten die sibirischen Industriellen und Kaufleute, aber auch Bankiers, Unternehmer und Kaufleute aus dem europäischen Rußland drängten die Regierung wieder und wieder zum Baubeginn. Sie erhofften sich zum einen lukrative Staatsaufträge, zum anderen die Erschließung neuer Absatzmärkte und Rohstoffquellen. Vor allem die »Gesellschaft zur Förderung der Russischen Industrie und des Handels«[58] und die Unternehmer im Ural unterstützten die Pläne. So erwarteten beispielsweise die dortigen Bergwerksbesitzer einen besseren Zugang zum Holzreichtum Sibiriens, denn Holz war ein wichtiges Hilfsmittel für den Bau und die Sicherung der Schächte.[59]

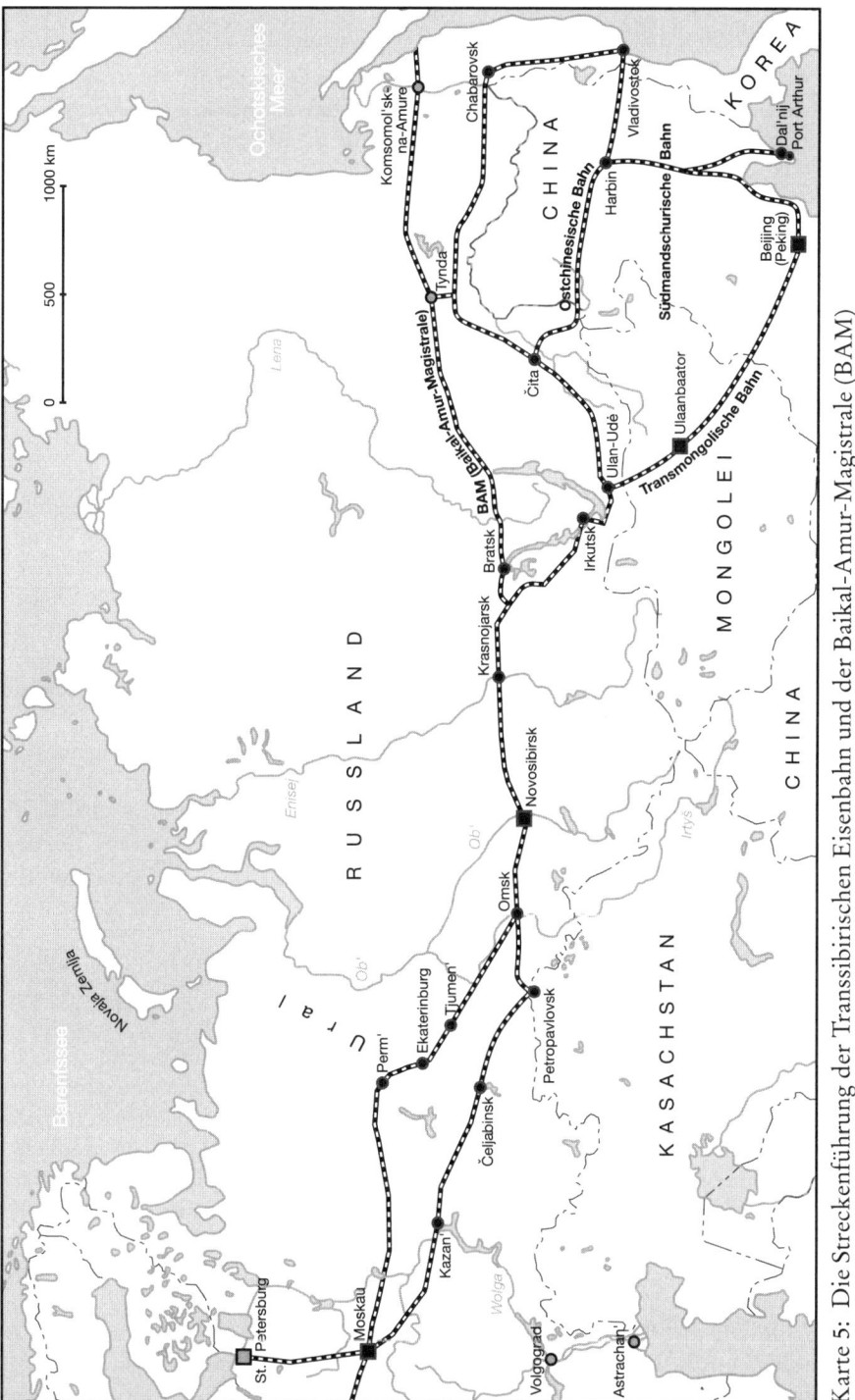

Karte 5: Die Streckenführung der Transsibirischen Eisenbahn und der Baikal-Amur-Magistrale (BAM)

Aus Sicht der Regierung sollte die Bahn vor allem dafür sorgen, West- und Ostsibirien miteinander und mit dem europäischen Rußland zu verbinden, um so die agrarische Versorgung in Ostsibirien und im Fernen Osten zu verbessern. Zugleich hoffte man aber auch, die Überschüsse der landwirtschaftlichen Produktion Westsibiriens schneller und kostengünstiger einerseits ins europäische Rußland, andererseits auch auf den gesamten europäischen Markt zu bringen, ebenso wie umgekehrt die aufgrund der klimatischen Bedingungen in Sibirien nicht vorhandenen Lebensmittel ins Land geschafft werden sollten. Geplant war gleichfalls, das Problem der wachsenden Überbevölkerung im europäischen Rußland, vor allem in der fruchtbaren Schwarzerderegion, in weiten Teilen der heutigen Ukraine sowie in den Gouvernements Kursk, Tambov und Voronež, durch eine Übersiedelung der Bauern nach Sibirien wenn nicht zu lösen, dann doch wenigstens zu mildern.[60]

Außen- und militärpolitisch stand das Russische Reich in den letzten Jahrzehnten vor dem Ersten Weltkrieg, im Zeitalter des Hochimperialismus, in Konkurrenz zu den anderen Großmächten. So befand sich das Land seit Beginn des 19. Jahrhunderts auf dem asiatischen Kontinent im erbitterten »Great Game in Asia« gegen Großbritannien um politische und ökonomische Macht und Einfluß. Besonders schwierig gestaltete sich für Rußland die Lage im Fernen Osten. Neben dem Hauptgegner Großbritannien verfolgten dort auch andere europäische Kolonialmächte wie Frankreich und das Deutsche Reich ihre eigenen Interessen. Aber auch die noch »jungen Großmächte«, wie einerseits die Vereinigten Staaten von Amerika mit ihren pazifischen Interessen und andererseits die neue asiatische Macht Japan, spielten in diesem Raum eine immer wichtigere Rolle. In dieser Konstellation sah die russische Regierung die eigene Einflußsphäre einschließlich des russischen Territoriums im Fernen Osten als gefährdet an.[61] Eine schnellere Anbindung des Fernen Ostens, des Hafens Vladivostok und der Amurregion durch eine Eisenbahnlinie erschien dringend erforderlich, wenn Rußland seine Position im pazifischen Raum behaupten wollte. Dies war gleichzeitig auch die Voraussetzung für eine Erweiterung der russischen Einflußsphäre im Fernen Osten, die wiederum die russische Regierung zur Sicherung ihrer Großmachtstellung überhaupt als notwendig erachtete.[62]

Im Laufe der 1880er Jahre erkannte Kaiser Alexander III. (1845-1894), der seinem Vater, Alexander II., 1881 nach dessen Ermordung auf den Thron gefolgt war, die dringende Notwendigkeit der industriellen Entwicklung des Landes, wollte es mit den übrigen europäischen Großmächten Schritt halten. Von Grund auf konservativ, teils reaktionär, suchte er zwar die innenpolitischen Reformen seines Vorgängers rückgängig zu machen, setzte aber zugleich auf eine forcierte Industrialisierung Rußlands. Er fand in Sergej Ju. Witte (1849-1915), der im Kaukasus aufgewachsen und nach einem Mathematikstudium zunächst in die Dienste einer Eisenbahngesellschaft im Südosten Rußlands getreten war, einen ausgewiesenen Finanz- und Wirtschaftsfachmann, der wirtschaftspolitisch die Grundüberzeugung des Kaisers teilte. 1892 wurde Witte zunächst zum Verkehrs-, dann zum Finanzminister berufen. Zugleich suchte Alexander III., stark antideutsch orientiert, außenpolitisch neue Bündnismöglichkeiten, wobei es ihm und seinem Finanzminister vor allem um ausländische Kredite zur Finanzierung der Industrialisierung ging. Hier bot sich Frankreich an, das seit der Niederlage im Krieg gegen Preußen-

Deutschland 1870/71 international weitgehend isoliert war und sich gemeinsam mit Belgien auch geneigt zeigte, im Russischen Reich zu investieren und Kredite zu gewähren oder internationale Anleihen zu unterstützen.[63]

Der Bau der Transsibirischen Eisenbahn ist also im Kontext der internationalen Entwicklung zu sehen. Als Ende der 1860er Jahre in den Vereinigten Staaten von Amerika die Eisenbahnverbindung von der Ost- zur Westküste vollendet wurde und auch in Kanada ein ähnliches Projekt große Fortschritte machte, wuchs auch im Russischen Reich das Interesse am Bau einer großen, das gesamte Land durchziehenden Eisenbahnlinie. In Rußland kam es in dieser Zeit zu einem ersten Boom im Eisenbahnbau. Bereits Ende der 1880er Jahre erreichte das Schienennetz des europäischen Rußland den Ural, so daß sich dessen Weiterführung durch Sibirien nunmehr geradezu aufdrängte, doch blieb die Streckenführung innerhalb der Regierung und unter den Experten immer noch umstritten. Da die Transsibirische Magistrale als staatliche Bahnlinie gebaut werden sollte, fehlte es zudem an den notwendigen Finanzmitteln, obwohl private Geldgeber im In- und Ausland nachdrücklich ihr Interesse bekundeten.[64] Aus diesem Grund sollten die Kosten so niedrig wie möglich gehalten werden, die Route nur eingleisig gebaut und möglichst preiswertes, besser gesagt, billiges Material verwendet werden. Dies bedeutete, daß nur bei den großen Brücken Stahl, bei den anderen jedoch Holz benutzt wurde, auch nahm man steile Anstiege und scharfe Kurven in Kauf, um den kostspieligen Bau von Tunneln zu vermeiden.[65]

1887 machten sich drei große Expeditionen auf den Weg, um mögliche Trassenführungen vor Ort zu untersuchen. Für die Streckenführung östlich des Enisej bis nach Vladivostok am Pazifischen Ozean war die geeignete Trasse bald gefunden. Schwieriger erwies es sich, den Ausgangsort im Ural festzulegen. Schließlich entschied man sich für Čeljabinsk anstelle von Perm' oder Orenburg und ebenso gegen den Plan des Finanzministers Vyšnegradskij, Wittes Vorgänger, nur mehrere Kurzstrecken zu bauen, um so lediglich die Flußsysteme Sibiriens miteinander zu verbinden. Die endgültige Entscheidung zum Baubeginn gab der kaiserliche Ukaz vom Februar 1891. Zu diesem Zeitpunkt befand sich der Thronfolger Nikolaj gerade auf dem Rückweg von einer Asienreise, die ihn unter anderem nach Ägypten, Indien und Japan geführt hatte. Er sollte im Auftrag seines Vaters den Bau der Transsibirischen Eisenbahn im Rahmen einer feierlichen Zeremonie in Vladivostok eröffnen. In pathetischer Sprache hieß es im offiziellen Schreiben des Vaters an den Sohn:

> »Nachdem ich den Befehl erteilt habe, mit dem Bau einer durch ganz Sibirien führenden Eisenbahnstrecke zu beginnen, welche die mit reichhaltigen Naturschätzen bedachten verschiedenen sibirischen Gebiete mit dem inneren Schienennetz [gemeint war das Schienennetz im europäischen Rußland D.D.] verbinden wird, beauftrage ich Euch, diesen, meinen Willen nach Eurer Heimkehr auf russischen Boden von der Besichtigung der Länder des Ostens kundzutun. Darauf bezugnehmend übertrage ich Euch in Vladivostok den Vollzug der Grundsteinlegung des Ussuri-Abschnitts des Großen Sibirischen Schienenstranges, dessen Errichtung auf Kosten der Staatskasse durch eine unmittelbare Regierungsverfügung genehmigt worden ist.«[66]

Der offiziöse »Wegweiser der Großen Sibirischen Eisenbahn« schrieb einige Jahre später:

> »Am 19. Mai 1891 geruhte der Thronfolger Cäsarewitsch, gegenwärtig glücklich regierender Kaiser, den bereit gehaltenen Schiebkarren, nachdem Er denselben

eigenhändig mit Sand gefüllt hatte, auf den Damm der dem Bau zu übergebenden Ussuri-Bahn zu fahren und den ersten Spatenstich bei der Grundsteinlegung der Grossen Sibirischen Eisenbahn zu thun.«[67] Danach wurde ein festlich opulentes Frühstück serviert. Der Bau der Ussuribahn begann.[68]

Nach der Grundsteinlegung reiste Nikolaj auf dem Landweg, also quer durch Sibirien, zurück nach St. Petersburg. Die Reise dauerte drei Monate. Er kam durch Städte und Gegenden, die noch nie ein Mitglied der russischen Herrscherfamilie gesehen hatte. Allerdings zeigte man dem zukünftigen Herrscher, wie dies gemeinhin auch heute noch üblich ist, nur die Sonnenseite Sibiriens. Die Schlaglöcher auf dem Großen Sibirischen Postweg waren ausgebessert, Brücken repariert und Poststationen renoviert worden. Die Bevölkerung, einerlei ob Russen oder indigene Völker, jubelte dem Thronfolger überall zu, die Gebäude waren beflaggt, die Straßen mit Girlanden geschmückt, sogar in der neuen Universitätsstadt Tomsk. Ob dies spontan geschah oder die örtliche Verwaltung entsprechend vorsorgte, läßt sich den vorliegenden Berichten nicht entnehmen. In Grußadressen der Stadtparlamente demonstrierten die örtlichen Honoratioren ihre Verbundenheit mit dem Herrscherhaus. Man hoffte auf eine schnelle Fertigstellung der Eisenbahnlinie, damit, wie die Duma in Irkutsk deutlich machte, »unsere Stadt mit dem geistigen und wirtschaftlichen Zentrum unseres Vaterlandes durch den Schienenstrang vereint wird.«[69] Für Nikolaj blieb diese Reise durch Sibirien unvergeßlich. Bis zu seinem Tod spielte der Subkontinent eine wichtige Rolle in seinem Leben.

Sergej Witte, später, im Jahre 1905, in den Grafenstand erhoben, war die treibende Kraft beim Bau der großen Magistrale, die Čeljabinsk im Ural mit Vladivostok am Pazifischen Ozean auf einer Strecke von über 8.000 Kilometern verbinden sollte. Ihre Kosten wurden zunächst auf 350 Mio. Rubel geschätzt, summierten sich aber schließlich auf über eine Milliarde Rubel.[70] Witte propagierte den Bau in Etappen, um eine schnellere Fertigstellung zu ermöglichen, und schuf das »Komitee der Sibirischen Eisenbahn«, das im Dezember 1892 seine Arbeit aufnahm. Den Vorsitz übernahm der Thronfolger Nikolaj Aleksandrovič. Mitglieder waren außer Witte insbesondere der Verkehrs- und Wirtschaftsminister sowie der Kriegs- und Marineminister. Witte gelang es, das Komitee mit besonderen Vollmachten ausstatten zu lassen, damit es den normalerweise erforderlichen Dienstweg durch die bürokratischen Instanzen umgehen konnte. Es konnte Finanzmittel bewilligen, Kostenbudgets festsetzen, Grund und Boden, Holz und Gebäude beschlagnahmen, Sträflinge und Soldaten als Arbeitskräfte einsetzen, eine eigene Eisenbahnpolizei aufbauen und über die Streckenführung entscheiden.

Für Witte war der Bau der Großen Sibirischen Magistrale einer der Eckpunkte seiner gesamtpolitischen Konzeption, in der die Wirtschaftspolitik die wichtigste Rolle spielte, um Rußlands Platz unter den europäischen Großmächten zu erhalten. Der Bau der transkontinentalen Bahnstrecke bedeutete für Rußland zunächst einen gewaltigen Prestigegewinn, zeugte er doch von den ingenieurtechnischen Möglichkeiten und dem industriellen Fortschritt des Landes. So wurden im wesentlichen auf Wittes Betreiben hin für alle internationalen Ausstellungen, vor allem für die Weltausstellung 1900 in Paris, Broschüren in Russisch, Französisch, Englisch und Deutsch gedruckt, die Sibirien und die Transsib entsprechend herausstellten. Zu-

gleich erschienen aber auch wissenschaftliche Werke über die »Grenzgebiete Rußlands« und der umfangreiche »Führer auf der Großen Sibirischen Eisenbahn«, die
umfassend über Sibirien und die übrigen asiatischen Gebiete des Reiches, die jedoch
nie als Kolonien bezeichnet wurden, informierten und sogar auf die Sträflingsarbeit
eingingen.[71]

Nach Wittes Überzeugung eröffnete die Transsib Rußland eine glänzende wirtschaftliche Zukunft, denn von nun an würden die Warenströme auf diesem direkten Landweg ungefährdet zwischen Asien und Europa fließen. Die Eisenbahn
werde die Isolation des Ostens beenden und Rußland entsprechend daran partizi-
pieren. Rußland habe nun alle Chancen sowohl zu einem ökonomischen als auch
kulturellen Zentrum der Welt zu werden. Insbesondere in Moskau, Rußlands alter
Hauptstadt, die immer noch als das Herz des Landes und typisch russische Stadt
im Unterschied zum westeuropäisch geprägten St. Petersburg galt, sollte sich, so
führte Witte aus, der Handel mit Seide, Tee und Pelzen für Europa und der mit
Fertigprodukten und anderen Handelsgütern für den Fernen Osten konzentrieren.
So werde Moskau der Mittelpunkt des Transithandels der Welt.[72]

Den Nutzen der Transsib berechnete Rußlands Finanzminister jedoch keineswegs in einer Kosten-Nutzen-Relation auf arithmetischer Basis. Man dürfe, so
führte Witte aus, die Bedeutung der Bahn keinesfalls nach einem engen finanziellen
Standpunkt beurteilen, und erläuterte in diesem Kontext der Fürstin Radziwiłł, daß
ein Staat nur dann Geld einnehme, wenn er es zuvor reichlich ausgegeben habe.[73]
Dies war übrigens nicht nur Wittes Standpunkt, auch die Interessenvertreter von
Handel und Industrie sowie die Russische Technische Gesellschaft sprachen sich
dafür aus, die Bahn ohne Rücksicht auf die Kosten zu bauen.[74]

Spielte bei Witte die kulturell-zivilisatorische Mission Rußlands beim Bau der
Bahn eine vergleichsweise untergeordnete Rolle, so stand sie für den Vorsitzenden
des »Komitees der Sibirischen Eisenbahn«, den Thronfolger Nikolaj Aleksandrovič, eindeutig im Vordergrund. Erst auf massives Drängen Wittes hatte Alexander
III. zugestimmt, den politisch völlig unerfahrenen und naiven, zudem leicht zu
beeinflussenden Nikolaj zum Vorsitzenden des Komitees zu machen. Der Finanzminister hatte diese Funktion gleichsam als Lehrstelle deklariert und bemerkt, dies
sei die Grundschule für die Führung der Staatsgeschäfte.[75] Immerhin hatte Nikolaj
als erstes Mitglied der kaiserlichen Familie überhaupt Asien und Sibirien bereist.
Allerdings verstärkte diese Asienreise auch aufgrund des in Japan auf ihn verübten
Anschlages eine latent vorhandene, rassistisch-chauvinistische Grundeinstellung
des Thronfolgers gegenüber Asiaten, insbesondere gegenüber Japanern. Rußlands
Rolle in Asien und vor allem seine Politik gegenüber Japan beschäftigten ihn in
hohem Maße – sowohl in jener Zeit als auch in seinen Regierungsjahren bis zum
Ende des russisch-japanischen Krieges durch den Frieden von Portsmouth im
September 1905 – und machten ihn anfällig für eine imperialistische Politik.

Diese Tendenzen wurden durch Nikolajs Nähe zu Fürst É.É. Uchtomskij, der
ihn auf seiner Asienreise begleitet hatte, noch verstärkt. Uchtomskij stand den »Orientalisten« (vostočniki) nahe, einer Denkrichtung, die Rußlands Expansion in Asien
aus historischen und kulturellen Gründen rechtfertigte.[76] Im Kern waren sie ein
Vorläufer der Eurasier, die nach dem Ersten Weltkrieg ähnliche Ansichten vertraten.
Die Orientalisten behaupteten, daß zwischen Rußland und Asien eine enge Bezie-

hung, wenn nicht sogar Verwandtschaft bestünde, die Rußland von Europa unterscheide. Allerdings sahen sie mit einer großrussischen, chauvinistischen Attitüde in Asien bzw. den Asiaten die »gelbe Gefahr« und hielten es für Rußlands historische Mission, diese Völker zu zivilisieren. Sibirien spielte dabei eine besondere Rolle als Ausgangspunkt dieser Zivilisierungsmission, und die neue Bahnlinie sollte den Export zivilisatorischen oder, wie Witte sich ausdrückte, kulturell-aufklärerischen Gedankengutes erleichtern.[77] Von daher bestanden lange Zeit zwischen dem Thronfolger und Witte enge Beziehungen und gemeinsame Interessen, die sich erst seit der Mitte der 1890er Jahre aufgrund der völlig unterschiedlichen Charaktere und Anschauungen über die Grundlagen der russischen Politik im Fernen Osten diametral auseinanderentwickelten. Zunächst aber stürzte sich Nikolaj mit großem Interesse und Eifer in seine Tätigkeit als Vorsitzender des »Komitees der Sibirischen Eisenbahn« und nahm regen Anteil am Gang der Ereignisse.[78]

Durchaus mit Absicht und Überlegung, also ganz offensichtlich aus strategischen und Prestigegründen, begann der Bau der Strecke im Osten, in jener Stadt, deren Name bereits den russischen Machtanspruch im Fernen Osten verkörperte: in Vladivostok, der Beherrscherin des Ostens. Die Ussuri-Bahn sollte von dort bis Chabarovsk gehen. Weitere Teilstücke waren die Westsibirische Bahn, die von Čeljabinsk bis zum Ob' in der Nähe von Krivoščekovo führte,[79] die Mittelsibirische Bahn vom Ob' nach Irkutsk, die Baikalbahn, die von Irkutsk am Südufer des Baikalsees entlang bis nach Mysovaja am Ostufer des Sees führte. Sie war mit 260 Kilometern das kürzeste und zugleich landschaftlich schönste, aber auch das teuerste Teilstück der Magistrale. Östlich des Baikalsees schloß sich die Transbaikalbahn an, die Mysovaja und Sretensk miteinander verband. Vom sogenannten *Kitajskij raz-ezd* (chinesische Ausweichstelle) an der Transbaikalbahn führte schließlich die Ostchinesische Bahn, welche die ursprünglich geplante Amurbahn ersetzte, auf direktem Weg dafür aber über chinesisches Territorium nach Nikol'sk (heute Ussurijsk) an der Ussuribahn, 110 Kilometer nördlich von Vladivostok, lief. Die Amurlinie von Sretensk nach Chabarovsk entlang des Amur wurde nach der russischen Niederlage im Krieg gegen Japan 1904/05 schließlich ab 1908 doch gebaut, führte ausschließlich über russisches Gebiet und konnte 1916 mit der Vollendung der damals längsten Eisenbahnbrücke der Welt über den Amur vollständig in Betrieb genommen werden. Außer der Hauptlinie der Transsib wurden zugleich eine Reihe von Neben- und Seitenlinien gebaut, da etwa Tomsk, die für lange Zeit einzige Universitätsstadt Sibiriens, nicht an der Hauptstrecke lag. Fast alle Nebenlinien waren allerdings private Unternehmungen und nicht staatlich finanziert.[80]

Nach dem russisch-japanischen Krieg stellte die Regierung fest, daß die Truppen- und Materialtransporte die Strecke erheblich belastet hatten, und entschloß sich zu einem doppelgleisigen Ausbau, der zwar bereits 1907 begonnen, allerdings erst 1939 beendet werden konnte.[81] Jedoch wurde bereits mit der 1911 vollendeten Erweiterung der Perm'er Bahn nach Ekaterinburg und der Fertigstellung einer neuen, eingleisigen Linie von Omsk nach Tjumen' die Verbindung zwischen Westsibirien und St. Petersburg über die Städte Ekaterinburg, Perm', Vjatka und Vologda erheblich verkürzt. Über Vologda bestand zudem eine Bahnverbindung nach Archangel'sk. Damit verfügte die landwirtschaftlich am stärksten genutzte Region Sibiriens nun über eine kürzere Anbindung an die Hauptstadt, die Ostseehäfen und auch an den alten russischen Handelshafen Archangel'sk am Weißen Meer, weil nun nicht mehr der Umweg über Samara und Moskau genommen werden mußte.[82]

Die schwierigen geographischen Bedingungen Sibiriens und des Fernen Ostens stellten die russischen Ingenieure vor große Probleme und Herausforderungen. Je weiter man nach Osten vordrang, desto schlechter wurden die Verhältnisse. Am einfachsten waren die Bedingungen im westlichen Sibirien, denn dort war die Oberfläche weitgehend eben oder nur leicht hügelig. Doch gab es auch hier eine Reihe von Problemen. Der Boden blieb bis Ende April oder sogar bis Anfang Mai gefroren und zunächst verfügten die Arbeiter nicht über die entsprechenden Werkzeuge, um mit diesen Bedingungen fertig zu werden, so daß nur während der wenigen Sommermonate gearbeitet werden konnte. Vor Baubeginn mußten allerdings überall erst entsprechende Vorarbeiten geleistet werden, denn es fehlte an Zufahrtsstraßen und grundsätzlich an jeder Form von Infrastruktur. Immerhin konnte im Dezember 1894 – drei Jahre nach Baubeginn – in Vladivostok das erste Teilstück der Ussuri-Bahn, die Südussuri-Bahn, mit einer Strecke von 408 Kilometern zumindest provisorisch in Betrieb genommen werden. Im Februar 1896 folgte die endgültige Eröffnung der südlichen Teilstrecke. Die Nordussuri-Bahn mit 361 Kilometern von der Station Grafskaja bis Chabarovsk konnte schließlich ab 1899 befahren werden.[83]

Ein Jahr nach der Grundsteinlegung in Vladivostok begannen 1892 auch die Arbeiten für die Strecke in Westsibirien von Čeljabinsk bis zum Ob'. Auch hier konnte erst nach entsprechenden Vorarbeiten mit dem Bau des Schienenstranges begonnen werden. Straßen wurden gebaut, Wasserleitungen verlegt, Säge- und Kalkwerke, die für die Herstellung des Schotters und der Brückenpfeiler benötigt wurden, errichtet und Einrichtungen für den Pferdetransport geschaffen. Denn die meisten Baumaterialien einschließlich des Holzes mußten aus dem europäischen Rußland herangeschafft werden. Bald zeigte sich zudem das Problem, daß das Wasser aus den dortigen Seen weder als Trinkwasser noch für die Lokomotiven genutzt werden konnte, da es zu salz- und kalkhaltig war, so daß vielerorts Brunnen gebohrt werden mußten. Viereinhalb Jahre nach Baubeginn, im Oktober 1896, konnte die Strecke zusammen mit der Linie von Ekaterinburg nach Čeljabinsk, der Anbindung an die Linie Perm'-Tjumen', freigegeben werden.[84] An der Mittelsibirischen Bahn wurden die Arbeiten 1893 aufgenommen, gleichzeitig mit den Arbeiten für die Zweigstrecke von der Station Tajga nach Tomsk. Die Strecke vom Ob' bis Krasnojarsk wurde im Februar 1897 provisorisch eröffnet, der verbleibende Teil bis Irkutsk dann ein Jahr später. 1900 wurden die West- und die Mittelsibirische Eisenbahn zur Sibirischen Bahn zusammengeschlossen.[85]

Aufgrund der schwierigen geographischen Bedingungen südlich des Baikalsees favorisierte man zunächst die Variante, den See mit Fähren zu überqueren. Als der Bahnbau 1896 Irkutsk erreicht hatte, entschloß man sich dazu, die Strecke am Ufer der Angara bis zum Seeufer zu bauen, die Waggons in Port Bajkal auf eine aus England gelieferte Spezialfähre, die im Winter auch als Eisbrecher fungieren sollte, zu laden und überzusetzen. Eine solche Überfahrt dauerte bei gutem Wetter etwa dreieinhalb Stunden und war seit April 1900 möglich. Bereits der erste Winter zeigte, daß die Dicke des Eises auf dem Baikal falsch berechnet worden war. Der Eisbrecher blieb stecken und der Transport erfolgte von Mitte Januar bis Ende April oder sogar bis Mitte Mai auf bewährte Art und Weise. Reisende und Gepäck wurden auf Pferdeschlitten geladen und über das Eis gefahren. Dabei stand den Passagieren der ersten beiden Klassen standesgemäß eine Trojka zur Verfügung, die übrigen mußten, wie das Gepäck, mit Einspännern vorlieb nehmen. In regelmäßigen Abständen wurden auf dem Eis Buden errichtet, in denen man sich bei Bedarf aufwärmen konnte.[86]

Aufgrund dieser Erfahrungen wurde 1902 mit dem Bau der Strecke um das südwestliche Ufer des Sees begonnen. Die felsige und häufig steil abfallende Gegend erforderte zunächst intensive geologische Untersuchungen, dann den Bau zahlreicher Tunnel und Brücken. Hier verwendete man extra schwere Gleise und besondere Schwellen. Als sich die politische Lage im Fernen Osten verschlechterte und schließlich im Januar/Februar 1904 der russisch-japanische Krieg ausbrach,[87] wurde der Bau forciert. In jenem Winter wurden für einen knappen Monat von Ende Februar bis Ende März Schienen über den zugefrorenen See verlegt, um den Transport des an der Front dringend benötigten Nachschubs zu beschleunigen. Allerdings wurden die Lokomotiven zerlegt und die Waggons von Pferden über das Eis gezogen. Diese Episode war der Auslöser für die Geschichten über Lokomotiven, die über das Eis fuhren. Nur eine der zerlegten Lokomotiven versank im See. Ende September 1904 fuhr der erste Zug mit dem Verkehrsminister Fürst Michail I. Čilkov bis Kultuk an der südwestlichen Spitze des Baikalsees. Mitte Oktober 1905 konnte bereits die gesamte Strecke befahren werden. Da allerdings war der russisch-japanische Krieg schon beendet. Von 1907 bis 1909 wurde schließlich das zweite Gleis fertiggestellt.[88] Am schwierigsten erwies sich jedoch die Streckenführung der geplanten Amur-Bahn, da dort aufgrund des Dauerfrostbodens und regelmäßiger Überschwemmungen erhebliche technische Schwierigkeiten zu bewältigen waren. Man entschied sich daher für eine um fast 700 Kilometer kürzere Variante, die durch die Mandschurei, also über chinesisches Territorium, führen sollte.[89]

China war in jener Zeit zum Spielball des europäischen Imperialismus geworden, und auch das aufstrebende Japan, von Großbritannien unterstützt, suchte auf Kosten Chinas seine Stellung in Ostasien auszubauen. Den Krieg der beiden Länder um Ansprüche in Korea gewann Japan, das im Frieden von Shimonoseki 1895 hohe Reparationen einforderte sowie den Besitz Formosas und der Halbinsel Liaotung, an deren Spitze der Militärhafen Port Arthur lag. Der russische Finanzminister Witte wertete diesen Friedensvertrag als direkten Präventivschlag Japans gegen die sibirische Magistrale, der jede Erweiterung des russischen Einflußbereiches im Fernen Osten behindern würde. Deshalb trat das Russische Reich gemeinsam mit Frankreich und dem Deutschen Reich gegen die Ausdehnung japanischer Besitzungen auf dem Festland auf. Auf Druck der drei Regierungen mußte sich Japan mit den chinesischen Kontributionen und der Abtretung Formosas zufrieden geben. Auf russischer Seite hatten dabei nicht zuletzt die eigenen Ambitionen auf die Mandschurei eine große Rolle gespielt. Besonders die dazugehörige Liaotung-Halbinsel mit den eisfreien Häfen Port Arthur und Talienwan stellte ein ökonomisch und strategisch lohnendes Ziel dar. So offerierte Rußland China eine Anleihe, um seine Kriegsschulden an Japan zahlen zu können, und wünschte dafür eine Konzession für den Bau einer Eisenbahnlinie quer durch die Mandschurei zur Ussuri-Bahn. Dies war die Geburtsstunde der Ostchinesischen Bahn.[90]

Der Geheimvertrag zwischen den beiden Ländern, der auch ein Verteidigungs-
bündnis gegen Japan umfaßte, wurde im Frühjahr 1896 geschlossen, als der chinesische Kanzler Li Hung-chang in Moskau an den Krönungsfeierlichkeiten für Nikolaj II. und seine Gattin Alexandra teilnahm. Li Hung-chang galt als äußerst
korrupt und vorgeblich soll er drei Millionen Rubel an Bestechungsgeldern erhalten
haben, um dem Abschluß des Vertrages zuzustimmen. Die Konzession sah vor, daß
die Bahnlinie auf achtzig Jahre von einem Privatunternehmen betrieben werden
sollte und danach ohne weitere Kosten in den Besitz der chinesischen Regierung
übergehen würde. Allerdings konnte China nach 36 Jahren die Linie vorzeitig zu-
rückkaufen. Dabei lag der Preis so hoch, daß Rußland mehr als berechtigte Hoffnungen hegte, daß China ihn nicht würde bezahlen können. Zugleich durfte die
Bahn von bewaffneter, russischer Bahnpolizei geschützt und verteidigt werden.[91]
Als Privatunternehmen fungierte die Russisch-Chinesische Bank, hauptsächlich
mit französischen Geldern finanziert, die China auch den erwähnten Kredit gewährte. Die Bank wiederum übertrug die Konzession an die Ostchinesische Eisenbahn
(*Kitajskaja Vostočnaja Železnaja Doroga, KVŽD*), ein Unternehmen, das weitgehend vom russischen Finanzministerium kontrolliert wurde, dessen Vorstandsvor-
sitzender jedoch ein chinesischer Diplomat war.[92] 1897 begann man mit dem Bau
der Linie, der jedoch schon bald ins Stocken geriet. Zunächst brach in der Mandschurei die Beulenpest aus, dann kam es 1900 zum sogenannten Boxeraufstand,
dem sich auch zahlreiche der beim Bau eingesetzten chinesischen Arbeiter anschlossen. Während der Unruhen wurden große Teile der Strecke zerstört oder beschädigt,
so daß die Bahn nach einem erneuten Ausbruch der Beulenpest 1901 und der Cholera 1902 erst zum 1. Juli 1903 in Betrieb genommen werden konnte. Zusammen mit
der Linie nach Vladivostok war ab 1898 auch die Südmandschurische Bahn von
Harbin (Charbin) in der Mandschurei an der Ostchinesischen Bahn zu den von
Rußland ab 1898 gepachteten Häfen Port Arthur und Dal'nij, dem umbenannten
Talienwan, gebaut worden. Der frei zugängliche Handelshafen Dal'nij und der geschlossene Militärhafen Port Arthur lösten damit zeitweise Vladivostok als östlichen
Endpunkt der Magistrale ab. Nach der russischen Niederlage im Krieg gegen Japan
1905 mußte diese Strecke zwar mitsamt der Liaotung-Halbinsel an Japan abgetreten
werden, doch konnte Rußland die Ostchinesische Bahn behalten und kontrollierte
damit zumindest weiterhin den nördlichen Teil der Mandschurei.[93] Dennoch entschloß sich die russische Regierung zum Bau der Amurbahn, was bei einem Teil der
Öffentlichkeit im Lande und auch im Parlament nicht geringen Protest auslöste,
denn die veranschlagten Kosten für die Strecke lagen ausgesprochen hoch und der
Nutzen erschien nur gering. Im wesentlichen erfolgte der Bau aus militärisch-strategischen Gründen, denn das Gebiet war im Gegensatz zur Mandschurei weitgehend menschenleer, äußerst unwegsam und bisher kaum kultiviert und drohte so in
der Zukunft von chinesischen Siedlern »überrannt« zu werden. Nun wurden Sumpfgebiete trockengelegt; es entstanden Reis- und Getreidemühlen, Sägewerke und
weitere kleinere Industriebetriebe, die das Territorium erschlossen.[94]
Ungeachtet der Proteste wurde 1908 mit dem Bau begonnen. An diesem Strek-
kenabschnitt setzte die Regierung aus politischen Gründen keine chinesischen
Arbeiter ein, die erheblich billiger gewesen wären, sondern beschäftigte ausschließlich Russen, die allerdings viel besser versorgt wurden, als dies bei den bisherigen

Arbeiten der Fall gewesen war. Man errichtete sogar Schulen für die Kinder der Eisenbahnbediensteten, baute Kirchen und verbesserte den Postdienst. 1914 wurde die Strecke provisorisch, 1916 schließlich endgültig in Betrieb genommen. Der Bau hatte rund 264 Mio. Rubel gekostet und war damit pro Kilometer Bahnstrecke mehr als doppelt so teuer wie die übrigen Abschnitte der Großen Magistrale, die Linie am Baikal ausgenommen.

Der Bau der Transsib stellte alle daran Beteiligten vor große Herausforderungen. Natur, Bodenbeschaffenheit und Klima brachten Probleme mit sich, die vorher kaum bekannt gewesen waren. Hinzu kamen menschliches Versagen, mangelhafte Organisation und schlechtes Management. Die Vermessung der Strecke erfolgte so unzureichend, daß bereits die Zeitgenossen vermuteten, auf manchen Abschnitten habe sie gar nicht stattgefunden. Wegen des Permafrostbodens konnte einerseits nur in den wenigen Sommermonaten gebaut werden, andererseits taute in diesen Monaten der Boden an der Oberfläche auf und verschlammte, so daß Gleise und Unterbau nicht fest genug im Boden verankert werden konnten. Nicht einkalkuliert hatte man zudem die häufigen Überschwemmungen durch die sibirischen Flüsse. Nach der Schneeschmelze und bei starken Regenfällen stiegen sie beinahe regelmäßig über die Ufer, was, ebenso wie starke Strömungen, den Brückenbau erheblich erschwerte. 1897 wurde beispielsweise bei einem Hochwasser eine rund 360 Kilometer lange Strecke bei Sretensk zusammen mit 15 Brücken fortgerissen.[95]

Auch standen die Arbeiten unter starkem Zeitdruck, denn die Bahn sollte aus Prestige- und politischen Gründen möglichst schnell fertiggestellt werden. Fehlende Finanzmittel kamen hinzu. Nicht nur wurden leichte Schienen verwendet, die nicht dem europäischen Standard entsprachen, sondern auch der Schwellenabstand war länger als üblich. Zudem waren die Bahndämme schmaler als normalerweise, so daß sie oftmals einsanken oder vom Regen weggespült wurden. Unfälle waren so in den ersten Jahren des Betriebs der Transsib keine Seltenheit.[96]

Die Verwaltung des Baubetriebs war in vier Einheiten geteilt: die Westsibirische, die Mittelsibirische, die Transbaikal- und die Ussuribahn. Schon die Länge der Streckenabschnitte läßt entsprechende Probleme vermuten, doch sie alle unterstanden dem »Komitee der Sibirischen Eisenbahn« in St. Petersburg und den entsprechenden Abteilungen des Verkehrsministeriums. Standen Entscheidungen an, so mußte formal stets mit der Zentrale im fernen St. Petersburg korrespondiert werden. Die Verantwortlichen vor Ort sahen sich dabei sehr oft vor dem Dilemma, entweder ein Problem schnellstmöglich zu lösen oder aber auf die Entscheidung zu warten und dabei eventuell tagelang untätig sein zu müssen. Das Risiko lag dementsprechend bei den Verantwortlichen des jeweiligen Bauabschnitts und nicht bei der Zentrale in St. Petersburg, in der man sich ohnehin von den alltäglichen Verhältnissen und Problemen beim Bau kein rechtes Bild machen konnte.

Ein weiteres Problem war die Organisationsstruktur des Baues, der auf zweierlei Weise erfolgte. Entweder übernahmen die Chefingenieure der jeweiligen Abschnitte die Oberaufsicht, oder sie beauftragten damit private Unternehmen. Dazu entschied sich die Mehrheit von ihnen, da dies einen geringeren Zeit- und Arbeitsaufwand bedeutete. Häufig wurden diese Aufträge ohne vorherige Ausschreibung, wie es das Verkehrsministerium eigentlich vorgesehen hatte, vergeben. Korruption und Vetternwirtschaft spielten dabei sicherlich eine Rolle. Da kaum entsprechende Untersuchungen des Geländes von seiten der Regierung vorgenommen worden waren, konnte sie oftmals nicht nachvollziehen, ob der geforderte Preis tatsächlich gerechtfertigt war oder nicht, und zahlte häufig zu viel. Auch wichen die Unternehmer des öfteren von ihren selbst erstellten Kalkulationen ab, was meist mit weiteren Kostenerhöhungen verbunden war. Aufgrund der Entfernung konnte die Regierung auch diese Fälle kaum allesamt überprüfen und beglich die entsprechenden Forderungen. Bezüglich dieser Problematik beschrieb N.A. Andrušenko, ein Inspektor des Finanzministeriums, seinem Chef Witte in einem Bericht, daß es unter den Ingenieuren zu einer Spaltung gekommen sei, ob der Bau der Magistrale besser von Privatunternehmen oder »ökonomischer«, also direkt vom Staat, durchgeführt werden sollte. Dieser Streit wurde zwischen den Ingenieuren privater Unternehmen und denjenigen des Staatsapparates ausgetragen. Letztere warfen den privaten Unternehmen vor, trotz vom Staat geleisteter Vorabzahlungen absichtlich gesetzte Fristen nicht einzuhalten und wissentlich Pfusch am Bau zu betreiben, um so die eigene Gewinnspanne zu erhöhen.[97] Allerdings darf man hierbei das damals allgemein vorherrschende Mißtrauen der russischen Bürokratie gegenüber privaten Unternehmen nicht aus den Augen verlieren.[98] Außerdem war es gerade die russische Regierung, die trotz der schwierigen geographischen und klimatischen Bedingungen in Sibirien auf eine möglichst schnelle Fertigstellung der Magistrale drängte.

Ein völlig chaotisches Bild bot auch die Finanzverwaltung des Baus. Über die Ausgaben wurde nur unzulänglich Buch geführt. Das Prinzip der doppelten Buchführung fand keine Anwendung. Eine Überprüfung der Kosten oder die Notwendigkeit zur Rechtfertigung unvorhergesehener Ausgaben existierten nur in Ansätzen. Von einer effizienten Kostenkontrolle kann daher nicht gesprochen werden. Dieses Problem ging vom Verhalten des »Komitee der Sibirischen Eisenbahn« selbst aus, das unter der Führung Wittes die Ansicht vertrat, daß eine Finanzkontrolle die Kosten nur noch weiter in die Höhe treiben und die Fertigstellung des Jahrhundertbauwerkes verzögern würde.[99]

All dies war im Prinzip nur möglich, weil die Kostenvoranschläge der Regierung erstellt wurden, bevor die Baupläne vorlagen und diese zudem, wie erwähnt, äußerst ungenau waren. Man schätzte die Kosten auf der Grundlage der bisherigen Erfahrungen im Eisenbahnbau im europäischen Rußland, ohne die völlig anders gearteten klimatischen und geographischen Verhältnisse in Sibirien auch nur annähernd zu berücksichtigen.[100]

4. Die Arbeiter und Ingenieure der Transsib

Bei Baubeginn der Transsib lebten in Sibirien und dem Fernen Osten rund fünf Millionen Menschen. Es gab daher einen entsprechenden Mangel an Facharbeitern, nicht zuletzt weil Eisenbahnen bis zu diesem Zeitpunkt in Sibirien noch völlig unbekannt waren. In Westsibirien rekrutierte man für die Hilfsarbeiten zunächst die lokale Bauernschaft, die auch die Versorgung mit Pferden, Wagen und Lebensmitteln übernahm.[101] Die größten Schwierigkeiten begannen in Mittelsibirien. Die

Versorgungswege wurden immer länger und die Bevölkerungsdichte immer geringer. Auf die lokale Bevölkerung als Hilfsarbeiter konnte man kaum zurückgreifen, denn sie war während der Sommermonate, der Hauptarbeitszeit an der Transsib, mit Feldarbeiten beschäftigt, und Facharbeiter fehlten grundsätzlich. Obwohl an diesem Streckenabschnitt schon höhere Löhne als in Westsibirien gezahlt wurden, kamen nur wenige Fachkräfte aus West- und Mitteleuropa, da sie durch die klimatischen Bedingungen abgeschreckt wurden.

Für Teile der indigenen Bevölkerung Sibiriens, zumeist noch nomadisierend, brachte der Bau der Transsib erneut einschneidende Veränderungen mit sich. Er beeinträchtigte ihr Hirten- und Wanderleben, und so suchten sie sich dieser Entwicklung zu entziehen. Als Arbeitskräfte konnten sie nicht eingesetzt werden. So waren es vor allem in Sibirien lebende Russen, die beim Bau der Bahn beschäftigt wurden. Hinzu kamen Tausende von Wanderarbeitern aus China, Japan und Korea, aus dem Osmanischen Reich und Persien, rund 20.000 Sträflinge und Exilierte sowie Arbeitsbataillone der Armee.[102] Besondere Fachkräfte wurden für sehr hohe Löhne aus europäischen Ländern angeworben. So kamen fast alle Steinmetze aus Italien.

Auf dem Höhepunkt der Bautätigkeit, in der zweiten Hälfte der 1890er Jahre, waren rund 100.000 Personen an den verschiedenen Streckenabschnitten tätig. Kaum dreißig Prozent von ihnen stammten aus Sibirien. Bei der Ussuri-Bahn z.B. wurden hauptsächlich Chinesen beschäftigt, insgesamt waren es 16,6 Prozent. Die eingesetzten Häftlinge und Exilierten erhielten für ihren Arbeitseinsatz eine Strafminderung, jeder Arbeitstag verkürzte die Haft bzw. das Exil um zwei Tage. Zunächst erhielten die Häftlinge und Exilierten nur eine erheblich geringere Bezahlung als die freien Arbeiter. Dann jedoch, wohl aus Gründen der besseren Motivation, bekamen sie die gleiche Entlohnung, wobei allerdings die Unkosten für Verpflegung etc. abgezogen wurden. Die Erfahrungen mit diesen Arbeitern waren, mit wenigen Ausnahmen zu Beginn, als auch Schwerverbrecher beschäftigt wurden, ausgesprochen positiv. Nach offiziellen Angaben lag die Zahl derjenigen, die flüchteten oder dies versuchten, gerade einmal bei einem Prozent.[103]

Die Arbeit auf den Baustellen der transsibirischen Eisenbahn war sehr hart. Beinahe jede Tätigkeit mußte mit einfachem Handwerkszeug ausgeführt werden. Maschinen fehlten weitgehend und der Transport erfolgte beinahe ausschließlich mit Pferdefuhrwerken. Manchmal fehlten selbst diese, und das Material mußte auf Schubkarren oder auf Wagen, die mit Muskelkraft bewegt wurden, transportiert werden. Die klimatischen Verhältnisse waren schwierig und erforderten eine entsprechende Anpassung. Besonders die Unmengen an Mücken im sibirischen Sommer bereiteten den Arbeitern erhebliche Probleme. Der Arbeitstag dauerte mindestens zwölf Stunden, teilweise sogar länger. Bei schlechter Witterung jedoch, aber auch an Sonntagen und nationalen Feiertagen wurde nicht gearbeitet.

Diverse zeitgenössische Berichte, Lenin und die marxistisch-leninistische Geschichtsschreibung sowie sogar einige neuere westliche Darstellungen berichten über die katastrophalen sanitär-hygienischen Verhältnisse und eine überdurchschnittlich hohe Krankheits- sowie Todesrate unter den Arbeitern, insbesondere unter den Häftlingen und Exilierten. Unter den Gleisen der Transsib, so eine immer wieder erzählte Geschichte, lägen die Gräber Tausender Häftlinge. Vergleicht man

jedoch die Verhältnisse beim Bau der Transsib mit denjenigen bei anderen Groß-
bauten der Zeit, den Zuständen in europäischen Gefängnissen oder den sanitär-
hygienischen Verhältnissen in manchen west- und mitteleuropäischen Städten, so
starben beim Bau des Panama-Kanals erheblich mehr Menschen, lag die Krankheitsrate in den europäischen Gefängnissen erheblich höher und selbst in Hamburg
brach noch 1892 eine Cholera-Epidemie aus, die in sechs Wochen 100.000 Opfer,
vor allem in den ärmeren Stadtteilen, forderte.[104] Nach vorliegenden Angaben
starben beim Bau der Transsib je zwei Prozent der freien Arbeiter und der Häftlinge, die Krankheitsrate unter den Häftlingen lag bei einem Prozent und ebenfalls
nur ein Prozent der Arbeitszeit wurde im Krankenhaus verbracht.[105]

Der Verdienst der ungelernten Arbeiter lag zwar rund achtmal über dem Lohn
eines Landarbeiters oder Fabrikhilfsarbeiters im europäischen Rußland, doch waren
die Preise für Lebensmittel und andere Produkte in Sibirien auch erheblich höher
und entwickelten sich zudem inflationär.[106] Die ostasiatischen Arbeiter mußten
zudem eine »Aufenthaltssteuer« bezahlen, die etwa zehn Prozent ihres Lohnes
betrug. Die Regierung versuchte damit, deren dauerhafte Ansiedlung im Russischen
Reich zu verhindern. Ähnlich verhielt sich aber auch die Regierung der Vereinigten
Staaten gegenüber den dort beim Eisenbahnbau eingesetzten asiatischen Arbeitern,
die zwar billig, aber auf Dauer im Lande nicht erwünscht waren.[107]

Für Facharbeiter und Spezialisten wurden sogar noch höhere Löhne gezahlt.
Dennoch war es schwierig, sie nach Sibirien zu locken, und dies galt in noch höherem Maße für Ingenieure und anderes qualifiziertes Personal. Der Hauptgrund war
sicherlich das Klima mit seinen kalten, langen und dunklen Wintern und den sehr
heißen und kurzen Sommern, in denen Insekten, die zudem Krankheitskeime verbreiteten, in riesigen Schwärmen umherflogen, aber auch die Langeweile des alltäglichen Lebens. In der Einöde der Baustellen fehlte es an all jenen Dingen, an die die
Arbeiter aus dem europäischen Rußland und dem übrigen Europa gewöhnt waren.
Es gab keine Schulen, Kirchen, Kneipen oder Restaurants, keine Theater oder irgen-
deinen Ort des Amüsements und des Vergnügens, keine Zeitungen oder Bücher.
Fast alle Lebensmittel und Dinge des täglichen Bedarfs mußten über hunderte oder
tausende von Kilometern herangeschafft werden und waren deshalb extrem teuer.

Es verwundert daher nicht, daß nicht nur die Mehrheit der Arbeiter, sondern
auch der Führungskräfte entsprechend gering qualifiziert war. Sie konnten andernorts keine Stelle bekommen und ließen sich daher auf das Abenteuer Sibirien ein.
Einige waren bereits mit dem Gesetz in Konflikt geraten und setzten ihre »Karrie-
re« nun fort, andere nutzten die sich bietenden Gelegenheiten, um sich zu bereichern, zu stehlen, zu unterschlagen oder Bestechungsgelder anzunehmen.[108]

5. DIE GROSSE TRANSSIBIRISCHE EISENBAHN IN BETRIEB

Das geplante Ziel, die gesamte Linie im Jahre 1900 zu eröffnen, wurde nicht erreicht, doch war im Februar 1903 die direkte Verbindung über Moskau bis zum
Westufer des Baikal und vom Ostufer des Sees bis nach Vladivostok, Dal'nij und

Port Arthur fertiggestellt. Im Durchschnitt waren pro Jahr 650 Schienenkilometer und insgesamt knapp 100 Brücken und Tunnel gebaut worden. Die Strecke wies erhebliche Qualitätsmängel auf, dennoch war der Bau eine große ingenieurtechnische Leistung und ein wirtschaftlicher Kraftakt, der das Russische Reich fast an den Rand des Staatsbankrotts brachte. Einige heutige Autoren beklagen die mangelnde Leistungsfähigkeit der Transsib. Sie weisen darauf hin, daß die eingleisige Strecke nur von wenigen Zugpaaren am Tage befahren werden konnte. Die Zeitgenossen dagegen sprachen von einem »riesig angewachsenen Verkehr«, der weiterhin kontinuierlich anstieg. Waren es 1896 erst 417.000 Personen, so ein Jahr später bereits rund 600.000 Passagiere, die auf den befahrbaren Strecken der Bahn befördert wurden. Schon ein weiteres Jahr später wurde die Millionengrenze überschritten und 1910 lag die Zahl der Passagiere bereits bei drei Millionen.[109]

Ähnlich verhielt es sich mit dem Frachtverkehr, der gleichfalls stetig wuchs, so daß der teilweise überschwengliche Jubel über das Jahrhundertwerk in der Öffentlichkeit und bei der Regierung durchaus verständlich erscheint. Wurden im Jahre 1896 erst 184.000 Tonnen Waren transportiert, so waren es zwei Jahre später bereits 700.000 Tonnen.[110] Auch änderte sich die Struktur des Warenverkehrs in Sibirien grundlegend, denn die Transsib trug vor allem zur Entwicklung des innersibirischen Handels in erheblichem Maße bei. Binnen zehn Jahren verdreifachte sich der Warenumsatz und lag 1910/11 bei 150 Mio. Rubel.[111] An die Stelle der bisherigen Jahresmessen traten ständige Warenlager, und die großen Unternehmen des europäischen Rußland eröffneten Zweigniederlassungen in den sibirischen Städten, da diese nun regelmäßig versorgt werden konnten. Umgekehrt konnten sibirische Kaufleute nunmehr in die europäischen Teile des Landes reisen oder ließen sich dort durch Agenten vertreten.[112]

Besondere Bedeutung im Geschäft mit dem europäischen Rußland und dem Ausland erlangten die »Butterzüge«. Die Butterherstellung in Westsibirien begann in großem Stile erst 1894, nachdem die »Getreidebarone« im europäischen Teil Rußlands wenige Jahre zuvor aus Furcht vor der Konkurrenz des sibirischen Getreides auf dem Markt einen erhöhten Frachttarif ab Čeljabinsk durchgesetzt hatten. Die Bauern reagierten mit einer verstärkten Viehwirtschaft, und der Staat förderte massiv die Butterherstellung. Sie wurde vor allem von Genossenschaften, die erste wurde 1896 gegründet, bisweilen auch von kleinen Familienunternehmen, betrieben.[113] 1894 wurde Butter für gerade einmal 4.000 Rubel exportiert, bis 1897 stieg der Wert auf neun Millionen und erreichte 1912 sogar 67 Mio. Rubel. Der Butterexport erbrachte mehr Gewinn als die durchschnittliche Jahresproduktion der sibirischen Goldindustrie, wie der seinerzeitige russische Premierminister Petr A. Stolypin zutreffend bemerkte. Für den Transport wurden eigens Kühlwagen gebaut, und einmal in der Woche fuhr ein solcher Butterzug mit 25 weißen Waggons direkt zu den Hafenstädten an der Ostsee. Da die sibirische Butter auf dem internationalen Markt zunächst auf Ablehnung stieß, wurde sie teilweise als »dänische Butter« deklariert, die bei den Käufern, vor allem in Großbritannien, entsprechend besseren Anklang fand, so daß Rußland nach Dänemark und Australien zum drittgrößten Butterexporteur ins Vereinigte Königreich wurde.[114] Von deutscher Seite aus wurde sogar dafür plädiert, nicht mehr den Umweg über Dänemark zu nehmen, sondern die Butter direkt aus Sibirien zu importieren, denn »über die sibirische Butter kann nichts schlechtes« gesagt werden.[115]

Die Züge fuhren gewiß auch für die damaligen Verhältnisse ausgesprochen langsam und erreichten eine Spitzengeschwindigkeit von gerade einmal dreißig Kilometern pro Stunde, so daß die Fahrt von Čeljabinsk nach Irkutsk in den normalen Expreßzügen knapp sechs Tage dauerte. An dieser Stelle ist ein auch heute noch verbreitetes Fehlurteil zu korrigieren. Von Beginn an fuhren die Züge der Transsib nach einem Fahrplan – nicht willkürlich, wie Lincoln und Gladkov behaupten.[116] Allerdings bestand vor allem für die ausländischen Passagiere das Problem, daß die Züge nach St. Petersburger Zeit fuhren, unabhängig davon, in welcher der Zeitzonen sich der Zug gerade befand. Selbstverständlich gab es Verspätungen, teilweise sogar von einigen Tagen, aber dies war auch bei den Transkontinentalzügen in den USA und Kanada nichts Ungewöhnliches. Nach Plan also verließ Schnellzug Nr. 2 Čeljabinsk dienstags um 15.10 Uhr und erreichte Irkutsk am folgenden Montag um 7.25 Uhr.[117] Es gab 113 Stationen auf dieser Strecke, an denen der Zug zwischen einer und 29 Minuten Aufenthalt hatte, an 29 Stationen gab es einen offiziellen Buffetservice. Nach einigen Anlaufschwierigkeiten stabilisierten sich die Verhältnisse auf der neuen Strecke. Ab 1901 fuhren die Expreßzüge zweimal, ab 1905 bereits dreimal wöchentlich und auch die Reisezeit von Moskau bis Irkutsk verkürzte sich von 203 Stunden ab 1901 auf 172 Stunden ab 1905. Kurz vor Ausbruch des Ersten Weltkrieges gab es einmal wöchentlich eine Verbindung zwischen Moskau und Vladivostok, die die Strecke in neun Tagen bewältigte, von dort aus fuhr ein Schnelldampfer in weiteren zwei Tagen nach Tokio.[118] War Jules Vernes Romanheld Phileas Fogg in dem 1873 erschienenen Buch »In 80 Tagen um die Welt« gereist, so errechneten die Zeitgenossen nun, daß nur noch 41 Tage benötigt würden, um von Berlin über Moskau, Vladivostok, Vancouver, Halifax und Dublin »die Welt zu umjagen«.[119]

Die neueren Expreßzüge der russischen Staatsbahn führten nur Waggons der ersten und zweiten Klasse sowie einen Restaurantwagen mit Küche, Badezimmer und einem Gepäckabteil. Daneben gab es noch »normale« Personenzüge mit deutlich weniger Komfort, die auch über Waggons der dritten und vierten Klasse verfügten. Ein amerikanischer Reisender berichtete, daß die unteren Klassen gut besetzt waren, während es in der ersten und zweiten Klasse viele freie Plätze gab. Der Transsibirien-Expreß der »Compagnie Internationale des Wagons-Lits« führte ebenfalls nur die erste und zweite Wagenklasse und war besonders luxuriös mit Toiletten für jedes Abteil, Schreibtisch und Sessel ausgestattet, die Gänge mit Teppichen belegt. Die Badezimmer waren mit Marmor gefliest und hatten Porzellanbecken. Auch der »normale« Transsibirien-Expreß verfügte über einen Salon- und Speise- sowie einen Gepäckwagen, in dem außerdem die Heizung und der Stromgenerator für die elektrische Beleuchtung untergebracht waren.[120] Diese Züge waren fast immer ausgebucht und wurden vor allem von ausländischen Fahrgästen genutzt. Ab 1903 sollte dieser Zug täglich verkehren, doch wurde dies immer wieder aufgeschoben.

Eine Reise mit der Transsib war in jedem Falle ein Abenteuer, so wie die transkontinentalen Fahrten in Nordamerika oder eine Zugfahrt mit dem Orient-Expreß. Der Baedeker des Jahres 1912 empfahl für Reisen abseits der Bahn und in der Mandschurei, »einen Revolver bei sich« zu tragen. »Die Gasthäuser«, so fuhr der Reiseführer fort, »sind fast alle sehr mäßig, dabei teuer.« Störend seien zusätzlich noch die bis tief in die Nacht dauernden Konzerte und Gesangsvorträge in den Speisesälen. Größere Summen sollte man, so war dort weiterhin zu lesen, nicht in bar bei sich tragen, sondern in Anweisungen auf die Russisch-Asiatische Bank, die Sibirische Handelsbank oder das Handelshaus Kunst & Albers, dessen Hauptsitz in Vladivostok war, das aber eine Zweigniederlassung in Hamburg hatte.[121]

Als der russische Dichter Anton Čechov 1890 auf dem Weg nach Sachalin noch zu Pferd, mit der Kutsche oder auf einem Flußdampfer durch Sibirien reiste, schrieb er, daß die Wege völlig ungefährlich seien. »Räubereien, Überfälle und Verbrecher, das ist alles Unsinn und Märchen. Ein Revolver ist überhaupt nicht nötig, und nachts im Wald ist es nicht gefährlicher als bei Tag auf dem Nevskij. Als Fußgänger ist es allerdings eine andere Sache.«[122] Die zahlreichen Reiseberichte, die seit der Wende vom 19. zum 20. Jahrhundert für den europäischen und amerikanischen Markt produziert wurden, betonten das Abenteuerliche, das es gewiß auch gab: Überschwemmungen, die die Gleise aus ihren Betten rissen, Überfälle von Banden, defekte Lokomotiven. Die für einen boomenden Buchmarkt geschriebenen Berichte hoben selbstverständlich die fast unvorstellbaren Dimensionen des Raumes, pittoreske Eindrücke, Wildheit und Schönheit der Landschaft, die fremden Menschen und die tatsächlichen oder vorgeblichen Entbehrungen der tagelangen Reise hervor.[123] Selbstverständlich fehlte auch einer der berühmtesten Weltreisenden des späten 19. und 20. Jahrhunderts, der Amerikaner Burton Holmes, nicht unter den Passagieren der Transsib schon bald nach ihrer Eröffnung.[124]

Die Preise für eine solche Bahnreise waren zu Beginn des 20. Jahrhunderts allerdings so gestaffelt, daß die soziale Distanz zwischen den Reisenden nicht aufgehoben wurde, man blieb jeweils unter sich. Eine Fahrt von Moskau nach Irkutsk, also über 6.061 Kilometer, kostete im normalen Zug 69,50 in der ersten, 41,70 in der zweiten und 27,80 Rubel in der dritten Klasse. Im Expreßzug, in dem Plätze reserviert und die Bettwäsche extra bezahlt werden mußten, kosteten die Fahrkarten 86,60 bzw. 51,95 Rubel.[125] Zu dieser Zeit betrug der Monatslohn eines Facharbeiters im Höchstfall rund zwanzig Rubel im Monat.[126] Die oftmals beschriebenen Begegnungen aller sozialen Schichten in der Transsib konnten während der Fahrt kaum stattfinden, weil ein Übergang von einer Klasse in die andere unmöglich war. Man traf sich höchstens auf den Bahnhöfen, auf denen es längere Aufenthalte gab und die einheimische Bevölkerung Lebensmittel verkaufte und damit gute Geschäfte machte.

Mit der sich abzeichnenden Vollendung der Transsibirischen Eisenbahn rückte Sibirien für viele Westeuropäer, Politiker, Wissenschaftler, Unternehmer und Militärs, ins Zentrum ihrer Aufmerksamkeit. So erschienen im Deutschen Reich, wie schon gesagt, zwischen 1897 und 1901 vier Studien über die neue Bahnlinie und ihre militärische sowie wirtschaftliche Bedeutung.[127] Nicht nur für den weltbekannten norwegischen Polarforscher und Zoologen Fridtjof Nansen war Sibirien das »Land der Zukunft«, wie er kurz vor Ausbruch des Ersten Weltkrieges aufgrund einer eigenen Reisen schrieb.[128] In jene Zeit fiel auch die Wiederaufnahme der Bemühungen, einen regelmäßigen Schiffsverkehr von Sibirien zu den westeuropäischen Häfen einzurichten, der ökonomisch durchaus erfolgreich war, sich aber aufgrund der politischen Ereignisse seit Ausbruch des Ersten Weltkrieges nicht mehr völlig entfalten konnte.[129]

6. Die Übersiedlung der Bauern nach Sibirien an der Wende vom 19. zum 20. Jahrhundert

Eine große Rolle spielte die Transsib für die Besiedelung Sibiriens an der Wende vom 19. zum 20. Jahrhundert. Bereits seit Anfang der 1860er Jahre siedelten etwa 250.000 Bauern aus den überbevölkerten Teilen des europäischen Rußland, insbesondere aus den Schwarzerdegebieten, spontan oder mit staatlichen Fördermaßnahmen nach West- und Ostsibirien über. Diese Bewegung setzte sich seit den 1880er Jahren fort und wuchs mit dem Bau der Transsib immer stärker an. Die russische Regierung unterstützte diese Massenmigration mit entsprechenden Maßnahmen. Sie verfolgte dabei zwei Ziele, zum einen sollten der Bevölkerungsdruck und die damit verbundenen Probleme im europäischen Teil des Landes gemildert, zum anderen Sibirien weiter russifiziert werden. Vor allem in den Grenzgebieten zu China – hauptsächlich am Amur und in der Küstenprovinz – wollte man damit den chinesischen Einfluß zurückdrängen. Auch in Rußland glaubte man, eine »gelbe Gefahr« zu erkennen, und redete in den Sitzungen des Komitees von der »Errichtung eines Bollwerkes gegen die einströmenden Wellen der gelben Rasse.«[130] Teilweise sprach man auch der indigenen Bevölkerung die Fähigkeit zu kulturellen Leistungen ab, da ihr Gehirn und ihr Nervensystem unterentwickelt seien, wie es der auch in Rußland nicht unbekannte und weit verbreitete rassistische Jargon der damaligen Zeit propagierte.[131] Doch wurden Chinesen und Koreaner in Städten wie Vladivostok und Chabarovsk in jener Zeit dringend benötigt, denn es fehlte an russischen Arbeitern, während chinesische und koreanische Arbeitskräfte zahlreich und billig waren. So betrug der Anteil der Chinesen an der Bevölkerung von Vladivostok um 1914 knapp 21 Prozent und lag in Chabarovsk eher noch höher.[132] Nach offiziellen Angaben stieg die Zahl der Chinesen in Sibirien zwischen 1897 und 1911 von 43.000 auf 101.500 und die der Koreaner von 26.000 auf 60.000 Personen.[133] Erheblich mehr Menschen aus diesen beiden Ländern werden sich illegal dort aufgehalten haben.

Als ein Vorbild für diese Stärkung des »russischen Elementes« in Sibirien galt die Germanisierungspolitik Bismarcks gegenüber den Polen in den preußischen Ostprovinzen. Der Staatssekretär Anatolij N. Kulomzin ließ deshalb eigens eine Studie darüber anfertigen, um die dortigen Methoden zu studieren und auf die russischen Verhältnisse zu übertragen. Allerdings wurden auch die sozialen und agrarischen Verhältnisse in den Vereinigten Staaten und in Kanada eingehend analysiert.[134] Dieser Prozeß der Binnenkolonisation in großem Maßstab – als »Hilfsunternehmen« bezeichnet – stand, wie der Bau der Transsib auch, unter der Leitung des »Komitees der Sibirischen Eisenbahn«, da Finanzminister Witte und die Mehrheit des Komitees den Grundsatz verfolgten, den Migrationsprozeß möglichst stark zu reglementieren und zu steuern, um die Übersiedler an den »richtigen« Orten anzusiedeln. Solche »Hilfsunternehmen« waren kein unmittelbarer Teil des Bahnbaus, leisteten jedoch einen wichtigen Beitrag zur Fertigstellung der Transsib. Dazu gehörten auch Maßnahmen zur Verbesserung der Wasserwege und der Ausbau der sibirischen Industrie. Dafür stand ein eigener Fonds bereit, aus dem diese Ausgaben bestritten wurden.[135]

Die Übersiedlung (*pereselenie*) sollte zur Erschließung des Landes beitragen, hauptsächlich aber zunächst die Baumaßnahmen und die Inbetriebnahme der Linie unterstützen. Deshalb sollten sich die »Übersiedler« vornehmlich an den Bahnstrecken ansiedeln, um zur Versorgung der Arbeiter, des Personals und der Passagiere beizutragen, aber auch um bei der Instandhaltung der Bahn zu helfen. Zwischen 1891 und 1914 wanderten zwischen vier und fünf Millionen Menschen aus Rußland, der Ukraine und Weißrußland nach Sibirien aus. Dabei migrierte ein großer Teil der Siedler – zwischen 25 und 50 Prozent – auf eigene Faust und setzte nicht auf die staatlichen Instanzen. Die Migranten bevorzugten West- und Mittelsibirien gegenüber dem Osten, da dort die klimatischen Verhältnisse für die Landwirtschaft erheblich besser waren, nur etwa ein Fünftel von ihnen ging nach Ostsibirien bzw. in den Fernen Osten.[136] Waren es vor der Aufnahme des regulären Bahnverkehrs jährlich etwa 40.000 Menschen, die sich auf den Weg nach Sibirien machten, so stieg ihre Zahl nach 1905 im Durchschnitt auf 250.000 pro Jahr.[137]

Im Sommer 1896 bereiste Kulomzin Sibirien, besichtigte die neuen Siedlungen und befragte die Siedler nach den Gründen für ihre Auswanderung. Nach seiner Rückkehr verfaßte er einen Bericht, der für den Fortgang des Migrationsprozesses erhebliche Bedeutung hatte. Daraus resultierte ein Gesetz vom Dezember 1896, in dem insbesondere das »Kundschafterwesen« (*chodačestvo*) gefördert wurde, das nach der Bauernbefreiung 1861 in den 1870er Jahren zu einer Massenerscheinung geworden war. Das *chodačestvo* bestand darin, daß die zur Übersiedlung bereiten Bauern eines oder mehrerer Dörfer einen oder mehrere Kundschafter (*chodok*) damit beauftragten, nach Sibirien zu reisen, dort die zu besiedelnden Ländereien und die Verhältnisse vor Ort in Augenschein zu nehmen und darüber zu berichten. Zu Beginn des 20. Jahrhunderts waren es dann bald auch einzelne oder mehrere Familien, die *chodoki* aus ihren Reihen und auf eigene Kosten nach Sibirien entsandten. Diese Institution wurde nun aktiv vom Staat gefördert. Die *chodoki* sollten die Umsiedlung nun nicht mehr bloß vorbereiten, sondern sie auch in die Wege leiten. Um diesen Prozeß zu beschleunigen, konnten sie z.B. bereits seit April 1896 für ihre Reise nach Sibirien ermäßigte Fahrkarten kaufen. Durch die staatliche Anerkennung des *chodačestvo* wurde die Quote der irregulären Siedler aus dem Schwarzerdegebiet erheblich verringert. Jene Bauern allerdings, die in unmittelbarer Nähe des Urals wohnten, machten sich zumeist ohne einen solchen Kundschafter auf den Weg, denn häufig kannten sie, zumeist durch bereits übergesiedelte Familienangehörige, die Gegend schon. In jedem Falle aber war die Auswanderung ohne staatliche Unterstützung für sie erheblich einfacher und risikoloser als für die Bauern aus den weiter entfernten Gebieten des europäischen Rußland.[138]

Kulomzins Bericht verdeutlichte zugleich, daß diejenigen Bauern, die illegal nach Sibirien übersiedelten, dies nicht aus Mißtrauen gegenüber dem Staat taten, sondern weil alle vorherigen, legalen Versuche viel zu lange gedauert hatten. Des öfteren kam es vor, daß die Bauern in Erwartung der Genehmigung zur Übersiedelung bereits ihre bewegliche Habe verkauft hatten, bevor sie die offizielle Absage erhielten, so daß ihnen keine andere Wahl mehr blieb, als illegal ihr Glück in Sibirien zu versuchen. Immerhin erlaubten die neuen gesetzlichen Regelungen, daß auch die irregulären Siedler nach ihrer erfolgten Ansiedlung in Sibirien staatliche Kredite erhalten konnten. Jedoch bekamen sie keine Kredite zur Deckung ihrer Reisekosten, um die illegale Übersiedlung nicht noch zu fördern. Auf diese Weise erhielten jene Siedler, die sich aus eigener Kraft auf den Weg gemacht und auch Land erworben hatten, wenigstens die notwendige Unterstützung, um sich in Sibirien eine Existenz aufzubauen. Auch erlaubte die neue Regelung den irregulären Siedlern, sich auf jenem Land anzusiedeln, das für die regulären Siedler bestimmt war, wenn diese bereits ausreichend versorgt waren.[139]

Damit war die Konzeption einer strikten Reglementierung und Steuerung des Migrationsprozesses nach Sibirien den Realitäten angepaßt worden. Endgültig ins Wanken geriet sie aufgrund der schlechten Ernte des Jahres 1901 und der Bauernunruhen in einigen Teilen des Landes im folgenden Jahr. Zur Beruhigung der erheblich angespannten sozialen Lage auf dem Lande wurden nun die Übersiedelungsbedingungen gelockert. Grundsätzlich ging es bei dieser Politik um die Stärkung des mittleren Bauerntums und der bäuerlichen Privatwirtschaft. Sie wurde dann schließlich nach langer Vorbereitungs- und Diskussionszeit erst nach der Revolution von 1905/06 von Ministerpräsident Petr A. Stolypin auch im europäischen Teil des Reiches in die Wege geleitet, als er mit den nach ihm benannten Agrarreformen die Auflösung der Bauerngemeinde als Gesamthaftungsverband und Umverteilungsgemeinde, (*mir* bzw. *obščina*), auf gesetzgeberischem Wege betrieb.[140] Die verantwortlichen Stellen und sogar Nikolaj II. nahmen von nun an hin, daß neben den staatlicherseits akzeptierten Übersiedlern auch diejenigen, die keine Genehmigung erhalten hatten, nach Sibirien migrierten. Eine Rückführung illegaler Übersiedler in die Herkunftsgebiete kam allerdings auch nicht mehr in Frage, da erhebliche Unruhen in den ehemaligen Dorfgemeinschaften befürchtet werden mußten. Denn es war gängige Praxis, daß der Besitz bzw. der Landanteil der jeweiligen Familie nach deren Wegzug unter den übrigen Dorfbewohnern verkauft bzw. verteilt wurde.[141]

In Sibirien war das Ministerium für Landwirtschaft und Staatsdomänen[142] damit beschäftigt, das Land für die Neusiedler zu vermessen und in entsprechende Parzellen aufzuteilen. Für eine Familie waren 15 Desjatinen vorgesehen, dazu Zugang zu Wald und Weide. Im Prinzip sollten 100 Höfe eine Siedlung (*otrub*) bilden. Die Häuser standen wie in einem Dorf recht eng zusammen. Es gab jedoch in einigen Gegenden auch Einzelhöfe (*chutor*), was durchaus gebilligt wurde, auch wenn es den gewohnten administrativen Praktiken nicht entsprach. Um mehr Land besiedeln zu können, wurden Sümpfe im Gouvernement Tomsk und am Ussuri trockengelegt, und die Regierung dehnte ihr Besiedlungsprogramm auch auf die angrenzenden zentralasiatischen Gebiete aus. So ging man dazu über, Steppenland im Gebiet Akmolinsk nach der Enteignung der dort nomadisierenden Kasachen zu bewässern und dann an die Siedler zu verteilen.[143]

Seit 1894 galten für die Übersiedler auf allen Eisenbahnlinien Rußlands ermäßigte Tarife, die 1898 noch einmal gesenkt wurden.[144] Für ihre Reise nach Sibirien erhielt jede Familie regulärer Siedler einen Kredit in Höhe von 50 Rubel. Reiste sie in Gebiete östlich des Baikal, so war der Kredit entsprechend höher. Nach Fertigstellung der Transsib wurden die Fahrkartenpreise der Siedler um ein Viertel gesenkt.[145] Mit zinslosen Aufbaukrediten, die zwar nicht besonders hoch waren, aber doch für erste Anschaffungen ausreichten, durch die Versorgung mit Bauholz und anderen notwendigen Materialien und durch den preiswerten Verkauf von Vieh

und Getreide suchte der Staat die Anfangsschwierigkeiten der Siedler zu überbrük-
ken. Zudem ging man daran, die Infrastruktur in den Neusiedlungsgebieten durch
den Aus- und Aufbau von Polizei und Post, durch den Bau von Straßen und die
Einrichtung einer Wasserversorgung zu verbessern. Um Viehseuchen vorzubeugen
und die Bedingungen für die Viehzucht in Sibirien zu verbessern, siedelte man
Veterinäre an. Außerdem baute man staatliche Warenhäuser, um eine bessere Versorgung gewährleisten zu können.[146]

Die Zahl der Übersiedler stieg zwischen 1892 und 1908 erheblich an. Unterbrochen wurde dieser Anstieg nur in den Jahren des russisch-japanischen Krieges
1904/05 und während der Revolution 1905/07. Waren es 1892 knapp über 90.000
Menschen, die nach Sibirien kamen, so waren es 1899 über 223.000, 1907 beinahe
568.000 und ein Jahr später über 758.000 Zuwanderer, die ins Land strömten. Allein
im Zeitraum zwischen 1904 und 1913 kamen fast fünf Millionen Menschen aus dem
europäischen Teil Rußlands, darunter auch einige Zehntausend Rußlanddeutsche,
die seit der Mitte der 1890er Jahre vor allem aus der übervölkerten Wolgaregion
nach Sibirien und in die angrenzenden zentralasiatischen Gebiete auswanderten.[147]
Damit verschoben sich auch endgültig die Relationen zwischen der indigenen Bevölkerung, den »Altsiedlern« und den Übersiedlern. Auch wenn längst nicht alle
von ihnen blieben – nach der Jahrhundertwende kehrten jährlich um die 100.000
Menschen ins europäische Rußland zurück – so läßt sich doch von einem explosi-
onsartigen Anstieg der Bevölkerung sprechen. Von 2,9 Mio. im Jahre 1858 über
5,75 Mio. im Jahr 1897 wuchs die Einwohnerzahl Sibiriens auf 9,3 Mio. im Jahr
1911, eine knappe Verdoppelung im Verlauf von vierzehn Jahren und damit eine
schnellere Zunahme der Bevölkerung als in Kanada, dessen Bevölkerung sich zwischen 1851 und 1911 von 2,4 Mio. auf 7,2 Mio. nur verdreifachte.[148]

Im Vergleich zum Bevölkerungswachstum durch Immigration war der Anstieg
der indigenen Bevölkerung, deren Zahl 1911 bei knapp über einer Million lag, gering, wobei zu berücksichtigen ist, daß die Zahlen vor der Bevölkerungszählung
von 1897 nicht besonders zuverlässig sind oder häufig sogar völlig fehlen.[149] Zu
bedenken ist auch, daß es nicht erst im Zuge des Eisenbahnbaus eine ungesteuerte
Zuwanderung aus den chinesischen Grenzgebieten in den russischen Fernen Osten
gab. Auch Koreaner und Japaner kamen zumeist als Saison- oder Wanderarbeiter
in die fernöstlichen Gebiete Rußlands und siedelten sich dort teils auch an.[150] Über
das zahlenmäßige Ausmaß gibt es kaum genauere Angaben, doch dürften es nicht
mehr als einige zehntausend Menschen gewesen sein. Gerade in den russisch-chinesischen Grenzgebieten am Amur und in der Mandschurei gerieten die dort lebenden indigenen Ethnien in den schwelenden Konflikt zwischen den beiden Ländern und Japan. Der Kolonisationsprozeß, der von diesen Staaten ausging, und das
Eindringen bis dahin unbekannter Krankheiten verringerten den Lebensraum und
dezimierten die Bevölkerung. Zugleich kam es auch zu starken Assimilierungen
und Akkulturationen vor allem mit der chinesischen Bevölkerung, was gleichfalls
zum Schwinden dieser Völker beitrug.[151]

Je dichter die indigene Bevölkerung an den russischen Siedlungen lebte, um so
schneller vollzogen sich dort auch erhebliche soziale und ökonomische Wandlungs-
prozesse, was nicht mit einer Russifizierung gleichzusetzen ist. Dennoch wurde
Russisch in jenen Regionen zur lingua franca. Anders entwickelten sich die Ver-

hältnisse im Norden, wo die Zahl der Russen gering blieb oder sie, wie bei den Čukčen, gänzlich fehlten. Diese beharrten weiterhin auf ihrer Eigenständigkeit und nutzten seit dem Verkauf Alaskas den Handel mit amerikanischen Kaufleuten, um den russischen Einfluß zurückzudrängen. Kaum einer von ihnen sprach russisch, eher noch sprachen sie im Osten ihrer Halbinsel englisch.[152] Fast überall sonst im Norden wuchs die Verschuldung der indigenen Bevölkerung entweder gegenüber der Regierung, weil sie aufgrund des ökologischen Wandels den *jasak* nicht mehr zahlen konnten, oder gegenüber den Kaufleuten, die ihnen Waren auf Kredit verkauft hatten.[153] Eine einheitliche Politik, so läßt sich zusammenfassend sagen, hat die zarische Regierung gegenüber den zahlreichen Ethnien in Sibirien ebensowenig betrieben wie in anderen Teilen des Vielvölkerreiches, eine Politik der Russifizierung gab es nur, wie dies schon Andreas Kappeler festgestellt hat, auf kulturellem Gebiet. Doch war gerade sie bei vielen der in Sibirien lebenden Völker wenig erfolgreich.[154]

Es ist ein deutliches Zeichen des inneren Kolonisationsprozesses, daß insgesamt zwischen 1897 und 1914 das bebaute Land in Sibirien von 14 Mio. auf 31 Mio. Morgen anwuchs, also um rund 122 Prozent zunahm.[155] Die Getreideproduktion stieg erheblich, ebenso die Nutztierhaltung, die sich zwischen 1904 und 1916 mehr als verdreifachte und eine Zahl von rund 38 Mio. Stück Vieh erreichte.[156] Vor allem war der Grad der Mechanisierung der Landwirtschaft in Sibirien erheblich höher als im europäischen Rußland, was auch zu einem Ausbau der Landmaschinenproduktion in dieser Region führte.[157] Neben der bereits erwähnten Butterherstellung stand der Anbau von Getreide, insbesondere von Weizen und Roggen, in der sibirischen Landwirtschaft an erster Stelle, der allerdings im wesentlichen auf Westsibirien beschränkt war. In Sibirien war der Markt für Getreide recht begrenzt, denn nach der Volkszählung von 1897 lebten noch nicht einmal zehn Prozent der Gesamtbevölkerung in den Städten. Der Export war daher ökonomisch zwingend erforderlich und wurde von seiten des Staates durch den Bau von Silos zur Lagerung an der Bahnstrecke unterstützt. Zudem versuchte der Staat durch verschiedene Maßnahmen, den Markt zu regulieren. So sollten vorrangig die nördlichen Gouvernements des europäischen Rußland versorgt werden, wofür eine Zweiglinie der Transsib von Omsk über Tjumen' nach Ekaterinburg gebaut wurde, zur Anbindung an die Perm'er Bahn mit Verbindung nach St. Petersburg und Archangel'sk.[158] Vorrangig über diese Strecken, die Ostseehäfen und Archangel'sk und nicht über die Schwarzmeerhäfen sollte das sibirische Getreide auch nach Europa exportiert werden, um nicht in allzu große Konkurrenz zum Getreide aus den Schwarzmeergebieten zu geraten. Durch entsprechende Tarife im Güterverkehr, die die Frachtraten auf den nördlichen Strecken verbilligten, auf den südlichen hingegen verteuerten, wurden hierfür zusätzliche Anreize geschaffen.[159] Im wesentlichen ging es bei diesen Maßnahmen um das, was sich als regionale Wirtschaftsförderung oder als wirtschaftlicher Interessenausgleich bezeichnen läßt. Die Regierung suchte die Getreideproduzenten im Zentrum und im Süden Rußlands vor der sibirischen Konkurrenz im eigenen Land zu schützen und gleichzeitig den Agrarexport anzukurbeln und die strukturschwachen Gebiete im Norden zu entwickeln.[160]

Vor dem Ausbruch des Ersten Weltkrieges, so läßt sich diese Entwicklung zusammenfassen, besaßen die sibirischen Bauern erheblich größere Landflächen als diejenigen im europäischen Rußland. Der Landbesitz betrug häufig das Doppelte oder sogar Dreifache der üblichen 15 Desjatinen. In Sibirien fehlte die große Schicht der landarmen oder sogar landlosen Bauern fast völlig. Viele Dörfer, teilweise mit bis zu 1.000 Haushalten erheblich größer als im europäischen Teil, waren schon längst von der ansonsten üblichen Umverteilung des Landes abgegangen, so daß sich die meisten Bauern als Besitzer des Landes betrachteten, auch wenn dies de jure nicht der Fall war. Dies führte dazu, daß die bäuerliche Gemeinde (*obščina*) einen Teil ihrer wesentlichen Funktionen verloren hatte und ihr längst nicht mehr die Bedeutung zukam wie westlich des Ural. Diese Stabilität des Landbesitzes war ein wesentlicher Grund für das recht offen zur Schau getragene Selbstbewußtsein der sibirischen Bauern.[161] Zugleich war Sibirien, insbesondere Westsibirien, eines der Zentren des Genossenschaftswesens im Russischen Reich, eine Entwicklung, die in den 1870er Jahren ihren Anfang genommen hatte. Es bestanden sowohl Kredit- als auch Konsum- und Produktionsgenossenschaften, deren Mitgliederzahl Ende 1914 die Millionengrenze erreicht hatte und deren Läden das Land netzartig überzogen. Besonders verbreitet waren sie in der Milchwirtschaft, vor allem in der Butterproduktion, als sich die Bauern um die Wende vom 19. zum 20. Jahrhundert zur Verteidigung ihrer Interessen gegen die multinationalen Gesellschaften, die den Markt zu erobern suchten, zusammenschlossen.[162]

Der Bau der Transsib hatte auf die Entwicklung der Industrie Sibiriens unterschiedliche Auswirkungen. Zunächst ist festzuhalten, daß die dortige industrielle Entwicklung sogar weit hinter dem europäischen Rußland zurücklag. Die sibirische Industrie produzierte weitgehend für den Eigenbedarf und konnte mit der Industrie im europäischen Rußland nicht konkurrieren, geschweige denn mit der im übrigen Europa. Es war daher überwiegend der Bau der Transsib, der zu einer vorübergehenden Aufschwungphase führte. Schon am Ende der Bauzeit, im Jahre 1899 mußten jedoch zwei metallverarbeitende Betriebe im Gouvernement Irkutsk schließen, zwei weitere ihre Produktion drosseln, da sie mit der moderneren Konkurrenz im Ural nicht Schritt halten konnten.[163] Anders verhielt es sich mit der Kohleförderung, die durch den Bau der Eisenbahnlinie stark belebt wurde. So stieg die Förderung zwischen 1900 und 1913 fast um das Neunfache, ging aber im wesentlichen auf den Bedarf der Transsib zurück. Im Export konnte die sibirische Kohle nicht mit den übrigen europäischen Konkurrenten mithalten.[164] Einträglich blieb die Silber- und Goldförderung, insbesondere auf den Goldfeldern an der Lena, wo die Arbeits- und Lebensbedingungen erbärmlich und entsetzlich waren. In den 1890er Jahren wurde die Lena-Goldindustrie-Aktiengesellschaft (*Lenzoto*) zum mächtigsten Unternehmen der Region, das seit 1908 von britischer Seite kontrolliert wurde. Die dortigen unerträglichen Verhältnisse führten zu Beginn des Jahres 1912 zu massiven Protesten und Streiks der Arbeiterschaft, die die Regierung Anfang April schließlich mit Waffengewalt niederschlug, wobei über 270 Arbeiter getötet und mindestens 250 verletzt wurden.[165] Das Massaker führte zu einer Anfrage im Parlament, der Duma, zu zahlreichen Sympathiestreiks und vielen Kundgebungen gegen die Regierung im ganzen Lande.

Die Transsibirische Eisenbahn erleichterte auch die Forschungsreisen und Expeditionen, die am Ende des 19. und zu Beginn des 20. Jahrhunderts ihre Fortsetzungen fanden. Einige Wissenschaftler wie Vladimir G. Bogoraz (1865-1936), Vladimir I. Jochel'son (1855-1937), und Lev Ja. Sternberg (1861-1927) gehörten, wie schon erwähnt, zunächst zur revolutionären bzw. oppositionellen Bewegung des späten 19. Jahrhunderts und fanden aufgrund ihrer Verbannung zur wissenschaftlichen Beschäftigung mit der indigenen Bevölkerung.[166] Unmittelbar vor Ausbruch des Ersten Weltkrieges unternahm die gebürtige Polin Marya Antonina Czaplicka (1884-1921), die 1912 in Oxford ihr Studium der Anthropologie abgeschlossen hatte, gemeinsam mit ihrem amerikanischen Kollegen Henry Usher Hall (1876-1944) eine Forschungsreise zu den Tungusen in Nordsibirien. Eine mehrtägige Bahnfahrt brachte sie in wenigen Tagen von Moskau nach Krasnojarsk, dann fuhren sie den Enisej abwärts, bis sie ihr Ziel im hohen Norden erreichten. Marya Czaplicka hatte kurz vor ihrem Aufbruch zu dieser Expedition das erste zusammenfassende Werk der angloamerikanischen Forschung über die indigene Bevölkerung Sibiriens, »Aboriginal Siberia«, publiziert, das noch heute als eine gute Einführung in das Thema betrachtet wird.[167] Den ersten Kriegswinter verbrachten die beiden Forscher bei den Tungusen östlich des Enisej, kehrten im Frühjahr nach Krasnojarsk zurück und machten von dort einen Abstecher in die Abakan-Steppe für weitere Forschungen. Während die Rückreise bis St. Petersburg – die Stadt hieß seit Anfang August 1914 wegen ihres deutsch klingenden Namens Petrograd – mit dem Zug zwar einige Schwierigkeiten bereitete, begannen aufgrund der Kriegswirren die größeren Probleme für die beiden Forscher erst in der russischen Hauptstadt. Nur auf Umwegen über Stockholm, Bergen und Newcastle erreichten sie schließlich London. Noch während des Krieges publizierte Marya Czaplicka nicht nur die ersten Aufsätze über ihre Feldforschungen und hielt zahlreiche Vorträge, sondern veröffentlichte 1916 auch einen größeren Reisebericht »My Siberian Year«.[168]

Mit dem Bau der Transsibirischen Eisenbahn war Sibirien einerseits ein großes Stück näher sowohl an Europa als auch an Asien herangerückt, andererseits aber blieb es in sehr weiten Teilen ein noch immer wenig bekanntes Gebiet, unberührt und ohne Kontakte mit der westlichen Welt.

KAPITEL VII

REVOLUTIONEN UND BÜRGERKRIEG

1. Der russisch-japanische Krieg 1904/05 und die erste russische Revolution 1905/07

Mit dem russisch-japanischen Krieg von 1904/05, der mit einer katastrophalen und beschämenden Niederlage für das Russische Reich endete, das nur durch den von Sergej Ju. Witte im amerikanischen Portsmouth ausgehandelten glimpflichen Frieden sein Gesicht einigermaßen wahren konnte, endete Wittes Konzept der »friedlichen Durchdringung« Asiens endgültig.[1] Zugleich rückte aber auch Sibirien ein Stück näher an das europäische Rußland heran. Die letzte Lücke der Streckenführung der Transsibirischen Eisenbahn entlang des Baikal war 1905 geschlossen worden. Mit dem Frieden von Portsmouth vom 23.8./5.9. 1905 verlor Rußland seine Besitzungen Port Arthur und Dal'nij ebenso wie die Südmandschurische Bahn, so daß jetzt Vladivostok, der Hafen am Pazifischen Ozean, Endpunkt der Bahnlinie wurde. Zwar blieben die russischen Rechte an der Ostchinesischen Bahn erhalten, doch führten militärstrategische Überlegungen dazu, nunmehr eine über 2.000 Kilometer lange Bahnlinie nur über russisches Territorium entlang des Amur zu bauen, die 1914 provisorisch und 1916 dauerhaft in Betrieb genommen wurde. Der Krieg hatte zudem die eingeschränkten Transportkapazitäten der Bahn offenbart. So entschloß sich die russische Regierung sehr bald nach dessen Ende, die Transsib zweigleisig auszubauen. Ausnahmen bildeten die Transbaikalstrecke, bei der dies technisch nicht zu bewerkstelligen war, und das Teilstück von Čeljabinsk nach Omsk. Hier baute man eine eingleisige Verbindung von Tjumen' nach Omsk, wodurch die Anbindung an Perm' und Ekaterinburg und von dort weiter zu den Häfen des Nordens und nach Moskau erreicht wurde.[2]

Der Bau der Transsibirischen Bahn zeigte auch, daß sich das Russische Reich endgültig auf dem Weg einer rasanten Industrialisierung und Modernisierung befand. Dieser Prozeß erschütterte die bestehende soziale, wirtschaftliche und politische Ordnung nachhaltig. Dennoch sah das autokratische Regime unter Kaiser Nikolaj II. keinen Anlaß für grundlegende und tiefgreifende Reformen. Schon seit der Mitte der 1890er Jahre, fast unmittelbar mit dem Herrschaftsantritt Nikolajs, wuchs die oppositionelle Bewegung im Lande, deren Enttäuschung und Verbitterung über die Reformunfähigkeit des Regimes beständig zunahm. So gründeten das sozialistische und liberale Lager formelle und informelle Organisationen, die sich der Revolution oder der Reform verschrieben. Parteien und Gewerkschaften sowie Streiks waren verboten, Vereinsbildungen unterlagen einer strikten Kontrolle durch das Innenministerium. Immer wieder entluden sich die sozialen Spannungen in wilden Streiks der Arbeiterschaft, Studenten zeigten ihre Unzufriedenheit in Demonstrationen, auf dem Lande häuften sich die Aufstände.[3] In Sibirien entstanden seit 1901 erste Organisationen der russischen Sozialdemokratie in Tomsk, Krasnojarsk und Irkutsk, blieben aber zunächst weitgehend einflußlos.[4] Die Sozialrevolutionäre begannen den Aufbau ihrer Gruppen ebenfalls in jener Zeit und verfügten über Komitees in Irkutsk, Krasnojarsk, Tomsk und Čita. Wie wir aus den Verhältnissen im europäischen Rußland wissen, waren solche Gruppen eher klein und bestanden aus drei bis höchstens zehn oder zwölf Personen.[5] Die Arbeit des Irkutsker Komitees ruhte »auf den Schultern eines Mannes«.[6] Insgesamt gab es vor den revolutionären Ereignissen von 1905 in Westsibirien rund 50 Personen, die der Partei angehörten oder ihr nahestanden.[7]

Auch wenn die Urbanisierung im Russischen Reich beständig voranschritt – zwischen 1856 und 1910 verdreifachte sich die Einwohnerzahl St. Petersburgs, die Moskaus vervierfachte sich nahezu – lebten weiterhin mehr als 85 Prozent der Bevölkerung auf und vom Land, in Sibirien weit über neunzig Prozent. Die Alphabetisierungsquote stieg landesweit kontinuierlich von 21 Prozent 1897 auf etwa 40 Prozent 1913, in Sibirien lag sie jedoch erheblich darunter. Die Unterschiede zwischen Stadt und Land sowie zwischen Frauen und Männern waren beträchtlich, ebenso die zwischen den sozialen Schichten.[8] Die Arbeiterschaft machte einschließlich der Familienangehörigen in Sibirien nur etwa zwischen drei und fünf Prozent der Bevölkerung aus und konzentrierte sich auf wenige Zentren. Auch hier lag Sibirien weit hinter dem europäischen Teil zurück.[9]

Der Ausbruch des russisch-japanischen Krieges im Januar/Februar 1904 verschärfte die Krise im Lande. Mitte Juli 1904 fiel der in weiten Teilen der Gesellschaft verhaßte Innenminister Pleve einem Terroranschlag zum Opfer. Liberale und sozialistische Kreise trafen sich im Ausland, um über gemeinsame Aktionen gegen die zarische Regierung zu beraten. Der oppositionelle liberale Adel, das allmählich entstehende Bildungsbürgertum und Kreise der sich immer stärker entfaltenden Unternehmerschaft forderten im Herbst des Jahres auf öffentlichen Banketten eine »gewählte Vertretungskörperschaft«, also ein Parlament, und eine Verfassung, die bereits ausgearbeitet worden war. An der Jahreswende 1904/05 kam es in der Hauptstadt zu massiven Streiks und Unruhen in der Arbeiterschaft.[10] Der im Fernen Osten ausgetragene Krieg war wenig populär, vor allem aber konnten Regierung und Militär im Kampf gegen das aufstrebende Japan, dessen Potential im Vorfeld des Krieges völlig unterschätzt worden war, keinerlei Erfolge verkünden. Da es in Rußland erhebliche rassistische Vorurteile gegen Japaner und gegen Asiaten generell gab, wurde die sich abzeichnende Niederlage als Schande und Schmach begriffen und untergrub die ohnehin sinkende Popularität des Zaren und seiner Regierung.[11]

Am 9./22. Januar 1905, einem Sonntag, der als »Blutsonntag« in die Geschichte Rußlands eingegangen ist, kulminierten die Ereignisse. Soldaten schossen in der Hauptstadt vor dem Winterpalais auf friedliche Demonstranten, die Ikonen und Zarenbilder mit sich führten und religiöse und patriotische Lieder sangen.[12] Nach diesem Massaker, bei dem nach offiziellen Angaben 96 Menschen starben und 333 verwundet wurden, versank das Land in Aufruhr. Die Revolution, die das gesamte Russische Reich in den folgenden zweieinhalb Jahren nicht mehr zur Ruhe kommen ließ und in seinen Grundfesten erschütterte, breitete sich aus.[13] Auch Sibirien war davon betroffen, doch erreichten die revolutionären Unruhen dort nie jene

Intensität wie im europäischen Teil des Landes oder in der Kaukasusregion. Nachrichten über die Unruhen verbreiteten sich zunächst entlang der Eisenbahnstrecke und gelangten mit einiger Verzögerung auch in die entlegeneren Gebiete.

Die Bahnhöfe und Werkstätten längs der Transsib bildeten die Zentren der revolutionären Unruhen. Es kam zu Meutereien der vom Kriegsschauplatz im Fernen Osten zurückkehrenden, völlig desillusionierten Soldaten, die mit großer Härte niedergeschlagen wurden.[14] Unter der Arbeiterschaft stellten die Eisenbahner den Kern der Streikenden und Demonstranten, wie es auch im europäischen Rußland der Fall war. Auch gegen sie wurde Militär eingesetzt. Am großen landesweiten Generalstreik, der Mitte Oktober 1905 fast das gesamte Reich lahmlegte, beteiligten sich die sibirischen Arbeiter in Tomsk, Omsk, Krasnojarsk, Irkutsk, Čita und anderen Orten. Dort entstanden im November 1905 auch Arbeiterräte, Sowjets, die allerdings längst nicht jene Rolle spielten wie der Petersburger oder Moskauer Sowjet im Herbst und Winter 1905. Die sibirische Sozialdemokratie hat im übrigen die Trennung in Bol'ševiki und Men'ševiki, in Mehrheitler und Minderheitler, in die die Partei sich 1903, bereits wenige Jahre nach ihrer Gründung 1898 gespalten hatte, bis zu den revolutionären Ereignissen des Jahres 1917 nicht mitgetragen.[15]

Auf dem Höhepunkt des Streiks, am 17. Oktober 1905, gewährte Zar Nikolaj II., nachdem ihm vor allem Graf Witte den Ernst der Lage dargelegt hatte, das Oktobermanifest, in dem er die Einführung bürgerlicher Freiheiten und eines Parlamentes, der *Duma*, versprach. Damit hatten vor allem die bürgerlich-liberalen Kräfte, zu denen durchaus auch Kreise des Adels zu zählen waren, ihr Ziel weitgehend erreicht. Überall im Lande, so auch in Sibirien, flaute die revolutionäre Bewegung ab. Die sozialistisch-revolutionären Parteien und Bewegungen verloren ihren Bündnispartner und suchten in den folgenden Monaten ihr Heil in einem blinden Aktionismus, wie etwa dem Moskauer Aufstand im Dezember 1905.[16]

In der bäuerlichen Bevölkerung Sibiriens, der es, wie schon früher berichtet, wirtschaftlich erheblich besser ging als den Bauern in den meisten Teilen des europäischen Rußland, fand die revolutionäre Bewegung keine große Unterstützung. Nur in jenen Teilen Sibiriens, in denen entweder die *Obščina* stärker verbreitet und die ökonomische Lage schlechter war, wie etwa in der Altai-, der Baikal- und Enisejregion, erhoben sich am Ende des Jahres 1905 Teile der bäuerlichen Bevölkerung.[17] In einigen Städten wie Vladivostok, Krasnojarsk und Čita kam es im November, Dezember 1905 und Januar 1906 zu erheblich heftigeren Unruhen und zu ausgedehnten Streiks, die sogar dazu führten, daß für einige Tage die Revolutionäre die Städte kontrollierten.[18] Krasnojarsk, ein Zentrum der Verbannung, galt seitdem als »rot« und als Hochburg der Sozialrevolutionäre und der Bol'ševiki. Ein weiteres Zentrum der Unruhe war Vladivostok, einer der größten Garnisonsorte Sibiriens, wo unzufriedene Soldaten und Matrosen Ende Oktober meuterten, und es im Verlauf des Januars 1906 zu heftigen Unruhen kam.[19] Auch in Sibirien wüteten in manchen Städten die reaktionären antisemitischen Schwarzhunderter (*Černosotnye*) gegen die Intelligencija und die Liberalen, wie es auch im europäischen Rußland nach dem Erlaß des Oktobermanifestes häufiger der Fall war.[20] Zugleich gab es etliche Terroranschläge der radikalen Sozialisten auf hohe zarische Beamte, wie den Gouverneur von Akmolinsk und den Polizeichef von Irkutsk. Im

Frühjahr 1906 gelang es der russischen Regierung, in Sibirien durch Militäreinsatz und entsprechende repressive Maßnahmen die Ruhe wiederherzustellen.[21]

Auswirkungen hatte die Revolution auch auf einige indigene Ethnien, vor allem auf die Burjaten und Jakuten. Die dortigen Bewegungen, sofern man sie so nennen darf, waren stark von den russisch-sibirischen Intellektuellen beeinflußt. In Organisationen wie dem »Bund der Jakuten« (*Sojuz Jakutov*), der im Januar 1906 entstand, fand sich ein Teil der zahlenmäßig kleinen Elite zusammen. Sie forderte die Rückgabe des Landes, das sich in zarischem und kirchlichem Besitz befand. Zudem wollte man eine Vertretung der Jakuten in der neugeschaffenen Staatsduma und eine lokale Selbstverwaltung in Form des *Zemstvo*. Im Programm fand sich auch die zu Zeiten der ersten Revolution häufiger vertretene Überlegung einer Verweigerung der Zahlung der Steuern und anderer Abgaben. Doch wurden die Mitglieder des Bundes schon nach zwei Wochen verhaftet und die Organisation löste sich auf. Petitionen der Bevölkerung forderten die Freilassung der Verhafteten. Über die Revolutionsjahre hinaus blieben einige Kontakte zu sozialdemokratischen Politikern und den politischen Verbannten bestehen.[22]

Große Bedeutung erlangte im Verlauf der Revolution die von zahlreichen bürgerlich-liberalen Gruppierungen erhobene Forderung nach einer größeren Autonomie für Sibirien und nach der Einführung des *Zemstvo*, jener lokalen Selbstverwaltungsorganisation, die 1864 im Zuge der großen Reformen unter Alexander II. in weiten Teilen des europäischen Rußland neu entstanden war.[23] Hier setzte sich jene gesellschaftliche Bewegung fort, von der bereits im vorigen Kapitel die Rede war, das *Oblastničestvo*, ein spezifisch regionales Bewußtsein, das Sibirien als eine eigene Region wahrnahm, die sich vom russischen Kernland unterschied. Grigorij N. Potanin, einer der führenden Köpfe dieser *Oblastniki*, der sich seit den späten 1870er Jahren mit der Erforschung Sibiriens befaßt hatte, formte im August 1905 eine Sibirische Regionalunion (*Sibirskij oblastnoj sojuz*), die jene eben genannten Forderungen erhob und zugleich die Einberufung eines Regionalparlamentes (*oblast'naja duma*) verlangte.[24] Doch taten sich schon die Zeitgenossen, diejenigen, die diese Bewegung trugen, schwer damit, aufzuzeigen, was denn nun konkret Sibirien als eine eigenständige Region ausmachte und worin sie sich vom Mutterland unterschied. Vor allem fühlten sich die »Sibirier« auf eine besondere Weise als Kolonie, die wirtschaftlich ausgebeutet und als Rohstofflager angesehen und auf deren rechtliche, ökonomische und kulturelle Interessen keine Rücksicht genommen wurde. Darüber hinaus betrachteten sich viele Sibirjaken als einen eigenen Typus mit einer zumindest partiell eigenständigen »sibirischen Kultur«, die sich vor allem in Literatur und Malerei niederschlug. Auch hierbei handelte es sich eher um undeutliche Formen der Identitätsbildung, da klare Abgrenzungskriterien zu Rußland fehlten. Man fühlte sich wohl eher auf eine diffuse Art und Weise diskriminiert, als ein »Stiefkind«, dem das Zentrum dringend notwendige Reformen verweigerte, und empfand eine gewisse Rückständigkeit.[25]

Die Forderungen nach Einführung des *Zemstvo*, die in den Jahren 1905 und 1906 einen hohen Grad an politischer Mobilisierung in Sibirien entfachten, da sich die Zahl der Presseorgane und deren Auflage in den vorangegangenen zwei Jahrzehnten geradezu explosionsartig entfaltet hatte, fanden in St. Petersburg kein Gehör. Auch den sibirischen Abgeordneten der Staatsduma, die im Frühjahr 1906 auf der

Grundlage eines Zensuswahlrechts erstmals gewählt und Ende April 1906 feierlich in St. Petersburg eröffnet wurde, gelang es nicht, dieses Reformvorhaben durchzusetzen. Ebenso scheiterte der Plan, auch in den sibirischen Städten eine entsprechende Selbstverwaltung, diese war während der großen Reformen der 1860er und 1870er Jahre geschaffen worden, einzuführen.[26]

Als eine Mißachtung der sibirischen Interessen wurde zudem die Übersiedelungspolitik empfunden. Die Regierung wälze, so das Argument, die Probleme im europäischen Teil auf die Region ab und ignoriere die Wünsche der alteingesessenen Bevölkerung und die der nichtrussischen Ethnien. Auch in diesem Falle fanden die sibirischen Abgeordneten kein Gehör. Ebensowenig wie in den Wirtschaftsfragen, die Sibirien in jener Zeit beschäftigten. Dazu gehörte insbesondere die Einführung einer Grenze für die Eisenbahntarife bei Čeljabinsk, die die sibirischen Exporte verteuerte. Zugleich schloß die Regierung die Freihandelszonen an den Mündungen der großen Flüsse Enisej, Ob', Amur und Lena, die für die Sicherung der Wirtschaftlichkeit des Handelsweges durch das Nordmeer notwendig waren, oder verweigerte deren Einrichtung. Manch einer sprach in Sibirien von einer »Geiselhaft«, in der sich die Region befände, da sie von den russischen Fertigwaren abhängig sei, die sie zu erhöhten Preisen im Tausch gegen die eigenen Rohstoffe erhalte.[27]

2. Von der ersten Revolution bis zum Ausbruch des Ersten Weltkrieges

Es war für Sibirien von großer Bedeutung, daß die einstigen Kriegsgegner Rußland und Japan schon bald nach Kriegsende mehrere Verträge abschlossen, in denen sie sich vor allem über ein gemeinsames Vorgehen gegenüber China und den dortigen Interessen der europäischen Mächte verständigten. Nach dem russisch-japanischen Krieg und der gescheiterten Revolution der Jahre 1905/07 sowie einer gewissen Entspannung in den internationalen, vor allem aber in den Beziehungen zu Japan setzte im Russischen Reich kurz vor dem Ende des ersten Jahrzehnts des 20. Jahrhunderts eine Phase intensiven wirtschaftlichen Wachstums ein. Die Zuwachsraten lagen in der Industrie in den Jahren von 1909 bis 1913 bei 6,25 Prozent per anno und darüber.[28] Im Unterschied zu früheren Boomphasen der russischen Wirtschaft steigerten diesmal nicht nur große, sondern sogar mittlere und kleinere Unternehmen ihre Produktion erheblich. Zugleich erlebte die Landwirtschaft mit zwei guten Ernten hintereinander in den Jahren 1909 und 1910 einen gewaltigen Aufschwung. Auch flossen ausländische Investitionen in zuvor nicht gekanntem Ausmaß ins Land.

In der Landwirtschaft Sibiriens stieg die Anbaufläche auch während des Krieges bis 1917 um über 120 Prozent. Da das Bevölkerungswachstum trotz der Migration darunter lag, gelangten nun recht große Teile der Ernte auf den zumeist einheimischen, aber auch den internationalen Markt. In Sibirien war darüber hinaus der Einsatz landwirtschaftlicher Maschinen erheblich verbreiteter als im europäischen Teil, was sich aufgrund der größeren Flächen auch anbot, und die Maschinen waren auch moderner. So stieg das bäuerliche Einkommen allmählich, aber doch stetig an.[29] Noch stärker als der Ackerbau wuchs die Viehwirtschaft. Sie war der entscheidende Faktor für den steigenden Wohlstand der sibirischen Bauern. Außer der schon erwähnten Butter kamen weitere Milchprodukte auf den Markt, aber auch Felle, Wolle und Fleisch. Überwiegend waren es bäuerliche Produktionsgenossenschaften, die Butterfabriken und Meiereien betrieben. Im Genossenschaftswesen nahm Sibirien im Vergleich zum europäischen Rußland eine Vorreiterrolle ein, erst die Boomjahre ab 1909 führten im europäischen Teil zu einem steilen Anstieg der bäuerlichen Genossenschaften. Ein Jahr zuvor hatten sich die sibirischen Genossenschaften zu einem Verband zusammengeschlossen, dem vor Ausbruch des Krieges mehr als eine Million Mitglieder angehörten. Sie waren, wie es der britische Rußlandexperte Sir Bernard Pares feststellte, nicht nur der wichtigste ökonomische Faktor Sibiriens, sondern waren in vielen weiteren Bereichen aktiv. Sie betrieben Zeitungen und Zeitschriften, sogar Theater und Zirkusse und engagierten sich auch im Volksschulwesen.[30] In der Bildungsarbeit, der »Volksbildung« (*narodnoe obrazovanie*) im weitesten Sinne, engagierten sich seit dem Beginn der 1880er Jahre aber auch die vom zahlenmäßig kleinen Bürgertum Sibiriens beherrschten Stadtparlamente sowie zahlreiche Unternehmer.[31]

So konnte der sibirische Bauer, anders als seine Kollegen in den zumeist übervölkerten Gebieten des europäischen Schwarzerdegebietes, mit Ausnahme der neurussischen Gouvernements im Einzugsbereich des Schwarzen Meeres, in jenen Jahren sogar etwas »auf die hohe Kante« legen. In Sibirien gab es zwar auch, wie im europäischen Rußland, in einigen Teilen die Einrichtung des *Mir* oder der *Obščina* als Gesamteigentümer des Bodens und als Umteilungsgemeinde, aber sie war dort weit schwächer und übte längst nicht die Macht und den Einfluß aus wie in den alten russischen Siedlungsgebieten.[32] Rund die Hälfte der sibirischen Bauern galt als wohlhabend und produzierte weitgehend für den Markt.[33] Lenin äußerte daher 1917, daß es in Sibirien, »satte, starke Bauern« gäbe, die »nicht mit dem Sozialismus sympathisierten« und sich »von der Revolution keine Verbesserung versprachen«.[34]

Konflikte entwickelten sich jedoch insbesondere zwischen der alteingesessenen (*starožily*) und der zugewanderten (*novosel'cy*) Bevölkerung, was angesichts der Verdoppelung der Einwohnerschaft im Verlauf von rund 15 Jahren verständlich erscheint.[35] Die einströmenden Siedler verdrängten vor allem die indigene Bevölkerung Sibiriens, deren demographische Entwicklung sehr unterschiedlich verlief. Während sich nach offiziellen Angaben die Burjaten im Laufe von rund achtzig Jahren (1831-1911) von 152.000 auf 330.000 Personen verdoppelten, eine ähnliche Entwicklung gab es auch bei den Tungusen und Jakuten, sanken die Zahlen bei anderen stark, so daß einige von ihnen schon zu jener Zeit kaum mehr als eintausend Angehörige zählten, wobei die abnehmende Tendenz sich fortsetzte.[36] Sibirische Abgeordnete in der Staatsduma forderten daher 1908/09, als die Übersiedelungsbewegung ihren Höhepunkt erreichte, eine Unterbrechung oder sogar deren Einstellung, um zunächst die bestehenden Probleme zu lösen. Dies allerdings lehnte die Regierung in St. Petersburg ab, denn das Umsiedelungsprogramm sollte die übervölkerten Agrargebiete des europäischen Rußland entlasten.[37]

Die hohen Wachstumsraten der sibirischen Industrie gingen in den zwei Jahrzehnten vor dem Ausbruch des Ersten Weltkrieges mit einer stetig steigenden

Urbanitätsrate einher. Für die Produktion wurden mehr und mehr Wasserkraftwerke zur Stromerzeugung genutzt, eine Technik, die sich seit dem Beginn der
1890er Jahre immer stärker durchsetzte. Viele Betriebe verfügten seit der Wende
vom 19. zum 20. Jahrhundert über Elektrizität, ebenso wie die größten sibirischen
Städte, deren Straßen beleuchtet waren wie in Tomsk, wo es 1896 die ersten zwölf
Straßenlaternen jenseits des Ural gab. Bald darauf verfügten sogar manche Haus-
halte über elektrischen Strom.[38] In den westsibirischen Städten orientierte man sich
weitgehend an europäischen Vorbildern, nur die östlichen Teile waren stärker asiatisch geprägt. Trotz dieser Entwicklungen blieb Sibirien grundsätzlich in noch
stärkerem Maße als das europäische Rußland agrarisch strukturiert. Auf dem Lande lebten mehr als neunzig Prozent der Bevölkerung, die Arbeiterschaft machte
kaum drei Prozent aus, obwohl die Zahl der Arbeiter zwischen 1900 und 1912 um
über zwanzig Prozent zunahm. Die Zahlen verdeutlichen eine sprunghafte Entwicklung der Gesellschaft. Die Moderne zeigte sich nicht nur darin, daß regelmäßig
Züge fuhren, der Absatz von Zeitungen und Zeitschriften ebenso beständig stieg
wie die Zahl der Schulen und Museen, die Landwirtschaft immer stärker mechani-
siert wurde, sondern auch darin, daß es in Städten wie Tomsk und Krasnojarsk 1886
bzw. 1893 die ersten Telefone gab, bald darauf Fahrräder auf den Straßen fuhren,
denen 1905 Automobile folgten. Noch vor 1910 wurden die ersten Sportvereine,
darunter sogar Fußballvereine gegründet. Schon vor der Wende vom 19. zum 20.
Jahrhundert fand in Tomsk die erste Filmvorführung statt, dem bald das erste *Ki-
noteatr* folgte. Immerhin hatte die Stadt vor 1914 vier Theater, fünf Kinos und
sieben Bibliotheken. 1911 bzw. 1912 waren die Zentren von Tomsk und Krasnojarsk elektrifiziert, das Telefonnetz war ausgebaut und sogar Wasserleitungen verlegt worden. 1912 kreiste das erste Flugzeug über Krasnojarsk.[39]

Eines der Ergebnisse der ersten, wenn auch gescheiterten Revolution der Jahre 1905/07 war die Entwicklung einer zumindest rudimentären Form des Parla-
mentarismus in Gestalt der Staatsduma, deren Abgeordnete nach einem komplizierten Zensuswahlrecht gewählt wurden.[40] Der bedeutende deutsche Soziologe
Max Weber, Zeitgenosse der revolutionären Ereignisse, nannte diese Regierungs-
form einen »Scheinkonstitutionalismus«.[41] Doch immerhin konnte der männliche
Teil der russischen Bürger zum ersten Mal seine Abgeordneten wählen. Zwischen
1906 und 1912 wurde viermal gewählt. Die ersten beiden Dumen löste Nikolaj
II. wegen ihrer politischen Unbotmäßigkeit mit dem Notstandsparagraphen der
neuen Verfassung vom April 1906 auf, dann änderte der amtierende Premierminister Stolypin im Juni 1907 das Wahlrecht, um eine entsprechend konservativ
ausgerichtete Zusammensetzung des Parlamentes zu erreichen. Nur diese Dritte
Duma überstand ihre volle Legislaturperiode von fünf Jahren zwischen 1907 und
1912.

Da die Existenz von politischen Parteien, Verbänden und Gewerkschaften bis
1905 in Rußland verboten war, entstanden die sozialistischen Parteien an der Wende vom 19. zum 20. Jahrhundert im Untergrund, die bürgerlichen und rechten
Parteien jedoch erst im Kontext der Revolution von 1905/06. Dazu gehörten die
im Oktober 1905 gegründete, linksliberale Konstitutionell-Demokratische Partei,
deren Mitglieder »Kadetten« genannt wurden, und der im November 1905 entstandene rechtsliberale Bund des 17. Oktober, der sich aus Treue zum Herrscher nach

dessen Manifest von jenem Tag benannte und dessen Mitglieder als Oktobristen bezeichnet wurden. Wählen konnten auch, mit einigen Ausnahmen, die »*inorodcy*«, die Fremdstämmigen. Dazu gehörten einige der indigenen Ethnien Sibiriens sowie die Kirgisen und Kalmücken in den Steppengebieten. Die sibirische Bevölkerung wählte in die ersten beiden Dumen je 22 und in die Dritte und Vierte *Duma*, nach der Änderung des Wahlrechts und der Reduzierung der Anzahl der Abgeordneten, die die Minderheiten noch stärker benachteiligte als zuvor, je vierzehn Abgeordnete.

Da die Wahlen im Reich nicht zeitgleich stattfanden, war die Erste *Duma* nach einer gerade einmal zweimonatigen Existenz bereits aufgelöst worden, bevor die Wahlen in Sibirien beendet werden konnten. In den folgenden drei Dumawahlen wurden mehrheitlich Abgeordnete der sozialistischen Parteien oder der linksliberalen Kadetten gewählt. So gehörten von den 14 sibirischen Abgeordneten der Dritten *Duma* je drei zur Sozialdemokratie und zu den *Trudoviki*, sieben zu den Kadetten, einer war parteilos.[42] Insgesamt jedoch bildeten die regierungstreuen Parteien, Oktobristen und Rechte, in dieser Dritten *Duma* die absolute Mehrheit. So blieb es auch bei den Wahlen zur Vierten *Duma* im Herbst 1912. Aus Sibirien kamen wiederum ausnahmslos Vertreter der bürgerlichen Opposition und Sozialisten, je sechs Kadetten und Trudoviki, ein Sozialdemokrat und ein Parteiloser, die die zarische Regierung bekämpften, während im Parlament Oktobristen und Rechte über eine große Mehrheit verfügten. Dies macht den Grad der Entfremdung oder der Distanz zwischen der Bevölkerung Sibiriens und der Regierung in St. Petersburg mehr als deutlich. In jener Zeit plädierten die Kadetten Sibiriens für eine regionale Eigenständigkeit, die den Vorstellungen der Regionalisten sehr nahe kam, während die Oktobristen auch nur den Gedanken einer Föderation verwarfen.[43]

Mit einem gewissen Verzögerungsmoment entstanden in Sibirien, wie andernorts im Russischen Reich auch, regionale und lokale Gesellschaften, die sich mit der Geschichte und der Erforschung des Landes beschäftigten. Schon im Laufe der Revolution 1905/07 war der »Sibirische Regionalbund« (*Sibirskij oblastnoj sojuz*) gegründet worden. Die sibirischen Abgeordneten in der Staatsduma fanden sich in ihrer überwiegenden Mehrheit über die Parteigrenzen hinweg in einer eigenen Arbeitsgruppe zusammen, um die Probleme der Region zu beraten.[44] Zeitungen und Zeitschriften führten immer häufiger das Adjektiv »sibirisch« in ihrem Titel, so etwa *Sibirskie voprosy* (Sibirische Fragen), *Sibirskij Listok* (Das sibirische Blatt) oder *Sibir'* (Sibirien).[45] Dies blieb im wesentlichen auf die gebildete und besitzende Gesellschaft beschränkt und erreichte die sibirische Landbevölkerung und die zahlenmäßig schwache Arbeiterschaft kaum.

1908 wurde die »Gesellschaft zur Erforschung Sibiriens und der Verbesserung seiner Lebensbedingungen« (*Obščestvo izučenija Sibiri i ulučšenija eja byta*) gegründet, die sich der wissenschaftlichen Erforschung des Landes, der Durchsetzung von Reformen und der besseren Nutzung der Rohstoffressourcen widmete.[46] In der fernen Hauptstadt des Reiches und anderen Städten im Lande fanden sibirische Abende statt, in St. Petersburg wurde sogar ein »Sibirischer Klub« gegründet. Die Mitglieder setzten sich für die Interessen ihrer Heimat ein, bezeugten aber auch ihr regionales Zusammengehörigkeitsgefühl.[47] Die linksliberalen Kadetten, deren politische Arbeit von Regierung und Bürokratie behindert wurde, verlegten sich, wie im europäischen Teil auch, auf »Kulturarbeit«. Sie gründeten Lesehallen oder Teestuben und verbreiteten auf diese Weise ihre politischen Ideen. Ein Anliegen war ihnen auch die Bekämpfung des Alkoholismus, so daß sie in der sogenannten Nüchternheitsbewegung mit an führender Stelle standen.[48] Ähnlich verhielten sich die wenigen bolschewikischen Organisationen in Sibirien, denn an eine effiziente Untergrundarbeit war in jener Zeit nicht zu denken.[49]

Auch 1912 hielt das ökonomische Wachstum in Rußland unvermindert an. Die Regierung setzte ihr Aufrüstungsprogramm, das nach dem verlorenen Krieg gegen Japan eingeleitet worden war, seit dem März des Jahres mit ihrem Marinerüstungsprogramm in großem Maßstab fort.[50] Die Streikrate im Land, in dem seit 1905 Gewerkschaften in gewissem Sinne legal waren, eine Errungenschaft der Revolution der Jahre 1905/07, lag in den ersten Monaten jenes Jahres so niedrig wie lange nicht mehr. In dieser Phase fortschreitenden Wirtschaftswachstums und einer gewissen sozialen Entspannung erschütterte das Massaker auf den Goldfeldern der Lena nicht nur Sibirien, sondern das gesamte Russische Reich.[51] Die Dumaabgeordneten der linksliberalen und sozialistischen Parteien attackierten die Regierung und verlangten Aufklärung, so daß schließlich eine offizielle Untersuchungskommission eingerichtet wurde, die erhebliche Mißstände enthüllte und vor allem die erbärmliche Lage der Arbeiter offenlegte.[52]

Nach den Ereignissen an der Lena änderten sich die Verhältnisse im Lande. Die Streikbereitschaft nahm eindeutig zu, der kompromißlose Kurs der Regierung, die sich fast jeder Liberalisierung verweigerte, verschärfte die sozialen Spannungen im Russischen Reich, denn Arbeiter und Bauern im europäischen Teil des Landes partizipierten kaum an der wachsenden Wirtschaft, waren aber nicht länger bereit, ihre Forderungen nach besseren Lebensbedingungen und Teilhabe an der politischen Macht weiterhin auf die lange Bank zu schieben. Nach der Revolution war es dem Ministerpräsidenten Petr A. Stolypin seit Juli 1906 gelungen, einerseits entscheidende Reformen einzuleiten, wie die Auflösung der Bauerngemeinde, die Überführung des Agrarlandes in bäuerlichen Privatbesitz oder die Fortsetzung der Übersiedelung nach Sibirien, andererseits mit harter Hand die Folgen der Revolution zumindest vorübergehend zu ersticken sowie verspielten Kredit im Ausland zurückzugewinnen, so daß das Land ökonomisch prosperierte. Allerdings beschnitt Stolypin zugleich die in der Revolution erreichten freiheitlichen Errungenschaften, insbesondere das Wahlrecht zur *Duma*, dem seit April 1906 tätigen Parlament, so daß es zu einer immer größeren Kluft zwischen der Regierung und den ihr nahestehenden rechten Parteien auf der einen und den sozialistischen Parteien auf der anderen Seite kam, wobei die liberale Mitte gleichsam aufgerieben wurde. Während es in Kunst und Kultur zu einer großen Blüte kam, dem sogenannten »silbernen Zeitalter«, wurden die Rechte der Bürger wieder beschnitten. Stolypin fiel im September 1911 dem Attentat eines Mitglieds der Sozialrevolutionäre, der zugleich für die *Ochrana*, die Geheimpolizei im Zarenreich, arbeitete, in der Kiever Oper in Anwesenheit Kaiser Nikolajs II. und seiner Töchter zum Opfer. Seine Nachfolger besaßen nicht mehr die Statur, um der sich beständig vertiefenden und verschärfenden gesellschaftlichen und sozialen Krisen im Russischen Reich Herr zu werden.

3. Die Zeit des Ersten Weltkrieges

Zu diesem Spannungsfeld im Inneren trat die wenig erfolgreiche Außenpolitik der russischen Regierung, die immer wieder Beschädigungen ihres internationalen Ansehens hinnehmen mußte.[53] Auf der internationalen Bühne löste schließlich die Ermordung des österreichischen Thronfolgerpaares in Sarajevo am 28. Juni 1914 jene Krise aus, die in den Ersten Weltkrieg mündete, der am 1. August 1914 ausbrach. Am Tag zuvor hatte Rußland seine gesamte Armee mobilisiert, da eine Teilmobilmachung nur gegen Österreich-Ungarn aus organisatorischen Gründen nicht möglich war. Das Russische Reich war für diesen Krieg denkbar schlecht vorbereitet. Nach dem Massaker an der Lena waren überall im Lande Streiks ausgebrochen, auch kam es zu bäuerlichen Unruhen und die bürgerliche Opposition verschärfte ihren Ton. In der ersten Hälfte des Jahres 1914 nahmen die Arbeitsniederlegungen noch zu und die unruhige Lage im Lande war überall spürbar.[54]

Die Mobilmachung verlief nicht ohne Schwierigkeiten und Widerstände der Arbeiter und Bauern, die eingezogen wurden. Auch hunderttausende Sibirier, darunter Angehörige der indigenen Bevölkerung, die im Prinzip vom Militärdienst befreit war, wurden zu den Waffen gerufen. Nur kurzfristig konnte eine Welle der Begeisterung, hauptsächlich in den bürgerlichen Schichten, die tiefen Risse in der russischen Gesellschaft überdecken. Der Zar und seine Regierung gingen bald auf Konfrontationskurs gegen das Parlament, die *Duma*, die immer häufiger in Zwangsferien geschickt wurde. Die fünf bolschewikischen Dumaabgeordneten ließ die Regierung im November 1914 sogar nach Sibirien verschicken. Angesichts der militärischen Niederlagen Rußlands übernahm Nikolaj II. im August 1915 den Oberbefehl über die russischen Streitkräfte, obwohl ihm die Mehrheit der Minister davon abriet. Der Zar hielt sich seit dieser Zeit überwiegend im militärischen Hauptquartier in Mogilev auf und konnte daher kaum noch die Regierungsgeschäfte beeinflussen. Im Lande, verstärkt durch die Gerüchte über den sibirischen Wundermönch Grigorij Rasputin und seine Verbindungen zur kaiserlichen Familie, griff das Chaos um sich.[55]

Über Sibirien lief ein Großteil der Transporte kriegswichtiger Güter aus Großbritannien und den Vereinigten Staaten. Sie wurden im Hafen von Vladivostok gelöscht und dann mit der Transsib an die Front gebracht. Auch dabei kam es zu erheblichen Engpässen, da die Beförderungskapazitäten nicht ausreichten.[56] Viele sibirische Fabriken produzierten in dieser Zeit kriegswichtige Güter. Dazu gehörte auch das sibirische Gold der Felder an der Lena. So konnte Lenzoto die Einberufung der dortigen Jakuten, die als Arbeitskräfte dringend benötigt wurden, verhindern.[57] Um den riesigen Bedarf zu decken, wurden sogar bereits stillgelegte Werke, die zuvor nicht mehr wettbewerbsfähig gewesen waren, reaktiviert. Zudem flossen amerikanische Investitionen nach Sibirien, insbesondere nach Ostsibirien und in den Fernen Osten.[58] Dies geschah nicht gänzlich uneigennützig, denn die amerikanischen Banken und Industriellen versprachen sich davon einerseits entsprechende Profite, andererseits aber wohl auch einen größeren Einfluß in dieser nahegelegenen Region in der Zeit nach dem Krieg. Auch Japan, das seit Jahrzehnten Interessen in diesem Gebiet hatte, warf in jener

Zeit nicht nur begehrliche Blicke nach Sibirien, sondern suchte auch Einfluß zu nehmen.

Aufgrund der stetig wachsenden Probleme des Transportes und der Nahrungsmittelversorgung schlossen sich in Sibirien immer mehr Bauern und Bürger den bestehenden Genossenschaften an oder gründeten neue. Insbesondere entstanden Konsumgenossenschaften, deren Zahl sich in Sibirien im Verlauf des Krieges mehr als verzehnfachte.[59] Als zentrale Organisation der Genossenschaften im Ural, in Sibirien und dem Fernen Osten entstand schließlich 1916 »Zakupsbyt« (*Sibirskaja komissija po zakupu i sbytu*; Sibirische Kommission für Einkauf und Vertrieb), um die ökonomischen Interessen der Landwirtschaft besser vertreten zu können. Der Verband bestand faktisch bis 1920, als er durch die Bol'ševiki mit anderen Organisationen vereinigt wurde.[60] Er sorgte auch für den Absatz landwirtschaftlicher Produkte in die Vereinigten Staaten, da der Handel mit Westeuropa erheblich beeinträchtigt war. Die Organisation gründete Filialen in Harbin (Charbin), Shanghai, Kobe und San Francisco, doch blieb das Geschäft mit den USA, das schon im ersten Jahr ein Volumen von 3,4 Mio. Goldrubel erreichte, das wichtigste. Die erste Lieferung im Juni 1916 bestand aus 250 Tonnen Fellen.[61]

Die Landwirtschaft Sibiriens konnte in den Kriegsjahren ihre Produktion sogar noch steigern, und die Anbaufläche um weit über dreißig Prozent erweitern.[62] Dazu trugen auch die nach Sibirien gebrachten Kriegsgefangenen der Mittelmächte erheblich bei, denn sie wurden, mit Ausnahme der Offiziere, wie es nach den Bestimmungen der Haager Konvention von 1907 erlaubt war, zur Arbeit herangezogen. Insgesamt gerieten rund 2,1 Millionen Soldaten und Offiziere während des Krieges in russische Gefangenschaft, davon knapp 160.000 Reichsdeutsche, etwa 51.000 Türken und Bulgaren, die große Mehrheit waren Angehörige der österreichisch-ungarischen Armee.[63] Von ihnen wurde gut die Hälfte in Landwirtschaft und Industrie, im Bergbau sowie bei Eisenbahn- und Kanalarbeiten eingesetzt.[64]

Waren die russische Regierung und die nachgeordneten Behörden schon mit Transport und Versorgung der eigenen Bevölkerung und Armee während des Krieges völlig überfordert, so herrschten in den Kriegsgefangenenlagern teilweise primitivste hygienische und sanitäre Verhältnisse, so daß mehrmals Seuchen, Typhus und Cholera, ausbrachen, die zahlreiche Opfer forderten. Die Situation in den Lagern verbesserte sich erst als Elsa Brändström, die als »Engel der Gefangenen« bekannt gewordene Tochter des schwedischen Militärattachés in Rußland, 1915 im Auftrag des schwedischen Roten Kreuzes nach Sibirien reiste, um sich dort um die deutschen und österreichisch-ungarischen Kriegsgefangenen zu kümmern und eine ausreichende medizinische Versorgung zu gewährleisten.[65] Sie setzte diese Tätigkeit trotz der Wirren von Revolution und Bürgerkrieg bis 1920 fort. Danach übernahm der norwegische Wissenschaftler Frithjof Nansen die Aufgabe, unter schwierigsten Bedingungen für den Heimtransport der noch im weiterhin vom Bürgerkrieg erschütterten Sibirien verbliebenen Kriegsgefangenen zu sorgen, wofür er 1922 den Friedensnobelpreis erhielt.

Neben den Leiden der Millionen, die in und außerhalb der Lager lebten und arbeiteten, gab es auch einige außergewöhnliche Schicksale unter den Kriegsgefangenen in Sibirien. So arbeitete der deutsche Prähistoriker Gero Merhart von Bernegg, der schon zu Kriegsbeginn in russische Gefangenschaft geraten war, nach

Kriegende weiterhin freiwillig bis 1921 im Museum von Krasnojarsk. Aus dieser Tätigkeit ging seine Habilitationsschrift über die Bronzezeit am Enisej hervor, die für seinen weiteren beruflichen Werdegang von erheblicher Bedeutung war.[66]

Für Rußland verlief der Krieg sehr ungünstig. Obwohl rund 15 Mio. Männer zu den Waffen gerufen wurden, gelangen nur einige Anfangserfolge.[67] Im Sommer 1916 scheiterte auch die letzte große Offensive gegen Österreich-Ungarn unter General Aleksej A. Brusilov. Es fehlte sowohl an fähigen Offizieren als auch an Transportkapazitäten, Waffen, Munition und ausreichender Versorgung der Armee mit Uniformen und Lebensmitteln. Das massive Wachstum der Rüstungsindustrie wiederum führte aufgrund der fehlenden Arbeitskräfte zu einer Erhöhung der täglichen Arbeitszeit und der Aufhebung des Verbots der Nachtarbeit für Frauen und Kinder. Diese Kräfteanspannung erschöpfte bald die menschlichen Ressourcen des Landes, wobei sich zugleich die Bedingungen und Verhältnisse der Arbeit, Sicherheit, Hygiene und Gesundheit, verschlechterten.

Der Arbeitskräftemangel führte zu starken Lohnerhöhungen, der Mangel an Versorgungsgütern überall zu steigenden Preisen und damit zu einer wachsenden Inflation. Da die bäuerliche Bevölkerung für die beim Verkauf ihrer Ware erzielten Preise, teilweise gab es staatlich festgesetze Verkaufspreise, kaum noch die von ihnen benötigten Güter kaufen konnte, hielt sie ihre Produkte zurück oder verkaufte sie, wie die sibirische Bauernschaft, lieber ins Ausland. So verknappten sich im Lande einerseits die Waren, andererseits stiegen die Preise in astronomische Höhen. Als Folge davon blühte der Schwarzmarkt im ganzen Land, wovon insbesondere die ärmere Bevölkerung der Städte besonders betroffen war.[68]

Die politische Macht lag in den Händen einer Clique um die Zarin Alexandra Fedorovna und den sibirischen Mönch Grigorij Rasputin, dessen Einfluß hauptsächlich, aber nicht nur auf seinen Heilerfolgen bei der im Lande verschwiegenen Bluterkrankheit des Thronfolgers Aleksej beruhte. Zugleich fehlte es an einem wie auch immer gearteten politischen Konzept der zarischen Regierung, der es offensichtlich nur noch darum ging, das autokratische System zu erhalten. Bald nach Kriegsbeginn setzte das ein, was die Zeitgenossen als »ministerielles Bockspringen« bezeichnet haben. Zwischen Juli 1914 und Februar 1917 gab es vier Ministerpräsidenten, fünf Innen-, drei Außen-, drei Verkehrs- und vier Landwirtschaftsminister.[69]

Die Ablehnung einer solch sprunghaften Politik, die keinerlei Probleme löste, sondern nur beständig neue schuf, ergriff nicht nur die Opposition der linksbürgerlichen und sozialistischen Parteien, sondern auch konservative und kaisertreue Parteien und reichte bis hinein in die kaiserliche Familie. Viele sahen in dem sibirischen Wundermönch, der aus seinem Einfluß auf die kaiserliche Familie und Teile der herrschenden Kreise auch öffentlich keinen Hehl machte, die Wurzel allen Übels und des Verfalls von Sitte und Moral. In der Nacht vom 16. auf den 17. Dezember 1916 wurde Rasputin von einer Verschwörergruppe, der Mitglieder der Hocharistokratie, ein Cousin des Zaren, und extrem konservative Politiker angehörten, ermordet. Die Tat löste in weiten Teilen der Bevölkerung große Freude aus.[70]

Zum Mittelpunkt der liberal-konservativen Opposition im Lande wurde seit dem Sommer 1915 der »Progressive Block«, an dessen Spitze der Vorsitzende der Konstitutionell-Demokratischen Partei, der Historiker Pavel N. Miljukov, stand.

Der Block forderte unter anderem Autonomie für Polen, größere Rechte für die nationalen Minderheiten und die Einführung der *Zemstva* in Sibirien und anderen Regionen. Die Unzufriedenheit im Lande zeigte sich auch darin, daß seit dem Herbst 1915 die Zeit des Burgfriedens endgültig abgelaufen war und trotz des Krieges Streiks und Demonstrationen fast wieder an der Tagesordnung waren, obwohl die sozialistischen Parteien, allen späteren Behauptungen der Bol'ševiki und auch von Teilen der westlichen Historiographie zum Trotz, keinen nennenswerten Einfluß auf die Arbeiterbewegung ausüben konnten. Unruhe herrschte vor allem an den Rändern des Imperiums in Polen, der Ukraine, in Finnland und den baltischen Gouvernements sowie im Kaukasus und in Zentralasien, allerdings nicht in Sibirien, wo es weitgehend ruhig blieb.

4. Die Revolutionen des Jahres 1917

Vor 1914 gelang es keiner der im Russischen Reich bestehenden Parteien, in Sibirien eine feste Parteiorganisation aufzubauen. Zwar gab es seit der Wende vom 19. zum 20. Jahrhundert durchaus intensive Bemühungen der nichtmarxistischen Sozialrevolutionäre und der in Bol'ševiki und Men'ševiki gespaltenen Sozialdemokratie, Parteiorganisationen oder doch zumindest Gruppen zu etablieren, die allerdings nicht von dauerhaften Erfolgen gekrönt waren. Die Parteispaltung der Sozialdemokratie erreichte übrigens in Sibirien längst nicht die Ausmaße wie im übrigen Russischen Reich, denn auch 1917 arbeiteten diese beiden seit 1912 endgültig eigenständigen Parteien noch zusammen. Auch wenn es in Sibirien zahlreiche politische Verbannte aus den Reihen der sozialistischen Parteien gab und die sowjetische Historiographie nicht müde wurde, dies als hevorragende Basis einer erfolgreichen Parteiarbeit in Sibirien darzustellen, so mangelte es besonders den Sozialdemokraten an Mitgliedern und Erfolgserlebnissen, wie es sich deutlich an den Wahlergebnissen zu den Dumen ablesen läßt.

Auch die Sozialrevolutionäre, die westlich des Ural auf dem Land eine durchaus wichtige Rolle spielten, konnten keinen wirklich entscheidenden Einfluß gewinnen, denn ihre Forderung nach einer Sozialisierung des Bodens lehnten die sibirischen Bauern, die sich als Eigentümer ihres Landes fühlten, ab. Stattdessen zeichnete sich Sibirien durch eine relative soziale Stabilität und eine eher ruhige Entwicklung aus. Es fehlten die starken sozialen Kontraste wie im europäischen Teil des Reiches. Gesellschaftlich führend waren die bürgerlichen Mittel- und Oberschichten, denen an einer Revolution nicht gelegen war.[71]

So dominierten die bürgerlichen Kräfte der Konstitutionellen-Demokraten, deren Parteigruppierungen allerdings zumeist nur in den Wahlkämpfen aktiv wurden und sich ansonsten aufgrund der Behinderungen durch die Behörden der Bildungs- und Aufklärungsarbeit widmeten. Die rechtsliberalen Oktobristen, obwohl von der lokalen Administration bevorzugt, spielten keine Rolle. Die Regionalisten organisierten sich in teils informellen Vereinen, Verbänden und »Kreisen« und fanden sich in »den Reihen aller politischen Gruppierungen«.[72] Im Verlauf des Ersten Weltkrieges änderten sich die Verhältnisse nicht.

Im Januar und Februar 1917 verschärfte sich in Petrograd und vielen anderen Städten des europäischen Rußland die Versorgungskrise. Am 23. Februar/8. März, dem internationalen Frauentag, begannen in der Hauptstadt spontane Straßendemonstrationen von Arbeiterinnen und Hausfrauen. Rasch griff eine Welle von Unruhen um sich. Es kam zum Generalstreik und zur Meuterei der Soldaten. Am 26. Februar/11. März 1917 trat die Regierung zurück. Die Versuche Nikolajs II., der sich zu jenem Zeitpunkt im Armeehauptquartier im heute weißrussischen Mogilev aufhielt, die revolutionären Erhebungen zu beenden, scheiterten. So dankte er am 2./15. März in seinem und im Namen seines Sohnes und Thronfolgers zugunsten seines Bruders Michail, der einen Tag später auf den Thron verzichtete, ab. Aus den Reihen der bürgerlichen Parteien der *Duma* entstand die Provisorische Regierung, in der die Konstitutionellen-Demokraten die meisten Minister stellten und mit Alexander F. Kerenskij, ein Trudovik, als Justizminister nur ein gemäßigter Sozialist vertreten war. Daneben entstand als ein zweites Machtzentrum der Rat der Arbeiter- und Soldatendeputierten (*Sovet rabočich i soldatskich deputatov*), in dem zunächst Men'ševiki und Sozialrevolutionäre dominierten.[73] Was folgte, war die sogenannte Doppelherrschaft (*dvoevlastie*), ein Machtvakuum, bei dem sich bürgerliche und gemäßigt sozialistische Parteien gegenseitig lähmten. Allerdings verfügte der Sowjet weitgehend über die bewaffnete Macht. Die Provisorische Regierung kündigte dennoch die Fortsetzung des Krieges an der Seite der Alliierten, die baldige Wahl einer Verfassunggebenden Versammlung und zahlreiche Reformen an.

In Sibirien erfuhr die Bevölkerung am 28. Februar/13. März von den Ereignissen in Petrograd, nachdem die Gouverneure zunächst versucht hatten, die Verbreitung der Meldungen zu verhindern. Sie untersagten sofort alle Versammlungen und Demonstrationen. Doch war auch in Sibirien der Lauf der Dinge nicht mehr aufzuhalten. Die Provisorische Regierung berief alle Vertreter der alten Ordnung von ihren Posten, Generalgouverneure, Gouverneure, Polizeichefs und die Kommandanten der Gendarmerie.[74] Im gemäßigten politischen Klima bildeten sich zunächst »Komitees der öffentlichen Sicherheit und Ordnung«, die diese aufrechterhalten sollten. Darin fanden sich die Vertreter der Stadt- oder Kreisräte, der politischen Parteien und der Verbände. Bald darauf entstanden auch Arbeiter- und Soldatenräte, doch waren die sozialistischen Kräfte zunächst in der Minderheit. Kaum Unterstützung fand das zarische Regime, das auch in Sibirien weitgehend kampflos von der Bühne abtrat.

Im Laufe des März 1917 ernannte die Provisorische Regierung aus den Reihen der Repräsentanten der sibirischen Öffentlichkeit »Bevollmächtigte Kommissare«, die die Gouverneure ersetzten. Der neuen Regierung in Petrograd und ihren Vertretern vor Ort gelang es jedoch nicht, die im Lande bestehenden Probleme einzudämmen. Weder verbesserte sich die Versorgungslage grundlegend, noch konnte die Agrarfrage gelöst werden. Der Krieg dauerte fort, ohne daß ein Ende abzusehen war. Rußland war zwar nun ein freies und demokratisches Land, aber es befand sich am Rande des Abgrunds. Die scharfen sozialen Gegensätze brachen sich mit Gewalt ihre Bahn. Streiks, Unruhen und Demonstrationen waren an der Tagesordnung. Politisches Handeln manifestierte sich nicht darin, nach Lösungen und Kompromissen zu suchen. Der politische Gegner war in den Augen vieler Sozialisten und Anarchisten ein Feind, der vernichtet werden mußte. In der Form des Terrorismus oder der politischen Expropriationen war dies seit den 1860er Jahren auch die politische Praxis. Die Revolution war in den Augen Vladimir I. Lenins, des bolschevikischen Führers, und eines Teils seiner Partei ebenso wie in der Sicht des kurzzeitigen Verbündeten, der Linken Sozialrevolutionäre, »machbar«, der Aufstand – eine Kunst.

Im Laufe des Frühjahrs 1917 entfalteten sich in Sibirien die ersten Formen einer Bauernbewegung, entwickelte aber größere Aktivitäten erst im Mai und Juni mit einigen Landbesetzungen und der Inbesitznahme der staatlichen Wälder in den Gouvernements Enisejsk und Tobol'sk. Mitte Juni führte die Provisorische Regierung endlich das Zemstvostatut ein, was Regionalisten und Liberale lange gefordert hatten. Diese ländliche Selbstverwaltungseinrichtung erhielt mehr Rechte als unter dem alten Regime, insbesondere das der Aufsicht über die örtliche Polizei. Dennoch lehnten es Teile der Bauernschaft ab, weil damit neue Steuern verbunden waren und zeigten sich bei den anstehenden Gremienwahlen an dieser neuen Institution weitgehend desinteressiert.[75]

Während dieser Monate bildeten sich auch in Sibirien zwei politische Lager heraus, die sich jedoch von denen im europäischen Teil durchaus unterschieden. Die bürgerlichen Kräfte bestanden aus den Regionalisten, den Kadetten, einigen wenigen Oktobristen sowie Vertretern von Handel und Industrie, und wußten die Beamtenschaft hinter sich. Sie unterstützten die Provisorische Regierung in Petrograd, wollten aber zugleich einen Autonomiestatus für Sibirien erreichen. Das sozialistische Lager, bestehend aus den Sozialrevolutionären als der stärksten Kraft, den Men'ševiki und Bol'ševiki, dem schwächsten Glied, sowie einigen Parteilosen, trat für eine demokratische Republik sowie den Acht-Stundentag ein und begann damit, Sowjets der Arbeiter und Soldaten zu formieren.[76] Die Sozialrevolutionäre konnten sich auf Teile der Bauernschaft, auf die Angestellten der Genossenschaften und auch auf Teile der Arbeiterschaft stützen.[77]

Im Frühjahr und Sommer dominierten Autonomieforderungen. Im April 1917 erklärte ein Kongreß der Landbevölkerung des Transbaikalgebietes seine Unterstützung für dieses Konzept, kurz darauf, im Mai, auch eine Volksversammlung des Gouvernements Tomsk sowie im August ein Kongreß der Bauern aus Irkutsk.[78] Die Tomsker Gouvernements-Volksversammlung, durch Wahlen in den Kreisen zustandegekommen und von dem inzwischen 82-jährigen Grigorij Potanin geleitet, war eine erste Großveranstaltung der Regionalisten Sibiriens, die sich für »Dezentralisierung« und »regionale Selbstbestimmung« aussprachen.[79]

Im August 1917 tagte wiederum in Tomsk, dem Zentrum der regionalistischen Bewegung, der erste sibirische Regionalkongreß, auf dem 72 Delegierte gesellschaftlicher Vereinigungen, der *Zemstva* und der städtischen Selbstverwaltung anwesend waren, von denen jedoch zwei Drittel aus dem Gouvernement kamen, während die ostsibirischen Gouvernements kaum vertreten waren. Trotz der geringen Teilnehmerzahl und wenig öffentlicher Resonanz rief man in einem Beschluß zur Entwicklung Sibiriens zu einer Föderation, in der auch die nationalen Minderheiten, insbesondere die indigenen Ethnien ihren Platz finden sollten, auf. Dieser Beschluß sollte allerdings nur als Diskussionsgrundlage für einen größeren Kongreß dienen, der für den Oktober 1917 ebenfalls nach Tomsk einberufen wurde.[80]

In der Zwischenzeit war Lenin, der Führer der Bol'ševiki, im April 1917 mit Hilfe der Obersten Heeresleitung des Deutschen Reiches aus seinem Schweizer Exil nach Petrograd zurückgekehrt. Darüber wußte man in Rußland durchaus Bescheid, und die Provisorische Regierung versuchte auch, dies propagandistisch auszuschlachten. Die Politik der bürgerlichen Provisorischen Regierung, in die im Laufe des Frühjahrs und Sommers 1917 immer mehr Vertreter der gemäßigten Sozialisten eintraten, war von wenig Entschlußfreude geprägt. Sie verwies immer häufiger auf die noch zu wählende Verfassunggebende Versammlung, von der dann entsprechende Entscheidungen getroffen werden sollten. Arbeiter und Bauern im Lande stellten angesichts einer galoppierenden Inflation Forderungen nach kürzerer Arbeitszeit und höheren Löhnen sowie nach Aufteilung des Landes der Großgrundbesitzer, also einer durchgreifenden Agrarreform. Die Wirtschaft funktionierte eher schlecht als recht und nach einer gescheiterten Offensive der russischen Armee im Juli 1917 unter dem nunmehrigen Kriegsminister Alexander F. Kerenskij durchbrachen deutsche und österreichische Truppen die Front und erzielten Geländegewinne von rund 200 Kilometern. Die Armee befand sich danach in weitgehender Auflösung, Desertionen waren an der Tagesordnung, die Disziplin, schon seit der Revolution überaus brüchig, brach weitgehend zusammen. Auf dem Land begann die sogenannte »schwarze Umteilung« (černyj peredel), in den Fabriken wurden Komitees gegründet, um die Macht der »ausbeuterischen Bourgeoisie« zu beschneiden.

Mit der Rückkehr Lenins im April 1917 und seinen »Aprilthesen« hatte sich das Programm der Bol'ševiki radikalisiert, die nun mit den Losungen »Alle Macht den Räten«, »Das Land für die Bauern« und der Forderung eines sofortigen Kriegsendes ohne Annexionen und Kontributionen die kriegsmüden Soldaten, aber auch Arbeiter- und Bauernschaft mehr und mehr für sich gewannen. Lenin plädierte angesichts der Verhältnisse im zarischen Rußland seit der Gründung der Partei 1898 nicht für eine sozialdemokratische Massenpartei, wie es sie beispielsweise im Deutschen Reich gab, und wofür die Men'ševiki, seine innerparteilichen Kontrahenten, eintraten, sondern für eine Partei der Berufsrevolutionäre, die sich, straff geführt, der Sache der Revolution verschrieben. Zugleich wich er in seinen theoretischen Konzeptionen vom klassischen marxistischen Modell ab, in dem er einerseits nicht auf eine bürgerliche Revolution warten wollte, sondern angesichts der Schwäche der russischen Bourgeoisie gleich zur sozialistischen Revolution übergehen wollte, und andererseits im Agrarland Rußland für ein Bündnis mit der Bauernschaft eintrat, die Marx einmal mit »einem Sack Kartoffeln« verglichen hatte. Er fand dazu im Agrarprogramm der Sozialrevolutionäre, den nichtmarxistischen Sozialisten, die für einen föderalen Staat plädierten und für die ein revolutionärer Umsturz jederzeit möglich war, die passenden Argumente und Konzepte. Zwar war Lenin nach der siegreichen Oktoberrevolution der unumstrittene Führer der Partei, doch waren seine theoretischen Konzepte wie auch seine praktisch politischen Vorstellungen vor der Revolution in den Führungsgremien der Partei keineswegs unumstritten. Die meisten Parteiorganisationen und -führer vor Ort konnten den theoretischen Auseinandersetzungen häufig wenig abgewinnen.

Im Petrograder Sowjet und in dessen Exekutivkomitee, das die faktische Macht innehatte, verdrängten die Bol'ševiki seit dem späten Frühjahr 1917 die anderen sozialistischen Parteien aus der führenden Rolle. Mit Lev D. Trockij, der sich nach seiner Rückkehr aus dem New Yorker Exil schließlich im Juli der Partei anschloß, verfügte die Partei über einen weiteren brillanten Redner, Organisator, Agitator und Propagandisten. Der Juli 1917 schien der geeignete Moment zu sein, um die Provisorische Regierung zu stürzen und die Macht, die, wie es formuliert wurde, »auf der Straße« lag, zu ergreifen. Doch scheiterte der sogenannte Juliaufstand in der Hauptstadt und Lenin floh vor einer möglichen Verhaftung über die Grenze ins nahe Finnland.[81] Angesichts dieser unsicheren Verhältnisse in Petrograd entschloß sich der seit Mitte Juli 1917 amtierende Ministerpräsident Kerenskij, die Zarenfamilie aus dem Hausarrest in Carskoe Selo in eine sicherere Gegend bringen zu lassen, nachdem sich alle Möglichkeiten, die Zarenfamilie zu den Verwandten nach Großbritannien zu schicken, zerschlagen hatten. Sibirien galt in den Augen Kerenskijs als besonders ruhig. So wurde die Zarenfamilie zusammen mit zahlreichen Bediensteten und der Familie des Leibarztes Mitte August nach Tobol'sk gebracht und bezog dort die komfortable Villa des ehemaligen Gouverneurs.[82]

Im Laufe des Sommers gewannen die Bol'ševiki bei den Wahlen zu den Stadtparlamenten und den Sowjets in Stadt und Land zunehmend Stimmen und erreichten vielerorts sogar die Mehrheit. Dies war in Sibirien noch nicht einmal im »roten Krasnojarsk« der Fall, wo sie 41 von 83 Deputiertensitzen gewannen.[83] Doch zeigt sich darin eine allmählich beginnende Radikalisierung der Verhältnisse in Sibirien. Eher verhalten meldeten sich auch die indigenen Ethnien zu Wort. Im Juli forderte eine Versammlung der Kirgisen in Orenburg national-territoriale Autonomie, ebenso wie die Burjaten in Irkutsk und der Allsibirische Kongreß der Muslime in Tomsk.[84] An der Spitze solcher Versammlungen oder Organisationen standen zumeist kleinere Gruppen aus den Reihen der indigenen Intelligencija. In den meisten Städten waren seit dem März auch Sowjets der Arbeiter und Soldaten entstanden, die allerdings von den Sozialrevolutionären dominiert wurden. Bäuerliche Sowjets blieben eine Ausnahme. Die radikalen sibirischen Bauern standen unter dem Einfluß der Sozialrevolutionäre, denn auf dem Lande erschienen die Bol'ševiki »mit Verspätung«.[85]

Den Bol'ševiki gelang es in den Monaten von März bis Oktober 1917 nur mit äußerster Mühe – mit Ausnahme von Krasnojarsk –, sich in Sibirien zu etablieren. Die Partei, in jener Phase längst nicht so festgefügt wie dies nach dem Ende des Bürgerkrieges 1921 der Fall war, zählte in ganz Sibirien etwa 12.000 Mitglieder. Davon versammelten sich rund 5.000 Personen im April 1917 in Krasnojarsk, um die Parteiarbeit zu aktivieren. Erst Mitte September 1917 gab es größere und schlagkräftige Organisationen in Tomsk und Omsk, während das Zentrum weiterhin Krasnojarsk blieb. Im Vordergrund der Politik der Bol'ševiki stand die Kontrolle über die Sowjets, während die Bauern »Sowjets ohne Kommunisten« forderten, was der Dorfversammlung entsprach.[86] Dabei war die Partei aus taktischen Gründen durchaus bereit, kürzere oder längere Koalitionen mit anderen sozialistischen Parteien, den Sozialrevolutionären oder den Men'ševiki, einzugehen. Eher schwach waren in Sibirien auch die bewaffneten Roten Garden oder Arbeitermilizen, denn dazu fehlte weitgehend das Potential.[87] Im Oktober 1917 sollen es in den größeren

Städten etwa 6.000 Mann gewesen sein, die zumeist als Provokateure agitierten, um die politischen Gegner einzuschüchtern und chaotisch-anarchische Verhältnisse herbeizuführen, die man dann der Provisorischen Regierung anlasten konnte.[88]

Kurz vor der bolschevikischen Revolution am 25. Oktober/7. November 1917 trat am 8. Oktober 1917 in der Bibliothek der Tomsker Universität der erste Sibirische Regionalkongreß mit insgesamt 182 Delegierten aus allen Teilen Sibiriens, darunter auch Vertreter der indigenen Bevölkerung, zusammen. Der Saal war mit den weiß-grünen Farben Sibiriens, die Schnee und Wälder symbolisieren, mit der Aufschrift »Es lebe die sibirische Autonomie!« und den roten Fahnen der Sozialrevolutionäre mit der Parole »Land und Freiheit« geschmückt. Wenig mehr als die Hälfte der Delegierten, 94, vertraten die Sozialrevolutionäre oder sympathisierten mit ihnen, die Men'ševiki repräsentierten 21, die Bol'ševiki vier, die Volkssozialisten zwölf, die Kadetten fünf, die Oblastniki acht. Die Übrigen waren parteilos oder einzelne Vertreter kleinerer Parteien. Nicht zu erklären ist die Teilnahme von zehn Teleuten, einer kleineren Ethnie aus dem südwestlichen Sibirien. Der Kongreß war geprägt von den Streitigkeiten zwischen den Sozialrevolutionären und ihren politischen Gegnern. Als schließlich am 17. Oktober 1917 eine weitgehend nichtssagende Resolution verabschiedet wurde, hatte die Mehrheit der Deputierten die Versammlung längst wieder verlassen.[89]

Fast zeitgleich, vom 16. bis zum 23. Oktober traten in Irkutsk 184 Delegierte zum ersten Allsibirischen Kongreß der Sowjets zusammen, den die Bol'ševiki und der linke Flügel der Sozialrevolutionäre dominierten, auf dem die sibirische Bauernschaft, neunzig Prozent der Bevölkerung, aber nur von drei Sowjets vertreten wurde. Man wählte ein neues Exekutivkomitee, Centrosibir', und forderte den Übergang der Macht auf die Sowjets.[90]

Wenige Tage später stürzten die Bol'ševiki die Provisorische Regierung in Petrograd und ergriffen die Macht im Lande, wobei sie fast überall nur auf geringen Widerstand stießen. Die alte Regierung trat weitgehend kampflos ab. In der Hauptstadt spielten Theater und Kinos, die Straßenbahnen fuhren, die Restaurants, wenn sie denn aufgrund der Versorgungslage überhaupt geöffnet hatten, waren gut besucht. Erst in der Retrospektive, geprägt vor allem durch die Visualisierung des sowjetischen Filmregisseurs Sergej Ėjzenštejn in seinem Film »Oktober«, wurde der Umsturz zum blutigen und gewaltsamen Aufstand der Massen. Was keineswegs heißen soll, daß die bolschevikische Partei nicht über eine Massenbasis verfügte. Dies sollte sich im Verlauf des Bürgerkrieges, der im April 1918 ausbrach und vor allem in Sibirien und der Ukraine grausam und blutig geführt wurde, noch zeigen. Den wenigsten Zeitgenossen jedenfalls war damals klar, welch welthistorisches Ereignis sich in jener Nacht vollzogen hatte.

In Sibirien allerdings gestalteten sich die Verhältnisse nicht so problemlos zugunsten der Bol'ševiki. In fast allen Städten und beinahe überall auf dem Land leisteten die Sowjets oder andere Organe Widerstand. Bisweilen nahm man den Wechsel der Macht einfach nicht zur Kenntnis, denn zwischen Februar und Oktober 1917 waren zahlreiche Regierungen gekommen und wieder gegangen. Die Vorreiterrolle fiel wiederum Krasnojarsk zu, wo der örtliche Sowjet am 29. Oktober den Sieg ausrief. Es folgten im November Omsk, Irkutsk, Vladivostok und Enisejsk, im Dezember die meisten anderen größeren Städte.[91]

In Jakutien ignorierte der von den Sozialrevolutionären beherrschte Sowjet alle Aufforderungen aus Petrograd und Irkutsk, die Macht an die Bol'ševiki zu übergeben, stattdessen bildete man als eine eigene Regierung den Jakutischen Regionalen Sowjet. Erst im Sommer 1918, nachdem das Eis der Lena aufgebrochen und der Strom wieder schiffbar war, konnten Rote Garden aus Irkutsk die Macht erobern, die bald jedoch von heranrückenden Weißen Truppen verjagt wurden.[92] Als schärfste, militärisch organisierte Gegner der bolschewikischen Revolution traten von Anfang an die sibirischen Kosaken auf, die dort immer noch in Gemeinden oder Verbänden zusammenlebten. Schon wenige Tage nach den Oktoberereignissen vereinigten sich die Orenburger und die Ural-Kosaken zum gemeinsamen Kampf gegen die Bol'ševiki. Ihnen folgten die Amur-Kosaken, die sich für eine Autonomie Sibiriens aussprachen.[93] Die indigene Bevölkerung Sibiriens blieb allerdings häufig von den revolutionären Vorgängen weitgehend unbehelligt. Was sie tatsächlich für sie bedeuteten, ergab sich zumeist erst aus den Ereignissen des Bürgerkrieges. So war die im November 1917 vom Allrussischen Sowjetkongreß angenommene »Erklärung über die Rechte der Völker Rußlands«, in der allen nationalen Minderheiten und ethnischen Gruppen, die auf dem Territorium Rußlands leben, das Recht auf eine »freie Entwicklung« zugestanden wurde, bis zum Ende des Bürgerkriegs nur eine Absichtserklärung.[94] Auf Kamčatka, Čukotka und in der Altairegion blieben die von der Provisorischen Regierung eingesetzten Verwaltungsorgane bis Anfang bzw. Ende 1919 im Amt und führten je nach den politischen Erfordernissen die Bezeichnung »Sowjet« oder nicht.[95]

Im November 1917 fanden endlich die Wahlen zur Konstituante, der Verfassunggebenden Versammlung, statt. Sie endeten für die Bol'ševiki in Rußland mit einer glimpflichen und in Sibirien mit einer katastrophalen Niederlage. Während die Partei im europäischen Teil des Landes immerhin 25 Prozent der Abgeordnetensitze erringen konnte, erhielt sie in Sibirien nur zehn Prozent der Stimmen, 75 Prozent entfielen auf die Sozialrevolutionäre. Die Konstitutionellen-Demokraten erreichten gerade einmal drei Prozent der Stimmen. Die Regionalisten traten aufgrund ihrer desolaten Organisation nicht als geschlossene Gruppierung zu den Wahlen an, sondern bildeten hier und da lokale Bündnisse. In manchen Gebieten, so etwa in der Universitätsstadt Tomsk, einer bürgerlichen und regionalistischen Hochburg, lag der Anteil der Bol'ševiki noch niedriger, in stärker industrialisierten Regionen hingegen höher.[96] Die Sozialrevolutionäre stellten damit 39 der 43 Deputierten aus Sibirien in der Verfassunggebenden Versammlung.[97] Auch dieses Wahlergebnis läßt erkennen, daß Sibirien überwiegend ein Agrarland war, in dem die gemäßigt sozialistischen und die regionalen Kräfte in Zusammenarbeit mit den Bürgerlichen dominierten.

Gegen die Feinde des neuen Regimes gingen die Bol'ševiki entschlossen vor. Sie schränkten die Pressefreiheit erheblich ein, verboten Ende November 1917 die Konstitutionell-Demokratische Partei als »Partei der Volksfeinde« und schrieben die Führer der Sozialrevolutionäre und Men'ševiki zur Verhaftung aus. Am 7./20. Dezember wurde als Organ zur »Bekämpfung von Konterrevolution und Sabotage« die *Čeka* (Allrussische Kommission zum Kampf gegen Konterrevolution, Spekulation und Sabotage) offiziell gegründet, die Geheimpolizei der Bol'ševiki.[98] Am 5./18. Januar 1918, dem Tag ihres Zusammentritts, löste die Sowjetregierung, der Rat der Volkskommissare, die im Taurischen Palais in Petrograd, dem ehemaligen Tagungsort der Staatsduma, versammelte Konstituante auf, denn sie repräsentierte, wie es in dem entsprechenden Dekret hieß, »das alte politische Kräfteverhältnis«.[99]

Im Dezember tagte erneut in Tomsk ein außerordentlicher »Allsibirischer Regionalkongreß«, der von den Sozialrevolutionären dominiert wurde, die sich entschieden gegen die neue Sowjetregierung in Petrograd aussprachen. Wiederum stand das Problem der Autonomie Sibiriens auf der Tagesordnung, unter der jede politische Gruppierung etwas anderes verstand, sowie die Zusammensetzung der »Sibirischen Regionalduma«. Nach mehrtägigen heftigen Debatten einigte man sich schließlich auf die Ausrufung eines »Provisorischen sibirischen Regionalrates«, der als Regierung fungieren sollte und an dessen Spitze Grigorij Potanin stand, der jedoch bald von seinem Posten zurücktrat.[100] Diese Regierung war allerdings weitgehend isoliert, der Tomsker Sowjet verhinderte Kontakte zur Außenwelt, und in und um Irkutsk fanden bewaffnete Auseinandersetzungen zwischen »revolutionären« und »konterrevolutionären« Truppen statt, in denen die Bol'ševiki die Oberhand behielten.[101]

Für Anfang Januar 1918 berief der Regionalrat die Sibirische Regionale Duma nach Tomsk ein. Erst gegen Ende des Monats waren schließlich neunzig Abgeordnete eingetroffen, so daß die Konstituierung der Regionalduma bevorstand. In der Nacht davor jedoch entschloß sich der Tomsker Sowjet mit Einverständnis von *Centrosibir'* dazu, die Versammlung aufzulösen. Zahlreiche Abgeordnete wurden verhaftet, jedoch bald wieder freigelassen.[102] Diejenigen, die entkommen konnten, trafen sich illegal in der Stadt und eröffneten in Anwesenheit von etwa vierzig Abgeordneten die »Sibirische Regionalduma«, die eine neue Regierung bestimmte. Diese »Provisorische Regierung des Autonomen Sibirien« floh jedoch bald darauf nach Harbin (Charbin), nur einige Minister blieben in Tomsk.[103] Eine ähnliche Entwicklung zeigte sich in Ostsibirien mit dem Zentrum in Irkutsk. Größere Unterstützung in den Reihen der Bevölkerung, die mit ihrem Überleben beschäftigt war, fanden diese Institutionen und Personen nicht.

Der Erfolg der Bol'ševiki war allerdings nur von kurzer Dauer. Sie verspielten ihn durch ihre Politik einer forcierten Requirierung von Lebensmitteln bei den sibirischen Bauern. Sibirien war während des Weltkrieges von seinen traditionellen Handelsverbindungen nach Westeuropa, aber auch in den europäischen Teil des Landes weitgehend abgeschnitten gewesen. Dadurch hatten sich dort große Vorräte an Getreide angesammelt, das die Bol'ševiki nun durch ihre Politik der *prodrazverstka* ins europäische Rußland transportieren wollten, da dort die Versorgungslage weitaus schlechter war.[104] Sie brachten damit die bäuerliche Bevölkerung Sibiriens gegen sich auf. Sogar bolschevikische Parteiorganisationen in Sibirien protestierten gegen diese Politik des Zentrums und sahen sie als eine Bedrohung ihrer Situation an. Diese Vorgehensweise richtete sich auch gegen die in Sibirien so starken Genossenschaften, die weitgehend enteignet wurden.[105] Es nützte wenig, daß auch die sibirischen Bauern in den Genuß des »Dekretes über das Land« kamen, das den Bauern alles Land übereignete, das zuvor dem Staat, der kaiserlichen Familie und der Kirche gehört hatte. Denn im Unterschied zum europäischen Rußland gab es ausreichend Land und die gleichfalls verordnete Einstellung der Steuer-

und Schuldenzahlung hatten die sibirischen Bauern im Laufe des Sommers 1917 bereits in die Tat umgesetzt.

In den Monaten ihrer Macht in Sibirien begann die Sowjetregierung zudem mit der Verstaatlichung der Banken, der Industrie und des Transportwesens sowie der Durchsetzung der Arbeiterkontrolle in den Betrieben, was großenteils zum Zusammenbruch der Produktion führte. Im Februar und März wurden planwirtschaftliche Behörden eingeführt, um ihr Konzept einer sozialistischen Wirtschaftsordnung durchzusetzen. Da die Parteiorganisationen vor Ort und auch die Sowjetregierung in Moskau, wohin sie im Februar 1918 verlegt worden war, das herrschende ökonomische und soziale Chaos nicht in den Griff bekamen, verloren die Bol'ševiki auch ihre Unterstützung in den Städten. Das Zentrum der Partei mit dem Zentralen Exekutivkomitee der Sibirischen Sowjets, Centrosibir', lag in Irkutsk, doch bestanden auch regionale Zentren in Omsk und Chabarovsk.

5. Der Bürgerkrieg in Sibirien

Kaum etwas deutete zu Beginn des Jahres 1918 darauf hin, daß Sibirien in den kommenden viereinhalb bis fünf Jahren neben der Ukraine zu einem der beiden Hauptschauplätze eines blutigen und brutalen Bürgerkrieges werden sollte.[106] Es fehlt hier der Platz, um die überaus ereignisreiche Geschichte dieses Bürgerkrieges in all ihrer Vielfalt nachzuzeichnen. Es ist eine Geschichte des Verrats und der Intrigen, des Chaos, der Korruption und der Gemeinheiten, bisweilen, aber eher am Rande, auch von Helden und Heldenmut, Großmut und Barmherzigkeit. Sogar die Beschränkung auf die wichtigsten Akteure und Schauplätze wird die Komplexität des Geschehens verdeutlichen.

Der Bürgerkrieg in Sibirien begann im Januar und Februar 1918 gänzlich unspektakulär mit einigen lokal begrenzten Bewegungen, darunter im Transbaikalgebiet bereits diejenige unter dem späterhin berühmt-berüchtigten Kosakenataman Grigorij M. Semenov.[107] Als Regierung konkurrierten das bolschewikische *Centrosibir'* in Krasnojarsk und die Provisorische Regierung des Autonomen Sibiriens unter der Führung des Sozialrevolutionärs P.Ja. Derber, die sich in den Fernen Osten, teilweise nach Harbin (Charbin), zurückgezogen hatte. Dort saß jedoch bereits in Gestalt des ehemals kaiserlichen Gouverneurs der Ostchinesischen Bahn General D.L. Chorvat, der letzte offizielle Vertreter der Provisorischen Regierung im Fernen Osten.

Schon im Frühjahr 1918 wurde Sibirien auch zum Schauplatz der Intervention jener Mächte, Japan, den Vereinigten Staaten von Amerika und Großbritannien, die durch die bolschewikische Revolution ihre strategischen und wirtschaftlichen Interessen aufgrund der reichen Bodenschätze bedroht sahen. Grundsätzlich waren sie schon Ende des Jahres 1917 zum Eingreifen in Rußland entschlossen.[108] Seit dem Januar 1918 kreuzte ein japanisches Kriegsschiff vor dem Hafen von Vladivostok. Zunächst allerdings verweigerten die Alliierten jede Zustimmung zu eigenmächtigen Aktionen der Japaner, die schließlich die Ermordung von drei Landsleuten zum Vorwand einer Landung nahmen. Am 5. April 1918 ging bei Vladivostok ein japanisches Interventionscorps an Land, dessen Truppen entlang der Transsib vorrückten, bis sie den Baikal erreichten. Auf ihrem Vormarsch unterstützten sie die sich in Sibirien formierenden »Weißen« Truppen, vor allem die Einheiten Semenovs.[109] Um den Japanern die Kontrolle dieses Gebietes nicht alleine zu überlassen, ging auch ein kleineres britisches Expeditionscorps an Land.

In einer verkürzten Wahrnehmung standen sich im russischen Bürgerkrieg eine »weiße« und eine »rote« Bewegung gegenüber. Die »Roten« waren die Bol'ševiki und eine Zeitlang die mit ihnen verbündeten Linken Sozialrevolutionäre sowie einige regionale Aufstandsbewegungen. Die »Weißen« waren weitaus heterogener. Ihr Spektrum reichte von den Rechten Sozialrevolutionären bis zu den Monarchisten. Im Kern ging die Bewegung aus der Konfrontation zwischen Offizieren und Mannschaften nach der Februarrevolution 1917 hervor, als sich »weiße« und »rote« Garden bildeten. »Rot« war seit den Zeiten der französischen Jakobiner in der Revolution von 1789 die Farbe der Revolution und in dieser Tradition sahen sich auch die russischen Revolutionäre. Die Herkunft der Bezeichnung »Weiße« im russischen Bürgerkrieg ist nicht so eindeutig, rührt aber mit einiger Sicherheit von den weißen Uniformen der Offiziere der kaiserlich russischen Armee her. Daneben bestanden bäuerliche Aufstandsbewegungen, beispielsweise in Tambov oder in der linksufrigen Ukraine, die sich sowohl gegen die »Weißen« als auch gegen die »Roten« richteten, bisweilen auch wechselnde Koalitionen eingingen. Sie werden in der Literatur als »Grüne« bezeichnet.[110] Schließlich existierten einige weitgehend unabhängige Armeen unter der Führung von politischen Abenteurern. Dazu gehörten der schon erwähnte halbburjatische *Ataman* Semenov oder die Bewegung unter dem deutschbaltischen Baron Robert von Ungern-Sternberg, Offizier der russischen Armee, der schließlich 1921 versuchte, in der Mongolei eine Monarchie zu errichten.[111]

Sieht man von solchen Abenteurern, teils an der Grenze zum Größenwahn, ab, so verkörperten die Bewegungen und deren Armeen, die jahrelang einen blutigen Krieg führten, unterschiedliche soziale Schichten, hatten unterschiedliche Vorstellungen einer sozialen Ordnung, divergierende gesellschaftspolitische Konzepte und repräsentierten ebenso unterschiedliche ökonomische Interessen. Die Unfähigkeit dieser Bewegungen, sich zu einer antibolschevikischen Koalition zusammenzuschließen, sondern stattdessen selbst angesichts des sicheren Untergangs Kompromisse strikt abzulehnen, an einer Haltung des Alles-oder-Nichts festzuhalten, zeugt davon, wie fragmentiert und in sich gespalten die Gesellschaft sowohl Rußlands generell als auch Sibiriens speziell war. Hinzu kam eine in jeder Hinsicht fehlende politische Erfahrung, denn das Ancien Régime hatte politische, aber auch gesellschaftlich-soziale Partizipation weitgehend verweigert. Bis 1905 unterlagen selbst harmlose Sportvereine einem komplizierten Anmelde- und Genehmigungsverfahren.

Die Keimzelle der Weißen war zunächst die »Freiwilligen-Armee« (*Dobrovol'českaja armija*) im Süden Rußlands unter Führung des Generals Michail V. Alekseev an der Jahreswende 1917/18. Kurz zuvor hatten auch mehrere Kosakenführer am Don erklärt, daß sie die bolschevikische Regierung nicht anerkennen würden. Größere Verbände der Weißen entstanden erst im Verlauf des Frühjahrs 1918, deren Führung nach dem Tode von Lavr G. Kornilov General Anton I. Denikin übernahm. Zunächst bestanden die Armeen der »Weißen« aus Freiwilligen, im Kern aus den Generälen, den Offizieren der unteren Ränge, vor allem aber den Unteroffizieren der alten kaiserlichen Armee. Nach kurzer Zeit begannen auch die Rekrutierungen, teils mit Gewalt und Nötigung, von Wehrpflichtigen aus der örtlichen Bevölkerung und etwa seit Mitte 1919 wurden auch gefangene Rotarmisten zum Kampf in den Reihen der »Weißen« gezwungen. Eine einheitliche Bewegung ist die »weiße Bewegung« während des russischen Bürgerkrieges nie gewesen. Es bestanden mehrere Armeen, die im Süden und Norden Rußlands unabhängig voneinander operierten, sowie die Bewegung unter Admiral Alexander V. Kolčak in Sibirien. Im Laufe des Bürgerkrieges gab es zwar mehrere Versuche zur Vereinigung der antibolschevikischen Armeen und Bewegungen, doch scheiterten sie alle an der Unfähigkeit zu Kompromissen und politischem sowie persönlichem Starrsinn.

Das letztlich auslösende Moment für den Ausbruch des Bürgerkrieges war der Aufstand der Tschechoslowakischen Legion im Mai 1918. Für die zu großen Teilen aus ehemaligen tschechoslowakischen Kriegsgefangenen bestehende Legion, anfangs etwa 40.000 bis 45.000 Mann, im Laufe des Jahres 1918 auf etwa 60.000 bis 70.000 Soldaten angewachsen,[112] war nach dem Friedensschluß zwischen den Mittelmächten und der Sowjetregierung in Brest-Litovsk Anfang März 1918 der Weg nach Hause endgültig versperrt.[113] Dieser Friedensschluß war in den Reihen der bolschevikischen Führung heftig umstritten und führte zudem zum Bruch der Bol'ševiki mit ihrem Koalitionspartner, den Linken Sozialrevolutionären, welche die Friedensbedingungen, darunter die Demobilisierung der Armee, zu denen die bolschevikische Führung, insbesondere Lenin, bereit war, nicht mittragen wollten. Zu jenem Zeitpunkt befand sich die alte Armee allerdings schon in völliger Auflösung, so daß sich die Sowjetregierung nur noch auf die bewaffneten Roten Garden, einige zuverlässige Einheiten der alten Armee sowie auf die zumeist aus den Reihen der Kriegsgefangenen gebildeten Internationalen Abteilungen stützen konnte. Angesichts der Bedrohung ihrer Macht wurde Anfang April 1918 die Rote Armee gegründet, für die eine Militärpflicht bestand. Da es in Sibirien zu jenem Zeitpunkt immer noch zahlreiche Kriegsgefangene gab, wurden im April 1918 in Omsk und Irkutsk solche Internationalen Abteilungen zum Kampf gegen die Konterrevolution, vor allem gegen die Einheiten Semenovs und gegen die Tschechoslowakische Legion gebildet.[114]

Zur Lösung des Problems der Tschechoslowakischen Legion entstand die Idee, sie nun mit Hilfe der Alliierten, vor allem der Amerikaner, über Vladivostok nach Europa zu bringen und dort an der Westfront einzusetzen. Nach kurzem Zögern akzeptierten die Bol'ševiki diesen Plan und sicherten der Legion bewaffnete Neutralität zu. Aufgrund der Transportprobleme verteilte sich die Legion im April und Mai 1918 stützpunktartig fast auf der gesamten Strecke der Transsib von Penza bis Vladivostok. Dazwischen befanden sich bolschevikische Einheiten. Als die bolschevikische Führung in Gestalt Lev Trockijs Mitte Mai 1918 den Weitertransport unterbinden und die Legion entwaffnen wollte, schließlich in Čeljabinsk einige Soldaten der Legion verhaftet worden waren, kam es zu bewaffneten Auseinandersetzungen. In den folgenden Monaten brachte die Legion bis September die gesamte Bahnstrecke unter ihre Kontrolle und verhinderte so die Versorgung der Roten

Armee mit Gütern aus Sibirien. Die Legion genoß die Unterstützung der Alliierten und des späteren tschechoslowakischen Präsidenten Tomáš G. Masaryk. Die Rebellion der Legion löste in Sibirien eine Kettenreaktion aus. Die bolschevikische Regierung war nicht mehr in der Lage, Sibirien zu halten und mußte sich zurückziehen. Zugleich entstanden mehrere, nach einigen Angaben sollen es 19 gewesen sein, voneinander unabhängige Regierungen, die mehr oder minder große Gebiete für einen kürzeren oder längeren Zeitraum kontrollierten.[115]

Für die kriegführenden Alliierten galten die Bol'ševiki nach ihrem Friedensschluß mit den Mittelmächten, der den bisherigen Zweifrontenkrieg beendet hatte, als Feinde. Sowohl die französische als auch die britische Regierung unterstützten nunmehr die Weiße Bewegung und bereiteten eine Intervention vor, während die amerikanische Regierung sich im Frühjahr 1918 noch nicht endgültig entschieden hatte, dann aber im Juli auch Verbände anlandete. Nachdem Briten und Japaner bereits im Raum um Vladivostok an Land gegangen waren, sollte nunmehr die Tschechoslowakische Legion weiterhin die Transsib kontrollieren und einen Brückenkopf für eine größere Intervention der Alliierten bilden.[116]

Widerstand leisteten die bolschevikischen Einheiten vor allem in Tjumen' und am Baikal, der endgültig im Laufe des Septembers gebrochen werden konnte. Zu jenem Zeitpunkt befand sich ganz Sibirien in der Hand der Weißen und der Tschechoslowakischen Legion. Den Aufstand der Legion nutzte die sozialrevolutionäre »Provisorische Regierung des Autonomen Sibirien«, deren größerer Teil sich in Vladivostok befand und deren kleinerer Teil in Tomsk geblieben war, um ihre Ansprüche geltend zu machen. Dagegen bildete sich am 30. Juni 1918 in Omsk eine »Provisorische Sibirische Regierung« unter der Führung des Regionalisten P.V. Vologodskij. Sie erklärte Sibirien zunächst für autonom, dann für unabhängig, annullierte alle Gesetze der Bol'ševiki und begann damit, eine eigene Armee aufzubauen. Die Omsker Regierung fand Unterstützung in den Reihen von Handel und Industrie, dem konservativen Flügel der Genossenschaftsbewegung und den sibirischen Kosaken. Sie alle befürchteten, daß die Sozialrevolutionäre sich entweder mit den Bol'ševiki verbünden könnten oder sich dem Anfang Juni 1918 in Samara gegründeten »Komitee der Mitglieder der Verfassunggebenden Versammlung« (*Komuč, Komitet členov Učreditel'nogo Sobranija*) unterordnen würden. Es bestand in der Mehrheit aus sozialrevolutionären Deputierten der aufgelösten Konstituante und beanspruchte, bis zu ihrer erneuten Einberufung die legitime Regierung Rußlands zu sein.[117]

Hinter diesen beiden rivalisierenden Regierungen standen unterschiedliche soziale Trägerschichten und divergierende Interessen. Dies zeigte sich schon daran, daß die Omsker Regierung beschloß, die rückständigen Steuern und Abgaben der Bauern einzutreiben und die Landbesetzungen rückgängig machen wollte. Eine solche Vorgehensweise konnten die Sozialrevolutionäre, die in der Bauernschaft ihre soziale Basis hatte, kaum gutheißen. Die Auseinandersetzungen begannen mit Worten, dann wurde der gegenseitige Handelsverkehr boykottiert, schließlich die militärische Hilfeleistung unterlassen.[118]

Die ganze Härte des Bürgerkrieges zeigte sich in jenen Wochen und Monaten in der Ermordung der Zarenfamilie in der Nacht vom 16. auf den 17. Juli 1918 in Ekaterinburg im Ural. Dorthin waren Nikolaj II. und seine Familie nur noch mit einigen engen Vertrauten im April bzw. Mai 1918 aus Tobol'sk gebracht worden. Da Moskau, das eigentliche Ziel der Reise, wo dem Zaren ein öffentlicher Prozeß gemacht werden sollte, aufgrund der Wirren des Krieges nicht mehr erreicht werden konnte, ordnete Lenin, der die kaiserliche Familie nicht in die Hände der Weißen fallen lassen wollte, ihre Ermordung durch die Čeka an.[119] Die blutige Tat war eine endgültige Manifestation des Roten Terrors, den die Weißen mit mindestens gleicher Münze zurückzahlten; in jener Zeit entstanden auch auf beiden Seiten die ersten Straflager.[120] Menschenleben zählten nichts, weder für die eine noch für die andere Seite. Die Stadt war zu diesem Zeitpunkt von der numerisch überlegenen Tschechoslowakischen Legion eingekreist, die sie jedoch erst acht Tage später eroberte.

Auf Drängen der Legion und der Alliierten kam es schließlich im September 1918 in Ufa im Ural zu einer Konferenz der um die Macht konkurrierenden Weißen Bewegungen in dieser Region. Außer den »Regierungen« in Omsk und Samara nahmen auch die nationalen »Regierungen« der Kasachen, der Tataren, der Baškiren, weitere Vertreter nationaler Minderheiten sowie die Repräsentanten einiger Kosakenverbände teil. Nach rund zweiwöchigen Verhandlungen einigten sich die Anwesenden auf Druck der Franzosen und der Legion sowie unter dem Eindruck der vorrückenden Roten Armee, der Bildung einer »Allrussischen Provisorischen Regierung«, an dessen Spitze ein fünfköpfiges Direktorium stand, zuzustimmen, das bis zur Einberufung der Konstituante die »höchste Gewalt im ganzen Russischen Reich« repräsentieren sollte. Als Sitz dieser Regierung war zunächst Ufa vorgesehen, doch war sie Anfang Oktober gezwungen, nach Omsk auszuweichen, da die Rote Armee in Richtung Osten auf dem Vormarsch war.[121] Diese Regierung konnte sich gerade einmal acht Wochen halten.

Ein Blick auf die Zusammensetzung dieses Direktoriums macht seine Schwäche deutlich, denn es fehlte an einer entsprechenden sozialen Basis dieser Regierung. Zwei der Direktoriumsmitglieder gehörten zum rechten Flügel der Sozialrevolutionäre, einer zu den Konstitutionellen-Demokraten, mit denen der vierte sympathisierte und das fünfte Mitglied war ein parteiloser General. Weder standen die Rechten Sozialrevolutionäre so nah an der Bauernschaft wie der mittlere und linke Flügel der Partei noch verfügte er über die entsprechende Anhängerschaft. Dies gilt in noch stärkerem Maße für die Konstitutionellen-Demokraten, die vor 1914 in einigen sibirischen Städten präsent gewesen waren, aber eine durch und durch bürgerliche Partei waren. Zwar gab es eine bürgerliche Schicht in Sibirien, aber sie war doch zahlenmäßig marginal. Es kam hinzu, daß die Kadetten stets mit Ausnahme Polens und Finnlands einen großrussischen Standpunkt vertreten hatten. Sie betrachteten nun Sibirien als Keimzelle eines neuen Rußland und standen den Autonomie- oder sogar Selbständigkeitsforderungen der Regionalisten ablehnend gegenüber. Da beiden Gruppierungen sowohl Mitglieder als auch eine entsprechende Massenbasis fehlten, kann es nicht verwundern, daß sie Zuflucht bei den Militärs suchten, die sich in jener Phase in Sibirien zu sammeln begannen.[122]

Darüber hinaus fehlte es an qualifiziertem Verwaltungspersonal. Dies war entweder unerfahren oder korrupt, bisweilen beides und häufig, da es sich aus Flüchtlingen aus dem europäischen Teil Rußlands rekrutierte, mit den Gegebenheiten vor Ort nicht vertraut. Zudem mißtrauten die Parteien einander grundsätzlich, für die

Bürgerlichen haftete auch an den Rechten Sozialrevolutionären der Geruch des Bolschewismus, für die Sozialrevolutionäre waren die Kadetten Konterrevolutionäre. Die Militärs hatten für die Parteien wenig übrig und verachteten Politiker. Die Armee, die im Sommer noch unter der weiß-grünen Fahne Sibiriens kämpfte, verfügte allerdings trotz einer Generalmobilmachung im Sommer und frühen Herbst 1918 gerade einmal über rund 40.000 Mann.[123]

Mittlerweile hatten die Alliierten ihre Truppen in Sibirien weiter verstärkt und seit August 1918 hielten sich dort rund 100.000 ausländische Soldaten auf, darunter 80.000 Japaner, 12.000 US-Amerikaner, 6.000 Mann aus dem britischen Empire, hauptsächlich aus Kanada, darüber hinaus Chinesen, Franzosen und Italiener. Auch in Sibirien hatte die ausländische Intervention begonnen, die der Sowjetregierung deutlich vor Augen führte, daß ihr Regime gestürzt werden sollte und die sie seit damals propagandistisch auszuschlachten suchte. Jedoch war die Intervention der Alliierten – mit Ausnahme der Japaner – nur halbherzig und ohne klare Zielsetzungen.[124] So hatte Frankreich vor dem Krieg als Hauptverbündeter des Russischen Reiches im Lande große Investitionen getätigt, häufig in Form von Anleihen. Diese Auslandsschulden wischte die sowjetische Regierung mit ihrer Erklärung vom 28. Januar/10. Februar 1918 über deren Annullierung vom Tisch.[125] Daher war Frankreich gewiß an einem Sieg über das bolschewikische Rußland interessiert, verfügte aber weder über entsprechende Mittel noch über ausreichend Soldaten, die es von den europäischen Schlachtfeldern hätte abziehen können. Auf japanischer Seite, vor allem unter den Militärs, gab es ebenfalls Kräfte, die Sibirien entweder ganz oder doch zu großen Teilen von Rußland trennen wollten, um es der eigenen Macht- und Interessensphäre einzuverleiben. Die Zahl der dort stationierten Soldaten spricht dabei ebenso für sich wie der Umstand, daß Japan den formalen Oberbefehl über die alliierten Truppen innehatte.

6. Admiral Kolčak, der »Oberste Regent Russlands«

Unterdessen brachte die Regierung in Omsk mit ihren Maßnahmen weite Teile der sibirischen Bevölkerung gegen sich auf. Die Sowjets wurden ebenso verboten wie die entstandenen Gewerkschaften und sonstige Organisationen der Arbeiterschaft, größerer Landbesitz wieder an die Eigentümer zurückgegeben. Während die Arbeiter eher den Bol'ševiki zuneigten, fehlten bei den Bauern ganz eindeutige politische Präferenzen. Sie waren eher ökonomisch als politisch orientiert und wünschten sich ruhige Zeiten für gute Geschäfte. Sie waren einerseits individualistisch und stolz auf das vor und sogar noch während des Krieges Erreichte, wußten aber andererseits, dies zeigt das blühende Genossenschaftswesen, daß gegenseitige Hilfe, Unterstützung und Solidarität dazu nicht nur notwendig, sondern lebenswichtig waren. Von daher gab es eine gewisse Neigung zu »gemäßigten und demokratischen Formen des Sozialismus«.[126] Dies fanden sie bei der Omsker Regierung mit Sicherheit nicht, aber noch weniger bei der neuen Regierung unter Admiral Alexander V. Kolčak, der von der sowjetischen Historiographie jahrzehntelang als »Konterrevolutionär« und »weißgardistischer Bandit« bezeichnet wurde, für den aber 2004 in Irkutsk, wo er am 7. Februar 1920 von den Bol'ševiki erschossen worden war, ein Denkmal errichtet wurde.

Im Oktober und November 1918 erkämpfte die Rote Armee an der Wolga und im Uralgebiet weitere Erfolge und konnte Kazan', Samara und Simbirsk erobern. Anfang November, kurz bevor der Waffenstillstand vom 9. November 1918 die Waffen an den Fronten des Ersten Weltkrieges zum Schweigen brachte, bildete die Omsker Regierung einen neuen Ministerrat, dem nunmehr Admiral Kolčak als Kriegsminister angehörte. Der jüngste Vizeadmiral und ehemalige, äußerst erfolgreiche Oberkommandierende der Schwarzmeerflotte, war auch außerhalb militärischer Kreise seit der Wende vom 19. zum 20. Jahrhundert als Arktisforscher bekannt geworden. Er unterstützte die Februarrevolution, wandte sich aber im Sommer 1917 gegen den Verfall der Flotte und der Armee, was ihm die Sympathien bürgerlich-liberaler und auch rechter Kreise einbrachte, die ihn im Falle eines Sturzes der Provisorischen Regierung als möglichen Kandidaten für den Posten eines Militärdiktators ansahen. Nach seiner Entlassung durch die Provisorische Regierung, hielt sich Kolčak dann jedoch mehrere Monate in Großbritannien und den Vereinigten Staaten als eine Art offizieller Militärbeobachter auf. Schließlich kehrte er nach einer Odyssee und einem längeren Erholungsurlaub in Japan erst Anfang September 1918 über Vladivostok nach Rußland zurück. Als glühender Verfechter eines Krieges gegen Deutschland und als fähiger Offizier sahen zahlreiche antibolschevikische Kräfte in Rußland, aber auch Kreise des britischen Militärs in ihm einen geeigneten Kandidaten für den Kampf gegen die Sowjetregierung, insbesondere der ehemalige britische Militärattaché, Generalmajor, später Sir, Alfred Knox.[127]

Am 17. und 18. November 1918 wurde das Direktorium in Omsk gestürzt und Kolčak zum »Obersten Regenten« Rußlands ausgerufen. Eine Militärdiktatur sollte von Sibirien aus gegen die Bol'ševiki kämpfen und das Russische Reich »befreien«. Die zwei sozialrevolutionären Mitglieder des Direktoriums wurden verhaftet, dann ins Exil geschickt, die übrigen von ihren Ämtern entbunden, blieben aber Regierungsmitglieder. Vorausgegangen waren zahlreiche Gespräche hinter den Kulissen zwischen Politikern, Militärs, Kosakenführern und Wirtschaftskreisen, im Hintergrund wirkten vermutlich die Briten.[128] Bei den Gesprächen wurden keine Protokolle angefertigt, nur nachträgliche Aufzeichnungen oder Tagebücher sind überliefert.

Kolčak war sicherlich über diese »Vorgänge« informiert, aber keinesfalls einer der Drahtzieher. Er war auch nicht der starke Mann dieser neuen Regierung, der Diktator, wie es sich viele erhofft hatten. Er war, wie es Orlando Figes etwas überspitzt formuliert hat, einfach nur »zufällig zur richtigen Zeit am richtigen Ort«, eine Galionsfigur der Verschwörer, und zu jenem Zeitpunkt war weit und breit keine vergleich- und vorzeigbare Person zu sehen.[129] Zwar erkannte General Denikin auf alliierten Druck Kolčak als »Obersten Regenten« an, doch hatte dies keine weiterreichenden Folgen, denn auch in den folgenden Monaten gab es so gut wie keine koordinierten Aktionen.[130]

Schon die Zeitgenossen – mit Ausnahme einiger ihm ergebener Offiziere – fällten selten ein positives Urteil über Kolčak. Sein Nachfolger als Kriegsminister, General Aleksej Budberg, hielt ihn für einen »reinen Idealisten«, »völlig von seinem Pflichtgefühl und der Idee besessen, Rußland zu dienen«, zugleich aber für »einen Neurotiker«, »der keine Pläne, kein System und keinen Willen« hatte. Er sei ein »Wachsklumpen« gewesen, »aus dem seine Berater und Vertrauten alles formen« konnten, was sie wollten.[131] Ähnlich urteilte ein leitender Beamter des Außenministeriums des »Obersten Regenten«. Kolčak sei tapfer, ehrlich, von kristallklarer Ehrlichkeit und Ritterlichkeit gewesen, aber ihm habe »ein starker Wille« gefehlt, denn nicht er habe die Regierung, sondern diese habe ihn geführt. Seine Minister seien »eine Bande von Intriganten und kleingeistigen Egoisten« gewesen, dazu durch und durch korrupt und machtgierig.[132] Darüber hinaus, dies wurde bald deutlich, verstand er weder etwas von Wirtschaft noch von Politik.

Nach diesem Militärputsch mußte noch nicht einmal eine neue Regierung eingesetzt werden, denn Kolčak übernahm weitgehend den alten Ministerrat. Eine erste programmatische Erklärung umfaßte folgende Punkte: 1) die Niederwerfung des Bolschewismus und die Wiederherstellung von Recht und Ordnung, 2) die Schaffung einer russischen Armee, 3) die Einberufung einer neuen Verfassunggebenden Versammlung, um Rußlands Staatsordnung zu klären, 4) die Einführung wirtschaftlicher Reformen, darunter die Fortsetzung der Stolypinschen Agrarreformen, ohne daß der Adel Eigentumsrechte am Land erhält, die Denationalisierung der Industrie, der Banken und des Transportwesens, eine demokratische Arbeitsgesetzgebung und eine Entwicklung der Arbeitsproduktivität auf jede mögliche Weise sowie 5) die Aufrechterhaltung der territorialen Integrität und Souveränität Rußlands.[133]

Dies sah auf den ersten Blick durchaus demokratisch und fortschrittlich aus, blieb aber weitgehend Makulatur. Für die Kreise der sibirischen Unternehmer- und Kaufmannschaft, die hinter dem neuen Diktator standen, waren alle Vertretungen der Arbeiter bolschewikisch infiltriert. Sie wurden auf dem Verordnungsweg aufgelöst. Abgeschafft wurden der Acht-Stundentag, die Sechstagewoche und die Zahlung ausstehender Gehälter. Stattdessen wurden die Löhne gekürzt und die Sozialleistungen weitgehend gestrichen. Streiks wurden, wie schon im zarischen Rußland, verboten. Sie fanden dennoch massenweise statt, zumeist begleitet von Gewalt von beiden Seiten. Im Februar 1919 beschloß der Ministerrat dieser Regierung als Grundprinzip der Wirtschaftspolitik das freie Unternehmertum, das in den folgenden Monaten entsprechend prosperierte.[134]

Eine Währungsreform im April 1919 sollte die Bauern dazu bewegen, ihre Erzeugnisse zu verkaufen, um die hungernden Städte zu versorgen. Doch diese dachten gar nicht daran, denn sie konnten für die neuen Rubel ebensowenig etwas kaufen wie zuvor für die als *Kerenki* bekannten Rubel der Provisorischen Regierung. Die Landwirtschaft stellte ein grundsätzliches Problem dar, obwohl es doch in Sibirien keine »Landfrage« wie im europäischen Teil gab. Dort bestanden die Konflikte zwischen den adeligen Großgrundbesitzern und den landarmen oder landlosen Bauern. In Sibirien betrafen sie die Beziehungen zwischen den Bauern und dem Staat als dem größten Eigentümer sowie zwischen den Immigranten der Vorkriegszeit und den alten Siedlern. Die Bauern hatten seit dem späten Frühjahr das Land des Staates und sonstiges Land, das nicht in bäuerlicher Hand war oder daß sie als »herrenlos« betrachteten, unter sich aufgeteilt. Dies versuchte die Regierung nun rückgängig zu machen, was die Bauern gegen sie aufbrachte.[135]

Kolčaks Staatsstreich markierte für alle jene Kreise, die auf die Wiederherstellung der alten Ordnung, wenn auch möglicherweise in einer veränderten Gestalt, setzten, ein Zeichen der Hoffnung. Sie reisten, so schnell sie nur konnten, nach Omsk, um ihre Rechte geltend zu machen, ihre Verluste zu kompensieren oder von einem möglichen Sieg zu profitieren. Omsk füllte sich binnen weniger Wochen mit den Vertretern und Vertreterinnen der alten Ordnung. Die Einwohnerzahl versechsfachte sich im Laufe eines Monats. Spekulation und Schwarzhandel blühten, die Preise stiegen in astronomische Höhen, die Wirtschaft des Landes geriet an den Rand des Abgrunds. Intrigen, Machtkämpfe, Ehrgeiz und Gier bestimmten das Handeln der Regierung, der Administration und auch des Militärs.[136]

Mit ihren Dekreten und Gesetzen zur Landfrage suchte die Regierung des »Obersten Regenten« jene Adligen zu befriedigen, die im europäischen Teil ihren Besitz verloren hatten, und auf deren Unterstützung sie zählte. Doch die sibirischen Bauern, denen adliger Großgrundbesitz völlig fremd war, begriffen nicht, für wen denn das Land sein sollte. Hinzu kamen die Steuereintreiber, die mit ungewohnter Brutalität vorgingen, teils noch schlimmer als die Bol'ševiki. Auch wollte die neue Regierung das Verbot des Schwarzbrennens (*samogon*) durchsetzen, denn sie übernahm das Alkoholmonopol des zarischen Staates, wie es übrigens späterhin auch die Sowjetregierung tat. So entstand aus den Mißverständnissen Ablehnung und daraus wiederum entwickelten sich bäuerliche Unruhen, die im Frühjahr 1919 begannen und im Sommer vor allem die Region zwischen Omsk und dem Baikal erfaßten.[137]

Dabei deutete Ende 1918 und Anfang 1919 alles auf einen Erfolg Kolčaks und seiner Truppen hin. Viele, einige allerdings eher zögerlich, andere widerwillig, folgten dem Ruf zu den Waffen, so daß die Armee schon bald fast 300.000 Mann zählte. Zu jenem Zeitpunkt verdiente in den Augen der Mehrheit der Bevölkerung jede Regierung ihre Unterstützung, die die Bol'ševiki bekämpfte. Noch vor Weihnachten 1918 konnte Perm' erobert werden, wo den Weißen eines der größten Waffendepots des zarischen Rußland in die Hände fiel, dazu Kohle, Erze, Metalle, Lokomotiven und sonstiges Beutegut.[138] Die Unterstützung mit Waffen, Munition, Uniformen und sonstigen kriegsnotwendigen Gütern hauptsächlich von seiten der Briten war zwar nicht überwältigend, aber doch ausreichend, so daß die Armee im Frühjahr 1919 weiter vorrückte und bald nur noch etwa 100 Kilometer von der Wolga entfernt stand.

Darüber hinaus verfügte Kolčak über den größten Teil der Gold- und Geldreserven der zarischen Regierung, die im Juli 1918 in Kazan' zunächst in die Hände des *Komuč* gefallen waren und sich seit dem September in Omsk befanden.[139] Es handelte sich dabei um in- und ausländische Goldmünzen im Wert von 657 Mio. Rubeln, Gold- und Platinobjekte im Wert von 453 Mio. Rubeln, Silbermünzen im Wert von elf Mio. Rubeln sowie Banknoten und Schatzanweisungen im Wert von 100 Mio. Rubeln. Sechs Monate lang weigerte sich der »Oberste Regent« diesen

Schatz anzurühren, obwohl er von seiner Regierung, seinen Beratern und den Alliierten dazu gedrängt wurde, und führte als Argument an, seine Provisorische Regierung müsse dieses Erbe des Volkes unversehrt einem neuen gesamtrussischen Staat übergeben. Stattdessen setzte die Omsker Regierung die Notenpresse in Gang und brachte 15 Milliarden ihres »gelben Geldes«, im Volksmund als *Sibirki* bezeichnet, in Umlauf, was zu einer galoppierenden Inflation führte.[140]

Selten war die Situation für die »Weißen« im Bürgerkrieg so günstig wie Ende April/Anfang Mai 1919, als sich ein Teil Nordrußlands unter ihrer Kontrolle befand, Denikins »Freiwilligen-Armee« nur noch rund 300 Kilometer vor Moskau stand und Kolčaks Truppen auf dem Sprung zur Wolga waren. Doch gab es keine gemeinsame Strategie der verschiedenen weißen Oberkommandos. Zudem waren die Armeen des »Obersten Regenten« erschöpft, es fehlte an Nachschub, die Truppen waren gezwungen, sich selbst zu versorgen, d.h. sie raubten, mordeten und plünderten. In ihrem Hinterland breiteten sich die Partisanenbewegungen immer weiter aus.[141] Hinzu kamen die kosakischen Truppen eines Semenov oder Ivan Kalmykov, die sogenannte *atamanščina*.[142] Viele der kosakischen Einheiten zogen es vor, einen Krieg auf eigene Rechnung zu führen, sich dem Oberbefehl nur zu beugen, wenn es zwingend erforderlich war. Sie fanden Unterstützung bei den Japanern, die aus eigenen Interessen eine instabile Lage in Sibirien nach Kräften förderten. Zudem zeigten der ehemalige Admiral und seine militärischen Berater erhebliche strategische und taktische Schwächen. Die Regierung funktionierte kaum noch und wenn, dann um sich zu bereichern oder gegeneinander zu intrigieren. »Dies ist nicht die Vorhut eines erneuerten Regierungssystems, sondern die Nachhut einer Vergangenheit, die in der Vergessenheit versinkt,« schrieb der stellvertretende Direktor des Presseamtes der Omsker Regierung in sein Tagebuch.[143] In den Augen weiter Teile der Bevölkerung waren die Weißen unter ihrem »Obersten Regenten« inzwischen schlimmer als die Roten.

Die Tschechoslowakische Legion hatte sich schon seit der Ausrufung der Tschechoslowakei als souveränem Staat Ende Oktober und dem Abschluß des Waffenstillstandes am 9. November 1918 weitgehend aus allen Kämpfen zurückgezogen und war nicht länger bereit, für die Interessen der Alliierten oder einen in ihren Augen reaktionären Offizier zu kämpfen. Sie warteten nur noch darauf, endlich nach Vladivostok und von dort nach Hause zu kommen. Auf sie also konnte Kolčak auch nicht mehr zählen, als Ende April 1919 die bolschevikische Gegenoffensive unter Führung Michail V. Frunze begann. Ende Juli brach die Rote Armee am Ural durch. Damit verloren die Weißen ihre letzte industrielle Basis. Als die Rote Armee in Sibirien einmarschierte, veröffentlichte sie eine Erklärung » An die Bevölkerung Sibiriens«, denn sie hatte offensichtlich aus ihren früheren Mißerfolgen gelernt. Sie versprach ein Ende des Bürgerkrieges und die Rückkehr zur Normalität. Der soziale Status und die Lebensweise der arbeitenden Menschen sollten bestehen bleiben.[144] Ob diese Proklamation großen Eindruck gemacht hat, läßt sich kaum noch ermitteln, aber immerhin verzichteten die Bol'ševiki auf inhaltsleere revolutionäre Phrasen.

Um nicht nur militärisch erfolgreich zu sein, sondern Sibirien auch politisch zu stabilisieren, etablierte die Moskauer Parteiführung im August 1919 das »Sibirische Revolutionäre Komitee« (*Sibrevkom*), das aus drei erfahrenen Genossen bestand, die Sibirien aus eigener Erfahrung kannten. Sie sollten dort die Sowjetmacht durchsetzen. Alle Verwaltungsorgane und sonstigen Institutionen waren ihnen untergeordnet. Das Komitee operierte zunächst von Čeljabinsk, dann von Omsk aus.[145] Dieses von oben ernannte Organ wurde in den folgenden Jahren zum bestimmenden Faktor des Aus- und Aufbaus der Sowjetmacht in Sibirien.

Kolčak und seine Regierung suchten nun Unterstützung bei der Bevölkerung und versprachen mehr Demokratie, aber kaum einer glaubte mehr daran. Die Bevölkerung war desillusioniert und demoralisiert. Auch alliierte Beobachter stellten im Sommer 1919 nur Chaos, Mißwirtschaft, Korruption und sinnlose Brutalität in den Reihen der Weißen fest.[146] Sie begannen sich aus diesem Abenteuer zurückzuziehen und ihre Hilfsleistungen einzustellen. Ein nicht geringer Teil der Lieferungen hatte sein Ziel sowieso nicht erreicht, sondern war in die falschen Hände gelangt. Zwar gelang es Anfang September der Weißen Armee noch einmal durch den Einsatz von kosakischer Kavallerie, den Vormarsch nicht nur zu stoppen, sondern auch erhebliche Geländegewinne bis zum Tobol zu erzielen. Zugleich nahm Kolčak Gespräche mit den Japanern auf, die jedoch keine konkreten Ergebnisse zeitigten.[147] Zwei Monate später hatte sich die Rote Armee stabilisiert und schlug zurück. Am 14. November 1919 konnte sie Omsk ohne Gegenwehr erobern. Schon zuvor befanden sich Regierung und Armee in heller Flucht. Offiziere ließen ihre Truppen im Stich, Soldaten warfen Waffen und Munition fort und desertierten. Die Rote Armee machte reiche Beute.[148]

Der »Oberste Regent« versuchte, sich nach Irkutsk durchzuschlagen, wohin sich der noch existierende Teil seiner Regierung abgesetzt hatte. Allerdings wollte er unbedingt den in vierzig Waggons verladenen Goldschatz des Reiches mitnehmen, die an seinen Zug angehängt werden sollten. So verzögerte sich seine Abreise, aber auch weil um die Benutzung des Schienenstranges heftig gekämpft wurde. Im Vorteil waren dabei die disziplinierten Tschechoslowaken, die für sich die Vorfahrt erstritten. Unterdessen rückten die Rote Armee und die Partisaneneinheiten beständig weiter vor und nahmen im Laufe des Dezembers Novo-Nikolaevsk, Tomsk und Krasnojarsk ein.[149] Auch im Süden des europäischen Teils, in der Ukraine, hatte die Weiße Bewegung unter General Denikin den Kampf verloren und mußte sich zurückziehen.

Die Alliierten und die Tschechoslowakische Legion hatten inzwischen eingesehen, daß Kolčak und seine Regierung nicht mehr zu halten waren. Am 27. Dezember zwang ihn der französische General Maurice Janin auf der Station Nižneudinsk als »Oberster Regent« zurückzutreten und unterstellte ihn sowie den russischen Goldschatz der Aufsicht der Legion. Am 4. Januar 1920 unterzeichnete Kolčak seinen letzten Befehl, der von völligem Realitätsverlust zeugt. Er bestimmte General Denikin, einen Verlierer wie er, dessen Truppen sich gerade im Rückzug auf die Krim befanden, zur »Obersten Allrussischen Macht«. Bis zu dessen Bestätigung der Annahme dieses Amtes sollte der größenwahnsinnige, brutale und korrupte Generalleutnant Grigorij M. Semenov die gesamte zivile und militärische Macht in den »östlichen russischen Randgebieten« übernehmen.[150]

In Irkutsk, seit Monaten das Zentrum des politischen Widerstandes der Sozialrevolutionäre und der Men'ševiki, gelangte am 5. Januar 1920 das *Politcentr*, eine Koalition beider Parteien, an die Macht. Daran beteiligt waren auch die *Oblastni-*

ki sowie die Vereinigung der *Zemstva* und der Stadtparlamente. Das *Politcentr*
verlangte von der Legion die Auslieferung des Admirals, die mit Zustimmung Ja-
nins am 15. Januar erfolgte. Die Alliierten hatten jedes Interesse an dem ehemaligen
»Obersten Regenten« verloren und verrieten ihn an seine Gegner. Wenige Tage
später, am 21. Januar, übernahmen die Bol'ševiki die Macht in der Stadt. Unterdessen stand der Zug mit dem Goldschatz des Landes auf einem Abstellgleis, bewacht
von Roten Garden. Dieser Schatz wurde nicht, wie es häufiger kolportiert wird,
der Tschechoslowakischen Legion ausgehändigt, sondern gelangte im Frühjahr
1920 zunächst nach Kazan' und von dort in die Hände der Sowjetregierung. Dies
war ein Bestandteil der Vereinbarung zwischen der Legion und den Repräsentanten
der Roten Armee. Für ihre endgültige Evakuierung nach Vladivostok wurde zudem
strikte Neutralität vereinbart. In jenen Tagen rückte ein Teil der verbliebenen Weißen Armee unter dem Kommando von Oberst V.O. Kappel' auf Irkutsk vor, von
Osten näherten sich Einheiten unter *Ataman* Semenov. Dies mag mit einer der
Gründe gewesen sein, daß Kolčak nicht zu einem Schauprozeß nach Moskau gebracht wurde, wie Lenin es beabsichtigt hatte, sondern vor Ort liquidiert wurde.
Nachdem das Oberkommando der Legion die Führung der weißen Verbände darauf hingewiesen hatte, daß jede Verletzung der Neutralität der Transsib-Zone von
ihr mit Waffengewalt beantwortet werden würde, marschierten die erschöpften
Einheiten an Irkutsk vorbei nach Čita, das Ende Februar noch 12.000 Mann erreichten.[151]

In den folgenden Tagen verhörten die Bol'ševiki Kolčak und seinen letzten Ministerpräsidenten Viktor N. Pepeljaev.[152] Beide wurden ohne Gerichtsurteil in der
Nacht vom 6. auf den 7. Februar 1920 in der Nähe von Irkutsk von der Čeka erschossen. Deren Vorsitzender, S. Čudnovskij, publizierte darüber später seinen
Augenzeugenbericht. Er verweist die häufig erzählten Geschichten, daß der Admiral das Hinrichtungspeloton selbst kommandiert oder ganz ruhig eine Zigarette
geraucht habe, während das Exekutionskommando sich weigerte, ihn zu erschießen, ins Reich der Legenden. Jedoch lehnte Kolčak eine Augenbinde ab, stand
aufrecht und ruhig, »wie ein Engländer«, als er erschossen wurde. Seine Leiche
versenkten die Bol'ševiki in einem Eisloch des nahen Flusses Ušakova, kurz vor
dessen Mündung in die Angara.[153]

7. Das Ende des Bürgerkrieges und die Fernost-Republik

Die Weiße Bewegung unter Kolčak scheiterte sowohl an ihren militärischen als auch
an ihren politischen Problemen, an der schlechten Versorgung und der Desorgani-
sation der Armee, der Unfähigkeit ihrer Offiziere, den kaum ausgebildeten und
häufig kampfunwilligen Soldaten, die oftmals zwangsrekrutiert worden waren,
sowie an einer völlig verfehlten und konzeptionslosen Sozial- und Wirtschaftspolitik. Auf der politischen Ebene agierten korrupte und meistenteils unfähige Politiker, deren Ziel die Restitution eines wie auch immer gearteten Großrußland war.
Sie nahmen auf die sozialen und ökonomischen Interessen der Mehrheit der Be-

völkerung kaum Rücksicht oder erst dann, als es längst zu spät war. Darüber hinaus vermochten es die Weißen nie, der Propaganda der Roten wirkungsvoll zu begegnen. Auch die Omsker Regierung sprach öfters von der Einberufung der Verfassunggebenden Versammlung, konnte aber keine konkreten Schritte in dieser Richtung unternehmen. Häufiger nahmen die Weißen Zuflucht zu einer religiösen Rhetorik und »einer apokalyptischen Bildsprache«, die jedoch die Bevölkerung auch nicht zu mobilisieren vermochte.[154] Während die Bol'ševiki von der Zukunft sprachen, redeten die Weißen Politiker von der Vergangenheit. Hinzu kam, daß die Politik grundsätzlich den militärischen Belangen untergeordnet war, was eine zivile Verwaltung noch nicht einmal in Ansätzen ermöglichte.

Auch wenn sich der Bürgerkrieg in Sibirien noch über zwei Jahre hinzog, so läßt sich das Ende der Geschichte in wenigen Sätzen erzählen. Die Überreste der Weißen Armee vermieden Irkutsk und suchten verzweifelt Vladivostok zu erreichen. Die Hafenstadt war das Zentrum der Alliierten, vor allem der Japaner. Es war eine jener Städte, die im Laufe der Revolution und des Bürgerkrieges mindesten zehnmal ihren »Besitzer« gewechselt hatten. In Vladivostok gab es zwischen Juli 1918 und Januar 1920 fünf »Regierungen«, denen bis Oktober 1922 vier weitere folgten. Darüber hinaus hielten sich in der Stadt zahlreiche Soldaten der alliierten Interventionstruppen auf. Auf den Straßen hörte man rund ein Dutzend Sprachen und es kursierten mindestens ebenso viele Währungen, darunter allein schon sieben verschiedene Sorten von Rubeln. Die Japaner ließen Millionen von Yen mit dem Aufdruck »Kaiserliche Japanische Provinz« kursieren, was einerseits die Inflation anheizte, andererseits den Anspruch auf die Region verdeutlichte.[155] Europäische, amerikanische, japanische und chinesische Zeitungen sowie alle Richtungen der russischen Presse wurden verkauft. Die Stadt war eine eigene Welt, in der sich Flüchtlinge und Kriegsgefangene begegneten, das Amerikanische Rote Kreuz und der YMCA ihre Büros unterhielten.[156] Die Mehrheit der alliierten Interventionstruppen verließ schon im Laufe des Jahres 1919 allmählich die Stadt, das letzte amerikanische Transportschiff lief am 1. April 1920, das letzte Schiff mit tschechoslowakischen Legionären an Bord am 2. September 1920 aus dem Hafen aus, nur die Japaner blieben, die ihre Einheiten jenseits der Grenze, in der Mandschurei, noch verstärkten, den Norden Sachalins sowie Teile der Pazifikküste besetzten.[157]

Versprengte weiße Einheiten sammelten sich unter *Ataman* Semenov, der das Transbaikalgebiet kontrollierte, sich aber im Oktober 1920 in die Mandschurei absetzte. Ihm folgte der deutschbaltische General Robert Baron von Ungern-Sternberg. Er setzte sich im Oktober 1920 in der Äußeren Mongolei fest und errichtete dort ein Schreckensregime. Seine Einheiten wurden im Juli 1921 von der Roten Armee besiegt, der General im September des Jahres hingerichtet. Der letzte weiße General in Sibirien war Michail K. Diterichs, dessen Versuch im Jahr 1922, von Vladivostok aus das Land zu erobern, jedoch scheiterte, woraufhin er im Oktober 1922 Sibirien verließ.[158]

Die Rote Armee verfolgte die fliehenden weißen Truppen nicht über das Baikalgebiet hinaus. In Ostsibirien waren die Bol'ševiki noch schwächer als im Westen, zudem wurden Kräfte in der Ukraine im Kampf gegen Denikins Nachfolger, den deutschbaltischen General Petr N. Vrangel' (Wrangel) sowie im Krieg gegen Polen, der 1919 ausgebrochen war, benötigt. Im Verlauf der Revolution und des Bürgerkrieges hatte das sowjetische Rußland wichtige Randgebiete des kaiserlichen Rußland verloren. Im Baltikum hatten sich Estland, Lettland und Litauen zu unabhängigen Staaten erklärt, ebenso Finnland. Auch Polen war 1918 als unabhängiger Staat wiedererstanden. In der Ukraine, dem Hauptkampfgebiet des Bürgerkrieges, lösten sich seit November 1917 unterschiedliche Regierungen ab. Auch im Kaukasus waren mit Georgien, Armenien und Aserbaidschan für wenige Jahre unabhängige Staaten entstanden. All dies hatte die Kräfte der Sowjerepublik in höchstem Maße beansprucht. Zudem sollte ein Konflikt mit den japanischen Truppen vermieden werden.

So entstand im April 1920 als Pufferstaat zwischen dem sowjetischen Sibirien und den japanisch besetzten Territorien mit Einverständnis der sowjetischen Führung und zum Unwillen der Japaner die Fernost-Republik.[159] Sie umfaßte in etwa das heutige Burjatien, die Region um Čita, einen Teil des Kreises Chabarovsk, die Küstenregion am Amur, Kamčatka und Čukotka sowie Sachalin, aber nicht Jakutien. Kurzfristig bestand als weiterer Pufferstaat die Küstenrepublik am Amur. Die Fernost-Republik umfaßte ein Gebiet von der dreifachen Größe Frankreichs, in dem jedoch nur zwei Millionen Menschen lebten. In den etwas mehr als zwei Jahren ihrer Existenz kam es immer wieder zu Unruhen und Aufständen, die zur Verunsicherung, Erschöpfung und Kriegsmüdigkeit der dortigen Bevölkerung beitrugen, aber nie von langer Dauer waren. Die Sowjetrepublik erkannte den neuen Staat im Mai 1920 an und unterstützte ihn in jeder Hinsicht.

Als die Japaner im Frühjahr 1920 feststellen mußten, daß ihre Interessen in Sibirien weder weiterhin von den Alliierten unterstützt wurden noch auf die Zustimmung der dortigen Bevölkerung stießen und sie sich zunehmenden Angriffen ausgesetzt sahen, begannen sie mit dem allmählichen Rückzug ihrer Truppen. Die Sowjetrepublik konnte seit Ende des Jahres 1920 ihre Lage sowohl innen- als auch außenpolitisch konsolidieren. Im europäischen Teil des Landes endete der Bürgerkrieg mit der Evakuierung der Truppen Vrangel's im November 1920, seit Oktober des Jahres herrschte im Krieg mit Polen ein Waffenstillstand, schließlich wurde im März 1921 der Friede von Riga geschlossen. Auch im Verhältnis zu den baltischen Staaten und zu Finnland kehrte durch Vertragsabschlüsse Ruhe ein, im Kaukasus wurden die kurzfristig unabhängigen Staaten, denen jede äußere Unterstützung fehlte, erobert. Die sowjetische Führung fühlte sich nun stark genug, auch die Japaner aus Sibirien zu vertreiben und die Existenz der Marionettenregierung im Fernen Osten zu beenden. Am 25. Oktober 1922 marschierten Truppen der Fernost-Republik in Vladivostok ein, am 14. November bat die Volksversammlung um Aufnahme in die Russische Sozialistische Föderative Sowjetrepublik, die einen Tag später per Dekret auch gewährt wurde.[160] Mit Ausnahme einiger unruhiger Gebiete war nun ganz Sibirien in der Hand der bolschewikischen Regierung. Nordsachalin räumten die Japaner allerdings erst 1925.

Nach dem Sieg der Bol'ševiki nahm das *Sibrevkom* seine Arbeit auf, das dem »Sibirischen Büro« (*Sibbjuro*) des Zentralkomitees der Partei unterstand. Überall im Lande entstanden »Revolutionäre Komitees«, deren Mitglieder nicht gewählt, sondern ernannt wurden. Schließlich fanden 1920/21 Wahlen zu den Sowjets in Stadt und Land statt, teils waren sie gefälscht, teils wurden »unzuverlässige Elemente« von den Wahlen ausgeschlossen. Die Macht lag in den Händen der Komitees, also der Partei und dessen *Sibrevkom*. Jede politische Aktivität außerhalb der Partei wurde verboten. Es begann die Zeit des Kriegskommunismus und des Roten Terrors. Kriegskommunismus bedeutete die Abschaffung jeder Form der Markt- und die Durchsetzung der Planwirtschaft, die Abschaffung des Geldes, der Ware-Geld-Beziehung.[161] Sie wurde ersetzt durch ein System der Warenverteilung oder des direkten Warentausches sowie eine Naturalsteuer.[162] In jener Zeit äußerte auch Lenin sein berühmtes Diktum, der »Kommunismus – das ist Sowjetmacht plus Elektrifizierung des ganzen Landes«.

Sibirien wurde jedoch vorläufig nicht elektrifiziert, sondern mußte alles Getreide abliefern, besondere Einheiten aus dem europäischen Teil kamen nach Sibirien, um dies mit Waffengewalt durchzusetzen, von sowjetischer Seite als »Lebensmitteleinheiten« oder »-abteilungen« bezeichnet. Zugleich wurden die Versorgungsnormen auf ein Minimum reduziert. Wiederum begannen in Sibirien zahlreiche bewaffnete Aufstände der bäuerlichen Bevölkerung, die sich um den Lohn ihrer Arbeit gebracht sahen. Fast überall im Lande, vor allem in den südöstlichen Gebieten brachen Hungersnöte und Seuchen aus, in deren Verlauf mindestens vier Millionen Menschen starben. Als trotz aller Strafaktionen der Bol'ševiki die Unruhen in Sibirien und anderen Landesteilen nicht enden wollten, entschloß sich die Parteiführung dazu, das Experiment des Kriegskommunismus aufzugeben, und führte im März 1921 die Neue Ökonomische Politik (NÖP bzw. NÉP) ein.[163]

Der Bürgerkrieg in Sibirien und in ganz Rußland forderte mehr Opfer als der Erste Weltkrieg, nicht im Kampf, aber unter der Zivilbevölkerung. Bis heute liegen nur mehr oder minder zutreffende Schätzungen und Berechnungen vor, und dabei wird es sicherlich aufgrund fehlender Quellen auch bleiben. Die Zahlen bleiben trotz der Kriege und Bürgerkriege des 20. Jahrhunderts unvorstellbar hoch. Sie liegen nach neueren russischen Angaben zwischen zehneinhalb und etwa vierzehn Millionen Menschen.[164] Die meisten, etwa zwölf bis zwölfeinhalb Millionen, nach russischen Angaben sechs Millionen, fielen Seuchen, vor allem Typhus und Grippe, und dem Hunger zum Opfer. Auch unter den Soldaten forderten Seuchen und Krankheiten ihre Opfer. Insgesamt sollen etwa 1,5 Millionen Angehörige der Armeen gestorben sein, in der Mehrheit, eine Million, auf seiten der Roten Armee. Nach russischen Berechnungen sollen noch mehr Soldaten getötet worden sein, insgesamt 2,5 Millionen, davon 950.000 Soldaten der Roten Armee, 650.000 der Weißen Armee und 900.000 in den Reihen der Partisanenbewegungen. Nach diesen Angaben fielen zwei Millionen dem Terror und den zahlreichen Pogromen, besonders gegen die jüdische Bevölkerung, zum Opfer. Hinzu kamen zwei Millionen Menschen, die emigrierten. Der Blutzoll war hoch, Gewalt an der Tagesordnung. Dies hat die sowjetische und die sibirische Gesellschaft in den nächsten Jahrzehnten geprägt. Hinzu kamen die materiellen und wirtschaftlichen Zerstörungen, die weite Teile des Landes verwüsteten.[165]

Die Gründe für den Sieg der Bol'ševiki und die Niederlage der Weißen im Bürgerkrieg lagen in der besseren Organisation und Disziplin, auch wenn sie teilweise erzwungen war, sowie in der Hingabe an die eigene Sache, der Überzeugung, daß sie siegen würden und die besseren Argumente besaßen. Dies sind relative Begriffe, denn keineswegs war dies immer und überall der Fall, aber in der Summe doch häufiger als auf seiten der Weißen. Diese vertraten zudem in den Augen breiter

Bevölkerungskreise die Vergangenheit, das System des Zarismus, der Adelsherrschaft, kurz gesagt der alten Ordnung, während die Bol'ševiki von der Zukunft sprachen, wenn auch bisweilen äußerst vage. Aber immerhin waren ihre Parolen und ihre Propaganda attraktiver als die teils ausgesprochen reaktionären Floskeln der Weißen. Schließlich, so ist noch hinzuzufügen, war die Bevölkerung nach dreieinhalb Jahren Weltkrieg, der schon so viele Opfer gefordert hatte, und einem noch längeren Bürgerkrieg erschöpft und kampfesmüde. Sie gab jeden Widerstand auf, weil er ihnen sinnlos erschien und nur noch zu größeren Opfer führen würde, als schon zu beklagen waren.

8. Die indigene Bevölkerung und der Bürgerkrieg

Längst nicht alle indigenen Ethnien waren von den Ereignissen des Bürgerkrieges in Sibirien unmittelbar betroffen. Sie spürten aber dessen Wirkungen und Folgen umso heftiger in den 1920er und 1930er Jahren.[166] Diejenigen, wie die Čukčen, die Korjaken und die Itel'menen, die in den Randgebieten lebten, waren zunächst nicht in diese Kämpfe involviert. Die Burjaten hingegen und die Evenki-Tungusen, die am Baikal wohnten, gerieten in die Kämpfe, die *Ataman* Semenov zwischen 1918 und 1920 gegen die Bol'ševiki führte. In der Fernost-Region traf dieses Schicksal die Tungusen, Nivchen, Nanai und Ulchi, die am unteren Amur siedelten, sowie die Udege in den Bergen in dieser Region.[167]

Doch auch die, die nicht direkt von den Kampfhandlungen betroffen waren, spürten deren Folgen, von denen insbesondere die arktischen und subarktischen Regionen betroffen waren. Dort brach der Handel fast vollständig zusammen, so daß es an Gewehren, Pulver, Kugeln, an Netzen, Kesseln, Mehl, Öl und Zucker mangelte, aber auch an Kleidung. Es gab keine Jahrmärkte mehr, auf denen die Völker ihre Waren tauschen oder verkaufen konnten. Die Rentierzüchter zogen sich immer weiter in die Tundra zurück und lebten wie früher von ihren Herden und dem, was die Natur ihnen bot. Einige gingen dazu über, auf der Jagd wieder Pfeil und Bogen zu benutzen, denn Kugeln und Pulver waren ein kostbares Gut.[168] Die Zahl der erlegten Tiere und dementsprechend die der Felle sank beispielsweise in der Region um Turuchansk von 200.000 Fellen auf 50.000 im Jahr. Die Bevölkerung hungerte, Seuchen und Epidemien, wie Pocken und Typhus, brachen aus. Auch die Herden wurden von Seuchen heimgesucht, die kaum noch behandelt werden konnten, weil die Veterinäre fehlten. Deshalb konnte sich die indigene Bevölkerung häufig nicht mehr ausreichend ernähren.[169]

Zudem dezimierten die durchziehenden Truppen der einen oder der anderen Seite auf der Suche nach Nahrungsmitteln die Rentierherden, so daß deren Zahl immer weiter zurückging. Ein zunehmendes Problem waren ebenso die marodierenden Banden oder die hungrigen russischen Bauern, die keinerlei Rücksicht auf die Weide- und Jagdgebiete oder die Fischrechte nehmen, sondern jagten und fischten, wo immer sie es für richtig hielten. Sie stahlen sogar die Tiere aus den Fallen.[170]

Erst im Dezember 1919 kamen Revolution und Bürgerkrieg nach Čukotka, als zwei junge ehemalige Seeleute aus Vladivostok in Anadyr' die »Sowjetmacht« ausriefen. Nachdem sie als eine ihrer ersten Maßnahmen die Schulden der Einheimischen bei den dortigen Händler annulliert hatten, wurden sie von ihnen nach nur fünf Wochen ermordet. Die nächsten Vertreter der revolutionären Regierung ließen bis zum Sommer 1920 auf sich warten. Die wenigen Truppen der Weißen, die sich in diese weitgehend unbewohnten Regionen verirrten, zeigten der indigenen Bevölkerung offen ihre Verachtung, weshalb diese sich eher auf die Seite der Bol'ševiki stellten.[171] Auch 1924 gab es immer noch nur einhundert Kommunisten in einem Gebiet von der Größe eines Drittels des europäischen Rußland. Ihnen blieb nichts anderes übrig, als sich vorläufig den örtlichen Gegebenheiten anzupassen und Zugeständnisse zu machen. Trotz des Außenhandelsmonopols ließen sie den »auswärtigen« Handel über die Beringstraße hinweg zu, denn ansonsten wäre die Versorgung vollständig zusammengebrochen.[172] Um die einheimische Bevölkerung, die sie für völlig rückständig und primitiv hielten, zu agitieren, griffen sie zu einer einfachen Sprache, teilten die Welt in arme und böse Menschen. Aber ihre Erfolge waren so gering und die Lebensumstände so fremdartig, daß sie zumeist nach kurzer Zeit ihre vorgesetzten Stellen um baldige Ablösung baten.[173]

Viel heftiger von den Auseinandersetzungen betroffen waren die Gebiete der Burjaten und der Jakuten. In beiden Fällen gab es eine kleine, aber sehr aktive Elite, die dafür eintrat, die jahrhundertealten Traditionen zu bewahren. Dazu gehörte bei den Burjaten die lamaistische Religion, eine eigene Kultur mit Sprache und Schrift und die ethnische Eigenständigkeit. Autonomieforderungen waren von ihnen schon längere Zeit erhoben worden, insbesondere seit dem Zustrom der Migranten an der Wende vom 19. zum 20. Jahrhundert. So sahen die burjatischen Führer in der Februarrevolution die Chance, diese Vorstellungen auch in die Tat umzusetzen und konstituierten schon im April 1917 in Čita ein Zentrales Nationalkomitee der Burjaten und unterstützten in den folgenden Monaten die Autonomiekonzeption der Regionalisten und föderative Vorstellungen der Sozialrevolutionäre.[174] Die bolschewikischen Vorstellungen fielen hingegen nicht auf fruchtbaren Boden. Bei den Wahlen zur Konstituante im November 1917 erhielt die Partei gerade einmal knapp neun Prozent der Stimmen.[175]

In den folgenden drei Jahren wurde die Region um den Baikal zu einer der umkämpftesten Zonen Sibiriens. Einige Zeit unterstützte die Mehrheit der Burjaten *Ataman* Semenov, der einen burjatischen Vater hatte, lehnten aber seinen Vorschlag, sich mit den Kosaken zu vereinigen, entschieden ab. Grundsätzlich abweisend blieben sie gegenüber den Bol'ševiki sowohl als ihr Territorium ein Teil der Fernost-Republik wurde als auch nach deren Ende 1922. Die mehrjährigen Kämpfe forderten zahlreiche Opfer unter den Burjaten, Dörfer und Städte waren zerstört, die Wirtschaft weitgehend zerrüttet. In einigen Teilen ihres Gebietes schrumpfte der Anteil des bebauten Landes um weit über dreißig Prozent, der Viehbestand sank um rund vierzig Prozent. So lange es möglich war, betrieben die Burjaten ihre nomadisierende Weidewirtschaft, hielten am Lamaismus ebenso fest wie an ihren Traditionen. Erst mit der Durchsetzung der stalinistischen Politik am Ende der 1920er und zu Beginn der 1930 Jahre änderten sich diese Verhältnisse grundlegend.

In Jakutien war die zahlenmäßig geringe Bildungselite in der lokalen Verwaltung und im Handel aktiv. Während es in Burjatien eine größere Zahl von russischen Siedlern gab, so daß durchaus Kontakte bestanden, lebten 1917 auf dem Territorium Jakutiens, etwas kleiner als der europäische Teil des Russischen Reiches, gerade einmal 26.000 Russen. Dies waren etwas mehr als zehn Prozent der Gesamtbevölkerung von 275.000 Menschen.[176] Es bestanden nur geringe Beziehungen zwischen der indigenen Bevölkerung und den Siedlern, der von seiten der Jakuten auch nicht erwünscht war. So groß wie das Gebiet war, so unzugänglich war es auch. Nur zwei Straßen, die diese Bezeichnung kaum verdienten, führten zur Hauptstadt Jakutsk an der Lena in der Permafrostzone.[177]

Nach der Februarrevolution gelang es den wenigen Bol'ševiki in der Hauptstadt Jakutsk nicht, ihre Ansichten durchzusetzen, so daß sie im Mai desillusioniert nach Petrograd fuhren.[178] In Jakutsk regierte eine Koalition aus Sozialrevolutionären und einer Partei der jakutischen Föderalisten *Sacha ajmach* (Blutsverwandtschaft der Sacha). Nach der Oktoberrevolution weigerte sich diese Regierung, die neuen Machthaber in Petrograd anzuerkennen. Als die Bol'ševiki die Verfassunggebende Versammlung mit Gewalt auflösten, erklärte man sich für unabhängig. Erst im Sommer 1918 gelang es der Sowjetregierung mit bewaffneten Truppen, die Macht zu erobern, konnte sich aber nicht lange halten, so daß schon im August die alte »Regierung« wieder die Amtsgeschäfte übernahm. Erst Ende 1919/Anfang 1920 waren die Bol'ševiki in der Lage, ihre Widersacher gewaltsam niederwerfen, jedoch blieben einige im Untergrund aktiv. Im Laufe des Jahres 1920 bekämpfte die Sowjetregierung die jakutischen »Nationalisten« der *Sacha ajmach*, sahen sich im März 1921 aber weiterem Widerstand gegenüber. Die Führer der jakutischen Bewegung planten, unter japanischem Schutz Jakutien mit anderen Teilen Ostsibiriens zu vereinen und zu einem selbständigen Staat zu machen.[179]

Von August 1921 bis zum Herbst 1923 führte eine »Jakutische Aufstandsbewegung« einen bewaffneten Kampf gegen die Sowjetmacht in Jakutien. Schon kurz nach der Niederschlagung dieser Bewegung entbrannten 1924 neue Kämpfe, an denen dieses Mal auch die Tungusen teilnahmen und gleichfalls Autonomie forderten. Im folgenden Jahr konnten die Bol'ševiki diesen Aufstand niederwerfen, doch blieb die innere Lage Jakutiens so instabil, daß die Einführung der Sowjets bis 1928 hinausgeschoben wurde.[180] Viele Einwohner Jakutiens zogen sich im Laufe dieser mehrjährigen Kämpfe in abgelegene Gegenden zurück und suchten jeden Kontakt mit den Russen zu vermeiden. Betroffen waren vor allem die Rentierzüchter, deren Herden entweder requiriert oder aber zur Beute der einen oder anderen Seite wurden. In manchen Territorien sanken die Bestände der Rentierherden um achtzig Prozent.[181]

Zwar wurde 1922 eine Jakutische Autonome Sowjetrepublik gegründet, deren Verfassung allerdings erst 1926 entworfen und erst 1936 ratifiziert wurde, da der Regierung in Moskau die stark jakutische Ausrichtung mißfiel.[182] Erheblich stärker noch als in Burjatien blieben in Jakutien in den 1920er Jahren einerseits die Traditionen erhalten, darunter auch die religiösen Praktiken des Schamanismus, den die Sowjetregierung abscheulich fand, andererseits entwickelte sich durch die Entstehung einer jakutischen Literatur ein immer stärkeres ethnisch-nationales Bewußtsein. Zugleich entstand als Nachfolgeorganisation von *Sacha ajmach* Ende 1922 die

Gesellschaft *Sacha Omuk* (Das Volk der Sacha), die sich um die Pflege und Entwicklung der jakutischen Kultur bemühte und dabei durchaus auch antisowjetische und antirussische Töne anschlug. 1926 äußerten sich einige Delegierte auf einem Sowjetkongreß in Jakutsk entschieden antirussisch und wandten sich mit ihrer Forderung nach »wirklicher Autonomie« auch gegen die bolschewikische Politik. Im folgenden Jahr kam es erneut zu einem Aufstand einer jakutischen separatistischen Partei »Junge Jakuten«, der Anfang 1928 niedergeschlagen werden konnte.[183] Die Jakuten, kaum eine halbe Milion Menschen, zeigten sich gegenüber der Sowjetmacht in ihrer Forderung nach Autonomie mindestens so unbotmäßig wie die Ukrainer und einige Völker des Kaukasus. Auch hier brach erst der Stalinismus den Widerstandswillen dieser Ethnie, die bereit war, für ihre Rechte zu kämpfen.

...anzender Mensch. Rentiergeweih. Alte Beringmeer-...ultur, ca. 5. Jh. v. Chr.-8./9. Jh. n. Chr.

...ie Eroberung Sibiriens durch Ermak: Schlacht am Irtyš, 1582. Gemälde (1895) von Vasilij I. Surikov (1848-1916), ...r einer alteingesessenen Kosakenfamilie in Krasnojarsk entstammte. Er gilt als einer der bedeutendsten Ver-...ter der Historienmalerei Rußlands.

3 | Büste Vitus Berings (1681-1741) im Moskauer Tin
zev-Museum. 1992 nach der Ausgrabung seines L
nams auf der nach ihm benannten Insel im Nordo
zifik durch eine dänisch-russische Expedition von
Gerichtsmediziner und Künstler Viktor Svjagin me
liert.

4 | Das Innere einer Hütte auf der Insel Unalaška, Alëuten, um 1800

5 | Ein Balagan auf Kamčatka, die traditionelle Sommerbehausung der Itel'menen; die Stelzen schützen vor Bären, das Strohdach vor Mücken.

6 | Kopfbedeckung für die Seehundjagd, Russisch-Amerika (Alaska), Ende des 18. Jahrhunderts

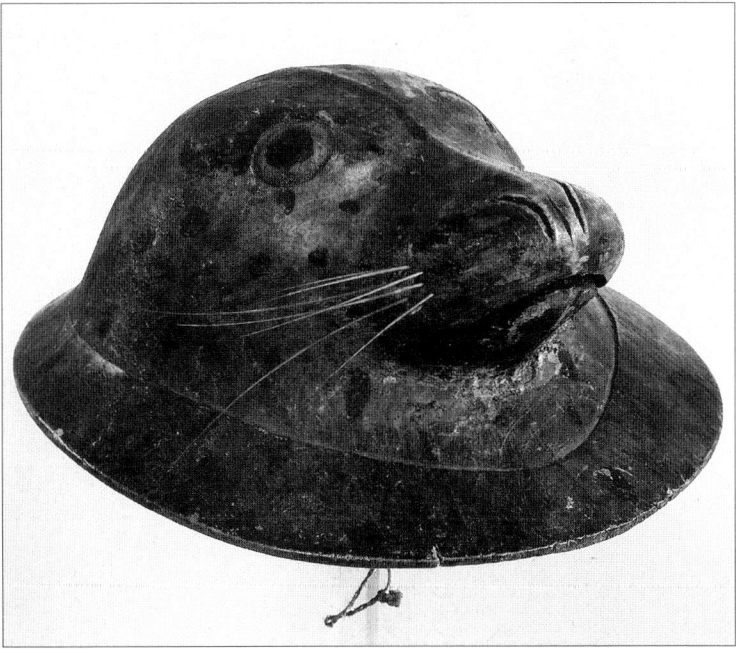

7 | Čukčen in traditioneller Kleidung, um 1900

8 | Küstenčukčen beim Ausnehmen eines Walrosses im Gebiet Magadan, 1953

9 | Rentierčukčen beim Radiohören im Gebiet Magadan in den 1970er Jahren

10 | Burjaten aus dem Baikalgebiet um 1900

11 | Schamanengewand der Tungusen (Evenken) vor 1800

12 | Ein Schamane der Evenken mit der Darstellung seiner Geister, um 1900

13 | Himmelsgebet tuvinischer Schamanen, Mitte der 1990er Jahre

14 | Grab der Vorfahren: ein Luftsarg der Evenken, Anfang des 20. Jahrhunderts

15 | Jakutsk an der Lena, Kupferstich um die Mitte des 18. Jahrhunderts

16 | Irkutsk um 1800 (Stich)

17 | Vladivostok: Die Zentrale des weltumspannenden Handelshauses Kunst & Albers, erbaut 1905. Das Kaufhaus ist heute noch in Betrieb.

18 | Die Hauptstraße von Čeljabinsk, 1914

Г. ЧЕЛЯБИНСКЪ. Сибирская ул.

19 | Das Gebäude der Kommunistischen Partei in Novosibirsk, Ende der 1920er Jahre; im Vordergrund die noch bis in die 1980er Jahre typischen Pferdefuhrwerke

20 | Ein Kolchosmarkt in Novosibirsk Mitte der 1970er Jahre

21 | Alt und neu in der Innenstadt von Jakutsk. Die typischen Holzhäuser einer sibirischen Stadt. Im Permafrostboden von Jakutsk werden die neuen Gebäude auf Betonpfählen errichtet, die bis zu zwölf Meter tief in den Boden reichen. Zwischen dem Erdboden und der Unterseite des Gebäudes entsteht ein Kältekissen, so können die Häuser nicht einsinken und der Dauerfrostboden wird nicht zerstört.

22 | Ekaterinburg. An der Stelle des Ipat'ev-Hauses, in dem im Juli 1918 die Familie des letzten russischen Kaisers Nikolaj II. ermordet wurde, wurde von 2000 bis 2003 die »Blutkirche« (Chram na Krovi) errichtet. Im Vordergrund bronzene Fackelträger des Komsomol.

23 | Hundeschlitten im Amurgebiet um 1900

24 | Auch im 21. Jahrhundert ist der Hundeschlitten in vielen Gegenden Sibiriens ein zuverlässiges Transportmittel.

25 und 26 | Die Architekten der Transsibirischen Eisenbahn: Finanzminister Sergej Ju. Witte (1849-1915), links, seit 1906 Graf, und Anatolij N. Kulomzin (1838-1923), Staatssekretär und Geschäftsführer des Komitees für die Sibirische Eisenbahn

27 | Koreanische Eisenbahnarbeiter um 1900

Великій Сибирскій путь.—Grand Chemin de la Sibérie. № 42.
Робота костыльщиковъ.

28 | Zwangsarbeiter beim Bau der Transsib um 1900

29 | Der Bahnhof von Irkutsk, den am 16. August 1898 der erste Zug erreichte.

30 | Feierliche Inbetriebnahme der Brücke über den Amur bei Chabarovsk im Oktober 1916, dem Jahr der endgültigen Vollendung des Baus der Transsib

31 | Die Einfahrt eines Zuges in die eisbrechende Eisenbahn- und Passagierfähre »Baikal« am Ostufer des Sees im Jahre 1914

32 | Die »Baikal« bei der Fahrt über den See

33 | Eine Waggon-Kirche in Westsibirien, gebaut 1896 in den St. Petersburger Putilov-Werken

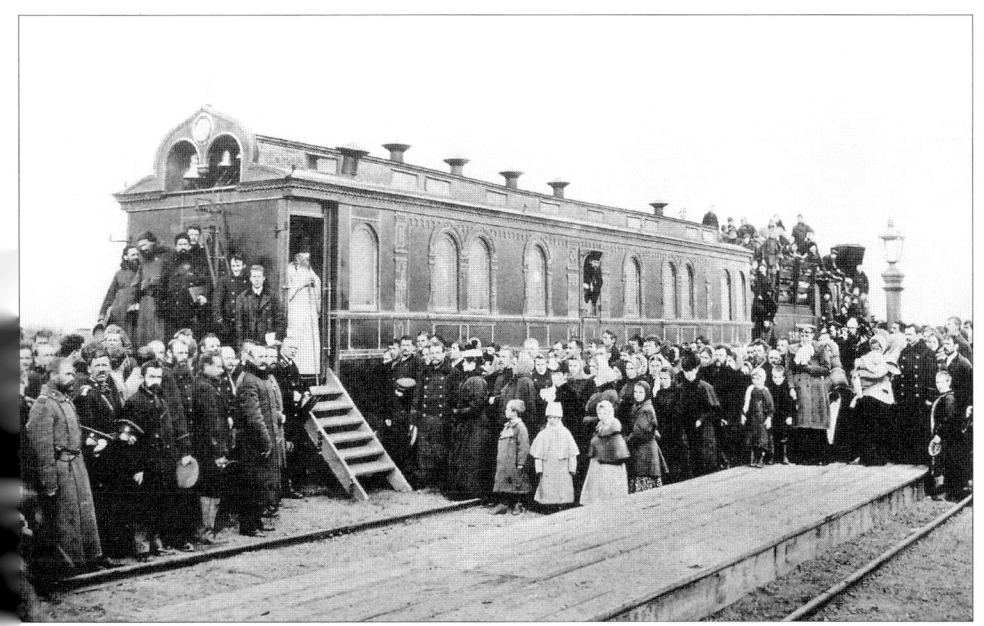

Quer durch Sibirien:
Etappengefängniss u. Verbanntentransport.

Quer durch Sibirien.

SERIE 445. NO. 6.

34 | Etappengefängnis und Verbannungsort. Aus der Serie »Quer durch Sibirien«. Ein Neuruppiner Bilderbogen der Fa. Oehmigke Riemenschneider, zweite Hälfte des 19. Jahrhunderts

35 | Transport von Deportierten über die Angara. Eingeklinkt: Arrestantenbarke. Stich um 1850

36 | Im GULag: »Wenn du deine eigene Schüssel hast, bekommst du eine der ersten Portionen.« Das Foto stammt vermutlich aus den 1930er Jahren; der Ort ist unbekannt.

37 | Überreste der stillgelegten Zinn- und Uranminen des GULag im Bergmassiv Butugyčag an der Kolyma

38 | Ein typischer Dorfbrunnen, wie er noch bis in die 1980er Jahre hinein häufig genutzt wurde.

39 | Die Taiga in der Kolyma-Region

40 | Unter den Wassermassen solch riesiger Stauseen, wie sie an der Angara entstanden, verschwanden in den 1950er bis 1970er Jahren zahlreiche sibirische Dörfer.

41 | Kamčatka: Blick auf die Avača-Bucht und die Meeresstraße in den Pazifik. Vorn die Ruine des ehem. Parteihauses der örtlichen KPdSU; im Hintergrund rechts der erloschene Voljučinskij-Vulkan.

42 | Teil des Werksgeländes von Noril'sk Nikel in Noril'sk, einer der am stärksten verschmutzten Städte der Welt

IN SOWJETISCHER ZEIT: AUFBAU DES SOZIALISMUS, KOLLEKTIVIERUNG, INDUSTRIALISIERUNG UND DAS LAGERSYSTEM

1. Der Aufbau des Sozialismus in Sibirien

Am Ende des Bürgerkrieges war die Lage im ganzen Lande völlig zerrüttet und desolat. Während des 10. Parteitages der bolschevikischen Partei in Petrograd im März 1921 kam es zum Aufstand der Kronstädter Matrosen, einst der Stolz der bolschevikischen Revolution, der blutig niedergeschlagen wurde.[1] Zugleich wurde ein radikaler Kurswechsel beschlossen. Statt des Kriegskommunismus, mit dem die Abschaffung der Geldwirtschaft versucht worden war, führte die Partei die »Neue Ökonomische Politik« (NÖP) ein, die in den eigenen Reihen heftig umstritten war. Der Handel wurde mit gewissen Restriktionen wieder freigegeben, das staatliche Getreidemonopol aufgehoben, an die Stelle der Ablieferungspflicht trat die Naturalsteuer. Die Bauern durften den größten Teil ihrer Ernte wieder frei verkaufen, ebenso wurden die ländlichen Gewerbe wieder freigegeben. Zunächst allerdings griffen diese Maßnahmen nicht und Sibirien erlebte, wie andere Teile Sowjetrußlands in den Jahren 1921 und 1922 auch, eine schwere Hungersnot.

Der Parteitag billigte jedoch nicht nur die blutige Unterdrückung der aufständischen Matrosen, sondern verbot zugleich jede »Plattformbildung« innerhalb der Partei, also Fraktions- oder Flügelbildungen, und brachte sie damit auf den Weg des Zentralismus, in dem nur noch die Entscheidung von oben nach unten galt, die Parteimitglieder endgültig zu Befehlsempfängern der Parteileitung degradiert wurden und jede Form innerparteilicher Demokratie beseitigt wurde.[2]

Auch am Ende des Bürgerkrieges fanden die Bol'ševiki in Sibirien nur wenig Unterstützung.[3] Die sibirischen Bauern zeigten kaum Begeisterung für das bolschevikische System, das versuchte, die sozialen und ökonomischen Unterschiede auf dem Lande einzuebnen und eine einheitliche Schicht zu schaffen. So erklärte die sowjetische Regierung in Sibirien den Klassenkampf, den Kampf an der »Lebensmittelfront« und erlegte den dortigen Bauern höhere Steuern auf als im europäischen Teil des Landes. Die sowjetische Geschichtsschreibung sprach dabei von der »Zuspitzung des Klassenkampfes«, denn die Bauern wehrten sich in Sibirien auch weiterhin gewaltsam. In manchen Regionen gab es immer noch größere Partisaneneinheiten, die bewaffneten Widerstand leisteten.[4] Die bebaute Ackerfläche nahm erheblich ab, vor allem aber ging der Viehbestand zurück, und die vor dem Krieg florierende Butterproduktion sank auf gerade einmal zehn Prozent des ehemaligen Niveaus. Erst im Jahre 1923, nach der Einführung der NÖP, verbesserte sich die Lage allmählich, denn die sowjetische Regierung gab den Agrarmarkt weitgehend frei. Die Aussaatfläche für Getreide wuchs rasch an, die Ernteerträge stiegen. Damit bewiesen die sibirischen Bauern erneut ihre Flexibilität, denn sie gingen wieder vermehrt, wie schon vor den 1890er Jahren, zum Getreideanbau über, den die sowjetische Regierung favorisierte, wobei Weizen und Hafer bevorzugt wurden. Auch der Viehbestand wuchs bis zum Jahre 1926.[5] Die Ernteerträge stiegen so stark, daß Sibirien sowohl in den europäischen Teil der Sowjetunion als auch auf den internationalen Markt exportieren konnte, was die bäuerlichen Einkommen entsprechend steigen ließ. So blieb Sibirien weiterhin ein Agrarland des mittleren und größeren bäuerlichen Besitzes. Über 87 Prozent der Bevölkerung lebten auf dem Land, gerade einmal knapp über zwölf Prozent in den Städten, die häufig immer noch kleinere Marktorte waren.

Auch im weiteren Verlauf der 1920er Jahre gelang es der sowjetischen Regierung nicht, im sibirischen Dorf Fuß zu fassen. Die gute wirtschaftliche Entwicklung in den Jahren der NÖP stärkte die reicheren Bauern, die von den Bol'ševiki bekämpften »Kulaken«. Sie behielten weiterhin die Kontrolle, und konnten ihre Position sogar noch stärken. Die zumeist von außen eingeführten dörflichen Sowjets, die als ein fremdes Element, als ein System der staatlichen Kontrolle, betrachtet wurden, konnten das traditionale Organ der dörflichen Selbstverwaltung, die Dorfversammlung, *sel'skij* oder *zemel'nyj schod*, nicht verdrängen. Immer noch wurden die wichtigen Fragen dort entschieden, wo sich die überwiegend männlichen Haushaltsvorstände traditionell versammelten. Der sich entfaltende Gegensatz zwischen diesen beiden Institutionen politisierte die bäuerliche Bevölkerung zunehmend. In einigen Gebieten Südwestsibiriens kam es zu ernsthaften Bemühungen, den bis zum Ende des Bürgerkrieges einflußreichen »Sibirischen Bauernbund« wiederzubeleben, der seinerzeit unter der Kontrolle der Sozialrevolutionäre, den kurzzeitigen Koalitionspartnern, bald aber entschiedenen Gegnern der Bol'ševiki, gestanden hatte. Diese Politisierung der sibirischen Bauern zeigte sich deutlich 1925 bei den Wahlen zu diesen ländlichen Sowjets, als einerseits die Wahlbeteiligung stark anstieg, andererseits zahlreiche Kulaken gewählt wurden, die eine deutlich antibolschevikische Haltung an den Tag legten. Die Bol'ševiki erlitten eine katastrophale Niederlage. Bei den nächsten Wahlen 1927 suchte die Partei daher die Wahlen in ihrem Sinne zu beeinflussen und den Kulaken, diesen »bürgerlichen Elementen«, das Wahlrecht zu entziehen.[6] Auch in den folgenden Jahren blieb die Lage auf dem Lande kritisch, denn die »Dorfbourgeoisie« war keineswegs gewillt, ihre Macht kampflos der sowjetischen Regierung zu übergeben.

Die doch nur in Ansätzen entwickelte sibirische Industrie war in den Jahren des Bürgerkrieges beinahe völlig zum Erliegen gekommen. Es fehlte an Transportkapazitäten, an Rohstoffen, Brennmaterial und nicht zuletzt an Kapital. So setzte die bolschevikische Regierung zunächst einmal auf diejenigen Branchen, die sie als Schlüsselindustrien ansah, auf den Abbau von Kohle und Gold. Dies führte vor allem im Goldbergbau zu einem Anstieg des Ertrages, doch ging die Produktion in den verstaatlichten Großfabriken weiter zurück. Die Mehrheit der Arbeiter war immer noch in den nun wieder erlaubten Klein- und Mittelbetrieben beschäftigt. In staatlichen Betrieben waren es Ende 1925 gerade einmal 27.000 Arbeiter. Das Produktionsvolumen blieb erheblich hinter den Leistungen aus der Zeit vor dem

Ersten Weltkrieg zurück.[7] Die Ansiedlungsbemühungen der sowjetischen Regierung bis zum Ende der 1920er Jahre waren mit jenen in der Spätphase des zarischen Rußland nicht zu vergleichen. Zwischen 1924 und 1929 belief sich ihre Zahl auf rund 550.000 Personen, von denen die meisten auf eigene Faust kamen.[8]

2. STALINISTISCHE UTOPIEN

Als Vladimir I. Lenin im Januar 1924 starb, setzten in der bolschewikischen Partei sehr bald die Machtkämpfe um seine Nachfolge ein. Als Sieger aus diesem Ringen ging der Georgier Iosif V. Džugašvili hervor, besser bekannt unter seinem Pseudonym Stalin, dem es vor allem gelungen war, den Parteiapparat zu beherrschen und seinem Willen zu unterwerfen. So triumphierte er im Kampf gegen die alten Parteiführer, die er gegeneinander ausspielen konnte. Im Unterschied zum bisher proklamierten Internationalismus propagierte Stalin den »Aufbau des Sozialismus in einem Land« und nahm Abschied von der bis dahin verfolgten Idee der sozialistischen Weltrevolution. Im Unterschied zu fast allen anderen Parteiführern und den sozialistischen Theoretikern und Ökonomen trat er weder für die Weiterführung der »Neuen Ökonomischen Politik« ein noch für den schrittweisen Übergang zum Sozialismus. Stattdessen verfocht er das Konzept einer forcierten Industrialisierung der Sowjetunion durch den Aufbau von Industriekombinaten und die Kollektivierung der Landwirtschaft, also die Zerschlagung der russischen Bauernschaft, die sich auch nach dem Bürgerkrieg weiterhin renitent zeigte und nicht gewillt war, die staatliche Agrarpolitik mitzutragen.[9]

Mit dem ersten Fünfjahresplan, dessen Umsetzung 1928 begann, sollte die Sowjetunion binnen kürzester Frist von einem Agrar- in einen führenden Industriestaat umgebaut werden. In jenem Jahr bereiste Stalin Sibirien. Mit dieser Reise begann die sogenannte Getreidebeschaffungskampagne.[10] Jede Form privaten Unternehmertums bzw. des privaten Besitzes von Produktionsmitteln, wie es leninistisch-stalinistischer Diktion hieß, sollte abgeschafft werden, ebenso die privat bewirtschafteten Bauernhöfe, an deren Stelle Kollektivwirtschaften, die Kolchosen oder Sovchosen treten sollten. Durch eine oberste Planbehörde, Gosplan, wurden Arbeits- und Produktionsnormen festgelegt, die gänzlich unrealistisch die Verdoppelung der Kohle- und Erdölförderung und die Verdreifachung der Eisenerzproduktion vorsahen. Riesige Staudämme und Wasserkraftwerke sollten entstehen, neue Bahnstrecken, vor allem in Sibirien gebaut werden. Noch immer galt Lenins berühmte Parole: »Kommunismus ist Sowjetmacht und Elektrifizierung des ganzen Landes!«

Auch jenseits des Ural sollte die Industrialisierung mit Riesenschritten vorangetrieben werden. Magnitogorsk, eine Stadt im Südural an beiden Ufern des gleichnamigen Flusses, wurde ab 1929 binnen weniger Jahre buchstäblich aus dem Boden gestampft. Dort entstanden bereits die ersten Fabriken und Wohnhäuser, bevor die Pläne für die Errichtung der Stadt fertig geworden waren. Magnitogorsk ist für viele zum Sinnbild des Stalinismus, der Gigantomanie der Fünfjahrespläne, geworden. Zugleich galt die Stadt als das Monument eines neuen Zeitalters im Moment des kapitalistischen Niedergangs, der sich in der Weltwirtschaftskrise von 1929 bis zum Beginn der frühen 1930er Jahre deutlich zeigte. Im Gegensatz dazu vollzog sich in der Sowjetunion der Aufbau einer neuen Zivilisation. Der neue Mensch schritt voran, auch und gerade in Sibirien, dem Land der Zukunft. Ein Jahr nach dem Baubeginn wurde bereits der erste Stahl produziert. Die Sowjetunion wurde zur »Großbaustelle«, in der Millionen auf der Suche nach Arbeit und erträglichen Lebensbedingungen durch das Land zogen.[11] Eine Kontinuität der Arbeits- und Lebensbedingungen wollte sich zunächst angesichts der chaotischen Planungen und der ungeheueren Mißwirtschaft nicht einstellen. So kamen im Januar rund 3.600 Arbeiter nach Magnitogorsk, aber mehr als 3.800 verließen die Stadt auch wieder. Viele, so schreibt Stephen Kotkin in seiner monumentalen Studie über den Aufbau der Stadt, kamen und gingen mehrmals in einem Jahr.[12] Da Arbeitskräfte knapp waren, wurde beinahe jeder genommen. Da es fast überall Arbeit gab, verließen viele nach kurzer Frist eine Baustelle wieder, um vielleicht an einem anderen Ort bessere Bedingungen vorzufinden. An dieser Aufbauarbeit einer neuen, einer sozialistischen Gesellschaft beteiligten sich auch Ausländer, die nicht unbedingt immer überzeugte Kommunisten waren. Einige von ihnen bezahlten in den Jahren des Terrors ihren Einsatz mit dem Leben.[13]

Eine weitere Großbaustelle wurde der Kuzbass (das Kuznetsker Becken) am Oberlauf des Tom' im südöstlichen Teil Westsibiriens, in dem hauptsächlich Kohlebergwerke in Betrieb genommen, aber auch Eisen- und Stahlwerke errichtet wurden. Diese etwa achtzigtausend Quadratkilometer große Region liegt zwischen dem heutigen Kemerovo und Novokuzneck. Am Ende der 1930er Jahre wurde in Magnitogorsk und dem Kuzbass gut ein Fünftel der gesamten sowjetischen Roheisenproduktion erzeugt. Die Kohleförderung lag 1940 bei 22,5 Mio. Tonnen, mehr als das Doppelte der Vorkriegsproduktion.[14] Der Plan war nicht nur erfüllt, sondern übererfüllt worden, wie es in der Propagandasprache der Zeit hieß. Dabei fehlte es an Werkzeug und Maschinen, doch fanden sich viele Männer und Frauen, von der beständigen Propaganda in höchstem Maße angestachelt, zum Aufbau des Sozialismus zu »Stoßbrigaden« zusammen. Sie leisteten »freiwillige« Überstunden und legten ein höheres Arbeitstempo vor. Der »sozialistische Wettbewerb« wurde eingeführt, jene Menschen zu Arbeitsbrigaden zusammengefaßt, die vor kurzem noch Bauern, Jäger oder Hirten gewesen waren. Beide Gebiete waren sozialistische Vorzeigeprojekte, die die Überlegenheit des Systems gegenüber dem, so die eigene Überzeugung, niedergehenden Kapitalismus demonstrieren sollten. Sie waren Schaufenster des Fortschritts und der neuen Gesellschaft.[15]

In der zweiten Hälfte der 1920er Jahre begann zudem der entschlossene Ausbau der Verkehrsverbindungen in Sibirien. Eine der ersten Strecken war die Turkestan-Sibirien-Bahn, die Turksib, mit einer Länge von rund 2.100 km, die im Mai 1930 vorzeitig, dann 1931 endgültig ihren Betrieb aufnahm. Allerdings war mit dem Bau schon im vorrevolutionären Rußland begonnen worden. 1915 wurde die etwa 650 km lange Strecke von Novo-Nikolaevsk, dem heutigen Novosibirsk, über Barnaul bis Semipalatinsk, die sogenannte Altai-Bahn, fertiggestellt. Nach einer Unterbrechung durch den Bürgerkrieg wurde an Streckenteilen zwischen Taškent und dem heutigen Biškek, der Hauptstadt Kirgisiens, weitergebaut. Ab 1927 erfolgte dann unter erheblichem propagandistischen Aufwand der endgültige Ausbau der Strecke, die die Industriezentren in Westsibirien mit den Baumwollgebieten Mittelasiens verband.[16] So baute man denn auch in Novosibirsk ein Baumwollkombinat, da Sibirien und Mittelasien nun per Bahn miteinander verbunden waren. Von großer Bedeutung war in jener Zeit auch der zweigleisige Ausbau der Transsib, der bis 1939 abgeschlossen werden konnte und Sibirien und den Fernen Osten nun enger an den europäischen Teil des Landes anschloß. Kurz vor dem Ausbruch des Zweiten Weltkrieges erfolgte der Bau der Verbindungslinien von der Transsib zu den Knotenpunkten der BAM-Strecke. Der Ausbau der Eisenbahnlinien war, wie schon in zarischen Zeiten, zu einem sehr großen Teil militärisch-strategischen Überlegungen geschuldet. Auch der dritte Fünfjahresplan forderte den weiteren Ausbau des Straßen- und Eisenbahnnetzes in Sibirien sowie der Binnenwasserstraßen.

Am Ende der 1920er Jahre setzte die Aufnahme eines regulären Flugdienstes zwischen Moskau und Novosibirsk sowie zwischen Irkutsk und Jakutsk ein. Erschlossen und entwickelt wurde auch der Schiffsverkehr auf dem Eismeer zwischen Archangel'sk und der Beringstraße. Dort gab es nach dem Bau von Wetter- und Überwachungsstationen sowie neuen Häfen seit Mitte der 1930er Jahre einen regelmäßigen Schiffsverkehr.[17] Auch der hohe Norden, die Permafrostregion, sollte planmäßig industriell erschlossen werden, denn in dieser Region, etwa auf der Halbinsel Tajmyr, waren schon Anfang der 1920 Jahre riesige Vorkommen von Nickel, Kupfer, Kobalt und Platin sowie hochwertiger Steinkohle entdeckt worden. Seit 1935 bzw. 1939 entstand dort die Stadt Noril'sk, die fast ausschließlich von Lagerhäftlingen gebaut wurde und in deren Fabriken und Bergwerken sie arbeiteten. Zugleich wurde im Zuge des zweiten Fünfjahresplanes 1937 die erste Polarbahnlinie und nördlichste Eisenbahn der Welt, eröffnet, die Noril'sk mit dem Seehafen Dudinka verband. Die Stadt, von ihren Einwohnern »Stadt der Betrogenen« genannt, ist die nördlichste sowie kälteste Stadt der Welt, in der die Temperaturen auf bis zu minus 60 Grad Celsius sinken können. Sie gilt heute als einer der zehn am schlimmsten durch Umweltverschmutzung belasteten Orte der Welt. 1998 wurde der Zuzug russischer Bürger weitgehend eingeschränkt und seit 2001 ist Ausländern mit geringen Ausnahmen der Aufenthalt dort untersagt.[18] Der Aufbau von Noril'sk, in dem es auch ein Speziallager mit besonders schweren Haftbedingungen gab, wurde von sowjetischer Seite unter Hinweis auf die Modernität der Stadt als herausragende Leistung gefeiert.

Mit diesem gewaltigen Industrialisierungsprozeß ging auch ein stetiges Wachstum der sibirischen Städte einher, in manchen, wie Novosibirsk, stieg die Bevölkerung im Laufe von rund zehn Jahren um mehr als das Sechsfache auf über 400.000 Einwohner. Gleiches gilt für andere Orte, die zudem ihren Namen änderten. Aus Ekaterinburg, dessen Name an die Heilige Katharina, Namenspatronin der zweiten Frau Peters I., erinnerte, wurde Sverdlovsk, benannt nach dem bolschewikischen Funktionär Jakov M. Sverdlov, der im Juli 1918 in dieser Stadt die Exekution des letzten russischen Zaren und seiner Familie angeordnet hatte. In Irkutsk, das 1917 etwa 90.000 Einwohner hatte, lebten zwanzig Jahre später eine Viertelmillion Menschen.[19] In jener Zeit gelang es auch endlich, in einigen größeren Städten Sibiriens, so in Omsk, Tomsk, Novosibirsk, Krasnojarsk und Irkutsk einen innerstädtischen Autobusverkehr einzurichten, der den Menschen das alltägliche Leben erheblich erleichterte.[20] Der Bau von Wohnungen und die Versorgung mit Lebensmitteln hielt mit dieser rasanten Entwicklung nicht Schritt, die Kollektivierung der Landwirtschaft am Ende der 1920er und zu Beginn der 1930er Jahre verschärfte diese Situation noch einmal. Schon für das Jahr 1929 wurde eine »Lebensmittelkrise« konstatiert. Die sowjetische Führung unter Stalin setzte auf die Entwicklung der Schwerindustrie und schenkte der Versorgung der Bevölkerung mit Konsumgütern wenig Beachtung.

Notorisch fehlte es überall an ausreichendem Wohnraum. Die Menschen lebten zusammengedrängt in der berühmt-berüchtigten Kommunalka, in der mehrere Familien je ein Zimmer in einer Wohnung bewohnten und sich Küche und Bad, sofern überhaupt vorhanden, teilten.[21] Die Kommunalka, so hat es Karl Schlögel treffend formuliert, »enthält prismatisch die Lebensverhältnisse, wie sie über siebzig Jahre hin bestimmend waren.« Sie sei »der Ort der Zerstörung bürgerlicher Lebensverhältnisse, des Schutzraumes der Privatheit.« Wie in einem Mikrokosmos lasse sich an ihr und wohl auch in ihr die Genese der sowjetischen Zivilisation studieren.[22]

Sibirien wurde unter dem sowjetischen Regime zum Versuchsgelände einer freigesetzten planerischen Intelligenz, für deren Denken es keinerlei Beschränkungen mehr gab, weder in moralischer noch in sozialer oder ökonomischer Hinsicht. Was gedacht und geplant werden konnte, das war in dieser Logik des Denkens auch machbar. Das Ziel war der sogenannte neue Mensch, wobei kaum definiert wurde, welche Eigenschaften denn dieser neue, sozialistische Mensch haben sollte. Es war die Zeit der großen sozialen Planung, angetrieben von einer inhumanen und menschenverachtenden Ideologie, in der das Massensterben billigend in Kauf genommen wurde, um das große Ziel des Kommunismus zu erreichen. Der Ausnahmezustand in Permanenz wurde zum Regierungsprinzip. Ob der Terror des Systems, wie Jörg Baberowski meint, wirklich jeden treffen konnte, mag dahingestellt sein, blind war er jedenfalls nicht.[23]

So setzte sich diese Politik des Aufbaus des Sozialismus auch im zweiten und dritten Fünfjahresplan, die 1933 bzw. 1938 begannen, ungehindert fort. Industriebetriebe wurden immer weiter im Osten angesiedelt. Maschinenbaufabriken und Sägewerke entstanden in und um Irkutsk und in den menschenleeren Gebieten Transbaikaliens. Ausgebaut wurden auch die Wassserkraftwerke an der Angara und am Enisej. Erste Planungen für den Bau der sogenannten Baikal-Amur-Magistrale (BAM) begannen, und eine erste Trasse auf den Abschnitten von Tajšet nach Ust'-Kut und von Tynda nach Sovgavan' wurde festgelegt.[24] In Tajšet am Bratsker Stausee befand sich seit dem Ende der 1940er bis in die 1960er Jahre die Zentrale der Lagerbezirke *Ozerlag* (Seelager) und *Angarstroj* (Angarabau), von denen aus der Bau des ersten BAM-Abschnittes begann. Nach den Berichten ehemaliger Lagerinsassen liegt »unter jeder Schwelle mindestens ein Toter.« Während und nach dem Zweiten Weltkrieg waren in den dortigen Lagern Kriegsgefangene der ehemaligen japanischen Kwangtung-Armee und der deutschen Wehrmacht untergebracht. Tajšet war einer jener Orte, an denen die deutschen Kriegsgefangenen nach dem Besuch von Bundeskanzler Adenauer in Moskau im September 1955 gesammelt und von wo sie dann auf die Heimreise geschickt wurden.[25]

In den weitgehend menschenleeren Gebieten an der Grenze zu China und der Mongolei sollten mehr Menschen angesiedelt werden, um diese Territorien gegen feindliche Angriffe zu sichern. So entstand beispielsweise Anfang der 1930er Jahre am Amur auf Initiative von Mitgliedern des Komsomol, des sowjetischen Jugendverbandes, die gleichnamige Stadt, die heute der Endpunkt der Baikal-Amur-Magistrale ist und mehr als 250.000 Einwohner hat.[26] Gescheitert allerdings ist der Versuch der sowjetischen Regierung in den 1930er Jahren das Jüdische Autonome Gebiet Birobidžan rund 170 km westlich von Chabarovsk zu etablieren, da es nicht gelang, eine ausreichende Zahl sowjetischer Juden für dieses Projekt zu interessieren. Dennoch existiert das Gebiet auch heute noch.[27]

Im Kontext der internationalen Spannungen besetzten 1929 Truppen der Guomindang unter Chiang-Kai-Shek kurzfristig die Ostchinesische Bahn, was zum Einsatz der sowjetischen Fernostarmee und schließlich zu einem Friedensvertrag an der Jahreswende 1929/30 führte, der den alten Zustand der gemeinsamen Verwaltung wiederherstellte. Meistens in Gestalt der Komintern intervenierte die Sowjetunion im innerchinesischen Konflikt, entsandte Militärberater und gab ideologische Hilfen. Als bedrohlicher allerdings wurde das immer stärker werdende Japan angesehen, das 1937 in die Mandschurei einmarschierte, woraus sich der japanisch-chinesische Krieg der Jahre von 1937 bis 1945 entwickelte. Als Reaktion darauf besetzte die Sowjetunion 1937 die mit ihr verbündete Mongolische Volksrepublik, die in den folgenden Jahrzehnten zu einem willfährigen Vasallenstaat wurde. Im Juli und August des folgenden Jahres kam es zu militärischen Auseinandersetzungen zwischen sowjetischen und japanischen Truppen in der Nähe von Vladivostok, die mit einem Waffenstillstand beigelegt wurden. Von Mai bis August 1939 kämpften diese beiden Kontrahenten erneut gegeneinander. Die Auseinandersetzungen kulminierten in der Schlacht am Chalchin Gol (Nomonhan-Zwischenfall), einem Grenzfluß zwischen der Mongolei und Mandschukuo, in der die sowjetische Seite die Oberhand behielt. Ein Vertrag vom September 1939 stellte dann den Status quo wieder her.[28]

3. Die »Entkulakisierung« und der sibirische GULag

In ihrer ursprünglichen Theorie ging die marxistisch-leninistische Ideologie davon aus, daß Verbrecher, also Straftäter, ein Resultat der Ungerechtigkeiten des kapitalistischen Systems seien und daher im Sozialismus einfach verschwinden würden. Dies allerdings erwies sich als falsch. Erste Lager gab es für die Klassenfeinde, die »Politischen«, sehr bald nach der Oktoberrevolution. Dort sollten die Häftlinge umerzogen werden und »nützliche Arbeit« leisten. Die soziale Realität führte schließlich zu einem Wandel der Theorie. Man stellte fest, daß sich die Verbrechen nicht so schnell ausrotten ließen und Besserung und Resozialisierung keineswegs eintraten. Zugleich waren die Gefängnisse derart überfüllt, daß die neuen Verurteilten nicht mehr eingeliefert werden konnten. So begann gegen Ende der 1920er Jahre der Übergang zur Bestrafung durch Zwangsarbeit. Die Besserung sollte durch gesellschaftlich nützliche Arbeit erreicht werden. Die Maßnahmen richteten sich gegen Saboteure, Drückeberger, Subversive und Volksfeinde. Der Arbeitseinsatz erfolgte vor allem, um fehlende Arbeitskräfte zu ersetzen.[29]

Der Anstoß für eine grundlegende Reform des sowjetischen Gefängnis- und Lagersystems lag in den Maßnahmen der Regierung zur Kollektivierung der Landwirtschaft und zur forcierten Industrialisierung des Landes. Da dafür erhebliche Mittel benötigt wurden, sollten die Ausgaben für die Gefängnisse und Lager beschnitten werden. Die Haftbedingungen bei schweren Vergehen sollten verschärft, jedoch für kleinere Vergehen keine Haftstrafen, sondern stattdessen Zwangsarbeit ohne Inhaftierung als Strafe verhängt werden. Dabei wurde ein Viertel des Lohnes an die Gefängnisleitung gezahlt, die die Verurteilten beaufsichtigte.

Als dennoch die Zahl der Häftlinge insbesondere im Kontext der beginnenden Kollektivierung nicht sank, wurden die Haftbedingungen seit März 1928 verschärft und rund ein Jahr später beschlossen, die Arbeitskraft der Häftlinge effektiver als bisher auszunutzen und sie bei bestimmten Arbeiten, wie etwa dem Holzfällen oder dem Kanalbau einzusetzen.[30] Fast zeitgleich ging die Aufsicht über die Lager und Haftanstalten, zuvor zwischen NKVD und OGPU geteilt, fast ganz auf die OGPU, die staatliche Geheimpolizei über. Sie war bis dahin nur für zwei Kategorien von Häftlingen zuständig gewesen, für die politischen Gefangenen und für die Schwerverbrecher, erwies sich jedoch im Unterschied zum NKVD als widerspruchsloser Befehlsempfänger der Regierung und erreichte dadurch eine erhebliche Erweiterung ihrer Kompetenzen.[31]

Diese Entscheidung setzte eine Entwicklung in Gang, die schließlich zu dem sowjetischen Lagersystem führte, das als GULag eine weltweit traurige Bekanntheit erlangt hat und insbesondere Sibirien den Ruf einbrachte, das »größte Gefängnis der Welt« zu sein, obwohl sich das Lagersystem über beinahe das gesamte Territorium der UdSSR erstreckte und sowohl im europäischen Teil des Landes als auch in Zentralasien, etwa in Kasachstan, große Lagersysteme bestanden.[32] In Sibirien gab es mehrere Gebiete, an denen sich die Lager befanden: im Uralgebiet um Sverdlovsk und in Noril'sk am Eismeer. Das größte erstreckte sich von Omsk über Novosibirsk und Krasnojarsk bis Tajšet am Bratsker Stausee, dies war das eigentliche Siblag, das sibirische Lagersystem. Weitere Lager befanden sich bei Irkutsk und Ulan-Ude, bei Jakutsk und in der Amurregion um Chabarovsk und Vladivostok. Schließlich gab es noch *Dal'stroj*, das Lagersystem um Magadan und an der Kolyma, auf das noch einzugehen sein wird.[33]

1930 entstand als eine neue GPU-Abteilung die Hauptverwaltung der Lager: GULag: *glavnoe upravlenie ispravitel'no-trudovych lagerej* (Hauptverwaltung der Besserungs-Arbeitslager). Die erste große Phase der Deportationen von Millionen von Menschen begann zu jenem Zeitpunkt, als Ende der 1920er und zu Beginn der 1930er Jahre die sogenannten Kulaken im Zuge der Kollektivierung der Landwirtschaft aus den Dörfern vertrieben oder deportiert wurden.[34] Sie wurden in der Terminologie der Sowjetmacht als »Sonderumsiedler« (*specpereselency*) bezeichnet.[35] Sie sollten für einen Zeitraum von fünf Jahren verbannt und auf einen Wohnort beschränkt werden. Danach sollten sie ihre Bürgerrechte zurückerhalten, wobei nicht geklärt war, ob sie auch in ihre Heimatregion zurückkehren durften. Als sich schließlich 1935 die Frage der Rückkehr dieser Menschen stellte, erließ die OGPU eine geheime Anweisung, daß diese »Sonderumsiedler« zwar ihre Bürgerrechte zurückerhalten konnten, aber weder zurückkehren durften noch ihren konfiszierten Besitz zurückerhielten.[36]

Bald darauf gab es weitergehende Pläne, die neue, sich entfaltende kommunistische Gesellschaft von jenen »Elementen« zu befreien, die sie »verunreinigten«, wie
es Genrich Jagoda, der Leiter der OGPU, formulierte.[37] Dies betraf rund zwei
Millionen Menschen, von denen 1933/34 eine Hälfte in Westsibirien, die andere in
Kasachstan in Arbeitsdörfern angesiedelt werden sollte. Diese Menschen sollten von
den großen staatlichen Wirtschaftskombinaten bei der Erschließung der Wälder,
Bodenschätze und Agrarflächen im Fernen Osten eingesetzt werden. Jagoda und
sein Mitarbeiter Matvej Berman legten dazu einen umfassenden Plan vor, der selbst
für die planwirtschaftlichen Phantasmagorien der Sowjetunion nur als maßlos bezeichnet werden kann. Offensichtlich von ihren eigenen Planungen überfordert,
hielten die Initiatoren die Einsetzung einer Sonderkommission für notwendig.[38]

In jener Zeit stand die Sowjetunion aufgrund der Maßnahmen zur Zwangskollektivierung der Landwirtschaft, also der Zerschlagung der russischen Bauernschaft
als Feinde des Systems, und der forcierten Industrialisierung mit der Einführung
des ersten Fünfjahresplans seit 1928 am Rande einer Katastrophe. Es entstanden
Kolchosen und Sovchosen, teilweise Großkolchosen mit einer Fläche zwischen
5.000 und 15.000 Hektar, also gewaltige landwirtschaftliche Betriebe, die dennoch
den Bedarf an Lebensmitteln nicht zu decken vermochten, da sie ineffizient verwaltet wurden und unrentabel arbeiteten. In der Ukraine, in Teilen der Wolgaregion sowie in Westsibirien, in Kasachstan und bei den Kalmücken breitete sich eine
Hungersnot aus, die Millionen von Opfern forderte.[39] Nur mit drakonischen Maßnahmen konnte die stalinistische Sowjetmacht diese schwere Krise überstehen und
sah sich vorgeblich konfrontiert mit einer Welt der inneren Feinde, konterrevolutionären Machenschaften und bedroht von Verrat, Sabotage, Defätismus und ausländischen Agenten.[40]

Die sowjetische Führung reagierte mit massiven Repressionen, Verhaftungen
und Erschießungen. Die Gefängnisse waren überfüllt, Anfang 1933 befanden sich
rund 800.000 Personen in Gewahrsam.[41] Im Februar des Jahres schlug daher Nikolaj Krylenko, der Volkskommissar für Justiz, die Ansiedlung von hundertau-
senden Gefängnisinsassen in den Arbeitsdörfern vor. Zugleich wurde im Zuge der
Ausprägung des totalitären Systems in der Sowjetunion im Januar 1933 ein Inlands-
paß eingeführt, um die Migrationsströme innerhalb des Landes zu kontrollieren,
denn die massive Zuwanderung der vom Staat enteigneten Bauern in die Städte
gefährdete deren Versorgung. Die Pässe, in die die Nationalität eingestempelt wurde, erleichterten zudem die Identifizierung jedes Bürgers und die »Säuberung« der
Städte von »schädlichen Elementen«.[42]

Im Kontext der schon erwähnten Zwangskollektivierung und »Ent- oder Deku-
lakisierung« entschied die sowjetische Führung Ende Dezember 1929, daß die
Kulaken nicht in die Kolchosen und Sovchosen aufgenommen werden sollten. Sie
wurden nun in drei Kategorien eingeteilt, die entweder liquidiert, verhaftet oder
ausgesiedelt werden sollten.[43] Damit entstand in dem riesigen Territorium Sibiriens
erneute Unruhe unter der bäuerlichen Bevölkerung, der es stets besser gegangen
war als den Standesgenossen im europäischen Teil des Landes. Hier besaß die bol-
schewische Partei weiterhin nur eine geringe Anhängerschaft, so daß diese Politik
der Zwangskollektivierung endlich der Sowjetmacht die Gelegenheit bot, die traditionelle bäuerliche Welt und die nomadische oder halbnomadische Lebensweise

der indigenen Ethnien zu zerschlagen. Die bäuerliche Bevölkerung Sibiriens und die einheimischen Völker wehrten sich auf ihre je eigene Weise gegen diesen Kollektivierungsprozeß.[44] Dazu gehörte das Abschlachten von Vieh, die Verweigerung der Aussaat, passiver und teils sogar bewaffneter Widerstand.

In den Jahren 1930/31 wurden etwa einhunderttausend Bauernfamilien im südlichen Sibirien enteignet und in das Altaigebiet deportiert.[45] Daraufhin sanken Viehbestände und Ernteerträge dramatisch. Verstärkt durch überhöhte Planvorgaben bei der Naturalsteuer und eine Beschlagnahme des Saatgutes zeichnete sich im Frühjahr 1932 eine lokale Hungersnot ab.[46] Angesichts der verzweifelten Lage suchten viele Bauern ihr Heil in der Flucht, worauf die Behörden mit weiteren Zwangsmaßnahmen reagierten, darunter auch mit dem Verbot des Fahrkartenverkaufs. Bei den Deportationen kam es zu ungeheuerlichen Gewaltexzessen, Mord, Raub, Plünderungen und Vergewaltigungen.[47] Nicht selten handelte es sich um persönliche Racheakte, auch waren Denunziationen, wie in allen totalitären Systemen,[48] an der Tagesordnung.

Neben den ökonomischen Problemen kam es auch zu ethnischen Spannungen, da Westsibirien eine massive Zuwanderung von mehr als einhunderttausend Kasachen erlebte, die ihrerseits vor den wirtschaftlichen Schwierigkeiten in der eigenen Region flüchteten. Auch in Kasachstan erfolgte die Zwangskollektivierung und »Entkulakisierung«, mit denen zugleich die nomadisierende indigene Bevölkerung seßhaft gemacht werden sollte. Statt der Viehzucht und Weidewirtschaft sollte dort nunmehr Getreide angebaut werden. Dadurch sollten auch die bestehenden Clanstrukturen, die aus sowjetischer Sicht feudale und halbfeudale Beziehungen förderten, zerstört werden.[49] Die Kasachen flohen nicht nur nach Westsibirien, sondern auch nach Kirgisien, in die Wolgaregion und sogar über die Grenze nach China. Auf ihrer Flucht wurden sie physisch bedroht, immer wieder verjagt und teilweise gelyncht.

Angesichts dieser Verhältnisse und fehlender Polizisten vor Ort kann es nicht verwundern, daß sich in den Weiten Sibiriens Banden bildeten oder die noch seit den Zeiten des Bürgerkrieges bestehenden kriminellen Banden neuen Zulauf erhielten. Zugleich stieg die Kriminalität in den westsibirischen und an den Grenzen zu Kasachstan liegenden Städten massiv an. Tomsk, vor dem Ersten Weltkrieg eine ruhige Universitätsstadt bürgerlichen Zuschnitts, wurde, so ein zeitgenössischer Bericht, von »kriminellen Elementen und entflohenen Verbannten« massenhaft heimgesucht.[50] So wurden in die unruhigen Gebiete Spezialeinheiten der OGPU geschickt, die im Sinne des Systems für Ruhe und Ordnung zu sorgen hatten, also gleichzeitig auch die »konterrevolutionären« Kulaken und »antisowjetischen Elemente« liquidieren sollten.[51]

Westsibirien war so seit Anfang 1930, als die ersten Deportationstransporte und Konvois mit den verjagten Kulaken ankamen, ein Gebiet größter Unruhe. Für die Zwangsumsiedler waren kaum Maßnahmen zur Aufnahme getroffen worden. Es fehlte an allem: an Transportmitteln, an Unterkünften und Behausungen, denn von Wohnungen konnte nicht gesprochen werden, vor allem aber an Lebensmitteln, Geräten und Mobiliar. Die Ansiedlungen erfolgten weitgehend unorganisiert, sie waren willkürlich, planlos und zufällig. Sofern nur irgend möglich suchten die Deportierten, wenn sie denn noch genügend Kraft hatten, ihr Heil in der Flucht.

Todesfälle waren an der Tagesordnung; es traf vor allem Alte, Kranke und Kinder.[52] Für das Jahr 1930 gibt Nicolas Werth auf der Grundlage des verfügbaren Materials an, daß mindestens 42.000 Menschen diesen Maßnahmen des stalinistischen Regimes zum Opfer gefallen sind.[53] Solche Zahlen sind stets mit größter Vorsicht zu betrachten. Es können, da die Zählungen meines Erachtens so willkürlich waren, wie die gesamten Maßnahmen und Verfahren sowohl erheblich mehr als auch weniger gewesen sein. Besonders hervorgehoben wurde in den überlieferten Quellen allerdings, daß aus den Reihen der Deportierten längst nicht so viele Arbeitskräfte in der Forstwirtschaft, für die Goldkombinate oder die metallverarbeitende Industrie zur Verfügung standen, wie dies geplant gewesen war.

All diese Schwierigkeiten, Probleme und Unzulänglichkeiten hielten das stalinistische Regime nicht davon ab, die Deportationen sowohl nach als auch aus Westsibirien mit noch größerer Härte fortzusetzen. Die Verschiebung solcher Menschenströme wurde trotz hoher Verluste von den verantwortlichen Vertretern der OGPU in höchsten Tönen bejubelt. Der Zweck der Besiedlung bislang brachliegender Riesenflächen heiligte offensichtlich alle Mittel. Bald allerdings stellten die OGPU-Funktionäre fest, daß der ökonomische Nutzen der gesamten Unternehmung, anders als erhofft, äußerst gering war und die Arbeitskräfte »niemals genug verdienen«, »um [...] geregelte Lebensmittelrationen zu erwirtschaften.«[54]

Im Laufe der weiteren Ausbreitung des stalinistischen Terrors ist es auch und gerade in Westsibirien, aber ebenso im hohen Norden, in der Region Kolyma-Magadan, zu unvorstellbaren Entwicklungen bis hin zum Kannibalismus gekommen, wie ihn Nicolas Werth in seinem bereits mehrfach zitierten Buch beschrieben hat. Mit Beginn der zweiten Hälfte des Jahres 1933 endete der Ausbau der sogenannten Sondersiedlungen und die Massendeportationen bestimmter Bevölkerungsgruppen gingen zurück. Das System hatte sich als völlig ineffizient erwiesen. Stattdessen begann in jener Zeit der weitere Ausbau der Arbeitslager. Nun stieg dort die Zahl der Inhaftierten bereits im Jahre 1933 um mehr als die Hälfte auf rund eine halbe Million an.[55]

In immer neuen Kampagnen wurden diffuse Gruppen konstruiert, die als »sozial schädlich«, als »Parasiten« und »Kriminelle« deklariert wurden. Im Jahre 1934 traf dies die »Spekulanten«, also jene, die Mangelprodukte wiederverkauften oder in irgendeiner Form am grassierenden Schwarzmarkt beteiligt waren. Bald darauf traf es auch die »Hooligans« (*chuligany*) sowie jugendliche Landstreicher und Bettler. Als sich in der zweiten Hälfte der 1930er Jahre die internationale Lage verschärfte, »entdeckte« die Sowjetmacht diejenigen, die mit einem weitgehend imaginierten Feind kollaborierten oder sympathisierten, die Angehörigen der Fünften Kolonne, die Diversanten und Saboteure, die mit ausländischen Geheimdiensten in Verbindung standen. Dies waren die Jahre des »Großen Terrors« zwischen 1936 und 1938, die Zeit der Schauprozesse und der gezielten Massenverfolgungen und Liquidierungen.

In Sibirien sah die sowjetische Führung in jener Zeit eine Gruppe am Werke, die mit dem japanischen Geheimdienst zusammenarbeitete und sich aus »Ex-Kulaken« und »kriminellen Elementen« rekrutierte. Angeblich bereitete sie einen Aufstand gegen die Sowjetmacht vor, in dessen Folge dann ein Überfall feindlicher Mächte zu erwarten war. Da es in Sibirien zahlreiche Sonderumsiedler und andere mögliche

Sympathisanten gab, waren besondere Wachsamkeit und schärfere Maßnahmen unabdingbar.[56] Dazu gehörte die Einrichtung besonderer Organe, denen einerseits weitgehende Freiräume eingeräumt, andererseits aber auch spezifische Vorgaben gemacht wurden.

Überall in der Sowjetunion agierten seit 1937 die sogenannten *trojkas*, außergerichtliche Kommissionen, die aus dem Ersten Sekretär der regionalen Parteiorganisation, dem örtlichen Chef des NKVD und dem Staatsanwalt des Gebietes bestanden. Sie waren befugt, gegen alle Personengruppen, für die bestimmte Quoten der Verhaftung und Liquidierung festgesetzt waren, hinter verschlossenen Türen zu verhandeln. Bei diesen Verfahren gab es weder Verteidiger noch die Möglichkeit einer Berufung. Eine verhängte Strafe wurde sofort vollzogen. Manchmal fällte eine solche *trojka* in einer Sitzung über hundert Urteile.[57] Einer der Höhepunkte dieser Verfolgung »antisowjetischer Elemente« war der Einsatzbefehl Nr. 00447 des NKVD, den dessen Chef Nikolaj I. Ežov am 30. Juli 1937 mit Billigung Stalins unterzeichnete.[58] Wiederum wurden bestimmte Personengruppen, diesmal insgesamt sieben, festgelegt, die in zwei Kategorien eingeteilt wurden, in die »aktivsten« und die »weniger aktiven, aber dennoch feindlichen«. Für jedes Gebiet legte man eine Quote derjenigen fest, die entweder, falls zu Kategorie eins gehörend, von den *trojkas* zum Tode durch Erschießen, oder, bei Zugehörigkeit zu Kategorie zwei, zu Lagerhaft zwischen acht und zehn Jahren zu verurteilen waren. Diese Listen bzw. Zahlen basierten auf Angaben der regionalen Parteikomitees oder der NKVD-Organe, die diese Wochen zuvor zusammengestellt hatten.[59] Außer Frage steht inzwischen, daß Stalin nicht nur die Listen der zu liquidierenden Parteimitglieder und der Generäle und Offiziere der Roten Armee abzeichnete, sondern daß ihm 1937 und 1938 Verhaftungs- und Todeslisten mit rund 340.000 Personen vorgelegt wurden.[60] Jörg Baberowski hat angesichts dieser Gewaltorgie von einem »Blutrausch« gesprochen, in den das Regime »getaumelt« sei.[61] Nach den Angaben von Nicolas Werth wurden bis Anfang Oktober 1937 in Westsibirien über 35.000 Menschen verhaftet, von denen mehr als 19.000 hingerichtet wurden. Insgesamt wurden von August 1937 bis zum November 1938 in Westsibirien 50.000 Personen hingerichtet, rund 30.000 kamen ins Lager. Es handelte sich dabei zumeist um »Sonderumsiedler«, ehemalige Kulaken und »deklassierte Elemente« aus den Städten.[62]

Im Kontext der Historiographie zum sowjetischen Lagersystem ist eine Zeitlang über den »ökonomischen Nutzen« der Arbeitslager und darüber, ob ein solcher Nutzen die »Errichtung des GULag wesentlich befördert habe«, diskutiert worden. Die seit einiger Zeit zugänglichen Statistiken zeigen, daß dies nur bedingt der Fall war, der Nutzen insbesondere nicht überschätzt werden sollte, sondern eher gering war.[63] Die Deportierten und Lagerinsassen wurden zumeist dort eingesetzt, wo die menschliche Arbeitskraft unmittelbar erforderlich war, also in der Forstwirtschaft, beim Straßen-, Kanal- und Eisenbahnbau und in Bergwerken. Wirtschaftliche Erwägungen, also die schonungslose Ausbeutung der Häftlinge, spielten für die sowjetische Regierung sicherlich seit der Einführung der Fünfjahrespläne eine gewisse Rolle, denn die Lagerhauptverwaltung und die ihr unterstellten Lagerkomplexe waren in die Fünfjahrespläne eingebunden.[64] Eines der ersten großen Bauvorhaben dieses sowjetischen Lagersystems war der zwischen 1931 und 1933 gebaute Weißmeer-Ostsee-Kanal (*Belomorsko-Baltijskij-Kanal*, *Belomorkanal*), den Alexander

Solženicyn das »wunderlichste Bauwerk des 20. Jahrhunderts« genannt hat. Der Bau des Kanals, in primitivster Weise, häufig nur mit den Händen, ausschließlich von Zwangsarbeitern erbaut, forderte mindestens 25.000 Tote und erwies sich als ökonomisch weitgehend sinnlos.[65]

Der GULag lag sicherlich in der Logik des Systems und besaß eine Doppelfunktion. Er diente einerseits als Instrument der Herrschaftssicherung und war zum anderen ein allerdings völlig ineffizienter Wirtschaftsgigant, mit dessen Hilfe der immense Rohstoffreichtum des Landes ausgebeutet werden sollte.[66] Den Aufbau und die strikte Hierarchisierung des Lagers bzw. der Lagerwelt, denn es existierten mehrere Lagersysteme auf dem Gebiet der Sowjetunion, hat Meinhard Stark ausführlich beschrieben.[67] Es bestanden Branchenabteilungen für Holz- und Landwirtschaft, für den Eisenbahn-, Straßen- und Bergbau, bestimmten Großbauprojekten waren entsprechende Großlager zugeordnet. Sie alle hatten entsprechende Planaufgaben zu erfüllen. Neben diesen Gliederungen bestanden aber auch regionale Organisationsformen, so daß sich die Bezeichnungen bisweilen überschneiden. So wird das sibirische Lagersystem sowohl als *SIBLAG* als auch als *SIBULON* bezeichnet, wobei unter dem *SIBLAG* nur die Lager Novosibirsk und Mariinsk verstanden wurden.[68] Ein solches Lagersystem bestand aus mehreren Unterabteilungen oder einzelnen Lagern, von denen es teilweise bis zu einhundert oder sogar mehr gab. Die häufigen Umbenennungen und Reorganisationen erschweren bisweilen die Forschungen und die exakten Zuordnungen. Sie alle aber hatten, wie Galina Ivanova hervorhebt, »eine essentielle Natur, die Ausbeutung der menschlichen Arbeitskraft.«[69] Darüber hinaus existierten zahlreiche Abteilungen der Lagerverwaltung, also des GULag, von denen jede eine bestimmte Aufgabe zu erfüllen hatte, bis hin zur »Verwaltung für Kultur und Erziehung«. »Auf allen Ebenen der streng hierarchisierten Lagerwelt fanden sich entsprechende Unterverwaltungen, die die Befehle aus Moskau auch in das im letzten Winkel der UdSSR gelegene Lager brachten und umsetzten.«[70]

Immer wieder ist es in der Forschung in den letzten Jahrzehnten zu heftigen, bisweilen erbitterten Auseinandersetzungen über die Zahl der Opfer des stalinistischen Terrors und der Lager gekommen. Es kann hier nicht der Ort sein, die Debatten darüber nachzuzeichnen.[71] Meinhard Stark, einer der besten Kenner der Thematik, geht davon aus, daß Mitte 1938 mehr als zwei Millionen Menschen in den Lagern inhaftiert waren. Dies war mit Ausnahme der Kriegsjahre bis 1953 der jährliche Durchschnitt der Inhaftierten. Dabei läßt sich nur schätzen, wie viele Menschen in die Lager gekommen sind, wobei die Kriegsgefangenen, in diesen Lagern sollen sich etwa 3,4 Mio. Menschen befunden haben, nicht eingeschlossen sind. Seriöse Schätzungen sprechen für die Jahre zwischen 1933 und 1944 von etwa zwölf bis fünfzehn bisweilen von achtzehn Millionen Menschen, die in die Lager gebracht wurden. Von ihnen starb jeder fünfte Lagerhäftling. Etwa fünf Millionen Menschen wurden darüber hinaus in die Verbannungsgebiete deportiert. »Unter den Opfern befanden sich«, wie Meinhard Stark feststellt, »mindestens drei bis vier Millionen Frauen und Kinder.«[72]

Die Verhältnisse in diesen Zwangsarbeitslagern waren in höchstem Maße und in jeder Hinsicht unmenschlich. Die ehemaligen Insassen erinnerten sich späterhin vor allem immer wieder an den ständigen Hunger, an unsägliche hygienische Bedingungen, unmenschliche Wärter, Aufseher und Kommandanten sowie an die schwere Arbeit, die sie dort leisten mußten. Arbeit war nach den Haftinstruktionen des NKVD/MVD die oberste Pflicht aller Häftlinge.[73] Hinzu kam oftmals das Regime der Kriminellen – im Lagerjargon als »*blatnye*«[74] bezeichnet –, das zumeist von der Lagerleitung geduldet, teils gefördert wurde. Nicht selten lag die tatsächliche Macht in den Lagern in den Händen von Mördern und Schwerverbrechern, die auch zahlenmäßig dominierten. Je nach Lagersystem und Jahr schwankte der Anteil der politischen Häftlinge zwischen einem Drittel und einem Viertel der Insassen, wobei die Grenze zwischen den Häftlingsgruppen bisweilen schwer zu ziehen ist. Schon bei Solženicyn und in vielen Memoiren und Erinnerungen ist von diesem gleichsam zweiten Unterdrückungssystem die Rede.[75]

Die größten Lagerkomplexe befanden sich im Norden des europäischen Rußland, in Sibirien, im Fernen Osten und in Kasachstan. Aufgrund seiner Lage, der klimatischen Bedingungen und der schweren Zwangsarbeit war das »Nordöstliche Besserungsarbeitslager« (*Svitlag* oder *Sevvostlag*) eines der gefürchtetsten. Es lag mit dem Hauptort Magadan westlich der Halbinsel Kamčatka am Fluß Kolyma und konnte nur im Sommerhalbjahr mit dem Schiff von Vladivostok aus erreicht werden. Das Lagergebiet entstand 1932. Im Jahr 1940 gab es dort 200.000 Häftlinge und Anfang der 1950er Jahre immer noch über 170.000 Gefangene. Ein Teil des Lagersystems war das des NKVD-Unternehmens »Fernöstliche Bauverwaltung« (*Dal'stroj*), dem die ökonomische Nutzung der dortigen Goldvorkommen und die Entwicklung der Infrastruktur oblag. Dort starben aufgrund der unmenschlichen Verhältnisse jährlich zwischen 25 und 30 Prozent der Häftlinge.[76] *Dal'stroj* existierte bis 1957 und stand in den letzten Jahren seines Bestehens unter der Verwaltung des Ministeriums für Metallurgie; das dortige Lagersystem existierte bis in die 1970er Jahre.[77]

Während des Zweiten Weltkrieges entstanden Sonderlager für jene Soldaten der Roten Armee, die in Gefangenschaft geraten waren, sowie teilweise besondere Lager für Kriegsgefangene, die erstmals 1939 bei der Besetzung Ostpolens eingerichtet wurden. Sie unterstanden allerdings einem eigenen Verwaltungssystem, dem im September 1939 gegründeten GUPVI (*Glavnoe upravlenie po delam voennoplennych i internirovannych NKVD SSSR*, Hauptverwaltung für die Angelegenheiten der Kriegsgefangenen und Internierten des Volkskommissariats des Inneren der UdSSR). Es umfaßte zwischen 1939 und 1953 rund 4.000 Lager und lagerähnliche Einrichtungen, deren Mehrheit im europäischen Teil der Sowjetunion lag, doch gab es sowohl im Uralgebiet als auch in den Regionen Novosibirsk, Irkutsk, Vladivostok und im Amurgebiet solche Lager, in denen die Gefangenen genauso unmenschlich wie in den Lagern des GULag behandelt wurden und Hunderttausende starben.[78]

Noch zu Lebzeiten Stalins erkannten viele Funktionäre, daß die Verwaltung dieses riesigen Lagersystems immer schwieriger wurde. Es mehrten sich Streiks und Unruhen der politischen wie auch der kriminellen Häftlinge. Die Lager waren völlig überfüllt und kaum »rentabel«. »Die Realisierung der ›Großbaustellen des Kommunismus‹, deren wichtigste Produktivkräfte die Strafgefangenen waren, erforderte enorm viel Arbeit, aber gewissenhafte und qualifizierte Arbeit, die die unter Bewachung stehenden Arbeitskräfte nicht leisten konnten.«[79] Zwar erhielten die Häftlinge theoretisch einen Lohn, doch wurde von der Lagerleitung ein Großteil für die Versorgung, Bewachung und Verwaltung einbehalten, der ausgezahlte Rest war so gering, daß er keinen materiellen Anreiz für die Arbeit bildete.[80] Es kann daher nicht verwundern, daß nur wenige Wochen nach dem Tode des Diktators das System grundlegend neu strukturiert wurde und nunmehr anstelle des Innenministeriums das Justizministerium die Aufsicht übernahm. Zugleich wurde eine umfassende Amnestie verkündet, die rund 1,2 Millionen Häftlinge in die Freiheit entließ, etwa die Hälfte der Lagerinsassen, dabei jedoch die politischen Häftlinge und die Sondersiedler überging.[81] In den folgenden Monaten und Jahren, bis zum 20. Parteitag der KPdSU im Februar 1956, kam es in vielen Lagern und Lagergebieten immer wieder zu Streiks, Aufständen und Revolten.[82] Nach einer erneuten Freilassung vor allem der politischen Gefangenen und weiterer Umstrukturierungen bereits seit 1954 veränderten sich die Strukturen und auch die Funktionen der sowjetischen Lager grundlegend. Das System wurde stärker dezentralisiert, 1956 in Besserungsarbeitskolonien umbenannt, in denen der Erziehungsgedanke nun wieder eine gewisse Rolle spielte, der jedoch nicht überbetont werden sollte. Schließlich wurde im Januar 1960 auch diese Einrichtung vom Präsidium des Obersten Sowjets aufgelöst.[83] Im Laufe der Jahre kam es in der Sowjetunion allerdings immer wieder zu Kampagnen gegen »abweichendes Verhalten«, Alkoholismus oder Rowdytum beispielsweise, in deren Verlauf dann einige Hundert oder bisweilen sogar Tausend zu Lagerhaft und/oder Verbannung verurteilt wurden. Ein Rechtsstaat ist die Sowjetunion auch in jener Zeit nicht geworden, Lager bestanden noch bis in die späten 1980er Jahre und bestehen auch heute noch.[84]

4. Die Evakuierung der Bevölkerung und die Verlegung der Industrie nach Sibirien während des Zweiten Weltkrieges

Am 22. Juni 1941 überschritten deutsche Truppen mit massiver Luftunterstützung ohne vorherige Kriegserklärung die sowjetische Westgrenze und drangen in einem raschen Vorstoß viele hundert Kilometer auf sowjetisches Territorium vor. Der blutigste Feldzug des Zweiten Weltkrieges hatte begonnen. Der Überfall traf die militärische und zivile Führung der Sowjetunion, insbesondere Stalin, gänzlich unvorbereitet, obwohl es im Vorfeld zahlreiche Warnungen gegeben hatte. Mehrere sowjetische Armeen kapitulierten, bald war auch die Kornkammer des Landes, die Ukraine, von deutschen Truppen besetzt, Leningrad wurde für 900 Tage zu einer belagerten Stadt. Erst kurz vor Moskau kam der Vormarsch der deutschen Truppen zum Erliegen. Auch große Teile der sowjetischen Industriebetriebe im europäischen Teil des Landes fielen in die Hände der Deutschen. Es ist hier nicht der Ort, um die Geschichte dieses Krieges nachzuzeichnen. Der Aggressor führte einen grausamen und blutigen Krieg, dem die sowjetische Seite mit entsprechenden Maßnahmen entgegentrat. Wie hoch die Verluste an Menschen und Material in der Sowjetunion waren, ist bis heute umstritten. Rechnet man Soldaten und Zivilisten zusammen, so sind nach neueren Berechnungen etwa 40 Millionen Menschen gestorben, einige Schätzungen gehen von bis zu 48 Millionen aus. Davon waren rund

8,6 Millionen Soldaten, die Mehrheit also Zivilisten, darunter auch die von den Deutschen ermordeten Juden, die Toten des GULag und unter den deportierten Völkern.[85] Die Folgen für die demographische, soziale und ökonomische Entwicklung des Landes waren enorm. Manfred Hildermeier stellte fest, daß »ein solcher Blutzoll [...] ungeheuer« war »und [...] wohl alle vergleichbaren traurigen Bilanzen der Weltgeschichte« übertrifft. Alle Befunde, so fährt er fort, bestätigen, daß »Stalin und seine parteigestützte Diktatur die Sowjetunion, anders als es die Legende wollte, auch im Krieg teuer zu stehen kamen.«[86]

Der Diktator Stalin wurde trotz zahlreicher Warnungen vom Ausbruch des Krieges völlig überrascht. Er verschwand in dieser schweren Zeit für zehn Tage aus der Öffentlichkeit und überließ das Feld Außenminister Molotov. Erst am 3. Juli 1941 wandte er sich mit einer patriotischen Rede an die Bevölkerung. Darin sprach er nicht nur die Genossen an, sondern auch »Bürger« sowie »Brüder und Schwestern«. Stalin rief dazu auf, den »Boden« und die »Heimat« zu verteidigen. Es gab nur noch Patrioten im Lande und »alle Völker der Sowjetunion« sollten sich dem Feind entgegenwerfen.[87] Der Krieg wurde zum »Großen Vaterländischen Krieg« erklärt, eine eindeutige Erinnerung an den »Vaterländischen Krieg« des Russischen Reiches gegen Napoleon im Jahre 1812.

Trotz des Schweigens in der Öffentlichkeit hielt der Diktator weiterhin die Fäden in der Hand. Zahlreiche Krisensitzungen lösten einander ab. Am 30. Juni wurde das »Staatliche Verteidigungskomitee« (GKO) gebildet, dem außer Stalin nur noch Berija, Molotov, Malenkov und Vorošilov angehörten, zeitgleich der geltende Fünfjahresplan durch den Kriegswirtschaftsplan ersetzt. Dies bedeutete die Umstellung der Industriebetriebe auf Rüstungsproduktion, vor allem aber die Verlagerung der im Westen gelegenen Unternehmen zusammen mit ihren Belegschaften nach Osten, in das Uralgebiet, nach Sibirien und nach Zentralasien. Zwischen Ende Juni und Dezember 1941 wurden mehr als 1.500 Betriebe mitsamt ihren Belegschaften »verschoben«, davon mehr als 320 nach Sibirien.[88] Der allergrößte Teil, über 240 Unternehmen, wurde in die drei westsibirischen Bezirke gebracht, da Ostsibirien und der Ferne Osten dafür kaum geeignet waren. Dorthin kamen nur knapp achtzig Betriebe. Die meisten Betriebe, über 660, wurden in den Ural verlegt, rund 300 auch nach Kasachstan und Mittelasien.[89] Die östlichen Landesteile, vor allem das Uralgebiet und Sibirien, gewannen dadurch im Rahmen der wirtschaftlichen Entwicklung des Landes und im Kontext der von Stalin angestrebten Autarkie eine erheblich größere Bedeutung. Allerdings hat dies das Gewicht und die Rolle Sibiriens in der Sowjetunion nicht entscheidend verändert. Die Gebiete jenseits des Ural blieben in gewisser Weise weiterhin ein Territorium mit minderem Status. Denn als sich abzeichnete, daß die Sowjetunion den Krieg gewinnen würde, flossen die Investitionen wieder in die europäischen Gebiete, die allerdings stark zerstört waren und nun wiederaufgebaut werden mußten.

Eines der ersten Werke, das verlagert wurde, war ein riesiges Stahlwerk in der Ukraine, das auf 16.000 Güterwaggons geladen und nach Magnitogorsk transportiert wurde, in jenen Ort also, der im Jahrzehnt zuvor als eines der Wahrzeichen der sowjetischen Industrialisierung und des Aufbaus des Sozialismus errichtet worden war. Daneben gehörten der Kuzbass, Omsk, Novosibirsk und Tjumen' zu den bevorzugten Gebieten für die Wiedererrichtung der verlagerten Betriebe, hauptsächlich aus der metallverarbeitenden Industrie. »Alles für die Front«, hieß in jener Zeit die Parole. Wer nicht an der Kriegsfront kämpfte, der schuftete an der Heimatfront für den Sieg der Sowjetunion. Es war eine gigantische Leistung, die zwar durchaus von einem massiven und außerordentlichen Zwang gekennzeichnet war, aber auch von einem enormen patriotischen Geist und Willen zeugte. Allerdings verlief diese Verlagerung der Betriebe längst nicht so problemlos, wie es zunächst die sowjetische Propaganda und dann die sowjetische Historiographie dargestellt haben. Bei manchen Betrieben dauerte der Wiederaufbau länger als ein halbes Jahr, einiges ging zu Bruch, anderes »wurde ein Opfer des Winters«. An den meisten Orten mangelte es an den notwendigen Arbeitskräften für den Wiederaufbau, bisweilen fehlte die Energieversorgung oder sonstige Probleme der Infrastruktur verhinderten für einige Zeit die Wiederaufnahme der Produktion.[90] Die Kosten spielten, wie in den Wirtschaften des sozialistischen Typs üblich, keine oder nur eine geringe Rolle.

Selbstverständlich wurden nicht nur die Fabriken umgesiedelt, sondern auch die dazugehörigen Arbeiter und ihre Angehörigen. Hinzu kamen jene, die vor den anrückenden deutschen Truppen evakuiert wurden, insbesondere aus Leningrad und dessen Umgebung sowie aus den westlichen Landesteilen. Zwar war eine »Verordnung über die Organisation von Transporten der zu evakuierenden Bevölkerung« bereits am 27. Juni 1941 erlassen worden, aber dennoch fehlte es angesichts des unaufhaltsam scheinenden Vormarsches der deutschen Armee und des damit verbundenen Chaos im Lande an allem, an Kleidung, Nahrung, medizinischer Hilfe, insbesondere aber an Transportmitteln.[91] Eigens dafür geschaffene Gremien sollten die Evakuierung der Zivilbevölkerung organisieren und in geordnete Bahnen lenken, was allerdings weitgehend mißlang. Wer angesichts der unorganisierten und schleppenden Registrierung dennoch auf eigene Faust versuchte, nach Sibirien zu flüchten, lief Gefahr, von der Miliz gefaßt zu werden und mußte angesichts der rücksichtslosen Behandlung um Leib und Leben fürchten. So berichtete ein Augenzeuge: »Sie [die Milizionäre] zogen die Leute an Armen und Beinen hervor und warfen sie auf die Schienen, während sie befahlen, die Waggons mit den ›militärischen‹ Gütern zu verlassen. [...] Sie stießen alle ohne Ausnahme hinaus, vier wurden verwundet und eine Frau getötet.«[92]

Während die Verlegung der Betriebe und die Umsiedlung der Arbeiter und Angestellten schon zu gewaltigen Problemen führte, so herrschten bei der Evakuierung der übrigen Bevölkerung völlig chaotische Zustände. Immer wieder sprechen die Berichte von völlig fehlender Organisation und totaler Unordnung, von überforderten Beamten und häufiger Panik. Die Kommissionen, die eigens für diesen Zweck gegründet worden waren, schienen kaum zu wissen, wer oder was denn abtransportiert werden sollte.[93] Bei der Ankunft in Sibirien herrschten ähnliche Zustände, denn es fehlte vor allem an Wohnraum. Die vorhandenen Wohnungen reichten nicht aus, die sowjetische Regierung hatte wieder einmal die Lage gänzlich unterschätzt. Obwohl die einheimische Bevölkerung Sibiriens massiv bedrängt wurde, ihre Wohnungen oder Häuser für die Neuankömmlinge aus dem europäischen Teil des Landes zu räumen, mußten viele Familien ihren ersten sibirischen Winter in Erdhütten verbringen.[94] So wurden durch den »Evakuierungspunkt« Novosibirsk, eine Stadt mit rund 450.000 Einwohnern und entsprechender

Wohnungsknappheit, allein in den ersten zwei Jahren des Krieges rund eine halbe Million Menschen durchgeschleust. Davon blieben etwa 100.000 Personen, die in Schulen, Geschäften, Lagerhallen und Baracken Unterschlupf fanden. Omsk war noch stärker betroffen, denn hier stieg die Einwohnerzahl von rund 300.00 vor dem Juni 1941 auf etwa 450.000 bis zum Ende des Jahres.[95] Der Unmut der Einheimischen wuchs noch weiter, als sie feststellen mußten, daß viele sowieso schon knappe Versorgungsgüter nun für die Umsiedler reserviert wurden.

Besonders schwierig gestaltete sich die notorisch schlechte medizinische Versorgung in Sibirien. Es fehlte an Ärzten, Pflegepersonal, Medikamenten und Geräten, aber auch an Gebäuden. Vor allem viele Kinder vertrugen den Wechsel in das strenge Klima Sibiriens kaum und erkrankten teilweise schwer. In vielen Städten und deren Umgebung war die Luftverschmutzung so hoch, daß ebenfalls viele Kinder, aber auch Erwachsene erkrankten.

Bis heute läßt sich nicht mit letzter Sicherheit ermitteln, wie viele Menschen in jenen Jahren nach Sibirien gekommen sind. Die Zahlenangaben schwanken zwischen zehn und siebzehn Millionen. Klaus Segbers geht davon aus, daß sich im Verlauf des Krieges rund 25 Millionen Menschen auf den Weg in den Osten gemacht haben, davon allein im zweiten Halbjahr 1941 zwischen zwölf und siebzehn Millionen. Von diesen Umsiedlern seien allerdings nur rund zehn Millionen dort auch angekommen.[96] Hildermeier nennt eine Zahl von 7,5 bis zehn Millionen offiziell Evakuierter und von 6,5 bis neun Millionen, die auf eigenen Entschluß die Heimat verließen. Insgesamt handelte es sich um »eine Fluchtbewegung von gewaltigem Ausmaß, wohl eine der größten des 20. Jahrhunderts, die bis heute weitgehend unbeachtet geblieben ist«.[97]

Trotz des gewaltigen Zustroms von Menschen aus dem europäischen Teil Rußlands fehlten Arbeitskräfte, denn es kamen hauptsächlich Frauen und Kinder sowie Männer, die nicht mehr arbeitsfähig waren. Nur die unbedingt notwendigen Facharbeiter und Ingenieure begleiteten die zerlegten und verlegten Fabriken. Die notwendigen Arbeitskräfte wurden aus den Reihen der Jugendlichen über 14 Jahre, der Kolchosbauern, der Studenten und der Frauen rekrutiert. So stieg etwa der Anteil der Frauenarbeit in Sibirien zwischen Oktober 1941 und Januar 1945 nach offiziellen Angaben von 43 auf über 57 Prozent.[98] Dies betraf auch die Gebiete der indigenen Bevölkerung wie Jakutien und Burjatien, in denen die traditionale Lebensweise bisher die Arbeit von Frauen in der Industrie nicht zugelassen hatte. Nun änderten sich auch hier die Verhältnisse.

Hinzu kamen die Zwangsarbeiter aus dem GULag oder aus der »Arbeitsarmee« (*Trudarmija*), die im Januar 1942 aus den Reihen der zwangsumgesiedelten »Sowjetdeutschen« gebildet wurde.[99] Im wesentlichen handelte es sich um ungelernte Kräfte, die nun im Bergbau und in der Kriegsindustrie als den wichtigsten Branchen, aber auch in der Chemie- und Textilindustrie eingesetzt wurden. Sie arbeiteten auch in jenen Betrieben, die im Laufe des Krieges in Sibirien aus dem Boden gestampft wurden, wie ein Traktorenwerk im Altai, denn dort, wo sie zuvor produziert worden waren, wie in Char'kov, Stalingrad oder Čeljabinsk, standen entweder die deutschen Truppen oder man produzierte Panzer und anderes Kriegsgerät. Viel Improvisation war nötig, denn immer wieder traten Mängel auf. So fehlten beim Bau des Traktorwerkes Ziegelsteine, die durch

»selbstgefertigtes Baumaterial«aus Lehm, Stroh, Torf und Haaren ersetzt wurden.[100]

Die Arbeitszeit lag schon für die »normalen« Beschäftigten häufig bei zwölf bis vierzehn Stunden, in den Zwangsarbeitslagern häufig noch höher; in vielen Betrieben wurde in Schichten gearbeitet. Arbeitsabläufe mußten verändert werden, da die Frauen und Jugendlichen der schweren körperlichen Arbeit nicht gewachsen waren. Immer mehr Männer wurden zur Armee eingezogen, so daß überall Arbeitskräfte fehlten. In der Landwirtschaft Sibiriens waren bald nur noch Frauen, Kinder, Invalide und alte Menschen tätig. Zudem mangelte es an Zugvieh und Traktoren sowie Treibstoff, so daß Aussaat und Ernte erheblich länger dauerten. Auch in der Landwirtschaft kamen im Laufe des Krieges Arbeitsbrigaden aus den zwangsumgesiedelten Ethnien des Kaukasus, denen Kollaboration mit dem Feind vorgeworfen wurde, zum Einsatz. Diesen Bergvölkern, hauptsächlich Ingušen, Čečenen und Karačaier, fiel die Umstellung in eine für sie völlig ungewohnten Umwelt äußerst schwer und sie konnten auch durch Zwangsmaßnahmen nicht eingewöhnt werden.[101]

Da die sibirische Landwirtschaft den Bedarf kaum decken konnte und große Mengen an Lebensmitteln an die Front oder den europäischen Teil des Landes geliefert werden mußten, gingen viele Städte und Fabriken dazu über, in ihrem »Hinterland« sogenannte »Landwirtschaftliche Hilfsbetriebe« einzurichten und auf deren Äckern vor allem Kartoffeln anzubauen, die maßgeblich zur Ernährung der sibirischen Bevölkerung während des Krieges beitrugen.[102] Da andere Nahrungsmittelquellen ausfielen, denn es fehlte an Männern für die Jagd, schlachteten die zurückgebliebenen Frauen, Kinder und Alten bei einigen Ethnien, so in Jakutien und bei den Nencen der Jamal-Halbinsel große Teile der Rentierherden, um den Fleischbedarf zu decken.[103] Es kann daher nicht verwundern, daß im Gegensatz zur Industrie Sibiriens, deren Entwicklung sich im sowjetischen Kontext einigermaßen günstig gestaltete, die Landwirtschaft durch die Zwangskollektivierung und die Kriegswirtschaft ihre Ressourcen und Reserven völlig erschöpfte und es in den Nachkriegsjahren zu großen Problemen kam.[104]

5. Die indigene Bevölkerung nach der Oktoberrevolution

Schon der Bürgerkrieg hatte unter der indigenen Bevölkerung erhebliche Opfer gefordert. Nun kam die bolschewikische Nationalitätenpolitik. Sie folgte der ideologischen Vorgabe, daß nationale Gegensätze oder Widersprüche, die sogenannten Antagonismen, in einem sozialistischen Staat binnen kurzer Frist gleichsam von selbst verschwinden würden. Im Prinzip sollte so der Nationalstaat übersprungen werden. Gleichwohl setzte vor allem Lenin anfangs auf das Konzept des Föderalismus als einer Übergangsstufe auf dem Weg zum sozialistisch-kommunistsichen Einheitsstaat, wie es von seinen vorrevolutionären Gegnern und kurzfristigen Verbündeten während und nach der Revolution, den Sozialrevolutionären, entwickelt worden war.[105] Die Russische Sozialistische Föderative Sowjetrepublik, der größte

Teilstaat der Ende 1922 proklamierten Union der Sozialistischen Sowjetrepubliken, führte den Begriff schon im Namen. Zu ihr gehörte auch Sibirien. Auf dem Boden dieser größten Sowjetrepublik gab es acht sogenannte Autonome Republiken und dreizehn Autonome Regionen. Als Ordnungsprinzip in diesem föderalistischen Staat fungierten sprachnational definierte Territorien. Dies widersprach, wie Andreas Kappeler feststellte, nicht nur eindeutig der ethnischen Gemengelage des Landes, also den demographischen Verhältnissen, sondern auch der anationalen kommunistischen Ideologie.[106] »Nationalistische Abweichung« wurde in stalinistischer Zeit ein konterrevolutionäres Verbrechen, das zur Lagerhaft führte.

Nach den Angaben der Bevölkerungszählung von 1926 lebten in Sibirien rund elf Millionen Menschen, aber nur ungefähr 800.000 davon gehörten zu den mehr als achtzig indigenen Ethnien dort. Wie im vorigen Kapitel geschildert, endete in vielen Teilen Sibiriens der Bürgerkrieg erst 1922 oder sogar noch später. Die bolschewikische Partei mußte, wie es in der sowjetischen Historiographie hieß, den »offenen bewaffneten Kampf gegen die Konterrevolution« durchführen. Dies ist den sowjetischen Truppen zumeist relativ rasch gelungen, nachdem der Kampf im europäischen Teil des Landes gewonnen worden war.

Die neue Nationalitätenpolitik der sowjetischen Regierung sollte die Diskriminierung der nichtrussischen Ethnien beenden, alle Völker sollten gleich sein, auch wenn nicht unbedingt das Selbstbestimmungsrecht gelten sollte. Die bolschewikischen Ideologen huldigten einem diffusen Fortschrittsbegriff. Es galt, jede Form sozio-ökonomischer Rückständigkeit, was immer dies sein mochte, zu beseitigen und ein gemeinsames sozio-kulturelles Niveau zu erreichen. Dazu gehörte auch die Vorstellung, daß bei der indigenen Bevölkerung noch der von Karl Marx und Friedrich Engels sowie deren Epigonen Lenin und Stalin behauptete »Urkommunismus« herrsche, so daß sie recht einfach in die modernen Formen sozialistischen Wirtschaftens hineinwachsen würden. Dies allerdings erwies sich als Irrglaube der Bol'ševiki. In jedem Falle galten die Nomaden und nomadisierenden Völker als rückständig, der herrschende Animismus als Aberglauben. In Fortsetzung der zarischen Politik allerdings suchte auch die neue Regierung die Zusammenarbeit mit den loyalen nichtrussischen Eliten, die nun in die neue kommunistische Führungsschicht kooptiert werden sollten.[107] Das Grundprinzip war die Politik der *korenizacija*, der Einwurzelung. Durch diese Politik sollte systematisch der Anteil der indigenen Bevölkerung in der Verwaltung und der Parteiführung erhöht werden. Langfristig sollte diese Politik schließlich zum Verschwinden der Nationen und Ethnien beitragen und zur Verschmelzung aller auf dem Boden der Sowjetunion lebenden Völker in einem Sowjetvolk führen.

Dies ließ sich in den europäischen Sowjetrepubliken wie der Ukraine und Weißrußland durchaus praktizieren, stieß aber schon in den zentralasiatischen Gebieten auf erhebliche Probleme, denn dort fehlte ein Personenkreis, der über entsprechende Vorbildung und Erfahrung verfügte. Bewußt gefördert wurde zunächst die Toleranz gegenüber der indigenen Kultur und die Schaffung neuer Schriftsprachen. Auf den unteren Ebenen in der Verwaltung und der Justiz wurden die nichtrussischen Sprachen zunächst auch benutzt, doch blieb das Russische durchgängig die lingua franca. Bei der Schaffung neuer Schriftsprachen griff die sowjetische Regierung am Ende der 1920er Jahre zumeist auf das lateinische Alphabet zurück, zum einen aufgrund von Internationalismus und Modernisierung, zum anderen als Ausdruck des Bruchs mit dem Ancien Régime, das eindeutig das Russische bevorzugt hatte. Darüber hinaus entsprach dies den weltrevolutionären Erwartungen der Zeit. Zudem schnitt die Abschaffung der arabischen bzw. mongolischen Schrift Muslime und Buddhisten von ihrem kulturellen Erbe und ihrer Religion ab.[108] Basierend auf den Bemühungen kurz vor dem Ausbruch des Ersten Weltkrieges betrieb die sowjetische Regierung ein umfangreiches Programm der Alphabetisierung aller Ethnien des Landes. Dafür wurden auch muttersprachliche Schulen eingerichtet, die allerdings zumeist mehr schlecht als recht funktionierten, da es viel zu wenig Lehrpersonal gab. Das Volkskommissariat für Erziehung erstellte Anfang der 1930er Jahre eine umfangreiche Liste der »kulturell rückständigen« Nationalitäten, auf der 97 Völker aufgeführt waren, darunter nicht nur alle sibirischen Ethnien, sondern auch Azerbaidschaner, Moldauer und Griechen. Kriterien waren unter anderem Nomadentum, Unterdrückung von Frauen, religiöser Fanatismus und Blutrache, aber auch ein geringer Prozentsatz an Kindern, die die Schule besuchten, und ein extrem niedriger Grad der Alphabetisierung.[109]

Erst 1934 wurde bei den Völkern des hohen Nordens unter der Voraussetzung, daß genügend Lehrer zur Verfügung standen, die allgemeine Schulpflicht eingeführt, die bereits 1931 für alle anderen Gebiete der Sowjetunion galt. Die Schulpolitik richtete sich vor allem an die Jugendlichen und kümmerte sich erst danach um die Alphabetisierung der Erwachsenen. Der heranwachsenden Jugend sollten von Anfang an die sowjetischen Wertvorstellungen und moderne technische Entwicklungen vermittelt werden. Aus ihr sollten die neuen nationalen Kader hervorgehen, um auch in diesen Teilen Sibiriens den Aufbau des Sozialismus voranzutreiben.[110]

Die immer wieder teils von Zeitgenossen, teils auch von Historikern als liberal bezeichnete Sprach- und Kulturpolitik der Bol'ševiki war eindeutig ein Mittel zum Zweck.[111] Wer von der Vorgabe: »National in der Form und sozialistisch im Inhalt«, abwich, spürte sehr schnell die ganze Härte der sowjetischen Politik. Weder duldete man die Entstehung souveräner Staaten im Kaukasus noch das Streben nach einer gemeinsamen Politik und Vereinigung der Muslime im Land. Die nationale Autonomie war ebenso wie die riesigen Industrialisierungsprojekte ein begehbares Schaufenster des Sozialismus, ein Vorzeigeobjekt gegenüber dem Ausland. Die indigene Bevölkerung sollte schon auf der Schulbank den Kommunismus erlernen, sich von ihren Traditionen lösen, das Alte fortwerfen und sich dem Neuen zuwenden. Das zeigte sich vor allem in der Politik gegenüber den kleinen und mittleren Ethnien in Sibirien. In viel stärkerem Maße als die zarische Politik seit der Mitte des 19. Jahrhunderts suchte sie die dortigen animistischen Religionen zu bekämpfen, die dem eigenen Fortschrittsglauben so extrem zuwiderliefen.

Zunächst allerdings zeigte sich die neue Regierung durchaus von ihrer positiven Seite. Sofern dies möglich war, lieferte die sowjetische Regierung zu Beginn der 1920er Jahre Getreide in die Hungergebiete des hohen Nordens und suchte vor allem die medizinische Versorgung zu verbessern.[112] Die »indigene Frage« (*tuzemnyj vopros*) war für die Partei ein wichtiger Aspekt ihrer Nationalitätenpolitik. Da die Regierung davon ausging, daß diese Ethnien sich nicht selbst würden helfen können, dachte sie darüber nach, welche Maßnahmen für die Verbesserung der Lebensbedingungen erforderlich waren. In jener Zeit erreichten zahlreiche Berichte das Volkskommissariat für Nationalitätenangelegenheiten, in denen vor allem Ethnologen über die Situation vor Ort berichteten. Viele wiesen darauf hin, daß die indigene Bevölkerung von größter Bedeutung sei, denn sie verfüge über zwei Drittel des sibirischen Territoriums. Ohne sie sei eine ökonomisch sinnvolle Verwertung der Bodenschätze und der übrigen reichen Ressourcen des Landes kaum vorstellbar. Daher müsse alles getan werden, um ihr zu helfen und sie der neuen Entwicklung »anzupassen«.[113]

Man gründete vor allem Genossenschaften und erließ alle Schulden gegenüber dem Staat, die vor 1914 bestanden hatten. Zugleich setzte die Regierung auf einer neuen Ebene die Wissenschaftspolitik ihrer Vorgängerin fort. Ethnologische und anthropologische Forschungen über die sibirischen und andere Ethnien des Landes sollten die wissenschaftliche Grundlage für die neue Nationalitätenpolitik der Bol'ševiki liefern. Waren diese Forschungen zu Zarenzeiten implizit stets darauf ausgerichtet gewesen, wie denn diese Völker in das wirtschaftlich-politische System integriert werden könnten, so trat nun in der sowjetischen Zeit der »tatkräftige Vorsatz« hinzu, sie aus ihrer »kulturellen Rückständigkeit« zu befreien, was immer dies denn sein mochte.[114] Als erste Institution dafür war im April 1917 in der Akademie der Wissenschaften die »Kommission für das Studium der Stammesstruktur der Bevölkerung Rußlands und der angrenzenden Länder« geschaffen worden, von deren vier Unterabteilungen auch eine für Sibirien zuständig war. Nach der Oktoberrevolution von 1917 entstand in der Abteilung für nationale Minderheiten des von Iosif Stalin geführten Volkskommissariats für Nationalitätenangelegenheiten ein »Ethnographisches Büro«, aus dem schließlich 1924 das »Hilfskomitee für die Völker des Nordens«, in der sowjetischen Abkürzungsmanie als *Komsev* bezeichnet, hervorging, das vor allem die Lebensbedingungen der indigenen Bevölkerung und die dortige Verwaltung verbessern, aber auch wissenschaftliche Studien durchführen sollte.[115] Die wissenschaftlichen Feldforschungen und weiteren Aktivitäten des »Hilfskomitees« verfolgten zugleich den durchaus praktischen Zweck, die indigene Bevölkerung (*tuzemcy*) in den Aufbau einer sozialistischen Gesellschaft zu integrieren.[116]

Jedoch nahmen die »Kleinen Völker« des Nordens in der Konzeption der Bol'ševiki einen Status ein, der weit unter dem einer unterentwickelten Nation lag. Die sowjetischen Ethnologen und Staatsrechtler konzedierten nur den Status einer »ethnographischen Gruppe«, da das nationale Selbstbewußtsein noch ausgebildet werden mußte. Die »Kleinen Völker« befanden sich, wie es ein sowjetischer Wissenschaftler ausdrückte, im Stadium der »Vor-Klassengesellschaft«.[117] Allerdings war diese Position auch unter den Ethnologen der damaligen Zeit nicht unumstritten, und die Diskussion über den möglichen oder richtigen Weg auch dieser Ethnien zum Sozialismus wurde mit einiger Offenheit geführt. Insbesondere V.G. Bogoraz-Tan, der damals prominenteste Ethnologe der sibirischen Ethnien, der sich vor allem mit den Korjaken und Čukčen beschäftigte, vertrat die These, diesen Völkern müsse die Gelegenheit gegeben werden, einen eigenständigen Weg zum Sozialismus zu finden.[118]

Doch diesen eigenständigen Weg zum Sozialismus sollte und durfte es nicht geben. Bei den nomadisierenden Völkern tauchte das »Rote Zelt« auf, eine mobile Agitproptruppe, die die Parolen des Sozialismus verkündete. Filme wurden vorgeführt und auf durchaus ansprechenden Plakaten der Weg zum Sozialismus und dessen tatsächliche oder kommende Errungenschaften gezeigt. An den wichtigsten Wegen der nomadisierenden Bevölkerung entstanden »Kulturbasen«, wo es einen Laden für die wichtigsten Waren des täglichen Lebens gab, eine medizinische Station und schließlich auch eine Schule, der häufiger ein Internat angeschlossen war.[119]

1926 und 1930 erfolgte eine Neugestaltung der Verwaltungsstruktur Sibiriens, als es endgültig in die RSFSR eingegliedert wurde. Neben die bereits bestehenden Autonomen Republiken der Jakuten und Burjaten von 1922 bzw. 1923 traten die nationalen Regionen oder Kreise der Korjaken, der Jamal- und der Tajmyr-Nencen (Samojeden), der Čukčen, der Evenken (Tungusen) sowie der Chanten und Mansen.[120] Diese Republiken und Kreise waren riesig groß, Burjatien eineinhalbmal größer als Großbritannien; Jakutien etwa so groß wie der europäische Teil der Sowjetunion. Eine wie auch immer geartete Eigenständigkeit der indigenen Bevölkerung bestand nur in Ansätzen. Wirkliche Fortschritte gab es vor allem bei der medizinischen Versorgung und im Bildungswesen. Schulbücher erschienen in kyrillischer Schrift, was zu einer Dominanz des Russischen führte und damit vor allem bei den kleineren Ethnien zu ihrem weiteren kulturellen Niedergang, da die eigene Sprache mehr und mehr zurückgedrängt wurde.[121]

Es dauerte bis 1926, bis das »Hilfskomitee« ein neues Statut für die indigene Bevölkerung erarbeitet hatte. Slezkine stellte fest, daß es bemerkenswert sei, in welchem Maß es dem alten Speranskijschen Dokument von 1822 glich. Die noch bestehenden Clan-Strukturen sollten in Sowjets überführt werden. Dort, wo sie schon nicht mehr existierten oder nie bestanden hatten, bei den Tungusen und den Völkern im Amurgebiet beispielsweise, sollten Sowjets auf territorialer Basis eingeführt werden. Auch das sowjetische Statut plädierte dafür, den Völkern des Nordens Zeit zu lassen, um »aufzuholen«. Vor allem blieb auch das bisher praktizierte Gewohnheitsrecht erhalten, was, um noch einmal Slezkine zu zitieren, besonders deshalb bemerkenswert ist, weil die sowjetische Regierung zur gleichen Zeit gegenüber den Stammesstrukturen in Zentralasien und dem dort praktizierten islamischen Recht keinerlei Toleranz zeigte.[122] Dennoch gab es, wie die indigene Bevölkerung bald feststellen mußte, keine wirkliche Form der Selbstverwaltung. In Konfliktfällen oder wenn sich die von Einheimischen geleiteten Institutionen unbotmäßig zeigten, wurden sie abgelöst und durch linientreue, fast immer russische Kommunisten ersetzt. Im Kern sahen die Theoretiker der sowjetischen Nationalitätenpolititk bei diesen weitgehend abgeschieden lebenden Völkern des hohen Nordens »fast ideale Voraussetzungen dafür,« sie ohne den »Umweg über Feudalismus und Kapitalismus unmittelbar in den Sozialismus zu führen«.[123]

Zugleich sollten die Ethnien des Nordens auch in das wirtschaftliche System des Sozialismus integriert werden. Statt des *jasak* der zarischen Zeiten wurde nun eine spezifische Form des Handels eingeführt, in dem die indigene Bevölkerung wie bisher auch, Felle und andere Naturalien an staatliche Instanzen ablieferte und dafür einen Geldersatz bekam, mit dem sie die für das tägliche Leben notwendigen Waren kaufen konnte.[124] Auch im neuen politisch-ökonomischen System blieben in Sibirien Pelze die gängige Währung und ein Hauptexportartikel des Landes, dessen Anteil am Gesamtexport bis 1929 zwischen zehn und fünfzehn Prozent des Gesamtwertes der sowjetischen Exporte lag.[125]

Die antireligiöse Politik des Regimes setzte an vielen Orten schon in den frühen 1920er Jahren ein. Zunächst, wie in Kamčatka seit 1923, bekämpfte man die Orthodoxe Kirche und nahm ihr alle früheren Funktionen wie Taufe, Hochzeit und Bestattungen. Die Kirchen wurden enteignet, zu Staatseigentum erklärt und anderen Funktionen, wie Lagerhäusern oder Kinos, zugeführt. Ikonen verbrannte man öffentlich. Bei der indigenen Bevölkerung, die zumeist Schamanisten waren, gingen die Bol'ševiki anders vor. Sie begannen mit öffentlichen Vorträgen über Naturphänomene, Gesundheit und Hygiene. Erst später, im Kontext der Kollektivierung, kam es zur Verfolgung der Schamanen, der Dorfältesten und Stammesführer, die zu Kulaken erklärt, verhaftet und deportiert wurden; bei den Muslimen wurden die Moscheen geschlossen, teilweise zerstört, ebenso auch die Tempel der lamaistischen Burjaten.[126]

Je stärker die Kommunistischen Partei, die mit den Russen identifiziert wurde, Einfluß zu nehmen suchte, umso mehr zogen sich viele der indigenen Ethnien von jedem Kontakt mit ihnen zurück. Dies trifft vor allem auf die Völker des hohen Nordens zu, auf Korjaken, Tungusen, Evenen und Čukčen, denen es bis zum Ende der 1920er Jahre weitgehend gelang, durchaus unabhängig weiterzuleben, da die Sowjets in Tundra und Taiga keine wirkliche Bedeutung erlangen konnte.[127] An den Itel'menen demonstrierten die sowjetischen Behörden ein besonderes Beispiel ihrer Nationalitätenpolitik, der es auch darum ging, kleinere Ethnien möglichst unauffällig »verschwinden« zu lassen. Die an Zahl ohnehin geringe itel'menische Bevölkerung auf Kamčatka war im Laufe des 19. Jahrhunderts mehr und mehr zum Gebrauch des Russischen auch im alltäglichen Leben übergegangen und unterschied sich kaum noch von ihren russischen Nachbarn. So faßten schon die zarischen Behörden diese beiden Gruppen am Ende des 19. Jahrhunderts unter der seit dem 18. Jahrhundert gebräuchlichen Bezeichnung »Kamčadalen« zusammen, von denen man noch 4.000 Personen zählte. Aufgrund dieser geringen Zahl erklärten die sowjetischen Behörden 1926, es gäbe keine kamčadalische Nation und alle, die Russisch sprächen, seien auch Russen. Nur eine kleinere Gruppe von etwas mehr als 800 Personen, die in einem abgelegenen Tal noch itel'menisch sprachen, wurde auch als Itel'menen bezeichnet.[128]

Die in den Steppen lebenden Nomaden, wie etwa die Tungusen (Evenen und Evenken gemeinsam), hatten bereits in den Jahren von Revolution und Bürgerkrieg unter den massiven Konfiskationen der verschiedenen Armeen zu leiden gehabt. Ihre Pferde und Schafe waren ein beliebtes Objekt der Begierde. Am Ende des Bürgerkrieges folgte die große Hungersnot, die auch diese Gebiete heimsuchte. Als sie sich am Ende der 1920er Jahre davon erholt hatten, fegte die Zwangskollektivierung auch über diese Gebiete hinweg. Einer jener amerikanischen Ingenieure in sowjetischen Diensten hat in seinen Erinnerungen diese Zeit beschrieben. Wie in den Zeiten der Aufklärung so galten die Nomaden den sowjetischen Funktionären als abergläubisch und schmutzig, also als rückständig. Nun wurde ihnen der Fortschritt gebracht. Sie sollten und mußten die traditionalen Lebensweisen aufgeben, um kollektiviert zu werden. Viele von ihnen schlachteten lieber ihre Schaf-, Kamel- und Pferdeherden oder flüchteten nach China, um dieser Zerstörung ihrer Lebenswelt zu entkommen.[129] Die Evenen, die noch in der ersten Hälfte des 19. Jahrhunderts aufgrund demographischer Entwicklungen, der Ausbreitung von Seuchen unter den wilden Rentieren und deren nachfolgender Abwanderung von ihren Gebieten an der Kolyma und um Ochotsk nach Kamčatka gewandert waren und sich dort weitgehend konfliktfrei im Gebiet der Korjaken angesiedelt hatten, zogen sich nun auf der Flucht vor der Zwangskollektivierung in das unzugängliche jakutische Bergland zurück, um ihre alten Lebensformen beibehalten zu können.[130]

Die Nationalitätenpolitik der sowjetischen Regierung läßt sich am Fallbeispiel der Autonomen Sozialistischen Sowjetrepublik Jakutien verdeutlichen, die im Februar 1922 offiziell gegründet wurde und auf deren Territorium die nationalen Rayons der Evenken, Evenen, Jukagiren und Čukčen lagen. Jakutien war aufgrund seiner geographischen Verhältnisse bis zu dieser Zeit kaum erschlossen. In einem Gebiet mit einer Fläche, die einem Drittel Europas entspricht, lebten um 1920 gerade einmal 290.000 Menschen, davon rund zehn Prozent Russen. Immer noch führten nur zwei Straßen nach Jakutsk, der Hauptstadt dieses Territoriums. Auch sie waren teilweise kaum mehr als Pfade. Die wichtigste Verbindung lief von Jakutsk bis zur Lena, dann mußte man im Sommer auf ein Boot und im Winter auf Schlitten umsteigen. Die Jakuten hatten sich, wie im siebten Kapitel geschildert, heftig gegen die Bol'ševiki gewehrt, und der Bürgerkrieg war im zähen Widerstand fast bis Ende der 1920er Jahre geführt worden.

Zunächst ging es in der Autonomen Republik nur um die bessere Versorgung der Bevölkerung mit Lebensmitteln und sonstigen Waren des täglichen Bedarfs, um die Wiedereröffnung der Schulen und die Verbesserung der medizinischen Versorgung. Zugleich aber verschob die sowjetische Regierung die bisherigen Verwaltungsgrenzen, so daß die Goldfelder an der Lena, ökonomisch bei weitem der wichtigste Faktor in dieser Region, nun auf dem Gebiet der Russischen Sowjetrepublik lagen. Jakutiens einziges wertvolles Exportgut blieben die Pelze, bis 1923 an jener Stelle, an der heute die Stadt Aldan liegt, reiche Goldvorkommen entdeckt wurden. In jener Frühphase der Sowjetmacht kam es noch einmal zu einem Goldrausch, der hauptsächlich Russen, Koreaner und Chinesen, jedoch nur wenige Jakuten anzog.[131] Rund zwei Jahre später übernahm dann der sowjetische Staat die Goldfelder und ersetzte die manuelle Arbeit durch Maschinen. Bald förderte man dort ein Drittel des gesamten Goldes in der Sowjetunion.

Wie in vielen anderen Gebieten Sibiriens auch war die bolschewikische Partei in Jakutien eher schwach und unbedeutend. Von rund 290.000 Einwohner gehörten 1926 820 der Partei an, drei Jahre später waren es immerhin schon 1.443. Unter den jüngeren Jakuten gewann die Partei einige Anhänger, ohne jedoch bahnbrechende Erfolge verzeichnen zu können. So blieb in Jakutien die eigene Sprache vorherrschend. 1922 wurde ein lateinisches Alphabet geschaffen, Jakutisch war die Unterrichtssprache in den Schulen und bald erschienen auch die ersten Bücher und Zeitschriften in dieser Sprache, einige davon mit durchaus antisowjetischer Ausrichtung.[132] Die Bewahrung der Tradition, das Beharren des Großteils der jakutischen Bevölkerung auf ihrer überlieferten Lebensweise interpretierten die sowjetischen Funktionäre als Nationalismus, den es zu bekämpfen galt. Als 1926 Jakuten eine anti-bolschewikische Untergrundorganisation gründeten, lockte die OGPU deren Mitglieder mit dem Versprechen einer Amnestie aus ihren Verstecken und liquidierte sie dann.[133] Am Ende der 1920er Jahre, als es zu weiteren Manifestationen eines jakutischen Separatismus kam, forderte Moskau die Genossen vor Ort auf, den Klassenkampf offensiver zu führen und die Ober- und Mittelschicht aus den führenden Positionen zu verdrängen. Wenn alles nichts half, wiesen die Funktionäre vor Ort die aktiven Führer der Jakuten aus und schickten sie in die Verbannung.[134]

Wie alle übrigen Gebiete und Bereiche der Sowjetunion auch, waren die indigenen Ethnien Sibiriens von der Stalinisierung des Landes betroffen. Auch für sie galt, was schon oben im Abschnitt über die Entkulakisierung und Kollektivierung gesagt wurde. Zu den im äußersten Nordosten lebenden Čukčen kam der Sozialismus erst spät, aber dann überrollte er die dortige Bevölkerung mit aller Macht und Gewalt. Erst in den späten 1920er Jahren begann dort die Alphabetisierungskampagne, denn 1926 konnten von den rund 13.000 Čukčen gerade einmal 72 lesen und schreiben. Die Kollektivierungskampagne setzte 1931 ein und betraf sowohl die nomadisierenden Rentierzüchter als auch die an der Küste lebenden und seßhaften Fischer und Robbenjäger. Bei ihnen konnten die Sowjetorgane auf die bereits bestehenden Kooperativen zurückgreifen, so daß sich der Übergang von der Genossenschaft in die Kolchose relativ reibungslos vollzog.[135]

Mit am heftigsten wehrten sich die nomadisierenden Čukčen gegen die Kollektivierung ihrer Herden und die Aufgabe ihrer traditionalen Lebenswelten. Die Herden befanden sich zumeist im Besitz großer Rentierhalter, für die häufig viele Familien arbeiteten. Diese Rentierhalter aber galten als Kulaken, die nicht in die Kolchosen oder Sovchosen eintreten durften, einen solchen Beitritt häufig sowieso grundsätzlich verweigerten. Die Kolchosen bestanden daher sehr häufig in ihrer Mehrheit aus den Landarbeitern (*batraki*) und den ärmeren »Bauern«, den sogenannten *Bednjaken*, die nur wenige Tiere besaßen. So fehlte den dortigen Kolchosen oder *Artel'i* die entscheidende Existenzgrundlage, denn auch die Mittelbauern (*srednjaki*) wollten ihre Herden und damit ihr Vermögen nicht den Kollektivwirtschaften ausliefern. Sie schlachteten lieber ihr Vieh und sorgten auf diese Weise mit dafür, daß bis zur Mitte der 1930er Jahre der Rentierbestand auf Čukotka erheblich zurückging.[136] Noch am Ende der 1930er Jahre waren gerade einmal elf Prozent der Rentierzüchter in die Kollektive eingetreten, während überall sonst in der Sowjetunion der Grad der Kollektivierung über 90 Prozent betrug. Die Čukčen zogen sich mit ihren Herden in immer weiter entfernt liegende Gebiete zurück und suchten so, dem sowjetischen System zu entkommen, was bis in die 1950er Jahre hinein sogar teilweise gelang. Die sogenannten Rentierčukčen bewahrten ihren alten Glauben, den Schamanismus, ihre Schamanen besaßen auch weiterhin großen Einfluß.[137]

Auch andere Ethnien, so etwa die Nencen auf der Halbinsel Jamal, die Chanten und die Jakuten, wehrten sich seit den frühen 1930er Jahren teilweise mit Gewalt gegen die Kollektivierung ihrer Agrarwirtschaft und die Zerstörung ihrer traditionalen Lebensformen. Auch für diese Völker wurde der Begriff des Kulaken gebraucht. Waren es ansonsten die »kleinbürgerlich-kulakischen Elemente«, die zu bekämpfen waren, so wurde in der Terminologie des Stalinismus der Kampf gegen die Sowjetmacht in diesen Gebieten von »kulakisch-schamanistischen« Kräften geführt. Auch hier dauerten die Auseinandersetzungen, die insbesondere die nomadisierenden Ethnien führten, bis in die frühen 1940er Jahre an. Erst während des Zweiten Weltkrieges konnte der Widerstand dieser Ethnien gebrochen werden.

Einige ihrer Anführer verschwanden für lange Jahre oder auf immer im sibirischen GULag.[138]

Seit der neuen Verfassung der Sowjetunion von 1936, die als Stalin-Verfassung in die Geschice eingegangen ist, waren auch alle sibirischen Ethnien zum Wehrdienst in der Roten Armee verpflichtet, so daß sie nun mit den anderen Völkern der Sowjetunion im Zweiten Weltkrieg kämpften. Rentierzüchter und Robbenjäger standen nun an den Fronten gegen die Deutschen und ihre Verbündeten und später gegen die Japaner. Neben den rekrutierten Soldaten gab es auch sogenannte Freiwilligen- und Sonderbrigaden, die fast ausschließlich aus Sibirjaken, also ethnischen Russen, bestanden. »Freiwilligkeit« ist dabei sicherlich ein dehnbarer Begriff, ebenso wird es bei den zahlreichen Spenden gewesen sein, die alleine in Jakutien während des Krieges über eine Milliarde Rubel betragen haben sollen. Wenn man die Zahlenangaben bei Ludmila Thomas zugrundelegt und hochrechnet, dann kamen nicht allzu viele Soldaten aus den Reihen der indigenen Bevölkerung. So bestand das 6. Sibirische Korps, in dem es nur Freiwillige gab, aus 38.300 Soldaten, davon waren fast 34.000 Russen und Ukrainer, gerade einmal 36 Udmurten und 41 Burjaten. Dies deutet darauf hin, daß diese Ethnien offensichtlich weder besonders patriotisch noch gerne gesehen waren. Nach anderen Angaben soll jeder fünfte Angehörige der indigenen Bevölkerung zur Roten Armee eingezogen worden sein.[139] In jedem Falle galten die Jäger der Taiga als gute und sichere Schützen und die Sibirjaken als besonders gute Soldaten, die sich vor dem Feinde auszeichneten. Auch der Feind, so stellt es die offiziöse »Geschichte Sibiriens« (*Istorija Sibiri*) dar, schätzte den »Sibirier« als zäher und stärker ein als die europäischen Russen, zudem sei er widerstandsfähiger. In dieser »Geschichte Sibiriens« wird von den zahlreichen Heldentaten Einzelner und auch ganzer Einheiten berichtet, über die Zahl der Eingezogenen und Gefallenen schweigt sie sich jedoch aus.[140] Geschätzt wird, daß nicht einmal die Hälfte der eingezogenen Männer aus dem Krieg zurückkam.[141] Diejenigen, die aus dem »Großen Vaterländischen Krieg« zurückkehrten, mußten bald feststellen, daß sie nicht für die Sowjetunion und ihre Errungenschaften gekämpft hatten, sondern für »Mutter Rußland« und den »Großen Führer Stalin«.[142] Die vorgebliche Gleichheit der Völker der Sowjetunion verkehrte sich in ihr Gegenteil.

6. Nach dem Ende des Zweiten Weltkrieges

Mit den bereits erwähnten ungeheuren Verlusten an Menschen und Material, an zerstörten Städten und Dörfern ging die Sowjetunion als einer der Sieger aus dem Zweiten Weltkrieg hervor. Nun stand der Wiederaufbau bevor, der bessere Lebensbedingungen erwarten ließ, ein Ende der Knappheit von Nahrungsmitteln und Wohnraum und ein Ende der Bedrückungen und Verfolgungen. In den Jahren der forcierten Industrialisierung und des Zweiten Weltkrieges waren riesige Investitionen in das Uralgebiet und nach Sibirien geflossen, um dort Stahl, Eisen und Maschinen herzustellen, die nun dem Wiederaufbau des zerstörten Landes zufließen sollten. Darüber hinaus verfügte Sibirien über Holz, Kohle, Öl und Gas, Gold und Diamanten, die gleichfalls beim Wiederaufbau eine wichtige Rolle spielen würden.

Als erste Maßnahmen wurden am 1. Juli 1945 der Jahresurlaub für alle Arbeiter und Angestellten wiedereingeführt und die Zwangsmobilisierung zur Arbeit abgeschafft. Das Leben begann sich zu normalisieren. Dies bedeutete auch, daß nach den gewaltigen Kraftanstrengungen der vorangegangenen Jahre die industrielle Produktion sank, denn ein Großteil der Betriebe wurde nun wieder zurückgeführt. Nur in der nicht-metallverarbeitenden Industrie und in der Forstwirtschaft lagen die Steigerungsraten über dem nationalen Durchschnitt. Auch die Mehrheit der evakuierten Arbeitskräfte, vor allem die besser Qualifizierten kehrten in die europäischen Landesteile zurück. Zugleich flossen die Investitionen nun in die zerstörten westlichen und südlichen Gebiete des Landes.[143]

Der neue, vierte Fünfjahresplan, der im März 1946 vom Obersten Sowjet der UdSSR bestätigt wurde, sah den weiteren Bau von Straßen und Eisenbahnen, von Telefon- und Telegrafenverbindungen sowie neuer Wasserkraftwerke in Sibirien vor. Auch neue Wohnungen, mehr Konsumgüter sowie eine bessere ärztliche Versorgung wurden versprochen. Doch blieb es im wesentlichen bei der eindeutigen Bevorzugung der Schwerindustrie und der sowjetischen Tonnenideologie.

In den Zeiten vor und während des Zweiten Weltkrieges war im Ural das größte Industriegebiet der Sowjetunion entstanden, auch das Kuzbass und Westsibirien hatten sich entsprechend entwickelt. Die Bevölkerungszahl der Städte war erheblich gestiegen, neue Städte, wie Magnitogorsk, waren entstanden, das inzwischen rund 400.000 Einwohner zählte. Die Industrie hatte die Landwirtschaft als wichtigsten Erwerbszweig mittlerweile längst abgelöst. In den Steppen der angrenzenden zentralasiatischen Gebiete, wie etwa in Kasachstan, in dem sich eines der größten Lagersysteme der Sowjetunion, der KARLag, befand, waren die nomadisierenden Hirten und die Kleinbauern gleichfalls von der industriellen Entwicklung, die auch die Landwirtschaft erfaßt hatte, verdrängt worden.

Vor allem der Nordosten Sibiriens, dessen klimatische und damit auch infrastrukrurellen Verhältnisse keine guten Voraussetzungen für eine industrielle Entwicklung boten, blieb ein weitgehend unterentwickeltes und unterbevölkertes Gebiet. Ein Großteil des dort eingesetzten Materials entsprach nicht den Anforderungen und konnte nicht benutzt werden, normaler Stahl brach, Gummidichtungen wurden spröde und das Motorenöl dickflüssig. Da Motoren bei solchen klimatischen Verhältnissen häufig nicht anspringen, ließ und läßt man sie auch heute noch ununterbrochen laufen, was zu entsprechenden Umweltbelastungen führt.[144] Arbeitskräfte waren unter solchen Bedingungen nur schwer zu finden. Schon in zarischen Zeiten rekrutierten sie sich teilweise aus Zwangsarbeitern, was dann im stalinistischen System noch einmal forciert wurde. Sie wurden vor allem bei der Goldförderung und dem Kohleabbau eingesetzt. Noch in einer Studie aus dem Jahre 1961 stellte die sibirische Abteilung der Sowjetischen Akademie der Wissenschaften dazu fest: »Wenn es nicht gelingt, freie Arbeitskräfte zu holen, wird man das enorme Potential des Ostens nicht richtig ausschöpfen können.«[145] Dies aber gelang erst seit den frühen 1960er Jahren in Ansätzen, dann mit der Erschließung der Erdöl- und Erdgasfelder seit der zweiten Hälfte der 1970er Jahre.

Die Hoffnungen der Menschen in Sibirien sowie in der ganzen Sowjetunion auf bessere Zeiten wurden allerdings in der Spätphase des Stalinismus von 1945/46 bis zum Tode des Diktators im März 1953 massiv enttäuscht. Weder verbesserte sich die Versorgung mit Konsumgütern noch kam es zu einer Liberalisierung des Systems. Im Gegenteil, seit dem Ende der 1940er wurden mehr Menschen zu Lagerstrafen verurteilt als je zuvor. Nach offiziellen Angaben befanden sich am 1. Januar 1950 über 2,5 Millionen Gefangene in den Lagern, rund eine Million mehr als fünf Jahre zuvor. Systematisch wurden in jener Zeit alle jene, die 1937 und 1938 zu einer zehnjährigen Strafe verurteilt und erst kurz zuvor entlassen worden waren, erneut verhaftet und zu langjähriger Haft verurteilt. Zugleich wuchs auch die Zahl der Deportierten, die hauptsächlich aus dem Baltikum, der Ukraine und Moldawien stammten, also jenen Gebieten, die während des Zweiten Weltkrieges von Deutschland oder seinen Verbündeten, wie etwa Rumänien, besetzt worden waren. Dadurch sollte, wie es zynisch hieß, die Sowjetisierung beschleunigt werden, denn einem Erlaß des NKVD zufolge durften sie und ihre Familien die Gebiete, in denen sie sich ansiedeln mußten, auf »ewig« nicht mehr verlassen.[146] So verließen auf der einen Seite die Evakuierten und ihre Familien Sibirien wieder, während sich das Land auf der anderen Seite erneut mit Häftlingen und Deportierten füllte.

KAPITEL IX

EINE ZERSTÖRTE WELT?

1. Die Wirtschaft Sibiriens seit dem Ende des Zweiten Weltkrieges

Die wirtschaftliche Entwicklung Sibiriens von 1945 bis zum Zusammenbruch der Sowjetunion 1991 und die Naturzerstörung und Naturbewahrung gehören fast zwangsläufig zusammen, durchdringen einander gegenseitig auf vielfältige Art und Weise. Dennoch ist es geboten, diese beiden Bereiche in der Darstellung voneinander zu trennen, um eine größere Klarheit zu erreichen.

Wie schon am Ende des vorangegangenen Kapitels gesagt, bedeutete das Ende des Zweiten Weltkrieges auch die erneute Verlagerung von zahlreichen Unternehmen zurück in den europäischen Teil der Sowjetunion. Als sich die Zwangsarbeitslager nach dem Tode Stalins 1953 und der anschließend einsetzenden Politik der Entstalinisierung, des »Tauwetters«, in der Regierungszeit Nikita S. Chruščevs leerten, stellte sich bald wieder das notorische Problem der Unterbevölkerung ein. Vor allem die bäuerliche Bevölkerung im Osten und Norden Sibiriens suchte in den Städten im südlichen und westlichen Sibirien und in klimatisch günstigeren Zonen bessere Arbeits- und Lebensbedingungen.

Fast zeitgleich aber setzte auch Chruščevs Programm der Neulandgewinnung im südlichen Sibirien und im Nordwesten Kasachstans ein. Rund eine halbe Million Komsomolzen zogen dorthin, um dem Steppenboden fruchtbares Ackerland abzugewinnen. Das Neuland wurde unter den Pflug genommen, wie es sich der neue starke Mann der Sowjetunion, Nikita Chruščev, vorgestellt hatte. Riesige Staatsgüter entstanden auf einer Fläche, die mehr als dreimal so groß wie England war. Die Kampagne war propagandistisch ein großer Erfolg, landwirtschaftlich allerdings kaum besonders ertragreich, denn der Boden war für Dürre und Winderosionen besonders anfällig. Es fehlte zudem an Transportkapazitäten, an Wohnungen, an der Versorgung mit Lebensmitteln und an Getreidesilos.[1] Auch grundlegende Veränderungen nach dem Sturz Chruščevs 1964, als Leonid I. Brežnev und Aleksej N. Kosygin die Macht in der Sowjetunion übernahmen, konnten die Probleme nicht lösen. Stattdessen führte die Ablösung des tiefen Pflügens durch verstärkten Einsatz von Dünge- und Pflanzenschutzmitteln am Anfang der 1980er Jahre zu schweren Umweltschäden.

Auf dem 20. Parteitag im Februar 1956, auf dem Chruščev seine berühmte sogenannte Geheimrede hielt, in der er die Verbrechen Stalins anprangerte, die Rolle der Partei und ihrer führenden Mitglieder dabei aber mit keinem Wort erwähnte, dennoch aber die Zeit des »Tauwetters« einläutete, wurde auch die Position Sibiriens im Wirtschaftssystem der Sowjetunion wieder auf die Tagesordnung gesetzt. Dieser Parteitag bewirkte in der Sowjetunion zumindest vorübergehend eine Veränderung der Mentalität vor allem in der jüngeren Generation in der Kommunistischen Partei und brachte die »Kinder des 20. Parteitages« hervor. Aus ihren Reihen stammte die große Mehrheit der Wissenschaftler und Wissenschaftlerinnen, die bald die 1957/58 in der unmittelbaren Nähe des sibirischen Zentralortes Novosibirsk gegründete »Wissenschaftsstadt« Akademgorodok (Akademisches Städtchen) bevölkerten. Ihr geistiger Vater war der Mathematiker Michail A. Lavrent'ev, der sich gemeinsam mit seinen Kollegen eine Oase des Denkens vorstellte, die nicht unmittelbar den Zwängen sowjetischer Politik und Wirtschaft unterworfen sein sollte.[2] In einer Art Gartenstadt, in dessen Zentrum sich die Novosibirsker Universität und die Institute der Sibirischen Abteilung der Akademie der Wissenschaften befinden, an den Ufern des aufgestauten Ob' wohnten und wohnen die Wissenschaftler in verstreut liegenden Doppelhäusern. Der Ort, in dem in den 1980er Jahren rund 200.000 Menschen lebten, davon etwa 65.000 Wissenschaftler mit ihren Familien, unterschied sich in seiner großzügigen Anlage und Struktur grundlegend von allen anderen sowjetischen Städten. Er war der Hort einer privilegierten Elite. Weit entfernt von Moskau, dem Zentrum der Macht, konnte sich hier auch das oppositionelle Denken des Ökonomen A.G. Aganbegjan und der Soziologin T.I. Zaslavskaja, die zu den Vordenkern der Politik von *Perestrojka* und *Glasnost'* gehörten, entfalten.

In den Wirtschaftsplänen der 1960er Jahre standen in Sibirien die Energieerzeugung, der Bergbau und die Schwerindustrie im Vordergrund. Im Laufe der Zeit kamen auch noch die Chemie- und die Holzindustrie hinzu. Auch in Sibirien, wie in der gesamten Sowjetunion, standen die Leicht- und Fertigwarenindustrie, insbesondere die Produktion von Massenbedarfsgütern stets im Hintergrund und führten dazu, daß Textil- und Haushaltswaren in großem Maßstab und zu hohen Preisen aus dem europäischen Teil des Landes eingeführt werden mußten oder gar nicht zu kaufen waren.[3]

Die Fernost-Region blieb bis zum Tode Stalins 1953 jenes Gebiet in der Sowjetunion mit der höchsten Konzentration von Arbeitslagern und auch danach dauerte es noch einige Jahre, bis sich die Lage wandelte. Zudem galt dieses Gebiet nun als eine Front des Kalten Krieges und einige Zeit trug jeder siebte Bewohner dort eine Uniform.[4] Sicherheitsinteressen dominierten eindeutig, die ökonomische Entwicklung wurde ihnen untergeordnet. Im hohen Norden änderten sich die Verhältnisse, als 1949 in Jakutien, heute Sacha, der erste Diamant gefunden und wenige Jahre später, 1956, das erste Diamantenfeld entdeckt wurde. Nun strömten russische, ukrainische und weißrussische Arbeiter dorthin, was zu einem kontinuierlichen Rückgang des Anteils der jakutischen Bevölkerung in der Autonomen Republik führte, von etwa fünfzig Prozent 1955 auf 35 Prozent 1989.[5] So wurde der industrielle Sektor dort von den Neuankömmlingen beherrscht, doch blieben Verwaltung und politische Instanzen unter der Kontrolle der indigenen Bevölkerung. In dieser Region, in der die Temperaturen im Laufe eines Jahres um etwa 90 Grad schwanken können – im Sommer bis zu plus 30 und im Winter bis zu minus 60 Grad im Dreieck der Städte Jakutsk, Verchojansk und Ust' Nera auf dem Oimjakon-Plateau[6] – waren und sind die Verkehrsverbindungen problematisch, was auch daran liegt, daß 90 Prozent der Republik von Permafrostboden bedeckt und zwei Drittel des Territoriums gebirgig sind. Es gibt daher auch heute gerade einmal

25.000 Kilometer befahrbarer Straße, von denen lediglich elf Prozent asphaltiert bzw. betoniert sind. Nur eine Stichbahn der Transsib führt in den Bergbaudistrikt auf dem Aldan-Plateau im Süden des Landes. So sind das Flugzeug oder der Hubschrauber in den letzten Jahrzehnten zu den wichtigsten Verkehrsmitteln geworden, um auch kleinere Orte zu erreichen.[7]

Trotz der stetigen Entwicklungen bei Bergbau und Schwerindustrie blieb bis in die 1970er Jahre die Holz- und Pelztierwirtschaft ein wichtiger Teil der sowjetischen Volkswirtschaft und des Außenhandels. Die Sägewerke waren zumeist, teils schon in zarischen Zeiten, entlang der Transsib errichtet worden und wurden seit den 1960er Jahren erweitert und modernisiert. In dieser Zeit setzte auch der Bau neuer Werke in der nördlichen Taiga Westsibiriens sowie in Ostsibirien ein. So entstanden bei Bratsk und Amursk große Fabriken für Holzchemie, Zellulose- und Papierproduktion, über die noch zu sprechen sein wird.[8] Die Papierindustrie Sibiriens war ursprünglich von den Japanern auf Sachalin begründet worden und blieb bis in sowjetische Zeiten führend, war aber inzwischen veraltet.[9] Sie wurde mit erneuten Investitionenen von japanischer Seite in den 1960er und 1970er Jahren modernisiert. Die Holzindustrie Sibiriens war, wie es sowjetische und ausländische Experten feststellten, trotz des riesigen Reservoirs rückständig. Als Grund dafür wurden immer wieder die ineffiziente Arbeitsorganisation, unbefriedigende Arbeitsbedingungen und das Mißverhältnis zwischen den Kapazitäten des Holzeinschlags und der Verarbeitung hervorgehoben.[10]

Bis zur Entdeckung der Diamant- und dann der Erdöl- und Erdgasvorkommen, aber auch noch danach, spielte der Bergbau in Sibirien eine wichtige Rolle. Kohle, Eisen, Buntmetalle, Silber und Gold wurden in Sibirien gefunden und abgebaut. Einige davon, vor allem Kupfer, Nickel, Zinn und teilweise auch Gold oder die Diamanten im Popigaj-Krater, allerdings in so abgelegenen Regionen des Fernen Ostens oder Nord- und Ostsibiriens, daß ihre Förderung und Weiterverarbeitung so hohe Kosten verursachte, daß erst umfassende Maßnahmen zur Verbesserung der Infrastruktur erforderlich waren, bevor überhaupt daran gedacht werden konnte. Bei einigen Fundstellen ist bis heute mit der Ausbeutung der Vorkommen nicht begonnen worden. Infrastrukturmaßnahmen wiederum, etwa der Bau der Baikal-Amur-Magistrale (BAM), waren extrem teuer, wenig effizient und verstärkten nur noch die ökonomische Krise, in der sich das Land sowieso schon befand. Eisen wurde vor allem in Westsibirien produziert, wobei es allerdings aus dem Ural oder aus Kasachstan zu den Hüttenwerken in Novokuzneck gebracht werden mußte.[11]

Pelze blieben auch nach dem Ende des Zweiten Weltkrieges für die Sowjetunion eine Quelle für Devisen. Pelztiere allerdings wurden nun nicht mehr gejagt, sondern auf Farmen gezüchtet, wobei es sich allerdings trotz intensiver Bemühungen als unmöglich erwies, Zobel in der geforderten Qualität zu züchten. Die charakteristischen schwarzen Pelze zeigten sich nur bei den wildlebenden Tieren. Kaum zehn Prozent der Felle wurden noch auf traditionelle Weise in Sibirien von Jägern oder Fallenstellern geliefert.[12] Diese Veränderungen wirkten sich auch auf die Lebensweise der indigenen Bevölkerung aus, denn die traditionelle Jagd als Erwerbszweig wurde mehr und mehr zurückgedrängt bzw. als Wilderei betrieben. Dazu trug auch bei, daß von seiten der sowjetischen Regierung keine besonders hohen Preise für Pelze gezahlt wurden, während Privatpersonen bereit waren, weit höhere Summen auszugeben. Am Ende der 1960er Jahre sah sich die Regierung daher gezwungen, die staatlich festgesetzten Preise für die Ablieferung um die Hälfte zu erhöhen.[13]

Mit ihren beiden größten Nachbarn in diesem Raum, China und Japan, unterhielt die Sowjetunion in jener Zeit keine besonders guten politischen Beziehungen. Schon zu Stalins Zeiten war es zu Konflikten mit der chinesischen Kommunistischen Partei gekommen, die zunächst, nach dem Sieg im chinesischen Bürgerkrieg und der Ausrufung der Volksrepublik 1949, beigelegt zu sein schienen. Doch brach der Konflikt seit der Mitte der 1950er Jahre wieder auf, da China die Entstalinisierungspolitik sowie den Entspannungskurs Chruščevs strikt ablehnte. Zugleich kam es auch zu Rivalitäten über den Einfluß der beiden kommunistischen Mächte in den Ländern der sogenannten Dritten Welt, in denen sie sich gegenseitig um die Führungsrolle im kommunistischen Lager stritten. Der zwischen China und der Sowjetunion schwelende Konflikt entlud sich im März 1968 in bewaffneten Auseinandersetzungen am Ussuri, einem rechten Nebenfluß des Amur.[14] In diesem Kontext ist darauf hinzuweisen, daß gerade nach dem Ende des Zweiten Weltkrieges die sowjetische Führung den Fernen Osten als ein Gebiet von besonderer militärisch-strategischer Bedeutung betrachtete und vor allem den Ausbau der in Vladivostok stationierten Pazifikflotte betrieb, so daß in diesem Raum die Rüstungsindustrie zu einem der größten Arbeitgeber wurde.[15]

Mit Japan bahnten sich hingegen seit den 1960er Jahren zumindest in bestimmten wirtschaftlichen Bereichen ein- und erträgliche Beziehungen an. Das Russische Reich bzw. die Sowjetunion und Japan rivalisierten, wie mehrfach beschrieben, seit der zweiten Hälfte des 19. Jahrhunderts immer wieder im pazifisch-sibirischen Raum um ökonomischen und politischen Einfluß. Nachdem es in den 1930er Jahren bereits zu militärischen Auseinandersetzungen gekommen war, erklärte die Sowjetunion noch am 8. August 1945, zwei Tage nach dem Abwurf der Atombombe auf Hiroshima, dem bereits geschlagenen und kurz vor der Kapitulation stehenden Japan den Krieg und besetzte die Mandschurei, die Inselkette der Kurilen, die 1946 zu sowjetischem Hoheitsgebiet erklärt wurden, und den nördlichen Teil der koreanischen Halbinsel. Im Friedensvertrag von San Francisco vom September 1951, den weder die Sowjetunion noch China und Indien unterzeichneten, verzichtete Japan auf die Kurilen, den nördlichen Teil Sachalins und die benachbarten Inseln, doch ist der japanische Anspruch, vor allem auf die Kurilen, bestehen geblieben und belastet auch heute noch das Verhältnis beider Staaten zueinander. Japan beteiligte sich dennoch auf sowjetische Avancen hin seit der Mitte der 1960er Jahre an der ökonomischen Entwicklung Sibiriens, zunächst besonders an der Nutzung der Holzressourcen in der Amurregion, an der Modernisierung der Pazifikhäfen sowie an der Ausbeutung der Erdgasvorkommen in Jakutien, was schließlich im November 1974 zu einem Abkommen zwischen der Sowjetunion, den USA und Japan führte. Darüber hinaus spielte der sogenannte Küstenhandel, der 1975 vertraglich geregelt und zumeist als Kompensationsgeschäft betrieben wurde, eine wichtige Rolle für Ostsibirien und den Fernen Osten. Die sowjetische Seite lieferte hauptsächlich Fisch und weiteres Meeresgetier, Holz und Holzprodukte, aus Japan kamen Textilien, Schuhe, Gemüse und Obst. Beeinträchtigt wurden diese Handelsbeziehungen am Ende der 1970er Jahre, als die Sowjetunion ihre

Schutzzone an allen pazifischen Küsten auf 200 Seemeilen ausdehnte, wodurch die Fangrechte der japanischen Fischer erheblich eingeschränkt wurden.[16]

Nachdem schon in zarischen Zeiten Kohle in Sibirien gefördert worden war, setzte die Sowjetunion deren Ausbeutung fort. Große Lager finden sich vor allem im Kuzneck-Becken, das allerdings von den Industriezentren des europäischen Landesteils weit entfernt war. Für die Hüttenwerke in Westsibirien und im Uralgebiet waren diese Lagerstätten jedoch von größter Bedeutung. Kohle und Koks dominierten über Jahrzehnte, bis in die 1970er Jahre hinein, die sowjetische Brennstoffpolitik. Über die gemeinsame Ausbeutung der ergiebigen Kokskohle-Vorkommen in Süd-Jakutien wurde noch 1974 mit Japan ein Abkommen abgeschlossen. Das Land leistete vor allem technische Hilfe beim Bau einer Eisenbahnlinie in dieser Region und bei weiteren Erschließungsmaßnahmen, denn Kokskohle in dieser Qualität war für die japanische Industrie von großer Bedeutung.[17]

2. DIE AUSBEUTUNG VON ERDÖL UND ERDGAS

Eine gewaltige Veränderung der industriellen Struktur Sibiriens bedeuteten die reichen Erdöl- und Erdgasfunde zunächst in Westsibirien, im Gebiet um Tjumen', und auf Sachalin seit den späten 1950er und frühen 1960er Jahren. Bis zu diesen Funden und auch noch Jahre danach stammten Erdöl und Erdgas vor allem aus den Lagerstätten im Kaukasus und aus Weißrußland. So nahm die »Pipeline der Freundschaft« (*nefteprovod družba*), die zu Beginn der 1960er Jahre gebaut wurde, ihren Anfang zunächst im heutigen Tatarstan, wo die Leitungen aus dem Ural und dem Kaukasus zusammenkamen. Erst später wurde sie nach Westsibirien verlängert. Ihren Namen verdankt diese längste Pipeline der Welt der »Freundschaft« der Sowjetunion mit ihren Satellitenstaaten, die auf diese Weise mit Öl versorgt wurden. An dieser »Freundschaftspipeline« bauten auch viele Bürger aus den sogenannten Bruderstaaten, insbesondere aus der DDR, mit. In Weißrußland teilte sich die Linie in eine nördliche, die Polen und die DDR, und eine südliche Trasse, die durch die Ukraine hindurch Ungarn und die Tschechoslowakei versorgte. In den Zeiten des Kalten Krieges war dies ein beunruhigendes Zeichen für die NATO, da die Pipeline von strategischer Bedeutung war. Im Ergebnis führte es dazu, daß der NATO-Rat im November 1961 den Beschluß zu einem Lieferembargo für Erdöl- und Erdgasrohre in die Sowjetunion faßte.[18]

Im Laufe der 1960er Jahre wurde deutlich, daß sich in Westsibirien, in der Region um Tjumen' und Surgut, riesige Erdöl-Lagerstätten befanden.[19] Der »Erdöl-Ozean« unter dem See von Samotlor wurde geradezu sprichwörtlich. Die dortigen Ölfelder liegen in einer geringen Tiefe, bis etwa 2.700 Meter, und die einzelnen Ölhorizonte sind nur von lockeren und leichten Gesteinsschichten bedeckt. Zudem ist das sibirische Erdöl von guter Qualität und leicht.[20] Schon Anfang der 1970er Jahre wurde deutlich, daß die Vorräte sehr groß waren und man sich über die Zukunft der Ölversorgung in der Sowjetunion keine großen Sorgen machen mußte.[21] Die Ölförderung erwies sich jedoch aufgrund der schwierigen Boden- und Klimaverhältnisse als problematisch. Weite Teile des Gebietes sind von Sumpf bedeckt, einige jährliches Überschwemmungsgebiet. Die Klimaschwankungen zwischen dem kurzen Sommer und dem langen Winter können bei 75 Grad liegen, und Mücken sowie Zecken tun ein übriges.

Die Investitionen der sowjetischen Regierung waren daher zunächst sehr hoch, ohne daß größere Gewinne flossen. Da bei der Erdölgewinnung Facharbeiter gefragt waren, mußten in der Region entsprechende Löhne gezahlt werden. So lagen am Ende der 1960er Jahre die Löhne in der Region Tjumen' um siebzig Prozent über denen im europäischen Teil der Sowjetunion.[22] In diesem Raum entstanden in jener Zeit neue Städte, die eher Arbeitersiedlungen waren und selbst die geringen Annehmlich- und Bequemlichkeiten sowjetischer Städte im europäischen Teil des Landes vermissen ließen. Bis zur Mitte der 1970er Jahre konnte dann die Bahnlinie von Tjumen' nach Tobol'sk und weiter bis nach Surgut fertiggestellt werden. Dieser Abschnitt verläuft über weite Strecken durch Taiga-Sümpfe.

Als es zu Beginn der 1970er Jahre zur sogenannten Energiekrise kam, rückte Sibiriens Reichtum an Bodenschätzen, insbesondere die reichen Lagerstätten von Erdöl und Erdgas, in bestimmten Kreisen des Westens in den Mittelpunkt des Interesses. So veranstaltete die Wirtschaftsabteilung der NATO 1974 einen Runden Tisch zu diesem Thema. Schon im Vorwort der Publikation hieß es, daß »die Ausbeutung der natürlichen Ressourcen Sibiriens gegenwärtig zweifellos eine Frage von vitalem Interesse« sei. Sibirien sei »die letzte Region in der Welt, deren natürliche Ressourcen riesig, großenteils unberührt und noch nicht vollständig bekannt sind«.[23]

1960 wurde am Unterlauf des Ob' in Westsibirien auch Erdgas gefunden. Erdgas war in der Sowjetunion seit dem Zweiten Weltkrieg bekannt. Erste Fundorte lagen in der Westukraine, in der Nähe von Lemberg in der heutigen Ukraine. Bald darauf fand man Gas auch in der Nähe von Saratov, schließlich im Nordkaukasus, in der Ostukraine bei Char'kov sowie in Zentralasien. Nach den Funden am Ob' wurde die Suche in Richtung Norden ausgedehnt. Neue Felder fanden sich auf der Halbinsel Jamal, ostwärts davon im Raum zwischen den Mündungen des Ob' und des Enisej, der vom Taz durchflossen wird. Hier handelt es sich um Tundra-Gebiete, die stark versumpft sind und auf einer Schicht des Permafrostbodens liegen. Es waren und sind die Lebensräume der Jamal-Nencen, Jäger und Rentierzüchter, und ein reiches Pelztierreservoir. 1966 wurden südlich des Polarkreises auf der Halbinsel Urengoj neue riesige Erdgasfelder entdeckt, mit deren Ausbeutung 1978 begonnen wurde.[24] Die sibirischen Erdgasfelder haben sich mittlerweile als die weltweit größten Gasreserven herausgestellt. Heute exportiert Rußland mehr Gas als jedes andere Land der Welt.[25]

Für den Bau ihrer Erdöl-Pipelines und ihrer Gasleitungen benötigte die Sowjetunion Röhren, die sie allerdings in den späten 1950er und frühen 1960er Jahren nicht selbst produzieren konnte. Einen Großteil der Röhren sollten bundesdeutsche Firmen, Hoesch, Phönix-Rheinrohr und Mannesmann liefern, die zwar bereits entsprechende Verträge mit der Sowjetunion geschlossen hatten, wegen der Embargopolitik des Westens aber nicht zum Zuge kamen. Erst nachdem das Embargo im November 1966 aufgehoben worden war, kam es 1970 zu dem spektakulären Abschluß des Erdgasröhrengeschäftes des Unternehmens »Ruhrgas« mit dem sowjetischen Partner »*Sojuzgazéksport*«. Die sowjetische Seite lieferte Erdgas in die Bundesrepublik, die Firma Mannesmann im Gegenzug Röhren für den Leitungs-

bau und die Deutsche Bank finanzierte das Geschäft über 1,2 Milliarden Mark.[26]
Sibirisches Öl und Gas gingen allerdings seit den frühen 1970er Jahren auch nach
Japan. Die Verhandlungen über den Ausbau der innersowjetischen Pipeline von
Tjumen' nach Irkutsk bis zum Pazifikhafen Nachodka wurden Mitte der 1970er
Jahre vorläufig eingestellt, da die Japnaer die Kreditforderungen der sowjetischen
Seite als zu hoch ansahen und sie zugleich keine ausreichenden Sicherheiten für den
Transport des Öls erhielten.[27] Die Stadt Nachodka, der Name bedeutet »Fund«,
wurde seit den 1950er Jahren, nachdem Vladivostok zum Heimathafen der sowjetischen Pazifikflotte geworden war, sowohl zum Endpunkt des Passagierverkehrs
der Transsib als auch zum größten Handelshafen der Sowjetunion in der Pazifik-
region ausgebaut und ist heute »Rußlands Tor nach Asien«. Die nächste größere
japanische Stadt, Hakodade, ist gerade einmal 420 Kilometer entfernt. Schon in den
späten Perestrojkazeiten und vor allem nach dem Ende der Sowjetunion litt Nachodka unter den Wirtschaftsproblemen der Zeit und dementsprechend rückläufigen
Einwohnerzahlen. Die Stadt wurde daher, wie Kaliningrad (Königsberg) auch, 1990
zu einer Freihandelszone erklärt. Da sich die ökonomische Situation inzwischen
erheblich verbessert hat, wurde diese Zone 2006 offiziell wieder geschlossen.

Seit dem Beginn der 1970er Jahre wurde auch das innersowjetische Netz der
Leitungen ausgebaut. Dazu gehörte eine Erdgasleitung nach Moskau sowie die
bereits angesprochene Verbindung nach Osten. Seit dieser Zeit führte die Sowjetunion dreiseitige Gespräche mit Japan und den Vereinigten Staaten über die Erschließung der Erdgasvorkommen an Lena und Viljuj. Zu diesem Projekt gehörte
der Bau einer Gasleitung über rund 3.000 Kilometer bis zur Pazifikküste, von wo
aus das Gas dann per Schiff in die beiden Länder transportiert werden sollte.[28]

Die riesigen Erdöl- und Erdgasvorräte erbrachten gerade in der Zeit des wirtschaftlichen Niederganges der Sowjetunion seit den 1980er Jahren die dringend
benötigten Devisen ins Land. Am Ende der 1980er Jahre war die Sowjetunion der
weltgrößte Produzent von Öl, Gas und Kohle und Sibirien deren größte Quelle.
Schon zu jener Zeit war klar, daß Sibirien über rund achtzig Prozent der Öl- und
Kohle- und neunzig Prozent der Erdgasreserven des Landes verfügte. Heute bilden
diese Exporte das Rückgrat der wieder wachsenden russischen Macht, die der ehemalige Präsident und jetzige Ministerpräsident der Russischen Föderation, Vladimir
V. Putin, so gerne aller Welt öffentlich demonstriert. Erst heute profitiert die Region
auch von diesen Ressourcen, denn bis zur Jahrtausendwende und teils noch darüber
hinaus ging fast die gesamte Förderung in den Export, während die Heizkraftwerke
der sibirischen Städte mit der im Überfluß vorhandenen billigen Kohle befeuert
wurden, deren Ruß als feiner Niederschlag Straßen und Häuser überzog.[29]

3. Wasserkraft und Eisenbahnen

Wasserkraft erscheint auf den ersten Blick als unproblematische Energiequelle.
Rund vier Fünftel der Wasserkraftressourcen der Sowjetunion entfielen auf Sibiri-
en. So wurden dort an fast allen Strömen riesige Wasserkraftwerke errichtet, die

nach den sowjetischen Konzeptionen für die Stromerzeugung genutzt werden sollten. Erste Pläne dazu stammten noch aus den 1920er und 1930er Jahren. Gerade in diesen Plänen zeigte sich die sowjetische Gigantomanie, der Wille, ohne jede Rücksichtnahme in die Natur einzugreifen. Eines der ersten großen Projekte war das Wasserkraftwerk von Bratsk, bei dem die Angara, ein Nebenfluß des Enisej, in unberührter Taiga zwischen 1954 und 1966 zu einem der größten Stauseen der Welt aufgestaut wurde. Hier wurden anfangs noch GULag-Häftlinge und Armeepioniere, danach Komsomolzen und reguläre Arbeiter eingesetzt. Das Kraftwerk erreichte 1967 seine volle Kapazität mit 4,7 Millionen Kilowatt.[30] Bratsk entwickelte sich in der Folge von einem kleineren Ort zu einer Industriestadt, in der heute rund 260.000 Einwohner leben, mit Schwerindustrie, einem großen Aluminiumwerk, Holzindustrie und einem Zellulosewerk. Danach folgten weitere Wasserkraftwerke in Krasnojarsk sowie in Ust' Ilim und einige kleinere Anlagen in dieser Region. Der Krasnojarsker Stausee, der den Enisej aufstaut, übertrifft noch den in Bratsk mit seiner Ausdehnung von 388 Kilometern Länge. Schließlich wurde in den 1980er Jahre noch das Sajano-Šušensker Wasskraftwerk am gleichnamigen Stausee bei Sajanogorsk – auch hier wird der Enisej aufgestaut – im Süden Zentralsibiriens in Betrieb genommen. Es ist noch heute das größte Wasserkraftwerk der Russischen Föderation. Alle sollten zu einem Ausbau der Industrie dienen oder es ermöglichen, neue Industriebetriebe anzusiedeln. Das Sajano-Šušensker Kraftwerk erzeugt vor allem Strom für die in der Region angesiedelte Aluminiumindustrie. Weiter nördlich an der Kolyma und am Viljuj wurden unter erheblichen Schwierigkeiten und mit entsprechenden Verzögerungen ebenfalls Kraftwerke errichtet.

Eines der wichtigsten Projekte in Sibirien in den 1970er und 1980er Jahren war der Bau der Baikal-Amur-Bahn oder Baikal-Amur-Magistrale, als BAM abgekürzt, die auf einer Strecke von rund 3.500 Kilometern Ust'-Kut an der Lena mit Komsomol'sk am Amur verbindet. Dazu gehören auch die Nebenstrecken nach Tajšet, etwa 400 Kilometer östlich von Krasnojarsk an der Transsib, und nach Sovetskaja Gavan' am Pazifik, die zum Teil schon in den 1930er und 1940er Jahren gebaut worden waren und die Linie auf rund 4.300 Kilometer verlängern. Die Bahnlinie verläuft nördlich der Transsib und in etwa parallel zu ihr. Sie sollte eine bis dahin weitgehend unerschlossene Region, Ostsibirien und den Fernen Osten, für die industrielle Entwicklung öffnen, neue Gebiete zur Ansiedlung erschließen, den Warenverkehr verbessern, vor allem den Güterverkehr zwischen Japan und Europa, und die Transsib entlasten.[31] Selbstverständlich hatte die Strecke auch eine strategische Bedeutung, ebenso wie die in den späten 1940er und frühen 1950er Jahren begonnene, 1953 eingestellte Polarmagistrale, die von Vorkuta über Čum und Salechard, das ehemalige Obdorsk, nach Igarka am Enisej führte. Diese ausschließlich von Zwangsarbeitern gebaute Strecke ist auch als Stalineisenbahn oder als »tote Trasse« (*mertvaja doroga*) bekannt geworden. Heute wird darüber nachgedacht, die völlig verrottete Linie wiederaufzubauen, um die reichen Bodenschätze im arktischen Gebiet erschließen zu können.[32]

Erste Pläne für den Bau der Baikal-Amur-Linie stammten noch aus dem späten Zarenreich, wurden damals aber verworfen. In den Zeiten des Stalinismus wurden dann die schon im vorigen Kapitel genannten Nebenlinien gebaut.[33] Seit dem Ausbruch des Zweiten Weltkrieges ruhten die Arbeit und wurden erst 1974 wieder aufgenommen. Die Entscheidung für den Bau verkündete Leonid I. Brežnev, Generalsekretär der Kommunistischen Partei seit dem Sturz Chruščevs 1964, überraschend im März jenes Jahres mitten in der Laufzeit eines Fünfjahresplans, in dem die BAM überhaupt nicht erwähnt worden war.[34] Bis heute ist nicht endgültig geklärt, was denn letztlich zu diesem Entschluß geführt hat. Gemeinhin galt und gilt die Brežnev-Ära als Zeit der Stagnation, fehlender Perspektiven und Zielvorstellungen, eine Phase der »Ideologiemüdigkeit«, vor allem auch der »stillen« Abwendung der Jugendlichen und jungen Erwachsenen vom System.[35]

Die Führung von Partei und Staat war überaltert, man sprach von der »Gerontokratie«. So mag der überraschende Beginn dieses gigantomanischen Prestigeobjektes, das an die Großbaustellen der 1930er Jahre erinnerte und diese teilweise noch übertraf, dazu gedient haben, eine neue Dynamik des Systems zu entwickeln und alte Mythen mit neuem Inhalt zu füllen. Wie sein Vorgänger Chruščev die Komsomolzen zur Neulandkampagne aufgerufen hatte, so appellierte nun Brežnev an die Jugend des Landes, zu »Eroberern des sibirischen Neulandes« und »Bezwingern ferner Gebiete«, zu einem Teil des »Bauunternehmens des Jahrhunderts« zu werden, wie es in der Propagandasprache der Zeit hieß.[36] Vor allem die Fernost-Region wurde zum Symbol des Neuen und des Fortschritts.[37] Johannes Grützmacher hat jüngst diesen BAM-Mythos ausführlich geschildert. »Industrielle Feuer« sollten »die Finsternis der Taiganacht erleuchten«. Wer an der neuen Bahnstrecke mitbaute, wurde zu einem Helden oder einer Heldin. Sogar in der westlichen Literatur sprach die Sibirienexpertin Violet Conolly am Ende der 1980er Jahre vom »heroic achievement« der multinationalen sowjetischen Arbeitskräfte, die sich »den gefährlichen natürlichen Hindernissen« und »Hunderten von Kilometern der jungfräulichen Taiga« gegenüber gesehen hätten.[38]

Rund ein Jahr nach dem Baubeginn fanden sich rund 30.000 Arbeitskräfte an der neuen Großbaustelle ein, von denen etwa achtzig Prozent jünger als dreißig Jahre waren,[39] darunter auch, wie schon beim Bau der »Pipeline der Freundschaft«, Freiwillige aus den sozialistischen Bruderstaaten, insbesondere Mitglieder der Freien Deutschen Jugend (FDJ) aus der DDR. Über Jahre hinweg beherrschte der Bau der BAM die sowjetischen Medien, wobei zwar auch immer wieder auf Schwachstellen und Mängel verwiesen, das große Ganze aber nicht in Frage gestellt wurde.[40] Wie so häufig wurde die Kritik in Form von Witzen über den Bau geäußert, die nicht nur in der Sowjetunion, sondern auch in der DDR und den anderen sozialistischen Ländern kursierten.

Der Bau der Bahnlinie verschlang riesige Summen. Westliche Firmen lieferten Kräne, Bulldozer, Raupen, Kipplaster und anderes schweres Baugerät, dennoch kamen wohl auch weit häufiger als vorgesehen Spitzhacke und Schaufel zum Einsatz. Mehrere Bergzüge bis zu einer Höhe von 2.100 Metern wurden überwunden, 4.000 Brücken gebaut, dazu über zwanzig Tunnel. Die Naturgegebenheiten des Permafrostbodens und der Sümpfe sowie seismische Probleme führten dazu, daß der Bau längst nicht in dem errechneten Tempo vorangetrieben werden konnte. Auch an dieser Großbaustelle des Sozialismus zeigten sich die altbekannten Probleme. Viele der Freiwilligen verließen angesichts fehlender Wohnungen, Geschäften, Straßen und Kinos sowie mangelnder Grundversorgung mit Lebensmitteln und wegen des überall herrschenden Chaos baldmöglichst die Baustellen der BAM, die, wie seinerzeit die Transsib, von ihren beiden Endpunkten aus gebaut wurde. Überall herrschte bald Apathie, Alkoholismus war weit verbreitet. Insgesamt soll jährlich, wie Grützmacher feststellte, ein Drittel der Arbeitskräfte gegangen sein.[41] Anfang der 1980er Jahre verlor auch die Führung des Landes mehr und mehr ihr Interesse an dem Projekt. Im Oktober 1984 wurden die Arbeiten für abgeschlossen erklärt, obwohl ein Teil der Bahnhöfe und der neuen Städte noch gar nicht gebaut worden war. Sogar einige Tunnel fehlten noch. Im April 1985 erfolgte die offizielle Inbetriebnahme, seit 1989 war die Linie durchgängig, aber nicht problemlos befahrbar. Der letzte, in Burjatien gelegene Tunnel (mit 15,3 Kilometern der längste Rußlands), wurde 2001 nach 24-jähriger Bauzeit fertiggestellt und ist seit 2003 endgültig für den Verkehr freigegeben. Die Strecke ist bisher weitgehend nur eingleisig ausgebaut, aber für ein zweites Gleis vorbereitet. Elektrifiziert sind etwa 1.500 Kilometer des westlichen Abschnitts. Bis zum Ende des 20. Jahrhunderts war die Auslastung der Bahn sowohl im Güter- als auch im Personenverkehr nur schwach, und sie fuhr daher chronisch Defizite ein. Erst der Rohstoffboom der letzten Jahre führte zu einem allmählichen Anstieg der Transportleistungen.

4. DIE DEMOGRAPHISCHE ENTWICKLUNG SEIT 1945

Die demographische Entwicklung Sibiriens blieb nach dem Ende des Zweiten Weltkrieges hinter den Erwartungen der sowjetischen Regierung zurück. Das Bevölkerungswachstum verlief teilweise langsamer als im europäischen oder den anderen asiatischen Teilen des Landes und sehr ungleichgewichtig. So stieg zwar die Einwohnerzahl von 22,55 Millionen im Jahre 1959 auf 26,32 Millionen 1974, doch lag der Anstieg in Westsibirien nur bei 9,2 Prozent, in Ostsibirien allerdings schon bei 19,5 Prozent, in der Fernostregion sogar bei 30 Prozent, während im ganzen Land die Bevölkerung um 15,8 Prozent wuchs.[42] Der Grund dafür lag teilweise in einer dauerhaften Abwanderung von Facharbeitern in klimatisch attraktivere Landesteile, was zeitweilig vor allem im Bergbau und in der Landwirtschaft zu erheblichen Problemen führte, sich seit der beginnenden Ausbeutung der Erdgas- und Erdölvorkommen aber gerade in diesem Sektor massiv auswirkte. Auch sowjetische Fachleute wiesen auf die Notwendigkeit hin, ein stabiles Arbeitskräftereservoir in Sibirien zu garantieren und führten diese Probleme auf den ausgesprochen niedrigen Lebensstandard zurück. So zeigte eine Untersuchung der Sibirischen Abteilung der Akademie der Wissenschaften vom Anfang der 1960er Jahre, daß auch die sowjetischen Arbeiter mehr erwarteten als einen gut bezahlten Arbeitsplatz. »Die Erfahrungen zeigen, daß Lohnerhöhungen allein, die nicht von den Möglichkeiten flankiert werden, dieses Geld auch auszugeben, keineswegs zu einem stabilen Bestand der Belegschaft führen.«[43]

Zugleich hielt allerdings auch in Sibirien die Migration vom Land in die Stadt weiter an. Städte wie Novosibirsk oder Krasnojarsk, die neuen Zentren, wuchsen überproportional stark, in Novosibirsk verdreifachte sich die Bevölkerung zwischen 1939 und 1974 von rund 400.000 auf über 1,24 Millionen Einwohner, in

Krasnojarsk verlief die Entwicklung ähnlich: von 190.000 Einwohnern 1939 stieg die Zahl auf 728.000 im Jahre 1974. Die älteren Zentren wie Irkutsk oder Jakutsk verzeichneten hingegen einen erheblich geringeren Bevölkerungszuwachs, in Irkutsk von 250.000 Einwohnern 1939 auf 497.000 1974 und in Jakutsk von 53.000 auf 133.000 Einwohnern im gleichen Zeitraum. Beide Städte lagen nicht unmittelbar in den boomenden Industrieregionen des Landes.[44]

Untersuchungen zum Migrationsverhalten zeigen, daß viele Arbeitskräfte nur auf Zeit in Sibirien blieben. Sie erfüllten dort ihre befristeten Verträge und kehrten danach wieder in ihre Heimatregion oder in solche Gebiete zurück, die günstigere Lebensumstände boten. Zwar erzielten Ostsibirien und der Ferne Osten höhere Wanderungsgewinne als Westsibirien, aber aus den Reihen der Zuwanderer in die Region Fernost blieb in den 1960er Jahren nur jeder Zwanzigste dort. Um die Ab- bzw. Rückwanderung vor allem der qualifizierten Arbeitskräfte zu verhindern, führte die sowjetische Regierung 1968 wieder das Vergünstigungssystem für Zuwanderer ein, das 1960 abgeschafft worden war: höhere Löhne, längere Urlaubszeiten, freie Fahrten in die Heimat und die Subventionierung bestimmter Waren. Diese Maßnahmen ließen die Bevölkerungszahlen Sibiriens allmählich wieder ansteigen. Es zeigte sich dabei, daß die dezentrale Anwerbung durch einzelne Unternehmen oder Wirtschaftsverbände die von den Zentralbehörden gelenkte Migration deutlich übertraf.[45] Bei der Arbeit auf den Erdöl- und Erdgasfeldern in Westsibirien suchte man in den 1970er und 1980er Jahren das Arbeitskräfteproblem durch zwei Formen von Schichtdienst zu lösen. Beim einfachen Schichtdienst lebte ein Teil der Arbeiter mit ihren Familien in sogenannten Basisstädten, zumeist am mittleren Ob', und wurde für die Dauer von einer oder zwei Wochen per Flugzeug und Hubschrauber zur Arbeitsstätte gebracht. Beim Expeditionsschichtdienst wurden Arbeiter aus dem europäischen Teil der RSFSR oder anderen Teilen der Sowjetunion für einen längeren Zeitraum in Westsibirien eingesetzt und kehrten danach wieder zurück. Nach offiziellen Angaben wurden so im Jahre 1983 110.000 Arbeitskräfte im Schicht- und 90.000 im Expeditionsschichtdienst eingesetzt. Insgesamt arbeiteten 1963 in der Erdölproduktion und -verarbeitung Sibiriens 157.000 Menschen, 2004 lag die Zahl der Beschäftigten in der Erdöl- und Erdgasproduktion und -verarbeitung in ganz Rußland bei 470.000 Personen.[46]

Ein grundsätzliches Problem Sibiriens in sowjetischer Zeit bestand darin, daß die Regierung auch nach dem Tode Stalins ihre Politik fortsetzte, erst die Industriebetriebe zu errichten und sich danach um die Infrastruktur zu kümmern, wie dies unter anderem an den Beispielen der Neulandkampagne oder des Baus der BAM deutlich wird. Erst seit Mitte der 1970er Jahre ging die sowjetische Regierung kurzzeitig dazu über, beim Neubau von Fabriken darauf zu achten, daß die Errichtung von Wohnungen und sonstigen lebensnotwendigen Einrichtungen Vorrang hatte. Es fehlte überall in Sibirien an adäquatem Wohnraum, an zureichender Lebensmittelversorgung in entlegeneren Gebieten, an Schulen, Krankenhäusern und Geschäften. Da halfen auch die von Regierungsseite immer wieder offerierten Lohnzuschläge, zusätzlicher Jahresurlaub oder Zuschüsse für die Fahrten in die alte Heimat wenig.[47] Diese Zusatzleistungen wurden von den extrem hohen Lebenshaltungskosten vor allem für Kleidung und Heizung rasch aufgezehrt. Immer wieder kam es zu Engpässen bei der Versorgung der Bevölkerung mit Grundnah-

rungsmitteln, so daß etwa Fleisch trotz vorhandener finanzieller Mittel nicht gekauft werden konnte, weil es bisweilen tagelang nicht geliefert wurde.[48] Als mit
dem Bau der BAM begonnen wurde, rückte die sowjetische Regierung allerdings
schon wieder von diesen Maßnahmen ab.

5. Naturzerstörung und Naturbewahrung

Natur- und Umweltverschmutzung sowie -zerstörung, Umweltgeschichte also,
sind auch in neueren Gesamtdarstellungen zur russischen bzw. sowjetischen Geschichte eher ein Randthema.[49] Dies korrespondiert mit den Zuständen in der
Sowjetunion. Dabei kamen schon Anfang der 1990er Jahre zwei westliche Experten
zu der, wie es Klaus Gestwa später formulierte, »provokanten These« vom »Öko-
zid« der Sowjetunion.[50] Martin Jänicke sprach am Ende der 1980er Jahre vom
»umweltpolitischen Staatsversagen im realen Sozialismus« und nannte als Ursachen
industrielle Gigantomanie, den Kult des quantitativen Wachstums, die
»Tonnen«lastigkeit der Produktion und die Ressourcenverschwendung. Hinzu
kam als grundlegendes Entwicklungshemmnis der hierarchische Zentralismus in
Bürokratie und Industrie.[51] In den Arbeiten über Sibirien wird auf die Umweltprobleme allerdings immer wieder hingewiesen, wobei bisweilen in der Darstellung
ein durchaus ambivalentes Verhältnis zwischen dem industriellen »Fortschritt« und
den sich daraus ergebenden Umweltproblemen deutlich wird.[52]

So wie im Verständnis der bolschewikischen Revolutionäre des Jahres 1917 die
Revolution plan- und machbar war, so waren auch die Kräfte der Natur plan- und
beherrschbar. Die Natur galt nicht wenigen Bol'ševiki und der ihnen nahestehenden
Intelligencija als ein »Feind« des Menschen, der zu besiegen war, der besiegt werden
mußte, um das irdische Paradies zu schaffen.[53] Jahrzehntelang war darüber hinaus
nicht nur die Führung der Kommunistischen Partei der Sowjetunion davon überzeugt, daß die Ursachen der Umweltprobleme in den gesellschaftlichen Produkti-
onsverhältnissen des Kapitalismus zu suchen seien. Diese ausschließlich am Profit
orientierte Naturausbeutung verhindere, so die sowjetische Sicht, eine rationale
und nachhaltige Naturnutzung. Der Kapitalismus führe daher zu einer rücksichtslosen Ausbeutung und Belastung der Natur. Das Profitinteresse im Kapitalismus
stand, so die These, im Widerspruch zu einem wirkungsvollen Umweltschutz.[54]

Daraus ergab sich zwingend, daß eine Lösung der Umweltproblematik nur im
Sozialismus möglich war, denn nur dort konnte der Antagonismus zwischen
Mensch und Gesellschaft überwunden und ein grundsätzlich neues Verhältnis
der Natur zur Gesellschaft erreicht werden.[55] Umweltprobleme im Sozialismus
waren daher per definitionem ausgeschlossen und wurden lange Zeit in der Sowjetunion auch nicht wahrgenommen. Hinzu kam die Überzeugung, daß die
natürlichen Ressourcen des Landes unerschöpflich seien. Dies war ein weiterer
Grund, warum auf die Natur keine Rücksicht genommen werden mußte. Sie war
in unbeschränktem Maße vorhanden und damit im Prinzip auch nicht zerstör-
bar.[56] Wenn es doch Umweltprobleme in der Sowjetunion gab, so waren sie

temporäre Erscheinungen, die auf dem Weg zum vollendeten Sozialismus von selbst verschwinden würden.[57]

Eine feindliche Natur in dem eben beschriebenen Sinn fand sich in ganz besonderem Maße in Sibirien. Hier herrschten klimatische Bedingungen, die das menschliche Leben erschwerten, teils fast unmöglich machten, Flüsse und Ströme flossen in eine Richtung, die ihre wirtschaftliche Nutzung behinderten. Zugleich aber war in Sibirien alles im Überfluß vorhanden: Rohstoffe und natürliche Ressourcen wie Wasserkraft. Sie sollten und mußten genutzt werden und den Menschen dienen. Es galt, die Natur zu unterwerfen. Dennoch gab es auch in der Sowjetunion durchaus Natur- und Umweltschutz. In der Frühphase des Sowjetstaates wurde der im Zarenreich praktizierte Naturschutz – es bestanden fünf Naturschutzgebiete – fortgesetzt. Vor allem nach dem Ende des Bürgerkrieges wurden entsprechende Dekrete erlassen, die den Erhalt der Natur, beispielsweise des Baikalsees, garantieren sollten.[58]

Als, wie im vorigen Kapitel beschrieben, unter Stalin der Industrialisierungsprozeß in der Sowjetunion mit der Verabschiedung des Ersten Fünfjahresplans 1928 massiv vorangetrieben wurde, standen Fragen des Umwelt- und Naturschutzes nicht mehr auf der Tagesordnung. Stattdessen begannen die Planungen für gigantische Projekte zur Umgestaltung der Natur und zum Bau von Eisenbahnlinien, wie etwa der Baikal-Amur-Magistrale (BAM), die dann allerdings erst in der Brežnev-Zeit verwirklichen wurde. Der aus dem Jahre 1949 datierende »Große Plan zur Umgestaltung der Natur« sah beispielsweise vor, einen Teil der sibirischen Flüsse nach Süden umzuleiten.[59] Ökologische Folgen spielten dabei keine Rolle. Im Vordergrund dieser Maßnahmen zur Umstrukturierung der Natur standen weniger ökonomische Interessen als vielmehr die Legitimation des sozialistischen Systems, die Überzeugung, daß alles Planbare auch durchführbar war. In diesem Kontext sind jene ökonomisch völlig sinnlosen Projekte wie der Bau des Weißmeerkanals zu sehen, der zu einem Mythos stilisiert wurde.[60]

Auch aus propagandistischen Gründen wurden in den 1970er Jahren sehr strikte Grenzwerte für die maximal zulässige Schadstoffkonzentration in Gewässern eingeführt, die in völligem Gegensatz zu den rücksichtslosen Eingriffen in das Ökosystem und die hemmungslose Ausbeutung der Naturressourcen standen. Damit sollte der westlichen Welt, insbesondere den USA, gezeigt werden, daß man in der Sowjetunion die Natur besser vor Schaden zu bewahren imstande war als im Kapitalismus. Jedoch konnten diese Grenzwerte überhaupt nicht eingehalten werden. Da, wie Höhmann bemerkt, offenkundig Unmögliches gefordert wurde, wurde noch nicht einmal das Mögliche getan.[61]

In der Theorie kann die sowjetische Umweltpolitik, die in der Praxis nicht existierte, als mustergültig betrachtet werden. Die gesetzlichen Maßnahmen für den Umweltschutz traten erheblich früher als im Westen in Kraft und sollten der Welt die im Sozialismus unternommenen Anstrengungen zur Bewahrung der Natur und ihrer Ressourcen demonstrieren. In der Regierungszeit Brežnevs erhielten Umwelt- und Naturschutz sogar Eingang in die neue Verfassung des Jahres 1977.[62] Weitere strenge Verordnungen und Gesetze folgten. Dahinter verbarg sich ein politisches Kalkül, das den fortschrittlichen Charakter der Sowjetunion betonen sollte.

Denn inzwischen hatten der hemmungslose Industrialisierungsprozeß und die mangelhaften Schutzmaßnahmen bereits so große Schäden verursacht, daß sogar der Oberste Sowjet und der Ministerrat, die letztlich für die sowjetischen Umweltpolitik verantwortlich waren, tätig werden mußten. Jedoch hatte die Umweltgesetzgebung einen eher deklamatorischen Charakter mit zahlreichen Lücken, die entsprechend genutzt wurden. In der Realität wurden sie kaum oder nur völlig unzureichend angewandt.[63] Dafür lassen sich verschiedene Ursachen anführen. Zum einen waren jene Ministerien, denen die wirtschaftliche Ausbeutung der Ressourcen oblag, auch für den Umweltschutz zuständig. Dementsprechend mußte das Fischereiministerium einerseits die entsprechende Fangquote im Rahmen des bestehenden Fünfjahresplanes erfüllen, andererseits die Fischbestände schützen.[64] Grundsätzlich stand dabei die Erfüllung oder Übererfüllung des Fünfjahresplanes im Vordergrund, der Umweltschutz spielte keine große Rolle, denn die Überwachung war entweder gar nicht vorhanden oder bestechlich oder verhängte Bußgelder, die erheblich geringer waren als die Kosten für Umweltschutzmaßnahmen, etwa der Einbau von Filteranlagen etc. Daher nahmen die Betriebe solche Strafen in Kauf und setzten ihre Umweltverschmutzung fort.[65]

Die Gesetze, Richtlinien und Bestimmungen zum Umweltschutz wurden zudem von mehreren unterschiedlichen Ämtern und staatlichen Institutionen erlassen. So war für die Luftverschmutzung das Staatskomitee für Hydrometeorologie und Umwelt zuständig, das zugleich die Wettervorhersagen machte und sich mit der Durchführung der amerikanisch-sowjetischen Umweltvereinbarungen beschäftigen mußte. Die Überwachung der Gewässer oblag hingegen einer Abteilung des Gesundheitsministeriums, die der verkehrsbedingten Emissionen einer Behörde beim Innenministerium. Schließlich gab es noch in zahlreichen Ministerien jeweils eigene Abteilungen für den Umweltschutz, so unter anderem bei den Ministerien für Landwirtschaft, Forsten und Nahrungsmittelindustrie. Sie alle trieben meist gänzlich unabhängig voneinander ihre je eigenständige Umweltpolitik.[66]

Ein Umdenken in Fragen des Umweltschutzes setzte in der Sowjetunion sowohl in den Reihen der Partei als auch in der Gesellschaft erst nach der Reaktorkatastrophe von Černobyl' im Jahre 1986 ein. Erst dieses zunächst verschwiegene und verheimlichte Ereignis mit seinen schrecklichen Folgen und globalen Auswirkungen bewirkte einschneidende Veränderungen.[67] Danach kam es zur Entstehung unabhängiger Umweltbewegungen, die zuvor verboten waren. Die vom Staat kontrollierte »Gesellschaft für den Naturschutz« hatte zwar angeblich 19 Millionen Mitglieder und war damit die größte Bewegung dieser Art weltweit, doch besaßen die Mitglieder keine Möglichkeit, von sich aus aktiv zu werden. Häufig wurden die Belegschaften ganzer Fabriken oder Schüler zu Mitgliedern erklärt, ohne daß diese davon wußten.[68]

Bereits Mitte der 1970er Jahre fand die Umweltproblematik auch Eingang in die nationalen Dissidentenbewegungen. Als einer der ersten erklärte der spätere georgische Präsident Zviad Gamsachurdia in einer Samizdat-Publikation die Errichtung der Flußkraftwerke in Westgeorgien als »heimliche Politik der Russifizierung«.[69] Solche Einstellungen und Meinungen verstärkten sich kurz vor, vor allem aber in der Zeit der *Perestrojka*, und es kam in einigen Teilrepubliken der Sowjetunion zur Bildung von Umweltbewegungen, bei denen sich mit den ökologischen Zielsetzun-

gen auch nationalistische und separatistische Töne verbanden. Sie verstärkten sich
nach der Katastrophe von Černobyl' und gewannen eine entsprechende Wirkmäch-
tigkeit. Beinahe alle ethnisch-nationalen und separatistischen Bewegungen, die sich
dann in der Gorbačev-Zeit artikulierten und zum Zusammenbruch der Sowjetunion in nicht geringem Maße beitrugen, entstanden aus solchen Protestbewegungen
gegen Umweltschäden.[70]

6. Die Verschmutzung des Baikalsees

Die langen und äußerst kalten Winter in Sibirien lassen die dortigen Gewässer
besonders sensibel auf Verunreinigungen reagieren. Aufgrund der langen Vereisung
der Wasseroberflächen bilden sich im Wasser weniger Mikroorganismen, die bestimmte Schadstoffe absorbieren können.[71] Zudem führen die langen und kalten
Wintermonate dazu, daß mehr geheizt und mehr Strom verbraucht wird. Dies
wiederum bewirkt einen weit höheren Grad der Luftverschmutzung in Sibirien als
im europäischen Teil der Sowjetunion bzw. heute in der Russischen Föderation.[72]
Obwohl all dies in der Sowjetunion grundsätzlich bekannt war, und gerade der
Baikalsee ein weltweit einzigartiges Ökosystem darstellt, wurden weder für die
sibirischen Flüsse noch für den Baikalsee besondere Schutzmaßnahmen getroffen.
Im Gegenteil, in Bajkal'sk, am Südufer des Sees, wurde eine extrem umweltgefähr-
dende Zellulosefabrik errichtet, und bei Bratsk an der Angara ein riesiges Wasserkraftwerk gebaut. Vor allem die Umweltgefährdungen am Baikalsee führten zu
einem ersten großen Widerstand weiter Teile der Bevölkerung und zur Bildung
einer ersten, von der sowjetischen Führung unabhängigen Umweltbewegung. Diese Debatte um den Schutz des Baikal erregte auch international großes Interesse.
    Die Baikalregion gehört seit 1996 zum Weltnaturerbe der Menschheit. Der Name
des Sees kommt aus dem Burjatischen und bedeutet »reicher See«, denn er ist reich
an Fischen. Im Mongolischen heißt er »Dalai-Nor« (Heiliges Meer), er ist für die
Russen der »Brunnen des Planeten«, die »Perle Sibiriens« und »Das blaue Herz der
Taiga«.[73] Seine Einmaligkeit läßt auch Naturwissenschaftler von einem »biologi-
schen Wunder« sprechen. Er ist der tiefste (1.637 Meter), älteste (über 30 Millionen
Jahre) und vom Wasservolumen her größte See der Erde, etwa so groß wie Belgien.
Er enthält zwanzig Prozent der Süßwasserreserven der Welt und besitzt das reinste
Wasser und die älteste Seefauna.[74] Der Mineralgehalt des Wassers liegt um 25 bis
fünfzig Prozent niedriger als in den anderen Süßwasserseen der Erde, d.h. die
Wasserqualität entspricht der von destilliertem Wasser.[75] Im Baikal leben zahlreiche
Tier- und Fischarten, die nur dort vorkommen, so der Golomjanka, ein durchsich-
tiger Fisch, der lebende Junge zur Welt bringt, und die einzigen Süßwasserrobben
der Welt, die Johann Georg Gmelin 1735 als erster beschrieben hat und über deren
Herkunft die Wissenschaftler noch heute rätseln.[76] Niemand weiß genau, wie viele dieser Tiere heute noch im See leben. Die Zählungen schwanken im Abstand
weniger Jahre erheblich.[77] Trotz aller Umweltschäden und Verunreinigungen ist
das Wasser des Baikal noch so sauber, daß es ohne Filterung als Tafelwasser abgefüllt

wird.[78] Neben seiner biologischen und ökologischen Funktion besitzt der See bei den am östlichen Ufer lebenden Burjaten, die lamaistische Buddhisten sind, eine große religiöse Bedeutung.

Da der See mit der Angara nur einen Abfluß besitzt, verläuft der Wasseraustausch sehr langsam, im Schnitt einmal in 200 Jahren. Deshalb ist der Baikal äußerst anfällig für Verschmutzungen jeder Art, denn die Schadstoffe werden nur extrem langsam herausgespült. Daher sind etwa die im See lebenden Flohkrebse von großer Bedeutung für das Ökosystem, denn sie filtrieren das Wasser des Sees. Aber auch sie reagieren sehr empfindlich auf jede Art von Verunreinigung. Sollten diese Krebse aussterben, so würde dies mit einiger Sicherheit zum Zusammenbruch des ökologischen Systems führen.[79] Zur Reinheit des Wassers trägt auch die Art der Felsen im Wasserbett bei, und die tiefen Temperaturen hemmen die Gasbildung, was zur Verringerung der Salzbildung führt. Im Prinzip ist der Baikal, wie es ein sowjetischer Wissenschaftler sehr rationalistisch formuliert hat, ein »biologischer Filter zur Produktion von enormen Mengen sauberen Wassers«, denn das in den See einströmende Wasser ist erheblich verschmutzter als das, das wieder hinausfließt.[80]

Auch im Falle dieses Naturwunders folgte die sowjetische Politik ihrer Devise, daß er eine unerschöpfliche Naturressource sei. Zunächst wurde 1955 in der Nähe von Irkutsk ein Staudamm errichtet, der die Angara, den einzigen Abfluß des Sees, für die Stromerzeugung aufstaute. Seit dieser Zeit entstand dort eine Kaskade von Kraftwerken, die nicht nur Strom für die dort lebende Bevölkerung lieferten, sondern auch für die sich dort ansiedelnde Schwerindustrie.[81] Das erste dortige Wasserkraftwerk entstand seit 1954 bei Bratsk, da dort die Angara durch eine Engstelle fließt. Nach dreizehnjähriger Bauzeit produzierten alle Turbinen Strom. Zu jenem Zeitpunkt war die riesige Staumauer die größte der Welt. Sie zeugte im damaligen Selbstverständnis der Sowjetunion vom »Pioniergeist« und galt als »Stolz der Nation«, als ein Symbol für die Erschließung der gewaltigen natürlichen Potentiale Sibiriens.[82] Die extreme Natur Sibiriens konnte beherrscht und verfügbar gemacht werden. Die Sowjetunion stand damit an der Spitze des technischen Fortschritts. Allerdings mehrten sich auch damals schon die kritischen Stimmen. Das große Poem des Dichters Evgenij Evtušenko »Das Bratsker Wasserkraftwerk« (*Bratskaja GĖS*) konnte lange Zeit nicht vollständig erscheinen, denn die darin beschriebene Parallelisierung der Sklavenarbeit beim Pyramidenbau mit dem Bau des »sozialistischen Pionierwerkes« stieß auf erhebliche Ablehnung.[83]

Die Wasser des Stausees überfluteten weit über einhundert Dörfer, fast 120.000 Menschen mußten ihre Heimat verlassen, Tausende Hektar wertvoller Ackerfläche gingen verloren.[84] Es entstand die neue Stadt Bratsk und mit ihr zahlreiche neue Fabriken, darunter ein Aluminiumwerk, das stark umweltbelastend ist. Große Auswirkungen auf die Umwelt hatte auch der noch größere Stausee bei Krasnojarsk, der zu deutlichen Klimaveränderungen in jener Region geführt hat. Seit dem Ende der 1960er Jahren ist eine deutliche Zunahme von Regen und Nebel zu beobachten, auch friert der Enisej nun nicht mehr zu, der Stausee allerdings doch.

Während dieser zerstörerischen Eingriffe in die Natur, insbesondere in der Baikalregion, begannen die Menschen dort, sich erstmals in der Geschichte der Sowjetunion gegen diese Politik zu wehren. Mit an der Spitze dieser ersten nicht-staatlichen Umweltbewegung in der Sowjetunion stand der Schriftsteller Valentin G. Rasputin, der 1937 in einem Dorf an der Angara geboren wurde. In seinem Roman »Abschied von Matjora« schilderte er dessen Versinken in den Wassermassen des Stausees bei Irkutsk, der in den 1950er Jahren für ein neues Wasserkraftwerk angelegt wurde. Sibirien und der Baikal standen und stehen im Mittelpunkt des schriftstellerischen Werkes Rasputins und seines Engagements in der Umwelt- und Bürgerbewegung.[85] Während der Perestrojkazeit gehörte er einer Regierungskommission zum Schutz des Baikal an.[86] In einem Gespräch mit dem Fernsehredakteur Klaus Bednarz beschwor er am Ende des letzten Jahrhunderts den Mythos des Baikal, dem »ein mächtiger Geist« innewohne, »ein Geist der Reinheit und Gerechtigkeit«. Der Mensch müsse die Natur achten.[87] Sicherlich ist jeder, der auch nur einmal in seinem Leben dieses großartige Naturwunder gesehen hat, von dessen Schönheit und der Majestät der Natur ergriffen. Der Anblick wird ihm auf immer in seinem Gedächtnis bleiben. Aber ein spezifischer »Geist der Reinheit und Gerechtigkeit« ist seinerzeit während eines Aufenthaltes am und auf dem Baikal dennoch nicht über mich gekommen, was möglicherweise an der gewissen Nüchternheit einer durch Wissenschaft geprägten Wahrnehmung liegen mag.

Rasputin gehörte neben Vasilij Belov, Viktor Astaf'ev und Vladimir Solouchin zum Kreis der sogenannten Dorfschriftsteller.[88] Die meisten Vertreter dieser literarischen Richtung stammten aus den Randgebieten der Sowjetunion und beschrieben in ihren Werken das Eindringen der Moderne in die ländliche Welt. Sie »thematisierten den Zusammenhang von fortgesetzter Naturbeherrschung und wachsendem Kulturzerfall«.[89] Der »Fortschritt« galt ihnen nicht grundsätzlich als Wert an sich, technologische Entwicklungen nicht als Ziel an sich. Es ging ihnen in ihrem Kampf gegen die Zerstörungen der Umwelt und des Lebensraumes nicht nur um ökologische Fragen, sondern wie bei allen Umweltbewegungen um eine Fundamentalkritik des rücksichtslosen industriell-technologischen Fortschritts, um die Bewahrung und Rettung der weitgehend bereits untergegangenen Welt des russischen Dorfes als Hort einer spezifisch russischen Kultur.

Rasputins Engagement begann im Kampf gegen den Bau der Zellulosefabrik am Südufer des Sees, für die erste Pläne bereits 1957 an die Öffentlichkeit gelangten. Der Bau dieser Fabrik war zwar eine der Folgen des Irkutsker Wasserkraftwerks, denn ohne dies hätte der notwendige Strom gefehlt, wurde aber eindeutig von militärischen Gesichtspunkten bestimmt, denn für die Reifen sowjetischer Kampfflugzeuge benötigte man eine besondere Cordzellulose, die zuvor aus Kanada und Schweden importiert worden war. In den Zeiten des sich verschärfenden Kalten Krieges war dies aber nicht mehr möglich. Nun mußte diese Zellulose, für deren Herstellung absolut reines Wasser benötigt wird, in der UdSSR produziert werden. Auf sowjetischem Territorium gab es dieses Wasser in ausreichender Menge aber nur am Baikalsee.[90] Als »Kind des Kalten Krieges« hat Klaus Bednarz dieses »Monster« noch am Ende der 1990er Jahre beschrieben. »Wie eine offene, schwärende Wunde liegt es am Südufer des Baikalsees und stößt aus riesigen Schloten dicke Wolken weißen und schmutziggrauen Rauches aus, der wie Nebel über die gesamte Umgebung zieht, bis hinauf zu den Spitzen der bewaldeten Berghänge. Zuweilen legt er sich als schmieriger Film aufs Land und den See.«[91]

Die Debatte um den Schutz des Sees begann Ende 1961, fast zeitgleich mit dem 22. Parteitag der Kommunistischen Partei, auf dem Partei- und Regierungschef

Nikita Chruščev seine Abrechnung mit Stalin und dem Stalinismus, die fünf Jahre zuvor auf dem 20. Parteitag mit der berühmten »Geheimrede« begonnen hatte, fortsetzte. Der einbalsamierte Leichnam des toten Diktators wurde daraufhin in einer Nacht- und Nebelaktion aus dem Mausoleum auf dem Roten Platz entfernt und an der Kremlmauer beigesetzt. Noch einmal setzte auf kulturellem Gebiet ein kleines »Tauwetter« ein. Der Schriftsteller Evgenij Evtušenko veröffentlichte ein Jahr später sein berühmtes Gedicht »Die Erben Stalins« (*Nasledniki Stalina*), sein Kollege Alexander Solženicyn mit Chruščevs Billigung seinen Roman »Ein Tag im Leben des Ivan Denisovič«, der mit der literarischen Aufarbeitung des sowjetischen Lagersystems (GULag) begann.

Eine öffentliche Debatte, so zeigte sich, war in der Sowjetunion nur wenige Jahre nach dem Tod des Diktators und seines Terrorregimes wieder möglich. Wissenschaftler, die sich mit dem Ökosystems des Baikal beschäftigten, wiesen in einer Stellungnahme auf die drohenden Gefahren hin. Ihnen schlossen sich die Sibirische Abteilung der Akademie der Wissenschaften, regionale und zentrale Behörden für Fischerei und Gesundheit und schließlich auch bekannte Schriftsteller, Regisseure und weitere Prominente an, Kulturschaffende, wie es in der Sprache der Sowjetunion hieß. In den Zeitungen des Jugend- und des Schriftstellerverbandes, der *Komsomol'skaja Pravda* (Die Wahrheit des Komsomolzen) und der *Literaturnaja Gazeta* (Literaturzeitung), sogar in den offiziellen Partei- und Regierungsblättern wie *Pravda* (Die Wahrheit) und *Izvestija* (Nachrichten) erschienen zahlreiche Artikel, die sich entschieden gegen das Projekt wandten. Die Proteste führten immerhin zur Bildung einer hochrangigen Beraterkommission, der auch Mitglieder der Akademie der Wissenschaft angehörten. Zwar konnte der Bau des Kombinates nicht verhindert werden, aber erstmals wurden zentrale Wirtschaftspläne einer heftigen öffentlichen Kritik unterzogen.[92] Bereits wenige Monate nach der Inbetriebnahme 1966 zeigte sich die hohe Umweltbelastung durch das neue Werk. Die festgelegten Abwassergrenzwerte wurden in den ersten vier Monaten einhundertmal überschritten, im folgenden Jahr etwa 350mal.[93] Manchmal funktionierte die Kläranlage nicht, so daß die Abwässer ungefiltert in den See gelangten. Zur Wasserverschmutzung kam noch eine hohe Emission von Schadstoffen in die Luft, die sich auf dem See niederschlugen und die umliegenden Wälder schädigten.[94]

Neben Rasputin waren es vor allem seine Kollegen Leonid M. Leonov und Michail A. Šolochov, die sich auch weiterhin stark engagierten. Der Literaturnobelpreisträger Šolochov sprach sich in einer Rede auf dem 23. Parteitag der KPdSU 1966 gegen den Holzeinschlag am Baikal und gegen die Zellulosefabrik aus und plädierte für Fabriken, die den See nicht ins Verderben stürzten. »Ich fürchte, unsere Nachkommen werden es uns nicht verzeihen, wenn wir ›den herrlichen Baikal, das heilige Meer‹, nicht erhalten.«[95] Šolochov attackierte in seiner Rede allerdings zugleich völlig systemkonform die dissidenten Schriftsteller Andrej D. Sinjavskij und Julij M. Daniel', die kurz zuvor wegen »antisowjetischer Propaganda« zu mehrjähriger Zwangsarbeit verurteilt worden waren.[96] Seine exponierte Stellungnahme gegen das vom Ministerium für Holz- und Papierwirtschaft betriebene Zellulosekombinat erregte daher inner- und außerhalb der Sowjetunion einiges Aufsehen.

Schriftsteller, Wissenschaftler und Bürger engagierten sich gegen das Werk und die damit verbundene Umweltzerstörung. Allerdings erreichten sie ihr Ziel nicht, denn das Kombinat stellte ein wichtiges militärisches Produkt her. In der Öffentlichkeit wurden die Kritiker als vaterlandslose Gesellen gebrandmarkt. Diese wiederum scheuten auch vor nationalistischen Tönen nicht zurück, der Baikal wurde zum Symbol der Reinheit, dessen Verschmutzung als Verbrechen angesehen wurde. Obwohl die Stillegung der Fabrik nicht erreicht werden konnte, gab es dennoch Erfolge zu verzeichnen. Der sowjetische Ministerrat erklärte 1969 das Baikalbecken zu einer Naturschutzzone und erließ strengere Bestimmungen für die Schadstoffemission. Bald darauf erfolgte auch die Installation besserer Filteranlagen, so daß die Verschmutzung des Sees leicht zurückging.[97] Die offene Kritik an spezifischen Formen der sowjetischen Umweltpolitik, die in diesen Fällen auch von ansonsten systemtreuen Intellektuellen geäußert wurde, trug zu einem veränderten Umweltbewußtsein im Lande bei. Solche offenen und dazu noch erfolgreichen Meinungsäußerungen gegen die vom System betriebene Politik waren eine Ausnahme, zeigen aber, daß sich das System, wenn auch in einem engen Rahmen, durchaus beeinflussen ließ. Im Verlaufe dieser Diskussion um den Baikal formierte sich die bis heute immer noch sehr aktive und stärkste sibirische Umweltschutzbewegung, die »Ökologische Baikal-Welle« mit Sitz in Irkutsk.[98]

Erst die Perestrojkazeiten und das Ende der Sowjetunion führten zu größeren Veränderungen. Eine Entschließung des Ministerrates vom April 1987 sah eine »Umprofilierung« der Zellulosefabrik in eine Möbelfabrik vor, da Cordzellulose heute auch auf anderem Wege hergestellt werden kann und außerdem nicht mehr so dringend benötigt wird. Dagegen allerdings erhoben die Umweltschützer ihre mahnende Stimme, da auch die Herstellung von Möbeln mit zahlreichen Schadstoffen einhergeht. Eine Schließung des Werkes hätte jedoch zu erheblichen sozialen Problemen geführt, denn die Stadt Bajkal'sk ist weitgehend von ihm abhängig.[99] Anfang der 1990er Jahre wurde das Werk in eine Aktiengesellschaft mit ausländischer Beteiligung umgewandelt. Aufgrund der durch Exporte verbesserten finanziellen Lage des Unternehmens konnten vermehrt umwelttechnologische Anstrengungen unternommen werden. Dazu trugen auch Programme der Europäischen Union bei, so daß ortsansässige Wissenschaftler und auch die Vereinten Nationen die Situation inzwischen recht positiv einschätzen und nur noch von einer »lokalen« Wasserverschmutzung sprechen.[100] Dennoch besteht kein Anlaß zu einer allgemeinen Entwarnung.

7. Das Projekt zur Umleitung der sibirischen Flüsse

In noch stärkerem Maße als bei der Errichtung der Zellulose- und Papierfabriken am Baikal bedrohte das von grenzenloser Gigantomanie geprägte Projekt der Umleitung der sibirischen Flüsse die Natur Sibiriens. Sie haben zwar im Prinzip nur eine geringe wirtschaftliche Bedeutung, wenn man von den Wasserkraftwerken absieht, aber der Grad ihrer Verschmutzung war schon am Ende der 1980er Jahre extrem hoch. Vor allem über den Ob' und den Enisej gelangen die Abwässer der sibirischen Industriegebiete in das Eismeer. Der Enisej und seine Zuflüsse nahmen schon damals pro Jahr etwa eine Milliarde Kubikmeter Abwasser auf, die Schadstofflasten lagen bei etwa 130.000 Tonnen. Auch der Ob' wurde zu jener Zeit jährlich nicht nur mit mehr als 100.000 Tonnen Erdölprodukten verunreinigt, sondern auch durch Bor, Aluminium, Phosphor, Quecksilber und zahlreiche weitere Schadstoffe, was sich bis heute eher verschlechtert als verbessert hat.[101]

Bereits am Ende des 18. Jahrhunderts gab es Gedankenspiele, wie sich die Wasserressourcen dieser Ströme effizienter nutzen ließen. Als theoretisches Planspiel war dies relativ einfach, man mußte nur die Flüsse aus den Feuchtigkeitszonen in die Trockengebiete umleiten. Diese Zonen staffelten sich in der Sowjetunion von Norden nach Süden. Leitete man einen Teil der Abflüsse der sibirischen Flüsse in die trockenen Zonen um, so konnte das Wasser sinnvoll zur Bewässerung und damit zur Intensivierung der dortigen Landwirtschaft genutzt werden.[102] Diese Überlegungen beschränkten sich nicht nur auf Sibirien, sondern betrafen auch einige Flüsse im europäischen Teil des Landes.

Wasser wurde vor allem in Turkestan benötigt, wo seit den russischen Eroberungen in der Mitte der 1860er Jahre die Anbaufläche der Baumwolle aufgrund der günstigen klimatischen Bedingungen stetig vergrößert wurde. Die sowjetische Regierung intensivierte den Baumwollanbau immer stärker, bis er schließlich in einer Monokultur betrieben wurde. Dadurch stieg auch der Wasserbedarf beständig, und die Böden laugten mehr und mehr aus. Diese Form des Raubbaus an der Natur lag in der sowjetischen Wirtschaftspolitik begründet, die so lange wie möglich auf Quantität statt auf Qualität setzte. So verbrauchten die Bewässerungsanlagen in Turkestan sechsmal so viel Wasser wie ähnliche Anlagen in Israel.[103]

Das Resultat dieser Politik war die Austrocknung des Aralsees, dessen Wasserspiegel seit 1960 beständig sank, da dessen Zuflüsse Amu-darja und Syr-darja ihm immer weniger Wasser zuführten, weil es für die Baumwollplantagen genutzt wurde. In den 1970er und 1980er Jahren erreichte jeweils einer der beiden Flüsse sein Mündungsgebiet nicht mehr. Bis etwa Mitte der 1990er Jahre verringerte sich die Fläche des Sees um mehr als die Hälfte, so daß sich die ursprünglich am Ufer des Sees liegende Stadt Aral'sk heute rund einhundert Kilometer landeinwärts befindet. Verlandung und Versalzung hatten für die Region katastrophale ökologische Folgen, die als ein »stummes Černobyl'« beschrieben worden sind.[104] Die Trinkwasserversorgung der Bevölkerung konnte kaum noch gewährleistet werden, die Kindersterblichkeit lag viermal höher als im übrigen Rußland, die Böden versalzten durch Staubstürme und Tierarten starben aus oder ihre Bestände gingen dramatisch zurück, darunter auch der der in den dortigen Steppen heimischen Saiga-Antilope.[105]

Um das weitere Absinken des Wasserspiegels des Aralsees und des gleichfalls betroffenen Kaspischen Meeres zu verhindern, der verschmutzten Wolga frisches Wasser zuzuführen, die Anbauflächen weiterhin bewässern zu können und um eine ausreichende Trinkwasserversorgung zu gewährleisten, wurden diverse Pläne entworfen, die sibirischen Ströme in diese Region umzuleiten. Erste konkrete Ideen datieren bereits aus den 1860er Jahren, als ein russischer Agronom und Klimaforscher der Kaiserlich Russischen Geographischen Gesellschaft ein Projekt vorlegte, den Ob' und den Oberlauf des Enisej in das Becken des Aralsees und des Kaspischen Meeres umzuleiten. Nach seinen Berechnungen wäre dadurch der Wasserstand des Kaspischen Meeres um rund 70 Meter gestiegen, so daß Schwarzes und Kaspisches Meer ineinander übergegangen wären. Doch wurde dieser Plan von den Mitgliedern der Gesellschaft als so utopisch angesehen, daß er sogleich verworfen wurde.[106]

In den 1920er Jahren, nach dem Sieg der Oktoberrevolution, entwickelten mehrere Wissenschaftler unabhängig voneinander Pläne, die Flüsse Ob', Irtyš und Enisej aufzustauen und deren Wasser in den Süden umzuleiten.[107] Doch blieben auch diese Projekte Makulatur. Erst nach dem Ende des Zweiten Weltkrieges nahm ein Vorschlag M.M. Davydovs Gestalt an. Dieser Entwurf paßte in die Stalinsche Politik gigantischer Großprojekte, der »Großbaustellen des Sozialismus«. Davydov sprach von der »Aufgabe der Veränderung« der den Menschen umgebenden Natur, die für den Aufbau des Kommunismus und das Voranschreiten des Sowjetvolkes zum Kommunismus eine »vitale Bedeutung« habe.[108] Nach seinen Vorstellungen sollte der Ob' aufgestaut und das Wasser des dadurch entstehenden riesigen Stausees über eine Strecke von 4.000 Kilometern durch einen Kanal nach Süden zum Aralsee und von dort zum Kaspischen Meer geleitet werden. Die Kosten des Projektes lagen mit 100 bis 200 Milliarden Rubeln allerdings so hoch, daß eine Verwirklichung nicht in Betracht gezogen wurde. Zudem hätte der geplante Stausee die Städte Tobol'sk, Tjumen' und Kurgan sowie eine Teilstrecke der Transsib überflutet. Auch wurde eine Versumpfung weiter Teile der westsibirischen Tiefebene befürchtet.[109]

Seit dieser Zeit riß der Strom der Vorschläge zur Umleitung der sibirischen Flüsse nicht mehr ab. Nach Angaben von Klaus Gestwa sollen in den folgenden vier Jahrzehnten 185 Organisationen mit 68.000 Mitarbeitern an diversen Planungen beteiligt gewesen sein. Zahlreiche wissenschaftliche Studien wurden verfaßt und Milliarden von Rubeln ausgegeben. Es kam zu ersten riesigen Sprengungen, unter denen auch unterirdische Atomsprengungen waren. Diese »friedlichen« Sprengungen sollten den Beweis erbringen, daß die Umleitungen auf diese Weise kostengünstig bewältigt werden könnten.[110] Anfang der 1970er Jahre sah ein Projekt des Ministeriums für Bodenverbesserung und Wasserwirtschaft einen Stausee bei Tobol'sk vor, aus dem das Wasser des Irtyš in einem über zweitausend Kilometer langen Kanal zum Syr- und Amu-darja geleitet werden sollte. Auf dem 25. Parteitag der KPdSU 1976 wurde beschlossen, das Projekt der Flußumleitungen nach eingehender Prüfung zu realisieren, da sich die Verhältnisse in der Region des Aralsees und des Kaspischen Meeres zunehmend verschlechterten.[111] Am Ende der 1970er und zu Beginn der 1980er Jahre kam es zudem zu einer Reihe von Mißernten in der Sowjetunion. Das fehlende Getreide mußte gegen Devisen auf dem Weltmarkt gekauft werden. Wenn die eigenen Ernteerträge gesteigert werden konnten, so konnten die Importkosten in Höhe von rund zehn Milliarden Dollar in das Projekt der Flußumleitungen »sinnvoll« investiert werden.[112] Die sowjetische Regierung hat dieses »Jahrhundertprojekt«, für dessen Verwirklichung rund fünfzig Jahre eingeplant waren, bis zur Mitte der 1980er Jahre ernsthaft betrieben. Durch Eingriffe in die Naturgegebenheiten sollte »das Antlitz der Erde« grundlegend neu gestaltet werden. »Die Grandiosität dieses Vorhabens sollte die Bevölkerung mitreißen und seine Gegner als ängstliche Kleingeister herabwürdigen.«[113]

Der Kampf gegen dieses Projekt, das noch heute jede Vorstellungskraft übersteigt, begann früh und wurde lange und energisch geführt. Die Diskussionen erreichten am Anfang der 1980er Jahre, als der Beginn der Arbeiten unmittelbar bevorstand, eine in der Sowjetunion bis dahin nicht gekannte Intensität, die auch die der Debatte um den Baikal überstieg. Schriftsteller, Wissenschaftler und Medien waren daran beteiligt. An führender Stelle stand wiederum Valentin Rasputin, der durch sein schriftstellerisches Werk und sein Engagement für den Umweltschutz in der Sowjetunion allgemein bekannt war und ein hohes Prestige genoß.

Die Umweltschützer um Rasputin führten eine Reihe von Argumenten gegen das Projekt ins Feld. Dazu gehörten die beinahe unvorstellbar hohen Kosten. Diese Mittel, so meinten sie, könnten sinnvoller verwendet werden. Zudem zerstöre der Stausee von Tobol'sk Dörfer und Städte von kulturhistorisch unwiederbringlichem Wert. Sie argumentierten zudem, daß die Mittel besser für kleinere Projekte, etwa für Kläranlagen zur Verbesserung der Wasserqualität, verwendet werden sollten. Im Mittelpunkt aber standen die unvorhersehbaren ökologischen und klimatischen Folgen der Flußumleitungen. Wissenschaftler entwarfen mögliche Szenarien: einen Temperaturrückgang in der Karasee und die Versumpfung des westsibirischen Tieflandes. Schlimmstenfalls könne es sogar zu einer Änderung des Klimas kommen. Der Protest fand einen starken Widerhall in der sowjetischen Öffentlichkeit und erreichte auf dem 8. Schriftstellerkongreß – die Literaturzeitschrift *Novyj Mir* (Neue Welt) stand auf seiten der Umweltschützer – im Juni 1986 seinen Höhepunkt. Er ist schon damals als »Ökologiekongreß« bezeichnet worden.[114] Zahlreiche Redner, an ihrer Spitze der unermüdliche Valentin Rasputin, forderten eine sofortige Einstellung aller Arbeiten.

Die neue Regierung unter Michail S. Gorbačev, der den Umbau der Gesellschaft, die *Perestrojka*, auf seine Fahnen geschrieben hatte, gab unter dem Eindruck der massiven Proteste nach und kündigte das Ende des Projektes an. Hinzu kamen sicherlich auch die leeren Kassen des Sowjetstaates, dessen Wirtschaft sich auf einem rasanten Weg in den Abgrund befand. Für die Umweltschützer war es ein großer Sieg gegen ein »Wahnsinnsprojekt des Sowjetsystems«, wie Klaus Bednarz in seiner »Ballade vom Baikalsee« schrieb.[115] Die Stimme des Bürgers zählte nun auch in der Sowjetunion etwas. Mehr und mehr Großprojekte wurden beendet, Umweltprobleme und -zerstörungen intensiver wahrgenommen, nicht mehr nur die zahlreichen »Großbaustellen«, sondern auch die vielen kleinen und mittleren Katastrophen wurden in ihren Ausmaßen erkannt und diskutiert. Zwar bekam die Umweltpolitik in diesen Zeiten von *Perestrojka* und *Glasnost'* neue Impulse, für eine neue Politik fehlte allerdings vor allem das Geld, bei den »Altfunktionären«, die immer noch an vielen Schalthebeln der Macht saßen, aber auch der Wille zur Veränderung. So kann es nicht verwundern, daß Mitte der 1990er Jahre das Projekt von einem Regierungsvertreter noch einmal als Möglichkeit angesprochen wurde.[116]

Aber nicht nur diese »Großbaustellen des Kommunismus«, die ins Rampenlicht gerückt wurden, belasteten und belasten die Umwelt Sibiriens. Bedrohlich ist heute vor allem die Erdgas- und Erdölförderung im nördlichen Westsibirien. Die Region, zu der die Autonomen Bezirke der Chanten und Mansen sowie der Jamal-Nencen gehören, umfaßt rund eine Million Quadratkilometer, ist sehr dünn besiedelt und verfügt über fast keine Infrastruktur. Äußerst schwierig sind in dieser

Region die Naturbedingungen. Die Südhälfte, das Erdölgebiet, besteht überwiegend aus Sümpfen und Seen, die nördliche Hälfte, das Erdgasgebiet, aus durchfeuchteter Tundra mit Permafrostboden.[117]

Die Tundra, die nördlichste Vegetationszone, ist trotz ihrer Kargheit der Lebensraum zahlreicher Pflanzen und Tiere, vor allem von Rentieren, Wölfen, Schneehasen, Füchsen, zahlreichen Vogelarten und Mücken. Die Sommer sind ausgesprochen kurz und kühl, erst im Juli werden Plustemperaturen erreicht, und die Pflanzen können wachsen. Sie wachsen aber eben nur für eine sehr kurze Zeit und dementsprechend wenig. Wird das dortige Ökosystem gestört, so dauert die Regeneration der Pflanzenwelt sehr lange oder wird völlig unmöglich. Diese Gebiete sind die Weideflächen der Rentiere, ein von ihnen abgeweidetes Gebiet braucht etwa fünfzehn bis zwanzig Jahre, um zu regenerieren. Für eine Herde der dort lebenden Rentiernomaden, etwa 20.000 bis 25.000 Tiere, wird daher eine Fläche von der Größe des Saarlandes benötigt. Da die Menschen dort seit Jahrhunderten leben, wissen sie, wann sie wieder in ein abgeweidetes Gebiet zurückkehren können.[118] Neben den Hausrenen leben in der Tundra auch wilde Rene. Sie haben vor allem in den Wölfen ihre natürlichen Feinde, die den Bestand im Normalfall nicht so anwachsen lassen, daß er die Weidegebiete gefährdet. Wird dieser natürliche Feind dezimiert, so daß die wilden Herden überhandnehmen, werden sie zur Konkurrenz der Wirtschaftsherden. Seit den 1980er Jahren wurden die Wölfe, da sie auch in die Herden der Züchter einfielen, teilweise aus Hubschraubern gejagt und abgeschossen, wodurch sich ihre Population so stark verringerte, daß die wilden Rentiere zu einer Bedrohung der Wirtschaftsherden wurden.

Schlimmer aber noch sind die Gefahren für die Tundra und ihr Ökosystem durch die fortschreitende industrielle Nutzung, also die Öl- und Gasförderung, insbesondere durch die Räder oder Ketten der schweren Fahrzeuge. Zugleich sind zahlreiche neue Städte entstanden, die zur weiteren Verdrängung der indigenen Bevölkerung führten. Schon am Ende des vergangenen Jahrhunderts waren diese Zerstörungen so schwerwiegend, daß die Existenzgrundlage der Nencen und Mansen, die von der Rentierzucht leben, weitgehend vernichtet war. Wird die Vegetation, die sich wie eine Decke über den Permafrostboden legt, zerstört, so entstehen Sumpfgebiete anstelle der Tundra. Da Öl- und Gasförderung sich immer weiter verlagern, werden immer neue Gebiete in Mitleidenschaft gezogen. Seit dem Ende des 20. Jahrhunderts rückt die Gasförderung mehr und mehr in Richtung auf die Halbinsel Jamal vor. Die Folgen sind leicht absehbar, aber mittlerweile kaum noch zu beheben. Im nördlichen Sibirien und im Fernen Osten leben heute noch etwa dreißig verschiedene Ethnien, von denen einige gerade einmal ein paar Tausend Menschen umfassen. Einige von ihnen versuchen immer noch, ihre traditionale Lebensweise aufrechtzuerhalten, doch die meisten haben sich dem städtischen Leben angepaßt. Ihre schwierigen Lebensumstände zeigen sich in den geringen Geburtsraten, einer hohen Sterblichkeit und einer unter dem Durchschnitt liegenden Lebenserwartung.[119]

Mit dem Zusammenbruch der Sowjetunion kam nicht nur dort, sondern auch in den meisten anderen Ländern des ehemaligen Ostblocks die Umweltschutzbewegung an ihr Ende. Die Gründe dafür sehen viele Wissenschaftler im Zusammenhang zwischen Umweltschutz und den damit verbundenen Forderungen nach einer

Zivilgesellschaft. Für die »Träger des Neuanfangs in Osteuropa« war die Krise der Umwelt auch ein »Ausdruck von autoritärer Herrschaft und Fremdbestimmung«. »Sie dachten Demokratie und Ökologie zusammen.«[120] Diese Kontextualisierung ist heute gerade in der Russischen Föderation völlig beiseite gedrängt.

8. Die indigene Bevölkerung vom Tode Stalins bis zum Zusammenbruch der Sowjetunion

Auch in der poststalinistischen Zeit setzte sich in Sibirien der Russifizierungsprozeß fort. So verfügten beispielsweise die Jakuten in der eigenen Autonomen Republik im Jahre 1926 mit einem Bevölkerungsanteil von rund achtzig Prozent (241.000 Personen) über eine deutliche Mehrheit. Bis 1959 fiel ihr Anteil auf 46 Prozent (233.000 Personen), bis zum Ende der 1980er Jahre auf 33 Prozent, da zahlreiche Russen als Fachkräfte für die Diamantenbergwerke, den Staudammbau und späteren Betrieb der Kraftwerke einwanderten. In dieser Zeit wuchs die jakutische Bevölkerung immerhin um 62 Prozent. Die Jakuten befürchteten eine »Russifizierung« ihrer Region, und es kam zu erheblichen Spannungen zwischen ihnen, die in den 1970er und 1980er Jahren sogar zu Unruhen führten. Jedoch beschränkte sich dieser Prozeß auf die wenigen Städte, in den Dörfern lebten fast ausschließlich Jakuten. Sie sprechen auch heute noch zu 94 Prozent in der Republik Sacha ihre Muttersprache, was keineswegs selbstverständlich ist, denn ab 1967 erfolgte der Unterricht in den weiterführenden und sogar in den dörflichen Schulen nur in Russisch.[121]

Die Relationen lagen und entwickelten sich in den anderen beiden sibirischen Autonomen Republiken der RSFSR, also Burjatien und Tuva (Urjanchaj), durchaus unterschiedlich. 1959 betrug der Anteil der Burjaten an der nach ihnen benannten Republik gerade einmal zwanzig Prozent und stieg bis 1970 nur leicht um zwei Prozentpunkte. Fast drei Viertel der dortigen Bevölkerung waren Russen. In der Gegenwart haben sich die Verhältnisse etwas zugunsten der Burjaten verschoben, die nun rund 27 Prozent der Bevölkerung ausmachen.[122] In Tuva, das an die Mongolei, Burjatien, Chakassien sowie die Gebiete Krasnojarsk und Irkutsk grenzt, ist die Titularnation zur Zeit wieder mit rund 77% in der Mehrheit, während sie 1959 gerade einmal die Hälfte der Bevölkerung ausmachte. Tuva ist allerdings auch heute noch nur über zwei Straßenverbindungen oder das Flugzeug in die Hauptstadt Kysyl, den geographischen Mittelpunkt Asiens, zu erreichen und eines der abgeschiedensten Länder der Welt. Diese Abgeschiedenheit führte dazu, daß auch heute noch rund 99 Prozent der Tuviner an ihrer Muttersprache festhalten.[123] Die Erklärung für diese Unterschiede zeigt sich in diesem Falle am Grad der industriellen Entwicklung des jeweiligen Gebietes. Während Burjatien, durch dessen Gebiet die Transsib verläuft, an die modernen Verkehrsnetze angeschlossen ist und sowohl Industrie als auch Landwirtschaft entsprechend entwickelt sind, liegt Tuva am Rande Sibiriens und der Russischen Föderation und ist sowohl industriell als auch landwirtschaftlich wenig »erschlossen«.

Entwicklungen wie in Jakutien lassen sich auch für die übrigen Gebiete des Nordens feststellen. Vom Ende der 1950er bis zum Ende der 1970er Jahre gerieten die Nencen auf der Jamal-Halbinsel, die Chanten und Mansen sowie die Čukčen in ihren angestammten Siedlungsgebieten fast völlig in die Minderheit. Am höchsten war nach rund zwanzig Jahren noch der Anteil der Korjaken in ihrer gering entwickelten Region mit rund 23 statt zuvor knapp 28 Prozent, während es auf Čukotka nur noch neun statt zuvor über 25 Prozent waren und im ölreichen Gebiet von Chanten und Mansen der Prozentsatz von 14,5 auf gerade einmal 3,2 Prozent fiel.[124] Dort wurde die indigene Bevölkerung in sowjetischer Zeit zwangsweise in Dörfern angesiedelt und so von ihren Jagd- und Fischgründen abgeschnitten.[125] Trotz dieses sinkenden Prozentsatzes gibt es, darauf weist Forsyth ausdrücklich hin, heute weit mehr indigene Sibirier als je zuvor. 1989 waren es rund 1,61 Millionen, was allerdings nur fünf Prozent der Gesamtbevölkerung Sibiriens entsprach, die damals rund 32 Millionen Menschen umfaßte. In den dreißig Jahren zwischen 1959 und 1989 wuchs die indigene Bevölkerung Sibiriens um 69 Prozent, während die russische Bevölkerung in der Sowjetunion nur um 27 Prozent anstieg. Dabei ist allerdings zu berücksichtigen, daß Revolution, Bürgerkrieg und die Zeit des Stalinismus unter der einheimischen Bevölkerung erhebliche Opfer gefordert hatten, denn zwischen 1897 und 1939 sank sie in absoluten Zahlen von 861.900 auf 816.900. Erst die lange Zeit einer ruhigeren Entwicklung nach 1953 ermöglichte diesen Anstieg.[126] Trotz dieser Entwicklung entspricht die größte indigene sibirische Nation der Burjaten mit rund 422.000 Menschen noch nicht einmal der Bevölkerungszahl einer mittleren russischen Großstadt.[127]

Im Zentrum der sowjetischen Politik nach dem Zweiten Weltkrieg stand, wie es oben beschrieben worden ist, die weitere Industrialisierung Sibiriens und die Nutzung der riesigen Rohstoffvorräte. Von daher wurden die Interessen der indigenen Bevölkerung eher am Rande wahrgenommen. Dennoch galt es, sie verstärkt in das sozialistische System zu integrieren. So wiesen das Zentralkomitee der Partei und der Ministerrat gemeinsam im März 1957 die vor Ort agierenden Ministerien und Betriebe an, die einheimische Bevölkerung bei ihren industriellen und landwirtschaftlichen Projekten zu berücksichtigen und sie zu integrieren. Dies sollte hauptsächlich durch die Intensivierung der traditionalen Wirtschaft, Rentierzucht, Jagd und Fischfang, geschehen, wobei durchaus der Aufbau einer industriellen Nutzung angestrebt wurde, also etwa die Errichtung einer Fabrik für Fischkonserven.[128]

Zugleich galt es auch, den Prozeß der Seßhaftwerdung, wie ihn Joachim Habeck für die Evenken beschrieben hat, durchzusetzen.[129] Die Konzentration der nomadisierenden Bevölkerung in größeren Siedlungen ermöglichte eine bessere Überwachung, war in den Augen der sowjetischen Organe erheblich wirtschaftlicher und stärkte das Kollektiv. Diese Bevölkerungskonzentration wurde von oben dirigiert und nötigte die Nomaden, ihre traditionale Lebensweise aufzugeben. »Da die neuen Zentren zu weit von den bis dahin bewirtschafteten Jagd- und Weidegründen entfernt lagen, wurde die Nutzung eines nicht unbeträchtlichen Teiles des Territoriums aufgegeben.« Das hölzerne Haus verdrängte das Zelt immer mehr.[130] Die Lebensformen änderten sich grundsätzlich. In sowjetischer Terminologie bedeutete dies die Schaffung eines *ukrupnenie*, einer ländlichen Siedlung, gemeint aber war die Konsolidierung eines seßhaften Lebens. Immer noch war die agrarische Produktionsweise der indigenen Bevölkerung in den Augen der sowjetischen Bürokraten ineffizient, und die Bevölkerung widerspenstig und störrisch. In den auch weiterhin praktizierten Formen der Fischerei oder der Rentierzucht war der Fischer im Winter arbeitslos und erbrachte keinen Ertrag, die Frauen der Rentierzüchter galten als unterbeschäftigt und zugleich ausgebeutet.[131] Effizient und effektiv waren die Großbetriebe, auch die agrarischen, denn die kleinen Kolchosen basierten immer noch auf den traditionalen sozialen Einheiten. Sie nutzten keine moderne Technik und entzogen sich den Überwachungen der staatlichen Organe.

Von seiten der Regierung wurde 1962 zur Planung und Beaufsichtigung dieses Prozesses eine eigene Sektion beim Ministerrat der UdSSR gegründet, die Sektion für die wirtschaftliche und kulturelle Entwicklung der Völker des Hohen Nordens. Ähnliche Abteilungen entstanden in mehreren nördlichen Provinzen und bei einer Reihe von Ministerien.[132] Dabei spielten die Bedürfnisse und Interessen dieser Ethnien des Nordens so gut wie keine Rolle. Wichtig waren auch für die Mitglieder dieser Sektionen allein die industrielle Entwicklung und die Bedürfnisse der russischen Bevölkerung Sibiriens.[133]

Die Prozesse der Akkulturation oder Assimilation der indigenen Bevölkerung, wie sie die sowjetische Regierung seit den 1950er Jahren betrieben hat, zu einem nicht geringen Teil unterstützt von ethnologischen Forschungen, haben vor allem James Forsyth und Yuri Slezkine in ihren bereits mehrfach zitierten Monographien beschrieben. Die Ziele sowjetischer Politik, die gerade in der Brežnev-Ära noch einmal auf die Schaffung einer sowjetischen Nation setzte,[134] wurden dabei mit unterschiedlichen Begrifflichkeiten charakterisiert, bei denen sich der Eindruck aufdrängt, daß vor allem der Terminus »Russifizierung« vermieden werden sollte. Gesprochen wurde in der Wissenschaft von »ethnokulturellen Prozessen« oder »ethnokultureller Entwicklung sowie zunächst von »*sbližienie*« (Annäherung), dann von »*slijanie*« (Verschmelzung), hier liegt die amerikanische Idee des »melting pot« sehr nahe.[135]

In der praktischen Umsetzung dieser theoretischen Fundierung verdrängte die russische Sprache immer stärker die der indigenen Ethnien.[136] Hinzu kam seit den Zeiten Chruščevs eine Wiederaufnahme der antireligiösen Propaganda der 1920er und 1930er Jahre, die sich hauptsächlich gegen den Schamanismus, aber auch gegen die übrigen Religionen richtete. Zugleich kam es zu einer »Folklorisierung« der Traditionen, Sitten und Bräuche der einheimischen Bevölkerung. So wurden ein »Tag des Rentierzüchters« oder des Fischers eingeführt, die traditionalen Riten und Feste etwa der Burjaten und Jakuten »modernisiert« und mit entsprechenden Elementen angereichert. Ähnlich verfuhr man mit den überlieferten Tänzen und Liedern, die den europäischen Konventionen angepaßt wurden. Forsyth nennt dies mit Recht eine »Denationalisierung« der indigenen Kultur, bei der die traditionale Kleidung zum Maskenkostüm und Handwerksarbeiten zu Souvenirs verkamen.[137]

Wie in anderen Teilen der Sowjetunion auch so führten die Versuche der sowjetischen Führung im Laufe der 1970er Jahre, eine einheitliche sowjetische Nation zu schaffen, zu entsprechenden Gegenbewegungen, wie wir sie etwa in den baltischen und den kaukasischen Ländern oder in der Ukraine erlebt haben. Auch in Sibirien forderten zunächst Intellektuelle eine Rückbesinnung auf die eigenen kulturellen Wurzeln und ethischen Werte der indigenen Bevölkerung. Eine führende

Rolle spielte dabei der zu jener Zeit auch schon außerhalb der Sowjetunion bekannte čukčische Schriftsteller Jurij Rytchëu, der sich sogar positiv über den Schamanismus äußerte und damit eindeutig Stellung gegen die jahrzehntelange antireligiöse Politik der sowjetischen Regierung bezog.[138] Zu dieser Zeit allerdings waren die traditionalen Familien- und Clanbindungen längst in Auflösung begriffen. Im Zuge der mit der Industrialisierung einströmenden russischen Bevölkerung, zumeist Männer, kam es zu kurzfristigen Mischehen oder eheähnlichen Verhältnissen, so daß es in diesen Regionen einen hohen Prozentsatz alleinerziehender Mütter gab, was bis dahin in der traditionalen Lebensweise unvorstellbar gewesen war.[139] Der Alkoholismus blieb in den öden und abgelegenen Orten, aber auch in den sibirischen Großstädten ein offenkundiges Problem. Zudem verließen viele junge Menschen ihre Heimatregion zur Ausbildung, zum Studium oder aus beruflichen Gründen. Sie wurden entwurzelt und zu den sprichwörtlichen »Wanderern zwischen den Welten«.

1989, am Ende der Perestrojkazeit, gründeten die in den Gebieten der Öl- und Gasförderung lebenden Jamal-Nencen und die Chanty-Mansi, sie alle lebten in Autonomen Rayons oder Gebieten, eine Organisation, die sie *Spasenie Jugry* (Rettung Jugriens) nannten und die ihre Interessen gegenüber den dort tätigen Gesellschaften vertreten sollten, da sie nur geschädigt würden, aber keinerlei Mittel aus dem Verkauf von Erdöl und Erdgas erhielten. Im März 1990 entstand auf dem ersten Kongreß der »Kleinen indigenen Völker des Nordens« aus ähnlichen Gründen eine »Vereinigung der Kleinen Völker des sowjetischen Nordens«, die sich heute »Vereinigung der indigenen Völker des Nordens, Sibiriens und des Fernen Ostens« nennt.[140] In einer Erklärung dieser Gruppierung wurden nicht nur die ökologischen Probleme erläutert, sondern auch auf den Verlust der »kulturellen und spirituellen Werte« der Vergangenheit hingewiesen. Man plädierte für eine Auflösung der Kolchosen und Sovchosen, die Rückkehr zur Familienwirtschaft, das Recht auf Land und der Nutzung der eigenen Ressourcen.[141] Gefordert wurde eine »wirkliche Autonomie«, um die eigene Gegenwart und Zukunft selbst bestimmen zu können. Als ihre weiteren Ziele nannte die Organisation den Schutz der Interessen und der gesetzlichen Rechte dieser »Kleinen Völker«, die Lösung ihrer sozialen und wirtschaftlichen Probleme sowie die Entwicklung des Bildungswesens. 1990 folgten die sibirischen Völker auch den Autonomie- und Unabhängigkeitsbestrebungen anderer Nationen in der Sowjetunion, vor allem im Baltikum, im Kaukasus und in der Ukraine. Als erstes erklärte sich Jakutien (Sacha) im September 1990 zu einer souveränen Republik, es folgten die Čukčen wenige Tage später, dann Burjatien, die Jamal-Nencen, die Altaier, die Chakassen, Tuvaner sowie Chanten und Mansen.[142] Dieser Regionalismus hatte wenig mit Demokratie, sondern viel mehr mit der örtlichen Kontrolle über die Rohstoffressourcen zu tun.[143]

Die Zeiten der *Perestrojka* seit der Mitte der 1980er Jahre und der nachfolgende Zusammenbruch der Sowjetunion verschärften die bestehenden Probleme noch einmal. In weiten Teilen Sibiriens brach die Wirtschaft zusammen und führte zu einer massiven Arbeitslosigkeit, die vorher gänzlich unbekannt gewesen war, zugleich aber auch zu einer fast völligen Orientierungslosigkeit, da die alten Werte von einem auf den anderen Tag im buchstäblichen Sinne nichts mehr wert waren.

Die 1990er Jahre waren seit Kollektivierung und Zweitem Weltkrieg die schwerste Zeit in der jüngeren Geschichte Sibiriens, die einen beschleunigten Wandel einleitete, von dem im Folgenden noch gesprochen werden soll.

STATT EINES RESÜMEES

Am Ende der 1980er Jahre schrieb der amerikanische Historiker John J. Stephan, Sibirien sei nun seit dem 16. Jahrhundert in die Weltwirtschaft integriert.[1] Aber Novgorod handelte mit sibirischen Pelzen spätestens seit dem 11. Jahrhundert, noch weitaus früher befanden sich zahlreiche sibirische Ethnien in tributärer Abhängigkeit von China, und der Handel über die Beringstraße hinweg und im nordostpazifischen Raum läßt sich auf die Zeit um das 10. Jahrhundert vor unserer Zeitrechnung datieren. Stets jedoch, unter welchem Blickwinkel auch immer, lag Sibirien an der Peripherie, war Rohstofflieferant und Kolonie, abhängig von weit entfernten Zentralmächten, deren Interessen dieses riesige, aber immer noch weitgehend menschenleere Territorium unterworfen war. Die Krisen des Zentrums hatten für die Peripherie daher stets entsprechend schlimme Folgen.

So wurde Sibirien schon in den letzten Jahren der Sowjetunion, in den späten 1980er Jahren, und besonders nach ihrem Ende 1991, im Verlauf der 1990er Jahre und zu Beginn des 21. Jahrhunderts von der ökonomischen und politischen Krise des Landes besonders hart getroffen. Wieder einmal und sicherlich berechtigt, fühlten sich die Menschen dort vom Zentrum betrogen. Die Russische Föderation als Nachfolgestaat, zu der Sibirien gehörte, zog sich aus ihren »Randgebieten« zunächst zurück, konzentrierte sich weitgehend auf das europäische Kerngebiet und überließ die Menschen dort ihrem Schicksal. Dies führte auch in den deutschen Medien zu entsprechenden Horrorszenarien und Berichten aus einer sterbenden Welt. Von »Geisterstädten« war die Rede und davon, daß die Menschen an den Rändern des Pazifiks und des Eismeeres wieder zu »Jägern und Sammlern« würden. Nirgends gäbe es eine Zukunft.[2] Offensichtlich waren der massive Bevölkerungsrückgang, der zum Teil noch immer anhält, und der Niedergang bestimmter Industrien, etwa der Fischkonservenindustrie an der pazifischen Küste, um nur ein Beispiel zu nennen, der Anlaß dafür. So verließen zwischen den Volkszählungen von 1989 und 2002 etwa vierzig bis fünfzig Prozent der Einwohner die Halbinsel Čukotka.[3]

Neben diese Szenarien des Niedergangs traten auch die der Hoffnung wie bei Carsten Goehrke oder bei Frederick Kempe, die vor allem den alten sibirischen »Pioniergeist« erneut auftauchen sahen. Es sind Menschen, die sich »auf ihre sibirischen Wurzeln und ihre spezifischen Interessen besinnen und einen sibirischen Wirtschaftsregionalismus propagieren«.[4] Mehr als ein Jahrzehnt später müßten nun die Manager von *Gazprom, Sibneft'* oder *Lukojl* entsprechend porträtiert werden. Goehrke verwies seinerzeit auf die sogenannte »Sibirische Übereinkunft« (*sibirskoe soglašenie*) vom November 1990, in der sich die sibirischen Gebiete und Republiken zusammenfanden.[5] Er sah darin ein Wiederaufleben des organisierten sibirischen Regionalismus. Auch die Dumawahlen vom Dezember 1993, in denen die Reformkräfte in Westsibirien und im Fernen Osten gute Ergebnisse erzielten, waren für ihn ein Indiz dafür.[6] Doch waren die politischen Verhältnisse wenig stabil. 1995/96 kam es zu lang andauernden Streiks der Bergleute im Kuzbass, den die Russische Kommunistische Partei für sich auszuschlachten suchte. Bei den Dumawahlen 1995 erreichte sie dort über fünzig Prozent der Stimmen. Aber auch dieser Erfolg war nur kurzlebig.[7] Bis heute hat sich weder die eine noch die andere Entwicklung entsprechend durchsetzen können.

Nicht zu übersehen jedoch und gleichfalls immer wieder Gegenstand zahlreicher warnender Berichte über Sibirien und den Fernen Osten sind die erheblichen Umweltschäden, die teilweise bereits zu einer irreparablen Zerstörung der Natur geführt haben. Statt dieses Erbe aus sowjetischer Zeit entschlossen zu bekämpfen, wird die Umweltzerstörung in weiten Teilen Sibiriens ohne jede Rücksicht und teils in noch größerem Maßstab als früher fortgesetzt. Die Erdöl- und Erdgasförderung dehnt sich in Westsibirien, in Sacha (Jakutien) und auf Sachalin immer weiter aus. Im Jahr 2008 wurden im Baikalsee bereits zahlreiche Tauchfahrten mit einem Spezial-U-Boot unternommen, bei denen nicht nur die Tiefe des Sees neu vermessen, sondern auch nach möglichen Erdöl- und Erdgaslagerstätten unter dem See gesucht wird.

Die Industriezentren um Bratsk, Magnitogorsk, Novokuzneck und Noril'sk gehören auch heute noch zu den am stärksten belasteten Gebieten der Welt. Das bereits in der Zarenzeit gestörte ökologische Gleichgewicht geriet unter sowjetischer Herrschaft völlig aus den Fugen, wovon vor allem die Seen und Flußsysteme betroffen waren. Die Verseuchung mit Nitraten, Chloriden, Sulfaten und weiteren Abfallstoffen war und ist extrem hoch. Dies führte und führt noch immer zu einer prozentual sehr hohen Zahl von Erkrankungen und zu Geburtsschäden. Die Folgen dieser Zerstörungen und Verseuchungen können inzwischen nur noch langsam beseitigt werden, denn dazu sind erhebliche finanzielle Mittel nötig, die in Rußland überall, auch in Sibirien, trotz des Erdöl- und Erdgasbooms tatsächlich oder vorgeblich fehlen.

Die Resultate sowjetischer Gigantomanie und völliger Rücksichtslosigkeit gegenüber der Natur und der Umwelt sind in Sibirien fast überall spürbar und greifen auch hinüber nach Zentralasien, wo die Austrocknung des Aral-Sees eine der größten von Menschen verursachte Umweltkatastrophe weltweit ist, hervorgerufen durch die Umleitung großer Wassermassen. Seit kurzer Zeit unternehmen sowohl die kasachische, mit Unterstützung der Weltbank, als auch die russische Regierung vermehrte Anstrengungen, um den völligen Tod des Sees zu verhindern. Nur den Bemühungen von Umweltschützern schon in der Sowjetunion ist es zu verdanken, daß dem Baikal-See, dem wohl ältesten und tiefsten Binnensee der Welt, ein ähnliches Schicksal bisher erspart geblieben ist.

Zu den größten ökologischen Schadensgebieten gehören zum einen jene Gebiete, in denen Erdöl und Erdgas gefördert wird, und die sich immer weiter ausdehnen, zum anderen aber auch die Region um Noril'sk, einem Zentrum der Buntmetallindustrie, vor allem der Nickelproduktion. Diese Stadt war in stalinistischen Zeiten ein riesiges Gefangenenlager, erlebte in den 1950er Jahren einen massenhaften Zuzug begeisterter Komsomolzen und von Facharbeitern, denen große materielle Anreize geboten wurden. Anfang der 1960er Jahre wurden neue, größere Nickelvorkommen entdeckt, wodurch die Sowjetunion sowohl Nickel als auch Metalle der Platinumgruppe, die dort ebenfalls lagern, auf dem Weltmarkt verkaufen konnte. In den Zeiten der *Perestrojka* erfolgte die Lösung aus der Aufsicht des Ministeriums, 1993 wurde das Unternehmen in die Aktiengesellschaft

»*Noril'sk Nikel'*« im Rahmen des Privatisierungsprogramms umgewandelt. Hier, wie in so vielen anderen Fällen, etwa in der Erdöl- und Erdgasindustrie, erlangten einige der jungen Spezialisten mit Hilfe einer der berühmt-berüchtigten Pfandauktionen (Aktien-Kredit-Swap) die Kontrolle über das Unternehmen. Nach einigen schwierigen Jahren zahlt das Unternehmen heute zwischen 20 und 25 Prozent des Nettogewinns an seine Aktionäre und kann dennoch expansiv investieren. Die Umweltprobleme aber haben sich ganz offensichtlich eher verstärkt, denn heute ist Noril'sk wieder weitgehend eine geschlossene Stadt, die von Ausländern, mit Ausnahme von Weißrussen, nur mit Erlaubnis der Stadtverwaltung und der Nikkelwerke betreten werden darf.[8]

In diesem Zusammenhang soll ein kurzer Blick auf die Privatisierungsphase der Wirtschaft und ihre Folgen gerade für Sibirien geworfen werden, auch wenn hier der Raum fehlt, um die Wirtschaftspolitik der El'cin- und Putin-Ära grundlegend zu erörtern.[9] Doch sind einige kurze Bemerkungen notwendig, um zu verdeutlichen, wie in jenen Jahren in der Russischen Föderation die großen Imperien der Oligarchen entstanden und wie sich dann ihre Strukturen und die Machtverhältnisse wieder grundlegend änderten. Von erheblicher Bedeutung waren die eben angesprochenen Pfandauktionen. Bei diesem Verfahren wurden die Aktien von Großbetrieben auf zwei Jahre gegen Kredite an den Staat verpfändet. Konnte der Staat diese Kredite nicht zurückzahlen, erhielten die Pfandgeber das Recht, die Aktien auf einer Auktion zu versteigern. Dies trat im Herbst 1997 ein. Auf zweifelhaften Auktionen konnten sich große Firmengruppen diese Vermögenswerte aneignen und Eigentümer werden. Kaum ein Jahr später, im August 1998, brach der Rubelkurs zusammen. Die Währung verlor binnen einer Nacht die Hälfte ihres Wertes. Nun waren diese Finanzgruppen ihrerseits auf die Hilfe des Staates angewiesen, der entsprechend eingriff und die Machtverhältnisse zu seinen Gunsten änderte. Eine neue Gruppe stieg auf, die »Putinschen Oligarchen«, die sich nunmehr die entsprechenden Unternehmen aneigneten. Entscheidend in beiden Fällen war stets die enge Vernetzung zwischen den Regionen und der Zentrale. So kann es nicht verwundern, daß der gerade gewählte Präsident der Russischen Föderation, Dmitrij A. Medvedev, wenige Monate nach seinem Amtsantritt ankündigte, er werde die Gouverneure der Provinzen auswechseln, um seine Netzwerke entsprechend zu knüpfen und eine entsprechende Kontrolle ausüben zu können.

Das große Geld wurde in Sibirien in den Zeiten der Privatisierung nach dem Zusammenbruch der Sowjetunion 1991, so wie heute auch, mit Öl und Gas verdient. Aus Sibirien stammen rund 60 Prozent der russischen Exporte. Zwei Großunternehmen teilen sich den Markt. Der eine Riese ist das Unternehmen *Lukojl*, das nach dem Ende des von Michail B. Chodorkovskij geleiteten Unternehmens *Jukos*[10] und dem Verkauf von *Sibneft'*, das Roman Abramovič und Boris Berezovskij kontrollierten, beinahe konkurrenzlos dasteht.[11] Der andere Riese ist *Gazprom*, das halbstaatliche Gas- und Erdölunternehmen, das über ein Monopol des Gasexportes aus Rußland verfügt.[12] Sibirien ist das Zentrum der Förderung, dort werden die Millionen und Abermillionen verdient, von denen allerdings früher nur ein geringer Teil auch nach Sibirien zurückgeflossen ist. Inzwischen haben sich die Verhältnisse geändert. Nicht nur nach Tjumen', der ältesten russischen Stadt Sibiriens und heutige inoffizielle Hauptstadt der Gas- und Erdölproduktion, fließen die finanziellen Mittel inzwischen reichlich, sondern auch in die Region sowie nach Chanty-Mansijsk, dem am Irtyš gelegenen Verwaltungssitz des Autonomen Gebietes der Chanten und Mansen. Der Ort wurde erst 1930 als Arbeitersiedlung gegründet und ist heute eine der wohlhabendsten Städte Rußlands, Veranstaltungsort der Biathlon-Weltmeisterschaften 2003 sowie Ski- und Touristikzentrum. Auch Tomsk gilt als reiche Stadt mit vorgeblich »goldenen Bürgersteigen«. Andere Städte Sibiriens hingegen, vor allem die sogenannten »Blauen Städte«, also jene, die in den 1950er und 1960er Jahren als Zentren neuer Industrien gebaut wurden, suchen immer noch nach Lösungsmöglichkeiten für ihre sozialen, wirtschaftlichen und funktionalen Probleme. Diese ehemaligen Großsiedlungen, am Reißbrett entstanden, wie etwa Ust'-Ilimsk an der Angara, in denen nicht nur ein wie auch immer geartetes städtisches Zentrum fehlte, finden sich am anderen Ende dieser Skala. Lange Jahre waren es geschlossene Städte, in die auch die dort nicht ansässigen Sowjetbürger nicht reisen konnten und über die die Presse nicht berichtete, die aber für die Utopie eines besseren Lebens standen.[13]

Die sogenannten Oligarchen, die Gewinner im Sumpf der Privatisierungen der 1990er Jahre, stammten im Öl-, Gas- und Metallgeschäft entweder aus der sowjetischen Nomenklatura oder waren Schwarzmarkthändler. Zu ihnen gehört auch Roman A. Abramovič, der in der Komi-Region aufgewachsen ist.[14] Er erlangte zunächst gemeinsam mit Boris A. Berezovskij rund 80 Prozent der Anteile des Ölkonzerns *Sibneft'* (Sibirisches Öl) mit dem Zentrum in Omsk und die Hälfte des Aluminiumkonzerns RUSAL (Russisches Aluminium), der ebenfalls über großen Besitz in Sibirien verfügt. Das Vermögen des nunmehr in London lebenden Oligarchen stammt im wesentlichen aus dem Verkauf seiner Anteile an diesen beiden Unternehmen sowie an Ruspromavto, einem Automobilkonzern. Die Anteile an *Sibneft'* veräußerte Abramovič an den halbstaatlichen Riesenkonzern *Gazprom*, der bald darauf auch *Jukos Oil*, das Unternehmen des beim Kreml in Ungnade gefallenen anderen Oligarchen, Chodorkovskij, aufkaufte und nunmehr auf den sibirischen Öl- und Gasfeldern keine Konkurrenz mehr fürchten muß. Allerdings ist Abramovič unternehmerisch mit seiner Beteiligung an dem russischen Goldproduzenten Highland Gold Mining Ltd., an dem er vierzig Prozent der Aktien hält, wieder nach Sibirien zurückgekehrt. Das Unternehmen besitzt bzw. erschließt Goldbergwerke in den Regionen Chabarovsk und Čita sowie auf der Halbinsel Čukotka.[15] Dort ließ sich Abramovič 2000 auch zum Gouverneur wählen und 2005 in diesem Amt bestätigen. Er gilt als Wohltäter der Region, der aus seinem privaten Vermögen mehrere Millionen Dollar gespendet hat, um die Lebensbedingungen in dieser von der postsowjetischen Krise schwer erschütterten Region wieder zu verbessern.[16] Dazu gehört insbesondere auch die Ausstattung und Finanzierung von Kindergärten, so daß die dortige Geburtenrate in den letzten beiden Jahren erstmals seit dem Zusammenbruch der Sowjetunion wieder gestiegen ist.

Von den wirtschaftlichen und den damit verbundenen ökologischen Folgen waren und sind die indigenen Ethnien in Sibirien, vor allem jene im hohen Norden, die Čukčen oder die Korjaken seien als Beispiele genannt, und die auf Sachalin lebenden Ainu, Nivchen und Oroken, besonders betroffen. Internationale Organisationen wie die »Gesellschaft für bedrohte Völker« haben darauf in den letzten

Jahren immer wieder hingewiesen.[17] Kurz vor dem Zusammenbruch der Sowjetunion griffen, wie schon gesagt, die kleinen Völker des hohen Nordens und Sibiriens dann zur Selbsthilfe und gründeten 1990 die »Vereinigung der kleinen indigenen Völker des Nordens, Sibiriens und des Fernen Ostens« (*Associacija korennych maločislennych narodov Severa, Sibiri i Dal'nego Vostoka*), die sich zumindest in den 1990er Jahren mitunter lautstark zu Wort meldete und sich gegen Diskriminierungen und Umweltzerstörungen zur Wehr setzte.[18] Mittlerweile besitzt die Vereinigung einen »speziellen konsultativen Status« im Wirtschafts- und Sozialrat der Vereinten Nationen und nimmt regulär an den Sitzungen der entsprechenden Arbeitsgruppen der Vereinten Nationen teil. In Westsibirien besteht in dem von der Erdöl- und Erdgasförderung besonders betroffenen Autonomen Gebiet (*avtonomnyj okrug*) der Chanten und Mansen als Unterorganisation die Gruppe *Spasenie Jugry* (Rettung Jugriens). International ist die »Vereinigung« ständiges Mitglied des »Arktischen Rates«, einer zwischenstaatlichen Vereinigung der acht Anrainerstaaten der Arktis, die sich vor allem für den Schutz der arktischen Umwelt und eine entsprechend stabile Entwicklung dort einsetzt.

Die »Vereinigung der kleinen Völker« vertritt rund 200.000 Menschen mit 34 regionalen Abteilungen und ist an der Ausarbeitung und Ausführung des föderalen staatlichen Programms für die wirtschaftliche und soziale Entwicklung dieser Ethnien beteiligt. Sie arbeitet dabei sowohl mit der Staatsduma als auch mit der Regierung der Russischen Föderation zusammen und wirkt auf die diese Völker betreffende Gesetzgebung ein. Auch hier geht es hauptsächlich um die Bewahrung der Lebensweise und eine wirtschaftliche Entwicklung, die dies berücksichtigt. Die »Vereinigung« steht, wie es heißt, der Regierung Rußlands besonders nahe, ansonsten wäre es auch kaum möglich, die Interessen dieser kleinen Völker des Nordens überhaupt zu vertreten.

Zudem setzten in den späten 1980er Jahren, in der Endphase der *Perestrojka*, als sich die Archive in der Sowjetunion öffneten und auch Feldforschungen wieder möglich wurden, die russischen und westlichen Forschungen über die indigenen Ethnien, teils in internationaler Kooperation, verstärkt wieder ein und haben bis heute eine Fülle neuer Arbeiten hervorgebracht, an der auch die »Siberian Project Group« des Max-Planck-Instituts für ethnologische Forschung in Halle/Saale mit mehreren Studien beteiligt war.[19] Trotz unterschiedlicher Ansätze und Methoden geht es in all diesen Untersuchungen einerseits um die Probleme der Anpassung sowohl in historischer Perspektive als auch in der gegenwärtigen Situation und andererseits um Fragen der Identitätsbildung und -findung unter den nunmehr grundlegend veränderten Umständen nach dem Ende der Sowjetunion.

Nach Jahrzehnten der Unterdrückung war die Rückkehr zu verschütteten Traditionen, zum Erbe der Väter und der Mütter, wie etwa dem Schamanismus, also die Wiederbelebung religiöser Praktiken, nicht einfach. Zugleich bemühte man sich, auch nach der Auflösung der Sovchosen, die »Gemeinden« wiederzubeleben, die vor allem bei den rentierzüchtenden Nomaden von großer Bedeutung waren. All dies vollzog sich angesichts des ökonomischen Niedergangs und des Zusammenbruchs der bis dahin geltenden Werte. Während die Traditionen, wenn auch bisweilen etwas mühsam, durchaus eine gewisse neue Kraft entfaltet haben, so erwies sich der ökonomische Neuanfang in den abgelegenen Gebieten, die kaum durch

Straßen erschlossen sind, wie etwa Korjakien, Kamčatka und Čukotka, als äußerst schwierig.

Eine Entwicklung, die sich nicht verallgemeinern läßt, entfaltete sich nach dem Zusammenbruch der Sowjetunion auf dem Gebiet der ehemaligen Sowjetrepublik Jakutien. Die dortige Republik Sacha (Jakutien), das größte Föderationssubjekt der Russischen Föderation, wurde 1992 von der Moskauer Zentralregierung anerkannt. Auf einem Staatsterritorium von über drei Millionen Quadratkilometern, also rund neunmal größer als die Bundesrepublik Deutschland, leben knapp eine Million Menschen. Das Land umfaßt weite Teile der nördlichsten Regionen Sibiriens, so daß die rauhen klimatischen Verhältnisse Industrie, Landwirtschaft und Lebensverhältnisse bestimmen. Bergbau dominiert im industriellen und Viehzucht im agrarischen Bereich. Weit über achtzig Prozent der Staatseinkünfte stammen aus dem Geschäft mit den Diamanten, es folgen Gold, Antimon, Uran, Kohle, Gas, Zinn und Glimmer. 98 Prozent der russischen Diamanten kommen aus Sacha und 21 Prozent des Goldes, zudem befinden sich dort heute über dreißig Öl- und Gasfelder.[20]

In der Republik stellen die Jakuten an der Wende vom 20. zum 21. Jahrhundert rund vierzig Prozent der Bevölkerung, die Russen etwa 45 Prozent, der Rest entfällt auf die dort lebenden achtzig weiteren Nationalitäten, von denen die Evenen und Evenken sowie die Ukrainer die größten Gruppen bilden.[21] Die Verkehrsverbindungen sind schwierig. So besitzt Sacha keinen eisfreien Hafen und keine ganzjährige Eisenbahnverbindung. Der Reichtum an Bodenschätzen ist die Basis für das Verlangen nach Souveränität und den Wunsch, die eigenen Ressourcen zu nutzen.

Allerdings mußte die Wirtschaft, die zuvor in das zentralistische System der Sowjetunion integriert war, nun umstrukturiert werden. Auch die Landwirtschaft ist seit 1990 wieder weitgehend privatisiert worden. Dieser Prozeß, der mit der Entfaltung einer gewissen Form eigener Staatlichkeit parallel verlief, ist noch im Fluß. Wie nur einigen anderen Republiken auch, ist es Sacha gelungen, sich gegenüber der Moskauer Zentralregierung zu behaupten. So fließt das Steueraufkommen aus dem Lande zum größten Teil in den eigenen Haushalt und auch die Investitionen stiegen beachtlich.[22] Unklarheiten bestehen jedoch in der Frage der Verfügung über die Diamanten und Edelmetalle. Hier möchte die Moskauer Regierung aufgrund der lockenden und wichtigen Deviseneinnahmen keine allzu große Eigenständigkeit dulden, denn Rußland fördert 25% aller Diamanten in der Welt.[23] Trotz der schlechten Verkehrsverhältnisse ist der Außenhandel für die Republik von großer Bedeutung. Wichtigste Partnern sind inzwischen für den Export Großbritannien mit fast 39 Prozent und für den Import die USA mit rund 23 Prozent. Exportiert werden vor allem rohe und geschliffene Diamanten sowie Steinkohle, importiert Maschinen und Geräte, Gummierzeugnisse und Lastkraftwagen.[24]

Erneut liegt Sibirien im Schnittpunkt der Interessen der Nachbarländer. Dazu gehören sowohl die USA als auch China, Japan und Korea. Während sich seit der Mitte der 1990er Jahre die Beziehungen zu China erheblich verbessert haben, ist das russisch-japanische Verhältnis immer noch durch die Folgen des Zweiten Weltkrieges belastet, insbesondere durch die von der Sowjetunion besetzten und heute noch zur Russischen Föderation gehörenden Inseln der Kurilen, den, wie es die Japaner nennen, Nördlichen Gebieten.[25] Alle diese Länder investieren in Sibirien und unterhalten mehr oder minder enge Wirtschaftsbeziehungen, ebenso wie die Vereinigten Staaten, auch wenn die Beziehungen zu Rußland seit einiger Zeit nicht besonders gut sind. Selbst Spezialisten für die aktuellen Entwicklungen in dieser Region neigen zu vorsichtigen Äußerungen und vagen Formulierungen. So findet sich am Ende einer fast 500-seitigen Studie des renommierten Woodrow Wilson Centers in Washington, D.C. der bemerkenswerte Satz, daß es noch ein langer Weg sein wird, bis die wirtschaftlichen Verhältnisse in Rußland und Eurasien, und damit die Möglichkeiten für Handel und Investitionen, mit denen in anderen Regionen der Welt auf vielversprechende Weise konkurrieren können.[26]

In den späten 1980er Jahren, als sich die Grenzen auch in dieser Region allmählich öffneten, setzten auch die Migrationsprozesse wieder ein, wie sie aus den Zeiten vor dem Ausbruch des Ersten Weltkrieges bekannt waren. Aufgrund der ökonomischen und der damit verbundenen sozialen Probleme verlor Sibirien, insbesondere der Ferne Osten, mehr Menschen als jede andere Region der Russischen Föderation.[27] An deren Stelle kamen chinesische Staatsbürger für kürzere oder längere Zeit ins Land, zumeist aus den Grenzregionen, darunter viele ethnische Koreaner. Die Zahlen verdoppelten sich allein in der Region Fernost zwischen 1994 und 1999 von rund 40.000 auf 80.000 Menschen, von denen der größte Teil keine Visa hatte. Rund die Hälfte von ihnen verfügt über einen Hochschul- oder Oberschulabschluß. Mindestens ein Viertel von ihnen bleibt in Sibirien, ohne eine gültige Aufenthaltserlaubnis zu besitzen, um, wie einer von ihnen äußerte, »eine Menge Geld zu verdienen.«[28] Nach den Angaben von Eric Hyer lag der Monatsverdienst in China um die Mitte der 1990er Jahre zwischen 30 und 120 Dollar, während ein chinesischer Händler in Vladivostok behauptete, er habe durch den Verkauf von Sonnenbrillen, Kugelschreibern, Radios und Damenstrümpfen 600 Dollar im Monat verdient. Von russischer Seite wurde der Verdienst erheblich höher eingeschätzt.[29]

Erneut, wie schon an der Wende vom 19. zum 20. Jahrhundert, grassiert eine diffuse Angst vor einer »gelben Gefahr« in einigen Teilen der Bevölkerung.[30] Demographen entwickelten rasch ihre Modelle und sagten voraus, daß um 2050 sieben bis zehn Millionen Chinesen in Rußland arbeiten würden, während die russische Bevölkerung abnehmen werde.[31] Dennoch besteht von seiten der Politiker kein Interesse, die zur Zeit guten Beziehungen mit China durch anti-chinesische Aktionen zu gefährden, denn in diesen Grenzräumen spielen chinesische, japanische und koreanische Investitionen eine wichtige Rolle, auch wenn die Geschäfte der fliegenden Händler mit Billigware inzwischen rückläufig sind.

Noch immer ist Sibirien ein Land der Extreme mit weitgehend unberührten Gegenden, in denen kaum Menschen leben, und Gebieten, in denen die Erdöl- und Erdgasförderung die Umwelt weitgehend zerstört hat. Allerdings ist es inzwischen längst kein Agrarland mehr. Am Anfang des 21. Jahrhunderts lebten 72,5 Prozent der Bevölkerung in Städten, Omsk und Novosibirsk sind mittlerweile Millionenstädte. Die Menschen haben sich aus der Natur weitgehend zurückgezogen. Im unwegsamen Kamčatka wohnen inzwischen achtzig Prozent der Einwohner in Städten, in den Autonomen Gebieten der Chanten und Mansen und der Jamal-Nencen sind es sogar neunzig Prozent.[32]

Für eine Bilanz der postsowjetischen Entwicklung ist es zu früh, denn Rußland und Sibirien befinden sich in einem rasanten Wandlungsprozeß, der kaum vorhersehbar ist. Für Zukunftsprognosen ist der Historiker kaum geeignet, denn er ist, wie es Friedrich Schelling und späterhin Walter Benjamin formulierten, ein »rückwärtsgewandter Prophet«. In jedem Falle liegen vor Rußland und damit auch vor Sibirien zahlreiche Probleme, die nur mit äußerster Anstrengung bewältigt werden können. Ein gewisser Skeptizismus scheint mir dabei angemessen. Dies umso mehr, als der Blick in die Geschichte Sibiriens zeigt, daß sich das Land nun seit über 400 Jahren in einem kolonialen Abhängigkeitsverhältnis vom Mutterland befindet. Die kolonisierende »Kulturkraft« der russischen Siedler, von der die Regionalisten wie Jadrincev am Ende des 19. Jahrhunderts den Wandel zu einer besseren Zukunft erhofften, läßt bis heute auf sich warten. Die Abhängigkeitsverhältnisse zwischen Peripherie und Zentrum haben sich keineswegs verschoben. Was Jadrincev als die geschichtliche Aufgabe Rußlands ansah, daß Sibirien »ein bevölkertes und blühendes Land voll Lebenskraft« werden möge,[33] ist bis heute nicht erreicht worden, sondern weiterhin ein Wechsel auf die Zukunft.

ANMERKUNGEN

VORWORT

[1] Elżbieta Kaczyńska, Das größte Gefängnis der Welt. Sibirien als Strafkolonie zur Zarenzeit, Frankfurt/M./New York 1994. Seit der Erstveröffentlichung in den Jahren 1889/90 bis heute waren die immer wieder neuaufgelegten Schriften des amerikanischen Forschungsreisenden und Journalisten George Kennan für die Vorstellung von Sibirien als großem und grausamem Straflager äußerst einflußreich. Vgl. dazu unten, Kap. 5, S. 162ff.

[2] Georg Christoph Lichtenberg, Sudelbücher I, in: ders., Schriften und Briefe, hg. von Wolfgang Promies, 3. Aufl., Frankfurt/M. 1994, S. 840.

[3] Wolfgang Promies, Nachwort, in: ders. (Hg.), August von Kotzebue. Das merkwürdigste Jahr meines Lebens, München 1965, S. 295; Erstauflage 1801.

[4] Ebd.

[5] Mitteilung des Stadtarchivs Elmshorn an mich vom 18.8.2008. Über den Zeitpunkt der Namensgebung und die Entstehung des Namens scheint nichts bekannt zu sein.

[6] Jürgen Osterhammel, Distanzerfahrung. Darstellungsweisen des Fremden im 18. Jahrhundert, in: Hans-Joachim König/Wolfgang Reinhard/Wolfgang Wendt (Hg.), Der europäische Beobachter außereuropäischer Kulturen. Zur Problematik der Wirklichkeitswahrnehmung, Berlin 1989, S. 10-42, hier: S. 41; vgl. auch ders., Die Entzauberung Asiens. Europa und die asiatischen Reiche im 18. Jahrhundert, München 1998, S. 27ff.

EINLEITUNG

[1] Tom Jürgens, Unser täglich Sibirien gib uns heute. Imaginäre Geographie als deutsche Popkultur, in: Osteuropa 57, 2007, Nr. 5, S. 201-214; vgl. dazu auch meinen Artikel: Mammutknochenjäger. Zu Unrecht vergessen: Die deutsche Sibirienforschung, in: Süddeutsche Zeitung, 30.7.2003, S. 13; vgl. zudem Tom Jürgens, Sibirien ausstellen – Das Faktum zwischen Objekt und Idee, in: Bianca Pietrow-Ennker (Hg.), Kultur in der Geschichte Rußlands. Räume, Medien, Identitäten, Lebenswelten, Göttingen 2007, S. 83-103. Zur amerikanischen Sibirienrezeption vgl. Thomas M. Barrett, »Thrills of Horror«: Siberia and the American Melodramatic Imagination, in: Eva-Maria Stolberg (Hg.), The Siberian Saga. A History of Russia's Wild East, Frankfurt/M. u.a. 2005, S. 131-144.

[2] Susanne Becker, Sternflüstern: Das Sibirien-Abenteuer, München 2004.

[3] Karl Schlögel, Sibirien, eine deutsche Seelenlandschaft und das Handy in der Taiga, in: ders., Marjampole oder Europas Wiederkehr aus dem Geist der Städte, München 2005, S. 217-227, erstmals erschienen: Frankfurter Allgemeine Zeitung, 7.5.1998; vgl. u.a. Edwin Erich Dwinger, Zwischen Weiß und Rot, Jena 1930, ein Auszug daraus: Zug durch Sibirien, Jena 1933.

[4] Eva-Maria Stolberg, Siberia as a Mental Map in German Imagination, 1850-1990: www.zaimka. ru/2005/stolberg_sibgerman.

[5] Der britische Historiker David Collins hat an der Wende vom 20. zum 21. Jahrhundert eine zwölfbändige Reihe unter dem Titel »Siberian Discoveries« veröffentlicht, in der solche Reiseberichte vom späten 17. bis zu den 1930er Jahre nachgedruckt wurden. Allerdings gibt es zu den Bänden keinerlei Erläuterungen für den heutigen Leser.

[6] Jürgens, Unser täglich Sibirien, S. 206 und 210; zu Vernes Roman, im französischen Original »Michel Strogoff« vgl. Claudia Weiss, Wie Sibirien »unser« wurde. Die Russische Geographische Gesellschaft und ihr Einfluß auf die Bilder und Vorstellungen von Sibirien im 19. Jahrhundert, Göttingen 2007, S. 215ff. Verne, Mitglied der Société de Géographie de Paris, verfaßte zwei umfangreiche Bände über die Geschichte der Seefahrer und Entdecker, in denen er sich auch mit den englischen und niederländischen Versuchen, auf der Nordpolarroute Sibirien zu erreichen, befaßte. Vgl. dazu jetzt die neueste deutsche Fassung: Jules Verne, Die Entdeckung der Erde, 3 Bde., Berlin/Herrsching 1984; ders., Die großen Seefahrer des 18. Jahrhunderts, 2 Bde., Berlin/Herrsching 1984.

[7]   Karl Schlögel, Die russische Obsession. Edwin Erich Dwinger, in: Gregor Thum (Hg.), Traum-
      land Osten. Deutsche Bilder vom östlichen Europa im 20. Jahrhundert, Göttingen 2006, S.
      66-87; Georg Wurzer, Das Rußlandbild Edwin Erich Dwingers, in: Karl Eimermacher/Astrid
      Volpert/Gennadij Bordjugow (Hg.), Stürmische Aufbrüche und enttäuschte Hoffnungen. Rus-
      sen und Deutsche in der Zwischenkriegszeit, München 2006, S. 715-774, zu den Sibirienbänden
      S. 726ff.
[8]   Theodor Kröger, Das vergessene Dorf. Vier Jahre Sibirien. Ein Buch der Kameradschaft, Berlin
      1934, letzte Auflage 1996; als Fortsetzung folgte erst nach dem Tod Krögers (1958) der Roman
      »Natascha«, Berlin 1960.
[9]   Paul Coelestin Ettighoffer, Nacht über Sibirien. Ein Deutscher entrinnt dem Geheimdienst des
      Zaren, Gütersloh 1937; zuvor erfolglos unter dem Titel »Professor John abenteuert sich durch!
      Die Odyssee eines Deutschen« erschienen.
[10] Herbert Reinecker, Taiga, München 1958, mehrere Auflagen, letzte Auflage Köln 1976. Reinek-
      ker, als Drehbuchautor der Fernsehkriminalserien »Der Kommissar« und »Derrick« weltbe-
      rühmt geworden, begann seine Karriere als Chefredakteur von HJ-Zeitschriften, Bühnen- und
      Drehbuchautor sowie Kriegsberichterstatter der Waffen-SS. Von ihm stammt der letzte Leitar-
      tikel der SS-Zeitschrift »Das schwarze Korps« am 5.4.1945.
[11] Ursula Justus, »Moskau, Moskau ...«. Das Rußlandbild im deutschen Schlager der siebziger
      Jahre, in: Bettina Henn u.a. (Hg.), Das Eigene und das Fremde in der russischen Kultur. Kon-
      tinuitäten und Diskontinuitäten der Selbstdefinition in Zeiten des Umbruchs, Bochum 2000, S.
      212-243, hier S. 215ff.
[12] Traugott von Stackelberg, Geliebtes Sibirien, Pfullingen 1951, 18. Aufl. Stuttgart 2006.
[13] Fridtjof Nansen, Sibirien ein Zukunftsland, Leipzig 1914, 4. Aufl. 1922; die norwegische Ori-
      ginalausgabe erschien in Oslo 1914, Nansens Buch wurde in mehrere Sprachen übersetzt und
      war in Europa sehr erfolgreich.
[14] Otto Heller, Sibirien – ein anderes Amerika, Berlin 1930, S. 10 und 248ff.
[15] Hugo Portisch, So sah ich Sibirien, Wien 1967, S. 245; mehrere Auflagen; die Taschenbuchaus-
      gabe erschien zwei Jahre später bei Rowohlt, Reinbek bei Hamburg 1969, auch sie erlebte
      mehrere Auflagen bis Ende der 1970er Jahre.
[16] Ebd., S. 91.
[17] Andrej Amalrik, Unfreiwillige Reise nach Sibirien, Reinbek bei Hamburg 1971; zahlreiche
      Auflagen; die Erstfassung erschien 1970 bei Harper & Row in New York.
[18] Hardy Krüger, Sibirienfahrt. Tagebuch einer Reise, München 1985.
[19] Frederick Kempe, Sibirische Odyssee. Eine Reise in die Seele Rußlands, Berlin 1993; auch die
      1992 in New York erschienene amerikanische Originalausgabe trug den Titel »Siberian Odyssee.
      A Voyage into the Russian Soul«. Kempe, dessen Vorfahren aus Deutschland stammten, ist
      Präsident des Atlantic Council, war lange Jahre Journalist beim Wall Street Journal und dessen
      europäischer Herausgeber, ist Vorstandsmitglied des American Institute of Contemporary Ger-
      man Studies der Johns Hopkins University in Baltimore und Kuratoriumsmitglied des Aspen
      Instituts in Berlin. Vgl. auch ders., Father/land. A Personal Search for the New Germany, New
      York 1999.
[20] Kempe, Sibirische Odyssee, S. 293.
[21] Gerd Ruge, Sibirisches Tagebuch, Berlin 1998; Klaus Bednarz, Ballade vom Baikalsee. Begeg-
      nungen mit Menschen und Landschaften, München/Wien 1998; ders., Östlich der Sonne. Vom
      Baikalsee nach Alaska, Reinbek bei Hamburg 2002; ders., Vom Baikal nach Alaska. Eine Reise
      in Bildern, Reinbek bei Hamburg 2003.
[22] Dahlmann, Mammutknochenjäger, S. 13.
[23] Vgl. dazu unten, S. 173f.
[24] Gustav Krahmer, Sibirien und die große sibirische Eisenbahn, Leipzig 1897. Krahmers Studie
      erschien in einer elfbändigen Reihe »Rußland in Asien«, die zwischen 1889 und 1911 erschien
      und in der die politischen, ökonomischen und strategischen Aktionen Rußlands umfassend
      analysiert wurden. Felix Lampe, Die transsibirische Eisenbahn, Berlin 1897; Kurt Wiedenfeld,
      Die Sibirische Bahn in ihrer wirtschaftlichen Bedeutung, Berlin 1900. Es handelte sich dabei um
      Wiedenfelds Dissertation. Wiedenfeld war ab 1904 Professor der Nationalökonomie in Köln
      und später in Leipzig, 1921/22 war er Vertreter der Reichsregierung in Moskau. Vgl. dazu ders.,
      Zwischen Wirtschaft und Staat. Aus den Lebenserinnerungen, Berlin 1960.

25 Kurt Wiedenfeld, Sibirien in Kultur und Wirtschaft, Bonn 1916.
26 Sophus Ruge, Die transsibirische Eisenbahn, Dresden 1901.
27 Arved Schultz, Sibirien. Eine Landeskunde, Breslau 1923; Peter W. Danckworth, Sibirien und seine wirtschaftliche Zukunft. Ein Rückblick und Ausblick auf Handel und Industrie, Leipzig/ Berlin 1921.
28 Vgl. dazu die im Literaturverzeichnis genannten Arbeiten von Eduard Winter, Günter Mühlpfordt und Peter Hoffmann.
29 Vgl. dazu die im Literaturverzeichnis genannten Werke.
30 Zu den Übersetzungen vgl. Promies, Nachwort, S. 308.
31 August von Kotzebue, Graf Benyowsky oder Die Verschwörung von Kamtschatka. Ein Schauspiel in fünf Aufzügen, Leipzig 1795. Auch in weiteren Werken des 19. Jahrhunderts wurde Benyowsky (Beniovski) zur literarischen Figur. Vgl. Kaczyńska, Das größte Gefängnis der Welt, S. 15, Anm. 1.
32 Moritz August von Beniovski (auch Beniowski oder Benyowsky), Reisen durch Sibirien und Kamtschatka über Japan und China nach Europa nebst einem Auszuge aus seiner übrigen Lebensgeschichte, Berlin 1790, Nachdruck Amsterdam 1984; zahlreiche Neuauflagen und Übersetzungen ins Ungarische, Englische, Französische und Polnische.
33 Fjodor M. Dostojewski, Aufzeichnungen aus einem Totenhaus, in: ders., Romane und Erzählungen II, Dreieich 2000, S. 163-401, im russischen Original »Zapiski iz mertvogo doma« 1860 erstmals erschienen; auch publiziert als »Aus dem Totenhause. Denkwürdigkeiten eines nach Sibirien Verbannten«. Vgl. dazu unten, Kap. 5, S. 161.
34 Valentin G. Rasputin, Sibir', Sibir', Moskau 1991, mit sehr schönen Bildern. Sie fehlen bedauerlicherweise in der englischen Übersetzung: Siberia, Siberia, translated and with an introduction by Margaret Winchell and Gerald Mikkelson, Evanston 1996; vgl. Paul Fryer, Heaven, Hell, Or ... Something in Between? Contrasting Russian Images of Siberia, in: Smith (Hg.), Beyond the Limits, S. 95-106.
35 Im Vergleich dazu hat die Bundesrepublik Deutschland eine Fläche von rund 360.000 Quadratkilometern.
36 Brief an Alexander P. Čechov vom 5.6.1890, in: Anton P. Čechov, Pis'ma. 12 Bde., hier Bd. 4, Moskau 1976, S. 105.
37 Anton P. Čechov, Sočinenija, Bd. 14/15, Moskau 1978, S. 762: Kommentar der Herausgeber; der Text des Berichtes auf den Seiten 7-38; eine deutsche Übersetzung liegt nicht vor. Harriet Murav, »Vo Glubine Sibirskikh Rud«: Siberia and the Myth of Exile, in: Galya Diment/Yuri Slezkine (Hg.), Between Heaven and Hell. The Myth of Siberia in Russian Culture, New York 1993, S. 95-111, hier S. 107; Jacqueline de Proyart, Les Notes de Sibérie d'Anton Čexov (texte et contexte), in: Boris P. Chichlo (Hg.), Sibérie II. Questions sibériennes. Histoire, Cultures, Littératures, Paris 1999, S. 305-322.
38 Jeremy Smith, Introduction, in: ders. (Hg.), Beyond the Limits. The Concept of Space in Russian History and Culture, Helsinki 1999, S. 7-14, hier S. 7; Roland Cvetkovski, Modernisierung durch Beschleunigung – Raum und Mobilität im Zarenreich, Frankfurt/M. 2006.
39 Smith, Introduction, S. 8. Smith bezieht sich hier auf Geoffrey Hosking, Rußland. Nation und Imperium 1552-1917, Berlin 2000, im engl. Original als Russia. People and Empire 1997 erschienen.
40 Fernand Braudel, Das Mittelmeer und die mediterrane Welt in der Epoche Philips II., 3 Bde., Frankfurt/M. 1990, auf Französisch erstmals 1949 erschienen; Schlögel, Im Raume lesen wir die Zeit, S. 9ff.; vgl. dazu für Sibirien Jörg Stadelbauer, Die Erschließung Sibiriens. Räumliche Gefügemuster eines historischen Prozesses, in: Gert Leptin (Hg.), Sibirien: Ein russisches und sowjetisches Entwicklungsproblem, Berlin 1986, S. 11-33.
41 Kerstin Holm, Sibirien wird noch leerer. Aus russischen Zeitschriften: Furcht vor Bevölkerungsabnahme, in: Frankfurter Allgemeine Zeitung, Nr. 74, 31.3.2005, S. 37. Vgl. dazu unten, S. 298ff.
42 In der Sprache der Evenen wird der Fluß »Tamur«: Großer Fluß genannt.
43 Dittmar Dahlmann, Einleitung, in: ders. (Hg.), »Johann Georg Gmelin. Expedition ins unbekannte Sibirien, Sigmaringen 1999, S. 76.
44 Der Aufstand (1773-1775) unter dem Donkosaken Emeljan Pugačev begann bereits 1772 mit einer Rebellion der Jaik-Kosaken, der sich dann in den südöstlichen Randgebieten Rußlands ausweitete. Wegen dieser Rebellion und ihrer Beteiligung am Aufstand befahl Katharina II. nach der Niederschlagung des Aufstandes 1775, den Fluß Jaik in Ural umzubenennen.

45 Mark Bassin, Imperialer Raum/Nationaler Raum. Sibirien auf der kognitiven Landkarte Ruß-
    lands im 19. Jahrhundert, in: Geschichte und Gesellschaft 28, 2002, S. 378-403; Irina V. Zelene-
    va, Geopolitika i geostrategija Rossii XVIII- pervaja polovina XIX veka, St. Petersburg 2005,
    S. 122f.; Guilia Cecere, Wo Europa endet. Die Grenze zwischen Europa und Asien im 18.
    Jahrhundert, in: Christof Dipper/Ute Schneider (Hg.), Kartenwelten. Der Raum und seine
    Repräsentation in der Neuzeit, Darmstadt 2006, S. 127-145, hier S. 144; Jürgen Osterhammel,
    Die Entzauberung Asiens. Europa und die asiatischen Reiche im 18. Jahrhundert, München
    1998, S. 45; vgl. auch Jeremy Black, Geschichte der Landkarte. Von der Antike bis zur Gegen-
    wart, Leipzig 2005.
46 Norbert Wein, Sibirien, Gotha/Stuttgart 1999, S. 15f.; vgl. dazu die neuere Arbeit des russischen
    Historikers Igor' V. Naumov, The History of Siberia, hg. von David N. Collins, London/New
    York 2006, S. 3 mit klaren Setzungen, ohne die Historizität von Begriffen und Raumvorstellun-
    gen zu berücksichtigen.
47 Omeljan Pritsak, The Origin of the Name Sibir, in: Chichlo (Hg.), Sibérie II, S. 37-44; Anatole
    V. Baikaloff, Notes on the Origin of the Name »Siberia«, in: The Slavonic and East European
    Review 29, 1950/51, S. 287-289, hier S. 288.
48 Baikaloff, Notes, S. 287ff.; Benson Bobrick, Land der Schmerzen, Land der Hoffnung. Die
    Geschichte Sibiriens, München 1993, S. 14ff.; Sabine A. Gladkov, Geschichte Sibiriens, Regens-
    burg 2003, S. 10ff.; Denis Shaw, Siberia: Geographical Background, in: Alan Wood (Hg.), Sibe-
    ria. Problems and Prospects for Regional Development, London u.a. 1987, S. 9-34, hier S. 11;
    Naumov, History of Siberia, S. 3f.
49 Michael Weiers, Geschichte der Mongolen, Stuttgart 2004, S. 127.
50 Shaw, Geographical Background, in: Wood (Hg.), Siberia; Wein, Sibirien, S. 15.
51 Dittmar Dahlmann, Die Eroberung und Erforschung Sibiriens vom 16. bis zum Ende des 18.
    Jahrhunderts. Kurseinheit 4: Geschichte Rußlands und der Sowjetunion, Fernuniversität Hagen
    1999, S. 85; Georg Wilhelm Steller, Ausführliche Beschreibung von sonderbaren Meerthieren,
    mit Erläuterungen und nötigen Kupfern versehen, Halle 1753, Nachdruck Stuttgart 1974.
52 Victor L. Mote, Siberia. Worlds Apart, Boulder, Col. 1998, S. 39; Forsyth, History, S. 10; V.I.
    Šunkov, Sibir' v sostave feodal'noj Rossii, in: Istorija Sibiri, hg. von A.P. Okladnikov, Bd. 2, S.
    55f.; vgl. auch M.G. Levin/A.P. Potapov (Hg.), Narody Sibiri, Moskau/Leningrad 1956, engl.
    Fassung: The Peoples of Siberia, Chicago 1964; dies., Istoriko-ėtnografičeskij atlas Sibiri, Mos-
    kau 1961; D.A. Funk/N.A. Tomilov (Hg.), Tjurkskie narody Sibiri, Moskau 2006; G. Gemuev
    u.a. (Hg.), Narody Zapadnoj Sibiri, Moskau 2005; Practical Dictionary of Siberia and the Nor-
    th, hg. von J.R. Akbaljan/V.D. Golubčikova/Z.I. Chvitisjašvili, Moskau 2005, auch in russischer
    Fassung, mit einer CD mit rund 2.000 Illustrationen, Fotos und Karten sowie Beispielen indi-
    gener Musik.
53 Nikolaj M. Karamzin, Geschichte des Russischen Reiches, 9. Bd., Leipzig 1827, S. 17.
54 G.V. Glinka (Hg.), Aziatskaja Rossija, 3 Bde., St. Petersburg 1914, hier Bd. 1, S. VIII und Bd.
    2: P.P. Rumjancev, Torgovlja, promyšlennost', kredit, S. 413-446, hier S. 413. Zur Übersiedelung
    an der Wende vom 19. zum 20. Jahrhundert vgl. unten, Kap. 6, S. 195ff. Den zwei Prachtbänden
    im Quartformat mit zahlreichen Fotografien, Karten, Tabellen und Skizzen war ein dritter
    Registerband beigegeben. Der Herausgeber war einer der führenden Agrarexperten Rußlands,
    1915/16 Stellvertretender Landwirtschaftsminister. Die Idee zu diesem Band ging auf den damals
    amtierenden Minister A.V. Krivošein zurück und sollte »das gewachsene allgemeine Interesse
    an Sibirien und Turkestan« befriedigen. Ebd., S. VII. Es gab keinen Aspekt, der in den zusammen
    rund eintausend Seiten umfassenden Bänden ausgelassen wurde. Zu den Begriffen Kolonie,
    Kolonisation und Kolonialismus vgl. Jürgen Osterhammel, Kolonialismus. Geschichte – For-
    men – Folgen, München 1995; ders., Welten des Kolonialismus im Zeitalter der Aufklärung, in:
    Hans-Jürgen Lüsebrink (Hg.), Das Europa der Aufklärung und die außereuropäische koloniale
    Welt, Göttingen 2006, S. 19-36.
55 Peter Burke, Was ist Kulturgeschichte?, Frankfurt/M. 2005, S. 174f. Vgl. dazu Urs Bitterli, Die
    ›Wilden‹ und die ›Zivilisierten‹. Grundzüge einer Geistes- und Kulturgeschichte der europäisch-
    überseeischen Begegnung, 2. Aufl., München 1998; ders., Alte Welt – Neue Welt. Formen des
    europäisch-überseeischen Kulturkontaktes vom 15 bis zum 18. Jahrhundert, München 1992;
    Jürgen Osterhammel, Wissen als Macht. Deutungen interkulturellen Nichtverstehens bei
    Tzvetan Todorov und Edward Said, in: Eva-Maria Auch/Stig Förster (Hg.), »Barbaren« und

»Weiße Teufel«. Kulturkonflikte und Kulturkontakte in Asien vom 18. bis zum 20. Jahrhundert, Paderborn u.a. 1997, S. 145-169. Die Literatur zum Thema ist mittlerweile kaum noch überschaubar.

[56] Anna Reid, The Shaman's Coat. A Native History of Siberia, New York 2002.

[57] Burke, Was ist Kulturgeschichte?, S.175.

[58] E.A. Erochina, Vlijanie mirovozzrenčeskich cennostej russkogo ėtničeskogo soznanija na charakter vosprijatija inoėtničeskich kul'tur Zapadnoj Sibiri: XVII-ser. XIX vv., in: I.N. Gemuev/ E.F. Fursova (Hg.), Russkie Sibiri: kul'tura, obyčai, obrjady. Sbornik naučnych trudov, Novosibirsk 1998, S. 5-15, hier S. 12f.

[59] Claudia Weiss, Wie Sibirien »unser« wurde. Die Russische Geographische Gesellschaft und ihr Einfluß auf die Bilder und Vorstellungen von Sibirien im 19. Jahrhundert, Göttingen 2007, S. 22.

[60] Boris P. Chichlo, Sibérie: mode de colonisation – mode de production, in: ders. (Hg.), Sibérie II, S. 95-118, hier S. 101; Weiss, Wie Sibirien »unser« wurde, S. 23.

[61] Mark Bassin, Inventing Siberia: Visions of the Russian East in the Early Nineteenth Century, in: American Historical Review 96, 1991, S. 763-794; ders., Expansion and Colonialism on the Eastern Frontier: Views of Siberia and the Far East in pre-Petrine Russia, in: Journal of Historical Geography 14, 1988, S. 3-21; ders., Russia between Europe and Asia. The Ideological Construction of Geographical Space, in: Slavic Review 50, 1991, S. 1-17; Anatolyi Remnev, Siberia and the Russian Far East in the Imperial Geography of Power, in: Jane Burbank u.a. (Hg.), Russian Empire. Space, People, Power, 1700-1930, Bloomington/Indianapolis 2007, S. 425-454,

[62] A.P. Okladnikow, Die Entdeckung Sibiriens, Köln 1985, S. 21.

[63] Weiss, Wie Sibirien »unser« wurde, S. 27; L.M. Damešek/A.V. Remnev (Hg.), Sibir' v sostave Rossijskoj imperii, Moskau 2007; dazu demnächst auch die Habilitationsschrift von Susi K. Frank, Diskursive Strategien der Kolonisation Sibiriens durch die russische Kultur, München 2009.

[64] John P. LeDonne, The Grand Strategy of the Russian Empire, 1650-1831, Oxford 2004.

[65] Carsten Goehrke, Das »andere« Rußland: Zu Sibiriens Stellenwert in der russischen Geschichte, in: Berliner Jahrbuch für Osteuropäische Geschichte: Elitenwandel und Modernisierung in Osteuropa, 1995/2, S. 122-150, hier S. 148f. Vgl. auch Bassin, Imperialer Raum/Nationaler Raum, S. 378-403; Susi Frank, Sibirien: Peripherie und Anderes der russischen Kultur, in: Wiener Slawistischer Almanach, Sonderband 44: »Mein Rußland«. Literarische Konzeptualisierungen und kulturelle Projektionen, München 1997, S. 357-381; Lauren M. O'Connell, Constructing the Russian Other. Violett-le-Duc and the Politics of an Asiatic Past, in: James Cracraft/Daniel Rowland (Hg.), Architectures of Russian Identity. 1500 to the Present, Ithaca/London 2003, S. 90-100; Diment/Slezkine (Hg.), Between Heaven and Hell. The Myth of Siberia in Russian Culture; vgl. auch die Beiträge in: Gemuev/Fursova (Hg.), Russkie Sibiri.

[66] Geoffrey A. Hosking, »Sibirien und der Norden – sie sind unsere Hoffnung, sie stehen für uns ein«, in: Gert Leptin (Hg.), Sibirien: Ein russisches und sowjetisches Entwicklungsproblem, Berlin 1986, S. 251-266. Der Titel ist ein wörtliches Zitat aus diesem Brief Solženicyns.

[67] Vgl. dazu Diment/Slezkine (Hg.), Between Heaven and Hell; Weiss, Wie Sibirien »unser« wurde, S. 28.

[68] Rolf-Dieter Kluge, Sibirien als kulturelle und literarische Provinz, in: Gert Leptin (Hg.), Sibirien: Ein russisches und sowjetisches Entwicklungsproblem, Berlin 1986, S. 217-250, hier S. 248.

[69] Ich verdanke diese Erzählung meiner ehemaligen Freiburger Mitarbeiterin Utta Link, M.A. Rytchëu erzählt diese Geschichte auch in seinem Roman »Die Reise der Anna Odinzowa«. In seinem 1920 erschienenen Roman »Tohuwabohu« schildert der jüdische Autor Sammy Gronemann ein ähnliches Verhalten eines Ostjuden, der sich jedesmal taufen läßt, wenn er die Mitgift für eine seiner Töchter bezahlen muß.

[70] Vgl. dazu vor allem die Bonner Habilitationsschrift von Eva-Maria Stolberg, Sibirien – Rußlands »Wilder Osten«. Mythos und soziale Realität im 19. und 20. Jahrhundert, Elektronische Fassung der Habilitationsschrift, Phil. Fak., Universität Bonn 2005, überarbeitet 2006: www.hss.ulb. uni-bonn.de/diss_online/phil_fak/2006/stolberg_eva-maria, S. 11 und 69ff.; dies., The Genre of Frontiers and Borderlands: Siberia as a Case Study, in: dies. (Hg.), Siberian Saga, S. 13-28 sowie ihr Vorwort zu diesem Band: Siberia the Unknown Frontier, S. 7-11.

[71] Felix Philipp Ingold, Russische Wege. Geschichte – Kultur – Weltbild, München 2007, S. 7-25; vgl. auch Stefan Wiederkehr, Die eurasische Bewegung. Wissenschaft und Politik in der russischen Emigration der Zwischenkriegszeit und im postsowjetischen Rußland, Köln u.a. 2007. Zum Neo-Eurasismus in der Sowjetunion und nach deren Zusammenbruch vgl. Hildegard Kochanek, Die russisch-nationale Rechte von 1968 bis zum Ende der Sowjetunion. Eine Diskursanalyse, Stuttgart 1999, S. 177ff.

[72] Joseph L. Wieczynski, The Russian Frontier. The Impact of Borderlands upon the Cause of Early Russian History, Charlottesville 1976; vgl. zu weiteren Konzepten das von Richard Hellie herausgegebene Sonderheft der Zeitschrift »Russian History«: The Frontier in Russian History 19, 1992, darin insbesondere der Aufsatz von John LeDonne, The Frontier in Russian History, S. 143-154; vgl. auch Andreas Kappeler, Rußlands Frontier in der Frühen Neuzeit, in: Ronald G. Asch u.a. (Hg.), Frieden und Krieg in der Frühen Neuzeit. Die europäische Staatenordnung und die außereuropäische Welt, München 2001, S. 599-613 mit einer ausführlichen Diskussion der Literatur; Lutz Häfner, Von der frontier zum Binnenraum. Visionen und Repräsentationen Sibiriens als innerrussländischer Grenzraum, in: Christophe Duhamelle/Andreas Kossert/Bernhard Struck (Hg.), Grenzregionen. Ein europäischer Vergleich vom 18. bis zum 20. Jahrhundert, Frankfurt/M./New York 2007, S. 25-50; Susi K. Frank, »Innere Kolonisation« und frontier-Mythos. Räumliche Deutungskonzepte in Rußland und den USA, in: Osteuropa 53, 2003, S. 1658-1675; I. Stebelsky, The Frontier in Central Asia, in: James H. Bater/R.A. French (Hg.), Studies in Historical Geography, Vol. 1, London u.a 1983, S. 143-173; James R. Gibson, Diversification on the Frontier: Russian America in the Middle of the 19th Century, in: ebd., S. 197-231; Mark Bassin, Turner, Slov'ev, and the »Frontier Hypothesis«: The Nationalist Signification of Open Spaces, in: Journal of Modern History 65, 1993, S. 473-511. Frederick J. Turner, The Frontier in American History, Reprint der Ausgabe New York 1953, New York 1996, S. 1-38; erstmals erschienen 1893. Vgl. dazu und zum folgenden Matthias Waechter, Die Erfindung des amerikanischen Westens. Die Geschichte der Frontier-Debatte, Freiburg/Br. 1996; Richard Hofstadter/Seymour M. Lipset (Hg.), Turner and the Sociology of the Frontier, New York/London 1968.

[73] Kappeler, Rußlands Frontier, in: Asch u.a. (Hg.), Frieden und Krieg, S. 612.

[74] Ebd., S. 613.

[75] Karl Schlögel, Im Raume lesen wir die Zeit. Über Zivilisationsgeschichte und Geopolitik, München 2003, S. 243f.; ders., Die Wiederkehr des Raums – auch in der Osteuropakunde, in: Osteuropa 55, 2005, S. 5-16; Eva-Maria Stolberg, Raumerschließungsprozesse im Sibirien des ausgehenden Zarenreiches: Ein Desiderat der Rußlandhistoriographie, in: Archiv für Sozialgeschichte 42, 2002, S. 315-334.

[76] Axel Gotthard, In der Ferne. Die Wahrnehmung des Raums in der Vormoderne, Frankfurt/M. u.a. 2007, S. 132ff.

[77] Christian Sandler, Johann Baptista Homann, Berlin 1886, S. 24f.

[78] Weiss, Wie Sibirien »unser« wurde, S. 23.

[79] Ebd., S. 24.

[80] Dieter Langewiesche, Nationalismus im 19. und 20. Jahrhundert: zwischen Partizipation und Aggression, Bonn 1994, S. 9ff.; ders., ›Nation‹, ›Nationalismus‹, ›Nationalstaat‹ in der europäischen Geschichte – Versuch einer Bilanz, in: ders./Georg Schmidt (Hg.), Föderative Nation. Deutschlandkonzepte von der Reformation bis zum Ersten Weltkrieg, München 2000, S. 11f.

I. Sibirien vor den russischen Eroberungen

[1] W. Bruce Lincoln, The Conquest of a Continent. Siberia and the Russians, New York 1994; dt. Die Eroberung Sibiriens, München 1996, S. 10ff.; vgl. dazu auch Dittmar Dahlmann, Sibirien: Der Prozeß der Eroberung des Subkontinents und die russische Zivilisierungsmission im 17. und 18. Jahrhundert, in: Boris Barth/Jürgen Osterhammel (Hg.), Zivilisierungsmissionen. Imperiale Weltverbesserung seit dem 18. Jahrhundert, Konstanz 2005, S. 55-71; ders., »Die asiatische Unzuverlässigkeit beenden«. Herrschaft und Widerstand in Sibirien im 17. und 18. Jahrhundert, in: Orientierungen. Zeitschrift zur Kultur Asiens 16, 2004, S. 46-71; Andrej S. Zuev, »Konkvistadory imperii«. Russkie zemleprochodcy na severo-vostoke Sibi-

ri, in: Ab Imperio 4, 2001, S. 81-108 sowie die dort in Anm. 1 genannten weiteren Arbeiten Zuevs, die sich kritisch mit dieser Begrifflichkeit auseinandersetzen. Die russische, vorrevolutionäre Historiographie gebrauchte noch den Begriff der Eroberung. Vgl. S.M. Seredonin, Istoričeskij očerk zavoevanija Aziatskoj Rossija, in: Glinka (Hg.), Aziatskaja Rossija, Bd. 1, S. 1-38.

2   A.P. Okladnikow, Die Entdeckung Sibiriens, Köln 1985, russ. Original Moskau 1979, S. 38ff.; vgl. auch ders., Der Mensch kam aus Sibirien. Russische Archäologen auf den Spuren fernöstlicher Frühkulturen, Wien/Zürich 1974. Ein etwas reißerisch aufgemachter Titel, der im russischen Original ganz unspektakulär »Neues aus der Archäologie des sowjetischen Fernen Ostens« heißt. Vgl. dazu David Christian, A History of Russia, Central Asia and Mongolia. Vol. 1: Inner Eurasia from Prehistory to the Mongol Empire, Oxford 1998, S. 26f.; Mote, Siberia, S. 31f.

3   Dazu jetzt sehr ausführlich und mit eingehender Erörterung auch des russischen Forschungsstandes: Hermann Parzinger, Die Frühen Völker Eurasiens. Vom Neolithikum bis zum Mittelalter, München 2006; James Forsyth, A History of the Peoples of Siberia. Russia's North Asian Colony 1581-1990, Cambridge 1996, S.7.

4   S.G. Kljaštornyj/T.I. Sultanov, Staaten und Völker in den Steppen Eurasiens. Mittelalter und Altertum, Berlin 2006, S. 24ff.; russ. Original: Gosudarstva i narody evrazijskich stepej. Drevnost' i srednevekov'e, 2. Aufl., Moskau 2004; Mote, Siberia, S. 33f.

5   Gmelin, Expedition ins unbekannte Sibirien, S. 407; vgl. allgemein zu den Kurganen Jeannine Davis-Kimball (Hg.), Eurasian Bronze and Iron Age, Oxford 2000; Hermann Parzinger, Die Skythen, München 2004, S. 109ff.

6   Richard Vaughan, The Arctic. A History, Phoenix Mill 1999, S. 1f. Der Fundort liegt auf 71 Grad nördlicher Breite; A.P. Okladnikov, Yakutia before its Incorporation into the Russian State, Montreal 1970, eine erste russische Ausgabe erschien 1950.

7   Vaughan, The Arctic, S. 2ff.; Vergessene Welten unter Eis und Schnee. Die Vorläuferkulturen der Eskimos vor 4000 Jahren. Begleitheft zur Ausstellung im Übersee-Museum Bremen vom 29.11.1998-14.3.1999, Bremen 1998.

8   Vaughan, The Arctic, S. 4f.

9   Ebd.; S.I. Rudenko, The Ancient Culture of the Bering Sea and the Eskimo Problem, Toronto 1961, S. 169ff.

10 Die Sprache der Yupik gehört zu den eskimo-aleutischen Sprachen.

11 Vaughan, The Arctic, S. 10ff.; Bobrick, Land der Schmerzen, S. 35; engl. Original: East of the Sun. The Conquest and Settlement of Siberia, London 1992. In der deutschen Ausgabe fehlen aus unerklärlichen Gründen die Anmerkungen.

12 Forsyth, History, S. 53.

13 Vaughan, The Arctic, S. 10ff.

14 Wilfried Menghin/Hermann Parzinger, Vorwort der Herausgeber, in: dies. (Hg.), Im Zeichen des Goldenen Greifen. Königsgräber der Skythen, München 2007, S. 23.

15 Parzinger, Die Skythen, S. 8-12.

16 Ebd., S. 68ff.; Christian, History of Russia, Vol. 1, S. 123ff. Zu den geographischen Vorstellungen in der Antike, allerdings ohne Erwähnung Sibiriens, der knappe, aber sehr informative Überblick von Holger Sonnabend, Die Grenzen der Welt. Geographische Vorstellungen der Antike, Darmstadt 2007.

17 Christian, History of Russia, Vol. 1, S. 183ff.; Kljaštornyj/Sultanov, Staaten und Völker, S. S. 71ff.; Jean-Paul Desroches, Die Welt der Steppe. Das Reich der Xiongnu, in: Dschingis Chan und seine Erben. Das Weltreich der Mongolen. Katalog der Ausstellungen in Bonn und München 2005/2006, München 2005, S. 39-45.

18 Krieger, Geschichte Asiens, S. 256f.

19 Ebd., S. 254ff.

20 Burchard Brentjes, Die Ahnen Dschingis-Chans, Berlin 1988, S. 121f.

21 Klaus Rosen, Die Völkerwanderung, München 2002, S. 7.

22 Brentjes, Ahnen Dschingis-Chans, S. 131ff.

23 Ludmila Thomas, Geschichte Sibiriens. Von den Anfängen bis zur Gegenwart, Berlin 1982, S. 4.

24 Bobrick, Land der Schmerzen, S. 20.

[25] Parzinger, Frühe Völker Eurasiens, S. 870f.

[26] Ebd., S. 867ff.

[27] Michael Weiers, Herkunft und Einigung der mongolischen Stämme: Türken und Mongolen, in: Stephan Conermann/Jan Kuster (Hg.), Die Mongolen in Asien und Europa, Frankfurt/M. u.a. 1997, S. 27-39, hier S. 38f.

[28] David Christian, The Kaghanate of the Rus': Non-Slavic Sources of Russian Statehood, in: Stephen G. Wheatcroft (Hg.), Challenging Traditional Views of Russian History, Houndmills/ New York 2002, S. 3-26, hier S. 9-13; Günther Stökl, Russische Geschichte von den Anfängen bis zur Gegenwart, 6. erw. Aufl. mit einem Nachtrag, einer Zeittafel und einer aktuellen Bibliographie von Manfred Alexander, Stuttgart 1997, S. 25ff.; Peter B. Golden, The Question of the Rus' Qaǧanate, in: ders., Nomads and their Neighbours in the Russian Steppe. Turks, Khazars and Qipchaqs, Aldershot/Burlington 2003, S. 77-97.

[29] Christian, Kaghanate of the Rus', S. 13f.

[30] Christian, History of Russia, Vol. 1, S. 339; Peter B. Golden, Aspects of the Nomadic Factor in the Economic Development of Kievan Rus', in: ders., Nomads and their Neighbours, S. 58-101.

[31] Klaus Heller, Russische Wirtschafts- und Sozialgeschichte, Bd. I: Die Kiever und Moskauer Periode (9.-17. Jahrhundert), Darmstadt 1987, S. 12.

[32] Christian, Kaghanate of the Rus', S. 14ff.; Stökl, Russische Geschichte, S. 49ff.; Heller, Russische Wirtschafts- und Sozialgeschichte, S. 3ff.; Heiko Haumann, Geschichte Rußlands, 2. Aufl., Zürich 2003, S. 34ff. Der Titel eines »Großfürsten« für den Herrscher der Rus' ist erstmals 907 in einem Vertrag mit Byzanz nachgewiesen.

[33] Heller, Russische Wirtschafts- und Sozialgeschichte, S. 35f.

[34] Vladimir Svjatoslavovič (960?-1015) trägt nicht nur den Beinamen »Der Heilige«, sondern wird auch als »Der Große« oder »Der Apostelgleiche« bezeichnet. Eine neuere Biographie allerdings nennt ihn »Vladimir. The Russian Viking«: Vladimir Volkoff, Vladimir. The Russian Viking, New York 1985; Stefan Wolle, Wladimir Der Heilige. Rußlands erster christlicher Fürst, Berlin 1991.

[35] Francis J. Thomson, The Reception of Byzantine Culture in Medieval Russia, Aldershot u.a. 1999.

[36] Allgemeine Darstellungen zur russischen Geschichte neben Stökl, Russische Geschichte, und Haumann, Geschichte Rußlands (wie oben, Anm. 28 und 32) Hans-Joachim Torke, Einführung in die Geschichte Rußlands, München 1997; Edgar Hösch, Geschichte Rußlands. Vom Kiever Reich bis zum Zerfall des Sowjetimperiums, Stuttgart 1996; Hans-Heinrich Nolte, Kleine Geschichte Rußlands, Stuttgart 2003; Geoffrey Hosking, Rußland. Nation und Imperium, Berlin 2000; Horst Günther Linke, Geschichte Rußlands. Von den Anfängen bis heute, Darmstadt 2006; Abraham Ascher, Geschichte Rußlands, Essen 2005.

[37] Dittmar Dahlmann, Der russische Sieg über die »teutonischen Ritter« auf dem Peipussee 1242, in: Gerd Krumeich/Susanne Brand (Hg.), Schlachtenmythen. Ereignis – Erzählung – Erinnerung, Köln u.a. 2003, S. 63-75, hier S. 65; vgl. auch Ludwig Steindorff, Der fremde Krieg: Die Heerzüge der Mongolen 1237-1242 im Spiegel der altrussischen und lateinischen Chronistik, in: Konrad Clewing/Oliver Jens Schmitt (Hg.), Südosteuropa. Von vormoderner Vielfalt und nationalstaatlicher Vereinheitlichung. Festschrift für Edgar Hösch, München 2005, S. 93-118.

[38] Peter Nitsche, Mongolensturm und Mongolenherrschaft in Rußland, in: Conermann/Kusber (Hg.), Mongolen in Asien und Europa, S. 65-79; Haumann, Geschichte Rußlands, 2. Aufl., S. 72ff.

[39] Claus-Peter Haase, Von der ›Pax Mongolica‹ zum Timuridenreich, in: Conermann/Kusber (Hg.), Mongolen in Asien und Europa, S. 139-160, hier S. 141ff.; Christian, History of Russia, Vol. 1, S. 416.

[40] Forsyth, History, S. 24; Martin, Medieval Russia, S. 202ff.

[41] Das Wort »orda« (Horde) bedeutet im Mongolischen »Heerlager« und hat sich auch in der wissenschaftlichen Literatur für diese Form eines fragilen, nomadisierenden Staatswesens eingebürgert.

[42] Kljaštornyj/Sultanov, Staaten und Völker, S. 342f. »Tümen« bedeutet im Mongolischen »10.000« und wurde im Russischen zu Tjumen'. Die Literatur widerspricht sich häufiger in der Bezeichnung der Hauptstädte. Zumeist wird in der Rußlandhistoriographie davon ausgegangen, daß die

Städte Sibir', Isker und Kašlyk identisch sind, während die islamwissenschaftliche Forschung aufgrund arabischer bzw. turksprachiger Quellen von zwei Städten ausgeht: Isker als Hauptstadt Kučums und Sibir' bzw. Kašlyk als frühere oder zweite Hauptstadt. In jedem Falle waren sie, selbst wenn wir von der Existenz zweier Städte ausgehen, nicht weit voneinander entfernt und beide befestigt. Vgl. auch Terence Armstrong (Hg.), Yermak's Campaign in Siberia, London 1975, S. 47, Anm. 2. Danach lag die Stadt Sibir' rund 20 Kilometer oberhalb des heutigen Tobol'sk.

[43] Forsyth, History, S. 25.

[44] Eva-Maria Stolberg, Einleitung, in: Periplus 2007. Jahrbuch für Außereuropäische Geschichte, 17. Jahrgang, S. 1-19, hier S. 3.

[45] K. Kindermann, Die älteste Kunde Sibiriens im klassischen Altertum. Ein Beitrag zur Geschichte der Entdeckungen im Anschluß an A. L. Schlözers Sibirienforschungen, in: W. Steinitz u.a. (Hg.), Ost und West in der Geschichte des Denkens und der kulturellen Beziehungen. Festschrift für Eduard Winter zum 70. Geburtstag, Berlin 1966, S. 332-340; Igor V. Naumov, The History of Siberia, hg. von David N. Collins, London/New York 2006, S. 5; Helwig Schmidt-Glintzer, Geschichte Chinas bis zur mongolischen Eroberung 250 v.Chr.-1279 n.Chr., München 1999, S. 27f. und 116-118; Martin Krieger, Geschichte Asiens. Eine Einführung, Köln u.a. 2003, S. 254ff.

[46] Naumov, History of Siberia, S. 5. Die Berichte von Johannes von Plano Carpini, Wilhelm von Rubruk, Marco Polo und Ibn Batuta liegen in deutschen Fassungen vor.

[47] Johannes Schiltberger, Als Sklave im Osmanischen Reich und bei den Tataren 1394-1427, hg. von Ulrich Schlemmer, Stuttgart 1983, S. 107. Der Bericht Schiltbergers wurde mit einiger Sicherheit nur diktiert, vgl. dazu Dahlmann, Einleitung, S. 20, Anm. 29.

[48] Siegmund von Herberstein, Rerum Moscoviticarum commentarii […], Wien 1549, hier wird eine lateinische Ausgabe Frankfurt/M. 1600 benutzt. Die erste deutsche Fassung erschien gleichfalls in Wien 1557, eine weitere 1563 in Basel. Vgl. dazu Dahlmann, Einleitung, S. 21, Anm. 30. Eine weitere deutsche Ausgabe, die mir vorlag, erschien Frankfurt/M. 1576: Die Moscoutische Chronica. Das ist ein grundtliche Beschreibung oder Historia deß mechtigen und gewaltigen Großfürten in der Moscauw […]. Der betreffende Teil ist in dieser Ausgabe überschrieben: Die rechte Landtstraß gen Petzora, Jugaria und biß zu dem fluß Oby, S. 70-73. Eine deutsche Neuausgabe erschien 1926 in Erlangen: Rerum Moscoviticarum Commentarii oder Moscovia des Freiherrn Sigmund zu Herberstein, Neyperg und Guettenhag, hg. von Wolfram von den Steinen; Neuausgabe: Sigmund von Herberstein, Das alte Rußland, 2. Aufl., Zürich 1985. In diesen beiden deutschen Neuausgaben fehlt die »Reiß gen Petzora«, bei von den Steinen immerhin noch kenntlich gemacht, in der Neuausgabe ohne jeden Hinweis. Eine andere Neuausgabe in modernem Deutsch, in der dieser Teil enthalten ist: Sigismund von Herberstein, Reise zu den Moskowitern, hg. und eingel. von Traudl Seifert, München 1966, S. 200-206. Zu Herbersteins Quellen vgl. A.L. Choroskevič, Die Quellen Herbersteins und die Moscovia als Quelle zur politischen, Sozial- und Wirtschaftsgeschichte der Rus' im ersten Viertel des 16. Jahrhunderts, in: Gerhard Pferschy (Hg.), Siegmund von Herberstein. Kaiserlicher Gesandter und Begründer der Rußlandkunde und die europäische Diplomatie, Graz 1989, S. 179-243. Drei Jahre vor der Erstpublikation seines Werkes veröffentlichte Herberstein eine neue und sehr exakte Karte Rußlands, die dann in verkleinerter Form auch der Buchausgabe und den folgenden Drucken beigegeben wurde. Leo Bagrow, At the sources of the cartography of Russia, in: Imago Mundi 16, 1962, S. 33-48, hier S. 46ff. Kurbskij starb 1527 in Moskau. Azbučnyj ukazatel' imen russkich dejatelej dlja russkago biografičeskago slovarja. Čast' pervaja A-L, St. Petersburg 1887/88.

[49] Herberstein, Die Moscouitische Chronica, S. 70.

[50] Ebd., S. 71.

[51] Zu Witsen und Strahlenberg vgl. unten, S. 55, 95, 106 u. 114.

[52] Osterhammel, Entzauberung Asiens, S. 246ff.

[53] Mote, Siberia, S. 39f.; George V. Lantzeff/Richard A. Pierce, Eastward to Empire. Exploration and Conquest on the Russian Open Frontier to 1750, Montreal/London 1973, S. 23; Yuri Slezkine, Arctic Mirrors. Russia and the Small Peoples of the North, Ithaca/London 1994, S. 11; Andrei V. Golovnev/Gail Osherenko, Siberian Survival. The Nenets and Their Story, Ithaca/London 1999, S. 47f.; Marjorie M. Balzer, The Tenacity of Ethnicity. A Siberian Saga in Global Perspective, S. 51ff.; Bruno Widera, Novgorods Beziehungen zu Ural und Westsibirien in der Vorhansezeit, in: Hansische Studien. Heinrich Sproemberg zum 70. Geburtstag, Berlin 1961, S. 388-397.

54 Vaughan, The Arctic, S. 51.
55 Lantzeff/Pierce, Eastward to Empire, S. 23; Janet Martin, Treasure of the Land of Darkness: The Fur Trade and Its Significance for Medieval Russia, Cambridge 1986, S. 9ff. und passim.
56 Norbert Angermann/Klaus Friedland (Hg.), Novgorod. Markt und Kontor der Hanse, Köln u.a. 2002; Konrad Onasch, Groß-Novgorod. Aufstieg und Niedergang einer russischen Stadtrepublik, München 1969; Raymond H. Fisher, The Russian Fur Trade 1550-1700, Berkeley/Los Angeles 1943, S. 3f.
57 Naumov, History of Siberia, S. 54; Vaughan, The Arctic, S. 53.
58 Thomas, Geschichte Sibiriens, S. 17.
59 Ebd., S. 18.
60 Andreas Kappeler, Ethnische Minderheiten im Alten Rußland (14.-16. Jahrhundert): Regierungspolitik und Funktionen, in: Forschungen zur Osteuropäischen Geschichte 38, 1986, S. 131-151; Naumov, History of Siberia, S. 54; Forsyth, History, S. 28f.; Janet Martin, Medieval Russia 980-1584, Cambridge 1995, S. 316f.; Golovnev/Osherenko, Siberian Survival, S. 52.
61 Forsyth, History, S. 5; Jurij Semjonow, Sibirien. Schatzkammer des Ostens, Wien/Düsseldorf 1975, S. 20ff. Von diesem Autor erschienen seit 1936 drei Ausgaben seines Sibirienbuches, die sich nur unwesentlich unterscheiden und chronologisch weitergeführt wurden. Jurij Semjonow, Die Eroberung Sibiriens. Ein Epos menschlicher Leidenschaften. Der Roman eines Landes, mehrere Auflagen, Berlin 1936-1942; ders., Sibirien. Eroberung und Erschließung der wirtschaftlichen Schatzkammer des Ostens, Berlin 1954. Zitiert wird nach der Ausgabe von 1975.
62 Der Begriff »Sammeln russischer Erde« geht auf eine Chronik des 14. Jahrhunderts zurück, »Slovo o žitii Dimitrija Donskogo«, in der Ivan I. Kalita als »Sammler russischer Erde« bezeichnet wird. Sie wurde von Gerhard Friedrich Müller in seiner Ausgabe des »Stufenbuches« von 1775 und danach von dem Historiker und Schriftsteller Nikolaj M. Karamzin (1766-1826), Hofhistoriograph des Russischen Reiches, zitiert. In Karamzins »Geschichte des russischen Staates« heißt es, die Moskauer Bevölkerung habe Ivan I. Kalita (1288-1341, Fürst von Moskau seit 1325, Großfürst 1328-1341) den Beinamen »Sammler der russischen Erde« gegeben. Nikolaj M. Karamzin, Istorija gosudarstva Rossijskogo, Bd. 4, Moskau 1992, S. 142; die Erstausgabe erschien 1818. Ich verdanke diesen Hinweis Dr. Michael Schippan.
63 Vgl. zum Zusammenhang von Außenpolitik und Außenhandel vor dieser Zeit Joel Raba, Der Außenhandel als Faktor der russischen Außenpolitik an der Schwelle der Neuzeit, in: Forschungen zur Osteuropäischen Geschichte 27, 1980, S. 110-132.
64 Vgl. dazu unten, S. 55 u. 60.
65 Forsyth, History, S. 26; zu den Beziehungen Moskaus mit den orientalischen Staaten vgl. István Vásáry, Muscovite Diplomacy with the States of the Orient, in: ders., Turks, Tatars and Russians in the 13th 16th Centuries, Aldershot u.a. 2007, S. 28-32 (Nr. XXI).
66 A.A. Vvedenskij, Dom Stroganovych v XVI-XVII vekach, Moskau 1962, S. 76f.; Gavin Hambly, Die Goldene Horde, in: ders. (Hg.), Zentralasien, Frankfurt/M. 1966, S. 137f.
67 Andreas Kappeler, Rußland als Vielvölkerreich. Entstehung – Geschichte – Zerfall, München 1992, S. 40ff.
68 Grundlegend die schon zitierte Studie von James Forsyth, History of the Peoples of Siberia. Vgl. auch Valentina Gorbacheva/Marina Federova, Die Völker des Hohen Nordens. Kunst und Kultur Sibiriens, New York 2000; Narody Zapadnoj i Srednej Sibiri, Novosibirsk 2002; L.R. Pavlinskaja (Hg.), Narody Sibiri v sostave Gosudarstva Rossijskogo. Očerki ètničeskoj iostorii, St. Petersburg 1999; Jörg Stadelbauer, Zur Kulturgeographie Sibiriens und Russisch Amerikas, in: Brigitta Hauser-Schäublin/Gundolf Krüger (Hg.), Sibirien und Russisch-Amerika: Kultur und Kunst des 18. Jahrhunderts. Die Sammlung von Asch – Göttingen, München u.a. 2007, S. 60-81; vgl. auch oben, S. 309, Anm. 52.
69 Okladnikow, Yakutia, S. 381ff.
70 Bella Bychkova Jordan/Terry G. Jordan-Bychkov, Siberian Village. Land and Life in the Sakha Republic, Minneapolis/London 2001, S. 38. Zur Geschichte der Evenen im Zarenreich vgl. Katharina Gernet, Evenen – Jäger, Rentierhirten, Fischer. Zur Geschichte eines nordostsibirischen Volkes im russischen Zarenreich, Wiesbaden 2007.
71 Heinrich Werner, Die Glaubensvorstellungen der Jenissejer aus der Sicht des Tengrismus, Wiesbaden 2007, S. 2ff.

[72] Die Bezeichnung »Čukčen« stammt aus der russischen Verwaltungssprache des 19. Jahrhunderts. Zur Eigenbezeichnung der verschiedenen Gruppen der Čukčen vgl. das Glossar. Die Itel'menen wurden nach ihren Wohngebieten von den Russen als Kamtschadalen bezeichnet.

[73] Wunderwelt Arktis. Aus der Kunstkammer St. Petersburg. Katalog der Ausstellung im Deutschen Elfenbeinmuseum Erbach, 11.5.-3.11.1996, Erbach 1996.

[74] Sehr dezidiert Okladnikov, Yakutia, S. 417; ähnlich S.A. Tokarev, On the Origins of the Buryat Nations, in: Henry N. Michael (Hg.), Studies in Siberian Ethnogenesis, Toronto 1962, S. 102-118; David N. Collins, Subjugation and Settlement in 17th and 18th Century Siberia, in: Alan Wood (Hg.), The History of Siberia. From Russian Conquest to Revolution, London/New York 1991, S. 37-56.

[75] Dahlmann, Von Kalmücken, S. 26ff.

[76] Mircea Eliade/Ioan P. Couliano, Handbuch der Religionen, Zürich/München 1991, S. 176.

[77] Mihály Hoppál, Schamanen und Schamanismus, Augsburg 1994, S. 31f.; Hans Findeisen/Heino Gehrts, Die Schamanen. Jagdhelfer und Ratgeber, Seelenfahrer, Künder und Heiler, 3. Aufl., München 1993; grundlegend Mircea Eliade, Schamanismus und archaische Ekstasetechnik, Zürich/Stuttgart 1957; Neuauflage Frankfurt/M. 1974, 9. Aufl., Frankfurt/M. 1997; vgl. auch Dittmar Dahlmann, Von Kalmücken, Tataren und Itelmenen: Forschungsreisen in Sibirien im 18. Jahrhundert, in: Auch/Förster (Hg.), »Barbaren« und »Weiße Teufel«, S. 19-44.

[78] Vgl. dazu unten, Kapitel 4, S. 125ff.

[79] Georg Wilhelm Steller, Beschreibung von dem Lande Kamtschatka dessen Einwohnern, deren Sitten, Nahmen, Lebensart und verschiedenen Gewohnheiten, Frankfurt/M./Leipzig 1774, unveränderter Nachdruck, Stuttgart 1974, S. 269.

[80] Ebd., S. 189ff.; A.P. Volodin, Itel'meny, St. Petersburg 1995, S. 42ff.

[81] Jürgen Hartwig, Die Vermarktung der Taiga. Die Politische Ökologie der Nutzung von Nicht-Holz-Waldprodukten und Bodenschätzen in der Mongolei, Stuttgart 2007, S. 99f.

[82] Steller, Beschreibung von dem Lande Kamtschatka, S. 274f.

[83] Bobrick, Land der Schmerzen, S. 110.

[84] Steller, Beschreibung von dem Lande Kamtschatka, S. 289.

[85] Peter Simon Pallas, Reise durch verschiedene Provinzen des Russischen Reiches, St. Petersburg 1771-1776, 4 Teile, Nachdruck Graz 1967, hier: 3. Teil, S. 65. Pallas (1741-1811) war der Sohn eines Arztes an der Berliner Charité, hatte in Leiden promoviert und folgte 1767 einer Einladung auf eine Professur an der St. Petersburger Akademie.

[86] Zum Tabakrauchen in Sibirien seit dem 17. Jahrhundert vgl. Ju.A. Kupina, Potreblenie tabaka u narodov severo-vostočnoj Sibiri i Aljaski. Ėtnokul'turnyj aspekt tradicii, in: Sistemnye issledovanija vzaimosvjazi drevnich kul'tur Sibiri i Severnoj Ameriki, St. Petersburg, Nr. 2, 1995, S. 85-115.

II. Die Familie Stroganov, Zar Ivan IV.
und der Kosak Ermak

[1] Lydia Black, Promyshlenniki ... Who were they?, in: Orcutt W. Frost (Hg.), Bering and Chirikov. The American Voyages and Their Impact, Anchorage 1992, S. 279-290.

[2] Thomas, Geschichte Sibiriens, S. 18f.

[3] Tatiana Metternich, Die Stroganoffs. Eine ungekrönte Dynastie, München 1986, S. 23f.; Semjonow, Sibirien, S. 22f.; Aleksandr R. Andreev, Stroganovy. Ėnciklopedičeskoe izdanie, Moskau 2000, S. 45f.; N. Ustrjalov, Imenitye ljudi Stroganovy, St. Petersburg 1842.

[4] Die heutige Stadt Perm' ist eine Gründung aus den 1720er Jahren. Gemeint ist eine Region am Fluß Kama mit dem damaligen Hauptort Čerdyn', dem wichtigsten Außenposten Moskaus in Richtung auf den Ural. Sogar auf der Insel Novaja Zemlja soll es eine Niederlassung der Stroganovs gegeben haben. Vgl. Erich Donnert, Die Stroganov und die westeuropäischen Wirtschaftsbeziehungen Rußlands im 16. Jahrhundert, in: Zeitschrift für Geschichtswissenschaft 19, 1971, S. 393-404, hier S. 399.

[5] Metternich, Stroganoffs, S. 24ff.

[6] Donnert, Stroganov und die westeuropäischen Wirtschaftsbeziehungen, S. 393ff.; Lincoln, Eroberung Sibiriens, S. 54f.; Forsyth, History, S. 29f.; Bobrick, Land der Schmerzen, S. 27ff.; Semjonow, Sibirien, S. 23ff.

7   Jan Kusber, Ende und Auswirkungen der Mongolenherrschaft in Rußland, in: Conermann/Kusber (Hg.), Mongolen in Europa und Asien, S. 207-229, hier S. 214ff.

8   Wladimir Vodoff, Remarques sur la valeur du terme »tsar« appliqué aux princes russes avant le milieu du XVe siècle, in: ders., Princes et principautés russes (Xe-XVIIe siècles), Aldershot 1989, S. 1-42 (Nr. III); ders., Le titre *tsar'* dans la Russie du nord-est vers 1440-1460 et la tradition littéraire vieux-russe, in: ebd., S. 54-62 (Nr. IV).

9   Gert Robel, Die Eroberung Sibiriens, in: Erich Donnert (Hg.), Europa in der Frühen Neuzeit. Festschrift für Günter Mühlpfordt. Bd. 6, Köln u.a. 2002, S. 873-885, hier S. 873. »Jugrija« meinte das von den Samojeden zwischen dem Unterlauf des Ob' und dem Ural bewohnte Gebiet; abgeleitet von dem syrjänischen (Komi) Wort »yögra«, Land der Ostjaken, später dann auch den nördlichen Transuralraum.

10 Vaughan, The Arctic, S. 53; Seredonin, Istoričeskij očerk, in: Glinka u.a (Hg.), Aziatskaja Rossija, Bd. 1, S. 4f.; Oleg V. Bychkov, Russian Hunters in Eastern Siberia in the 17th Century: Lifestyle and Economy, in: Arctic Anthropology 31, 1994, S. 72-85, hier S. 72f.

11 Richard S. Wortman, Scenarios of Power. Myth and Ceremony in Russian Monarchy, Bd. 1: From Peter the Great to the Death of Nicholas I, Princeton 1995, S. 25ff.; Peter Nitsche, Moskau – das dritte Rom?, in: Der Kreml. Gottesruhm und Zarenpracht. Katalog der Ausstellung in der Kunst- und Ausstellungshalle der Bundesrepublik Deutschland, Bonn 13.2.-31.5. 2004, Bonn 2004, S. 101-109.

12 Frank Kämpfer, Einleitung, in: ders. (Hg.), Historie vom Zartum Kasan (Kasaner Chronist), Graz u.a. 1969, S. 12. Ausführlich über die Entwicklungen im Schwarzmeergebiet und die dortigen Mächtekonstellationen vgl. Brian L. Davis, Warfare, State and Society on the Black Sea Steppe, 1500-1700. London/New York 2007.

13 Haumann, Geschichte Rußlands, 2. Aufl., S. 95.

14 Semjonow, Sibirien, S. 29ff.

15 Kämpfer, Einleitung, S. 10f.

16 Vvedenskij, Dom Stroganovych, S. 77; Günther Stökl, Testament und Siegel Ivans IV., Opladen 1972; Armstrong, Yermak's Campaign, S. 3. Die Konda ist ein linker Nebenfluß des Irtyš und liegt im Gebiet der Chanten und Mansi; Udora ist ein Gebiet der Komi (Zyrjänen) in der Region von Perm' und Vyčegodsk. Das Gebiet an der Konda war bereits von Ivan III. beansprucht worden.

17 Kämpfer, Einleitung, S. 12.

18 Lantzeff/Peirce, Eastward to Empire, S. 83.

19 Terence Armstrong (Hg.), Yermak's Campaign in Siberia, London 1975, S. 281-292: Urkunde des Zaren für Grigorij Stroganov vom 4. April 1558, London 1975, S. 281-284; Basil Dmytryshyn/E.A.P. Crownhart Vaughan/Thomas Vaughan (Hg.), To Siberia and Russian America. Three Centuries of Russian Eastward Expansion, 3 Bde., Portland 1985-1989, hier Bd. 1: Russia's Conquest of Siberia, S. 3-13; eine deutsche Teilübersetzung findet sich in: Urs Bitterli (Hg.), Die Entdeckung und Eroberung der Welt, Bd. 2, München 1981, S. 186-190, Ruslan G. Skrynnikow, Iwan der Schreckliche und seine Zeit, München 1992, S. 298ff.; 2002 erschien eine überarbeitete und gekürzte russische Neuausgabe des Buches, in dem vor allem die Abschnitte über die Familie Stroganov gänzlich weggefallen sind. Eine Erklärung dafür fehlt: Ruslan G. Skrynnikov, Ivan Groznyj, Moskau 2002; Andreev, Stroganovy, S. 49f.

20 Fisher, Russian Fur Trade, S. 18f. Die Verbindung über das Meer war als »Große Mangazeja-Route« bekannt. Zu Mangazeja vgl. M.I. Belov u.a. (Hg.), Mangazeja. Material'naja kul'tura russkich poljarnych morechodov i zemleprochodcev XVI-XVIIvv., 2 Bde., Leningrad/Moskau 1980/81.

21 Bychkov, Russian Hunters, S. 73.

22 Lincoln, Eroberung Sibiriens, S. 58.

23 Vvedenskij, Dom Stroganovych, S. 40.

24 Dopolnenija k aktam istoričeskim, Bd. 1, St. Petersburg 1846, Dokumente 117-119, S. 168-172.

25 Vgl. dazu das Glossar.

26 Skrynnikow, Iwan der Schreckliche, S. 300.

27 Susanne Jaeger, Alexander S. Stroganov (1733-1811). Sammler und Mäzen im Russland der Aufklärung, Köln u.a. 2007, S. 24.

28 Ebd., S. 25f.

29 Ebd., S. 27.

30 Armstrong (Hg.), Yermak's Campaign, S. 4.
31 Semjonow, Sibirien, S. 46f.; Skrynnikow, Iwan der Schreckliche, S. 301.
32 Vvedenskij, Dom Stroganovych, S. 77.
33 Vvedenskij, ebd.; Forsyth, History, S. 29f.; Alan Wood, From Conquest to Revolution: The Historical Dimension, in: ders. (Hg.), Siberia, S. 37f.; Murat Abdirov, Chan Kučum: izvestnyj i neizvestnyj, Almaty 1996, S. 62.
34 Skrynnikow, Iwan der Schreckliche, S. 315; Armstrong (Hg.), Yermak's Campaign, S. 288f.: Brief des Zaren Ivan IV. an Jakov und Grigorij Stroganov vom 6. August 1572 mit der Aufforderung, Truppen zur Unterstützung im Kampf gegen die Čeremissen zu entsenden.
35 Armstrong (Hg.), Yermak's Campaign, S. 2.
36 Ebd., S. 301.
37 Bobrick, Land der Schmerzen, S. 28ff.; Lincoln, Eroberung, S. 52ff.; Kappeler, Rußland als Vielvölkerreich, S. 38f.; Skrynnikow, Iwan der Schreckliche, S. 298ff.; Tatiana Metternich, Die Stroganoffs. Eine ungekrönte Dynastie, München 1984, S. 37ff. und S. 297; Text in: Armstrong (Hg.), Yermak's Campaign, S. 289ff.: Urkunde Zar Ivans IV. vom 30. Mai 1574 an Jakov und Grigorij Stroganov.
38 Die Muscovy Company ging aus der 1551 gegründeten Company of Merchant Adventurers hervor, deren Mitglieder China auf dem Weg durch eine mögliche Nordost- bzw. Nordwestpassage suchten. Die Gesellschaft besaß ein Monopol für den Handel zwischen England und Rußland bis 1698. Der Haupthandelshafen war Archangel'sk am Weißen Meer. Vgl. dazu Samuel H. Baron, The Muscovy Company, the Muscovite Merchants and the Problem of Reciprocity in Russian Foreign Trade, in: Forschungen zur Osteuropäischen Geschichte 27, 1980, S. 133-155.
39 Isaac Massa, Beschryvinge van der Samoyeden Landt in Tartarien [...], in: The Arctic North-East and West Passage. Detectio Freti Hudsoni or Hessel Gerritsz's Collection of Tracks by Himself, Massa and De Quir on the N.E. and W. Passage, Siberia and Australia. Reproduced [...] in Dutch and Latin after the Editions of 1612 and 1613 [...], Amsterdam 1878, neben den Texten in Niederländisch und Latein enthält der Band auch englische Übersetzungen dieser Texte und eine englische Einführung, jeder Text ist gesondert paginiert, englischer Text, S. 9ff. Massas Texte erschienen in der ersten Ausgabe von 1612 anonym, danach unter seinem Namen; Vvedenskij, Dom Stroganovych, S. 30ff.; Andreev, Stroganovy, S. 49f.; Ustrjalov, Imenitye ljudi Stroganovy, S. 3f.; Lantzeff/Pierce, Eastward to Empire, S. 84. Zu Massa und Witsen vgl. Kap. 4, S. 106f. u. 110.
40 Farid Abdelouahab, Entdecker im ewigen Eis. Fünf Jahrhunderte Polarreisen in Reisetagebüchern, Kehl 2006, S. 14; grundlegend Michail I. Belov, Istorija otkrytija i osvoenija morskogo puti, Bd. 1: Arktičeskoe moreplavanie s drevnejšich vremen do serediny 19 veka, Moskau/Leningrad 1956.
41 Das Werk von Giovio erschien auch unter anderen Titeln, so als »De legatione Moschovitarum libellus«. Die erste deutsche Übersetzung erschien 1534 in Straßburg: Büchlein von der Moscovitischen Bottschaft; Edwin Okhuizen, Exploration and Mapping of the Northeast Passage and Northern Eurasia, 15th-19th Centuries, in: Helsinki University Library (Hg.), The Northeast Passage From the Vikings to Nordenskiöld, Helsinki 1992, S. 10-49, hier S. 18; Kit Mayers, North-East Passage to Muscovy. Stephen Borough and the First Tudor Explorations, Phoenix Mill u.a. 2005, S. 46; vgl. auch N.A. Kazakova, Dmitrij Gerasimov i russko-evropejskie kul'turnye svjazi v pervoj treti XVI v., in: Problemy istorii meždunarodnych otnošenij, Leningrad 1972, S. 248-266; Leo Bagrow, At the Sources of the Cartography in Russia, in: Imago Mundi 16, 1962, S. 33-48, hier S. 39ff.
42 Herberstein, Das alte Rußland, S. 285ff.: Schiffahrt über das Eismeer.
43 Vgl. oben, S. 39.
44 Olaus Magnus, Die Wunder des Nordens. Erschlossen von Elena Balzamo und Reinhard Kaiser, mit einer Abbildung der Carta marina von 1539, Frankfurt/M. 2006.
45 Frank Kämpfer, Homines nigri ab lacu Kitai. Chinesische Perlenhändler in Herbersteins »Rerum Moscoviticarum Commentarii«, in: Jahrbücher für Geschichte Osteuropas, N.F. 54, 2006, S. 410-421, hier S. 413.
46 John W. Webb, The Van Deutecum Map of Russia and Tartary, in: John Parker (Hg.), Merchants & Scholars. Essays in the History of Exploration and Trade, Minneapolis 1965,

S. 63-86. Die Karte trägt, wie damals üblich, einen langen und umständlichen lateinischen Titel, in dem auf die beiden Reisebeschreibungen von Herberstein und Jenkinson als den »Ideengebern« verwiesen wird. Jenkinsons Bericht ist abgedruckt bei Richard Hakluyt, Principal Navigations, Voyages, Traffiques and Discoveries of the English Nation [...], 12 Bände, Glasgow 1903-1905, hier Bd. 2, S. 449-479; Abraham Ortelius, Theatrum Orbis Terrarum, Ausgabe Nürnberg 1572 (Erstdruck Antwerpen 1570), Neudruck 2006, 2. Aufl., Darmstadt 2007, S. 102f. und 163. Die dortige Weltkarte, S. 12f., zeigt Asien und Amerika als getrennte Kontinente, auch den Ob', der auf der Asienkarte, S. 16f., nur angedeutet ist. Auf allen Karten, auch der Europas, S. 20f., mündet der Ob' in den »Kitai-See«. Allerdings variiert die Länge des Flusses auf diesen vier Karten erheblich. 1562/63 erreichte Jenkinson erneut auf dem Weg über die Wolga und das Kaspische Meer auch Persien. Diese beschwerliche Route benutzte die Muscovy Company etwa 20 Jahre, bis der Weg über das Mittelmeer wieder benutzbar war und die »Levant Company« das Geschäft übernahm. Mayers, North-East Passage to Muscovy, S. 131; A.I. Cenkov (Hg.), Anglijskie putešestvenniki v Moskovskom gosudarstve v XVI veke, Rjazan' 2006.

47 Jorma Ahvenainen, Some Contributions to the Question of Dutch Traders in Lapland and Russia at the Ende of the 16th Century, Rovaniemi 1967, S. 10f.

48 Okhuizen, Exploration and Mapping, in: Helsinki University Library (Hg.), The Northeast Passage, S. 20; Lantzeff/Pierce, Eastward to Empire, S. 90f.

49 T.S. Jansma, Olivier Brunel Te Dordrecht: De noordoostelijke Doorvaart en het westeuropeesch-russisch contact in de zestiende eeuw, in: Tijdschrift voor Geschiedenis 59, 1946, S. 337-362, hier S. 343f. nennt aufgrund eines Fundes im Archiv von Dordrecht Löwen als Geburtsort, doch sei das Jahr seiner Geburt unbekannt. Er wurde jedoch 1577 als »ein betagter Mann« bezeichnet. Ebd. Marijke Spies, Bij Noorden om. Olivier Brunel en de doorvaart naar China en Cathay en de zestiende eeuw, Amsterdam 1994, S. 1-12.

50 Jansma, Olivier Brunel Te Dordrecht, S. 344.

51 Ebd., S. 343ff.; V.A. Kordt, Očerk snošenij Moskovskago Gosudarstva s Respublikuju Soedinennych Niderlandov po 1631, in: Sbornik Imperatorskago Russkago Istoričeskago Obščestva, St. Petersburg 1902, Bd. 116, S. III-CCLXII, hier S. XXXf.; Fisher, Russian Fur Trade, S. 20f. und 190ff.; Ahvenainen, Some Contributions, S. 33f.; Oswald Dreyer-Eimbcke, Durchs Eis ins Reich der Mitte. Einfluß und Bedeutung der Kartographie bei der Suche nach den Nordpassagen, von den Anfängen bis zum Ende des 16. Jahrhunderts, in: Gerhard Mercator, Europa und die Welt. Begleitband zur Ausstellung »Verfolgt, geachtet, universal – Gerhard Mercator, Europa und die Welt« anläßlich des 400. Todestages von Gerhard Mercator, Duisburg 1994, S. 131-171, hier S. 162. Zum weltweiten Handel der Holländer und zum Zusammenhang von Handel und Wissenschaft vgl. Harold J. Cook, Matters of Exchange. Commerce, Medicine, and Science in the Dutch Golden Age, New Haven/London 2007, hier besonders S. 57f. und S. 117ff.

52 Jansma, Olivier Brunel Te Dordrecht, S. 344.

53 Brief von Joannes Balakus an Gerhard Mercator vom 20.2.1581, in: Hakluyt, Principal Navigations, Bd. 3, S. 450-457, im lateinischen Original und in englischer Übersetzung; in englischer Fassung auch bei S.P. L'Honoré Naber (Hg.), Reizen van Jan Huygen van Linschoten naar het Noorden (1594-1595), Den Haag 1914, S. XLVI-XLIX; bei Vvedenskij, Dom Stroganovych, S. 102f. und bei M.P. Alekseev, Sibir' v izvestijach zapadno-evropejskich putešestvennikov i pisatelej. Vvedenie, teksty i kommentarij. XIII-XVII v.v., 2. Aufl., Irkutsk 1941, S. 182-185, Neudruck Novosibirsk 2006, findet sich eine russische Übersetzung dieses Briefes. Das Original des Briefes, den Hakluyt schon in seiner ersten, dreibändigen Ausgabe der »Principal Navigations« von 1598/1600 abdruckte, ist inzwischen verlorengegangen. Vgl. Maurice van Durme (Hg.), Correspondance Mercatorienne, Antwerpen 1959, S. 164. Dort findet sich nur ein Regest des Briefes. Als Verfasser wird ein in Arensburg auf der Insel Ösel ansässiger niederländischer Kaufmann vermutet. Allerdings geben Brief und Briefschreiber einige Rätsel auf. Der Briefschreiber bezeichnet sich als »einziger Freund Mercators«, der mit ihm Strabo, Homer, Aristoteles und andere antike Schriftsteller gelesen habe, gehörte aber nicht, wie eine Durchsicht der Matrikel der Universität Löwen (Louvain/Leuven) ergab, zu dessen Studienfreunden, jedenfalls nicht unter diesem Namen. Weitere Briefe dieses Joannes Balakus sind nicht überliefert. Die Person findet sich auch sonst nicht im Umkreis Mercators. Zudem enthält

der Brief die Ortsangabe: »Arusburgi ad Ossellam fluvium«, was eindeutig gegen die Insel Ösel spricht. Falls die Angabe Jansmas zutrifft, daß Brunel tatsächlich aus Löwen stammte, so ist trotz eines erheblichen Altersunterschiedes nicht auszuschließen, daß Mercator und Brunel persönlich miteinander bekannt waren, und Brunel, der offensichtlich eigene Geschäftsinteressen verfolgte, diese durch einen falschen Namen und eine falsche Ortsangabe zu verschleiern suchte. Ansonsten liegt die Vermutung nahe, daß es sich bei dem Namen um ein Pseudonym handelt, da eben erhebliche Geschäftsinteressen auf dem Spiel standen. Möglicherweise ist daher auch der Ort fiktiv. Arensburg auf Ösel lag zu jener Zeit in einem Gebiet, in dem der Livländische Krieg ausgetragen wurde, für einen Kaufmann waren zu jener Zeit dort wohl kaum Geschäfte zu machen, der Weg obendrein gefährlich. Da die schwedische Flotte große Teile der Ostsee kontrollierte und die schwedische Armee sich anschickte, Estland zu besetzen, erscheint es wenig wahrscheinlich, daß Brunel mitten durch das Kriegsgebiet reiste. Dafür, daß es sich um ein Pseudonym handelt, spricht, daß »Balak« in der Offenbarung des Johannes (2, 14) ein König der Moabiter ist, der die Kinder Israels zur Unzucht verführt. Im 16. Jahrhundert dürfte die Bedeutung des Namens als bekannt vorausgesetzt werden. Balch, im 15. und 16. Jahrhundert auch Balkh oder Balach, ist zudem der persische Name für das antike Baktra (Baktrien). Vgl. dazu Nicholas Crane, Mercator. The Man who Mapped the Planet, 3. Aufl., London 2002, S. 248ff. und 322. Crane hat allerdings nicht verstanden, von wem in Balaks Brief die Rede ist und bezeichnet Olivier Brunel als einen nicht zu identifizierenden »Alferius«, wie im lateinischen Originaltext, auch die Erwähnung der Stroganovs in diesem Brief ist ihm entgangen. Dieser Fehler ist auch in der deutschen Übersetzung nicht getilgt worden. Nicholas Crane, Der Weltbeschreiber. Gelehrter, Ketzer, Kosmograph. Wie die Karten des Gerhard Mercator die Welt veränderten, München 2005, S. 282ff. und 354. Dieser Fehler findet sich allerdings schon in der Ausgabe der Mercatorbriefe von van Durme, Correspondance Mercatorienne, S. 164. Vgl. auch Armstrong (Hg.), Yermak's Campaign, S. 6; Semjonow, Sibirien, S. 56ff.

54   Brief von Balakus an Mercator, in: Hakluyt, Principal Navigations, Bd. 3, S. 456f.; Alekseev, Sibir' v izvestijach, 2. Aufl., S. 185ff.

55   Alekseev, Sibir' v izvestijach, 2. Aufl., S. 180-188.

56   Balakus an Mercator, in: Hakluyt, Principal Navigations, Bd. 3, S. 453.

57   Brief von Gerhard Mercator an Richard Hakluyt vom 28.7.1580, in: Hakluyt, Principal Navigations, Bd. 3, S. 275-282 im lateinischen Original und in englischer Übersetzung; Dreyer-Eimbcke, Durchs Eis ins Reich der Mitte, S. 162.

58   Hakluyt, Principal Navigations, Bd. 3, S. 282-303; Raleigh A. Skelton, Mercator and the English Geography in the 16th Century, in: Duisburger Forschungen 6, 1962, S. 158-170, hier S. 162; H. Averdunk/J. Müller Reinhard, Gerhard Mercator und die Geographen unter seinen Nachkommen, Gotha 1914, S. 114f.

59   Dreyer-Eimbcke, Durchs Eis ins Reich der Mitte, S. 162; J. van Raemdonck, Gérard Mercator, sa vie et ses œuvres, St. Nicolas 1869, S. 252, vermutete einen Briefwechsel zwischen Brunel und Mercator im Jahre 1583. Vgl. van Durme (Hg.), Correspondance Mercatorienne, S. 185.

60   Jansma, Olivier Brunel te Dordrecht, S. 348ff.

61   Ebd., S. 351f.; Spies, Bij Noorden om, S. 114; Dreyer-Eimbcke, Durchs Eis ins Reich der Mitte, S. 162. Der Bericht findet sich in dem von Lucas Janszoon Waghenaer herausgegebenen »Thresoor der Zeevaert« aus dem Jahre 1592, weitere Auflagen erschienen 1598 und 1609; Nachdrucke 1965 und 1980, Nachdruck Amsterdam 1965, S. 204. Waghenaer stach nach diesem Bericht auch eine Karte der nordrussischen Küste bis zum Ob'. Nachdem 1580/81 die Republik der Vereinigten Niederlande gegründet worden war, begannen auch niederländische Seefahrer wie Willem Barentsz, Jacob van Heemskerck und Jan Huygen van Linschoten am Ende des 16. und zu Beginn des 17. Jahrhunderts mit ihren Fahrten auf der Nordostroute die Suche nach Indien und China. Dabei kam es 1596/97 zur Überwinterung von Barents und van Heemskerck auf Novaja Zemlja und zur Erforschung von Spitzbergen, der Bäreninsel und Vajgač. Wegen Erfolglosigkeit wurden diese Fahrten durch das Eismeer bald darauf eingestellt und stattdessen begann der höchst lukrative, aber auch gefährliche Walfang in dieser Region. Vgl. auch Massas Text von 1612, in: The Arctic North-East and West Passage, S. 4.

62 L'Honoré Naber (Hg.), Reizen van Jan Huygen van Linschoten, S. 231ff.; ders. (Hg.), Reizen van Willem Barents, Jacob van Heemskerck, Jan Cornelisz-Rijp en anderen naar het Noorden (1594-1597) vertaald door Gerrit de Veer, Den Haag 1917, 2 Bde., S. 20; dt. Fassung: Gerrit de Veer, Wahrhaftige Beschreibung der Nordreise des Kapitäns Jacob van Heemskerck und des Obersteuermanns Willem Barentsz, in: M.R.C. Fuhrmann-Plemp van Duiveland (Hg.), Die gefahrvolle Reise des Kapitän Bontekoe und andere Logbücher und Schiffsjournale holländischer Seefahrer des 17. Jahrhunderts, 2. Aufl., Tübingen/Basel 1976, S. 267-430; Jonathan I. Israel, Dutch Primacy in World Trade, 1585-1740, Oxford 1989, S. 46ff.

63 Samuel H. Baron, Fletcher's Mission to Moscow and the Anthony Marsh Affair, in: ders., Explorations in Muscovite History, Hampshire 1991, S. 107-130, hier S. 118ff.; T. Armstrong, In Search of a Sea-Route to Siberia, 1553-1619, in: Arctic 37, 1984, S. 429-440, hier S. 431; Golovnev/Osherenko, Siberian Survival, S. 47f.

64 Sergej V. Bachrušin, Russkoe prodviženie za Ural, in: ders., Naučnye trudy, Bd. 3, 1, S. 137-160, hier S. 141.

65 Herbersteins Karte von 1549 verzeichnete den Ob', der in den »Kithay Lacus« mündet, auch einen Ort »Tumen«, der auf halbem Wege zwischen Ural und Ob' lag, den Lauf der Wolga mit Kazan' und Astrachan' (zu jenem Zeitpunkt noch nicht von den Russen erobert) bis ins Kaspische Meer, die Nogai-Tataren und als deren Nachbarreich »Sibier Provincia« nördlich des Kaspischen Meeres, durchflossen vom Fluß Jaik (später der Ural), der in dieses Meer mündet. Siegmund von Herberstein, Rerum Moscoviticarum Commentarii [...], in: Rerum Moscoviticarum Auctores varii: unum in corpus [...], Frankfurt/M. 1600; in der Ausgabe Zürich 1985 ist die Karte stark verkleinert im hinteren Einband wiedergegeben; in der Ausgabe München 1966, S. 28f. Zu den russischen Vorlagen der Karte Herbersteins vgl. auch Leo Bagrow, History of Cartography, hg. von R.A. Skelton, London 1964, S. 172.

66 Hakluyt, Principal Navigations, Bd. 3, S. 281f.

67 Mayers, North-East Passage to Muscovy, S. 42f. Dee hielt sich 1547 und von 1548 bis 1550 in Löwen auf. Seit dieser Zeit war er mit Mercator befreundet und beide korrespondierten lebenslang miteinander. E.G.R. Taylor, Tudor Geography 1485-1583, London 1950, S. 85ff.

68 Mayers, North-East Passage to Muscovy, S. 42f.; Joan-Pau Rubiés, Instructions for travellers: teaching the eye to see, in: ders., Travellers and Cosmographers. Studies in the History of Early Modern Travel and Ethnology, Aldershot 2007, S. 139-190.

69 Okhuizen, Exploration and Mapping, in: Helsinki University Library (Hg.), The Northeast Passage, S. 21.

70 Semjonow, Sibirien, S. 48ff.

71 Lincoln, Eroberung Sibiriens, S. 59f.

72 Skrynnikow, Iwan der Schreckliche, S. 301f. Ein bei Andreev, Stroganovy, S. 61f. veröffentlichtes Inventarverzeichnis des Besitzes der Stroganovs nach dem Tode von Grigorij und Maksim Stroganov spricht eine andere Sprache.

73 Vgl. dazu auch Vvedenskij, Dom Stroganovych, S. 82ff., der häufiger von einer »Ostpolitik« der zarischen Regierung spricht.

74 Urkunde des Zaren Ivan IV. vom 20. Dezember 1581, in: A.A. Vvedenskij (Hg.), Torgovyj dom XVI-XVII vekov, Leningrad 1924, S. 62f.; ders., Dom Stroganovych, S. 104; Skrynnikow, Iwan der Schreckliche, S. 303.

75 Frank Kämpfer, Ivan IV. Der Schreckliche, in: Hans-Joachim Torke (Hg.), Die russischen Zaren 1547-1917, München 1995, S. 27-49, hier S. 46.

76 Armstrong (Hg.), Yermak's Campaign, S. 4f.; Skrynnikow, Ivan der Schreckliche, S. 304ff.

77 Armstrong (Hg.), Yermak's Campaign, S. 87-277; russisches Original: Sibirskie letopisi, hg. von L.N. und V.N. Majkov, St. Petersburg 1907, S. 312-366. In dem von Armstrong herausgegebenen Band finden sich die drei russischen Chroniken zur Eroberung Sibiriens sowie der Teil der »Neuen Chronik«, der darauf Bezug nimmt, in vollständiger englischer Übersetzung. Auszüge aus der Stroganov-Chronik finden sich bei Dmytryshyn u.a. (Hg.), Bd. 1: Russia's Conquest, S. 14-23; Valerie Kivelson, Cartographies of Tsardom. The Land and Its Meanings in 17th Century Russia, Ithaca/London 2006, S. 149ff.

78 Gerhard Friedrich Müller, Sibirische Geschichte, in: ders., Sammlung russischer Geschichte, 3. Theil, 2. Aufl., Offenbach 1778, S. 299.

79 Karamzin, Geschichte des Russischen Reiches, 9. Bd., S. 3-38. Sibirien wird in dieser Übersetzung noch als »Siberien« bezeichnet. Die russische Originalausgabe »Istorija gosudarstva Rossijskogo« erschien seit 1818.
80 Dieser und die folgenden Abschnitte basieren auf den ausführlichen Erörterungen von Armstrong, der die relevante russische Literatur aufgearbeitet hat. Armstrong (Hg.), Yermak's Campaign, S. 24-29.
81 Ebd., S. 30
82 Kivelson, Cartographies of Tsardom, S. 133ff.; dies., »Between all parts of the Universe«: Russian Cosmographic and Imperial Strategies in Early Modern Siberia and Ukraine, in: Imago Mundi 60, 2008, Nr. 2, S. 166-181; Alexei Postnikov, Russia in Maps: A History of the Geographical Study and Cartography of the Country, Moskau 1996, S. 23ff.; ders., Outline of the History of Russian Cartography, in: Kimitaka Matsuzato (Hg.), Regions: A Prism to View the Slavic-Eurasian World. Towards a Discipline of »Regionology«, Sapporo 2000, S. 1-49.
83 Ruslan G. Skrynnikov, Ermak's Siberian Expedition, in: Russian History 13, 1986, S. 1-40; ders., Iwan der Schreckliche, S. 303ff.
84 Ebd., S. 8; ders., Iwan der Schreckliche, S. 311.
85 Skrynnikow, Iwan der Schreckliche, S. 311.
86 Skrynnikov, Ermak's Expedition, S. 8f.
87 Ebd., S. 10.
88 Skrynnikov, Iwan der Schreckliche, S. 312; russ. Fassung: Ivan Groznyj, S. 410.
89 Urkunde des Zaren Ivan IV. vom 10. Dezember 1581, in: A.A. Vvedenskij (Hg.), Torgovyj dom XVI-XVII vekov, Leningrad 1924, S. 62; Forsyth, History, S. 30.
90 Skrynnikov, Ermak's Expedition, S. 5f.
91 Ebd., S. 11.
92 Andreev, Stroganovy, S. 63.
93 Armstrong (Hg.), Yermak's Campaign, S. 40: Stroganov-Chronik; russ. Original: Sibirskie letopisi, S. 55-57 und S. 98. Nach den Angaben der »Neuen Chronik« waren es 600 Mann, die sich von der Wolga aus auf den Weg machten. Armstrong (Hg.), ebd., S. 278; russ. Original: Polnoe sobranie russkich letopisej, Bd. 14, St. Petersburg 1910, S. 33f. Skrynnikov weist darauf hin, daß bei den Kosaken nur die erwachsenen Krieger gezählt wurden, die minderjährigen Begleiter, wohl das, was im Deutschen als »Reiterbuben« bezeichnet wird, jedoch nicht. Skrynnikow, Iwan der Schreckliche, S. 319. Die ältere Forschung ging davon aus, daß Ermak bereits 1579 in die Dienste der Stroganovs getreten sei. Ustrjalov, Imenitye ljudi Stroganovy, S. 16.
94 Skrynnikov, Iwan der Schreckliche, S. 314.
95 Lincoln, Eroberung Sibiriens, S. 61ff.
96 Skrynnikov, Iwan der Schreckliche, S. 314f.; russ. Fassung: Ivan Groznyj, S. 410.
97 Abdirov, Chan Kučum, S. 64 gibt ohne Quellenbeleg die Stärke der Armee des Chans mit 10.000 bis 15.000 Mann an. An anderer Stelle nennt er eine Armeestärke von 10.000 Mann »möglicherweise übertrieben«. Ebd., S. 87.
98 Skrynnikov, Iwan der Schreckliche, S. 316; Esipov-Chronik, in: Armstrong (Hg.), Yermak's Campaign, S. 70: Remezov-Chronik, in: ebd., S. 124f.; russ. Original: Sibirskie letopisi, S. 126 und S. 321. Eine Darstellung aus tatarischer Sicht: Chadi Atlasi (Atlasy), Istorija Sibiri, Kazan' 2005. Die Erstfassung erschien in tatarischer Sprache 1911 in Kazan'. Die Arbeit beruht im wesentlichen auf einer Auswertung der Schriften von Gerhard Friedrich Müller und Johann Eberhard Fischer aus dem 18. Jahrhundert.
99 Armstrong (Hg.), Yermak's Campaign, S. 18ff.; vgl. auch Sergej V. Bachrušin, Puti v Sibir' v XVI-XVII vv., in: ders., Naučnye trudy, Bd. 3,1, Moskau 1955, S. 72-136.
100 Armstrong (Hg.), Yermak's Campaign, S. 35-61; russ. Original: Sibirskie letopisi, S.1-46. Äußerst knappe Auszüge in deutscher Übersetzung finden sich in: Dokumente zur Geschichte der europäischen Expansion, Bd. 2, hg. von Matthias Meyn u.a., Die großen Entdeckungen, München 1984, S. 502-504. Außer der Remezov- und der Stroganov-Chronik behandeln auch die Esipov-Chronik und die Neue Chronik die Eroberung Sibiriens. Zur Datierung und zur Überlieferung vgl. Armstrong (Hg.), Yermak's Campaign, S. 24-29; R.S. Skrynnikov, Rannie sibirskie letopisi, in: Istorija SSSR 32, 1979, Nr. 4, S. 82-99.

[101] Stroganov-Chronik, in: Armstrong (Hg.), Yermak's Campaign, S. 42; russ. Original: Sibirskie letopisi, S. 10; Lincoln, Eroberung Sibiriens, S. 62

[102] Skrynnikow, Iwan der Schreckliche, S. 321ff.; ders., Ermak's Expedition, S. 19f. Ein Fluß mit Namen »Žuravl'«, den Skrynnikov anführt, läßt sich nicht identifizieren, jedoch ein Fluß namens »Žaravlik« als Nebenfluß der Baranča. Alle diese Flüsse, vor allem Čusovaja und Serebrjanka, werden heute für Kajak-, Kanu- oder Floßfahrten empfohlen.

[103] Armstrong (Hg.), Yermak's Campaign, S. 18ff.

[104] Remezov-Chronik, in: ebd., S. 117; russ. Original: Sibirskie letopisi, S. 319.

[105] Stroganov-Chronik, in: Armstrong (Hg.), Yermak's Campaign, S. 43f.; russ. Original: Sibirskie letopisi, S. 13f.; Skrynnikov, Ermak's Expedition, S. 21.

[106] Esipov-Chronik, in: Armstrong (Hg.), Yermak's Campaign, S. 74f.; russ. Original: Sibirskie letopisi, S. 281f.; Skrynnikov, Ermak's Expedition, S. 20f.; ders., Iwan der Schreckliche, S. 316; russ. Fassung, S. 412ff.

[107] Remezov-Chronik, in : Armstrong (Hg.), Yermak's Campaign, S. 161; russ. Original: Sibirskie letopisi, S. 330.

[108] Kljaštornyj/Sultanov, Staaten und Völker, S. 343.

[109] Skrynnikov, Ermak's Expedition, S. 23.

[110] Stroganov-Chronik, in: Armstrong (Hg.), Yermak's Campaign, S. 50f.; russ. Original: Sibirskie letopisi, S. 71.

[111] Stroganov-Chronik und Remezov-Chronik, in: Armstrong (Hg.), Yermak's Campaign, S. 51 und 168; russ. Original: Sibirskie letopisi, S. 26 und 332f.

[112] Esipov-Chronik, in: Armstrong (Hg.), Yermak's Campaign, S. 73f.; russ. Original: Sibirskie letopisi, S. 135f.; Skrynnikov, Ermak's Expedition, S. 24f.

[113] Armstrong (Hg.), Ermak's Campaign, S. 293f.: Brief des Zaren Ivan IV. an Maksim und Nikita Stroganov vom 16. November 1582; vgl. auch Stroganov-Chronik, in: Sibirskie letopisi, S. 15 und S. 62-64.

[114] Skrynnikov, Ermak's Expedition, S. 17f. Vvedenskij, Dom Stroganovych, S. 105ff.

[115] Vvedenskij, Dom Stroganovych, S. 108.

[116] Armstrong (Hg.), Yermak's Campaign, S. 294f.: Brief Ivans IV. an Maksim und Nikita Stroganov vom 7. Januar 1584.

[117] Zitiert bei Naumov, History of Siberia, S. 58.

[118] Remezov-Chronik, in: Armstrong (Hg), Yermak's Campaign, S. 170f.; russ. Original: Sibirskie letopisi, S. 333; Skrynnikov, Ermak's Expedition, S. 25.

[119] Skrynnikow, Iwan der Schreckliche, S. 330.

[120] Skrynnikov, Ermak's Expedition, S. 25.

[121] Stroganov-Chronik und Remezov-Chronik, in: Armstrong (Hg.), Yermak's Campaign, S. 51 und 187; russ. Original: Sibirskie letopisi, S. 73f. und 338.

[122] Stroganov-Chronik, in: ebd., S. 53; russ. Original: Sibirskie letopisi, 29f.

[123] Esipov-Chronik, in: ebd., S. 74f.; russ. Original: Sibirskie letopisi, S. 282-284.

[124] Martin, Medieval Russia, S. 351ff.; Müller, Sibirische Geschichte, 3. Theil, S. 350ff.

[125] Stroganov-Chronik, in: Armstrong (Hg.), Yermak's Campaign, S. 53f.; russ. Original: Sibirskie letopisi, S. 30f.

[126] Stroganov-Chronik, in: ebd.; russ. Original: Sibirskie letopisi, S. 31.

[127] Stroganov-Chronik, in: ebd., S. 54f.; russ. Original: Sibirskie letopisi, S. 31f. und 77.

[128] Stroganov-Chronik, in: ebd., S. 55; russ. Original: Sibirskie letopisi, S. 33f.

[129] Kljaštornyj/Sultanov, Staaten und Völker, S. 343; Lantzeff/Pierce, Eastward to Empire, S. 114ff.

[130] Forsyth, History, S. 31ff.; Skrynnikov, Ermak's Expedition, S. 39.

[131] Stroganov-Chronik und Esipov-Chronik, in: Armstrong (Hg.), Yermak's Campaign, S. 57 und 78; russ. Original: Sibirskie letopisi, S. 83 und 148.

[132] Vgl. dazu Skrynnikov, Ermak's Expedition, S. 35ff.

[133] Ebd., S. 37.

[134] Robel, Eroberung Sibiriens, S. 875.

[135] Müller, Sibirische Geschichte, 3. Theil, S. 427.

[136] Ebd., S. 385. Noch Skrynnikov neigt in seinen Artikeln und Büchern zu einer Glorifizierung der Kosaken als »freie Krieger« und heldenhafte Kämpfer, die keine Schlacht gegen die Tataren verloren hätten.

[137] Armstrong (Hg.), Yermak's Campaign, S. 15ff.; Maureen Perrie, The Image of Ivan the Terrible in Russian Folklore, Cambridge u.a. 1987, S. 83ff. und 242ff.

[138] Eva-Maria Stolberg, Entdeckung und Eroberung Sibiriens im 16. und 17. Jahrhundert, in: Periplus. Jahrbuch für außereuropäische Geschichte 17, 2007, S. 20-47, hier S. 46; vgl. auch Valentin G. Rasputin, Siberia, Siberia, Evanston 1996, S. 36ff., russ. Original: Sibir', Sibir', Moskau 1991.

[139] Kljaštornyj/Sultanov, Staaten und Völker, S. 343.

[140] Vvedenskij, Dom Stroganovych, S. 112ff.; Metternich, Die Stroganoffs, S. 59ff. »Imenitye ljudi« (angesehene Personen) war ein Ehrentitel, den nur die Familie Stroganov führte, erst unter Katharina II. wurde dann als Ehrentitel »imenityj graždanin« (angesehener Bürger) eingeführt. Die Mitglieder der Familie Stroganov unterlagen seit dieser Ernennung nur dem Gericht des Zaren, konnten Städte und Festungen bauen, Soldaten rekrutieren, Kanonen gießen, Krieg in Sibirien führen und durften zollfrei mit Asien handeln. Darüber hinaus erhielten sie das nur dem Adel zustehende Recht, mit Vor- und Vatersname angesprochen zu werden. 1722 verlieh Peter I. den Brüdern Nikolaj, Aleksandr und Sergej Grigor'evič Stroganov wegen ihrer Verdienste, die Familie hatte sich auch an der Finanzierung des Nordischen Krieges (1700-1721) beteiligt, den erblichen Titel »Baron«, 1761 wurde Aleksandr Sergeevič von Kaiser Franz I. der erbliche Grafentitel im Deutschen Reich verliehen, 1798 von Kaiser Paul I. auch im Russischen Reich. Späterhin erhielten noch weitere Mitglieder der Familie den erblichen Grafentitel.

[141] Ustrjalov, Imenitye ljudi Stroganovy, S. 24. Der Atlas des Russischen Reiches von 1745 verzeichnete diesen Besitz auf den Blättern 9 und 12: Votčina gospod baronov Stroganovych.

III. Eine Welt wird erobert

[1] Robel, Eroberung Sibiriens, S. 876; Lantzeff/Pierce, Eastward to Empire, S. 119ff.

[2] Lantzeff/Pierce, Eastward to Empire, S. 127ff.; zur Gründung und Kolonisierung von Krasnojarsk vgl. Sergej V. Bachrušin, Očerki po istorii Krasnojarskogo uezda v XVII v, in: ders., Naučnye trudy, Bd. 4, Moskau 1959.

[3] Kappeler, Rußland als Vielvölkerstaat, S. 38ff.; Fisher, Russian Fur Trade, S. 170f.

[4] Zur jahreszeitlich bedingten Qualität der Felle vgl. Josef Klein, Der sibirische Pelzhandel und seine Bedeutung für die Eroberung Sibiriens, Phil. Diss, Universität Bonn 1906, S. 34.

[5] Lantzeff/Pierce, Eastward to Empire, S. 141ff.

[6] Zur Frage der Grenze zwischen Europa und Asien vgl. oben, S. 19.

[7] Forsyth, History, S. 34; Dmytryshyn u.a. (Hg.), Bd. 1: Russia's Conquest of Siberia, S. 41.

[8] George V. Lantzeff, Siberia in the 17th Century. A Study of Colonial Administration, Berkeley/Los Angeles 1943, Neudruck 1972, S. 176f.; Makarij, Istorija russkoj cerkvi, Bd. 9, St. Petersburg 1882, Nachdruck Düsseldorf u.a. 1969, S. 35ff.

[9] Urkunde des Zaren Boris Godunov an den Kommandeur von Turinsk bezüglich des Baus einer Kirche in einem neuen *ostrog* vom 12. Oktober 1600, in: Dmytryshyn u.a. (Hg.), Bd. 1: Russia's Conquest of Siberia, S. 40f.

[10] Lantzeff, Siberia in the 17th Century, S. 178f.; Valentin G. Rasputin, Tobolsk, in: ders., Siberia, Siberia, S. 69-117, hier S. 86ff.

[11] N.N. Pokrovskij (Hg.), Tobol'skij Archierejskij Dom v XVII v., Novosibirsk 1994, Bl. 202, zitiert bei Christoph Witzenrath, Das Kopierbuch des Tobol'sker Erzpriesterlichen Hauses und die sibirische Lokalverwaltung in der ersten Hälfte des 17. Jahrhunderts, unveröffentlichte Magisterarbeit, Humboldt-Universität Berlin 1997, S. 1. Zur russischen Verwaltung in dieser Zeit vgl. Lantzeff, Siberia in the 17th Century, sowie unten, Kap. 5.

[12] Lantzeff, Siberia in the 17th Century, S. 202ff.

[13] Balzer, Tenacity of Ethnicity, S. 57.

[14] Robel, Eroberung Sibiriens, S. 880.

[15] Berichte der Voevoden von Jakutsk an den Zaren aus den Jahren 1640 und 1641, in: Matthias Meyn u.a. (Hg.), Die großen Entdeckungen, München 1984, S. 506-509 (= Band 2 der Reihe »Dokumente zur Geschichte der europäischen Expansion«, hg. von Eberhard Schmitt).

[16] Forsyth, History, S. 31f. In diesem Sinne ist, wie schon erwähnt, die um das Jahr 1700 verfaßte Remezov-Chronik geschrieben. Vgl. auch Kivelson, Cartographies of Tsardom, S. 190f.

17 Kivelson, Cartographies of Tsardom, S. 174f. und 190f.
18 Lantzeff, Siberia in the 17th Century, S. 123. Die Herkunft des Namens für den Fluß und die Halbinsel ist umstritten. Mit einiger Wahrscheinlichkeit geht sie auf die itel'menische Bezeichnung für die benachbarten Korjaken zurück. E.M. Pospelov, Geografičeskie nazvanija Rossii, Moskau 2003, S. 146f.
19 Sergej V. Bachrušin, Jasak v Sibiri v XVII v., in: ders., Naučnye trudy, Bd. 3,2, Moskau 1955, S. 49-85, hier S. 50ff., Erstdruck in: Sibirskie ogni, 1927, Nr. 3, S. 95-129.
20 Lantzeff, Siberia in the 17th Century, S. 124.
21 Ebd., S. 124f.; Robel, Eroberung Sibiriens, S. 879.
22 Lantzeff, Siberia in the 17th Century, S. 125f.
23 Collins, Subjugation and Settlement, in: Wood (Hg.), History of Siberia, S. 37-56.
24 Vgl. zu diesen beiden militärischen Gruppen das Glossar.
25 Vgl. dazu unten, Kap. 5, S. 154ff.
26 Ausführlich geschildert bei Lantzeff, Siberia in the 17th Century; vgl. auch die Dokumente 19-22 bei Dmytryshyn u.a. (Hg.), Bd. 1: Russia's Conquest of Siberia, S. 51-61.
27 George Vernadsky u.a. (Hg.), A Source Book For Russian History From Early Times To 1917, 3 Bde., New Haven/London 1972, hier Bd. 1, S. 274.
28 Richard Hellie, Migration in Early Modern Russia, 1480s-1780s, in: David Eltis (Hg.), Coerced and Free Migration. Global Perspectives, Stanford 2002, S. 296-323, Anm. S. 418-424,
29 Lantzeff, Siberia in the 17th Century, S. 167f.
30 V.I. Šunkov, Očerki po istorii kolonizacii Sibiri v XVII-načale XVIII vekov, Moskau 1946; ders., Očerki po istorii zemledelija Sibiri (XVII vek), Moskau 1956; vgl. jetzt Stolberg, Sibirien – Rußlands »Wilder Osten«, S. 167ff.
31 Thomas, Geschichte Sibiriens, S. 30f.
32 Forsyth, History, S. 67; David N. Collins, Sexual Imbalance in Frontier Communities: Siberia and New France to 1760, in: Sibirica 4, 2004, S. 162-185.
33 Forsyth, History, S. 67ff.; Balzer, Tenacity of Ethnicity, S. 38f.
34 Lincoln, Eroberung Sibiriens, S. 108f.; Forsyth, History, S. 67f. und 77-80.
35 Kappeler, Rußland als Vielvölkerreich, S. 39.
36 Lantzeff/Pierce, Eastward to Empire, S. 141ff.; Robel, Eroberung Sibiriens, S. 880.
37 Robel, Eroberung Sibiriens, S. 880.
38 Semjonow, Sibirien, S. 105.
39 Lanzeff/Pierce, Eastward to Empire, S. 155ff.; Lincoln, Eroberung Sibiriens, S. 87ff.; Forsyth, History, S. 104f.
40 Lincoln, Eroberung Sibiriens, S. 87ff.
41 Forsyth, History, S. 104f.; Lincoln, Eroberung Sibiriens, S. 90ff.; Bericht des Voevoden von Jakutsk an Zar Aleksej Michajlovič, vermutlich vom Dezember 1650, in: Dmytryshyn u.a. (Hg.), Bd. 1: Russia's Conquest of Siberia, S. 251-255.
42 Lincoln, Eroberung Sibiriens, S. 90f.
43 Ebd., S. 93.
44 Bericht des Voevoden von Jakutsk an Zar Aleksej Michajlovič, vermutlich vom Dezember 1650, in: Dmytryshyn u.a. (Hg.), Bd. 1: Russia's Conquest of Siberia, S. 254f.; Lincoln, Eroberung Sibiriens, S. 93.
45 Bericht von Erofej Chabarov an den Voevoden von Jakutsk, August 1652, in: Dmytryshyn u.a. (Hg.), Bd. 1: Russia's Conquest of Siberia, S. 260-278.
46 Bobrick, Land der Schmerzen, S. 71f.
47 Ebd., S. 73f.
48 Giovanni Stary, Chinas erste Gesandte in Rußland, Wiesbaden 1976, S. 6ff.
49 Mark Mancall, Russia and China. Their Diplomatic Relations to 1728, Cambridge, Mass. 1971, S. 131ff.; Bericht des Voevoden von Nerčinsk, Ivan Vlasov, an Fürst Konstantin Ščerbatov, Voevode von Enisejsk, über die Belagerung von Albazin, nach dem 20. Juni 1685, und Bericht des Voevoden von Nerčinsk an den Voevoden von Enisejsk, nach dem 26. August 1685, in: Dmytryshyn u.a. (Hg.), Bd. 1: Russia's Conquest of Siberia, S. 469-475.
50 Mancall, Russia and China, S. 131ff.; Bericht von Fedor Golovin an Zar Ivan V. und Peter I. aus dem Jahr 1687 über die die Belagerung im Jahre 1686, in: Dmytryshyn u.a. (Hg.), Bd. 1: Russia's Conquest of Siberia, S. 482f.

[51] Dmytryshyn u.a. (Hg.), Bd. 1: Russia's Conquest of Siberia, S. LXff.; Beate Hill-Paulus, Nikolaj Gavrilovič Spatharij (1683-1708) und seine Gesandtschaft nach China, Hamburg 1978; John F. Baddeley, Russia, Mongolia, China. Being Some Record of the Relations Between Them From the Beginning of the XVIIth Century to the Death of the Tsar Alexei Mikhailovich A. D. 1602-1676, New York o.J., Bd. 2, S. 65ff. Den Bericht Petlins und seines Mitreisenden veröffentlichte Samuel Purchas bereits 1625 in London im 3. Band seiner Neuauflage des »Pilgrimage«.

[52] Mancall, Russia and China, S. 142ff.

[53] Klaus Heller, Der russisch-chinesische Handel von seinen Anfängen bis zum Ausgang des 19. Jahrhunderts, Erlangen 1980; vgl. auch ders., Der russisch-chinesische Handel in Kjachta. Eine Besonderheit in den außenwirtschaftlichen Beziehungen Rußlands im 18. und 19. Jahrhundert, in: Jahrbücher für Geschichte Osteuropas, N.F. 29, 1981, S. 515-536.

[54] Die Verträge zwischen Rußland und China 1689-1881. Faksimile der 1889 in St. Petersburg erschienenen Sammlung mit den Vertragstexten in russischer, lateinischer, französischer sowie chinesischer, mandschurischer und mongolischer Sprache, hg. und eingel. von Michael Weiers, Bonn 1979, S. 1-10; Reinhard Wittram, Peters des Großen Interesse an Asien, in: Nachrichten der Akademie der Wissenschaften in Göttingen aus dem Jahre 1957. Philologisch-Historische Klasse, Göttingen 1957, S. 1-25.

[55] Wittram, Peters Interesse an Asien, S. 2.

[56] Heller, Russisch-chinesischer Handel, S. 11.

[57] Forsyth, History, S. 41.

[58] Ebd., S. 72ff. und 132ff.

[59] Ebd., S. 75.

[60] Lantzeff, Siberia in the 17th Century, S. 34ff.

[61] Chamid Z. Zijaev, Ėkonomičeskie svjazi Srednej Azii s Sibir'ju v XVI-XIX vv., Taškent 1983; Christian Noack, Die sibirischen Bucharioten. Eine muslimische Minderheit unter russischer Herrschaft, in: Cahiers du Monde Russe 41, 2000, S. 263-278.

[62] Dmytryshyn u.a. (Hg.), Bd. 1: Russia's Conquest of Siberia, Introduction, S. IIff. Der Alkoholmißbrauch und die Verbreitung von Geschlechtskrankheiten sind in fast allen Reisebeschreibungen seit dem Anfang des 18. Jahrhunderts ein ständiges Thema. Balzer, Tenacity of Ethnicity, S. 43f.

[63] Lantzeff, Siberia in the 17th Century, S. 123ff.; Fisher, Russian Fur Trade, S. 48ff.

[64] Bychkov, Russian Hunters, S. 73.

[65] Dopolnenija k aktam istoričeskim, 12 Bände, St. Petersburg 1846-1877, hier Bd. 6, S. 401ff.

[66] Bychkov, Russian Hunters, S. 74.

[67] Dopolnenija k aktam istoričeskim, Bd. 3, S. 40ff., 77ff. und 82ff.

[68] Lantzeff, Siberia in the 17th Century, S. 51ff.

[69] Ebd., S. 9ff.; vgl. auch Kap. 5, S. 144.

[70] Forsyth, History, S. 58f. und 63.

[71] Ebd., S. 41.

[72] Erlaß des Zaren Michail Fedorovič an den Voevoden von Tomsk, Fürst Ivan Romadanovskij, vom 3. Mai 1636, in: Dmytryshyn u.a. (Hg.), Bd. 1: Russia's Conquest of Siberia, S. 152-155.

[73] Piet C. Emmer (Hg.), Wirtschaft und Handel der Kolonialreiche, München 1988, S. 111-115, Zitate S. 114 (= »Dokumente zur Geschichte der europäischen Expansion«, Bd. 4, hg. von Eberhard Schmitt).

[74] Forsyth, History, S. 38ff. Vgl. zur weiteren Entwicklung Basil Dmytryshyn, Privately Financed Russian Expeditions to the North Pacific in the 18th Century, in: Don Karl Rowney (Hg.), Imperial Power and Development. Papers on Pre-Revolutionary Russian History, Columbus, Ohio 1990, S. 17-37.

[75] Forsyth, History, S. 76.

[76] Semjonow, Sibirien, S. 146ff.; Bobrick, Land der Schmerzen, S. 83ff.

[77] Erlaß des Zaren Michail Fedorovič an den Voevoden von Tobol'sk, Matvej Godunov, bezüglich des Gehaltes eines Litva vom 3. Juni 1620, in: Dmytryshyn u.a. (Hg.), Bd. 1: Russia's Conquest of Siberia, S. 101f.

[78] Dopolnienija k aktam istoričeskim, Bd. 3, S. 43ff. und 214f.; Bychkov, Russian Hunters, S. 74ff.

[79] Lincoln, Eroberung Sibiriens, S. 106ff.

[80] Ebd., S. 98f.; vgl. zum Bau der Schiffe Raymond H. Fisher, The Voyage of Semen Dezhnev in 1648: Bering's Precursor. With Selected Documents, London 1981, S. 161ff.

[81] N.S. Orlova (Hg.), Otkrytija russkich zemleprochodcev i poljarnych morechodov XVII veka, Moskau 1951, S. 209f.

[82] Vgl. dazu Fisher, Voyage of Dezhnev, mit den Berichten Dežnevs an den Voevoden von Jakutsk, S. 52-70; ein kurzer Auszug daraus in deutscher Übersetzung findet sich in Meyn (Hg.), Große Entdeckungen, Bd. 2, S. 509-511.

[83] Wieland Hintzsche/Thomas Nickol (Hg.), Die Große Nordische Expedition. Georg Wilhelm Steller (1709-1746). Ein Lutheraner erforscht Sibirien und Alaska, Gotha 1996, S. 125; Wieland Hintzsche u.a. (Hg.), Dokumente zur 2. Kamčatkaexpedition 1730-1733. Akademiegruppe, Halle 2004, S. 61f.; vgl. dazu auch Kapitel 4, S. 105ff.

[84] Fisher, Voyage of Dezhnev, S. 58f.

[85] Ebd., S. 50f.: Petition Dežnevs, vor dem 1.9.1654 (in englischer Übersetzung), S. 246.

[86] Ebd., S. 102ff.: Petition vom Juli 1662 (in englischer Übersetzung), S. 247.

[87] Ebd., S. 107f.: Petition vom 23.9.1664 (in englischer Übersetzung), S. 247.

[88] Ebd., S. 248ff.

[89] Ebd., S. 1ff.; Dahlmann, Einleitung, S. 24f.; zu Witsen vgl. unten, Kap. 4, S. 106-111.

[90] Georg Henning, Die Reiseberichte über Sibirien von Herberstein bis Ides, in: Mitteilungen des Vereins für Erdkunde zu Leipzig 1905, S. 245-394, hier S. 256; Dahlmann, Einleitung, S. 20 und 24f.; Gert Robel, Die Sibirienkarte Johann Philipp von Strahlenbergs, in: Nordost-Archiv 12, 1979, Heft 54/55, S. 1-16 (mit einer schlechten Reproduktion der Karte). Zu Strahlenberg vgl. unten, Kap. 4, S. 114.

[91] Vgl. dazu Fisher (Hg.), Voyage of Dezhnev, S. 23-88.

[92] B.P. Polevoj, O točnom tekste dvuch otpisok Semena Dežneva 1655 goda, in: Izvestija Akademii Nauk. Serija geografičeskaja 2, 1965, S. 101-111; Fisher (Hg.), Voyage of Dezhnev, S. 21f. und 226-239.

[93] Ja.P. Al'kor u.a. (Hg.), Kolonial'naja politika carizma na Kamčatke i Čukotke v XVIII veke, Leningrad 1935, S. 25ff.; Forsyth, History, S. 131ff.; Bobrick, Land der Schmerzen, S. 83ff.; Semjonow, Sibirien, S. 146ff.; Gladkov, Geschichte Sibiriens, S. 71ff. Bericht Atlasovs an den *sibirskij prikaz* über seine Expedition nach Kamčatka im Jahre 1697, in: Dmytryshyn u.a. (Hg.), Bd. 2: Russian Penetration of the North Pacific Ocean 1700-1797, S. 3-12; Lantzeff/Pierce, Eastward to Empire, S. 195ff.

[94] Georg Wilhelm Steller, Beschreibung von dem Lande Kamtschatka, Neudruck der Ausgabe Frankfurt/M./Leipzig 1774, Stuttgart 1974, S. 254. Zu Steller und der Zweiten Kamčatkaexpedition vgl. Kap. 4, unten, S. 123ff.

[95] Forsyth, History, S. 131ff.; Bobrick, Land der Schmerzen, S. 83ff.; Volodin, Itel'meny, S. 20ff.

[96] Steller, Beschreibung von dem Lande Kamtschatka, S. 227.

[97] Bobrick, Land der Schmerzen, S. 85ff.; Semjonow, Sibirien, S. 146ff.

[98] Bobrick, ebd.; Semjonow, ebd.

[99] Forsyth, History, S. 135.

[100] Aleksandr S. Puškin, Zametki pri čtenii »Opisanie zemli Kamčatki« S.P. Krašeninnikova, in: ders., Polnoe sobranie sočinenij, Bd. 10, Moskau 1950, S. 341-367, hier S. 357, eine deutsche Übersetzung liegt nicht vor; Forsyth, History, S. 131ff.; Bobrick, Land der Schmerzen, S. 83-87; A.P. Okladnikov u.a. (Hg.), Istorija Sibiri, Bd. 2: Sibir' v sostave feodal'noj Rossii, Leningrad 1968, S. 151.

[101] Stepan P. Krašeninnikov, Opisanie zemli Kamčatki, 2 Bde., St. Petersburg 1755; Neudruck Petropavlovsk-Kamčatskij 1994, Bd. 2, S. 202, mit einer englischen Übersetzung der Einleitung von B.P. Polevoj; engl. Übersetzung London 1764, Neudruck Chicago 1962. Eine deutsche Übersetzung erfolgte nach der englischen Ausgabe und ist erheblich gekürzt, erschienen Lemgo 1766, 2. Aufl. 1789; frz. Übersetzung Lyon 1767; eine gekürzte frz. Fassung, die der deutschen Ausgabe folgte, erschien Erlangen 1768; niederländische Übersetzung Amsterdam 1770. Zu Krašeninnikov und der Zweiten Kamčatkaexpedition vgl. unten, Kap. 4, S. 129.

[102] Steller, Beschreibung von dem Lande Kamtschatka, S. 225.

[103] Lincoln, Eroberung Sibiriens, S. 126; im amerikanischen Original steht »explorer«, Lincoln, Conquest of a Continent, S. 101. Über die Eroberung Kamčatkas findet sich bei Lincoln kein Wort. Gladkov, Geschichte Sibiriens, S. 72.

[104] Al'kor u.a. (Hg.), Kolonial'naja politika carizma, S. 33ff.; Semjonow, Sibirien, S. 149ff.; Bobrick, Land der Schmerzen, S. 86f.

[105] Gnadenpetitionen der Kosaken und *promyšlenniki*, die Vladimir Atlasov, Petr Čirikov und Osip Lipin töteten, vom 23. März und 17. April 1711, unterzeichnet von Danilo Ancyforov und Ivan Kozyrevskij mit 75 Kameraden, an Zar Peter I., in: Dmytryshyn u.a. (Hg.), Bd. 2: Penetration of the North Pacific, S. 32f.

[106] Vgl. dazu die ebd., S. 16-58 abgedruckten Dokumente: Berichte und Petitionen des Voevoden von Jakutsk und der beteiligten Kosaken.

[107] Instruktion von Peter I. an den Hauptmann Petr I. Tatarinov vom 17. Februar 1713, in: Dmytryshyn u.a. (Hg.), Penetration of the North Pacific, S. 47f.; vgl. auch den Bericht Tatarinovs an den Kommandanten von Jakutsk über Angriffe der Jukagiren, nach dem 19. Dezember 1714, in: ebd., S. 54-58

[108] Steller, Beschreibung von dem Lande Kamtschatka, S. 227.

[109] Forsyth, History, S. 139; Lantzeff/Pierce, Eastward to Empire, S. 217.

[110] Hintzsche/Nickol (Hg.), Große Nordische Expedition, S. 285.

[111] Forsyth, History, S. 136f.

[112] Al'kor u.a. (Hg.), Kolonial'naja politika carizma, S. 47ff.

[113] Forsyth, History, S. 140; Bobrick, Land der Schmerzen, S. 139ff.

[114] Al'kor u.a. (Hg.), Kolonial'naja politika carizma, S. 81ff.; Forsyth, History, S. 140f. Dekret des Senates vom 21.9.1745 an mehrere Offiziere, Mißbräuche und Übergriffe der Tributeintreiber bei den Itel'menen zu untersuchen. Dmytryshyn u.a. (Hg.), Penetration of the North Pacific, S. 190f.; vgl. dazu unten, Kap. 4, S. 117.

[115] Dmytryshyn, Privately Financed Expeditions, in: Rowney (Hg.), Imperial Power, S. 18ff.

[116] Ebd., S. 19.

[117] Dmytryshyn u.a. (Hg.), Bd. 2: Penetration of the North Pacific, S. XLIIff.

[118] Yuri Slezkine, Savage Christians or Unorthodox Russians? The Missionary Dilemma in Siberia, in: ders./Galya Diment (Hg.), Between Heaven and Hell. The Myth of Siberia in Russian Culture, New York 1993, S. 15-31, hier S. 16.

[119] Kappeler, Rußland als Vielvölkerreich, S. 109.

[120] Kurt Müller, Gottfried Wilhelm Leibniz und Nicolaas Witsen, in: Sitzungsberichte der Deutschen Akademie der Wissenschaften zu Berlin. Klasse für Philosophie, Geschichte, Staats-, Rechts- und Wirtschaftswissenschaften, Jahrgang 1955, Nr. 1, Berlin 1955, S. 3-45, hier: S. 28.

[121] Slezkine, Savage Christians, S. 17; ders., Arctic Mirrors, Kap. 2.

[122] Ders., Savage Christians, S. 17.

[123] Ebd.

[124] Golovnev/Osherenko, Siberian Survival, S. 53ff.

[125] Slezkine, Savage Christians, S. 17.

[126] Forsyth, History, S. 146; Al'kor u.a. (Hg.), Kolonial'naja politika carizma, S. 12, 116, 124, 132 und 162ff.

[127] Lantzeff/Pierce, Eastward to Empire, S. 218f. Zur Billings-Saryčev-Expedition vgl. unten, Kap. 4, S. 138-141.

[128] Peter Simon Pallas, Erläuterungen über die im östlichen Ozean zwischen Sibirien und America geschehenen Entdeckungen, in: ders. (Hg.), Neue Nordische Beyträge zur physikalischen und geographischen Erd- und Völkerbeschreibung, Naturgeschichte und Ökonomik, St. Petersburg/Leipzig 1781, Bd. 1, S. 273-313, hier S. 292.

[129] Dittmar Dahlmann, Zwischen Europa und Asien. Russischer Imperialismus im 19. Jahrhundert, in: Wolfgang Reinhard (Hg.), Imperialistische Kontinuität und nationale Ungeduld im 19. Jahrhundert, Frankfurt/M. 1991, S. 50-67 und 131-134, hier S. 51; Glynn Barratt, Russia in Pacific Waters, 1715-1825. A Survey of the Origins of Russia's Naval Presence in the North and South Pacific, Vancouver/London 1981, S. 183ff.

[130] Erich Donnert, Russische Kolonisation im nordpazifischen Raum von der Mitte des 18. bis zu Beginn des 19. Jahrhunderts. Zur Wirksamkeit der Russisch-Amerikanischen Kompanie, in: ders. (Hg.), Europa in der Frühen Neuzeit. Festschrift für Günter Mühlpfordt, Bd. 6, S. 1039-1054, hier S. 1040.

[131] Lydia T. Black, Russians in Alaska 1732-1867, Fairbanks 2004, S. 102. Vgl. zudem Peter Littke, Vom Zarenadler zum Sternenbanner. Die Geschichte Russisch-Alaskas, Essen 2003; Russkaja Amerika. Po ličnym vpečatlenijam missionerov, zemleprochodcev, morjakov, issledovatelej i drugich očevidcev, Moskau 1994; A.I. Alekseev/N.N. Bolchovitinov (Hg.), Rossijsko-Ameri-kanskaja kompanija i izučenie tichookeanskogo severa 1799-1815. Sbornik dokumentov, Mos-kau 1994; N.N. Bolchovitinov u.a. (Hg.), Rossijsko-Amerikanskaja kompanija i izučenie ti-chookeanskogo severa 1815-1841. Sbornik dokumentov, Moskau 2005; ders. (Hg.), Istorija Russkoj Ameriki 1732-1867, 3 Bde., Moskau 1997-1999. Der russische Ausgriff nach Amerika ist zudem umfassend dokumentiert bei: Dmytryshyn u.a. (Hg.), Bd. 2: Penetration of the Nor-th Pacific, S. 296-515 und ders. u.a. (Hg.), Bd. 3: The Russian American Colonies 1798-1867, Portland 1989.

[132] Black, Russians in Alaska, S. 107.

[133] Donnert, Russische Kolonisation, S. 1044f.; Elton u. Allan Engstrom, Alexander Baranov & a Pacific Empire, Juneau 2004.

[134] Black, Russians in Alaska, S. 113 und 126. Zu dieser Expedition vgl. Kap. 4, S. 138-141.

[135] Georg Heinrich Freiherr von Langsdorff, Bemerkungen auf einer Reise um die Welt in den Jahren 1803-1807, 2 Bde., Frankfurt/M. 1812, hier Bd. 2, S. 82-86. Ich danke Diana Ordubadi für den Hinweis auf diese Textstellen.

[136] Black, Russians in Alaska, S. 265f.

[137] Vgl. dazu Kap. 6, S. 172f.

IV. Eine Welt wird erforscht

[1] L.S. Berg, Očerki po istorii russkich geografičeskich otkrytij, Moskau/Leningrad 1946, S. 175. Die Karte Mauros von 1457-1459 ist abgebildet bei: Ute Schneider, Die Macht der Karten. Eine Geschichte der Kartographie vom Mittelalter bis heute, Darmstadt 2004, S. 14f.

[2] John F. Baddeley, Russia, Mongolia, China. Being some Record of the Relations Between Them From the Beginning of the XVIIth Century to the Death of the Tsar Alexei Mikhailovich, 2 Bde., New York o.J., hier Bd. 1, S. 108; Wieland Hintzsche, Die kartographische Darstellung Sibiriens bei Gerard Mercator, in: Irmgard Hantsche (Hg.), Mercator – ein Wegbereiter neuzeit-lichen Denkens. Referate des 2. Mercator-Symposiums, 8.-9. März 1992, Bochum 1994, S. 171-182; H. Michow, Das erste Jahrhundert russischer Kartographie und die Originalkarte des Anton Wied von 1542, in: Mitteilungen der Geographischen Gesellschaft in Hamburg 21, 1906, S. 1-61.

[3] Vgl. die Abbildung dieser Karte xx.

[4] H. Michow, Die ältesten Karten von Rußland. Ein Beitrag zur historischen Geographie, Am-sterdam 1962, ein Nachdruck der Ausgabe Hamburg 1883, ein Hinweis darauf, daß es sich um einen Nachdruck handelt, fehlt. Bagrow, Sources of the Cartography, S. 43ff.

[5] Jeremy Harwood, Hundert Karten, die die Welt veränderten, Hamburg 2007, S. 80ff.; Baddeley, Russia, Mongolia, China, S. 109.

[6] Alekseev, Sibir' v izvestijach, 2. Aufl., S. 116-121; Gernot Tromnau, Anmerkungen zu »ethno-graphischen Darstellungen« auf Gerhard Mercators Weltkarte von 1569, in: Hans R. Bloetevo-gel/Rienk Vermij (Hg.), Gerhard Mercator und die geistigen Strömungen des 16. und 17. Jahr-hunderts, Bochum 1995, S. 103-118, hier S. 104ff., eine Abbildung auf S. 106; der älteste bisher bekannte Bericht darüber bei dem polnischen Gelehrten Matthias von Miechow (Maciej Miechowita) in seinem »Tractatus de duabus Sarmatiis« von 1517; vgl. dazu Michow, Die ältesten Karten, S. 40; auch auf der Karte Wieds zu sehen und nach der Erwähnung in Herbersteins »Rerum Moscoviticarum Commentarii« beispielsweise genannt bei Nicolaas Witsen, Noord en Oost Tartarye [...], Amsterdam 1692, 2. Aufl., Amsterdam 1705, S. 753, der sich an dieser Stelle allerdings auf den italienischen Autor Alessandro Guagnini (1538-1614) bezieht; zu Witsen vgl. unten, S. 109f.; vgl. auch Johann Eberhard Fischer, Sibirische Geschichte von der entdekkung Sibiriens bis auf die eroberung dieses Lands durch die Russische waffen [...], St. Petersburg 1768, S. 108.

[7] Michael Heffernan, Capturing Europe: images, narratives, maps, in: ders., The European geographical imagination. Hettner-Lecture 2006, Stuttgart 2007, S. 17-38, hier S. 33.

[8] Okhuizen, Exploration and Mapping, in: Helsinki University Library (Hg.), The Northeast Passage, S. 20f.

[9] The Arctic North-East and West Passage, S. 30f. der englischen Übersetzung des Originaltextes, in diesem Band befindet sich auch eine Reproduktion dieser Karte; Baddeley, Russia, Mongolia, China, Bd. 1, S. 110; Johannes Keuning, Isaac Massa, 1586-1643, in: Imago Mundi 10, 1953, S. 65-79. Caerte van't Noorderte Russen, Samojeden, ende Tingoesen Landt: also dat vande Russen afgheteekent, en door Isaac Massa vertaelt is, Amsterdam 1612.

[10] Kivelson, Cartographies of Tsardom, S. 122ff.

[11] Leo Bagrow, Sparwenfeld's Map of Siberia, in: Imago Mundi 4, 1947, S. 67; vgl. Black, Russians in Alaska, S. 15 und 30.

[12] Leo Bagrow (Hg.), Semen U. Remezov: The Atlas of Siberia. Facsimile Edition, Den Haag 1958; ders., The First Russian Maps of Siberia and their Influence on the West-European Cartography, in: Imago Mundi 9, 1952, S. 83-93, hier S. 83; ders., A History of Russian Cartography up to 1600, Bd. 2: A History of Russian Cartography up to 1800, hg. von Henry W. Castner, Wolfe Island 1975; ders., Sources of the Cartography, S. 33-48; Leonid A. Gol'denberg, Semen U. Remezov. Sibirskij kartograf i geograf, 1642-posle 1720 gg., Moskau 1965; vgl. auch Baddeley, Russia, Mongolia, China, Bd. 1, S. 125ff.; Henning, Reiseberichte über Sibirien, S. 373ff.

[13] Bagrow, First Map, S. 91f.

[14] Vgl. dazu unten.

[15] Bagrow, First Russian Maps, S. 84ff.; Baddeley, Russia, Mongolia, China, Bd. 1, S. 153ff.; vgl. auch Willard Sutherland, Imperial Space: Territorial Thought and Practice in the 18th Century, in: Burbank u.a. (Hg.), Russian Empire, S. 33-66.

[16] Kivelson, Cartographies of Tsardom, S. 133ff.; Baddeley, Russia, Mongolia, China, Bd. 1, S. 136ff.;

[17] Kivelson, ebd., S. 174ff. Auf einigen Karten verzeichnete Remezov im Auftrage der Regierung bäuerliche Siedlungen und die Wohnorte der indigenen Bevölkerung mit Angabe des *jasak*, den sie zu entrichten hatten.

[18] Vgl. dazu Henning, Reiseberichte über Sibirien, S. 261.

[19] Keuning, Massa, S. 67f. Die Originalausgabe des Bandes von 1612 ist heute auch in Spezialbibliotheken kaum mehr verfügbar. 1878 erschien eine Neuausgabe mit einer englischen Übersetzung der holländischen und lateinischen Texte: The Arctic North- East and West Passage. Detectio Freti Hudsoni or Hessel Gerritsz's collection of Tracts by Himself, Massa and De Quir on the N.E. and W. Passage, Siberia and Australia, Amsterdam 1878. Der Band enthält auch eine Reproduktion der Karte.

[20] Vgl. dazu Henning, Reiseberichte über Sibirien, S. 266ff. mit einer niederländischen Gliederung des Textes. Zu Purchas vgl. Gudrun Bucher, »Von Beschreibung der Sitten und Gebräuche der Völker«. Die Instruktionen Gerhard Friedrich Müllers und ihre Bedeutung für die Geschichte der Ethnologie und der Geschichtswissenschaft, Stuttgart 2002, S. 59.; zu Witsen, ebd., S. 60ff. und unten. Zur Beziehung und der Korrespondenz zwischen Witsen und Leibniz vgl. Müller, Leibniz und Witsen.

[21] Potapov, Očerki, S. 23f.; A.I. Andreev, Očerki po istočnikovedeniju Sibiri, Bd. 1: XVII vek, 2. ber. und erg. Aufl., Moskau 1960, S. 19ff.; A.P. Okladnikov u.a. (Hg.), Istorija Sibiri, Bd. 2: Sibir' v sostave feodal'noj Rossii, Leningrad 1968, S. 153f.; Henning, Reiseberichte über Sibirien, S. 283ff.

[22] Norbert Angermann, Die ersten deutschen Reiseberichte über Sibirien, in: Friedhelm Berthold Kaiser/Bernhard Stasiewski (Hg.), Reiseberichte von Deutschen über Rußland und von Russen über Deutschland, Köln/Wien 1980, S. 43-57, hier S. 48; vgl. auch Alekseev, Sibir' v izvestijach; ders., Neizvestnoe opisanie putešestvija v Sibir' inostranca v XVIIv., in: Istoričeskij Archiv 1, 1936, S. 97-194.

[23] Henning, Reiseberichte über Sibirien, S. 266-303; Angermann, Reiseberichte über Sibirien; Andreev, Očerki po istočnikovedeniju Sibiri, 2 Bde.

[24] Adam Olearius, Muscowitische und Persische Reyse, Schleswig 1647; eine zweite Auflage: Vermehrte Newe Beschreibung der Muscowitischen und Persischen Reyse, Schleswig 1656; ein

Nachdruck erschien Tübingen 1971; eine gekürzte Ausgabe Tübingen 1986; in dieser letztge-
nannten Ausgabe fehlt der Abschnitt über Sibirien.

25   Olearius, Vermehrte Newe Beschreibung, S. 158-163, Nachdruck Tübingen 1971.

26   Basil Dmytryshyn, Iurii Krizhanich: The First Sibirologist, in: Russian History 18, 1991, S.
143-161. Eine auszugsweise englische Übersetzung der »Historia de Sibiria« ist abgedruckt in:
Dmytryshyn u.a. (Hg.), Bd. 1: Russia's Conquest of Siberia, S. 430-442.

27   Dmytryshyn, Iurii Krizhanich, S. 149f.; John Letiche/Basil Dmytryshyn (Hg.), Russian Statecraft. The Politika of Iurii Krizhanich, Oxford/New York 1985.

28   Dmytryshyn, Iurii Krizhanich, S. 154f.

29   Hill-Paulus, Spatharij, S. 2f.; Baddeley, Russia, Mongolia, China, Bd. 2, S. 204ff. gibt die Berichte Spatharijs in englischer Übersetzung wieder.

30   Georg Adam Schleissing, Neu-entdecktes Sibyria oder Sievveria, worinn die Zobeln gefangen
werden, wie es anietzo ausgebauet und populiret ist [...], Stettin 1690; Dahlmann, Einleitung, S.
23; Baddeley, Russia, Mongolia, China, Bd. 1, S. 143-147.

31   E. Ysbrant Ides, Driejaarige Reize naar China, te landen gedann door den Moskovischen Afgezant E. Ysbrant Ides, von Moskau af, over Groot Ustiga, Siriania, Permia, Sibirien, Daour, Groot
Tartaryen tot in China [...], Amsterdam 1704; deutsche Fassung: Dreyjährige Reise nach China,
Von Moscau ab zu lande durch groß Ustiga, Siriania, Permia, Sibirien, Daour, und die grosse
Tartary; gethan durch den Moscowitischen Abgesandten Hrn. E. Yßbrants Ides [...], Franckfurt
1707; kommentierte Neuausgabe mit einer ausführlichen Einleitung: Beschreibung der dreijährigen Chinesischen Reise. Die russische Gesandtschaft von Moskau nach Peking 1692 bis 1695
in den Darstellungen von Eberhard Isbrand Ides und Adam Brand, hg., eingel. und kommentiert
von Michael Hundt, Stuttgart 1999: der Bericht von Ides, S. 190-364; vgl. auch Henning, Reiseberichte über Sibirien, S. 316ff.

32   Adam Brand, Beschreibung der Chinesischen Reise Welche vermittelst Einer Zaaris. Gesandtschaft Durch Dero Ambassadeur, Herrn Isbrand Ao. 1693. 94. und 95. von Moscau in
Groß=Ustiga, Siberien, Dauren und durch die Mongalische Tartarey verrichtet worden [...],
Hamburg 1698; Adam Brands, Seiner Königl. Majestät in Preussen Commercien=Raths, Neu
vermehrte Beschreibung seiner grossen Chinesischen Reise [...], Berlin 1712, 3. Aufl., Lübeck
1723, 4. Aufl., Lübeck 1734; die folgenden Zitate entstammen dieser vierten, gegenüber der
zweiten unveränderten Auflage. Abgedruckt bei Hundt (Hg.), Beschreibung der dreijährigen
Reise, S. 107-189.

33   Nicolaas oder Nicolaes Witsen (1641-1717) war Diplomat und Kartograph und galt als Autorität auf dem Gebiet des Schiffbaus, worüber er zahlreiche Werke verfaßte. Nach seiner Zeit als
Amsterdamer Bürgermeister war er Deputierter der Generalstaaten, einer der Befehlshaber
(bewindhebber) der Niederländischen Westindienkompagnie (VOC), haftete also mit seinem
gesamten Vermögen für Verluste, und außerordentlicher Gesandter am englischen Hof.

34   Hundt (Hg.), Beschreibung der dreijährigen Reise, S. 64f.; Henning, Reiseberichte über Sibiri-
en, S.303ff.

35   Nicolaas Witsen, Nieuwe lantkaarte van het Noorder en Ooster deel van Asia en Europa,
Strekkende van Nova Zemla tot China [...], Amsterdam 1687; vgl. dazu Baddeley, Russia, Mongolia, China, Bd. 1, S. 148ff.

36   Witsen, Noord en Oost Tartarye [...], Amsterdam 1692, 2. Aufl., Amsterdam 1705, 3. Aufl.,
Amsterdam 1785. Diese Edition ist gegenüber der zweiten Auflage kaum verändert. Das Tage-
buch der Reise von Nicolaas Witsen wurde erst im 20. Jahrhundert ediert: Th.J.G. Locher/P.
De Buck (Hg.), Nicolaas Witsen, Moscovische Reyse 1664-1665. Journaal en Antekeningen, 3
Teile, Den Haag 1966/67; eine leicht gekürzte russ. Ausgabe erschien St. Petersburg/Den Haag
1996. Zu Witsen vgl. Alekseev, Sibir' v izvestijach, S. 426-438; Bucher, »Von Beschreibung der
Sitten«, S. 60-62.

37   Brand, Neu vermehrte Beschreibung, S. 67.

38   Ebd., S. 85.

39   Ebd., S. 97 und S. 99.

40   Ebd., S. 99.

41   Dahlmann, Von Kalmücken, in: Auch/Förster (Hg.), »Barbaren« und »Weiße Teufel«, S. 31ff.;
Gudrun Bucher, Wahrnehmung und Beschreibung des Schamanismus durch Gelehrte des 18.
Jahrhunderts, in: Periplus. Jahrbuch für außereuropäische Geschichte 17, 2007, S. 104-134; Yuri

Slezkine, Naturalist Versus Nations: Eighteenth-Century Russian Scholars Confront Ethnic Diversity, in: Anthony Pagden (Hg.), Facing Each Other. The World's Perception of Europe and Europe's Perception of the World, Aldershot u.a. 2000, S. 651-676.

42 Brand, Neu vermehrte Beschreibung, S. 99.

43 Ebd.; J.L. Black, Opening up Siberia: Russia's ›Window on the East‹, in: Wood (Hg.), History of Siberia, S. 57-68, hier S. 59.

44 Abgedruckt bei Dmytryshyn u.a. (Hg.), Bd. 2: Russian Penetration, S. 59-63

45 Ukaz Peters I. an den Kommandanten von Irkutsk vom 12. Juli 1716, in: Dmytryshyn u.a. (Hg.), ebd., S. 64; T.S. Fedorova u.a. (Hg.), Russkie ėkspedicii po izučeniju severnoj Časti Tichogo okeana v pervoj polovine XVIII v. Sbornik dokumentov, Moskau 1984, S. 24-30 und 283f.; Evgenii G. Kushnarev, Bering's Search for the Strait. The First Kamchatka Expedition 1725-1730, hg. und übersetzt von E.A.P. Crownhart-Vaughan, Portland 1990; russ. Original, Leningrad 1976, S. 6; Orcutt W. Frost, Bering. The Russian Discovery of America, New Haven/London 2003, S. 35f.

46 Zitiert bei Müller, Gottfried Wilhelm Leibniz und Nicolaas Witsen, S. 24f.

47 Dahlmann, Einleitung, S. 16ff.

48 Frost, Bering, S. 35f.; Wieland Hintzsche u.a. (Hg.), Dokumente zur 2. Kamčatkaexpedition 1730-1733. Akademiegruppe, Halle 2004, S. 67; Dmytryshyn u.a. (Hg.), Bd. 2: Russian Penetration, S. 65; Polnoe Sobranie Zakonov Rossijskoj Imperii (künftig PSZRI), pervoe sobranie, Bd. 5, St. Petersburg 1830, Nr. 607; Andreev, Očerki po istočnikovedenija, 2. Bd., S. 11ff.

49 Frost, Bering, S. 36ff.; Bagrow, First Russian Maps of Siberia, S. 92f.; Endel Warep, Über eine Karten Rußlands in J.B. Homanns Atlas vom Jahre 1725, in: Petermanns Geographische Mitteilungen 107, Nr. 4, 1963, S. 308-311; Carol Urness, The First Kamchatka Expedition in Focus, in: Peter Ulf Møller/Natasha Okhotina Lind (Hg.), Under Vitus Bering's Command. New Perspectives on the Russian Kamchatka Expeditions, Aarhus 2003, S. 17-3, hier S. 20-26 mit Abbildungen der Karten. Die Karte Kamčatkas ist überschrieben: »Das Land Kamtzadalie sonst Jedso«. Auch auf der Karte des Russischen Reiches hieß es: »Kamtzadalia vel Jedso«. Zum Land »Jedso« oder Jesso« vgl. unten, S. 115 u. 121. Vgl. auch Sandler, Johann Baptista Homann, S. 22 und 59 weist darauf hin, daß die Karte zwischen 1716 und 1724 gestochen worden sein muß.

50 Frost, Bering, S. 36; Robel, Sibirienkarte Johann Philipp von Strahlenbergs, S. 1ff. Strahlenberg fertigte dann nach seiner Rückkehr nach Schweden eine weitere Karte an.

51 Eduard Winter/N.A. Figurovskij (Hg.), Daniel Gottlieb Messerschmidt. Forschungsreise durch Sibirien 1720-1727, 5 Bde., Berlin 1962-1977, hier Bd. 1, S. 12ff.; Marita Hübner, Christliche Aufklärung und Staatsinteresse im Spiegel der Forschungsreise von Daniel Gottlieb Messerschmidt (1685-1735) nach Sibirien in den Jahren 1720-1727, in: Erich Donnert (Hg.), Europa in der Frühen Neuzeit. Festschrift für Günter Mühlpfordt, Bd. 7, Köln u.a. 2008, S. 697-711; Susi K. Frank, Reisen nach Sibirien zwischen Heterotopie und Topographie, in: kea. Zeitschrift für Kulturwissenschaft 12, 1999, S. 113-136, hier S. 125f.

52 Robel, Sibirienkarte Johann Philipp von Strahlenbergs, S. 2f.; als Beilage eine nicht sehr gute Reproduktion der Karte.

53 Zunächst erschien ein Vorbericht: Philipp Johann Tabbert von Strahlenberg, Vorbericht eines zum Druck verfertigten Werckes von der Grossen Tartarey und dem Königreiche Siberien: mit einem Anhang von Groß-Rußland, worinnen von dem Autore die Einrichtung und vornehmsten Contenta desselben, vorgetragen werden, Stockholm 1726; ders., Das Nord- und Ostliche Theil von Europa und Asia. In so weit solches Das gantze Rußische Reich mit Sibirien und der grossen Tatarey in sich begreifet. [...], Stockholm 1730, Nachdrucke Szeged und Stockholm 1975; ders., Historie der Reisen in Rußland, Siberien und der Großen Tartarey. Mit einer Landcharte und Kupferstichen, welche die Geographie und Antiquität erläutern, verrichtet und gesammelt von [...], Leipzig 1730. Beide Ausgaben sind seitenidentisch. Zwischen Vorrede und Einleitung ist die Karte Sibiriens eingeheftet. Von dieser Ausgabe erschien 1755 eine 2. Auflage. Die schwarz-weiße Karte ist identisch mit der Abbildung bei Robel, Sibirienkarte, S. 16 und bei Hintzsche/Nickol (Hg.), Große Nordische Expedition, S. 66. Eine lateinische Ausgabe erschien Stockholm 1730, Neudruck 1991; englische Ausgaben London 1736 und 1738, Neudruck 1970; eine französische Übersetzung Paris und Amsterdam 1757.

54 Fisher (Hg.), Voyage of Semen Dezhnev, S. 269.

55 Winter/Figurovskij (Hg.), Daniel Gottlieb Messerschmidt, Bd. 1, S. 16ff.; Hintzsche/Nickol (Hg.), Große Nordische Expedition, S. 69.

56   Vgl. dazu oben, Anm. 51. Winter/Figurovskij (Hg.), Daniel Gottlieb Messerschmidt, Bd. 1, S. 16f. Messerschmidts auf Latein verfaßtes Werk über Sibirien »Sibiria perlustrata« liegt noch immer unveröffentlicht im Archiv der St. Petersburger Akademie der Wissenschaften.

57   Zur Rolle von Halle im Kontext der deutschsprachigen Studien über Rußland in jener Zeit vgl. Günter Mühlfpordt, Halle-Rußland-Sibirien-Amerika: Georg Wilhelm Steller, der Hallesche Kolumbus, und Halles Anteil an der frühen Osteuropa- und Nordasienforschung, in: Johannes Wallmann/Udo Sträter (Hg.), Halle und Osteuropa. Zur europäischen Ausstrahlung des hallischen Pietismus, Halle/Tübingen 1998, S. 49-82; ders., Rußlands Aufklärer und die Mitteldeutsche Aufklärung: Begegnungen, Zusammenwirken, Partnerschaft, in: Conrad Grau u.a. (Hg.), Deutsch russische Beziehungen im 18. Jahrhundert. Kultur, Wissenschaft und Diplomatie, Wiesbaden 1997, S. 83-167.

58   Eduard Winter, Halle als Ausgangspunkt der deutschen Rußlandkunde im 18. Jahrhundert, Berlin 1953, S. 313ff.

59   Carol Urness, Captain-Commander Vitus Bering, in: Frost (Hg.), Bering and Chirikov, S. 11-36. Weitere Literatur zu Bering in den folgenden Anmerkungen.

60   Urness, First Kamchatka Expedition, in: Møller/Okhotina Lind (Hg.), Under Vitus Bering's Command, S. 24f.

61   Hintzsche u.a. (Hg.), Dokumente zur 2. Kamčatkaexpedition. Akademiegruppe 1730-1733, S. 63ff.

62   Johann Blaeu, Atlas Major, Amsterdam 1662-1665; gekürzter Nachdruck, Köln u.a. 2005, S. 519.

63   Diese Karte von Guillaume Delisle in einem Druck aus dem Jahre 1730 findet sich in: Hans Wolff (Hg.), Vierhundert Jahre Mercator. Vierhundert Jahre Atlas. »Die ganze Welt zwischen zwei Buchdeckeln«. Eine Geschichte der Atlanten, Weissenhorn 1995, S. 75, der Erläuterungstext auf S. 324.

64   Raymond H. Fisher, To Give Chirikov His Due, in: Frost (Hg.), Bering and Chirikov, S. 37-50; Bertrand C. Imbert, Bering and Chirikov: Pioneers of Siberian and North Pacific Geography, in: ebd., S. 51-74.

65   Die Instruktion in: Dmytryshyn u.a. (Hg.), Bd. 2: Russian Penetration, S. 69; Frost, Bering, S. 31ff.; Kushnarev, Bering's Search; vgl. auch Urness, First Kamchatka Expedition, in: Møller/ Okhotina Lind (Hg.), Under Vitus Bering's Command, S. 17-31; dies., Die Erste Kamčatka-Expedition unter Vitus Bering 1725-1730, in: Donnert (Hg.), Europa in der Frühen Neuzeit, Bd. 6, S. 899-902; Vaughan, The Arctic, S. 103ff.; Dmytryshyn u.a. (Hg.), Bd. 2: Russian Penetration, S. 69; PSZRI, pervoe sobranie, Bd. 7, Nr. 413. Vgl. allgemein zur Geschichte der Reisen in Asien im 18. Jahrhundert: Osterhammel, Entzauberung Asiens.

66   Urness, First Kamchatka Expedition, S. 20ff.; Frost, Bering, S. 35ff.; Raymond Fisher, Bering's Voyages: Whither and Why?, Seattle/Washington 1977; B.P. Polevoj, Glavnaja zadača pervoj kamčatskoj ekspedicii po zamyslu Petra I, in: Voprosy geografii Kamčatki 1964, Nr. 2, S. 88-94.

67   Zitiert bei Kushnarev, Bering's Search, S. 36.

68   Frost, Bering, S. 40f.; Kushnarev, Bering's Search, S. 26ff.

69   Bericht Berings an Kaiserin Anna Ivanovna vom 1. März 1730, in: Dmytryshyn u.a. (Hg.), Bd. 2: Russian Penetration, S. 79-86; Lincoln, Eroberung Sibiriens, S. 128f.; Bobrick, Land der Schmerzen, S. 138f.

70   Forsyth, History, S. 140.

71   Ebd.

72   Fisher, Bering's Voyages; Frank A. Golder, Bering's Voyages. An Account of the Efforts of the Russians to Determine the Relations of Asia and America, 2 Bde., New York 1922-1925, hier Bd. 1, S. 6ff.; P. Werner Lange, Zum Land hinter den Nebeln. Das Leben des Vitus Bering und die zwei Kamtschatka-Expeditionen, Leipzig 1985; Frost, Bering, S. 30ff.; Kushnarev, Bering's Search; zur Instruktion Peters I. für Bering: Dmytryshyn u.a. (Hg.), Bd. 2: Russian Penetration, S. 69.

73   Golder, Bering's Voyages, Bd. 1, S. 19.

74   Dmytryshyn u.a. (Hg.), Bd. 2: Russian Penetration, S. 37f.; Golder, Bering's Voyages, Bd. 1, S. 21ff.; Black, Russians in Alaska, S. 23ff.

[75] Natal'ja Ochotina-Lind/Peter Ulf Møller (Hg.), Vtoraja Kamčatskaja ėkspedicija. Dokumenty 1730-1733, Čast' 1: Morskie otrjady, Moskau 2001, S. 19ff.; Fisher, Bering's Voyages, S. 112f.; Dmytryshyn u.a. (Hg.), Bd. 2: Russian Penetration, S. 79-86; Frost, Bering, S. 64ff.

[76] Fisher, Bering's Voyages, S. 120ff. Zur Person Berings und zu seinen familiären Verhältnissen vgl. Natasha Okhotina Lind/Peter Ulf Møller (Hg.), Kommandøren og konen. Arkivfund om danske deltagere i Vitus Berings ekspeditioner, Kopenhagen 1997; Hintzsche/Nickol (Hg.), Große Nordische Expedition, S. 129ff.

[77] Ochotina-Lind/Møller (Hg.), Vtoraja Kamčatskaja ėkspedicija, S. 38-47 und 52-58; Wieland Hintzsche, Einleitung, in: ders. (Hg.), Dokumente zur 2. Kamčatkaexpedition. Akademiegruppe 1730-1733, S. XXIXf.; Frost, Bering, S. 67.

[78] Ochotina-Lind/Møller (Hg.), Vtoraja Kamčatskaja ėkspedicija, S. 78f.

[79] Die Expedition ist aufgrund der äußerst verdienstvollen Aktenedition »Quellen zur Geschichte Sibiriens und Alaskas aus russischen Archiven« von Wieland Hintzsche, Halle, inzwischen gut dokumentiert. Bisher sind folgende Bände erschienen: Georg Wilhelm Steller. Briefe und Dokumente 1740, Halle 2000; Georg Wilhelm Steller, Stepan Krašeninnikov, Johann Eberhard Fischer. Reisetagebücher 1735 bis 1745, Halle 2000; Georg Wilhelm Steller. Briefe und Dokumente 1739, Halle 2001; Dokumente zur 2. Kamčatkaexpedition 1730-1733. Akademiegruppe, Halle 2004; Dokumente zur 2. Kamčatkaexpedition Januar-Juni 1734. Akademiegruppe, Halle 2006; parallel liegen auch zwei Bände dieser Reihe in russischer Sprache vor: Georg Vil'gel'm Šteller. Pis'ma i dokumenty 1740, Moskau 1998; sowie der in Anm. 72 genannte, von N. Ochotina-Lind und Peter Ulf Møller herausgegebene Band. Vgl. auch: Die Große Nordische Expedition von 1733 bis 1743. Aus Berichten der Forschungsreisenden Johann Georg Gmelin und Georg Wilhelm Steller, hg. von Doris Posselt, Leipzig/Weimar 1990, mit einem Nachwort von Folkwart Wendland; zum Kontext vgl. Osterhammel, Entzauberung Asiens, S. 114ff. und 255f.

[80] Ochotina-Lind/Møller (Hg.), Vtoraja Kamčatskaja ėkspedicija, S. 174-189; Dmytryshyn u.a. (Hg.), Bd. 2: Russian Penetration, S. 108-125; PSZRI, pervoe sobranie, Bd. 8, Nr. 6291.

[81] Ochotina-Lind/Møller (Hg.), ebd., S. 180ff.; Dmytryshyn u.a. (Hg.), ebd., S. 115ff.

[82] Ochotina-Lind/Møller (Hg.), ebd., S. 181f.; Dmytryshyn u.a. (Hg.), ebd., S. 115f.

[83] Ochotina-Lind/Møller (Hg.), ebd., S. 152-159; Dmytryshyn u.a. (Hg.), ebd., S. 90-95.

[84] Instruktion des Senats vom 16. März 1733, in: Ochotina-Lind/Møller (Hg.), ebd.; vgl. auch die Instruktionen der Kaiserin Anna bzw. den Beschluß des Senats vom 17. Dezember 1732, in: ebd., S. 174-189; in engl. Übersetzung bei Dmytryshyn u.a. (Hg.), S. 108-125.

[85] Hintzsche u.a. (Hg.), Dokumente zur 2. Kamčatkaexpedition. Akademiegruppe 1730-1733, S. 24-28.

[86] Ebd., S. 30-32 und 34-36.

[87] Vorschäge der Akademie der Wissenschaften an den Senat vom Juli 1732, in: ebd., S. 34-36.

[88] Dittmar Dahlmann, Gelehrte auf Reisen, in: Mathias Beer/Dittmar Dahlmann (Hg.), Über die trockene Grenze und über das offene Meer. Binneneuropäische und transatlantische Migrationen im 18. und 19. Jahrhundert, Essen 2004, S. 119-132.

[89] Hintzsche u.a. (Hg.), Dokumente zur 2. Kamčatkaexpedition. Akademiegruppe 1730-1733, S. 145-148 und 199; Bucher, »Von Beschreibung der Sitten«, S. 38f.; Peter Hoffmann, Gerhard Friedrich Müller (1705-1783). Historiker, Geograph, Archivar im Dienste Rußlands, Frankfurt/M. 2005, S. 73ff.

[90] Hintzsche u.a. (Hg.), Dokumente zur 2. Kamčatkaexpedition. Akademiegruppe 1730-1733, S. 46ff. Die Karte findet sich als Beilage in diesem Band; Ochotina-Lind/Møller (Hg.), Vtoraja Kamčatskaja ėkspedicija, S. 78f.

[91] Hoffmann, Gerhard Friedrich Müller, S. 217ff.

[92] Hintzsche u.a. (Hg.), Dokumente zur 2. Kamčatkaexpedition. Akademiegruppe 1730-1733, S. 73-159, 264ff., 295-328 und 491-512. Die »Spezielle Instruktion« war unterzeichnet von den Akademieprofessoren Joseph Nicolas Delisle, Gottlieb Siegfried Bayer, Daniel Bernoulli, Johann Georg Duvernoi, Johann Georg Gmelin, Johann Georg Leutmann, Leonhard Euler, Georg Wolfgang Krafft und Josias Weitbrecht.

[93] Allgemeine Instruktion vom 5. Juli 1733, in: ebd., S. 485-490 in lateinischer Sprache.

[94] Promemoria von Gmelin, Müller und de L'Isle de la Croyère, 24. Juli 1733 und Vorschläge Müllers und Gmelins, undatiert, aber nicht später als am 24. Juli 1733 sowie Resolution der Kanzlei der Akademie vom 2. August 1733, in: ebd., S. 568-586 und 605-607.

95 Gmelin an den Hohen Senat, 27. April 1733, Gmelin an Johann Daniel Schumacher, 5. Mai 1733, in: Hintzsche u.a. (Hg.), Dokumente zur 2. Kamčatkaexpedition. Akademiegruppe 1730-1733, S. 363ff. und 390; Dittmar Dahlmann, Johann Georg Gmelin and the Second Kamchatka Expedition, in: Møller/Lind (Hg.), Under Vitus Bering's Command, S. 113-128, hier S. 114.

96 Johann Georg Gmelin, Reise durch Sibirien von dem Jahr 1733 bis 1743, 4 Bde., Göttingen 1751/52, hier Bd. 1, S. 1-5; in der von mir herausgegebenen, gekürzten Neuedition, Gmelin, Expedition ins unbekannten Sibirien, S. 99-103. Da einer der ausgewählten Studenten kurz vor der Abreise tödlich verunglückte, nahmen nur fünf von ihnen teil. Zusätzlich wurde der als Kopist und Übersetzer an der Akademie tätige Student Il'ja Jachontov als Mitglied der Expedition bestimmt.

97 Mitteilung der Professoren an den Senat vom 5. Juli 1733, in: Hintzsche u.a. (Hg.), Dokumente zur 2. Kamčatkaexpedition. Akademiegruppe 1730-1733, S. 515f.

98 Gerhard Friedrich Müller an den Sekretär der Zentralen Behörde für das Postwesen vom 1. August 1733, in: ebd., S. 599f.

99 Posselt (Hg.), Große Nordische Expedition, S. 363f.

100 Entsprechende Verzeichnisse bzw. Listen der Bücher, Instrumente und Materialien in: Hintzsche u.a. (Hg.), Dokumente zur 2. Kamčatkaexpedition. Akademiegruppe 1730-1733, S. 219ff. und 440ff.; Posselt (Hg.), Große Nordische Expedition, S. 358f. mit den entsprechenden Zitaten. Dahlmann, Einleitung, S. 35ff. und 56f.; Black, Opening up Siberia, in: Wood (Hg.), History of Siberia, S. 62; ders., G.-F. Müller and the Imperial Russian Academy, Kingston/Montreal 1986, S. 65ff. Zu Linné vgl. jetzt Staffan Müller-Wille, Ein Anfang ohne Ende. Das Archiv der Naturgeschichte und die Geburt der Biologie, in: Richard van Dülmen/Sina Rauschenbach/Meinrad von Engelberg (Hg.), Macht des Wissens. Die Entstehung der modernen Wissensgesellschaft, Köln u.a. 2004, S. 587-605.

101 Ausführlich berichtete etwa Louis de L'Isle de la Croyère am 22. Juli 1733 seiner Schwester über die bevorstehende Expedition, in: Hintzsche u.a. (Hg.), Dokumente zur 2. Kamčatkaexpedition. Akademiegruppe 1730-1733, S. 558-568.

102 Black, Opening up Siberia, in: Wood (Hg.), History of Siberia, S. 61.; Winter, Halle als Ausgangspunkt, S. 327.

103 Black, Opening up Siberia, S. 62; ders., Müller and the Imperial Academy, S. 65ff.

104 Vgl. Dahlmann, Gmelin and the Second Kamchatka Expedition, S. 121ff.

105 Dahlmann, Einleitung, S. 55ff.; Lange, Land hinter den Nebeln, S. 154ff.; Frost, Bering, S. 90ff.

106 Aufzeichnungen des ehemaligen Vizepräsidenten des Kommerzkollegiums Heinrich von Füch, 28.2.1744, der zu jener Zeit politischer Exilant in Sibirien war, in: Dmytryshyn u.a. (Hg.), Bd. 2: Russian Penetration, S. 168-189; Golder, Russian Expansion, S. 177f.; Istorija Sibiri, Bd. 2, S. 281; Lantzeff, Siberia in the 17th Century, S. 104f.

107 Forsyth, History, S. 140f.

108 Golder, Russian Expansion, S. 174.

109 Eine englische Übersetzung des Logbuches der beiden Schiffe und weiterer offizieller Berichte findet sich in: Golder (Hg.), Bering's Voyages, Bd. 1, S. 25ff.; vgl. auch den Bericht des Stellvertreters von Bering: Sven Waxell, Die Brücke nach Amerika, Olten/Freiburg 1968 sowie die im Literaturverzeichnis genannten Aufzeichnungen von Georg Wilhelm Steller, die in mehreren Ausgaben vorliegen. Vgl. auch V.A. Divin, The Great Russian Navigator, A.I. Chirikov, Fairbanks 1993.

110 Frost, Bering, S. 134ff.; ders., Vitus Bering and Wilhelm Steller. Their Tragic Conflict on the American Expedition, in: Pacific Northwest Quarterly 84, 1994/95, Nr. 1, S. 3-16; ders., Von Deutschland über Rußland und Sibirien nach Nordamerika. Der Naturforscher Georg Wilhelm Steller: Seine deutschen Jahre und Steller auf der Kajak-Insel, in: Erich Donnert (Hg.), Europa in der Frühen Neuzeit. Festschrift für Günter Mühlpfordt. Bd. 2, Köln u.a. 1997, S. 515-538; ders., Georg Wilhelm Steller. Der Naturforscher der Bering-Expedition, 1741-1742, in: Erich Donnert (Hg.), Europa in der Frühen Neuzeit. Festschrift für Günter Mühlpfordt. Bd. 5, Köln u.a. 1999, S. 285-294.

111 Johann Georg Gmelin 1709-1755. Der Erforscher Sibiriens. Ein Gedenkbuch, hg. von Otto Gmelin, München 1911, S. 129: Brief Stellers an Gmelin vom 4.11.1742.

112 Hintzsche/Nickol (Hg.), Große Nordische Expedition, S. 260; Frost, Bering, S. 144.

113 Frost, Bering, S. 150ff.

114 Georg Wilhelm Steller, Von Sibirien nach Amerika. Die Entdeckung Alaskas mit Kapitän Bering 1741-1742, hg. von Volker Matthies, Stuttgart/Wien 1986, S.87. Verwiesen wird hier

und im folgenden auf diese allgemein zugängliche Ausgabe, nicht auf die Erstveröffentlichung aus dem Jahre 1793, die auch in vielen Universitätsbibliotheken nicht vorhanden ist. Zur Originalausgabe vgl. die folgende Anmerkung. Volker Matthies hat allerdings Stellers Sprache aus der ersten Hälfte des 18. Jahrhunderts modernisiert, so daß deren Duktus völlig verlorengegangen ist.

[115]   G.W. Stellers vormaligen Adjunkts bey der Kaiserl. Akademie der Wissenschaften Reise von Kamtschatka nach Amerika mit dem Commandeur-Capitän Bering, St. Petersburg 1793, S. 67, Nachdruck Stuttgart 1974.

[116]   Dahlmann, Von Kalmücken, S. 37.

[117]   Steller, Von Sibirien nach Amerika, S. 111f.; Hintzsche/Nickol (Hg.), Große Nordische Expedition, S. 274.

[118]   Steller, Von Sibirien nach Amerika, S. 113.

[119]   Ebd., S. 37ff.; Waxell, Brücke, S. 92ff. Das von Steller während des Aufenthaltes auf der Beringinsel geführte Tagebuch wurde vor einigen Jahren von Dr. Wieland Hintzsche, Halle, aufgefunden und wird von ihm für eine Publikation in der Reihe »Quellen zur Geschichte Sibiriens und Alaskas aus russischen Archiven« vorbereitet. Vgl. dazu Wieland Hintzsche, The Travel Journals of Georg Wilhelm Steller, in: Møller/Okhotina Lind (Hg.), Under Vitus Bering's Command, S. 171-178, hier S. 176.

[120]   Hintzsche/Nickol (Hg.), Große Nordische Expedition, S. 261.

[121]   Das Werk erschien ursprünglich auf Latein: Georg Wilhelm Steller, De bestiis marinis, in: Novi Commentarii Academiae Scientiarum Imperialis Petripolitanae 2, St. Petersburg 1751, S. 289-398; eine deutsche Fassung erschien 1753 in Halle: Ausführliche Beschreibung von sonderbaren Meerthieren, mit Erläuterung und nöthigen Kupfern, Nachdruck Stuttgart 1974.

[122]   Georg Wilhelm Steller, Topographische und physikalische Beschreibung der Beringinsel, welche im östlichen Weltmeer an der Küste von Kamtschatka liegt, in: Neue Nordische Beyträge zur physikalischen und geographischen Erd- und Völkerbeschreibung, Naturgeschichte und Ökonomie, 2. Bd., St. Petersburg/Leipzig 1781; auszugsweise Nachdrucke finden sich in den von Doris Posselt und Volker Matthies herausgegebenen Schriften Stellers.

[123]   Gemeint ist Steller, Reise von Kamtschatka nach Amerika mit dem Commandeur-Capitän Bering, St. Petersburg 1793, Nachdruck Stuttgart 1974. Vgl. Anm. 114 und 115.

[124]   Steller und Krašeninnikov griffen bei der Abfassung ihrer Arbeiten über Kamčatka jeweils auf die Notizen des anderen zurück, woraus sich eine Kontroverse über das »Erstgeburtsrecht« der Beschreibung Kamčatkas ergab. Vgl. dazu das Vorwort von J.B.S. (= Johann Benedikt Scherer) zu Steller, Beschreibung von dem Lande Kamtschatka, unpaginiertes Vorwort. Zur Kontroverse über das Problem dieses »Erstgeburtsrechts« der Aufzeichnungen vgl. Hintzsche/Nickol (Hg.), Große Nordische Expedition, S. 237 sowie das zweisprachige – russisch und englisch – Vorwort von Boris P. Polevoj in dem Reprint des russischen Originals von Krašeninnikovs »Opisanie«, S. 10ff. bzw. S. 34ff. Stepan P. Krašeninnikov, Opisanie zemli Kamčatki, St. Petersburg 1755; Nachdruck St. Petersburg/Petropavlovsk-Kamčatskij 1994; deutsche Übersetzung: Stephan Krascheninnikow, Beschreibung des Landes Kamtschatka, Lemgo 1766, 2. Auflage Lemgo 1789. Diese Übersetzung beruhte auf der englischen Fassung, die 1760 erschien, nicht auf dem russischen Original, beide Fassungen sind unzulänglich; eine französische Fassung erschien Lyon 1767. Zu Krašeninnikov vgl. N.N. Stepanov (Hg.), S.P. Krašeninnikov v Sibiri. Neopublikovannye materialy, Moskau/Leningrad 1966.

[125]   Dazu gehört insbesondere seine »Beschreibung von dem Lande Kamtschatka«, die fast 30 Jahre nach seinem Tode erstmals im Druck erschienen ist.

[126]   Bobrick, Land der Schmerzen, S. 192f., der Steller zum Alkoholiker erklärt, ist ein Beispiel für eine Darstellung, die im wesentlichen auf einer unkritischen Übernahme der einzigen Biographie Stellers beruht: Leonhard Stejneger, Georg Wilhelm Steller. The Pioneer of Alaskan Natural History, Cambridge, Mass. 1936, Reprint Westmead, Farnsborough 1970. Die Quellen für die letzten Lebensjahre Stellers sind noch nicht ediert. Die Äußerungen beruhen auf Spekulationen, die keinerlei Wahrheitsgehalt beanspruchen können. Vgl. dazu jetzt Hintzsche/Nickol (Hg.), Große Nordische Expedition, S. 306ff.

[127]   Hintzsche/Nickol (Hg.), Große Nordische Expedition, S. 307f., S. 314 und S. 318.

128 Dahlmann, Von Kalmücken, S. 29ff.; ders., Einleitung; ders., Johann Georg Gmelin and the Second Kamchatka Expedition, in: Møller/Okhotina Lind (Hg.), Under Vitus Bering's Command, S. 113-128: ders., Gerhard-Friedrich Müller's Correspondence with Leonhard Euler and Anton Friedrich Büsching during and after the Second Kamchatka Expedition, 1733-1743, in: ebd., S. 159-169; dt. Fassung: Reisendenkorrespondenzen. Der Briefwechsel von Gerhard Friedrich Müller mit Leonhard Euler und Anton Friedrich Büsching während und nach der Zweiten Kamtschatka-Expedition, 1733-1743, in: TenDenZen 2000. Jahrbuch des Übersee-Museums Bremen, Bremen 2001, S. 193-202; Aleksandr Chr. Èlert, Die Völker Sibiriens in der Sicht Gerhard Friedrich Müllers, in: Berliner Jahrbuch für osteuropäische Geschichte 1996, Nr. 2: Sibirien: Kolonie – Region, S. 37-54; ders., Narody Sibiri v trudach G.F. Millera, Novosibirsk 1999; ders. (Hg.), Sibir' XVIII veka v putevych opisanijach G.F. Millera, Novosibirsk 1996.

129 Dahlmann, Von Kalmücken, S. 33f.

130 Ebd., S. 40f.

131 Gerhard Friedrich Müller, Instruktion Gerhard Friedrich Müllers für den Akademiker-Adjunkten J.E. Fischer. Unterricht, was bey Beschreibung der Völker, absonderlich der Sibirischen in acht zu nehmen, in: Beiträge zur Geschichte der ethnographischen und anthropologischen Sammlungen der Kaiserlichen Akademie der Wissenschaften zu St. Petersburg, hg. von Fr. Russow, St. Petersburg 1900, S. 37-109, hier S. 108f.; vgl. dazu jetzt Bucher, »Von Beschreibung der Sitten«; dies., Gerhard Friedrich Müller's Instructions and the Beginning of Scientific Ethnography, in: Møller/Okhotina Lind (Hg.), Under Vitus Bering's Command, S. 135-144. Die Aufzeichnungen Müllers sind vor wenigen Jahren in einer kommentierten Edition erschienen, die allerdings zahlreiche Lesefehler enthält. Eugen Helimski/Hartmut Katz (Hg.), Nachrichten über Völker Sibiriens (1736-1742), Hamburg 2003. Eine Neuausgabe wird in den »Quellen zur Geschichte Sibiriens und Alaskas aus russischen Archiven« 2009 erscheinen.

132 Müller, Instruktion, S. 99-109; Johann Eberhard Fischer, Vocabularium Sibiricum (1747). Der etymologisch-vergleichende Anteil, bearb. und hg. von János Gulya, Frankfurt/M. u.a. 1995.

133 Gerhard Friedrich Müller, Sammlung russischer Geschichte, 9 Bde., St. Petersburg 1732-1764, in dem auch die zehn Bücher der sibirischen Geschichte enthalten sind; eine gekürzte fünfbändige Fassung der »Sammlung russischer Geschichte«, die nicht von Müller besorgt wurde, erschien Offenbach 1777/78. Die Geschichte Sibiriens behandelte Müller in den Bänden sechs, Buch 1-5, S. 109-599, und acht, Buch 6-10, S. 1-458, die in St. Petersburg 1761 bzw. 1763 erschienen. Zuvor war der erste Teil in russischer Übersetzung bereits 1750 und in zweiter Auflage 1787 publiziert worden. Gerard Friderik Miller, Opisanie Sibirskogo carstva i vsech proisšedšich v nem del ot načala, a osoblivo ot pokorenija ego Rossijskoj deržave po sii vremena. Buch I, St. Petersburg 1750 (= Band 6 der «Sammlung russischer Geschichte«). Der zweite Teil ist erst vor kurzem vollständig in russischer Fassung erschienen. Die Kapitel 6-8 erschienen als Fortsetzung in der von Müller herausgegebenen Zeitschrift Ežemesjačnye sočinenija i izvestijach o učenych delach, Bd. 20, St. Petersburg 1/64. Eine nicht beendete Neuausgabe wurde zweibändig in Leningrad 1937 und 1941 publiziert, herausgegeben von A.I. Andreev und S.V. Bachrušin. Sie war auf vier Bände geplant, wurde aber aus politischen Gründen nicht weitergeführt. Nunmehr liegt eine überarbeitete dreibändige Ausgabe in russischer Sprache vor: G.F. Miller, Istorija Sibiri, 3 Bde., Moskau 1999-2005, die zahlreiche Beilagen enthält.

134 Die Berliner und die Petersburger Akademie der Wissenschaften im Briefwechsel Leonhard Eulers, Bd. 1: Der Briefwechsel L. Eulers mit G.F. Müller 1735-1767, hg. von A.P. Juškevič und E. Winter, unter Mitwirkung von P. Hoffmann, Berlin 1959. Eine ähnliche Korrespondenz führte Müller mit Anton Friedrich Büsching. Vgl. dazu Peter Hoffmann (Hg.), Geographie, Geschichte und Bildungswesen in Rußland und Deutschland im 18. Jahrhundert, Berlin 1995; Dahlmann, Reisendenkorrespondenzen; ders., Gerhard Friedrich Müller's Correspondence.

135 Hintzsche/Nickol (Hg.), Große Nordische Expedition, S. 83.

136 Hoffmann, Gerhard Friedrich Müller, S. 205f.

137 Johann Georg Gmelin, Flora Sibirica sive historia plantarum Sibiriae, 4 Bde., St. Petersburg 1747-1769

138 Hintzsche/Nickol (Hg.), Große Nordische Expedition, S. 80; Gmelin, Expedition ins unbekannte Sibirien, S. 216f.

139 Dahlmann, Gmelin and the Second Kamtschatka Expedition, S. 120ff.
140 Hintzsche/Nickol (Hg.), Große Nordische Expedition, S.79f.; Gmelin, Expedition ins unbekannte Sibirien, S. 360-369; Johann Georg Gmelin, Gedenkbuch, S. 11.
141 Johann Georg Gmelin, Gedenkbuch, S. 44f.: Deutsche Übersetzung des Vorwortes zur »Flora Sibirica«.
142 Ebd., S. 57: Aus dem Vorwort zur »Flora Sibirica«.
143 Johann Georg Gmelin, Reise durch Sibirien von dem Jahr 1733 bis 1743, 4 Bde., Göttingen 1751/52; gekürzte Neuausgaben: Dahlmann (Hg.), Gmelin, Expedition ins unbekannte Sibirien; Posselt (Hg.), Große Nordische Expedition, S. 373.
144 Dahlmann, Einleitung, S. 71f.
145 Ebd., S. 68f.
146 Possselt (Hg.), Große Nordische Expedition, S. 369.
147 Ebd., S. 370; Briefwechsel Leonhard Eulers, Bd. 2, S. 130.
148 Dahlmann, Von Kalmücken, in: Auch/Förster (Hg.), »Barbaren« und »weiße Teufel«, S.32ff.
149 Gmelin, Reise durch Sibirien, Bd. 1, S. 273.
150 Anette Selg/Rainer Wieland (Hg.), Die Welt der Encyclopédie, Frankfurt/M. 2001, S. 2.
151 Dahlmann, Einleitung, S. 81f.
152 Vgl. etwa den Sammelband von Lüsebrink (Hg.), Das Europa der Aufklärung und die außereuropäische koloniale Welt, in dem Sibirien und Rußland an je einer Stelle erwähnt werden. Eine Ausnahme ist immer noch die schon erwähnte Studie von Jürgen Osterhammel über »Die Entzauberung Asiens«. Georg Forster jedenfalls hatte die Stellerschen Werke durchaus studiert und zitiert sie in seiner »Reise um die Welt« an mehreren Stellen.
153 Dahlmann, Einleitung, S. 78f.; Posselt, Große Nordische Expedition, S.374-379.
154 Gert Robel, Der Wandel des deutschen Sibirienbildes im 18. Jahrhundert, in: Canadian-American Slavonic Studies 14, 1980, S. 406-426; Bucher »Von Beschreibung der Sitten«, S. 135ff. und 148ff; dies., Auf verschlungenen Pfaden. Die Aufnahme von Gerhard Friedrich Müllers Schriften in Europa, in: Dittmar Dahlmann (Hg.), Die Kenntnis Rußlands im deutschsprachigen Raum im 18. Jahrhundert. Wissenschaft und Publizistik über das Russische Reich, Göttingen 2006, S. 111-123.
155 Hoffmann, Gerhard Friedrich Müller, S. 233f.; Bucher, Auf verschlungenen Pfaden, S. 114ff.; Carol Urness, Russian Mapping of the North Pacific to 1792, in: Stephen Haycox u.a. (Hg.), Enlightenment and Exploration in the North Pacific 1741-1805, Seattle/London 1997, S. 132-146.
156 Grosses vollständiges Universal-Lexicon aller Wissenschaften und Künste [...], Halle/Leipzig 1732-1750, 68 Bände und 4 Supplementbände 1751-1754. Der Artikel über Sibirien findet sich in Bd. 37, Halle/Leipzig 1743, Spalte 852-860. Vgl. Ulrich Johannes Schneider, »Rußland« in Zedlers Universal-Lexicon, in: Dahlmann (Hg.), Kenntnis Rußlands, S. 247-268. Die Bezeichnung »Zedlers Universal-Lexicon« geht auf den Leipziger Verleger und Herausgeber Johann Heinrich Zedler zurück, den Urheber dieser Enzyklopädie.
157 T. Armstrong, Bering's Expeditions, in: Bater/French (Hg.), Studies in Russian Historical Geography, Bd. 1, S. 175-195, hier: S. 183ff.
158 Vaughan, The Arctic, S. 105-111; Lange, Land hinter den Nebeln, S. 141ff.; F.A. Golder, Russian Expansion on the Pacific 1641-1851, Cleveland 1914, S. 231-250; Lincoln, Eroberung Sibiriens, S. 136ff.
159 Bucher, »Von Beschreibung der Sitten und Gebräuche«, S. 148ff.
160 Das Original der Handschrift befindet sich heute in der St. Petersburger Russischen Nationalbibliothek. Die Erstveröffentlichung erfolgte erst um die Mitte des 19. Jahrhunderts: Gidrografičeskij Departament morskago ministerstva (Hg.), Sočinenie Lomonosova s predisloviem Al. Sokolova, St. Petersburg 1847. Vgl. auch L.S. Berg, Istorija russkich geografičeskich otkrytij, Moskau 1962; D.A. Širina, Rossija: naučnoe issledovanie Arktiki. XVIII v. – 1917, Novosibirsk 2001. Ich verdanke diese Hinweise meiner Doktorandin Diana Ordubadi.
161 Folkwart Wendland, Peter Simon Pallas (1741-1811). Materialien zu einer Biographie, 2 Bde., Berlin/New York 1992, hier Bd. 1, S. 80ff.
162 Ebd., S. 80f.
163 Ebd., S. 93.

[164] Peter Simon Pallas, Reise durch verschiedene Provinzen des Rußischen Reichs, St. Petersburg 1771, der zweite und dritte Teil erschien 1773 bzw. 1776; 1773-1788 erschien auch eine russische Fassung.

[165] Vgl. dazu die Angaben bei Wendland, Peter Simon Pallas, Bd. 2., S. 939ff.

[166] August Ludwig Schlözer, Allgemeine Nordische Geschichte. Aus den neuesten und besten Nordischen Schriftstellern und nach eigenen Untersuchungen beschrieben, und als eine Geographische und Historische Einleitung zur richtigen Kenntniß aller Skandinavischen, Finnischen, Slavischen, Lettischen, und Sibirischen Völker, besonders in alten und mittleren Zeiten, Halle/S. 1771, Kap. 3, S. 391-436.

[167] Wendland, Peter Simon Pallas, Bd. 1, S. 145ff. und Bd. 2, S. 944ff.

[168] Johann Gottlieb Georgi, Beschreibung aller Nationen des Rußischen Reichs, ihrer Lebensart, Religion, Gebräuche, Wohnungen, Kleidungen und übrigen Merkwürdigkeiten, 4 Bde., St. Petersburg 1776; eine französische Fassung erschien ebd. 1776, eine russische ebd. 1776/77, von der 1799 eine erweiterte Version publiziert wurde. Vgl. dazu Natascha Astrina, Schamanen und Pflanzendrogen, St. Petersburg und die Landbevölkerung. Der Beitrag Johann Gottlieb Georgis zu den Kenntnissen über Rußland, in: Dahlmann (Hg.), Kenntnis Rußlands, S. 179-200.

[169] William Coxe, Account of the Russian Discoveries Between Asia and America. To which are Added, the Conquest of Siberia, and the History of the Transactions and Commerce Between Russia and China, 1. Aufl., London 1780, 3. Aufl., revised and corrected, London 1787, Nachdruck New York 1970. Dieser 3. Auflage war als Anhang hinzugefügt worden: A Comparative View of the Russian Discoveries with those Made by the Captains Cook and Clerke; and a Sketch of what Remains to Be Ascertained by Future Navigators. Zu dieser Gesellschaft vgl. das Glossar.

[170] Jean-François de Lapérouse, Zu den Klippen von Vanikoro. Weltreise im Auftrag Ludwigs XVI. 1785-1788, Stuttgart/Wien 1987; dieser Fassung liegt die Ausgabe Jean-François LaPérouse, Entdeckungsreise in den Jahren 1785, 1786, 1787 und 1788, 2 Bde., Berlin 1799/1800 zugrunde.

[171] Ich verdanke die folgenden Ausführungen zur Expedition ersten unveröffentlichten Manuskripten und zahlreichen Gesprächen mit meiner Doktorandin Diana Ordubadi, die zur Zeit an einer Dissertation über diese Expedition arbeitet. Vgl. auch Erich Donnert, Die Billings-Saryčev-Expedition in den Nordostpazifik 1785-1793 und der Naturforscher Carl Heinrich Merck, in: ders. (Hg.), Europa in der Frühen Neuzeit, Bd. 6, S. 1023-1035. Die Instruktion Katharinas II. an Billings in: Dmytryshyn u.a. (Hg.), Penetration of the North Pacific, S. 268-290.

[172] Drei Berichte über die Expedition wurden publiziert: der Bericht von Gavriil Saryčev, Putešestvie flota kapitana Saryčeva po severovostočnoj Časti Sibiri, Ledovitomu Morju i Vostočnomu okeanu [...] byvšej pod načal'stvom flota Kapitana Billingsa s 1785 po 1793 god, St. Petersburg 1802, Neuausgabe Moskau 1952; nach dieser Ausgabe wird zitiert; eine englische Ausgabe erschien London 1806; eine deutsche Ausgabe Leipzig 1805 und öfter: Gawrila Sarytschews Russisch-Kaiserlichen Generalmajors von der Flotte achtjährige Reise im nordöstlichen Sibirien, auf dem Eismeere und dem nordöstlichen Ozean; eine bearbeitete und leicht gekürzte Neuausgabe erschien Gotha 1954/1955 mit einem Vorwort des sowjetischen Historikers N. Subow, G.A. Sarytschew, Reise durch den Nordostteil Sibiriens, das Eismeer und den Östlichen Ozean. Ohne Erlaubnis des Admiralitätskollegiums publizierte der Sekretär von Billings, Martin Sauer, aufgrund von aus Rußland herausgeschmuggelten Materialien eine weitere Expeditionsbeschreibung: Joseph Billings account of a geographical and astronomical expediton to the Northern parts of Russia, London 1802; zwei deutsche Ausgaben erschienen in Berlin 1802 und in Weimar 1803; eine französische Fassung erschien in Paris 1802. Schließlich konnte Saryčev auf der Grundlage der Materialien anderer Expeditionsteilnehmer seinen ersten offiziellen Bericht vervollständigen: Gavriil Saryčev, Putešestvie kapitana Billingsa črez Čukotskuju zemlju ot Beringova proliva do Nižnekolymskogo ostroga i plavanie Kapitana Galla na sudne »Černom Orle« po Severo-Vostočnomu okeanu v 1791 g., St. Petersburg 1811.

[173] Die Instruktion von Pallas in: Wendland, Peter Simon Pallas, S. 823-829. Mercks Tagebuch, das er zwischen März 1788 und August 1791 führte, liegt bisher nur in einer unkommentierten

englischen Übersetzung vor: Richard A. Pierce, Siberia and Northwestern America 1788-1792. The Journal of Carl Heinrich Merck, Naturalist with the Russian Scientific Expedition Led by Captains Joseph Billings and Gavriil Sarytchev, Kingston/Ontario 1980.

174   Vgl. dazu Donnert, Billings-Saryčev-Expedition, in: ders. (Hg.), Europa in der Frühen Neuzeit, Bd. 6, S. 1027ff.; Gudrun Bucher, Das Jahrhundert der großen Expeditionen, in: Hauser-Schäublin/Krüger (Hg.), Sibirien und Russisch-Amerika, S. 108-127, hier S. 121ff.

175   G.A. Saryčev, Putešestvie po severovostočnoj Časti Sibiri, Ledovitomu Morju i Vostočnomu okeanu, Moskau 1952, S. 163ff.; dt. Fassung: G.A. Sarytschew, Reise durch den Nordostteil Sibiriens, das Eismeer und den Östlichen Ozean, Gotha 1954, S. 164 und 184.

176   Ebd., russ. Fassung: S. 83; dt. Fassung: S. 20 und 93; Z.D. Titova (Hg.), Ėtnografičeskie materialy severo-vostočnoj geografičeskoj ėkspedicii, 1785-1795 gg., Magadan 1978.

177   Vgl. dazu Donnert, Billings-Saryčev-Expedition, S. 1034f.

178   Saryčev, Putešestvie po severovostočnoj Časti Sibiri, S. 110-128; dt. Fassung: Sarytschew, Reise durch den Nordostteil Sibiriens, S. 132ff., 139, 159, 183ff. und 290-299.

179   Zusammenfassend zu den Expeditionen und Forschungsreisen im 18. Jahrhundert V.A. Divin, Russkie moreplavanija n Tichom Okeane v XVIII veke, Moskau 1971 mit einer zu starken Betonung des russischen Anteils. Einen Überblick über die geographischen Forschungen im 19. Jahrhundert gibt: G.V. Naumov, Russkie geografičeskie issledovanija Sibiri v XIX-načale XX v., Moskau 1965, vgl. dazu jetzt Weiss, Wie Sibirien »unser« wurde.

180   Dazu jetzt ausführlich die schon genannte Studie von Weiss, Wie Sibirien »unser« wurde. Vgl. zu dieser Gesellschaft auch das Glossar. Semenov erhielt seinen Beinamen aufgrund seiner Erforschung des Tjan Šan-Gebirges im Grenzgebiet von Kasachstan, Kirgisien und Sinkiang.

V. Eine Welt wird verwaltet

1   Vom *sibirskij prikaz* wurden bis zu den Verwaltungsreformen unter Peter I. bzw. Katharina II. im Laufe des 18. Jahrhunderts auch die Gebiete von Perm' und Vjatka verwaltet. M.O. Akišin/A.V. Remnev (Hg.), Vlast' v Sibiri: XVI – načalo XX v., 2. Aufl., Novosibirsk 2005, S. 15ff.

2   Robel, Eroberung Sibiriens, S. 883; Naumov, History of Siberia, S. 69ff.

3   Häfner, Von der *frontier* zum Binnenraum, S. 32.

4   Robel, Eroberung Sibiriens, S. 883.

5   Biographien der Leiter des *sibirskij prikaz* in: Akišin/Remnev (Hg.), Vlast' v Sibiri, S. 341-373.

6   Marshal T. Poe, The Russian Elite in the Seventeenth Century, 2 Bde., Helsinki 2004, hier Bd. 2, S. 24f.

7   Basil Dmytryshyn, The Administrative Apparatus of the Russian Colony in Siberia and North Asia, 1581-1700, in: Wood (Hg.), History of Siberia, S. 17-36, hier S. 20.

8   Bickford O' Brien, Muscovite Prikaz Administration of the 17th Century: The Quality of Leadership, in: Forschungen zur Osteuropäischen Geschichte 24, 1978, S. 223-235; vgl. auch Hans-Joachim Torke, Gab es im Moskauer Reich des 17. Jahrhunderts eine Bürokratie?, in: Forschungen zur Osteuropäischen Geschichte 38, 1986, S. 276-298.

9   Naumov, History of Siberia, S. 71.

10   Yuri Slezkine, The Sovereign's Foreigners: Classifying the Native Peoples in 17th Century Siberia, in: Russian History 19, 1992, 475-485.

11   Dmytryshyn, Administrative Apparatus, in: Wood (Hg.), History of Siberia, S. 21.

12   Ebd., S. 25; vgl. auch Hans-Joachim Torke, Die staatsbedingte Gesellschaft im Moskauer Reich. Zar und Zemlja in der altrussischen Herrschaftsverfassung 1631-1689, Leiden 1974, S. 76; zu den Biographien der sibirischen Voevoden vgl. Akišin/Remnev (Hg.), Vlast' v Sibiri, S. 375-508.

13   Dmytryshyn, Administrative Apparatus, in: Wood (Hg.), History of Siberia, S. 21.

14   Gmelin, Expedition ins unbekannte Sibirien, S. 188. Gmelin bezog sich an dieser Stelle auf die Preise in Irkutsk im Jahre 1735. Dabei ist zu bedenken, daß die Preise in Sibirien in jener Zeit starken saisonalen Schwankungen unterlagen, die teilweise bis zu 150 Prozent betrugen.

15   Nikolaj N. Pokrovskij, Zemstvo-Tradition und Staatsmacht in Sibirien, in: Berliner Jahrbuch für osteuropäische Geschichte 1996, Nr. 2: Sibirien: Kolonie – Region, S. 7-17, hier S. 10.

[16] Ebd., S. 11; V.A. Aleksandrov/N.N. Pokrovskij, Vlast' i obščestvo. Sibir' v XVII v., Novosibirsk 1991.

[17] Vernadsky u.a. (Hg.), Source Book for Russian History, Bd. 1, S. 265f.: Instruktionen an den Zollinspektor in Verchotur'e vom März 1635.

[18] Torke, Staatsbedingte Gesellschaft, S. 77.

[19] Christoph Witzenrath, Cossacks and the Russian Empire, 1598-1725. Manipulation, Rebellion and Expansion into Siberia, London/New York 2007.

[20] Das eingedeutschte Wort ist abgeleitet von *strel'cy*, den Schützen.

[21] Michael C. Paul, The Military Revolution in Russia 1550-1682, in: The Journal of Military History 68, 2004, Nr. 1, S. 9-45, hier S. 20ff.

[22] Mancall, Russia and China, S. 339, Anm. 37

[23] Black, Russians in Alaska, S. 267.

[24] Robel, Eroberung Sibiriens, S. 884f.

[25] Ebd., S. 884.

[26] Ebd.

[27] Ebd.

[28] Dmytryshyn, Administrative Apparatus, in: Wood (Hg.), History of Siberia, S. 28.

[29] Siehe dazu Kap. 7, S. 212.

[30] Erik Amburger, Geschichte der Behördenorganisation Rußlands von Peter dem Großen bis 1917, Leiden 1966, S. 403ff.; Thomas, Geschichte Sibiriens, S. 37; Bobrick, Land der Schmerzen, S. 305; Bigraphien der sibirischen Gouverneure bei Akišin/Remnev (Hg.), Vlast' v Sibiri, S. 509-590.

[31] Amburger, Behördenorganisation, S. 403ff.; Thomas, Geschichte Sibiriens, S. 37.

[32] Fischer, Sibirische Geschichte, S. 561; Amburger, Behördenorganisation, S. 404.

[33] Baron Georg Thomas von Asch, Verzeichnis beyfolgender Münzen für das Königliche Museum zu Göttingen vom August 1805. Handschriftenabteilung der Staats- und Universitätsbibliothek Göttingen, MS Cod Asch 1: II. Die von von Asch, einem deutschstämmigen Absolventen der Göttinger Universität, der unter Katharina II. den Posten eines Generalstabsarztes der Armee bekleidete, übersandten Münzen stammten aus den 1770er Jahren. Sie wurden nun, also zu Beginn des 19. Jahrhunderts, nicht mehr geprägt.

[34] Isabel de Madariaga, Katharina die Große. Das Leben der russischen Kaiserin, München 1996, S. 123ff. Neben den Gouvernements bestanden seit Peter I. auch Generalgouvernements, vor allem in den Randgebieten.

[35] Marc Raeff, Siberia and the Reforms of 1822, Seattle 1956, S. 6f. mit den Verweisen auf die Literatur und die Quellen; Akišin/Remnev, Vlast' v Sibiri, S. 113ff.; John P. LeDonne, Frontier Governors General 1772-1825: III. The Eastern Frontier, in: Jahrbücher für Geschichte Osteuropas, N.F. 48, 2000, S. 321-340.

[36] Amburger, Behördenorganisation, S. 405; zu den Biographien der Generalgouverneure siehe Akišin/Remnev (Hg.), Vlast' v Sibiri, S. 591-641.

[37] Raeff, Siberia and Reforms, S. 29.

[38] Vgl. dazu Marc Raeff, Michael Speransky. Statesman of Imperial Russia, 1772-1839, Den Haag 1969.

[39] Damešek/Remnev (Hg.), Sibir' v sostave Rossijskoj Imperii, S. 230ff.; Akišin/Remnev (Hg.), Vlast' v Sibiri, S. 143ff.; vgl. dazu auch Kap. 6, S. 167.

[40] Naumov, History of Siberia, S. 96.; Raeff, Speransky, S. 254 nennt geringere Zahlen.

[41] Naumov, History of Siberia, S. 96f.; Thomas, Geschichte Sibiriens, S. 73.

[42] Joachim Otto Habeck, Seßhaftwerdung und Seßhaftmachung sibirischer Rentiernomaden. Siedlungsstrukturen und Siedlungsgeschichte im Ewenkischen Autonomen Kreis, Münster 1998, S. 19; Naumov, History of Siberia, S. 97f.; Thomas, Geschichte Sibiriens, S. 73f. Auszüge aus dem Statut für die Fremdstämmigen in englischer Übersetzung bei: Vernadsky u.a. (Hg.), Source Book for Russian History, Bd. 2, S. 506ff.

[43] Forsyth, History, S. 156f.

[44] Dahlmann, Zwischen Europa und Asien, in: Reinhard (Hg.), Imperialistische Kontinuität, S. 54ff.

[45] Amburger, Behördenorganisation, S. 407.

[46] Ebd., S. 407f.; Bobrick, Land der Schmerzen, S. 308; Gladkov, Geschichte Sibiriens, S. 123.

[47] Dittmar Schorkowitz, Staat und Nationalitäten in Rußland. Der Integrationsprozeß der Burjaten und Kalmücken, 1822-1925, Stuttgart 2001, S. 20f. mit weiteren Belegen.

[48] Boris O. Dolgich, Rodovoj i plemennoj sostav narodov Sibiri v XVII veke, Moskau 1960, S. 615ff.

[49] Turčaninov, Naselenie, in: Glinka u.a. (Hg.), Aziatskaja Rossija, S. 81.

[50] Carsten Goehrke, Zum Problem von Bevölkerungsziffer und Bevölkerungsdichte des Moskauer Reiches im 16. Jahrhundert, in: Forschungen zur Osteuropäischen Geschichte 24, 1978, S. 65-85, hier S. 71 und 82; Richard Hellie, Migration in Early Modern Russia, 1480s-1780s, in: David Eltis (Hg.), Coerced and Free Migration. Global Perspectives, Stanford 2002, S. 292-323, hier S. 293f. Diese Zahlen beziehen sich jeweils auf das gesamte Territorium zur jeweils angegebenen Zeit, sind also nicht direkt vergleichbar.

[51] A.Ch. Ėlert, Ėkspedicionnye materialy G.F. Millera kak istočnik po istorii Sibiri, Novosibirsk 1990, S. 99.

[52] Ebd., S. 245; vgl. auch ders., Beschreibungen des Ostens des Russischen Reiches durch deutsche Wissenschaftler und Forschungsreisende in der ersten Hälfte des 18. Jahrhunderts, in: Boris Meissner/Alfred Eisfeld (Hg.), Der Beitrag der Deutschbalten und der städtischen Rußlanddeutschen zur Modernisierung und Euorpäisierung des Russischen Reiches, Köln 1996, S. 241-255, hier S. 244-251; ders., Istoriko-geografičeskoe opisanie Tomskogo uezda G.F. Millera (1734g.), in: N.N. Pokrovskij (Hg.), Istočniki po istorii Sibiri dosovetskogo perioda, Novosibirsk 1988, S. 59-101.

[53] Zu Peter I. immer noch unübertroffen die Biographie von Reinhard Wittram, Peter I., Czar und Kaiser. Zur Geschichte Peters des Großen in seiner Zeit, 2 Bde., Göttingen 1964; ders., Peter der Große. Der Eintritt Rußlands in die Neuzeit, Berlin u.a. 1954 (eine Vorstudie zur großen Biographie); Lindsey Hughes, Russia in the Age of Peter the Great, New Haven/London 1989; Erich Donnert, Peter der Große, Leipzig 1988; Robert K. Massie, Peter the Great. His Life and His World, New York 1980; dt. Ausgabe, Frankfurt/M. 1982

[54] Mote, Siberia, S. 45; Turčaninov, Naselenie, in: Glinka u.a. (Hg.), Aziatskaja Rossija, S. 81; Nikolai Vakhtin, Menschen und Ethnizität im heutigen Sibirien, in: Hauser-Schäublin/Krüger (Hg.), Sibirien und Russisch-Amerika, S. 38-59, hier S. 41f.

[55] Raeff, Siberia and Reforms, S. 149f. auf der Grundlage des 1810 publizierten Statističeskoe obozrenie Sibiri.

[56] Henning Bauer/Andreas Kappeler/Brigitte Roth (Hg.), Die Nationalitäten des Russischen Reiches in der Volkszählung von 1897, Band B: Ausgewählte Daten zur sozio-ethnischen Struktur des Russischen Reiches, Stuttgart 1991, S. 223; Dolgich, Rodovoj i plemennyj sostav, S. 615. Die Bevölkerungsdichte in Sibirien lag bei 0,5 Personen pro Quadratkilometer, in Rußland insgesamt 5,8 Menschen. Die Gesamtbevölkerung des Reiches betrug 125,6 Mio. Menschen.

[57] Forsyth, History, S. 155.

[58] Balzer, Tenacity of Ethnicity, Kap. 2.

[59] Ebd., S. 158f.

[60] Zu den Regionalisten vgl. Kap. 6, S. 176 und Kap. 7, S. 209 u. 214ff.

[61] Zu den Zahlen vgl. unten, S. 160ff.

[62] Vgl. dazu unten, S. 162 und Kap. 6, S. 171ff.

[63] Andrew A. Gentes, Siberian Exile and the 1863 Polish Insurrectionists According to Russian Sources, in: Jahrbücher für Geschichte Osteuropas, N.F. 51, 2003, S. 197-217, hier S. 197 gibt die Zahl der zwischen 1863 und 1868 nach Sibirien Verbannten mit 18.000 bis 24.000 Personen an. Diese Bandbreite weist bereits auf die Probleme der Statistik hin, zudem bleibt bei diesen Angaben auch unklar, ob es sich nur um die Zahl der Verbannten handelte oder auch um die sie begleitenden Familienangehörigen, die sogenannten *dobrovol'nye* (Freiwillige). Gentes macht ebenso keine Angaben darüber, wie viele von ihnen auf die jeweiligen Kategorien, Zwangsarbeit, Verbannung oder Ansetzung, entfielen. Vgl. dazu unten, S. 159f. Eine sehr große Zahl von ihnen wurde im Laufe der folgenden Jahre, bis zur Ermordung Alexanders II. 1881, amnestiert und konnte zurückkehren. Gentes, Siberian Exile, S. 215f.

[64] Sobornoe uloženie 1649 goda, in: O. Čistjakov (Hg.), Rossijskoe zakonodatel'stvo X-XX vekov, Bd. 3, Moskau 1985, S. 119.

[65] Kaczyńska, Das größte Gefängnis, S. 12, erzählt eine völlig falsche Geschichte; Bobrick, Land der Schmerzen, S. 258, datiert das Ereignis zehn Jahre zu früh auf 1581, da hatte der Eroberungs-

prozeß Sibiriens noch gar nicht begonnen. Markus Ackeret, In der Welt der Katorga. Die Zwangsarbeitsstrafe für politische Delinquenten im ausgehenden Zarenreich (Ostsibirien und Sachalin), München 2007, S. 35; vgl. auch Andrew Gentes, Katorga: Penal Labor and Tsarist Russia, in: Stolberg (Hg.), Siberian Saga, S. 73-85; Damešek (Hg.), Sibir' v sostave Rossijskoj Imperii, S. 271ff.

66 Kaczyńska, Das größte Gefängnis, S. 12; vgl. auch Alan Wood, Russia's Wild East: exile, vagrancy and crime in 19th-century Siberia, in: ders. (Hg.), History of Siberia, S. 117-139; ders., Sex and Violence in Siberia: Aspects of the Tsarist Exile System, in: John M. Stewart/Alan Wood (Hg.), Siberia. Two Historical Perspectives, London 1984, S. 23-42; ders., Crime and Punishment in the House of the Dead, in: Olga Crisp/Linda Edmondson (Hg.), Civil Rights in Imperial Russia, Oxford 1989, S. 215-233; Bobrick, Land der Schmerzen, S. 257-298; Lincoln, Eroberung Sibiriens, S. 234-260.

67 Das Leben des Protopopen Avvakum, von ihm selbst niedergeschrieben, Göttingen 1965. Avvakum (1620/21-1682) wurde 1667 erneut nach Pustozersk in den äußersten Norden verbannt und dort gefangen gehalten; er starb im April 1682 auf dem Scheiterhaufen, weil er seinem Glauben nicht abschwören wollte.

68 In anderer Deutung: Bruce T. Holl, Avvakum and the Genesis of Siberian Literature, in: Diment/Slezkine (Hg.), Between Heaven and Hell, S. 33-45; Rolf-Dieter Kluge, Sibirien als kulturelle und literarische Provinz, in: Leptin (Hg.), Sibirien, S. 217-250, hier S. 224ff.; Frank, Reisen nach Sibirien, S. 121ff.

69 Kaczyńska, Das größte Gefängnis, S. 13f.

70 Wood, Crime and Punishment, in: Crisp/Edmondson (Hg.), Civil Rights, S. 216f.

71 Peter Liessem, Die Todesstrafe im späten Zarenreich: Rechtslage, Realität und öffentliche Diskussion, in: Jahrbücher für Geschichte Osteuropas, N.F. 37, 1989, S. 492-523, hier S. 493-496. Zu den Majestätsverbrechen vgl. Angela Rustemeyer, Dissens und Ehre. Majestätsverbrechen in Rußland (1600-1800), Wiesbaden 2006.

72 Liessem, Todesstrafe im späten Zarenreich, S. 504, Anm. 60.

73 Kaczyńska, Das größte Gefängnis, S. 14ff.; Andrew A. Gentes, ›Licentious Girls‹ and frontier domesticators: women and Siberian exile from the late 16th to the early 19th centuries, in: Sibirica 3, 2003, S. 3-20, hier S. 12ff.

74 Vernadsky u.a. (Hg.), Source Book for Russian History, Bd. 2, S. 391: Teilübersetzung aus der Vollständigen Gesetzessammlung des Russischen Reiches (Polnoe Sobranie Zakonov Rossijskoj Imperii, 1. Serie, Bd. 15, S. 582-584); Kaczyńska, Das größte Gefängnis, S. 14.

75 A.S. Zuev/N.A. Minenko, Sekretnye uzniki sibirskich ostrogov. Očerki istorii političeskoj ssylki v Sibiri vtoroj četverti XVIII v., Novosibirsk 1992.

76 Kluge, Sibirien als kulturelle und literarische Provinz, in: Leptin (Hg.), Sibirien, S. 229f. Der Titel erinnert an die berühmte mittelalterliche Heldendichtung »Lied von der Heerfahrt des Fürsten Igor'« (Slovo o polku Igoreve), vorgeblich aus den 1180er Jahren stammend, deren Echtheit allerdings immer wieder angezweifelt wird, da die einzige Originalhandschrift während des Brandes von Moskau 1812 vernichtet wurde. Susi Frank, Aleksandr Radishchev's Interpretation of Shamanism in the Russian and European Contexts of Late 18th Century, in: Stolberg (Hg.), Siberian Saga, S. 43-61.

77 Vgl. dazu Kap. 6, S. 171.

78 Vgl. dazu ausführlicher, Kap. 6, S. 171f. Die Bezeichnung »Dekabristen« ist vom russischen Wort für Dezember »dekabr'« abgeleitet. Zum Aufstand vgl. Haumann, Geschichte Rußlands, S. 317-325; Christine Sutherland, Die Prinzessin von Sibirien. Maria Wolkonskaja und ihre Zeit, Frankfurt/M. 1992; Lincoln, Eroberung Sibiriens, S. 201ff. Alexander Puschkin, Sendschreiben nach Sibirien, im Original: Poslanie v Sibir'. Es liegen verschiedene Übersetzungen vor. Diese stammt von der Internetseite www.sibiria.beryosa.net/dekbar/dekabr_sendschreiben.html; (letzter Zugriff am 14.7.2008); Alexander Puschkin, Ausgewählte Werke, Bd. 1, Berlin 1949, S. 169. Der nach Sibirien verbannte Dekabrist Alexander I. Odoevskij schrieb daraufhin noch im gleichen Jahr »Antwort auf Puškins Sendschreiben nach Sibirien«. Beide Gedichte wurden im 20. Jahrhundert von Nikolaj A. Roslavec vertont.

79 Murav, »Vo glubine Sibirskikh Rud«, in: Diment/Slezkine (Hg.), Between Heaven and Hell, S. 104; Jacques Catteau, F.M. Dostoevskij et la Sibérie, in: Chichlo (Hg.), Sibérie II, S. 297-303; vgl. auch Susi K. Frank, Dostoevskij, Jadrincev und Čechov als Geokulturologen Sibiriens,

in: Gedächtnis und Phantasma. Festschrift für Renate Lachmann, hg. von Susi K. Frank u.a., München 2001, S. 32-47.

[80] Vgl. dazu oben, S. 150ff. und Kap. 6, S. 167f.

[81] Jonathan W. Daly, Criminal Punishment and Europeanization in Late Imperial Russia, in: Jahrbücher für Geschichte Osteuropas, N.F. 47, 2008, S. 341-362, hier S. 342.

[82] Ebd., S. 344.

[83] Ackeret, Welt der Katorga, S. 36f.

[84] Ebd. Zur Justizreform von 1864 und zum Rechtssystem vgl. Jörg Baberowski, Autokratie und Justiz. Zum Verhältnis von Rechtsstaatlichkeit und Rückständigkeit im ausgehenden Zarenreich 1864-1914, Frankfurt/M. 1996.

[85] Daly, Criminal Punishment, S. 351; Ackeret, Welt der Katorga, S. 38

[86] Daly, Criminal Punishment, S. 351; Ackeret, Welt der Katorga, S. 38.

[87] N. Jadrinzew, Sibirien. Geographische, ethnographische und historische Studien, Jena 1886, Nachdruck Trier 2003, S. 558. Zu Jadrincev und den Regionalisten vgl. Kap. 6, S. 175f.

[88] Daly, Criminal Punishment, S. 351; John J. Stephan, The Russian Far East. A History, Stanford 1994, S. 68 nennt zehn Prozent der Gesamtzahl als politisch Verbannte.

[89] Daly, Criminal Punishment, S. 352ff.; Ackeret, Welt der Katorga, S. 43; Volker Rabe, Widerspruch von Rechtsstaatlichkeit und strafender Verwaltung in Rußland 1881-1917, Karlsruhe 1985, S. 165ff.

[90] Wood, Russia's Wild East, in: ders. (Hg.), History of Siberia, S. 122f.; Daly, Crime and Punishment, S. 355.

[91] Vgl. dazu vor allem die Arbeiten der beiden amerikanischen Historiker Bobrick, Land der Schmerzen, S. 257ff. und Lincoln, Eroberung Sibiriens, S. 234ff. Für die deutsche Historiographie Thomas, Geschichte Sibiriens, S. 81ff., sehr zurückhaltend, wenn man Zeit und Ort der Entstehung berücksichtigt; Gladkov, Geschichte Sibiriens, S. 142ff. Vgl. jetzt Ackeret, Welt der Katorga.

[92] Vgl. Kap. 6, S. 194.

[93] Wood, Russia's Wild East, in: ders. (Hg.), History of Siberia, S. 125.

[94] Daly, Crime and Punishment, S. 355f.

[95] Ackeret, Welt der Katorga, S. 38f.; Rabe, Widerspruch von Rechtsstaatlichkeit; Baberowski, Autokratie und Justiz, S. 691-722, für die Zeit zwischen 1878 und 1890.

[96] Madeleine Grawitz, Bakunin. Ein Leben für die Freiheit, Hamburg 1999, S. 189-204.

[97] Leo G. Deutsch, Sechzehn Jahre in Sibirien. Erinnerungen eines russischen Revolutionärs, Stuttgart 1905, S. 193.

[98] Ich verdanke diesen Hinweis und die Ausführungen zur Bedeutung des Opfer- und Märtyrermythos der nach Sibirien Verbannten meiner Mitarbeiterin Dr. Anke Hilbrenner, die zur Zeit an einer Habilitationsschrift über den Terrorismus im Russischen Reich im späten 19. und frühen 20. Jahrhundert arbeitet. Das Bild findet sich in: Angelika Wesenberg u.a. (Hg.), Ilja Repin. Auf der Suche nach Rußland. Katalog einer Ausstellung im Saarland Museum und der Nationalgalerie Berlin 2003, Berlin 2003, S. 81.

[99] George Kennan, Siberia and the Exile System, New York/London 1891; deutsche Ausgabe: Sibirien, Berlin 1890, danach unter verschiedenen Titeln in zahlreichen Auflagen erschienen; zuletzt: Sibirien ... und der Zar weiß alles. Reise in das russische Verbannungssystem, Göttingen 2003, stark gekürzt und unkommentiert. Zu Kennans Leben und Werk vgl. Frederick F. Travis, George Kennan and the American-Russian Relationship 1865-1924, Athens 1990.

[100] George Kennan, Tent Life in Siberia, and Adventures among the Koraks and Other Tribes in Kamchatka and Northern Asia, New York/London 1870; eine deutsche Ausgabe erschien fast zeitgleich mit Kennans »Gefängnisberichten« 1890 und erlebte gleichfalls zahlreiche Auflagen.

[101] Valentin Gitermann, Geschichte Rußlands, 3 Bde., Frankfurt/M. 1987, Erstauflage 1944-1949, hier Bd. 3, S. 240.

[102] Kropotkins berühmte »Memoiren eines Revolutionärs« erschienen erst seit 1898 als Serie im »The Atlantic Monthly«, dann als Buch in zahlreiche Sprachen übersetzt.

[103] Vgl. dazu Ackeret, Welt der Katorga, S. 16; Kaczyńska, Das größte Gefängnis, S. 110; Bruce F. Adams, The Politics of Punishment. Prison Reform in Russia, 1863-1917, DeKalb 1996, S. 4ff. Einen Vergleich mit den Verhältnissen in amerikanischen Gefängnissen zu dieser Zeit zog

Kennan nicht. Ebenso wenig erwähnte er die statistisch auffällige hohe Zahl von Schwarzen in den Gefängnissen in den Südstaaten der USA. Vgl. dazu Lawrence M. Friedman, Crime and Punishment in American History, New York 1993; Donald R. Walker, Penology for Profit. A History of the Texas Prison System 1867-1912, College Station 1988, S. 114ff.

[104] Adams, Politics of Punishment, S. 5.

[105] Ackeret, Welt der Katorga, 50ff.

[106] Raeff, Siberia and Reforms, S. 59ff.; Naumov, History of Siberia, S. 98; Thomas, Geschichte Sibiriens, S. 73.

[107] Ackeret, Welt der Katorga, S. 119.

[108] Ebd., S. 126f.

[109] John J. Stephan, Sakhalin. A History, Oxford 1971.

[110] Andrew A. Gentes, No Kind of Liberal: Alexander II and the Sakhalin Penal Colony, in: Jahrbücher für Geschichte Osteuropas, N.F. 54, 2006, S. 321-344.

[111] Anton P. Tschechow, Die Insel Sachalin, München 1971, dt. Erstausgabe Berlin 1960; das russische Original erschien erstmals in der Zeitschrift »Russkaja mysl' und 1893 als Buch. Ludmila Thomas, »Die Insel Sachalin« von A.P. Čechov – eine historische Quelle, in: Jahrbuch für die Geschichte der sozialistischen Länder Europas 30, 1986, S. 146-158. Vgl. auch den Bericht von Harry De Windt, The New Siberia: Being an Account of a Visit to the Penal Island of Sakhalin and the Political Prison and Mines of the Trans-Baikal-District, Eastern Siberia, London 1896.

[112] Tschechow, Insel Sachalin, S. 108ff.

[113] Daly, Criminal Punishment, S. 357.

[114] Ralph Melville/Thomas Steffens, Die Bevölkerung, in: Gottfried Schramm (Hg.), Handbuch der Geschichte Rußlands, Band 3,2, Stuttgart 1992, S. 1009-1191, hier S. 1066-1071; Daly, Criminal Punishemt, S. 357 nennt für 1912 eine Zahl von 1.753 und für 1913 von 1.051 administrativ Verbannten, während 1910 nur noch 531 und 1912 252 von Gerichten zur Verbannung verurteilt wurden.

[115] Liessem, Todesstrafe, S. 493ff.

[116] Daly, Criminal Punishment, S. 359.

[117] Stephan, The Russian Far East, S. 69f.; Koichi Inoue, For the Rehabilitation of Bronisław Piłsudski, in: Chichlo (Hg.), Sibérie II, S. 269-274; Alfred Majewicz, Les matériaux inconnus de Bronisław Piłsudski sur les peuples de Sakhaline et de l'Amour inférieur, in: ebd., S. 277-280; ders., The Oroks: Past and Present, in: Alan Wood/R.A. French (Hg.), The Development of Siberia. People and Resources, Basingstoke 1989, S. 124-146.

[118] Slezkine, Arctic Mirrors, S. 124ff.

[119] Douglas Cole, Franz Boas: The Early Years, 1858-1906, Vancouver 1999, S. 188-203, 254-260 und passim; Stanley A. Freed/Ruth S. Freed/Laila Williamson, The American Museum's Jesup North Pacific Expedition, in: William W. Fitzhugh/Aron Crowell (Hg.), Crossroads of Continents. Cultures of Siberia and Alaska, Washington, D.C. 1988, S. 97-103.

[120] Kerstin Armborst, Wegbereiter der Geschichtsforschung. Über den Vorstand der Jüdischen Historisch-Ethnographischen Gesellschaft in St. Petersburg, in: Jahrbuch des Simon-Dubnow-Instituts 6, 2007, S. 411-440; Bruce Grant, Empire and Savagery: The Politics of Primitivism in Late Imperial Russia, in: Daniel R. Brower/Edward J. Lazzerini (Hg.), Russia's Orient. Imperial Borderlands and Peoples, 1700-1917, Bloomington/Indianapolis 1997, S. 292-310.

[121] Stephan, The Russian Far East, S. 70; Collins, Introduction, S. 21; Waldemar Jochelson, History, Ethnology and Anthropology of the Aleut, Oosterhout 1966, Nachdruck der Ausgabe von 1933.

VI. AUF DEM WEG IN DIE MODERNE

[1] Raeff, Siberia and Reforms, S. 18ff.

[2] Dahlmann, Zwischen Europa und Asien, in: Reinhard (Hg.), Imperialistische Kontinuität, S. 50-67.

[3] Slezkine, Arctic Mirrors, S. 80.

[4] Raeff, Speransky, S. 370; Horst Jablonowski, Die russische Politik in Sibirien im 19. Jahrhundert, in: ders., Rußland, Polen und Deutschland. Gesammelte Aufsätze, hg. von Irene Jablonowski/ Friedhelm B. Kaiser, Köln u.a. 1972, S. 53-72, hier S. 60f.; Slezkine, Arctic Mirrors, S. 80ff.; Michail M. Speranskij, Generalgouverneur Sibiriens von 1819-1821, kehrte allerdings mit Erlaubnis Kaiser Alexanders I. schon im März 1821 nach St. Petersburg zurück. Vgl. hierzu: Vladimir A. Fedorov, M.M. Speranskij i A.A. Arakčeev, Moskau 1997, S. 162ff.

[5] Raeff, Siberia and Reforms, S. 45f.

[6] Slezkine, Arctic Mirrors, S. 80ff.; Jablonowski, Russische Politik in Sibirien, S. 61.

[7] Raeff, Siberia and Reforms, S. 41f.; Slezkine, Arctic Mirrors, S. 83. Der russische Originaltext des Statuts vom 2. August/22. Juli 1822 findet sich jetzt auf der CD-ROM: Peter Brandt u.a. (Hg.), Quellen zur europäischen Verfassungsgeschichte im 19. Jahrhundert. Institutionen und Rechtspraxis im gesellschaftlichen Wandel. Teil 1: Um 1800, Bonn 2005; diese Quellenedition gehört zum »Handbuch der europäischen Verfassungsgeschichte im 19. Jahrhundert«, Bd. 1: Um 1800, Bonn 2005, hg. von Peter Brandt u.a.

[8] Raeff, Siberia and Reforms, S. 127.

[9] Jablonowski, Russische Politik in Sibirien, S. 63; Raeff, Siberia and Reforms, S. 126.

[10] Slezkine, Arctic Mirrors, S. 84.

[11] Jablonowski, Russische Politik in Sibirien, S. 63. Zur Kriminalisierung gewohnheitsrechtlichen Verhaltens vgl. Virginia Martin, Barímta: Nomadic Custom, Imperial Crime, in: Brower/ Lazzerini (Hg.), Russia's Orient, S. 245-270.

[12] Ewa Feninska, Revelations of Siberia, 2 Bde., London 1853, hier Bd. 2, S. 280, zitiert bei Balzer, Tenacity of Ethnicity, S. 43; vgl. auch Werner Friedrich Gülden (Hg.), Forschungsreise nach Kamtschatka. Reisen und Erlebnisse des Johann Karl Ehrenfried Kegel von 1841 bis 1847, Köln u.a. 1992, S. 231.

[13] Raeff, Siberia and Reform, S. 98ff.; Dolgich, Rodovoj i plemennoj sostav, S. 615, gibt auf der Grundlage der einzigen Bevölkerungszählung im Russischen Reich von 1897 und weiterer Berechnungen für die gesamte indigene Bevölkerung eine Einwohnerzahl von rund 822.000 Menschen der insgesamt 5,75 Millionen Bewohner Sibiriens an, also etwas mehr als 14% der Gesamtbevölkerung.

[14] Gernet, Evenen, S. 72ff.

[15] Vgl. hierzu oben, Kap. 3, S. 103-105.

[16] Istorija Sibiri, Bd. 2: Sibir' v sostave feodal'noj Rossii, Leningrad 1968, S. 464. Die Zeitschrift wurde von 1818-1825 von Grigorij I. Spasskij herausgegeben. Als Nachfolgeorgan publizierte er »Aziatskij Vestnik«, der von 1825 bis 1827 erschien. In beiden Zeitschriften wurde viel Material zur sibirischen Geschichte, darunter auch archäologische Beiträge, publiziert. Seit 1990 veröffentlichte Vera N. Volkova mehrere Bände über Bücher und Zeitschriften sowie allgemein über das kulturelle Leben in Sibiren seit dem 18. Jahrhundert. Vera N. Volkova, Rasprostranenie knigi v Sibiri (konec XVIII-načalo XX v.), Novosibirsk 1990; dies., Sibirskoe knigoizdanie vtoroj poloviny XIX veka, Novosibirsk 1995; dies. u.a. (Hg.), Očerki istorii knižnoj kul'tury Sibiri i Dal'nego vostoka, 5 Bde., Novosibirsk 2000-2006.

[17] Der Name geht auf das russische Wort »dekabr'« für Dezember zurück. Daher werden die Verschwörer auch im Deutschen häufiger als »Dezembermänner« bezeichnet.

[18] Christine Sutherland, Die Prinzessin von Sibirien. Maria Wolkonskaja und ihre Zeit, Frankfurt/ M. 1992; David Saunders, Russia in the Age of Reaction and Reform 1801-1881, London/New York 1992, S. 87-115.

[19] Slezkine, Arctic Mirrors, S. 73f.

[20] Ebd., S. 75ff.

[21] N.A. Minenko, The Living Past. Daily Life and Holidays of the Siberian Village in the Eighteenth and First Half of the Nineteenth Centuries, in: Marjorie M. Balzer (Hg.), Russian Traditional Culture. Religion, Gender, and Customary Law, Armonk/London 1992, S. 159-224, hier S. 182ff.

[22] Raeff, Siberia and the Reforms, S. 51f.

[23] N.P. Matchanova, Die oberste Verwaltung Ostsibiriens in der Mitte des 19. Jahrhunderts, in: Berliner Jahrbuch für osteuropäische Geschichte 1996, Nr. 2: Sibirien: Kolonie – Region, S. 19-35.

[24] Mark Bassin, Imperial Visions. Nationalist Imagination and Geographical Expansion in the Russian Far East, 1840-1865, Cambridge 1999; Anatolij V. Remnev, Rossija Dal'nego Vostoka. Imperskaja geografija vlasti XIX-načala XX vekov, Omsk 2004, S. 122ff.; Lincoln, Eroberung Sibiriens, S. 227ff.; Bobrick, Land der Schmerzen, S. 242ff.; Weiss, Wie Sibirien »unser« wurde, S. 54ff.; Dmytryshyn u.a. (Hg.), Bd. 3: Russian American Colonies, S. 475-498: Dokumente 79-83.

[25] Slezkine, Arctic Mirrors, S. 96.

[26] Birgitta M. Ingemannson, Vladivostok – Russia's Frontier Town on the Pacific, in: Stolberg (Hg.), Siberian Saga, S. 119-130.

[27] Littke, Vom Zarenadler zum Sternenbanner, S. 269-278 (deutsche Übersetzung des Kaufvertrages); Black, Russians in Alaska, S. 273ff.

[28] Littke, Vom Zarenadler zum Sternenbanner, S. 279-283 (deutsche Übersetzung des Kaufvertrages); Bobrick, Land der Schmerzen, S. 248ff.; N.N. Bolkhovitinov, The Sale of Alaska in the Context of Russo-American Relations in the 19th Century, in: Hugh Ragsdale/Valerii N. Ponomarev (Hg.), Imperial Russian Foreign Policy, Cambridge/Mass. 1994, S. 193-215.

[29] E.V. Komleva, Enisejskoe kupečestvo. Poslednjaja polovina XVIII-pervaja polovina XIX veka, Moskau 2006; Constantine Krypton (=K.G. Molodetskij), The Northern Sea Route. Its Place in Russian Economic History Before 1917, New York 1953, S. 10f.; zum folgenden: Dittmar Dahlmann, Handelsschiffahrt auf der Polarroute. Die Suche nach einer dauerhaften Schiffsverbindung zwischen den sibirischen Flußmündungen und den europäischen Häfen von der Mitte bis zum Ende des 19. Jahrhunderts, in: Bremer Geographische Blätter 1, 2001, S. 95-106; in leicht veränderter Fassung auch in: Die Sibirienreise Alfred Brehms. DAMU-Hefte Lomonossow, Nr. 2/2001, S. 43-59; eine russische Version erschien unter dem Titel: Torgovoe sudochodstvo za poljarnym krugom vo vtoroj polovine XIX veka, in: Otečestvennaja Istorija 44, 2001, Nr. 5, S. 21-32.

[30] E. Lesgaft, L'dy severnogo okeana i morskoj put' iz Evropy v Sibir', St. Petersburg 1913, S. 15.

[31] Adolf Erik von Nordenskiöld, Die Umsegelung Asiens und Europas auf der Vega. Mit einem historischen Rückblick auf frühere Reisen längs der Nordküste der alten Welt, 2 Bde., Leipzig 1882.

[32] Herbert Abel/Hans Jessen, Kein Weg durch das Packeis. Anfänge der deutschen Polarforschung (1868-1889), Bremen 1954; Herbert Abel, »Commerzielle Pionierfahrten« zur westsibirischen Eismeerküste (1876-1884), in: Schriften der Wittheit zu Bremen 22, 1978, S. 7-215.

[33] Abel, »Commerzielle Pionierfahrten«, S. 16f.; Dahlmann, Handelsschiffahrt, S. 95-97 und 99f.; Franz Georg Brustgi (Hg.), Forschungsreisen des Grafen Karl von Waldburg-Zeil nach Spitzbergen und Sibirien 1870, 1876, 1881, Konstanz 1987, S. 77-236 ein Tagebuch der Reise von 1876. Auf den Seiten 237-254 schilderte Graf von Waldburg Zeil eine Fahrt mit einem Handelsschiff im Jahre 1881 von Bremerhaven zum Enisej.

[34] Albin Kohn/Richard Andree (Hg.), Sibirien und das Amurgebiet. Geschichte und Reisen, Landschaften und Völker zwischen Ural und Beringstrasse, 2. gänzlich umgearb. Aufl., Leipzig 1876, S. 178ff.

[35] Stolberg, Sibirien – Rußlands »Wilder Osten«, S. 255ff.; Mote, Siberia, S. 59; Robert Conquest, Kolyma, London 1978, S. 38f.

[36] Thomas, Geschichte Sibiriens, S. 58.

[37] Vorwort der Redakteure Friedrich von Hellwald und Richard Oberländer zu: Kohn/Andree (Hg.), Sibirien und das Amurgebiet, S. VI.

[38] Valentin G. Rasputin, Irkutsk, in: ders., Siberia, Siberia, S. 179-201; Lincoln, Eroberung Sibiriens, S. 304ff.; A.I. Dmitriev-Mamonov/A.F. Zdziarskij (Hg.), Ot Volgi do Velikogo Okeana. Putevoditel' po Velikoj Sibirskoj Železnoj doroge, St. Petersburg 1900; engl. Guide to the Great Siberian Railway, St. Petersburg 1900; frz. Guide du grand chemin du fer trans-sibérien, St. Petersburg 1900; dt. Wegweiser auf der großen sibirischen Eisenbahn, Berlin/St. Petersburg 1901. Von der russischen und der englischen Ausgabe gibt es Nachdrucke aus den 1970er Jahren, in denen manchmal die Werbeanzeigen der Originalausgaben fehlen. Diese Werbeanzeigen sind allerdings auch in den Originalausgaben inzwischen häufiger herausgetrennt worden. Hier wird die englische Ausgabe Dmitriev-Mamonov/Zdziarski, Guide to the Great Siberian Railway, S. 306ff. zitiert.

[39]   Brief an die Familie vom 6.6.1890, in: Čechov, Pis'ma, Bd. 4, S. 107f.

[40]   Rasputin, Irkutsk, in : ders., Siberia, Siberia, S. 198.

[41]   Burton Holmes, Travelogues, Bd. 8, New York 1908, S. 2. 275ff. Holmes (1870-1958) war einer der ersten Dokumentarfilmer, der u.a. die ersten Olympischen Spiele der Neuzeit 1896 filmte. Er soll nach eigenen Angaben den Globus sechsmal umrundet haben.

[42]   Sie war eine Tochter von Jean Charles François de la Loubrerie, Comte de Laval. Vgl. dazu Lincoln, Eroberung Rußlands, S. 201ff.

[43]   Der russische Begriff leitet sich von *oblast'* ab, was sich mit Bezirk oder Gebiet übersetzen läßt.

[44]   Nikolaj M. Jadrincev, Sibir' kak kolonija v geografičeskom, ètnografičeskom i istoričeskom otnošenii. K jubileju trechstoletija. Sovremennoe položenie Sibiri. Eja nužly i potrebnosti. Eja prošloe i buduščee, St. Petersburg 1882, 2. Aufl. 1892; Nachdruck Novosibirsk 2003. Eine deutsche Fassung, die von dem Berner Geographen und Anthropologen Eduard Petri übersetzt, bearbeitet und ergänzt wurde, erschien 1886 unter dem Titel: Sibirien. Geographische, ethnographische und historische Studien, Jena 1886, ein Nachdruck Trier 2003. Vgl. ausführlich mit der relevanten Literatur Weiss, Wie Sibirien »unser« wurde, S. 128ff.; umfassend auch Wolfgang Faust, Rußlands goldener Boden. Der sibirische Regionalismus in der zweiten Hälfte des 19. Jahrhunderts, Köln u.a. 1980; Stephen Watrous, The Regionalist Conception of Siberia, 1860 to 1920, in: Diment/Slezkine (Hg.), Between Heaven and Hell, S. 113-132.

[45]   Weiss, Wie Sibirien »unser« wurde, S. 128.

[46]   Ebd., S. 129. Jadrincevs Schrift »Sibirskie inorodcy« erschien 1891 in St. Petersburg. Der Begriff *inorodcy*, Sing. *inorodec* läßt sich mit »Fremdstämmiger« übersetzen. Wortkern ist *rod*: Art oder Gattung, auch Sippe und Geschlecht. Zu diesen *inorodcy* gehörten in der ständisch verfaßten russischen Gesellschaft seit Nikolaj I. auch die Juden. Vgl. auch Slezkine, Arctic Mirrors, S. 103ff.

[47]   Faust, Rußlands Goldener Boden, S. 589.

[48]   Naumov, History of Siberia, S. 141.

[49]   Vgl. dazu die bibliographischen Angaben oben, Anm. 38.

[50]   Vgl. dazu jetzt den sehr schönen Bildband von Bodo Thöns mit Fotografien aus der Frühzeit der Transsib. Bodo Thöns, Die Transsibirische Eisenbahn. Die frühen Jahre 1900-1916, Erfurt 2004. 2005 sind in Rußland zwei umfangreiche Bände zur Geschichte der Transsib mit zahlreichen Fotografien, Karten und Plänen erschienen: Ju.L. Il'in (Hg.), Sozdanie Velikogo Sibirskogo puti, 2 Bde., St. Petersburg 2005.

[51]   Vgl. u.a. Simon Richmond/Mara Vorhees, Trans-Siberian Railway. A Classic Overland Route, Melbourne/Oakland, London/Paris 2002; Hans Engberding/Bodo Thöns, Transsib-Handbuch. Unterwegs mit der Transsibirischen Eisenbahn, Berlin 2001, 4. Aufl., Berlin 2005; Robert Strauss, Mit der Transsib nach China, Japan und Hongkong, Kiel 1987, 3. Aufl., Kiel 1991.

[52]   Gregor M. Schmid/Karsten Prachold, Zarengold. Mit der Transsibirischen Eisenbahn durch Rußland, Würzburg 2007; dazu erscheint auch eine Bordausgabe für die Reiseteilnehmer, für 2009 auch ein Kalender: Abenteuer Zarengold: Unterwegs mit der Transsibirischen Eisenbahn, Würzburg 2008.

[53]   Thöns, Transsibirische Eisenbahn. Die frühen Jahre 1900-1916, S. 55ff.

[54]   Zur Geschichte der Eisenbahn und der Reise in der Eisenbahn: Wolfgang Schivelbusch, Geschichte der Eisenbahnreise. Zur Industrialisierung von Raum und Zeit im 19. Jahrhundert, Frankfurt/M. 1995 (1. Aufl. München 1977); Ralf Roth, Das Jahrhundert der Eisenbahn. Die Herrschaft über Raum und Zeit 1800-1914, Ostfildern 2005. In beiden Büchern wird die Transsib mit keinem Wort erwähnt; vgl. auch Wolfgang Kaschuba, Die Überwindung der Distanz. Zeit und Raum in der europäischen Moderne, Frankfurt/M. 2004.

[55]   Vgl. Nikolaus Katzer, Nikolaus I. 1825-1855, in: Hans-Joachim Torke (Hg.), Die russischen Zaren. 1547-1917, 2. durchgesehene Aufl., München 1999, S. 298ff.

[56]   Donald W. Treadgold, The Great Siberian Migration, Princeton 1957, S. 107; Cvetkovski, Modernisierung durch Beschleunigung, S. 184ff.

[57]   Robert W. North, Transport in Western Siberia: Tsarist and Soviet Development, Vancouver 1979, S. 69.

[58]   Diese Unternehmerorganisation (russ.: »*Obščestvo dlja sodejstvija russkoj promyšlennosti i torgovle*«) wurde 1867/68 insbesondere auf Initiative der St. Petersburger Unternehmerschaft gegründet, deren führende Köpfe wie N.I. Pogrebov, A.P. Šipov, A.G. Zolotarev und andere zunächst auch die Leitung übernahmen. In den ersten zehn Jahren fanden sich unter den Mit-

gliedern vor allem Unternehmer aus St. Petersburg und Riga, während die Moskauer Unternehmerschaft die Organisation mit Mißtrauen betrachtete und sich nur bei Einzelfragen (z.B. Baumwollanbau in Zentralasien und Transkaukasien) engagierte. Dies änderte sich erst nach dem »Allrussischen Kongreß der Vertreter von Handel und Industrie« im Juli 1882 in Moskau, auf dem die Moskauer Unternehmer die führende Rolle innerhalb der russischen Unternehmerschaft zurückgewannen. Vladimir Ja. Laveryčev, Krupnaja buržuazija v poreformennoj Rossii. (1861-1900 gg.), Moskau 1974, S. 95ff; Heiko Haumann, Kapitalismus im zaristischen Staat 1906-1917. Organisationsformen, Machtverhältnisse und Leistungsbilanz im Industrialisierungsprozeß, Königstein/Ts. 1980, S. 40ff.

59   Thomas, Geschichte Sibiriens, S. 87.

60   Steven G. Marks, Road to Power. The Trans-Siberian Railroad and the Colonization of Asian Russia 1850-1917, Ithaca 1991, S. 13ff.; Eva-Maria Stolberg, Auf zum Pazifik. Die Bedeutung der Transsibirischen Eisenbahn für die Vernetzung des eurasischen Raumes 1891-1914, in: Monika Burri u.a. (Hg.), Die Internationalität der Eisenbahn 1850-1970, Zürich 2003, S. 293-308; V.A. Lamin, The »Moving Frontier«: The Trans-Siberian Railroad, in: Stolberg (Hg.), Siberian Saga, S. 109-118; J.L. Black, The Canadian Pacific Railway as a Model for the Trans-Siberian Railway, in: Sibirica 4, 2004, S. 186-200.

61   Vgl. dazu Remnev, Rossija Dal'nego Vostoka, S. 199ff.

62   Marks, Road to Power, S. 28ff.; vgl. auch Frithjof Benjamin Schenk, Imperiale Raumerschließung. Die Beherrschung der russischen Weite, in: Osteuropa 55, 2005, S. 33-45.

63   Vgl. René Girault, Emprunts russes et investissements français en Russie 1887-1914, Paris 1999 (Erstauflage 1973), S. 146ff. und 156ff.; Dietrich Geyer, Der russische Imperialismus. Studien über den Zusammenhang von innerer und auswärtiger Politik 1860-1914, Göttingen 1977, S. 131ff.; zum unterentwickelten Bankwesen in Sibirien vgl. A.K. Kirillov, Gorodskie banki Zapadnoj Sibiri (vtoraja četvert' XIX – načalo XX veka, Novosibirsk 2003.

64   North, Transport in Western Siberia, S. 69.

65   Bobrick, Land der Schmerzen, S. 345ff.

66   Il'in (Hg.), Sozdanie Velikogo Sibirskogo puti, Bd. 2, S. 426.

67   Wegweiser auf der Großen Sibirischen Eisenbahn, S. 73.

68   Lincoln, Eroberung Sibiriens, S. 265.

69   N.S. Romanov, Letopis' goroda Irkutska, handschriftliches Manuskript, Fond naučnoj biblioteki Irkutska, Eintrag vom Juni 1891, zitiert bei Stolberg, Sibirien – Rußlands »Wilder Osten«, S. 116.

70   Danckworth, Sibirien, S. 71 gibt 384,6 Mio. als offizielle Baukosten an; W.E. Mosse, An Economic History of Russia 1856-1914, London 1996, S. 105ff.

71   Marks, Road to Power, S. 125; Weiss, Wie Sibirien »unser« wurde, S. 209ff. Dmitriev-Mamonov/Zdiarski (Hg.), Guide to the Great Siberian Railway, S. 252f.

72   Graf S.J. Witte, Vorlesungen über Volks- und Staatswirtschaft, 2 Bde., Stuttgart/Berlin 1913, hier Bd. 1, S. 176.

73   Catherine Radziwill, Memories of Forty Years, London 1914, S. 244.

74   Marks, Road to Power, S. 130.

75   Ebd., S. 136.

76   Ebd.

77   Ebd, S. 138.

78   Ebd., S. 139; vgl. dagegen die Ansicht in den Erinnerungen des Agrarexperten und stellvertretenden Innenministers Vladimir I. Gurko, Features and Figures of the Past: Government and Opinion in the Reign of Nicholas II, Stanford 1939, S. 13, der Nikolaj als »Ehrenvorsitzenden« des Komitees bezeichnete.

79   An der Eisenbahnbrücke über den Ob' wurde 1893 eine Siedlung gegründet, die zu Ehren des Thronfolgers den Namen Novo-Nikolaevsk erhielt. 1925 in Novosibirsk umbenannt, entwikkelte sich der Ort zur größten Stadt des modernen Sibiriens. Vgl. Thöns, Die Transsibirische Eisenbahn. Die frühen Jahre 1900-1916, S. 44f. Die Stadtarchitektur ist weitgehend eine Schöpfung der Stalinzeit, nur der Bahnhof erinnert an die Gründungszeit des Ortes.

80   Danckworth, Sibirien, S. 75.

81   Vgl. John N. Westwood, Geschichte der russischen Eisenbahnen, Zürich 1966, S. 240.

82   Vgl. E.Ja. Kraskovskij/M.M. Uzdin (Hg.), Istorija železnodorožnogo transporta Rossii, Bd. 1: 1836-1917, St. Petersburg/Moskau 1994, S. 161ff.

[83] Westwood, Geschichte der russischen Eisenbahnen, S. 106.

[84] Ebd., S. 106f.

[85] Ebd., S. 107.

[86] Engberding/Thöns, Transsib-Handbuch, S. 57ff.

[87] Vgl. dazu, Kap. 7, S. 203.

[88] Engberding/Thöns, Transsib-Handbuch, S. 60ff.

[89] Ebd., S. 69ff.

[90] Vgl. Geyer, Der russische Imperialismus, S. 147ff.

[91] Vgl. 1896 g. maja 22. – Moskovskij dogovor, zaključennyj meždu Rossiej i Kitaem o sojuze v otraženii japonskoj ėkspansii v Vostočnoj Azii i stroitel'stve KVŽD; und 1896 g. avgusta 27. – Kontrakt, zaključennyj meždu Russko-Kitajskim bankom i Kitaem na postrojku i ėkspluataciju KVŽD, in: V.S. Mjasnikov (Hg.), Russko-kitajskie dogovorno-pravovye akty (1689-1916), Moskau 2004, S. 207-209 und 212-216.

[92] Lincoln, Eroberung Sibiriens, S. 282f.; Bobrick, East of the Sun, S. 350ff.

[93] Bobrick, Land der Schmerzen, S. 364ff.

[94] Ebd., S. 366f.

[95] Ebd., S. 347.

[96] Thöns, Transsibirische Eisenbahn. Die frühen Jahre, S. 70f.

[97] Vgl. Kraskovskij/Uzdin (Hg.), Istorija železnodorožnogo transporta Rossii, Bd. 1, S. 151ff.

[98] Vgl. hierzu Marks, Road to Power, S. 122-124.

[99] Ebd., S. 127-130 und S. 191-195.

[100] Ebd., S. 194f.

[101] Ebd., S. 179.

[102] Stolberg, Sibirien – Rußlands »Wilder Osten«, S. 120ff.

[103] Marks, Road to Power, S. 181ff.

[104] Vgl. dazu Richard J. Evans, Tod in Hamburg. Stadt, Gesellschaft und Politik in den Cholera-Jahren 1830-1910, Reinbek 1996.

[105] Marks, Road to Power, S. 183-185; vgl. dagegen die schwarzmalenden Darstellungen bei Lincoln, Eroberung Sibiriens, S. 272-274, der ungeprüft die Behauptungen der sowjetischen Historiographie übernimmt, und Gladkov, Geschichte Sibiriens, S. 150.

[106] Stolberg, Sibirien – Rußlands »Wilder Osten«, S. 121f.

[107] Ebd., S. 122.

[108] Marks, Road to Power, S. 186-188.

[109] Ruge, Transsibirische Eisenbahn, S. 43; Engberding/Thöns, Transsib-Handbuch, S. 46.

[110] Ruge, ebd., S. 45.

[111] Thomas, Geschichte Sibiriens, S. 97.

[112] Ruge, Transsibirische Eisenbahn, S. 46.

[113] Inge Marie Larsen, Da Smør var guld. Sibirisk Smørproduktion og -eksport 1895-1905, Aarhus 2007 (mit englischer Zusammenfassung); Nikolaus Poppe, Die wirtschaftliche und kulturelle Erschließung Sibiriens, in: George Katkov u.a. (Hg.), Rußlands Aufbruch ins 20. Jahrhundert. Politik – Gesellschaft – Kultur 1894-1917, Olten u.a. 1970, S. 137-150, hier: S. 145.

[114] Thomas, Geschichte Sibiriens, S. 96; Larsen, Da Smør var guld, S. 371ff.

[115] So M. Busemann, Syndikus und Geschäftsführendes Vorstandsmitglied des »Deutsch-russischen Vereins zur Pflege und Förderung der Handelsbeziehungen« auf der Mitgliederversammlung 1910 im Berliner Hotel Adlon. Bundesarchiv Berlin, R 901 (Handelspolitische Abteilung des Auswärtigen Amtes), Nr. 11006, in dem Bericht des Vereins für das Jahr 1910, S. 35f.

[116] Gladkov, Geschichte Sibiriens, S. 152; Lincoln, Conquest of Siberia, S. 237ff.

[117] Dmitriev-Mamonov/Zdziarski, Guide to the Great Siberian Railway, S. 509.

[118] Westwood, Geschichte der russischen Eisenbahnen, S. 116; Ruge, Transsibirische Eisenbahn, S. 42.

[119] Ruge, ebd., S. 43.

[120] Westwood, Geschichte der russischen Eisenbahnen, S. 115ff; Thöns, Transsibirische Eisenbahn. Die frühen Jahre, S. 56ff.

[121] Vgl. hierzu Karl Baedeker, Rußland nebst Teheran, Port Arthur, Peking. Handbuch für Reisende, 7. Aufl., Leipzig 1912, S. 503. Im Baedeker Rußland von 1897, der 4. Aufl., war Sibirien noch gar nicht erwähnt worden, der östlichste Punkt dort war die Stadt Orenburg im Ural. Vgl. auch Thöns, Transsibirische Eisenbahn. Die frühen Jahre, S. 127.

[122] Brief an A.N. Pleščeev vom 5.6.1890, in: Čechov, Pis'ma, Bd. 4, S. 104.
[123] Bodo Thöns (Hg.), Eugen Zabel, Transsibirien. Mit der Bahn durch Rußland und China 1903, Stuttgart u.a. 2003, erste Aufl. Berlin 1904, 2. und 3. Aufl., Berlin 1905 und 1906. Eine Sammlung mit Auszügen aus Reiseberichten auf der Transsib von 1901 bis 2001: Hans Engberding/Bodo Thöns (Hg.), Transsib-Lesebuch. Reiseerlebnisse auf der längsten Bahnstrecke der Welt, Berlin 2002.
[124] Holmes, Travelogues, Bd. 8, S. 227-336 mit zahlreichen Fotografien.
[125] Dmitriev-Mamonov/Zdziarski, Guide to the Great Siberian Railway, S. 501f. Die Platzkarte kostete 1,50 Rubel pro Strecke, die alle drei Tage zu wechselnde Bettwäsche jeweils einen Rubel. Die Fahrt von Berlin nach Vladivostok kostete 1912 in der ersten Klasse 673 Mark und in der zweiten Klasse 424,75 Mark; Platzkarten waren erforderlich. Baedeker, Rußland 1912, S. 501. Das Einkommen im Deutschen Reich lag zu dieser Zeit im Jahr bei durchschnittlich 718 Mark pro Kopf. Vgl. dazu W.G. Hoffmann/H.J. Müller, Das deutsche Volkseinkommen 1851-1957, Tübingen 1959, S. 40.
[126] Zu den Löhnen vgl. Robert B. McKean, St. Petersburg Between the Revolutions. Workers and Revolutionaries, June 1907-February 1917, New Haven u.a. 1990, S. 35.
[127] Vgl. oben, S. 15.
[128] Nansen, Sibirien – ein Zukunftsland; bis 1922 erreichte das Buch drei weitere Auflagen.
[129] Dahlmann, Handelsschiffahrt auf der Polarroute, S. 105f.
[130] Žurnaly komiteta sibirskoj železnoj dorogi, zasedanie 27, 27.4.1896, Teil 2, soedinennoe prisutstvie, S. 16, Sp. 1, zitiert bei Marks, Road to Power, S. 154; zu den Migrationsprozessen im Russischen Reich am Ende des 19. Jahrhunderts vgl. J. William Leasure/Robert A. Lewis, Internal Migration in Russia in the Late 19th Century, in: Slavic Review 27, 1968, S. 375-394; David Moon, Peasant Migration, the Abolition of Serfdom, and the Internal Passport System in the Russian Empire c. 1800-1914, in: Eltis (Hg.), Coerced and Free Migration, S. 324-357, Anm. S. 424-432. Zur russischen Außenpolitik vgl. A.V. Ignat'ev, The Foreign Policy of Russia in the Far East at the Turn of the 19th and 20th Centuries, in: Ragsdale/Ponomarev (Hg.), Imperial Russian Foreign Policy, S. 247-267.
[131] A.P. Ščapov, Sočinenija, tom 3, St. Petersburg 1908, S. 606ff., zitiert bei Stolberg, Sibirien – Rußlands »Wilder Osten«, S. 174.
[132] Forsyth, History, S. 220f.
[133] Turčaninov, Naselenie, in: Glinka u.a. (Hg.), Aziatskaja Rossija, S. 72.
[134] Marks, Road to Power, S. 154; Stolberg, Sibirien – Rußlands »Wilder Osten«, S. 171ff. Zu Kulomzin vgl. Steven G. Marks, Conquering the Great East. Kulomzin, Peasant Resettlement, and the Creation of Modern Siberia, in: Stephen Kotkin/David Wolff (Hg.), Rediscovering Russia in Asia. Siberia and the Russian Far East, Armonk/London 1995, S. 23-39.
[135] Vgl. Marks, Road to Power, S. 144-148; Michail V. Šilovskij (Hg.), Sibirskie pereselenija. Vypusk 2: Komitet Sibirskoj železnoj dorogi kak organizator pereselenij. Sbornik dokumentov, Novosibirsk 2006, S. 7-36.
[136] Marks, Road to Power, S. 153f.; Stolberg, Sibirien – Rußlands »Wilder Osten«, S. 176ff. mit erheblich höheren Zahlen für einzelne sibirische Gouvernements. In Tobol'sk und Tomsk habe der Anteil der illegalen Siedler bei 70 bis 80% gelegen; grundlegend zur Übersiedlung François-Xavier Coquin, La Sibérie. Peuplement et immigration paysanne au XIXe siècle, Paris 1969 und Treadgold, Great Siberian Migration.
[137] Coquin, La Sibérie, Peuplement et immigration, S. 747f.
[138] Marks, Road to Power, S. 162ff.; Šilovskij (Hg.), Sibirskie pereselenija, vypusk 2, S. 7-36.
[139] Marks, ebd., S. 159; Šilovskij (Hg.), ebd., S. 7-36.
[140] Juristisch betrachtet hob Stolypin mit seiner Agrarreform von 1910/11 lediglich den Zwang zur Mitgliedschaft in der *obščina* auf, weshalb nicht von einem vollständigen Bruch mit den althergebrachten bäuerlichen Rechts- und Wirtschaftsverhältnissen gesprochen werden kann. Vgl. hierzu: Hans-Joachim Torke (Hg.), Lexikon der Geschichte Rußlands. Von den Anfängen bis zur Oktober-Revolution, München 1985, S. 367f.; A.A. Khramkov, Stolypin's Reform in Siberia, in: Stolberg (Hg.), Siberian Saga, S. 99-108.
[141] Marks, Road to Power, S. 159.
[142] Das Ministerium (*Ministerstvo zemledelija i gosudarstvennych imuščestv*) wurde 1894 per *Ukaz* gegründet und 1905 in Hauptverwaltung für Bodenbewirtschaftung und Landwirtschaft (*Glav-*

noe upravlenie zemleustrojstva i zemledelija) umbenannt. Von 1915 bis 1917 war diese dann wieder ein Ministerium. Vgl. hierzu: O.F. Kozlov u.a. (Hg.): Gosudarstvennost' Rossii. Slovar'-spravočnik, Buch 3, Moskau 2001, S. 76-78; Amburger, Behördenorganisation, S. 245f.

[143] Marks, Road to Power, S. 162. Akmolinsk wurde 1824 als Festung gegründet. 1961 in Celinograd umbenannt, seit 1991 heißt die Stadt Astana und ist seit 1997 die neue Hauptstadt Kasachstans (bis dahin war dies Alma-Ata, jetzt Almaty).

[144] Poppe, Erschließung Sibiriens, in: Katkov u.a. (Hg.), Rußlands Aufbruch, S. 142.

[145] Marks, Road to Power, S. 163f.

[146] Ebd., S. 164ff.

[147] Detlef Brandes/Andrej Savin, Die Sibiriendeutschen im Sowjetstaat 1919-1938, Essen 2001, S. 7ff.; Wiedenfeld, Sibirien in Kultur und Wirtschaft, S. 32ff. mit deutlich nationalistischen Tönen.

[148] Poppe, Erschließung Sibiriens, in: Katkov u.a. (Hg.), Rußlands Aufbruch, S. 143.

[149] Ebd., S. 144; Forsyth, History, S. 192.

[150] Forsyth, ebd., S. 216ff.; Stolberg, Sibirien – Rußlands »Wilder Osten«, S. 290ff.

[151] Forsyth, ebd., S. 216ff.

[152] Slezkine, Arctic Mirrors, S. 101ff.; zu den Čukčen ebd., S. 105ff.

[153] Ebd., S. 107ff.

[154] Kappeler, Rußland als Vielvölkerreich, S. 228f.

[155] Anatole Baikalov, Siberia since 1894, in: Slavonic and East European Review 11, 1933, Nr. 1, S. 328-340, hier S. 331.

[156] Poppe, Erschließung Sibiriens, in: Katkov u.a. (Hg.), Rußlands Aufbruch, S. 144f.

[157] Ebd., S. 145.

[158] Stolypin setzte sich zeitweise auch dafür ein, das sibirische Getreide über Freihäfen auf dem Ob' und dem Enisej nach Europa zu verschiffen. Sie wurden auch eingerichtet, doch scheiterte das Projekt. Vgl. hierzu: Westwood, Geschichte der russischen Eisenbahnen, S. 111f.

[159] Westwood, ebd.; Marks, Road to Power, S. 205; Kraskovskij/Uzdin (Hg.), Istorija železnodorožnogo transporta Rossii, Bd. 1, S. 161f.

[160] Taisija M. Kitanina, Programma ėkonomičeskogo osvoenija severa i tarifnaja politika S. Ju. Vitte. K ocenke Čeljabinskogo tarifa, in: Problemy krest'janskogo zemlevladenija i vnutrennej politiki Rossii: Dooktjabr'skij period, hg. von N.E. Nosov u.a., Leningrad 1972, S. 191-210; dies., Chlebnaja torgovlja Rossii v 1875-1914gg. Očerki pravitel'stvennoj politiki, Leningrad 1978, S. 184-191.

[161] James Hughes, Stalin, Siberia and the Crisis of the New Economic Policy, Cambridge u.a. 1991, S. 7f.

[162] Ebd., S. 16f.; Stolberg, Sibirien – Rußlands »Wilder Osten«, S. 411ff.

[163] Thomas, Geschichte Sibiriens, S. 92.

[164] Marks, Road to Power, S. 212.

[165] Michael S. Melancon, The Lena Goldfields Massacre and the Crisis of the Late Tsarist State, College Station 2006; Manfred Hagen, Das Lena-Blutbad 1912 und die russische Öffentlichkeit, in: ders., Die russische Freiheit. Wege in ein paradoxes Thema, Stuttgart 2002, S. 242-277; S.F. Chronelok, Zolotopromyšlennost' Sibiri (1832-1917). Istoriko-ėkonomičeskij očerk, Irkutsk 1990, S. 184ff.; Lincoln, Eroberung Sibiriens, S. 312ff.; Bobrick, Land der Schmerzen, S. 376f.; Thomas, Geschiche Sibiriens, S. 115f.

[166] Slezkine, Arctic Mirrors, S. 124ff.

[167] David Collins, Introduction, in: ders. (Hg.), Collected Works of M.A. Czaplicka, 4 Bde., hier Bd. 1: Collected Articles and Letters, Richmond 1999, S. XIIff. Aboriginal Siberia erschien als Band 2 dieser Collected Works als unveränderter und unkommentierter Nachdruck der Originalausgabe.

[168] Collins (Hg.), Collected Works of M.A. Czaplicka, hier Bd. 3, ein ebenfalls unveränderter und unkommentierter Nachdruck.

VII. Revolutionen und Bürgerkrieg

[1] Josef Kreiner (Hg.), Der Russisch-Japanische Krieg (1904/05), Göttingen 2005; Maik Hendrik Sprotte u.a. (Hg.), Der Russisch-Japanische Krieg 1904/05. Anbruch einer neuen Zeit, Wiesbaden 2007.

2   Vgl. oben, Kap. 6, S. 183.

3   Abraham Ascher, The Revolution of 1905. Bd. 1: Russia in Disarray, Stanford 1988, S. 14ff.

4   Manfred Hildermeier, Die Sozialrevolutionäre Partei Rußlands. Agrarsozialismus und Modernisierung im Zarenreich (1900-1914), Köln u.a. 1978, S. 246.

5   Dittmar Dahlmann, Ein politischer Prozeß im vorrevolutionären Rußland. Sozialrevolutionäre vor Gericht, in: Heiko Haumann/Stefan Plaggenborg (Hg.), Aufbruch der Gesellschaft im verordneten Staat. Rußland in der Spätphase des Zarenreiches, Frankfurt/M. u.a. 1994, S. 217-241.

6   Hildermeier, Sozialrevolutionäre Partei, S. 247.

7   A.A. Kaminskij, Vlijanie političeskoj ssylki na dejatel'nost' ėserovskich organizacij zapadnoj Sibiri nakanune pervoj Rossijskoj revoljucii, in: L.M. Gorjuškin (Hg.), Političeskaja ssylka i revoljucionnoe dviženie v Rossii. Konec XIX-načalo XX v., Novosibirsk 1988, S. 80-89, hier S. 87f.

8   A.G. Rašin, Gramotnost' i narodnoe obrazovanie, in: Istoričeskie Zapiski 37, 1951, S. 28-80, hier S. 48f. Im europäischen Teil lag die Alphabetisierungsrate 1897 bei 32,6% der Männer und 13,7% der Frauen, in Sibirien bei 19,2% der Männer und 5,1% der Frauen.

9   Michael F. Hamm, Introduction, in: ders. (Hg.), The City in Late Imperial Russia, Bloomington 1986, S. 3; vgl. auch die Beiträge von Joseph Bradley über Moskau und James H. Bater über St. Petersburg in diesem Band. Gregory S. Guroff/S. Frederick Starr, Zum Abbau des Analphabetismus in den russischen Städten 1890-1914, in: Dietrich Geyer (Hg.), Wirtschaft und Gesellschaft im vorrevolutionären Rußland, Köln 1975, S. 333-346; Ascher, Revolution of 1905, Bd. 1, S. 22ff.; Thomas, Geschichte Sibiriens, S. 98f.

10 Ascher, Revolution of 1905, Bd. 1, S. 74ff.

11 Ebd., S. 46ff.; Jan Kusber, Krieg und Revolution in Rußland 1904-1906. Das Militär im Verhältnis zu Wirtschaft, Autokratie und Gesellschaft, Stuttgart 1997.

12 Ascher, Revolution of 1905, Bd. 1, S. 90; Walter Sablinsky, The Road to Bloody Sunday. Father Gapon and the St. Petersburg Massacre of 1905, Princeton 1976, S. 229ff.

13 Ausführlich dazu Ascher, Revolution of 1905, Bd. 2: Authority Restored, Stanford 1992; Dittmar Dahlmann, Die gescheiterte Revolution – Rußland 1905 bis 1907, in: Kreiner (Hg.), Der Russisch-Japanische Krieg, S. 117-135, hier S. 125.

14 John S. Bushnell, Mutiny amid Repression. Russian Soldiers in the Revolution of 1905-1906, Bloomington 1985.

15 Naumov, History of Siberia, S. 146; Henry Reichman, Russian Railwaymen and the Revolution of 1905, Ann Arbor: University Microfilms 1978.

16 Ascher, Revolution of 1905, Bd. 1, S. 211ff.

17 Thomas, Geschichte Sibiriens, S. 110.

18 Beryl Williams, 1905: The View From the Provinces, in: Jonathan D. Smele/Anthony Heywood (Hg.), The Russian Revolution of 1905. Centenary Perceptions, London/New York 2005, S. 34-54, hier S. 50; Naumov, History of Siberia, S. 149; Thomas, Geschichte Sibiriens, S. 112f.; Stephan, Russian Far East, S. 101ff.

19 Naumov, History of Siberia, S. 148.

20 Ebd.; Thomas, Geschichte Sibiriens, S. 111f.; Dittmar Dahlmann, Die Provinz wählt. Rußlands Konstitutionell-Demokratische Partei und die Dumawahlen, Köln u.a. 1996, S. 71f.

21 Thomas, Geschichte Sibiriens, S. 113.

22 Eva-Maria Stolberg, Einleitung, in: Periplus 17, 2007, S. 1-19, hier S. 7f.; Practical Dictionary of Siberia, S. 782f.; Istorija Jakutskoj ASSR, Bd. 2, Moskau 1957, S. 379ff.

23 Proekt osnovnych načal »Položenie o zemskich učreždenijach v Sibiri«, in: Pravo 1905, Sp. 2069-2073; Stephan Stuch, Regionalismus in Sibirien im frühen 20. Jahrhundert, in: Jahrbücher für Geschichte Osteuropas, N.F. 51, 2003, S. 548-563, hier S. 554; ders., Regionalismus in Sibirien im frühen 20. Jahrhundert, Phil. Diss. Universität Köln 2002, Internetversion auf dem Server der UB Köln: www.ub.uni-koeln.de/ediss/philos_volltext_2002.htm. Im folgenden zitiert als Stuch, Regionalismus, Diss. Ausführlich bei Stuch, Regionalismus, Diss., S. 129ff.

24 Naumov, History of Siberia, S. 146f.; Stuch, Regionalismus, Diss., S. 177ff.

25 Stuch, Regionalismus in Sibirien, S. 551f.; Damešek/Remnev (Hg.), Sibir' v sostave Rossijskoj Imperii, S. 329f.

26 Stuch, ebd., S. 554.

[27] Ebd., S. 554f.
[28] Mosse, Economic History of Russia, S. 256.
[29] Poppe, Erschließung Sibiriens, in: Katkov u.a. (Hg.), Rußlands Aufbruch, S. 141; Okladnikov u.a. (Hg.), Istorija Sibiri, Bd. 3, S. 441.
[30] Bernard Pares, My Russian Memoirs, London 1931, S. 522, zitiert bei Norman G.O. Pereira, White Siberia. The Politics of Civil War, Montreal u.a. 1996, S. 26.
[31] Dmitrij I. Popov, Kul'turno-prosvetitel'nye obščestva v Sibiri v konce XIX-načale XX vv., Omsk 2006, S. 51ff.
[32] John Channon, Siberia in Revolution and Civil War, 1917-1921, in: Wood (Hg.), History of Siberia, S. 158-180, hier S. 159; ders., Regional Variations in the Commune: The Case of Siberia, in: Roger Bartlett (Hg.), Land Commune and Peasant Community in Russia. Communal Forms in Imperial and Early Soviet Society, Houndmills 1990, S. 66-85.
[33] Jonathan Smele, Civil War in Siberia. The Anti-Bolshevik Government of Admiral Kolchak, 1918-1920, Cambridge u.a. 1996, S. 378.
[34] Rede V.I. Lenins am 4. Juli 1919: Über die gegenwärtige Lage und die nächsten Aufgaben der Sowjetmacht, in: ders., Werke, Bd. 29, Berlin 1961, S. 446-459, hier S. 455f.
[35] Nach den Angaben der offiziellen Bevölkerungszählung des Russischen Reiches lebten in Sibirien 1897 rund 7,5 Mio. Menschen. 1911 betrug die Einwohnerzahl 9,3 Mio. Poppe, Erschließung Sibiriens, in: Katkov u.a. (Hg.), Rußlands Aufbruch, S. 143.
[36] Ebd., S. 143f.; Marya A Czaplicka, The Influence of Environment upon the Religious Ideas and Practices of the Aborigines of Northern Asia, in: Collins (Hg.), Collected Works, Bd. 1, S. 34-54, hier: S. 43-45.
[37] Stuch, Regionalismus in Sibirien, S. 554.
[38] Lincoln, Eroberung Sibiriens, S. 327f.; www.trk.tom.ru/module/?id=24.
[39] Dittmar Dahlmann, Vom Pausenfüller zum Massensport. Der Fußballsport in Rußland von den 1880er Jahren bis zum Ausbruch des Ersten Weltkrieges 1914, in: ders. u.a. (Hg.), Überall ist der Ball rund. Zur Geschichte und Gegenwart des Fußballs in Ost- und Südosteuropa, Essen 2006, S. 15-39, hier S. 25; V. Vatolin, Cinema v Sibiri. Očrki istorii tannego sibirskogo kino, 1896-1917, Novosibirsk 2003; Sofija V. Privalichina, Moj Tomsk, Tomsk 1999, S. 141ff.; ru.wikipedia.org: Istorija Krasnojarska. Letzter Zugriff 25.8.2008.
[40] Dahlmann, Die Provinz wählt, S.106ff.
[41] Wolfgang J. Mommsen/Dittmar Dahlmann (Hg.), Max Weber. Zur Russischen Revolution von 1905. Schriften und Reden 1905-1912, Tübingen 1989, darin sein fast buchlanger Artikel »Rußlands Übergang zum Scheinkonstitutionalismus«.
[42] Stuch, Regionalismus, Diss., S. 185ff.; M. Vetoškin, Mestnye nuždy i sibirskaja parlamentskaja gruppa, in: Sovremennyj Mir 1912, S. 311-325, hier S. 312; O.A. Charus', Kadetskie i Oktjabristskie organizacii v Sibiri: Opyt rekonstrukcii sociokul'turnogo oblika, in: Istoričeskij Ežegodnik. Specvypusk, Omsk 1997, S. 1-9. Die *Trudovaja Gruppa*, was sich mit »Gruppe der Arbeit« übersetzen läßt, entstand im Laufe des Wahlkampfs zur Ersten Duma 1906 und stand den Sozialrevolutionären nahe. Diese boykottierten, mit Ausnahme der Wahlen zur Zweiten Duma 1906, die Dumawahlen aus prinzipiellen Gründen. Die Progressisten waren eine linksliberale Partei, die vor allem die Interessen der Unternehmerschaft vertrat und deren Mitglieder sich auch aus dieser Schicht rekrutierten. Ihre Zentren waren Moskau und das Zentrale Industriegebiet um Moskau. Vgl. auch Schorkowitz, Staat und Nationalitäten, S. 409ff.
[43] O.A. Charus', Liberalizm v Sibiri načala XX veka. Ideologija i politika, Tomsk 1996, S. 130-149.
[44] Vetoškin, Mestnye nuždy; Stuch, Regionalismus, Diss., S. 185ff..
[45] Stuch, Regionalismus in Sibirien, S. 550 und 556; Igor' Knjazev, Sibirien – Rußland – Europa. Kto kogo? Oder: Wer bremst wen?, in: Osteuropa 53, 2003, S. 1549-1556, hier S. 1552.
[46] Stuch, Regionalismus in Sibirien, S. 556; ders., Regionalismus, Diss., S. 206ff.
[47] Stuch, Regionalismus in Sibirien, S. 556f.
[48] O.A. Charus', Kul'turno-prosvetitel'skie organizacii i liberal'no-oppozicionnoe dviženie v Sibiri v 1907-1914gg, in: Istoričeskij Ežegodnik, Omsk 1998, S. 1-10; Knjazev, Sibirien – Rußland – Europa, S. 1552; Popov, Kul'turno-prosvetitel'nye obščestva, S. 455ff.
[49] Popov, ebd., S. 416ff.
[50] Peter Gatrell, Russia's First World War. A Social and Economic History, Harlow u.a. 2005, S. 8.

51 Vgl. oben, Kap. 6, S. 200.
52 Thomas, Geschichte Sibiriens, S. 115f.; Naumov, History of Siberia, S. 150.
53 Dominic C.B. Lieven, Russia and the Origins of the First World War, London/Basingstoke 1983.
54 Dittmar Dahlmann, Rußland, in: Gerhard Hirschfeld u.a. (Hg.), Enzyklopädie Erster Weltkrieg, 2. durchgesehene Aufl., Paderborn u.a. 2004, S. 87-96, hier S. 87; Gatrell, Russia's First World War, S. 10ff.
55 Dahlmann, Rußland, in: Hirschfeld u.a. (Hg.), Enzyklopädie Erster Weltkrieg, S. 91f.
56 Lincoln, Eroberung Sibiriens, S. 332f.
57 Damešck/Remnev (Hg.), Sibir' v sostave Rossijskoj Imperii, S. 224.
58 Lincoln, Eroberung Sibiriens, S. 334.
59 Leo J. Bacino, Reconstructing Russia. U.S. Policy in Revolutionary Russia, 1917-1922, Kent 1999, S. 22.
60 A.A. Nikolaev, Zakupsbyt. Chroniko-dokumental'naja letopis pervogo obščesibirskogo potrebitel'skogo sojuza (1916-1923), Novosibirsk 1999, S. 47.
61 Bacino, Reconstructing Russia, S. 93f.; Stolberg, Sibirien – Rußlands »Wilder Osten«, S. 413.
62 Gatrell, Russia's First World War, S. 173.
63 Gerald H. Davis, Deutsche Kriegsgefangene im Ersten Weltkrieg in Rußland, in: Militärgeschichtliche Mitteilungen 31, 1982, S. 37-49, hier S. 37; Georg Wurzer, Die Kriegsgefangenen der Mittelmächte in Rußland im Ersten Weltkrieg, Göttingen 2005, S. 49; Elsa Brändström, Unter Kriegsgefangenen in Rußland und Sibirien 1914-1920, Leipzig 1922, S. 16. Vgl. auch Reinhard Nachtigal, Kriegsgefangenschaft an der Ostfront 1914-1918, Frankfurt/M. u.a. 2005; ders., Rußland und seine österreichisch-ungarischen Kriegsgefangenen 1914-1918, Remshalden 2003; Lincoln, Eroberung Sibiriens, S. 334f. mit einer sehr einseitigen Betonung der gewiß schlechten Verhältnisse in den Lagern.
64 Wurzer, Kriegsgefangene, S. 356ff.
65 Die Darstellung von Elsa Brändström, Unter Kriegsgefangenen in Rußland und Sibirien, erlebte zahlreiche Auflagen. Den Erlös verwendete Elsa Brändström zum Aufbau einer Kuranstalt für die ehemaligen Kriegsgefangenen bei Kamenz in Sachsen, später gründete sie in der Uckermark ein Heim für Kinder.
66 Gero von Merhart, Daljóko. Bilder aus sibirischen Arbeitstagen, Privatdruck o.O. o.J. Von Merhart publizierte neben seiner Habilitationsschrift, die 1926 erschien, eine ganze Reihe von Aufsätzen zur Vor- und Frühgeschichte Sibiriens.
67 Gatrell, Russia's First World War, S. 1. Fünf Millionen russische Soldaten gerieten in Gefangenschaft, etwa zwei Millionen starben entweder im Kampf, an ihren Verwundungen oder an Krankheiten.
68 Dahlmann, Rußland, in: Hirschfeld u.a. (Hg.), Enzyklopädie Erster Weltkrieg, S. 92f.
69 Ebd., S. 91.
70 Ebd., S. 92.
71 Channon, Siberia in Revolution, in: Wood (Hg.), History of Siberia, S. 160.
72 Stuch, Regionalismus, Diss., S. 185; Mote, Siberia, S. 80; Channon, Siberia in Revolution, in: Wood (Hg.), History of Siberia, S. 161.
73 Zu den Revolutionen des Jahres 1917, Februar/März und Oktober/November, vgl. Helmut Altrichter, Rußland 1917. Ein Land auf der Suche nach sich selbst, Paderborn u.a. 1997; Manfred Hildermeier, Die russische Revolution 1905-1921, Frankfurt/M. 1989, Nachdruck 2006; Dietrich Geyer, Die Russische Revolution, 4. Aufl., Göttingen 1985; Richard Pipes, Die russische Revolution, 3 Bde., Berlin 1993; Orlando Figes, Die Tragödie eines Volkes. Die Epoche der russischen Revolution 1891 bis 1924, Berlin 1998, engl. Original: A People's Tragedy. A History of the Russian Revolution, New York 1997.
74 Naumov, History of Siberia, S. 155.
75 Pereira, White Siberia, S. 35; Channon, Siberia in Revolution, in: Wood (Hg.), Siberia in Revolution, S. 161f.; Naumov, History of Siberia, S. 156.
76 Naumov, ebd., S. 156f.
77 Stuch, Regionalismus, Diss., S. 242.
78 Ebd., S. 252ff.
79 Pereira, White Siberia, S. 33; Stuch, Regionalismus, Diss., S. 253ff.

80　Stuch, ebd., S. 262ff.; Mote, Siberia, S. 80; Channon, Siberia in Revolution, in: Wood (Hg.), Siberia in Revolution, S. 162; Pereira, White Siberia, S. 33.

81　Zwar war der russische Kaiser in Personalunion Großfürst von Finnland, doch galt das Land staatsrechtlich als selbständig.

82　Figes, Tragödie eines Volkes, S. 672f.

83　Okladnikov u.a. (Hg.), Istorija Sibiri, Bd. 4, S. 36f.

84　Pereira, White Siberia, S. 35.

85　Okladnikov u.a. (Hg.), Istorija Sibiri, Bd. 4, S. 47.

86　Forsyth, History, S. 235; Okladnikov u.a. (Hg.), Istorija Sibiri, Bd. 4, S. 153.

87　Channon, Siberia in Revolution, in: Wood (Hg.), History of Siberia, S. 163.

88　Stolberg, Sibirien – Rußlands »Wilder Osten«, S. 450.

89　Mote, Siberia, S. 81; Stuch, Regionalismus, Diss., S. 268ff.

90　Naumov, History of Siberia, S. 160; Okladnikov u.a. (Hg.), Istorija Sibiri, Bd. 4, S. 47; Vladimir I. Shishkin, Moscow and Siberia. Center-Periphery Relations, 1917-1930, in: Kotkin/Wolff (Hg.), Rediscovering Russia in Asia, S. 75-88, hier S. 76f.

91　Naumov, History of Siberia, S. 160; Channon, Siberia in Revolution, in: Wood (Hg.), History of Siberia, S. 164; Stephan, Russian Far East, S. 114f.; Stolberg, Sibirien – Rußlands »Wilder Osten«, S. 462ff.

92　Stephan, Russian Far East, S. 115f.; Istorija Jakutskoj ASSR, Bd. 3, Moskau 1963, S. 14ff.; vgl. unten, S. 239f.

93　Forsyth, History, S. 231; Thomas, Geschichte Sibiriens, S. 123.

94　Golovnev/Osherenko, Siberian Survival, S. 69.

95　Stephan, Russian Far East, S. 116; Thomas, Geschichte Sibiriens, S. 129.

96　Oliver Henry Radkey, Russia Goes to the Polls. The Election to the All-Russian Constituent Assembly, 1917, Ithaca/London 1990, S. 31 und 150; Stuch, Regionalismus, Diss., S. 241ff.; Altrichter, Rußland 1917, S. 246ff.; Thomas, Geschichte Sibiriens, S. 123f.

97　Stuch, Regionalismus, Diss., S. 243 und 273ff.

98　Figes, Tragödie eines Volkes, S. 667ff.

99　Dekret über die Auflösung der Konstituierenden Versammlung vom 6./19. Januar 1918, in: Manfred Hellmann (Hg.), Die russische Revolution 1917. Von der Abdankung des Zaren bis zum Staatsstreich der Bolschewiki, 6. Aufl., München 1987, S. 346-348, hier S. 346.

100　Stuch, Regionalismus, Diss., S. 283.

101　Ebd., S. 285f.; Thomas, Geschichte Sibiriens, S. 126f.

102　Stuch, Regionalismus, Diss., S. 291; Channon, Revolution in Siberia, in: Wood (Hg.), History of Siberia, S. 162.

103　Stuch, ebd., S. 290; Channon, ebd., S. 162f.; Mote, Siberia, S. 81.

104　Channon, ebd., S. 164; Pereira, White Siberia, S. 48f. Der zusammengezogene Begriff *prodrazverstka*, aus *prodovol'stvennaja razverstka*, was sich mit Ablieferungspflicht übersetzen läßt, bedeutete den Ankauf »überschüssiger« agrarischer Produkte zu staatlich festgesetzten Preisen, die erheblich unter den Marktpreisen lagen, um die städtische Arbeiterschaft zu versorgen. Zudem bestimmten die staatlichen Organe, was als »überschüssig« zu gelten hatte und was den bäuerlichen Familien zum Eigenverbrauch überlassen wurde. Häufiger wurden die agrarischen Produkte allerdings einfach requiriert.

105　Channon, Revolution in Siberia, in: Wood (Hg.), History of Siberia, S. 164.

106　Die ausführlichste Arbeit ist die schon erwähnte, rund 700 Seiten umfassende Studie von Jonathan D. Smele, Civil War in Siberia. The Anti-Bolshevik Government of Admiral Kolchak 1918-1920, Cambridge u.a. 1996; vgl. auch Pereira, White Siberia; Nikolaus Katzer, Die weiße Bewegung in Rußland. Herrschaftsbildung, praktische Politik und politische Programmatik im Bürgerkrieg, Köln u.a. 1999; Geoff Swain, The Origins of the Russian Civil War, London/New York 1996; Evan Mawdsley, The Russian Civil War, Boston u.a. 1987; Isaak Steinberg, Gewalt und Terror in der Revolution. Das Schicksal der Erniedrigten und Beleidigten in der rusischen Revolution, 2. Aufl., Berlin 1981, dt. Erstauflage Berlin 1931; Dittmar Dahlmann, Krieg, Bürgerkrieg, Gewalt. Die Wahrnehmung des Ersten Weltkrieges und des Bürgerkrieges in der russischen Emigration und in der Sowjetunion in der Zwischenkriegszeit, in: Jost Dülffer/Gerd Krumeich (Hg.), Der verlorene Frieden. Politik und Kriegskultur nach 1918, Essen 2002, S. 91-100.

107 Pereira, White Siberia, S. 50ff.
108 Michael Kettle, Russia and the Allies 1917-1920. Bd. 1: The Allies and the Russian Collapse. March 1917-March 1918, London 1981, S. 208ff.; Stolberg, Sibirien – Rußlands »Wilder Osten«, S. 491ff.
109 Pereira, White Russia, S. 53; Channon, Revolution in Siberia, in: Wood (Hg.), History of Siberia, S. 164f.
110 Vladimir N. Brovkin, Behind the Front Lines of the Civil War. Political Parties and Social Movements in Russia, 1918-1922, Princeton 1994, S. 300ff.; Oliver Henry Radkey, The Unknown Civil War in Soviet Russia. A Study of the Green Movement in the Tambov Region 1920-1921, Stanford 1976; Dittmar Dahlmann, Land und Freiheit. Machnovščina und Zapatismo als Beispiele agrarrevolutionärer Bewegungen, Stuttgart 1986, S. 83ff.
111 Katzer, Weiße Bewegung, S. 286. In Rußland nannte sich Ungern-Sternberg Roman Fedorovič Ungern fon Šternberg. Vgl. dazu unten, S. 234.
112 Gerburg Thunig-Nittner, Die Tschechoslowakische Legion in Rußland. Ihre Geschichte und Bedeutung bei der Entstehung der Ersten Tschechoslowakischen Republik, Wiesbaden 1970, S. 90; John F.N. Bradley, The Czechoslovak Legion in Russia, 1914-1920, Boulder 1991, S. 156. Bradleys Buch wurde ohne Anmerkungen und Literaturverzeichnis publiziert. Es basiert auf seiner Dissertation an der Pariser Sorbonne aus dem Jahre 1963, erschienen: La Légion tchécoslovaque en Russie, 1914-1920, Paris 1965. Thomas, Geschichte Sibiriens, S. 142. Einer der Legionäre war der Schriftsteller Jaroslav Hašek, bekannt geworden durch seine Geschichten vom braven Soldaten Schwejk im Ersten Weltkrieg. Hašek schloß sich später den Bol'ševiki an, kämpfte auf seiten der Roten Armee und befand sich 1920 auch für kurze Zeit in Irkutsk. Okladnikov u.a. (Hg.), Istorija Sibiri, Bd. 4, S. 153.
113 Rund eine Woche nach dem Frieden von Brest-Litovsk, 3.3.1918, verlegte die Sowjetregierung am 12.3. die Hauptstadt von Petrograd nach Moskau, da sie sich in der Randlage bedroht fühlte.
114 Thomas, Geschichte Sibiriens, S. 143.
115 Channon, Revolution in Siberia, in: Wood (Hg.), History of Siberia, S. 165; Lincoln, Eroberung Sibiriens, S. 344.
116 Lincoln Eroberung Sibiriens, S. 344.
117 Smele, Civil War, S. 33f.; Pereira, White Siberia, S. 67ff.
118 Pereira, ebd., S. 34 und 92f.
119 Figes, Tragödie eines Volkes, S. 674ff.; Lincoln, Eroberung Sibiriens, S. 355ff.
120 Haumann, Geschichte Rußlands, S. 350ff.; Katzer, Weiße Bewegung, S. 275ff.
121 Pereira, White Siberia, S. 97.
122 Channon, Siberia in Revolution, in: Wood (Hg.), History of Siberia, S. 165ff.; Pereira, White Siberia, S. 38ff., 67, 75ff., 102 und 109; Smele, Civil War, S. 90f. und 146ff.; William G. Rosenberg, Liberals in the Russian Revolution. The Constitutional Democratic Party, 1917-1921, Princeton 19/4, S. 383ff. und 407ff.
123 Channon, ebd., S. 167.
124 Naumov, History of Siberia, S. 168; Lincoln, Eroberung Sibiriens, S. 348 mit etwas niedrigeren Angaben; Stephan, Russian Far East, S. 132; Bobrick, Land der Schmerzen, S. 388ff..
125 Hellmann (Hg.), Russische Revolution, S. 352f.
126 Smele, Civil War, S. 380.
127 Ausführlich dazu Michael Kettle, Russia and the Allies 1917-1920: Bd. 3: Churchill and the Archangel Fiasco. November 1918-July 1919, London/New York 1992, S. 1-29.
128 Ebd., S. 26ff.
129 Figes, Tragödie eines Volkes, S. 621; Stolberg, Sibirien – Rußlands »Wilder Osten«, S. 471ff.
130 Rosenberg, Liberals, S. 383.
131 Aleksej Budberg, Dnevnik, in: Archiv russkoj revoljucii, Nr. 13-15, Berlin 1923, hier Bd. 15, S. 331f., zitiert bei Figes, Tragödie eines Volkes, S. 620f.
132 S.A. Elačič, Obryvki vospominanij, S. 67-69 (unpubliziert im Hoover Institution Archive, Stanford), zitiert bei Pereira, White Siberia, S. 110.
133 Naumov, History of Siberia, S. 170f.; Smele, Civil War, S. 108f.
134 Channon, Siberia in Revolution, in: Wood (Hg.), History of Siberia, S. 171; Stolberg, Sibirien – Rußlands »Wilder Osten«, S. 480f.
135 Channon, ebd., in: Wood (Hg.), History of Siberia, S. 172f.

[136] Lincoln, Eroberung Sibiriens, S. 360.
[137] Channon, Siberia in Revolution, in: Wood (Hg.), History of Siberia, S. 173f.
[138] Lincoln, Eroberung Sibiriens, S. 360.
[139] Smele, Civil War, S. 398f.
[140] Ebd., S. 399ff.
[141] David Footman, Siberian Partisans in the Civil War, in: St. Antony's Papers, No. 1, Soviet Affairs, No. 1, S. 24-53, hier S. 36ff.
[142] Stolberg, Sibirien – Rußlands »Wilder Osten«, S. 476f.
[143] N.V. Ustrjalov, Dnevnik, S. 1 (unpubliziert im Hoover Institution Archive, Stanford), zitiert bei Lincoln, Eroberung Sibiriens, S. 361.
[144] Naumov, History of Siberia, S. 173.
[145] Shishkin, Moscow and Siberia, in: Kotkin/Wolff (Hg.), Rediscovering Russia in Asia, S. 79ff.
[146] Stolberg, Sibirien – Rußlands »Wilder Osten«, S. 535.
[147] Ebd.
[148] Lincoln, Eroberung Sibiriens, S. 363; Bobrick, Land der Schmerzen, S. 401.
[149] Footman, Siberian Partisans, S. 49ff.; Bobrick, ebd., S. 403.
[150] Pereira, White Siberia, S. 149; Smele, Civil War, S. 632.
[151] Smele, Civil War, S. 656ff.; Bobrick, Land der Schmerzen, S. 404 erzählt von der Herausgabe des Goldschatzes an die Legion. Thunig-Nittner, Tschechoslowakische Legion, S. 111-114 zur »Beute« der Legion. Es gelangten nur »ganz geringe Bestände des Goldschatzes« in die Tschechoslowakei.
[152] Die Verhörprotokolle Kolčaks in: Arestant pjatoj kamery. Dopros Kolčaka. Protokoly zasedanij Črezvyčajnoj sledstvennoj komissii 21 janvarja-6 fevralja 1920 goda, Moskau 1990, S. 243-456
[153] Smele, Civil War, S. 664f.; Pereira, White Siberia, S. 150.
[154] Katzer, Weiße Bewegung, S. 547.
[155] Stolberg, Sibirien – Rußlands »Wilder Osten«, S. 488.
[156] Stephan, Russian Far East, S. 132; Canfield F. Smith, Vladivostok under Red and White Rule. Revolution and Counterrevolution in the Russian Far East, Seattle 1975.
[157] Stephan, ebd., S. 139f.; Thunig-Nittner, Tschechoslowakische Legion, S. 115; Bradley, Czechoslovak Legion, S. 156.
[158] Smith, Vladivostok, S. 164.
[159] Ebd., S. 23ff.; Henry K. Norton, The Far Eastern Republic of Siberia, London 1923, Nachdruck Westport 1981; Thomas, Geschichte Sibiriens, S. 153ff.; Naumov, History of Siberia, S. 177ff.; Stolberg, Sibirien – Rußlands »Wilder Osten«, S. 541ff.; dies., Die Fernöstliche Republik (1920-1922): Ein staatlicher Ordnungsversuch zur Zeit des Russischen Bürgerkrieges, in: Harald Heppner/Eduard Staudinger (Hg.), Region und Umbruch 1918. Zur Geschichte alternativer Ordnungsversuche, Frankfurt/M. 2001, S. 231-260.
[160] Okladnikov u.a. (Hg.), Istorija Sibiri, Bd. 4, S. 173; Thomas, Geschichte Sibiriens.
[161] Haumann, Geschiche Rußlands, S. 356.
[162] Vgl. dazu Igor' V. Narskij, Žizn' v Katastrofe. Budni naselenija Urala v 1917-1922 gg., Moskau 2001, S. 350ff.
[163] Naumov, History of Siberia, S. 174ff.; Shishkin, State Administration in Siberia, in: Matsuzato (Hg.), Regions, S. 111ff.; Thomas, Geschichte Sibiriens, S. 161ff. Vgl. dazu auch Kap. 8, S. 241.
[164] V.V. Erlichman, Poteri narodonaselenija v XX veke. Spravočnik, Moskau 2004, S. 18; Lincoln, Eroberung Sibiriens, S. 365; Mawdsley, Russian Civil War, S. 285ff.
[165] Lincoln, Eroberung Sibiriens, S. 365f.; Mawdsley, Russian Civil War, S. 287f.
[166] Golovnev/Osherenko, Siberian Survival, S. 68f.
[167] Forsyth, History, S. 240.
[168] Slezkine, Arctic Mirrors, S. 132.
[169] Forsyth, History, S. 242.
[170] Slezkine, Arctic Mirrors, S. 131f.
[171] Forsyth, History, S. 264.; Slezkine, ebd., S. 133.
[172] Forsyth, ebd., S. 264.; Okladnikov u.a. (Hg.), Istorija Sibir, Bd. 4, S. 293.
[173] Slezkine, Arctic Mirrors, S. 134f.
[174] Schorkowitz, Staat und Nationalitäten, S. 427f.; Russell E. Snow, The Russian Revolution of 1917-18 in Transbaikalia, in: Soviet Studies 23, 1971/72, S. 201-215, hier S. 208.

[175] Forsyth, History, S. 271ff.; Snow, ebd., S. 214.

[176] Außer Jakuten und Russen lebten in dieser Region noch Tungusen, Evenen und Evenken.

[177] Forsyth, History, S. 253f.

[178] Istorija Jakutskoj ASSR, Bd. 3, S. 12f. An der Spitze der dortigen Parteiorganisation stand der im Mai 1915 dorthin Verbannte, aus Georgien stammende Grigorij K. (Sergo) Ordžonikidze, der im Februar 1937 ein Opfer der stalinistischen Säuberungen wurde, vorgeblich jedoch Selbstmord verübte.

[179] Forsyth, ebd., S. 254f.; Okladnikov u.a. (Hg.), Istorija Sibiri, Bd. 4, S. 62f.; Istorija Jakutskoj ASSR, Bd. 3, S. 34ff. und 46ff.

[180] Forsyth, History, S. 256f.; Okladnikov u.a. (Hg.), Istorija Sibiri, Bd. 4, S. 145; Istorija Jakutskoj ASSR, Bd. 3, S. 47ff

[181] Forsyth, ebd., S. 258; Okladnikov u.a. (Hg.), ebd., S. 280ff.

[182] Boris Chichlo, Histoire de la Formation des Territoires Autonomes chez les Peuples Turco-Mongols de Sibérie, in: Cahiers du Monde Russe et Soviétique 28, 1987, S. 361-401, hier S. 372.

[183] Forsyth, History, S. 260; Okladnikov u.a. (Hg.), Istorija Sibiri, Bd. 4, S. 291 und 299f.; Istorija Jakutskoj ASSR, Bd. 3, S. 76ff.

VIII. In sowjetischer Zeit

[1] Paul Avrich, Kronstadt 1921, Princeton 1991; Israel Getzler, Kronstadt 1917-1921. The Fate of a Soviet Democracy, Cambridge u.a. 1983; Kronštadtskaja tragedija, 2 Bde., Moskau 1999; Kronštadt 1921. Dokumenty, hg. von V.P. Naumov und A.A. Kosakovskij, Moskau 1997.

[2] Manfred Hildermeier, Geschichte der Sowjetunion 1917-1991. Entstehung und Niedergang des ersten sozialistischen Staates, München 1998, S. 155ff.

[3] A.G. Tepljakov, Nepronicaemye nedra. VČK-OGPU v Sibiri 1918-1929 gg., Moskau 2007.

[4] Thomas, Geschichte Sibiriens, S. 164.

[5] Hughes, Stalin, Siberia, S. 23f.; Lincoln, Eroberung Sibiriens, S. 367f.; Gladkov, Geschichte Sibiriens, S. 211f.; Thomas, Geschichte Sibiriens, S. 164f.

[6] Hughes, Stalin, Siberia, S. 42ff.

[7] Ebd., S. 10; Lincoln, Eroberung Sibiriens, S. 368.

[8] Hughes, Stalin, Siberia, S. 11.

[9] Heinz-Dietrich Löwe, Stalin. Der entfesselte Revolutionär, Göttingen 2002, S. 151ff.

[10] Iz istorii kollektivizacii. 1928 god. Poezdka I.V. Stalina v Sibir'. Dokumenty i materialy. Načalo, in: Izvestija CK KPSS 1991, Nr. 5, S. 193-203 und Nr.6, S. 202-216; Jonathan A. Bone, The Soviet Far East and the First Five Year Plan, in: Stolberg (Hg.), Siberian Saga, S. 189-202.

[11] Stephen Kotkin, Magnetic Mountain. Stalinism as a Civilization, Berkeley u.a. 1995; ders., Steeltown, USSR: Soviet Society in the Gorbachev Era, Berkeley u.a. 1992; Valerij Ključer, Magnitka – èto navsegda. Delo i sud'by direktorov, Moskau 2003; Helmut Altrichter, »Offene Großbaustelle Rußland«. Reflexionen über das »Schwarzbuch des Kommunismus«, in: Vierteljahrshefte für Zeitgeschichte 47, 1999, S. 321-361.

[12] Kotkin, Magnetic Mountain, S. 94f.

[13] Scott, J., Behind the Urals. An American Worker in Russia's City of Steel, Bloomington 1989, Erstauflage 1942; vgl. auch John D. Littlepage/Demaree Bess, In Search of Soviet Gold, New York 1937/38.

[14] Bobrick, Land der Schmerzen, S. 413; Lincoln, Eroberung Sibiriens, S. 369; Thomas, Geschichte Sibiriens, S. 168ff.

[15] Lincoln, Eroberung Sibiriens, Kap. 43.

[16] Thomas, Geschichte Sibiriens, S. 174f.

[17] Ebd., S. 174.

[18] Simon Ertz, Zwangsarbeit im stalinistischen Lagersystem: Eine Untersuchung der Methoden, Strategien und Ziele ihrer Ausnutzung am Beispiel Norilsk, 1935-1953, Berlin 2006; ders., Zwangsarbeit in Noril'sk. Ein atypischer, idealtypischer Lagerkomplex, in: Osteuropa 57, 2007, Heft 6, S. 289-300; ders., Building Norilsk, in: Paul Gregory (Hg.), The Economics of Forced

Labor. The Soviet Gulag, Stanford 2003, S. 127-130; Leonid Borodkin/Simon Ertz, Coercion versus Motivation: Forced Labor in Norilsk, in: ebd., S. 75-104; Ziegler, Der Achte Kontinent, S. 268. Zur heutigen Situation in Noril'sk vgl. die Internetseite des Blacksmith Institute sowie Stephen Fortescue/Vesa Rautio, Vom Arbeitslager zum Weltmarktführer. Ein Firmenporträt der Buntmetallhütte Noril'sk Nikel, in: Osteuropa 57, 2007, Heft 6, S. 395-408 sowie unten, S. 299.

[19] Lincoln, Eroberung Sibiriens, S. 405.

[20] Thomas, Geschichte Sibiriens, S. 174.

[21] Vgl. dazu Julia Obertreis, Tränen des Sozialismus: Wohnen in Leningrad zwischen Alltag und Utopie 1917-1937, Köln u.a. 2004; Mark Meerovič, Wohnungen als Machtinstrument. Die sowjetische Wohnungspolitik 1917-1941, in: Osteuropa 58, 2008, Nr. 3, S. 49-63.

[22] Karl Schlögel, Die kulturelle Geographie des östlichen Europa, in: Timm Beichelt u.a. (Hg.), Europa-Studien. Eine Einführung, Wiesbaden 2006, S. 125-144, hier S. 132f.; ders., Kommunalka – oder: Kommunismus als Lebensform. Zu einer historischen Topographie der Sowjetunion, in: Historische Anthropologie 6, 1998, Heft 3, S. 329-346; Katerina Gerasimova, The Soviet Communal Apartment, in: Smith (Hg.), Beyond the Limits, S. 107-130.

[23] Jörg Baberowski, Der rote Terror. Die Geschichte des Stalinismus, München 2003, S. 40 und 68; vgl. auch Gerd Koenen, Utopie der Säuberung. Was war der Kommunismus?, Berlin 1998; Orlando Figes, Die Flüsterer. Leben in Stalins Rußland, Berlin 2008, engl. Original: The Whisperers. Private Life in Stalin's Russia, London 2007.

[24] Thomas, Geschichte Sibiriens, S. 175; vgl. dazu unten, Kap. 9, S. 277ff.

[25] Alain Brossat u.a. (Hg.), Ozerlag 1937-1964. Le Système du goulag: traces perdues, mémoires réveillées d'un camp stalinien, Paris 1991; Klaus Arnold, Rückkehr nach Sibirien oder die Macht. Das Schicksal des KPD-Funktionärs, SPD-Politikers und Journalisten Leo Bauer, in: Markus Behmer (Hg.), Deutsche Publizistik im Exil 1933-1945. Festschrift für Ursula E. Koch, Münster 2000, S. 331-353.

[26] Thomas, Geschichte Sibiriens, S. 176.

[27] Antje Kuchenbecker, Zionismus ohne Zion. Birobidžan: Idee und Wirklichkeit eines jüdischen Staates in Sowjet-Fernost, Berlin 2000.

[28] John Erickson, The Soviet High Command: A Military-Political History 1918-1914, Nachdruck der Ausgabe Boulder/London 1984, Boulder/London 2001, S. 517ff.

[29] Michael Jakobson, Die Funktionen und die Struktur des sowjetischen Gefängnis- und Lagersystems von 1928 bis 1934, in: Dittmar Dahlmann/Gerhard Hirschfeld (Hg.), Lager, Zwangsarbeit, Vertreibung und Deportation. Dimensionen der Massenverbrechen in der Sowjetunion und in Deutschland 1933 bis 1945, Essen 1999, S. 207-221, hier S. 207-209.

[30] Ebd., S. 209-213.

[31] Ebd., S. 213.

[32] Eine Übersichtskarte in: Das Lager schreiben. Varlam Šalamov und die Aufarbeitung des Gulag, Osteuropa 57, 2007, Heft 6, nach S. 16. Dort auch zwei Karten zu den Klimabedingungen in den sowjetischen Lagern. Das ganze Heft ist der Thematik »GULag« gewidmet.

[33] Grundlegend zum GULag: GULAG 1918-1960. Dokumenty, Moskau 2000; Anne Applebaum, Gulag. A History, New York 2003, die gleichfalls 2003 erschienene deutsche Ausgabe, Berlin 2003, ist gekürzt. Galina M. Ivanova, Labor Camp Socialism. The Gulag in the Soviet Totalitarian System, New York/London 2000 (das russische Original erschien Moskau 1997); Oleg V. Khlevniuk, The History of the Gulag. From Collectivisation to the Great Terror, New Haven/London 2004, eine überarbeitete Version von Band 3: Ėkonomika Gulaga, Moskau 2004 des Sammelwerkes Istorija Stalinskogo Gulaga; Ju. N. Afanas'ev u.a. (Hg.), Istorija Stalinskogo Gulaga. Konec 1920-ch-pervaja polovina 1950-ch godov. Sobranie dokumentov v semi tomach, Moskau 2004/05; Michail Smirnov (Hg.), Das System der Besserungsarbeitslager in der Sowjetunion 1923-1960. Ein Handbuch, Berlin 2003, russ. Original: Sistema ispravitel'no-trudovych lagerej v SSSR, Moskau 1998, zitiert wird nach der russ. Ausgabe; A.I. Kokurin/Ju.N. Morukov (Hg.), Stalinskie strojki Gulaga 1930-1953, Moskau 2005; Wladislaw Hedeler, Die monumentale siebenbändige Dokumentenedition zur Geschichte des Gulag, in: Jahrbuch für historisch Kommunismusforschung 13, 2006, S. 359-378; ders./Meinhard Stark, Das Grab in der Steppe. Leben im Gulag: Die Geschichte eines sowjetischen »Besserungsarbeitslagers« 1930-1959, Paderborn u.a. 2008; dies. (Hg.), Karlag. Das Karagandinsker »Besserungsarbeitslager« 1930-1959. Dokumente zur Geschichte des Lagers, seiner Häftlinge und Bewacher, Paderborn u.a. 2008;

Alexander Solschenizyn, Der Archipel Gulag, Reinbek bei Hamburg 1988, einbändige gekürzte Ausgabe der dreibändigen Fassung, die 1975-1978 erschien.

[34] Lynne Viola, The Unknown Gulag. The Lost World of Stalin's Special Settlements, Oxford u.a. 2007; Baberowski, Der rote Terror, Kap. IV: Terror; Manfred Hildermeier, Die Sowjetunion 1917-1991, München 2001, S. 35ff.; ausführlicher: ders., Geschichte der Sowjetunion, Kap. V und VI.

[35] Specpereselency v zapadnoj Sibiri vesna 1931-načalo 1933 g., Novosibirsk 1993.

[36] Viola, Unknown Gulag, S. 157; Nicolas Werth, Die Insel der Kannibalen. Stalins vergessener Gulag, München 2006, S. 201. Die Darstellung beruht weitgehend auf Dokumenten aus dem Archiv des Präsidenten der Russischen Föderation.

[37] Ebd., S. 19; David Shearer, Mastering the Soviet Frontier: Western Siberia in the 1930s, in: Stolberg (Hg.), Siberian Saga, S. 159-172.

[38] Werth, Insel der Kannibalen, S. 22 mit wörtlichem Zitat aus dem Planentwurf Jagodas und Bermans, der mit handschriftlichen Bemerkungen von Molotov und Stalin versehen ist. Das Original findet sich im Archiv des Präsidenten der Russischen Föderation 3/30/196/127-138.

[39] Schorkowitz, Staat und Nationalitäten, S. 454ff.

[40] Baberowski, Der rote Terror, S. 108ff.

[41] Werth, Insel der Kannibalen, S. 30.

[42] Werk, Insel der Kannibalen, S. 30f.

[43] Brandes/Savin, Die Sibiriendeutschen im Sowjetstaat, S. 328f.

[44] Za čto my streljaem?, in: Istočnik. Priloženie k žurnaly »Rodina« 2000, Nr. 1, S. 64-77; …prinjaty mery k vyjavleniju avtora agenturnym putem, in: ebd., 2000, Nr. 2, S. 324.

[45] Specpereselency v zapadno Sibiri 1930-vesna 1931, Novosibirsk 1992.

[46] Werth, Insel der Kannibalen, S. 45.

[47] James Hughes, Stalinism in a Russian Province. A Study of Collectivization and Dekulakization in Siberia, Houndmills 1996, S. 191.

[48] Es fehlt hier der Raum, um auf die komplexe Struktur der Begriffe »Totalitarismus« und »totalitär« einzugehen. Vgl. dazu Klaus Hildebrand (Hg.), Zwischen Politik und Religion. Studien zur Entstehung, Existenz und Wirkung des Totalitarismus, München 2003.

[49] Werth, Insel der Kannibalen, S. 47.

[50] David Shearer, Social Disorder, Mass Repression and the NKVD during the 1930's, in: Cahiers du Monde Russe 42, 2001, S. 505-534, hier S. 510.

[51] Werth, Insel der Kannibalen, S. 52ff.; Kempe, Sibirische Odyssee, S. 164ff.

[52] Werth, Insel der Kannibalen, S. 58ff.

[53] Ebd., S. 60.

[54] Ebd., S. 65.

[55] Ebd., S. 183f.

[56] Ebd., S. 186f.

[57] Ebd., S. 187.

[58] Mark Junge/Rol'f Binner, Kak terror stal »Bol'šim«. Sekretnyj prikaz Nr 00447 i technologija ego ispolnenija, Moskau 2003.

[59] Baberowski, Der rote Terror, S. 192ff.; Werth, Insel der Kannibalen, S. 188f.

[60] Hildermeier, Sowjetunion, S. 127.

[61] Baberowski, Der rote Terror, S. 193.

[62] Werth, Insel der Kannibalen, S. 191f.

[63] Hildermeier, Sowjetunion, S. 128; Ralf Stettner, »Archipel GULag«. Stalins Zwangslager, Paderborn u.a. 1996; Elena A. Tjurina, Die Rolle der Zwangsarbeit in der Wirtschaft der UdSSR. Eine Quellenanalyse, in: Dahlmann/Hirschfeld (Hg.), Lager, Zwangsarbeit, S. 267-278.

[64] Meinhard Stark, Frauen im Gulag. Alltag und Überleben 1936 bis 1956, München 2003, S. 32.

[65] Mikhail Morukov, The White Sea-Baltic Canal, in: Paul R. Gregory u.a. (Hg.), The Economics of Forced Labor. The Soviet Gulag, Stanford 2003, S. 151-162; Cynthia A. Ruder, Making History for Stalin: The Story of the Belomor Canal, Gainesville 1998.

[66] Klaus Gestwa, Auf Wasser und Blut gebaut. Der hydrotechnische Archipel Gulag, 1931-1958, in: Osteuropa 57, 2007, Heft 6, S. 239 266, hier S. 242ff.; ders., Raum Macht Geschichte. Making Sense of Soviet Space, in: Osteuropa 55, 2005, S. 46-69.

[67] Stark, Frauen im Gulag, S. 28ff.

68   Smirnov (Hg.), Sistema, S. 391ff.
69   Ivanova, Labor Camp Socialism, S. 73.
70   Ebd., S. 33.
71   Stephen G. Wheatcroft, Ausmaß und Wesen der deutschen und sowjetischen Repressionen und Massentötungen 1930 bis 1945, in: Dahlmann/Hirschfeld (Hg.), Lager, Zwangsarbeit, S. 67-109; Steven Rosefielde, Systemzerrüttung und Stalinismus: Die ökonomischen Grundlagen und Funktionen von Terror, GULag, Zwangsarbeit, Massenvernichtung und Militarismus in post-kommunistischer Perspektive, in: ebd., S. 223-244; Gábor T. Rittersporn, Zynismus, Selbsttäuschung und unmögliches Kalkül: Strafpolitik und Lagerbevölkerung in der UdSSR, in: ebd., S. 291-315; zusammenfassend Hildermeier, Sowjetunion, S. 128-132.
72   Stark, Frauen im Gulag, S. 37; vgl. auch Applebaum, Gulag, S. 578; Nicolas Werth, Ein Staat gegen sein Volk. Gewalt, Unterdrückung und Terror in der Sowjetunion, in: Stéphane Courtois u.a. (Hg.), Das Schwarzbuch des Kommunismus. Unterdrückung, Verbrechen und Terror, München/Zürich 1998, S. 228ff..
73   Stark, Frauen im Gulag; Hedeler/Stark, Grab in der Steppe.
74   Das Wort *blat*, von dem sich der Begriff *blatnye* ableitet, stammt aus dem Jiddischen und bezeichnete ursprünglich die Mitglieder einer der jüdischen Sekten des Chassidismus. Zu Beginn des 20. Jahrhunderts wurde der Begriff erstmals innerhalb der jüdischen Bevölkerung Odessas in der Bedeutung »Mitglieder einer Diebesbande« verwendet. In der Sowjetunion durchlief der Begriff einen weiteren Bedeutungswandel. So wurden damit während der Zeit des Lebensmittel- und Konsumgütermangels in den 1920er und 1930er Jahren sowohl der Prozeß der Beschaffung von kaum erreichbaren Waren auf dem Schwarzmarkt als auch die informellen Beziehungen, die dies erst ermöglichten, als *blat* bezeichnet. Die Menschen, die *po blatu* – also unter der Hand – auf dem Markt nicht vorhandene Waren beschaffen konnten, waren eben jene blatnye. Eine ähnliche Funktion füllten auch manche Personen in den Lagern aus. Im allgemeinen wurde und wird bis heute der Begriff *blatnoj* (Singular von *blatnye*) auch als Synonym für Gauner bzw. Verbrecher gebraucht.
75   Hedeler/Stark, Grab in der Steppe, S. 180ff.; Werth, Ein Staat gegen sein Volk, in: Courtois u.a. (Hg.), Schwarzbuch, S. 229; Tatjana Petzer, Der Olymp der Diebe. Spurensicherung bei Varlam Šalamov und Danilo Kiš, in: Osteuropa 57, 2007, Heft 6, S. 205-219.
76   Stark, Frauen im Gulag, S. 33; Conquest, Kolyma; Małgorzata Giżejewska, Die Einzigartigkeit und der besondere Charakter der Konzentrationslager in Kolyma und die Möglichkeiten des Überlebens, in: Dahlmann/Hirschfeld (Hg.), Lager, Zwangsarbeit, S. 245-260; Stephan, Russian Far East, S. 225ff. Eine Karte der Lager an der Kolyma in: Das Lager schreiben. Varlam Šalamov und die Aufarbeitung des Gulag, Osteuropa 57, 2007, Heft 6, nach S. 272. Literarisch verarbeitete Varlam Šalamov seine rund 16-jährige Odyssee durch die Lager in diesem Gebiet in: Durch den Schnee. Erzählungen aus Kolyma I, Berlin 2007 und anderen Werken. Vgl. auch Stolberg, Sibirien – Rußlands »Wilder Osten«, S. 768ff.
77   Stalinskie strojki Gulaga 1930-1953, Moskau 2005.
78   Stefan Karner, Der Archipel GUPVI. Das sowjetische Lagersystem für Kriegsgefangene und Internierte, in: Dahlmann/Hirschfeld (Hg.), Lager, Zwangsarbeit, S. 261-265; ders., Im Archipel GUPVI. Kriegsgefangenschaft und Internierung in der Sowjetunion, München/Wien 1995; Andreas Hilger, Deutsche Kriegsgefangene in der Sowjetunion 1941-1956. Kriegsgefangenen-politik, Lageralltag und Erinnerung, Essen 2000. Die Zahl der deutschen und österreichischen Kriegsgefangenen während des Zweiten Weltkrieges lag zwischen 3,2 und 3.8 Millionen Menschen. Vgl. Hilger, ebd., S. 389.
79   G.M. Ivanova, Wie und warum konnte der Gulag entstehen, in: I.W. Dobrowolski (Hg.), Schwarzbuch GULAG. Die sowjetischen Konzentrationslager, Graz/Stuttgart 2002, S. 13-126, hier S. 56.
80   Stettner, »Archipel GULag«, S. 292.
81   Werth, Ein Staat gegen sein Volk, in: Courtois u.a. (Hg.), Schwarzbuch, S. 278.
82   Vgl. dazu u.a. Wladislaw Hedeler/Horst Hennig (Hg.), Schwarze Pyramiden, rote Sklaven. Der Streik in Workuta im Sommer 1953, Leipzig 2007; Stettner, »Archipel GULag«, S. 349ff.
83   Smirnov (Hg.), Sistema, S. 60.
84   Werth, Ein Staat gegen sein Volk, in: Courtois u.a. (Hg.), Schwarzbuch, S. 283.
85   Hildermeier, Geschichte der Sowjetunion, S. 616.

[86] Ebd., S. 616f.

[87] Ebd., S. 618.

[88] Oboronnaja promyšlennost' Novosibirskoj oblasti v gody Velikoj Otečestvennoj vojny. Sbornik dokumentov, Novosibirsk 2005; I.M. Savickij, Važnejšij arsenal Sibiri. Razvitie oboronnoj promyšlennosti Novosibirskoj oblasti v gody Velikoj Otečestvennoj vojny, Novosibirsk 2005.

[89] Thomas, Geschichte Sibiriens, S. 190f.; Gladkov, Geschichte Sibiriens, S. 228ff.; Ziegler, Der achte Kontinent, S. 269f.; Lincoln, Eroberung Sibiriens, S. 412f.; Hildermeier, Geschichte der Sowjetunion, S. 635.

[90] Hildermeier, Geschichte der Sowjetunion, S. 635.

[91] Klaus Segbers, Die Sowjetunion im Zweiten Weltkrieg. Die Mobilisierung von Verwaltung, Wirtschaft und Gesellschaft im »Großen Vaterländischen Krieg« 1941-1943, München 1987, S. 168.

[92] Ebd., S. 173.

[93] Ebd., S. 168.

[94] Thomas, Geschichte Sibiriens, S. 192f.

[95] Ebd., S. 191; Okladnikov u.a. (Hg.), Istorija Sibiri, Bd. 5, S. 84; Stolberg, Sibirien – Rußlands »Wilder Osten«, S. 792f.

[96] Segbers, Sowjetunion im Zweiten Weltkrieg, S. 167; Gladkov, Geschichte Sibiriens, S. 229; Ziegler, Der Achte Kontinent, S. 269 nennt 17 Millionen für das zweite Halbjahr 1941, allerdings ohne Quellenangabe.

[97] Hildermeier, Geschichte der Sowjetunion, S. 634.

[98] Thomas, Geschichte Sibiriens, S. 195; Lincoln, Eroberung Sibiriens, S. 415.

[99] Alfred Eisfeld/Victor Herdt (Hg.), Deportation, Sondersiedlung, Arbeitsarmee. Deutsche in der Sowjetunion 1941 bis 1956, Köln 1996. Das Dekret über die Schaffung der Arbeitsarmee, S. 151ff.

[100] Thomas, Geschichte Sibiriens, S. 193.

[101] Ebd., S. 196.

[102] Ebd., S. 196f.

[103] Gladkov, Geschichte Sibiriens, S. 229.

[104] Dazu demnächst ausführlich: Wladislaw Hedeler, Der Gulag als Musterbetrieb und Terrorinstrument. Zur Organisationsgeschichte Stalinscher Besserungsarbeitslager. Erläutert am Beispiel der Aufgaben und des Personalbestandes der Politabteilungen in den Besserungsarbeitslagern KARLag und SIBLag, Berlin 2009.

[105] Adelheid Weiser, Die Völker Nordsibiriens unter sowjetischer Herrschaft von 1917 bis 1936, Hohenschäftlarn bei München 1989, S. 28.

[106] Kappeler, Rußland als Vielvölkerstaat, S. 302.

[107] Ebd., S. 303.

[108] Ebd., S. 304.

[109] Terry Martin, The Affirmative Action Empire. Nations and Nationalism in the Soviet Union, 1923-1939, Ithaca/London 2001, S. 166f.

[110] Weiser, Sowjetische Nationalitätenpolitik, S. 264ff.

[111] Vgl. dagegen Martin, Affirmative Action Empire und Yuri Slezkine, The USSR as a Communal Apartment, or How a Socialist State Promoted Ethnic Particularism, in: Slavic Review 53, 1994, S. 414-452.

[112] Forsyth, History, S. 242f.

[113] Slezkine, Arctic Mirrors, S. 138f.

[114] Gernet, Evenen, S. 30.

[115] Peter P. Schweitzer, Siberia and Anthropology: National Traditions and Transnational Moments in the History of Research, Habilitationsschrift, Universität Wien, Manuskript, Wien 2001, S. 170f.; Slezkine, Arctic Mirrors, S. 150ff.

[116] Forsyth, History, S. 245; Slezkine, Arctic Mirrors, S. 150ff.

[117] Weiser, Sowjetische Nationalitätenpolitik, S. 29f.

[118] Ebd., S. 32ff.

[119] Ziegler, Der achte Kontinent, S. 290.

[120] Vgl. dazu Ferenc Majoros, Sibirische Besonderheiten der sowjetischen Rechtsordnung, in: Leptin (Hg.), Sibirien, S. 97-120, hier S. 101ff.

[121] Der Entwurf der »Vorläufigen Verwaltungsordnung« und die Verordnung selbst sind in Übersetzung als Anlagen 1 und 2 bei Weiser, Sowjetische Nationalitätenpolitik mit gesonderter Paginierung abgedruckt. Zu den Bevölkerungsanteilen der jeweiligen Titularnationen zwischen 1926 und 1979 vgl. die Tabelle bei Chichlo, Histoire de la Formation, S. 390-393.

[122] Slezkine, Arctic Mirrors, S. 158f.

[123] Weiser, Sowjetische Nationalitätenpolitik, S. 291.

[124] Forsyth, History, S. 246.

[125] Ebd., S. 247f.

[126] Bobrick, Land der Schmerzen, S. 451f.; Forsyth, History, S. 267.

[127] Forsyth, History, S. 267f.

[128] Ebd., S. 268.

[129] Littlepage/Bess, In Search of Soviet Gold, S. 184f.

[130] Gernet, Evenen, S. 45ff.

[131] Forsyth, History, S. 258.

[132] Ebd., S. 259.

[133] Stephan, Russian Far East, S. 161.

[134] Forsyth, History, S. 260.

[135] Weiser, Sowjetische Nationalitätenpolitik, S. 238f.

[136] Ebd., S. 238ff.

[137] Forsyth, History, S. 338ff.

[138] Balzer, Tenacity of Ethnicity, S. 81ff.; Golovnev/Osherenko, Siberian Survival, S. 81ff.

[139] Bobrick, Land der Schmerzen, S. 452; Thomas, Geschichte Sibiriens, S. 190; Slezkine, Arctic Mirrors, S. 303ff.

[140] Okladnikov u.a. (Hg.), Istorija Sibiri, Bd. 5, S. 130-141; Lincoln, Eroberung Sibiriens, S. 416ff.

[141] Thomas, Geschichte Sibiriens, S. 190; Gladkov, Geschichte Sibiriens, S. 227f.

[142] Slezkine, Arctic Mirrors, S. 303f.

[143] Mote, Siberia, S. 93.

[144] Wein, Sibirien, S. 101.

[145] Violet Conolly, Beyond the Urals. Economic Developments in Soviet Asia, London u.a.1967, S. 244; dies.; Siberia Today and Tomorrow. A Study of Economic Resources, Problems and Achievements, London/Glasgow 1975.

[146] Applebaum, Gulag, S. 463.

IX. Eine zerstörte Welt?

[1] Hildermeier, Geschichte der Sowjetunion, S. 789ff.; Haumann, Geschichte Rußlands, S. 441; Lincoln, Eroberung Sibiriens, S. 428ff.; Ziegler, Der Achte Kontinent, S. 274ff.; Mote, Siberia, S. 109f.

[2] Paul R. Josephson, New Atlantis Revisited. Akademgorodok, Siberian City of Science, in: Kotkin/Wolff (Hg.), Rediscovering Russia in Asia, S. 89-107; Mote, Siberia, S. 108f.; George A. Lensen (Hg.), Eastward to Empire, Englewood Cliffs 1964, S. 176-178.

[3] Violet Conolly, Die Industrialisierung Sibiriens. I. Einige Aspekte der neueren Entwicklung, in: Osteuropa 25, 1975, S. 916-926, hier S. 917; Juri Semjonov, Erdöl aus dem Osten. Die Geschichte der Erdöl- und Erdgasindustrie in der Sowjetunion, Düsseldorf/Wien 1973, S. 229; Hans-Erich Gramatzki, Industrialisierung und Kapitalbildung im sibirischen Entwicklungsprozeß, in: Leptin (Hg.), Sibirien, S. 149-191.

[4] Stephan, Russian Far East, S. 243ff.

[5] Zum Status einer »Autonomen Sozialistischen Sowjetrepublik (ASSR) vor und nach der Verfassung der UdSSR von 1977 vgl. Majoros, Sibirische Besonderheiten, in: Leptin (Hg.), Sibirien, S. 98ff.

[6] In diesem Ort des Goldbergbaus wurde bisher mit minus 72 Grad der Kälterekord der nördlichen Hemisphäre gemessen: Eintrag im Guiness Buch der Rekorde.

[7] Bychkova Jordan/Jordan-Bychkov, Siberian Village, S. 11f.

8   Conolly, Industrialisierung Sibiriens I, S. 920.

9   Ebd.; Mote, Siberia, S. 110f.

10 Conolly, Industrialisierung Sibiriens I, S. 920.

11 Violet Conolly, Die Industrialisierung Sibiriens II, in: Osteuropa 25, 1975, S. 1008-1019, hier S. 1015.

12 Conolly, Industrialisierung Sibiriens I, S. 920f.

13 Ebd., S. 921.

14 Stuart Kirby, Siberia and its Far Eastern Neighbours, in: Wood (Hg.), Siberia, S. 193-212, hier S. 198f.

15 Mote, Siberia, S. 107f.; Stephan, Russian Far East, S. 265ff. In den 1970er und 1980er Jahren verfügte die Pazifikflotte über 800 Schiffe mit 150.000 Mann Besatzung.

16 Joachim Glaubitz, Fremde Nachbarn: Tokyo und Moskau. Ihre Beziehungen vom Beginn der 1970er Jahre bis zum Ende der Sowjetunion, Baden-Baden 1992; Kirby, Siberia and its Far Eastern Neighbours, in: Wood (Hg.), Siberia, S. 200ff.; Conolly, Industrialisierung Sibiriens I, S. 921f.; dies., Beyond the Urals, S. 357ff.

17 Conolly, Industrialisierung Sibiriens II, S. 1008f.

18 Armin Scheufler, Geschäft und Politik. Das westdeutsche »Rußlandgeschäft« in der Adenauerzeit und die Embargopolitik des Westens, in: Dittmar Dahlmann u.a. (Hg.), »Eine große Zukunft«. Deutsche in Rußlands Wirtschaft, Berlin 2000, S. 50-57, hier S. 54.

19 Johanna Roos, Sibirien zwischen Ökonomie und Politik. Zur Erschließung der Energieträger Erdöl und Erdgas, Köln 1984; David Wilson, The Siberian Oil and Gas Industry, in: Wood (Hg.), Siberia, S. 96-129; Mote, Siberia, S. 111ff.; Wein, Sibirien, S. 112ff.

20 Semjonow, Erdöl aus dem Osten, S. 238f.

21 Ebd., S. 239f.

22 Ebd., S. 236.

23 Yves Laulan (Hg.), Exploitation of Siberia's Natural Resources. Main Findings of Round Table held 30th January – 1st February 1974 in Brussels, Brüssel 1974, S. 6.

24 Semjonow, Erdöl aus dem Osten, S. 263ff.; Wein, Sibirien, S. 117ff.

25 Daniel Simmons/Isabel Murray, Russian Gas: Will There Be Enough Investment?, in: Russia's Energy Sector between Politics and Business. Arbeitspapiere und Materialien der Forschungsstelle Osteuropa Bremen, Nr. 92, Februar 2008, hg. von Robert Orttung u.a., Bremen 2008, S. 27-30, hier S. 27.

26 Scheufler, Geschäft und Politik, S. 56f.; vgl. dazu auch Horst A. Wessel, Von der Röhre zur Telekommunikation. Das Unternehmen Mannesmann in der Sowjetunion von den 1920er Jahren bis heute, in: Dahlmann u.a. (Hg.), »Eine große Zukunft«, S. 292-307, hier S. 298ff.

27 Conolly, Industrialisierung Sibiriens II, S. 1009f.

28 Ebd., S. 1010.

29 Gladkov, Geschichte Sibiriens, S. 244.

30 Lincoln, Eroberung Sibiriens, S. 437ff.; Portisch, So sah ich Sibirien, S. 68ff.; vgl. dazu auch unten, S. 284f.

31 Lincoln, Eroberung Sibiriens, S. 445ff.; Thomas, Geschichte Sibiriens, S. 212ff.; Conolly, Siberia Today and Tomorrow, S. 158ff.; dies., The Baikal-Amur-Railway (the BAM), in: Wood (Hg.), Siberia, S. 158-170; Ziegler, Der Achte Kontinent, S. 278; Mote, Siberia, S. 116ff.

32 Florian Mildenberger, Die Polarmagistrale. Ein Beitrag zur Erforschung unbekannter Eisenbahnprojekte in Rußlands Norden und Sibirien 1943-1954, München 2000; ders., Die Polarmagistrale. Zur Geschichte strategischer Eisenbahnprojekte in Rußlands Norden und Sibirien (1943-1954), in: Jahrbücher für Geschichte Osteuropas, N.F. 48, 2000, S. 407-419; Gladkov, Geschichte Sibiriens, S. 232ff.

33 Vgl. oben, Kap. 8, S. 246ff.

34 Johannes Grützmacher, Vielerlei Öffentlichkeiten: Die Baikal-Amur-Magistrale als Mobilisierungsprojekt der Brežnev-Ära, in: Jahrbücher für Geschichte Osteuropas, N.F. 50, 2002, S. 205-223, hier S. 207; ders., »Young Men go East!« The BAM Frontier under Brezhnev, in: Stolberg (Hg.), Siberian Saga, S. 203-219.

35 Grützmacher, Vielerlei Öffentlichkeiten, S. 210; Hildermeier, Geschichte der Sowjetunion, S. 826ff.; Haumann, Geschichte Rußlands, S. 447ff.

36 Grützmacher, Vielerlei Öffentlichkeit, S. 213.

37 Stephan, Russian Far East, S. 265.

[38]   Conolly, The Baikal-Amur-Railway, in: Wood (Hg.), Siberia, S. 169.
[39]   Lincoln, Eroberung Sibiriens, S. 450f.
[40]   Grützmacher, Vielerlei Öffentlichkeiten, S. 208.
[41]   Ebd., S. 221.
[42]   Conolly, Industrialisierung Sibiriens I, S. 922; Hildermeier, Geschiche der Sowjetunion, S. 900ff.
[43]   George A. Lensen (Hg.), Russia's Eastward Expansion, Englewood Cliffs 1964, S. 174f.
[44]   Conolly, Industrialisierung Sibiriens I, S. 924f.; dies., Siberia Today and Tomorrow, S. 48; vgl. grundsätzlich Naselenie Rossii za 100 let (1897-1997). Statističeskij sbornik. (zweisprachig, auch mit englischem Titel: Population of Russia 1897-1997. Statistical Abstract), hg. vom State Committee of the Russian Federation of Statistics, Moskau 1998.
[45]   Bernd Knabe, Regionale Mobilität der Bevölkerung in Sibirien, in: Osteuropa 26, 1970, S. 107-121; ders., Aspekte der gegenwärtigen Arbeitskräftepolitik in Sibirien, in: Leptin (Hg.), Sibirien, S. 123-137; John Sallnow, Siberia's Demand for Labour: Incentive Policies and Migration, 1960-1985, in: Wood/French (Hg.), Development of Siberia, S. 188-207.
[46]   Johanna Roos, Der Westsibirische Territoriale Produktionskomplex, in: Leptin (Hg.), Sibirien, S. 138-148, hier S. 139; Central'noe Statističeskoe Upravlenie pri Sovete Ministrov SSR: Promyšlennost' SSSR, Moskau 1964, S. 84f.; Promyšlennost' Rossii 2005. Statističeskij sbornik, Moskau 2006, S. 133. Die Zahl der Beschäftigten ist nicht mehr regional aufgeschlüsselt.
[47]   Conolly, Industrialisierung Sibiriens I, S. 923f.
[48]   Ebd., S. 924.
[49]   Vgl. Hildermeier, Geschichte der Sowjetunion; Haumann, Geschiche Rußlands, 2. Aufl., S. 459f.; 1. Aufl., S. 618f. Siehe dazu auch Joachim Radkau, Was ist Umweltgeschichte?, in: Werner Abelshauser (Hg.), Umweltgeschichte. Umweltverträgliches Wirtschaften in historischer Perspektive, Göttingen 1994, S. 11-28. Für Rußland/die Sowjetunion fehlt eine Geschichte des Naturschutzes und der Umwelt. Vgl. Vladislav Larin u.a., Ochrana prirody Rossii ot Gorbačeva do Putina, Moskau 2003; O.N. Janickij, Ėkologičeskaja kul'tura. Očerki vzaimodejstvija nauki praktiki, Moskau 2007; Grünbuch. Politische Ökologie im Osten Europas, Osteuropa 58, 2008, Heft 4/5, darin: Julia Obertreis, Der »Angriff auf die Wüste« in Zentralasien. Zur Umweltgeschichte der Sowjetunion, S. 37-56.
[50]   Klaus Gestwa, Ökologischer Notstand und sozialer Protest. Ein umwelthistorischer Blick auf die Reformunfähigkeit und den Zerfall der Sowjetunion, in: Archiv für Sozialgeschichte 43, 2003, S. 349-383, hier S. 349; Christiane Busch-Lüty, Zur Gestaltung des Verhältnisses von Gesellschaft und Natur im realen Sozialismus: Harmonisierung von Ökonomie und Ökologie der Naturnutzung – ein »erstrangiges Problem«?, in: Helmut Schreiber (Hg.), Umweltprobleme in Mittel- und Osteuropa, Frankfurt/M. 1989, S. 11-42, hier S. 13.
[51]   Martin Jänicke, Umweltpolitisches Staatsversagen im Realen Sozialismus, in: Schreiber (Hg.), Umweltprobleme in Mittel- und Osteuropa, S. 43-58, hier S. 43.
[52]   Conolly, Siberia Today and Tomorrow, Kap. 1, im Gegensatz dazu die folgenden Kapitel über die ökonomische Entwicklung; vgl. auch die entsprechenden Teile bzw. Kapitel bei Gladkov, Geschichte Sibiriens, Lincoln, Eroberung Sibiriens und Bobrick, Land der Hoffnung.
[53]   Gestwa, Ökologischer Notstand, S. 350f.
[54]   Hans-Hermann Höhmann/Gertraud Seidenstecher/Thomas Vajna (Hg.), Umweltschutz und ökonomisches System in Osteuropa. Drei Beispiele: Sowjetunion, DDR, Ungarn, Stuttgart 1973, S. 29; Marshall I. Goldman, Umweltverschmutzung in der Sowjetunion: Die Abwesenheit einer aktiven Umweltbewegung und die Folgen, in: Schreiber (Hg.), Umweltprobleme, S. 162-183, hier S. 163.
[55]   T.S. Chatschaturow, Ökonomische Probleme der Ökologie, in: Sowjetwissenschaft. Gesellschaftswissenschaftliche Beiträge 31, 1978, Nr. 10, S. 1019-1031.
[56]   Zeev Wolfson, The Massive Degradation of Ecosystems in the USSR, in: John M. Stewart (Hg.), The Soviet Environment. Problems, Policies und Politics, Cambridge 1992, S. 57-63, hier S. 57; Charles E. Ziegler, Environmental Policy in the USSR, London 1987, S. 25.
[57]   Ziegler, Environmental Policy, S. 26.
[58]   Douglas R. Weiner, Models of Nature. Ecology, Conservation, and Cultural Revolution in Soviet Russia, Bloomington 1988; Charles E. Ziegler, Umweltschutz in der Sowjetunion, in: Schreiber (Hg.), Umweltprobleme, S. 92-114, hier S. 93.
[59]   Ziegler, Environmental Policy, S. 26.

[60] Ebd., S. 27.

[61] Höhmann, Umweltschutz, S. 56.

[62] Stephan Hirzel, Ökologie und Öffentlichkeit. Untersuchungen zur Rolle der sowjetrussischen Schriftsteller in der ökologischen Bewußtseinsbildung der fünfziger bis achtziger Jahre, Bern 1996, S. 225-227.

[63] Ebd., S. 233f; Höhmann, Umweltschutz, S. 32.

[64] Hirzel, Ökologie, S. 227.

[65] Höhmann, Umweltschutz, S. 39.

[66] Ziegler, Umweltschutz, in: Schreiber (Hg.), Umweltprobleme, S.109.

[67] Philip R. Pryde, Environmental Management in the Soviet Union, Cambridge 1991, S. 12-14; Astrid Sahm, Die Auswirkungen der Reaktorkatastrophe von Černobyl' in der Republik Belarus', der Russischen Föderation und der Ukraine. Eine Orientierungshilfe, Frankfurt/M. 1993; vgl. zu Černobyl' jetzt das dieser Reaktorkatastrophe gewidmete Heft der Zeitschrift Osteuropa: Tschernobyl: Vermächtnis und Verpflichtung, Osteuropa 56, April 2006.

[68] Goldman, Umweltverschmutzung, in: Schreiber (Hg.), Umweltprobleme, S. 162ff.

[69] Jürgen Gerber, Georgien. Nationale Opposition und kommunistische Herrschaft seit 1956, Baden-Baden 1997, S. 259, zitiert bei Gestwa, Ökologischer Notstand, S. 377 mit Anm. 152.

[70] Marshall I. Goldman, Environmentalism and Nationalism: An Unlikely Twist in an Unlikely Direction, in: Stewart (Hg.), Soviet Environment, S. 2; Charles E. Ziegler, Political Participation, Nationalism and Environmental Politics in the USSR, in: ebd., S. 24-39, hier: S. 34ff.; Gestwa, Ökologischer Notstand, S. 377f.

[71] Boris Komarov (Pseudonym für Zeev Vol'fson = Wolfson), The Destruction of Nature in the Soviet Union, White Plains 1980. Vol'fson war Ministerialbeamter in der Sowjetunion, dessen Manuskript aus der Sowjetunion hinausgeschmuggelt und unter Pseudonym veröffentlicht wurde. Pryde, Environmental Management, S. 12; Mariana Butenschön, Noch leuchtet das »Auge Sibiriens«. Umweltverschmutzung in der Sowjetunion, in: Frankfurter Rundschau, Nr. 50, 11.12.1982.

[72] Ziegler, Environmental Policy, S. 16.

[73] Klaus Bednarz, Ballade vom Baikalsee. Begegnungen mit Menschen und Landschaften, München u.a. 1998, S. 14f.

[74] Wein, Sibirien, S. 43.

[75] Goldman, Umweltverschmutzung, in: Schreiber (Hg.), Umweltprobleme, S. 166.

[76] Bednarz, Ballade vom Baikalsee, S. 269ff.; wissenschaftliche Bezeichnung: Phoca Sibirica, im Russischen *nerpa*.

[77] Vgl. die Internetseite der Robbenschutzgesellschaft: www.pinnipeds.org/species/baikal.htm.

[78] Bednarz, Ballade vom Baikalsee, S. 28; Goldman, Umweltverschmutzung, in: Schreiber (Hg.), Umweltprobleme, S. 166; Schadensbilanzen – Eingriffe in den Wasserhaushalt Ostsibiriens, in: Osteuropa 46, 1996, Nr. 12, S. A 606-A 612.

[79] Bednarz, Ballade vom Baikalsee, S. 16.

[80] Goldman, Umweltverschmutzung, in: Schreiber (Hg.), Umweltprobleme, S. 167.

[81] Ziegler, Political Participation, in: Stewart (Hg.), Soviet Environment, S. 204f.

[82] Ebd., S. 205f.; Wein, Sibirien, S. 93ff.; Christine Engel, Vom Tauwetter zur postsozialistischen Ära (1953-2000), in: Klaus Städtke (Hg.), Russische Literaturgeschichte, Stuttgart 2002, S. 349-406, hier: S. 350.

[83] Reinhard Lauer, Geschichte der russischen Literatur. Von 1700 bis zur Gegenwart, München 2000, S. 780f.

[84] Wein, Sibirien, S. 93ff.; vgl. auch: Schadensbilanzen – Eingriffe in den Wasserhaushalt Ostsibiriens, S. A 606-A612.

[85] Rasputin, Siberia, Siberia, S. 119-177; ders., Siberia on Fire, DeKalb 1989, S. 187-201; Ziegler, Der Achte Kontinent, S. 272ff.

[86] Bednarz, Ballade vom Baikalsee, S. 367ff.

[87] Ebd., S. 372.

[88] Gestwa, Ökologischer Notstand, S. 374ff.; Hildermeier, Geschichte der Sowjetunion, S. 968f.; Hildegard Kochanek, Die russisch-nationale Rechte von 1968 bis zum Ende der Sowjetunion. Eine Diskursanalyse, Stuttgart 1999, S. 34ff.; Kathleen Parthé, Village Prose Writers and the Question of Siberian Cultural Identity, in: Kotkin/Wolff (Hg.), Rediscovering Russia in Asia, S. 108-119.

89 Gestwa, Ökologischer Notstand, S. 375.
90 Ebd., S. 347; Juri P. Lebedinskij/Iwan M. Potrawnij/Boris E. Krasnjanskij, Umweltschutz in der Sowjetunion. Was bedeuten »Perestroika« und »Glasnost« für die Ökologie, Hamburg 1989, S. 136f.
91 Bednarz, Ballade vom Baikalsee, S. 347.
92 Gestwa, Ökologischer Notstand, S. 368f. mit der weiteren Literatur zum Thema.
93 G.I. Galazij/K.K. Votincev, Problemy Bajkala, Novosibirsk 1978, zitiert bei Wein, Sibirien, S. 47.
94 Zur Waldzerstörung und -schädigung schon seit den zarischen Zeiten vgl. R.A. French, Russians and the Forest, in: Bater/French (Hg.), Studies in Russian Historical Geography, Bd. 1, S. 23-44, hier S. 38ff.
95 Zitiert bei Höhmann, Umweltschutz, S. 28f.
96 Auszüge aus der Rede Šolochovs gegen Daniel' und Sinjavskij in: Helen von Ssachno/Manfred Gruber (Hg.), Literatur und Repression. Sowjetische Kulturpolitik seit 1965, München 1970, S. 53-56.
97 Ziegler, Environmental Policy, S. 55.
98 Ziegler, Political Participation, in: Stewart (Hg.), Soviet Environment, S. 31; Bednarz, Ballade vom Baikalsee, S. 359ff.; Lebedinskij/Potrawnij/Krasnjanskij, Umweltschutz, S. 136ff.
99 Wein, Sibirien, S. 47.
100 Ebd., S. 48; Ulrich Weißenburger, Umweltprobleme in den Nachfolgestaaten der UdSSR, Köln 1993, S. 27 stellte für das Jahr 1990 noch ganz erhebliche Verschmutzungen fest. Emittiert wurden Nitrate, Chloride, Sulfate, Tenside und Phenole sowie weitere Schadstoffe.
101 Ulrich Weißenburger, Der Umweltschutz in der Sowjetunion: Zwang zum Handeln, in: Schreiber (Hg.), Umweltprobleme, S. 184-196, hier S. 189; Regine Richter/Karsten Smid, Raubbau an der Natur. Ölförderung in Westsibirien und auf Sachalin, in: Osteuropa 58, 2008, S. 117-129, hier S. 119f.
102 Klaus Stern, Die Umleitung eines Teils des Abflusses nördlicher europäischer und sibirischer Flüsse in der Sowjetunion und mögliche Auswirkungen auf die Umwelt, Gießen 1986, S. 18-21.
103 Ernst Giese, Die ökologische Krise des Aralsees und der Aralseeregion: Ursachen, Auswirkungen, Lösungsansätze, in: Gundula Bahro/Dirk Betke/Ernst Giese (Hg.), Umweltzerstörungen in Trockengebieten Zentralasiens (West- und Ost-Turkestan). Ursachen, Auswirkungen, Maßnahmen, Stuttgart 1978, S. 55-80.
104 Giese, Aralsee, in: Bahro u.a. (Hg.), Umweltzerstörungen, S. 76.
105 Ebd., S. 63-77; Lebedinskij/Potrawnij/Krasnjanskij, Umweltschutz, S. 132ff.
106 Giese, Aralsee, in: Bahro u.a. (Hg.), Umweltzerstörungen, S. 93; Stern, Umleitung, S. 68.
107 Stern, Umleitung, S. 68; Philip P. Micklin, Water Management in Central Asia: Problems and Prospects, in: Stewart (Hg.), Soviet Environment, S. 88-114, hier S. 105ff.
108 Stern, Umleitung, S. 69.
109 Ebd., S. 70ff.; Giese, Aralsee, in: Bahro u.a. (Hg.), Umweltzerstörungen, S. 94.
110 Gestwa, Ökologischer Notstand, S. 370; Gundula Bahro, Durch die Atomindustrie verseuchte Gebiete in Kazachstan, in: dies./Betke/Giese (Hg.), Umweltzerstörungen, S. 43.
111 Giese, Aralsee, in: Bahro u.a. (Hg.), Umweltzerstörungen, S. 97; Stern, Umleitung, S. 77.
112 Goldman, Umweltverschmutzung, in: Schreiber (Hg.), Umweltprobleme, S. 172.
113 Gestwa, Ökologischer Notstand, S. 370.
114 Ebd., S. 370f.; Giese, Aralsee, in: Bahro/Betke/Giese (Hg.), Umweltzerstörungen, S. 97; Goldman, Umweltverschmutzung, in: Schreiber (Hg.), Umweltprobleme, S. 171-174; Alexandra Mey, Russische Schriftsteller und Nationalismus 1986-1995. Vladimir Solouchin, Valentin Rasputin, Aleksandr Prochanov, Eduard Limonov, Bochum/Freiburg 2004, S. 169.
115 Bednarz, Ballade vom Baikalsee, S. 368.
116 Giese, Aralsee, in: Bahro u.a. (Hg.), Umweltzerstörungen, S. 99.
117 Wein, Sibirien, S. 112.
118 Ebd., S. 28; Kempe, Sibirische Odyssee, S. 238ff.
119 Jill Oakes/Rick Riewe, Spirit of Siberia. Traditional Native Life, Clothing, and Footwear, Vancouver u.a. 1998, S. 8f.; Mote, Siberia, S. 139f.; Richter/Smid, Raubbau an der Natur, S. 117-122.
120 Manfred Sapper/Volker Weichsel, Das globale Prinzip Verantwortung, in: Osteuropa 58, 2008, Heft 4/5, S. 7-8, hier S. 7.

[121] Mote, Siberia, S. 124; Bychkova Jordan/Jordan-Bychkov, Siberian Village, S. 7.
[122] Caroline Humphreys, Population Trends, Ethnicity and Religion among the Buryats, in: Wood/ French (Hg.), Development of Siberia, S. 147-176.
[123] Conolly, Siberia Today and Tomorrow, S. 191f. Die letzten aktuellen Zahlen nach der Bevölkerungszählung in der Russischen Föderation aus dem Jahre 2002. Forsyth, History, S. 406.
[124] Slezkine, Arctic Mirrors, S. 338.
[125] Paul Starobin/Gerd Ludwig, Ab nach Sibirien!, in: National Geographic Deutschland, Ausgabe Juni 2008, S. 60-85.
[126] Forsyth, History, S. 404f.
[127] Ebd.
[128] Slezkine, Arctic Mirrors, S. 339.
[129] Habeck, Seßhaftwerdung und Seßhaftmachung, S. 57.
[130] Ebd.
[131] Slezkine, Arctic Mirrors, S. 340.
[132] Ebd., S. 339.
[133] Ebd., S. 340.
[134] Hildermeier, Geschichte der Sowjetunion, S. 957f.
[135] Slezkine, Arctic Mirrors, S. 343ff.
[136] Forsyth, History, S. 405f.
[137] Ebd., S. 365.
[138] Ebd., S. 408.
[139] Ebd., S. 402.
[140] Ziegler, Der achte Kontinent, S. 291; Rodion V. Suljandziga/D.A. Kudrjašova/Pavel V. Suljandziga, Korennye maločislennye narody Severa, Sibiri i Dal'nego Vostoka Rossijskoj Federacii. Obzor sovremennogo položenija, Moskau 2003, S. 136; Forsyth, History, S. 409ff.
[141] Vaughan, The Arctic, S. 289.
[142] Mote, Siberia, S. 142; vgl. auch Stephan, Russian Far East, S. 294f.
[143] Mote, ebd. Tatarstan, im europäischen Teil gelegen, erklärte sich bereits Ende August 1990 zur souveränen Republik.

STATT EINES RESÜMEES

[1] John J. Stephan, Siberia and the World Economy: Incentives and Constraints to Involvement, in: Wood (Hg.), Siberia, S. 213-230, hier S. 215.
[2] Michael Thumann, Abschied vom Ende der Welt, in: Die Zeit, 27.7.2000, S. 13-16; Siberia sinks back into a primitive wasteland, in: The Guardian Weekly, 20.-26.6.2002; Stephan, Russian Far East, S. 295ff.
[3] Daniel Göler, Russia's Northern Periphery in Transition: Regional Fragmentation of the Far North?, in: Graeme Gill (Hg.), Politics in the Russian Regions, Houndmills 2007, S. 188-203, hier S. 190; ders., Rückzug aus der nördlichen Peripherie Rußlands? Jüngere räumliche Entwicklungen im Hohen Norden Ostsibiriens und des Fernen Ostens – ein Beitrag zur peripheren Transformationsforschung, Leipzig 2005, S. 143ff.; Kerstin Holm, Sibirien wird noch leerer, in: Frankfurter Allgemeine Zeitung, 31.3.2005, S. 37; Vakhtin, Menschen und Ethnizität, in: Hauser-Schäublin/Krüger (Hg.), Sibirien und Russisch-Amerika, S. 55; Thomas Roth, Russisches Tagebuch. Von den Tschuktschen bis zum Roten Platz, München 2002, S. 28ff.: Berichte über die Verhältnisse auf Čukotka und Kamčatka, aus Magadan und Vladivostok.
[4] Goehrke, Das »andere« Rußland, S. 147; Kempe, Sibirische Odyssee, S. 15, 56-61 und 84f.
[5] Mote, Siberia, S. 159ff.
[6] Goehrke, Das »andere« Rußland«, S. 147ff.
[7] Naumov, History of Siberia, S. 218.
[8] Fortescue/Rautio, Vom Arbeitslager zum Weltmarktführer, S. 398ff.
[9] Vgl. dazu Heiko Pleines, Wirtschaftseliten und Politik im Rußland der Jelzin-Ära (1994-1999), Münster u.a. 2003.
[10] Stephen Fortescue, Russia's Oil Barons and Metal Magnates. Oligarchs and the State in Transition, Houndmills 2006, Kap. 7 und 8.

[11] Ebd., S. 48ff.

[12] Ebd., S. 144f.

[13] Barbara Engel, Öffentliche Räume in den blauen Städten Rußlands. Entwicklungen, Status und Perspektiven, Tübingen 2004; dies. (Hg.), Die Zukunft der blauen Städte Sibiriens. Voraussetzungen für eine nachhaltige Stadtentwicklung der Städte im sibirischen Norden, Cottbus 2001. Die Bezeichnung »blaue Städte« geht auf den sowjetischen Film »Zwei Sonntage« aus dem Jahr 1963 zurück, in dem Städte wie Radiozavodsk und Angarsk als Utopie eines besseren Lebens dargestellt wurden. Die Farbe Blau ist literarisch als »unwirklich« oder »traumhaft« zu verstehen. Engel, Öffentliche Räume, S. 53. Zu Sibirien im sowjetischen Film der 1920er bis 1940er Jahre vgl. Susi K. Frank, »Sibir', Sibir' ... Russkij Kraj«. Die sibirische Thematik im sowjetischen Film zwischen 1928 und 1947, in: Wiener Slawistischer Almanach 47, 2001, S. 99-116.

[14] Zu den Oligarchen vgl. David E. Hoffman, The Oligarchs. Wealth and Power in the New Russia, New York 2003, in dem merkwürdigerweise Roman A. Abramovič mit keinem Wort erwähnt wird. Vgl. dazu Fortescue, Russia's Oil Barons, S. 31ff.

[15] Siehe dazu die Homepage des Unternehmens: www.highlandgold.com. Letzter Zugriff am 13.7.2008.

[16] Vgl. www.russiatoday.ru/features/news/22204. Letzter Zugriff am 30.8.2008. Vgl. Roth, Russisches Tagebuch, S. 35ff.

[17] Vgl. die Webseite der Gesellschaft: www.gfbv.de. Letzter Zugriff am 30.7.2008; John P. Ziker, Peoples of the Tundra. Northern Siberians in the Post-Communist Transition, Long Grove 2002.

[18] Protestnote der Vereinigung vom 4. März 1996 an Präsident El'cin, Ministerpräsident Černomyrdin und den Dumapräsidenten Seleznov in: Balzer,Tenacity of Ethnicity, S. 227-231.

[19] Das Institut gibt die Reihe »Halle Studies in the Anthropology of Eurasia« heraus, in der mehrere Bände zu dieser Thematik erschienen sind. Ebenfalls aus der Arbeit dieser Gruppe sind hervorgegangen: Erich Kasten (Hg.), People and the Land, Berlin 2002; ders. (Hg.), Properties of Culture – Culture as Properties, Berlin 2004; ders. (Hg.), Rebuilding Identities, Berlin 2005. Über die indigenen Ethnien Sibiriens sind von russischer Seite seit den frühen 1990er Jahren zahlreiche Sammelbände und Nachschlagewerke publiziert worden. Vgl. oben, S. 315, Anm. 68.

[20] Bychkova Jordan/Jordan-Bychkov, Siberian Village, S. 11; Marjorie M. Balzer/Uliana A. Vinokurova, Nationalism, Interethnic Relations and Federalism: The Case of the Sakha Republic (Yakutia), in: Europe-Asia Studies 48, 1996, S. 101-120; Mote, Siberia, S. 181ff.

[21] Ebd., S. 5; Anna Gossmann, Souveränität auf Jakutisch. Berichte des Bundesinstituts für ostwissenschaftliche und internationale Studien, Nr. 34, 1997, S. 7.

[22] Gossmann, Souveränität auf Jakutisch, S. 15.

[23] Ebd., S. 26.

[24] www.russia.polpred.ru/regions.html?fo=7&region=79. Letzter Zugriff am 12.8.2008.

[25] Ausführlich dazu und zu den russisch/sowjetisch-japanischen Beziehungen seit den ersten Begegnungen Tsuyoshi Hasegawa, The Northern Territories Dispute and Russo-Japanese Relations, 2 Bde., Berkeley 1998; vgl. auch David Sirakov, Die russische Japanpolitik in der Ära Putin. Innergesellschaftliche Präferenzbildung und die Kurilenfrage, Hamburg 2006; Kunio Okada, The Japanese Economic Presence in the Russian Far East, in: Judith Thornton/Charles E. Ziegler (Hg.), Russia's Far East: A Region at Risk, Seattle/London 2002, S. 419-440.

[26] Jan H. Kalicki/Eugene K. Lawson, Conclusion, in: dies. (Hg.), Russian-Eurasian Renaissance? U.S. Trade and Investment in Russia and Eurasia, Washington D.C./Stanford 2003, S. 484.

[27] Stephen Wegren/A. Cooper Drury, Patterns of Internal Migration During the Russian Transition, in: Journal of Communist Studies and Transition Politics 17, 2001, S. 15-42, hier S. 28.

[28] Mikhail Alexseev, Chinese Migration in the Russian Far East: Security Threats and Incentives for Cooperation in Primorskii Krai, in: Thornton/Ziegler (Hg.), Russia's Far East, S. 319-347, hier S. 320f.; Eric Hyer, Dreams and Nightmares: Chinese Trade and Immigration in The Russian Far East, in: Journal of East Asian Affairs 10, 1996, S. 289-308; Vladimir Kontorovich, Can Russia Resettle the Far East?, in: Post-Communist Economies 12, 2000, S. 365-384.

[29] Hyer, Dreams and Nightmares, S. 300.

[30] Alexseev, Chinese Migration, S. 340f.

[31] Wegren/Drury, Patterns of Internal Migration, S. 28.

[32] Naumov, History of Siberia, S. 220.

[33] Jadrincev, Sibirien, S. 189.

GLOSSAR UND ABKÜRZUNGEN

AINU   Im Norden Japans auf Hokkaido und im russischen Fernen Osten auf Südsachalin und den Kurilen lebende Ethnie mit eigener Sprache und schamanistischer Religion. Ihre ethnische Zugehörigkeit ist bis heute umstritten.

ALËUTEN   Auf der gleichnamigen Inselkette lebende Ethnie, die zur eskimo-alëutischen Sprachfamilie gehört; Religion: Animismus und Schamanismus. →Unangan

ALTGLÄUBIGE   Russ.: *starovery* oder *staroobrjadčeskie* (Altritualisten), abwertend auch als *raskol'niki* (Spalter) bezeichnet; religiöse Abspaltung von der russisch-orthodoxen Kirche. Sie entstand im Zuge der Kirchenreform des Patriarchen Nikon Mitte des 17. Jahrhunderts, bei der die kirchlichen Texte aus dem Griechischen neu übersetzt und die Riten des orthodoxen Gottesdienstes verändert wurden. Da die Altgläubigen die Kirchenreform ablehnten und die überlieferten Texte und Riten beibehielten, wurden sie als Schismatiker von seiten der Kirche und des Staates immer wieder verfolgt. Deshalb siedelten sie sich in abgelegenen Gebieten an, so auch in Sibirien.

AMANAT   Geisel, die von den sibirischen Ethnien gestellt werden mußten. Der Begriff stammt aus dem Arabischen.

APRILTHESEN   Von V.I. Lenin am 4./17.4. 1917 kurz nach seiner Rückkehr aus dem Exil erstmals vorgetragene Thesen, die den Ausgangspunkt für das weitere Vorgehen der →*Bol'ševiki* beschrieben. So forderte Lenin die zweite Etappe der Revolution, was unter anderem eine Nationalisierung des Bodens, die Arbeiterkontrolle in der Industrie und das Ende des Krieges mit Deutschland beinhaltete. Die zentralen Punkte der Aprilthesen waren die Anbindung der armen Bauernschaft an die Ziele der Revolution und die Etablierung der Sowjets als Organe der revolutionären Macht.

ARTEL'   Freiwilliger Zusammenschluß von Arbeitskräften, die im Artel' meist gleichzeitig auch als Unternehmer fungierten, vor allem in schwach industrialisierten Regionen verbreitet.

BAŠKIREN   Heute im Südural lebendes Turkvolk, das im 18. Jahrhundert in den Steppengebieten der linksufrigen Wolga nomadisierend Viehzucht betrieb; zahlreiche Aufstände in der zweiten Hälfte des 17. und der ersten Hälfte des 18. Jahrhunderts gegen die russische Herrschaft; Religion: sunnitischer Islam.

BOJAR   Russischer Adelstitel unterhalb des Ranges eines Fürsten (russ.: *knjaz'*); der Ursprung des Wortes ist nicht eindeutig, wahrscheinlich stammt es aus dem Alttürkischen (*bai* und *är*: vornehmer Mann). Die Bojarenschicht entwickelte sich seit dem 7. Jahrhundert und formierte sich endgültig im 11. Jahrhundert. Im Laufe des 17. Jahrhunderts verringerte sich ihr Einfluß; der letzte Bojar, Ivan Jur'evič Trubeckoj, starb 1750.

BOJARENKIND   Russ.: *syn bojarskij*; niederer Adelstitel im Moskauer Reich; wurde in Sibirien vor allem denjenigen verliehen, die sich im Zivil- oder Militärdienst ausgezeichnet hatten.

BOL'ŠEVIKI   Dt.: Mehrheitler, radikaler Flügel der russischen Sozialdemokratie, siehe → *RSDRP*. Die Gruppe um Vladimir I. Lenin, eigentlich Ul'janov, die sich 1912 endgültig als eigenständige Partei formierte, trat für eine elitäre, streng hierarchische Parteiorganisation, ein Klassenbündnis mit den Bauern gegen den zarischen Staat und die bürgerlichen Klassen sowie ein konspiratives Hinarbeiten auf den bewaffneten Aufstand, die sozialistische Revolution, ein. So propagierte sie nach der Februarrevolution von 1917 unter dem Einfluß des aus dem Exil zurückgekehrten Lenin den bewaffneten Aufstand gegen die →*Provisorische Regierung* und forderte die Übergabe aller Macht an die Arbeiter- und Soldatenräte. Angesichts der katastrophalen Lage Rußlands 1917 gewannen die Bol'ševiki mit diesen Positionen immer mehr Anhänger unter der Arbeiterschaft und in den Räten, was den von ihnen durchgeführten Oktoberumsturz (Oktoberrevolution) am 25. Oktober 1917 (alten Stils) erst ermöglichte. Siehe hierzu auch → *Men'ševiki*.

BUCHARA   Bedeutender Handelsplatz in Zentralasien seit dem 8. Jahrhundert; das gleichnamige Chanat wurde 1868 von Rußland erobert.

ČEKA   Eigentlich VČK (*Vserossijskaja Črezvyčajnaja Komissija po bor'be s kontrrevoljuciej, spekuljaciej i sabotažem* (dt.: Allrussische Außerordentliche Kommission zur Bekämpfung der Konterrevolution, der Spekulation und der Sabotage); im Dezember 1917 unter der Leitung von Feliks È. Dzeržinskij gegründete Geheimpolizei der →*Bol'ševiki*, die im Laufe des Bürgerkrieges (1917-1921) zu einer Massenorganisation mit rund 137.000 Mitarbeitern wurde und Rußland bzw. die »Klassenfeinde des Proletariats« einer Terrorherrschaft unterwarf, der zwischen 50.000 und 300.000 Menschen zum Opfer fielen. Offiziell war die Čeka mit der Überwachung der Schienennetze und der Verwaltung der Lager und Gefängnisse betraut. Nach dem Bürgerkrieg wurde sie im Februar 1922 offiziell aufgelöst und ihre Aufgaben dem Volkskommissariat des Innern übertragen. Allerdings erfolgte de facto nur eine Umbenennung in →*GPU*, da weder die Personalstrukturen verändert noch ihre Kompetenzen beschnitten wurden. Dzeržinskij selbst avancierte zum Innenkommissar und blieb bis zu seinem Tod 1926 im Amt. Siehe hierzu auch →*NKVD*.

ČEREMISSEN   Eigenbezeichnung: *Marij* oder *Mari*, heute als *Marijcy* bezeichnet; finno-ugrisches Volk zwischen mittlerer Wolga und Vjatka; seit dem Untergang des Chanats Kazan' 1552 im Russischen Reich; teils muslimisch, teils russisch-orthodox.

ČERNYJ PEREDEL   Dt. Schwarze Umteilung; Name der Partei der Sozialisten-Förderalisten, 1879 entstanden aus der zerfallenden revolutionären Partei »*Zemlja i vol'ja*« (Land und Freiheit). Der Name der Partei entstand aus einem unter den Bauern weitverbreiteten Gerücht über eine »Schwarze Umteilung« des Landes, also die kostenlose Aufteilung des Landes der Gutsbesitzer, des Staates, der Kirche usw. Mitglieder der Partei waren unter anderem Grigorij V. Plechanov, Pavel B. Aksel'rod und Vera I. Zasulič.

CHAN   Aus der älteren Form Khagan bzw. Kaghan (Gaghan) hervorgegangen; aus den Altaisprachen in die Turk- und Mongolsprachen übernommen; Kernbedeutung ist Befehlshaber, Anführer; bei den Mongolen war die Bezeichnung zunächst dem Herrscher des Reiches vorbehalten; später in der Bedeutung von »Herrscher« im zentralasiatischen Raum verbreitet. Als Chanat wird der Herrschaftsbereich des Chans bezeichnet.

CHANBALIQ   Mong.: Stadt des Chans, auch Chanbalik, heute Peking; Nach Karakorum (heute Ruinenstätte in der Mongolei) ab 1264 bis 1368 die neue Residenz der mongolischen Großchane. Nach dem Herrschaftsantritt Khubilai oder Kublai Chans (Großkhan 1260-1294, chinesischer Kaiser 1271-1294), eines Enkels Dschingis Chans, ließ dieser Chanbaliq als seine neue Hauptstadt auf den Trümmern des 1215 von Dschingis Chan zerstörten chinesischen Zhongdu errichten. Marco Polo bezeichnete die Stadt in seinem Reisebericht als Kambaluk.

CHANTEN   →*Ostjaken*.

CHIVA   Handelsplatz an der Seidenstraße in Zentralasien; 1873 von Rußland erobert.

ČUKČEN   Russische Bezeichnung für die auf der Halbinsel Čukotka im äußersten Nordosten lebende, paläoasiatische bzw. paläosibirische, nach neuerer Terminologie arktische Ethnie; sprachlich verwandt mit *Korjaken* und *Yupik*, schamanistische Religion. Die Čukčen teilen sich in Tundra- oder Rentier-Čukčen bzw. in Küsten- oder Hundezüchter-Čukčen. Sie gelten als die älteste Ethnie des nordostsibirischen Festlandes. Das russische Wort stammt aus der Eigenbezeichnung der Tundra-Čukčen »čauču« oder »čavcavyt« (reich an Rentieren); die Küsten-Čukčen nannten sich »ank'al'yt (Meeresmenschen) oder anqallyt (Küstenbewohner); zur Eigenbezeichnung gegenüber anderen Ethnien benutzen sie das Wort »lg'oravetl'an (wirkliche oder echte Menschen).

ČUVAŠEN   Turkvolk, hervorgegangen aus der Überschichtung finno-ugrischer Ethnien durch alttürkische; am rechten Wolgaufer zwischen Sara und Svijaga beheimatet, eigenständige Turksprache; Religion: Animismus, russische Orthodoxie und in sehr geringem Umfang Islam; viele Bräuche aus vorchristlicher Zeit blieben erhalten.

DAUREN   Eigenbezeichnung: *daory, dachor* oder *tagury*; mongolischsprachige Ethnie in der Mandschurei am Amur bis zum 17. Jahrhundert; schamanistische Religion; lebt heute vor allem in der Inneren Mongolei (China).

DEKABRISTEN   Russ.: *dekabristy*; revolutionäre Verschwörer meist adliger Herkunft, die in der ungewissen Situation nach dem Tod Alexanders I. und vor der Vereidigung Nikolajs I. versuchten, die zarische Autokratie am 14. Dezember (russ.: *dekabr'*, daher der Name) 1825 durch einen militärischen Staatsstreich in St. Petersburg zu beseitigen. An ihre Stelle sollte ein durch parlamentarische Institutionen demokratisiertes Rußland treten. Loyale Einheiten der zarischen Regierung konnten den Putschversuch jedoch rasch niederschlagen. Viele der Dekabristen, die der Hinrichtung entgingen, wurden nach Sibirien verbannt.

DIENSTLEUTE   Russ.: *služilye ljudi*; niedere Adelsränge, unter anderem →*Bojarenkind.*

DÖRBÖDEN   Russ.: *derbety*; ein zu den Kalmücken gehörender Stamm, siehe auch →*Dsungaren.*

DSCHINGISIDEN   Nachfahren des Dschingis Chan bzw. die von ihm begründete Dynastie, die u.a. als mongolische Großchane und als chinesische Kaiser (Yuan-Dynastie) herrschten.

DUMA   Dt.: Gedanke, Denken, auch Rat oder Ratschlag; Bezeichnung für eine Gruppe oder Versammlung von Ratgebern, etwa Bojarenduma oder Stadtduma; seit 1905 als Kurzform für die *Gosudarstvennaja Duma* (Staatsduma) gebräuchlich, die gewählte Volksvertretung, die Nikolaj II. mit dem Oktobermanifest von 1905 während der Revolution 1905-1906 gewährte, um die revolutionäre Bewegung zu spalten und die gebildeten und besitzenden Schichten zur Zusammenarbeit zu gewinnen. Insgesamt wurden in den Jahren 1906-1917 vier Dumen gewählt. Nach dem Zerfall der UdSSR und mit dem Inkrafttreten der neuen russischen Verfassung von 1993 wurde der Begriff erneut zur offiziellen Bezeichnung für das russische Parlament.

DSUNGAREN   Russ.: *džungary*; eine der Bezeichnungen für die Kalmücken, eine westmongolische Ethnie. Die Kalmücken lebten als Reiternomaden in Stämmen; lamaistische Religion.

EURASIEN   Geographisch-geologischer Begriff für Europa und Asien als zusammenhängender Kontinent, der sich vor allem auf Sibirien aber auch auf Zentralasien als Regionen zwischen dem europäischen und dem asiatischen Kulturraum bezieht. In der russischen Philosophiegeschichte kam der Begriff Eurasien bzw. Eurasiertum nach der Oktoberrevolution 1917 in den 1920er und 1930er Jahren unter den russischen Emigranten auf. Das *evrazijstvo* sah in Rußland einen eigenständigen Kulturraum und nicht einen Teil Europas oder Asiens. Das eurasische Rußland wurde damit zum Mittler zwischen Europa und Asien. Wichtigster Philosoph und Publizist des *evrazijstvo* war Fürst Nikolaj S. Trubeckoj (1890-1938), siehe auch →*Eurasier.*

EURASIER   Gesamtheit der Ethnien, die →*Eurasien* bewohnen. Als Eurasier werden aber auch die Vertreter der russischen Idee bzw. Philosophie des Eurasiertums (russ.: *evrazijstvo*) bezeichnet. Einer ihrer Führer war Petr N. Savickij (1895-1968), siehe auch *Eurasien.*

EVENEN   Auch *Even* oder *Lamuten*; kulturell und sprachlich den →*Evenken* nahe verwandt; leben östlich der Lena, an der Nordküste des Ochotskischen Meeres und auf Kamčatka.

EVENKEN   *Tungusen*; gehören zur tungusisch-mandschurischen Sprachgruppe, in Sippen lebend; schamanistische Religion.

FREIE ÖKONOMISCHE GESELLSCHAFT   Eigentlich Kaiserliche Freie Ökonomische Gesellschaft (russ.: *Imperatorskoe Vol'noe ėkonomičeskoe Obščestvo*); eine der ersten wissenschaftlichen Gesellschaften in Rußland, 1765 von Katharina II. gegründet; sollte die Einführung neuer Agrartechniken in der Landwirtschaft unterstützen und wissenschaftliche Diskussionen zu Wirtschaftsfragen sowie zur Problematik der Leibeigenschaft anregen. Die Gesellschaft veröffentlichte die ersten statistischen und geographischen Forschungen Rußlands sowie Beiträge zur modernen Landwirtschaft und existierte offiziell bis 1918. 1982 Wiederaufnahme der Tätigkeit, seit 1992 unter dem alten Namen, jedoch ohne den Zusatz »Kaiserlich«.

GILJAKEN   Veraltete Bezeichnung für *Nivchen*; paläosibirische bzw. paläoasiatische Ethnie, in neuerer Terminologie als nordasiatisch bezeichnet; an der Mündung des Amur und auf der nördlichen Hälfte Sachalins lebend; schamanistische Religion.

GOLDENE HORDE   Russ.: *Zolotaja Orda*; Nachfolgereich des Mongolenreiches vom frühen 13. bis zum späten 15. Jahrhundert; 1236 von Batu Chan, einem Enkel Dschingis Chans, gegründet. In Osteuropa, Westsibirien und im Nordwesten Zentralasiens gelegen, übte es lange eine Tributherrschaft über die russischen Fürstentümer aus.

GOUVERNEMENT   Russ.: *gubernija*; oberste administrativ-territoriale Einheit, die von Peter I. (regierte 1682/89-1725) eingeführt wurde. Unter Katharina II. (regierte 1762-1796) wurde das Russische Reich in 40 Gouvernements aufgeteilt; im Laufe des 19. Jahrhunderts erfolgte eine noch stärkere Untergliederung. Sibirien war seit 1708 ein Gouvernement (Hauptort Tobol'sk), nach der Verwaltungsreform von 1822 bestanden zwei Generalgouvernements als eine übergeordnete Verwaltungsinstanz (West- und Ostsibirien).

GPU   Russ.: *Glavnoe Političeskoe Upravlenie* (dt.: Politische Hauptverwaltung), seit 1924 *OGPU*, russ.: *Ob-edinennoe Gosudarstvennoe Političeskoe Upravlenie* (dt.: Vereinigte Staatliche Politische Verwaltung); die GPU wurde 1922 als Abteilung des Volkskommissariats des Innern (→

NKVD) geschaffen und war de facto die Nachfolgebehörde der → *Čeka*. 1924 wurde sie nach der Gründung der UdSSR unter dem Namen *OGPU* erneut eine selbständige Behörde auf gesamtstaatlicher Ebene. Sie war im Unterschied zu ihrer Vorgängerin kein außerordentliches Revolutionsorgan, sondern eine reguläre Einrichtung. Ihre Kompetenzen standen ihr gesetzmäßig und auf Dauer zu. Sie konnte auf dem gesamten Unionsterritorium tätig werden und unterstand nur dem Zentralen Exekutivkomitee und dem Rat der Volkskommissare, in dem ihr Chef zudem ohne eigenes Volkskommissariat Mitglied war. Die Behörde war damit als ein in der Staatsordnung verankertes Terrororgan (1926 saßen rund 240.000 bis 270.000 Menschen in den Lagern der *OGPU*, →*GULag*) neben der Partei und der Armee eine der drei tragenden Säulen des revolutionären Regimes. 1934 wurde die *OGPU* erneut dem *NKVD* unterstellt.

GREAT GAME IN ASIA   Bezeichnung für den Konflikt zwischen dem Russischen Reich und Großbritannien um die Vorherrschaft in Asien im 19. Jahrhundert. Zugeschrieben wird der Begriff dem britischen Geheimdienstoffizier Arthur Conolly, verbreitet wurde er durch einen Roman von Rudyard Kipling. In Rußland bezeichnet man das Great Game als »Schattenturniere« (russ.: *turniry tenej*). Ein Schauplatz des Great Game waren Zentralasien, das in der zweiten Hälfte des 19. Jahrhunderts zu großen Teilen dem Russischen Reich einverleibt wurde. Die Briten sahen darin insbesondere eine Bedrohung für Indien, die »Perle des Britischen Kolonialreiches«. Ein zweiter Schauplatz war das sich im Zerfall befindliche Chinesische Reich, wo allerdings seit 1900 auch die anderen europäischen Großmächte eine Rolle spielten. Mit dem britisch-russischen Interessenausgleich im Vertrag von St. Petersburg 1907 wurde das Great Game beendet.

GROSSFÜRST   Russ.: *Velikij knjaz'*; Titel der Herrscher der →*Kiever Rus'*, ab dem 12. Jahrhundert auch Herrschertitel in den unabhängigen Teilfürstentümern, unter mongolischer Oberherrschaft, Titel des russischen Fürsten, der das Recht besaß, unter den anderen Fürsten den Tribut für den Chan einzusammeln, ab 1521 nach der Abschüttelung des »Tatarenjochs« und nach der sogenannten »Sammlung der russischen Erde« alleiniger Titel des Herrschers des Großfürstentums Vladimir und Moskau, aus dem der Moskauer Staat hervorging. Nach der Krönung Ivans IV. zum ersten russischen Zaren 1547 blieb der Großfürstentitel als zusätzlicher Titel erhalten, den bis 1917 auch die Mitglieder der kaiserlichen Familie trugen. Auch →*Zar* und →*Kaiser*.

GULAG   Russ.: *Glavnoe upravlenie ispravitel'no-trudovych lagerej* (Hauptverwaltung der Besserungs-Arbeitslager); zentrale Behörde, der in den 1930er Jahren alle Straflager in der Sowjetunion unterstellt wurden, Teil des Volkskommissariats des Innern bzw. der →*OGPU*. Auch →*GPU* und →*NKVD*.

HIROSHIMA   Japanische Großstadt mit heute 1,1 Mio. Einwohnern auf der Hauptinsel Honshu; am Morgen des 6. August 1945 wurde von einem US-amerikanischen Bombenflugzeug die erste Atombombe über der Stadt abgeworfen. Dieser erste Einsatz von Atomwaffen tötete ca. 90.000 bis 200.000 Menschen und zerstörte ca. 80% der bis dahin unbeschädigten Stadt. Wenige Tage später erfolgte der Abwurf einer weiteren Atombombe über der japanischen Stadt Nagasaki (heute ca. 450.000 Einwohner) auf der japanischen Insel Kyushu, der zwischen 36.000 und 200.000 Menschen das Leben kostete.

HORDE   Aus dem turksprachigen Wort *orda* für Heerlager, generelle Bezeichnung für Volk, Reich oder Leute und im weiteren Sinne ein Zusammenschluß zu einem Reich, wie z.B. Goldene Horde als Bezeichnung für das mongolische Teilreich Batu Chans, →*Goldene Horde*.

IL'JA MUROMEC   Il'ja aus Murom (eine Stadt im Gebiet Vladimir); eine Zentralfigur der russischen Bylinen (Heldenepen), vollbringt Heldentaten als Beschützer des bedrohten Rußland.

ISKER   →*Sibir'*.

ITEL'MENEN   In der Eigenbezeichnung auch *Itènmèn*; von den russischen Eroberern zunächst als Kamčadalen bezeichnet; paläosibirische bzw. paläoasiatische Ethnie, zur čukčisch-kamčadalischen Sprachfamilie gehörend; leben auf Kamčatka, Religion: Schamanismus.

JAKUTEN   Eigenbezeichnung: Sg.: *Sacha*, Pl: *Sachalar*; in Nordostsibirien lebendes Turkvolk mit schamanistischer Religion *(→Tengrismus)*; lebt heute in der zur Russischen Föderation gehörenden Republik Sacha.

JASAK   Aus dem Türkischen stammende Bezeichnung für eine Tributleistung.

JUKAGIREN   Paläosibirische bzw. paläoasiatische Ethnie; schamanistische Religion, verfügten über eine Bilder- und Symbolschrift. Ihre Sprache besitzt zwar keine direkte Verwandtschaft mit anderen lebenden Sprachen, gehört aber genetisch zu den Ural- und Altaisprachen. Sie leben am Fluß Kolyma, in der Republik Sacha und im Magadaner Gebiet.

KADETTEN   Russ.: *Kadety*; gebräuchliche Bezeichnung für die Mitglieder der im Oktober 1905 gegründeten Konstitutionell-Demokratischen Partei (russ.: *Konstitucionno-demokratičeskaja partija*). Die Abkürzung *kadety* erklärt sich aus den Anfangsbuchstaben des Parteinamens. Die auf dem linken Flügel des Liberalismus stehende Partei stand in Opposition zur zarischen Regierung und war in allen vier Dumen, dem seit 1906 bestehenden Parlament mit eingeschränktem Wahlrecht (auch →*Duma*), vertreten. Die Mitglieder stammten zumeist aus den Reihen der bürgerlichen Intelligenz, weshalb sie auch als »Professorenpartei« bezeichnet wurde.

KAISER   Titel der russischen Monarchen ab 1721, vollständiger Titel: Allrussischer Kaiser, russ.: *Vserossijskij imperator*. Nach dem Ende des Nordischen Krieges (1700-1721, Friede von Nystad) hatten Senat und Synod (siehe →*Patriarch*) Peter I. am 20. Oktober 1721 in einem gemeinsamen Beschluß um die Annahme der Titel »Vater des Vaterlandes, Allrussischer Kaiser, Peter der Große« gebeten. Peter I. machte bei der Annahme des Kaisertitels klar, daß es sich nicht um die Nachfolge des byzantinischen Kaisertums, sondern um einen neuen Kaisertitel handelte. Der neue Kaisertitel trat nicht neben, sondern an die Stelle des alten Zarentitels. →*Großfürst* und → Zar.

KAISERLICHE RUSSISCHE GEOGRAPHISCHE GESELLSCHAFT   Russ.: *Imperatorskoe Russkoe Geografičeskoe Obščestvo*; 1845 in St. Petersburg gegründet, nach den Gesellschaften in Paris (1821), Berlin (1828) und London (1830). Die Idee war, Wissenschaftler zum Studium des eigenen Landes heranzuziehen, d.h. zur Sammlung und Verbreitung geographischer, statistischer und ethnographischer Nachrichten über das Russische Reich. Unter der Leitung der Gesellschaft fanden zahlreiche wissenschaftliche Expeditionen auch nach Sibirien statt.

KALITA   Dt.: Geldbeutel oder Geldsack; Beiname des Großfürsten Ivan I. (1288-1341; seit 1325 Fürst von Moskau, von 1328-1341 Großfürst), den er aufgrund der Anhäufung großer Reichtümer erhielt.

KIEVER RUS'   Kiever Reich ostslavischer Stämme von der zweiten Hälfte des 9. Jahrhunderts mit einer schnell assimilierten skandinavischen Oberschicht; →*Varäger*.

KOČA   Pl. *koči*; schmales Boot für Küsten- und Flußschiffahrt.

KOMI   Eigenbezeichnung der →*Zyrjänen*, auch *Syrjänen*.

KOMSOMOLZEN   Mitglieder der Jugendorganisation der KPdSU, des Komsomol, gegründet am 29. Oktober 1918 als Russischer kommunistischer Jugendverband, russ.: *Rossijskij kommunističeskij sojuz molodeži* (RKSM), 1926 umbenannt in Allunions-Leninscher Kommunistischer Jugendverband, russ.: *Vsesojuznyj leninskij kommunističeskij sojuz molodeži* (VLKSM), bestand bis 1991. Als Nachwuchsorganisation der KPdSU war die Erziehung der sowjetischen Jugend im Geiste des Kommunismus das erklärte Ziel des Komsomol. Seine Funktionäre stellten die künftige Parteielite der KPdSU. Außerdem besaß der Komsomol direkten Zugang zur Macht, was in der sowjetischen Verfassung von 1977 z.B. mit der Verleihung des Gesetzinitiativrechts auch formal festgeschrieben wurde.

KOMUČ   Abkürzung für *Komitet členov učreditel'nogo sobranija*, dt.: Komitee der Mitglieder der Verfassunggebenden Versammlung (Konstituante), die, im November 1917 gewählt, am 6./19. Januar 1918 nach nur einem Tag von den →*Bol'ševiki* gewaltsam aufgelöst wurde und in der die Sozialrevolutionäre über die absolute Mehrheit verfügten. Ein Teil der Abgeordneten flüchtete nach Samara und gründete dort das »Komitee«, das als einzig demokratisch legitimierte Institution die alleinige Regierungsgewalt beanspruchte.

KORENIZACIJA   Dt.: Einwurzelung oder Indigenisierung; russische Bezeichnung der Nationalitätenpolitik im sowjetischen Rußland bzw. in der frühen Sowjetunion der 1920er Jahre. Da es während des Bürgerkrieges zu Abspaltungen vom ehemaligen Russischen Reich sowie zu einer Vielzahl von separatistischen Bewegungen gekommen war, war das neue Regime darauf bedacht, die unzähligen Nationalitäten der Sowjetunion an den sozialistischen Staat zu binden. Hierfür wurde mit der Politik der *Korenizacija* das zarische Verbot der einheimischen Sprachen in Wort und Schrift endgültig aufgehoben, Schulunterricht seitdem in der jeweiligen Landessprache abgehalten, das Schul- und Kulturwesen der jeweiligen Regionalregierung unterstellt und zumindest den größeren ethnischen Minderheiten auch administrative Autonomie gewährt. Für den Fall der indigenen Völker Nordrußlands und Sibiriens ist besonders interessant, daß allein 48

Dialekte erstmals in schriftlicher und normativer Form zusammengefaßt wurden. Diese Politik festigte vielerorts das indigene Nationalbewußtsein oder schuf es teilweise erst, wie etwa im Fall Weißrußlands (*Belarus'*). Mit dem Aufstieg Stalins Anfang der 1930er Jahre fand die *Korenizacija* ihr Ende.

KORJAKEN   Auch *Koraken*; zur paläoasiatischen bzw. paläosibirischen Sprachfamilie gehörende Ethnie, lebt im nach ihnen benannten autonomen Bezirk im Norden Kamčatkas, auf Čukotka und im Magadaner Gebiet; Jäger und Fischer, schamanistische Religion.

KOSAK(EN)   Russ.: *kazak*, Pl. *kazaki*; die Bezeichnung geht auf das Turktatarische zurück, sie bedeutet freier Mann oder freier Krieger. Diese Bevölkerungsgruppe entstand seit dem 15. Jahrhundert in den Steppengebieten hauptsächlich aus Ostslaven und siedelte zumeist an Flußläufen, daher auch ihre Bezeichnung als Don-, Dnepr-, Wolga- oder Jaikkosaken. Die Kosaken verfügten anfangs über eine militärdemokratische Ordnung, die im Laufe des 18. Jahrhunderts endgültig verlorenging und wurden von den polnisch-litauischen und russischen Herrschern als Grenztruppen eingesetzt.

KRIEGSKOMMUNISMUS   Politik der →*Bol'ševiki* in der Zeit des Bürgerkrieges (1918-1921). Der Begriff sollte deutlich machen, daß die eigentlichen Ziele der *Bol'ševiki* durch den Krieg verändert worden waren. Zentral waren die Mobilisierung aller Reserven für den Bürgerkrieg, die Verstaatlichung der Industrie und der Beginn des Aufbaus der Planwirtschaft. Die Bauern mußten ihre Produktion an den Staat abgeben. Die → *Čeka* bekam großen Handlungsspielraum, der teilweise unkontrolliert und willkürlich genutzt wurde. Der Kriegskommunismus, der die Probleme des Krieges durch die zunehmende wirtschaftliche Krise, den Hunger und die Brennstoffknappheit nicht lösen konnte, wurde 1921 durch die →*Neue Ökonomische Politik* (NÖP, russ.: NEP) abgelöst.

KURILEN   Inselbogen zwischen Kamčatka und der nördlichsten japanischen Hauptinsel Hokkaido, zugleich Bezeichnung für die dortige Bevölkerung, Eigenbezeichnung: *ajny*, →*Ainu*. Die Bezeichnung Kurilen ist nicht eindeutig zu bestimmen, einige Wissenschaftler gehen davon aus, daß das Wort aus der ajnischen Sprache stammt und »Mensch« bzw. »Mann« bedeutet, andere behaupten, es sei auf die zahlreichen rauchenden Vulkane zurückzuführen, vom russ. Wort *kurit'*: rauchen.

LAMUTEN   →*Evenen*.

LITVA   Eine militärische Einheit in Sibirien, die vor allem aus Kriegsgefangenen und anderen Ausländern bestand, die nach Sibirien verbannt wurden; im wesentlichen Polen, Litauer – woher die Bezeichnung stammt – Weißrussen, Ukrainer und Deutsche. Sie alle verfügten über militärische Erfahrung und meistens auch über eine entsprechende Ausbildung, so daß sie vor allem bei größeren militärischen Operationen zum Einsatz kamen. Neben den →*Kosaken* spielten sie bei der Eroberung Sibiriens eine wichtige Rolle.

MANSI   →*Vogulen*.

MARI   →*Čeremissen*.

MEN'ŠEVIKI   Die *Men'ševiki* (dt.: Minderheitler) bildeten den gemäßigten Flügel der russischen Sozialdemokratie, siehe *RSDRP*. Sie traten für eine offene und demokratische Parteiorganisation, die Zusammenarbeit mit den bürgerlichen Schichten während der bürgerlichen Revolution und eine stärkere Mitbestimmung der Arbeiter ein. Nach der Februarrevolution 1917 beteiligten sie sich an der →*Provisorischen Regierung*. Aufgrund der damit verbundenen Mitverantwortung für die katastrophale Lage Rußlands 1917 verloren sie im Gegensatz zu den →*Bol'ševiki* allmählich ihre Basis in der Arbeiterschaft und in den Räten. Die Partei wurde bald nach der Oktoberrevolution von den *Bol'ševiki* verboten.

MEŠČANE   Plural von russ.: *meščanin*, dt.: Kleinbürger; bei den *meščane* handelte es sich um einen städtischen Stand (*soslovie*) innerhalb der im Russischen Reich bis 1917 geltenden Ständegesellschaft, der mit der Schaffung der Kaufmannsgilden 1775 durch Katharina II. entstand. Die bis dahin alle persönlich freien, handel- und gewerbetreibenden städtischen Bewohner umfassende →*Posad*-Gemeinde setzte sich danach »nur« noch aus denjenigen zusammen, die das Mindestkapital zur Einschreibung in die dritte Kaufmannsgilde (500 Rubel) nicht aufbringen konnten. Der Begriff *meščanstvo* für diese Gruppe wurde erstmals in der Stadtordnung Katharinas II. von 1785 verwendet. Die rechtliche Stellung entsprach in etwa derjenigen der Kron- und Staatsbauern. Sie mußten Kopfsteuer zahlen, Rekruten stellen, Einquartierungen hinnehmen und eine große Zahl weiterer städtischer und staatlicher Dienste leisten. Diese Dienste wurden allerdings im Zuge der »Großen Reformen« unter Alexander II. in den 1860er und 1870er Jahren in Geldabgaben umgewandelt und gingen in den Aufgabenbereich der städtischen Selbstverwaltung über. Die Zahl der *meščane* wuchs im 19. Jahrhundert kontinuierlich von etwa 950.000 im Jahr 1811 auf rund 7,45 Millionen im Jahr 1897, was etwa 44,3% der städtischen Gesamtbevölkerung entsprach (gegenüber rund 6,69 Millionen Stadtbewohnern bäuerlichen Standes im Jahr 1897). Auch →*Meščanskoe obščestvo*.

MEŠČANSKOE OBŠČESTVO   Alle Angehörigen des *meščanstvo* (→*Meščane*) einer Stadt waren unter einem Ältesten in einer Gemeinde (*obščestvo*) zusammengefaßt, an die sie im Hinblick auf die Entrichtung von Steuern und die Ableistung von Diensten gebunden waren.

METROPOLIT   Russ.: *Mitropolit*; Titel für den Erzbischof. Bis 1448 wurde in der russisch-orthodoxen Kirche der Metropolit vom Patriarchen in Byzanz geweiht und eingesetzt, danach erfolgte eine eigenständige Wahl in Rußland.

MIR   Wörtlich übersetzt: Welt oder Friede; Bezeichnung für die Bauerngemeinde, auch *obščina*. Die →*Slavophilen* des 19. Jahrhunderts sahen im Mir den Grund für einen russischen Sonderweg, da er eine aus der Urgesellschaft erhaltene Einrichtung gewesen sei.

MIRZA   Persischer Prinzentitel, wird dem Namen nachgestellt.

MITTELMÄCHTE   Bezeichnung für das Deutsche Reich und Österreich-Ungarn als Bündnispartner im Ersten Weltkrieg (1914-1918) aufgrund der geographischen Lage in Mitteleuropa, nach ihrem Kriegseintritt wurden auch Bulgarien und das Osmanische Reich dazu gezählt.

NENCEN   Eigenbezeichnung eines Teils der *Samojeden*; leben auf der Jamal-Halbinsel, im Autonomen Kreis der Nencen und im Autonomen Kreis Taimyr.

NEUE ÖKONOMISCHE POLITIK (NÖP)   Russ.: *Novaja Ėkonomičeska Politika (NĖP)* In Abwendung vom →*Kriegskommunismus* führte die Sowjetregierung im März 1921 eine neue Politik ein, die die Requisitionen bei der bäuerlichen Bevölkerung abschaffte, den Bauern den Verkauf ihres Überschusses gestattete, Privatbetriebe mit bis zu 20 Beschäftigten zuließ, Konzessionen an ausländische Unternehmen vergab und die Verpachtung staatlicher Betriebe an öffentliche Einrichtungen oder Privatpersonen erlaubte.

NEVSKIJ   Nevskij Prospekt, die Hauptstraße St. Petersburgs, benannt nach dem Fluß Neva. Er führt vom Aleksandr-Nevskij-Kloster zum Gebäude der Admiralität.

NIVCHEN   →*Giljaken*.

NKVD   Russ.: *Narodnyj komissariat vnutrennich del* (dt.: Volkskommissariat des Innern); offizieller Name des Innenministeriums im sowjetischen Rußland bzw. in der UdSSR 1917-1946, seit 1946 Ministerium des Innern. Es war zeitweise neben der allgemeinen Polizeiverwaltung auch für die Staatssicherheit zuständig; mit Unterbrechungen zwischen 1934 und 1954, nachdem die sowjetische Geheimpolizei →*OGPU* erneut in die Verwaltungsstruktur des →*NKVD* eingegliedert worden war. Die Folge war, daß die Geheimpolizei in den 1930er und 1940er Jahren den gesamten Polizeiapparat dominierte, was in den Jahren des Großen Terrors 1936-1938 mit rund 1,5 Millionen Verhafteten und etwa 600.000 Todesopfern kulminierte. 1954 wurde die Leitung der Staatssicherheit unter dem Namen *KGB* (Komitet Gossudarstvennoj bezopasnosti, dt.: Komitee für Staatssicherheit) endgültig aus dem Innenministerium ausgegliedert. Auch →*Čeka* und →*GPU*.

NOGAI-HORDE   Ein Teil der →*Goldenen Horde* bis zu deren Zerfall; seit dem 15. Jahrhundert in Zentralasien selbständig; im 16. Jahrhundert Aufspaltung in eine große und eine kleine Nogai-Horde am rechten Wolgaufer und dem Gebiet zwischen Don und Kuban'; turksprachige Moslems.

NOMENKLATURA   Elitärer Kreis von Mitgliedern der Kommunistischen Partei der Sowjetunion, die Schlüsselpositionen in Politik, Verwaltung, Militär sowie wirtschaftlichen und sozialen Einrichtungen besetzten. Gleichzeitig Bezeichnung für die auf Patronagebeziehungen gründende Vergabepraxis von Staatsposten über Namenslisten.

NOVGOROD   Bedeutende mittelalterliche Handelsstadt mit eigener Stadtverfassung und der Volksversammlung, *veče*, die mit der *Veče*-Glocke, einberufen wurde. Eine solche Volksversammlung bestand in den altrussischen Städten bis etwa zur Mitte des 13., in Novgorod und Pskov jedoch bis zum Ende des 15. Jahrhunderts; seit 1192 Sitz eines Hansekontors (Peterhof), am Volchov unterhalb des Austritts aus dem Ilmensee gelegen. Die Stadt dehnte sich vor allem im Norden und Osten seit dem 11. Jahrhundert auf der Suche nach Pelztieren stark aus.

OBLASTNIKI →*Regionalisten.*

OBŠČINA →*Mir.*

OCHRANA Russ. für Bewachung, Schutz; inoffizielle, vermutlich in revolutionären Kreisen entstandene Bezeichnung für die politische Polizei des zarischen Rußlands von 1880 bis zur Februarrevolution 1917. Offiziell hieß sie *Otdelenie po ochraneniju obščestvennoj bezopasnosti i porjadka* (dt.: Abteilung zum Schutz der öffentlichen Sicherheit und Ordnung) und war dem Innenministerium unterstellt. Die Hauptaufgabe der in 26 lokalen Schutzabteilungen (russ.: *ochrannye otdelenija*) organisierten politischen Polizei bestand in der Beobachtung und Verfolgung der revolutionären Bewegungen im Russischen Reich. Berühmt-berüchtigt wurde die Ochrana durch die Beteiligung von Polizeispitzeln an revolutionären Aktivitäten, wie etwa durch die Organisierung der Ermordung des Innenministers Vjačeslav K. Pleve 1904 durch den Polizeispitzel Evno Azef.

OGPU →*GPU*, →*Čeka* und →*NKVD.*

OIRATEN →*Dsungaren.*

OKTOBRISTEN Russ.: Oktjabristy, Kurzform für die Mitglieder des rechtsliberalen »Verbandes des 17. Oktober *(russ. Sojuz 17-go oktjabr'ja).* An diesem Tag des Jahres 1905 erließ Nikolaj II. das sogenannte Oktobermanifest, in dem er die Einführung der bürgerlichen Freiheiten und eine Beteiligung der →*Duma* an der Gesetzgebung versprach. Der »Verband« richtete sein politisches Programm an diesem Manifest aus.

OPRIČNINA Auch *oprišnina,* dt. das Abgesonderte, der Witwenanteil. Im 14. und 15. Jahrhundert bezeichnete opričnina den Landanteil der Mitglieder der großfürstlichen Familien. Ivan IV. übernahm die Bezeichnung für sein 1564 von ihm geschaffenes System eines Staates im Staate. Die Opričnina sollte die →*Bojaren* schwächen und das zentralistische System stärken, der Dienstadel wurde gefördert. Sie bestand sowohl aus abgesonderten, besonders verwalteten Gebieten als auch aus einer gleichnamigen »Polizeitruppe«, die in eigenen Uniformen eine Terrorherrschaft ausübte. Gründe für die Entstehung der Opričnina waren die schwierige innenpolitische Lage und das tiefgehende Mißtrauen des Zaren gegen die *Bojaren;* sie bestand bis 1572 und existierte teilweise unter anderer Bezeichnung weiter.

OROKI Auch *Ul'ta* oder *Ulcha* (dt. Oroken); mongolisches Volk auf der Insel Sachalin, das traditionell Rentiere züchtet. Heute leben noch ungefähr 250 bis 300 Oroki dort.

OSTJAKEN Veraltet für: *Chanty,* eine finno-ugrische Ethnie, deren Sprache zum finno-ugrischen Zweig der uralischen Sprachen gehört; schamanistische Religion.

OSTROG Dt. Festung, Fort oder befestigte Siedlung; *ostrožek:* Diminutiv zu ostrog.

PATRIARCH Oberhaupt der russisch-orthodoxen Kirche. Das Moskauer Patriarchat entstand 1589. Mit den petrinischen Reformen wurde das Patriarchat abgeschafft und an seiner Stelle entstand 1721 der Heiligste Regierende Synod als oberste Behörde der Kirchenverwaltung. Nach der Abschaffung des Synods 1917/18 wurde das Patriarchat wieder eingeführt.

PETRAŠEVCY Diskussionszirkel (russ.: *kružok*) sozialistischer Richtung, der sich zwischen 1844 und 1849 in St. Petersburg bei Michail V. Butaševič-Petraševskij versammelte. Die Mitglieder verfügten über kein verbindliches Programm. 1849 wurden sie verhaftet und verurteilt. Zu den Mitgliedern gehörte auch der junge Fedor M. Dostoevskij, der gemeinsam mit anderen zum Tode verurteilt und erst im letzten Moment begnadigt und zur Verbannung nach Sibirien geschickt wurde. Dort entstanden seine »Aufzeichnungen aus einem Totenhaus«.

PRIKAZ Zentralamt im Moskauer Reich, Kanzlei bzw. Oberste Verwaltungsbehörde.

PRIKAZČIK In Sibirien eine amtliche Dienststelle (früher *prikaščik*) für die Verwaltung der →*Ostrogen.* Diese Stelle wurde vom →*Voevoden* mit einem Angehörigen des sibirischen Adels bzw. mit →*Bojarenkindern* besetzt. In einigen Teilen Sibiriens war der prikazčik für die Eintreibung des →*jasak* zuständig; er übernahm auch polizeiliche Aufgaben und die Gerichtsbarkeit. Zu seinen weiteren Aufgaben gehörte die Kontrolle der sibirischen Bauern.

POSAD Vorstadt, eine Ortschaft; in einigen Teilen Rußlands auch die Stadt oder Stadtgemeinde.

PROMYŠLENNIK Dt. »Unternehmer«, Jäger, Trapper und Händler, später für reichere Händler gebrauchte Bezeichnung.

PROMYSEL   Dt. Gewerbe, in einigen Teilen Sibiriens auch Bezeichnung für die Jagd.

PROVISORISCHE REGIERUNG   Die Regierung, die nach der Februarrevolution 1917 und der Abdankung des Zaren am 2./15. März aus Vertretern der →*Oktobristen*, →*Kadetten,* Parteilosen, später auch Vertretern der →*Men'ševiki* und der →*Sozialrevolutionäre* gebildet wurde. Ministerpräsidenten waren Fürst Georgij E. L'vov, und ab Juli 1917 Alexander F. Kerenskij. Sie entstand in Verhandlungen zwischen dem Provisorischen Komitee der Staatsduma und dem Petrograder Sowjet, von dem sie in gewisser Weise abhing. Während ihr zu Anfang nur der Sozialist Kerenskij angehörte, kam es später zu einer Koalitionsregierung aus bürgerlichen und sozialistischen Ministern. Faktisch lag die politische Macht sowohl bei der Provisorischen Regierung als auch den Sowjets, vor allem dem Petrograder Sowjet (sog. Doppelherrschaft). Auf die dringendsten Fragen, einen Friedensschluß oder die sozialen Reformen Rußlands, fand die Provisorische Regierung keine Antwort.

PSR   →*Sozialrevolutionäre.*

REGIONALISTEN   Russ. *Oblastniki*; Anhänger der politischen Bewegung des sibirischen Regionalismus (russ.: *sibirskoe oblastničestvo*), einer Bewegung sibirischer Intellektueller, die in den 1850er Jahren unter St. Petersburger Studenten aus Sibirien entstand und ein autonomes Sibirien zum Ziel hatte; überwiegend publizistisch tätig. Während des Bürgerkrieges waren einige Regionalisten in der Provisorischen sibirischen Regierung vertreten und arbeiteten auch mit dem selbsternannten Obersten Regenten Rußlands, Admiral Alexander V. Kolčak, zusammen.

RSDRP   Russische Sozialdemokratische Arbeiterpartei, russ.: *Rossijskaja socialdemokratičeskaja rabočaja partija*; die russische Sozialdemokratie konstituierte sich gegen Ende des 19. Jahrhunderts, nachdem sich in den 1890er Jahren konspirative sozialdemokratische Gruppierungen im Russischen Reich gebildet hatten. Unter ihnen ist besonders der 1897 gegründete Allgemeine Jüdische Arbeiterbund in Litauen, Polen und Rußland (russ.: *Vseobščij Evrejskij rabočij sojuz v Litve, Pol'še i Rossii*) hervorzuheben, der im Revolutionsjahr 1905 bereits ca. 30.000 Mitglieder zählte. Auf dem ersten Kongreß dieser Gruppierungen 1898 in Minsk scheiterte jedoch der Versuch eines organisatorischen Zusammenschlusses auf gesamtrussischer Ebene. Erst der Gruppe um Lenin gelang dies, allerdings um den Preis heftiger Auseinandersetzungen mit anderen Sozialdemokraten, die einen weniger zentralistischen Kurs und eine stärkere innerparteiliche Demokratisierung (mehr Mitsprache der Arbeiter) befürworteten. So kam es bereits auf dem zweiten Kongreß 1903 in Brüssel und London zur Spaltung der Partei in →*Bol'ševiki* (Mehrheitler) und →*Men'ševiki* (Minderheitler).

RSFSR   Russische Sozialistische Föderative Sowjetrepublik, russ.: *Rossijskaja Sovetskaja Federativnaja Socialističeskaja Respublika*; offizieller Name der russischen Unionsrepublik innerhalb der Sowjetunion. Sie wurde kurz nach der Oktoberrevolution gegründet, bestand bis Dezember 1991 und war die flächenmäßig größte und bevölkerungsreichste der 15 sowjetischen Unionsrepubliken. Mit dem Zerfall der Sowjetunion wurde sie unter dem Namen Russische Föderation (russ.: *Rossijskaja Federacija*) als juristischer Nachfolger der Sowjetunion unabhängig.

SACHA   Jakutien, auch →*Jakuten.*

SAMEN   Auch *Saami*, die veraltete Bezeichnung Lappen wird von den Samen als herabsetzend empfunden; im nördlichen Teil der skandinavischen Halbinsel sowohl in Norwegen, Schweden und Finnland als auch in Rußland lebende Ethnie mit finno-ugrischer Sprache, die nomadisierend Rentierzucht betreibt, größtenteils christianisiert.

SAMIZDAT   Zusammengesetzt aus russ.: *sam*: selbst und *izdat*: abgekürzte Form von *izdatel'stvo*: dt. Verlag. Seit der Mitte der 1960er Jahre die Bezeichnung für »Eigenverlag«, in dem Untergrundliteratur publiziert wurde, um die Zensur zu umgehen. Bücher oder Broschüren wurden maschinenschriftlich, mit der Hand oder durch Fotokopieren vervielfältigt und in bestimmten Kreisen verbreitet; dies galt auch für Musik.

SAMOJEDEN   Zusammenfassender Name für die Ethnien des östlichen Zweigs der uralischen Sprachgruppe; darunter die →*Nencen*, Nganasan, Encen und Selkupen; schamanistische Religion.

SCHAMANISMUS   Abgeleitet von dem evenkischen (tungusischen) Wort Šaman; religiös-magischer Glaube, in der die Welt in Himmel, Erde und Unterwelt geteilt ist. Im Zentrum steht der Schamane, seltener eine Schamanin, der sich aufgrund seiner Ausbildung und seiner Berufung sowie durch Einnahme von Drogen in ekstatische und tranceartige Zustände versetzen kann, in denen er Kontakt mit den Geistern aufnimmt, die entweder zu ihm kommen oder zu denen er reist. Er kann böse Geistern bannen oder erhält von guten Geistern Beistand und Hilfe für seine Sippe oder Ethnie. Der Schamane heilt auch Krankheiten und bewahrt die Geschichte seiner Ethnie oder seines Volkes.

SCHWARZE HUNDERTSCHAFTEN   Russ.: *černye sotni*; rechtsradikale, gegenrevolutionäre Terrorgruppen, die meist von der regierungstreuen Union des Russischen Volkes (russ.: *Sojuz russkogo naroda*) organisiert waren und während der Revolutionsjahre 1905-1907 zahlreiche Morde an oppositionellen Politikern und Pogrome gegen die jüdische Bevölkerung verübten. Zwar entsprach der Vorwurf vieler Oppositioneller, die russische Regierung sei an der Organisierung der Terroreinheiten beteiligt gewesen, nicht den Tatsachen, allerdings galt dies vielerorts durchaus für die lokale Verwaltung und auch für einige Beamte aus dem Innenministerium. Außerdem bemühten sich hohe Regierungsorgane, die Spuren des rechten Terrors zu verwischen. Nikolaj II. war Sympathisant des Chefs der Schwarzen Hundertschaften in Odessa, wo die Pogrome gegen Juden ein erschreckendes Ausmaß annahmen.

SEEKUH   Stellersche Seekuh; Meeressäuger (Hydrodamalis gigas; Syn.: Rhytina stelleri) aus der Ordnung der Sirenen. Benannt nach ihrem Erstbeschreiber Georg Wilhelm Steller (1709-1746), Mitglied der Zweiten Kamčatkaexpedition (1733-1743).

ŠEJBANIDEN   auch *Šebanidy*; eine Dynastie, die im 15. und 16. Jahrhundert im Chanat Buchara und im Chanat →*Sibir'* regierte.

SENIORAT   Russ.: *staršinstvo*; Bezeichnung für die in der →*Kiever Rus'* und den Teilfürstentümern geltende Thronfolgeordnung. Dabei folgt nicht der älteste Sohn auf den Thron, wie bei der Primogenitur, sondern der nächstälteste Bruder, was zu zahlreichen Konflikten (z.B. zwischen Onkel und Neffen) führte.

SIBIR'   Auch Isker oder Kašlyk; Hauptstadt des in den 1470er Jahren entstandenen gleichnamigen Chanats, am Fluß Irtyš in der Nähe des heutigen Tobol'sk; 1582 von Ermak erobert.

SIBLAG   Ab 1935 Bezeichnung für die Sibirischen Lager zur besonderen Verwendung (russ.: Sibirskie lagerja osobogo naznačenija)

SIBULON   war die Bezeichnung für die Sibirische Lagerverwaltung zur besonderen Verwendung (russ.: Sibirskoe upravlenie lagerej osobogo naznačenija bzw.: Upravlenie sibirskich lagerej osobogo naznačenija)

SLAVOPHILE   Denkrichtung, die sich in Rußland nach dem →*Dekabristen*-Aufstand (1825) entwickelte und eine Rückbesinnung auf die religiösen, kulturellen und sozialen Traditionen Altrußlands anstrebte. In der Kontroverse um »Rußland und Europa« standen die Slavophilen den »Westlern« gegenüber, welche eine radikale Europäisierung Rußlands fordern. Ihre Vorstellung beinhaltete die Rückkehr zur vermeintlichen altslavischen kollektiven Bauerngemeinte (→*Mir*) und dem →*Artel'* als Gewerborganisation sowie eine Betonung der Orthodoxie als einzig authentische Überlieferung des Christentums. Widersprüchlich blieb jedoch ihre Haltung gegenüber anderen slavischen Nationen.

SOZIALREVOLUTIONÄRE   Gebräuchliche Bezeichnung für die Mitglieder der Partei der Sozialisten-Revolutionäre (PSR), die an der Wende vom 19. zum 20. Jahrhundert entstand. Die Partei hatte ihre Wurzeln in der Bewegung der *Narodniki* (»ins Volk Gehen«) und in der Terrororganisation *Narodnaja Volja* (Volksfreiheit oder Volkswille) und sah als ihre Basis vor allem die Bauernschaft an, fand aber auch Unterstützung in der Industriearbeiterschaft. Die frühen Werke Fedor M. Dostoevskijs vertraten sozialrevolutionäre Ideen. Nach der Verbannung wandte er sich davon ab, →*Petraševcy*. Die Partei stand in der Tradition des eigenständigen russischen Sozialismus und erkannten den individuellen Terror als politisches Mittel an.

STRELITZEN   Russ.: *strel'cy*: Schützen; eine in den 1540er Jahren von Ivan IV. organisierte und als erste mit Feuerwaffen ausgestattete Garde. Nach dem Aufstand vom 11. September 1698 gegen die Bildung einer regulären Armee löste Peter I. die Strelizeneinheiten durch einen Erlaß (→ *ukaz*) vom Juni 1699 auf.

SYRJÄNEN   →*Zyrjänen*

TAJBUGA   Im 15. Jahrhundert Gründer der im Chanat von →*Sibir'* regierenden Dynastie, die mit den *Šejbaniden* um Macht und Herrschaft rivalisierte.

TAIGA   Russ.: *tajga*; die Herkunft des Wortes ist umstritten, angenommen werden ein Ursprung im Altaischen, im Mongolischen, im Finnischen oder in einer Turksprache. Bezeichnung für die nördliche Nadelwaldzone mit hauptsächlich Fichten und Lärchen.

TATAREN Mongolisches Volk im Nordosten der Mongolei; der Name wurde auf das Neuvolk aus Mongolen, Türken und anderen Turkvölkern übertragen, Sprache tatarisch, nordwestliche Gruppe der Turksprachen, sunnitischer Islam als vorherrschende Religion.

TAUWETTER Russ.: *ottepel'*; als »Tauwetter« wird in der Sowjetunion die erste Phase der Chruščev-Zeit von 1953 bis zum Ende der 1950er Jahre bezeichnet, als es nach dem Tode Stalins zu einer Lockerung der Zensur in Literatur, Kunst, Film etc. kam. Der Begriff ist dem Titel eines Romans des Dichters Il'ja Ėrenburg entlehnt. Auch in den übrigen Staaten des Ostblocks kam es zu einer Lockerung der Zensur und einer Verbesserung der Lebensverhältnisse.

TEILFÜRSTENTÜMER →*Udel.*

TENGRISMUS Alter Glaube der türkischen und mongolischen Ethnien mit der Verehrung des Himmelsgottes Tengri; Verbindung von Animismus (Natur- und Geisterglaube), →*Schamanismus* und Ahnenverehrung.

TRUDARMIJA Eigentlich *Trudovaja armija* (dt. Arbeitsarmee); Sonderabteilung der Roten Armee 1941-1946, deren Mitglieder eine militarisierte Form der Zwangsarbeit ableisten mußten. Davon waren vor allem die Angehörigen der sowjetischen Minderheiten betroffen, deren »Herkunftsländer« Kriegsgegner der Sowjetunion waren; insbesondere Rußlanddeutsche, daneben Rumänen, Ungarn und Italiener, aber auch die finno-ugrischen →*Komi*. In einer ersten Phase 1941-1942 wurden zunächst nur alle rußlanddeutschen Männer im wehrfähigen Alter zur *Trudarmija* versetzt bzw. einberufen. Ab Oktober 1942 wurden die anfangs nur für sie geltenden Bestimmungen auf die anderen Minderheiten ausgeweitet. Es kam zu Masseneinberufungen von Personen im Alter von 17 bis 50 Jahren, von denen nun auch Frauen betroffen waren. Der rechtliche Status der Angehörigen der *Trudarmija* war eine Mischung aus Häftling, Bauarbeiter und Militärangehöriger. Die Bautrupps unterstanden dem →*NKVD*.

TUZEMCY Russ.: Sing. *tuzemec* (dt. Eingeborener bzw. Ureinwohner); ebenso wie im Deutschen der Begriff Ureinwohner von wissenschaftlicher Seite durch den Begriff »indigene« Völker ersetzt worden ist, ist heute auch in der russischen Wissenschaft, aber auch in der indigenen Bewegung in der Russischen Föderation selbst (RAIPON = Russian Association of Indigenous People of the North) nur noch von *korennye narody* (indigene Völker) oder von *aboriginy* die Rede. Argumentiert wird dabei vor allem damit, daß der Begriff Ureinwohner mit einer Urzeit assoziiert würde, die mit der heutigen Lebenswirklichkeit der indigenen Bevölkerung nichts mehr zu tun habe.

TUNDRA Aus dem Samischen (→*Samen*) stammende Bezeichnung für die aus Flechten, Moos und Niedersträuchern jenseits der Waldgrenze bestehende Vegetationszone mit Ren, Polarfuchs und Schneehase als wichtigsten Wildtieren. Lebensraum der →*Nencen*, →*Yupik* →*Čukčen* und anderer Ethnien.

TUNGUSEN →*Evenken.*

UDEL Russ.: *Udel'noe knjažestvo* (abgekürzt: *udel*), dt.: Teilfürstentum; die Teilfürstentümer entstanden seit dem 12. Jahrhundert auf dem Territorium der →*Kiever Rus'*. Feudalbesitztümer, die auf der Basis der damals gebräuchlichen Nachfolgeordnung des →*Seniorats* einzelnen männlichen Mitgliedern der Fürstenfamilie zugesprochen wurden. Formal blieben die Teilfürstentümer und ihre Fürsten unter der Oberherrschaft der →*Großfürsten*. Da sie aber meist eigenes Geld prägten, eine eigene Verwaltung besaßen usw., handelte es sich bei ihnen de facto um unabhängige Staaten, was zur Zersplitterung der Kiever Rus' entscheidend beitrug. Sie verschwanden erst mit der sogenannten »Sammlung der russischen Erde« durch den Moskauer Staat. Das letzte Teilfürstentum, das Ugličer Fürstentum (heute eine Stadt im Jaroslavl'er Gebiet), wurde 1591 dem Moskauer Staat einverleibt.

UDMURTEN →*Votjaken.*

UEZD Seit dem 13. Jahrhundert die kleinste Verwaltungseinheit in Rußland, mit den Reformen in der Sowjetunion in den 1920er Jahren aufgehoben.

UKAZ Erlaß des russischen →*Zaren*, später des russischen →*Kaisers*.

UKRUPNENIE Dt. Aggregation oder Eingemeindung; Bezeichnung für die in der Sowjetunion während der Kollektivierung von der sowjetischen Regierung durchgeführte Zwangsansiedlung der nomadisierenden oder in winzigen Streusiedlungen lebenden indigenen Bevölkerung der nördlichen Regionen des europäischen Rußlands, Sibiriens und Zentralasiens in Dörfern und für die damit einhergehende Einbindung dieser Bevölkerungsgruppen in die kollektivierte sowjetische Landwirtschaft. Aufgrund der aus sowjetischer Sicht mangelhaften wirtschaftlichen Effizienz dieser Siedlungen kam es in einer zweiten Phase in den 1950er Jahren erneut zu einer Zwangsumsiedlung. Viele der in den 1930er Jahren gegründeten kleineren Dörfer wurden aufgelöst, zu wenigen größeren Dörfern zusammengefaßt und an anderer Stelle neu aufgebaut. Beide Akte geschahen im Rahmen der sowjetischen Politik der Anhebung des Zivilisierungsgrades der aus sowjetischer Sicht rückständigen indigenen Bevölkerung, um sie an den Errungenschaften der kommunistischen Gesellschaft teilhaben zu lassen.

UNANGAN   Ältere, auch regionale Eigenbezeichnung der Aleüten, auch Unungun, beide Wörter bedeuten »Menschen« oder »Küstenmenschen«, heute ist die Bezeichnung »allíthu«, übersetzt als Gemeinschaft, gebräuchlich →*Aleüten*

VARÄGER   Russ. *varjagi*, skandinavische bzw. normannische Kaufleute und Krieger; nach der Nestor-Chronik, der ältesten überlieferten russischen Chronik aus dem 12. Jahrhundert, wurden sie von den untereinander zerstrittenen ostslavischen Stämmen ins Land gerufen, um zu regieren.

VOEVODE   Ursprünglich der Heerführer, dann der Vorsteher der Regionalverwaltung, im Regelfall aus dem höheren Adel stammend, der die militärische, zivile und gerichtliche Gewalt in einer Region inne hatte; seit dem Ende des 18. Jahrhunderts im Zuge der Reformen unter Katharina II. mit der Einrichtung von →*Gouvernements* nicht mehr gebräuchlich.

VOGULEN   Eigenbezeichnung: *Mansi*, finno-ugrische Ethnie zwischen Ural und Ob', schamanistische Religion.

VOTJAKEN   Eigenbezeichnung: *Udmurten*, eine ostfinnische Ethnie zwischen Ober- und Unterlauf der Vjatka, der oberen Belaja und der unteren Kama, seit dem 13. Jahrhundert unter tatarischer Oberherrschaft, seit 1552 russisch, das Christentum wurde durch die Russen aufgezwungen.

VOTČINA   Dt. Vatererbe, Patrimonium; zunächst das Erbgut eines Grundbesitzers, dann wurde die Bezeichnung auch auf das Erbe des Fürsten bzw. des Herrschers übertragen.

YUPIK   Bezeichnung für einen Teil der Eskimos auf Čukotka und in Alaska mit eigener Sprache und Kultur; sprachich und ethnisch mit den Inuit und den →*Aleüten* verwandt; Religion: teils orthodox, zumeist aber schamanistisch.

ZAR   Geht auf lat.: *caesar* zurück, russ.: *car'*; Titel der russischen Monarchen von 1547 bis 1721. Bis 1917 blieb die Bezeichnung als Untertitel (Zar von Kazan', Astrachan' und Sibirien) sowie im umgangssprachlichen Gebrauch erhalten. Zum ersten russischen Zaren wurde 1547 Ivan IV. nach byzantinischem Ritus in Moskau gekrönt. Die Vorgänger Ivans IV. auf dem Thron des Moskauer Staates sowie die Herrscher der →*Kiever Rus'* trugen den Titel eines Großfürsten. → *Großfürst* und →*Kaiser*.

ZEMSTVO   Pl. *Zemstva*; ländliche Selbstverwaltungsorgane, eingeführt 1864 in der Zeit der sogenannten Großen Reformen (1860er-1870er Jahre) unter Alexander II., in deren Zuständigkeit lokale Verwaltungsaufgaben und soziale Belange fielen.

ZIMOV'E   Abgeleitet vom russischen Wort: *zima*: Winter; eine einzeln stehende, kleine hölzerne Hütte im Wald oder am Flußufer oder ein großes Haus mit mehreren Nebenhütten oder nebeneinander stehenden Häusern, teilweise befestigt. Diese Siedlungen wurden am Flußufer oder entlang der Straße von den →*Kosaken* bzw. →*Promyšlenniks* (→*Promysel*) errichtet. Im Laufe der Zeit wurden diese *zimov'e* entweder zu →*Ostrogen* erweitert oder aufgegeben.

ZOBEL   Russ. *sobol'*; Raubmarder, der wegen seines wertvollen Pelzes gejagt wurde, lebt heute nur noch in Sibirien, Nordchina und Japan; fast alle heutigen Pelze stammen von Zuchttieren.

ZYRJÄNEN   Eigenbezeichnung: →*Komi*; ostfinnische Ethnie in Nordwestsibirien und auf der Halbinsel Kola; im Mittelalter Träger des russischen Osthandels.

ZEITTAFEL

120.000 bis 100.000 v. Chr.	erste Spuren menschlichen Lebens in Sibirien
40.000 bis 10.000 v. Chr.	Entstehung und Blüte der Enisej-Kultur
um 10.000 v. Chr.	Beginn der Einwanderung nach Amerika über die Beringstraße
um 800-300 v. Chr.	Skythenreich
3. Jahrhundert v. Chr. – 454 n. Chr.	Hunnenreich
882	Entstehung der Kiever Rus'
988	Christianisierung der Rus', Taufe des Großfürsten Vladimir
31. Mai 1223	Schlacht an der Kalka, heute Malyj Kal'čik im Doneck-Gebiet, zwischen den Mongolen auf der einen und den russischen Fürsten zusammen mit den Polovcern auf der anderen Seite, Sieg der Mongolen
1236-1437/38	Reich der Goldenen Horde mit der Hauptstadt Saraj an der unteren Wolga
1240	Zerstörung Kievs durch die Mongolen am 6. Dezember
Mitte des 14. Jahrhunderts	Beginn des Zerfalls des Mongolenreichs
1380	Sieg eines russischen Heeres unter dem Moskauer Großfürsten Dmitrij Donskoj über die Mongolen auf dem Kulikovo Pole (Schnepfenfeld)
Mitte des 15. Jahrhunderts	Entstehung des Chanates Sibir'
Ende des 15. Jahrhunderts	Fedor L. Stroganov siedelt sich in Sol'-Vyčegodskaja an der Vyčegda an (heute Sol'vyčegodsk im Archangel'sker Gebiet)
1515	Anika F. Stroganov beginnt mit der Salzsiederei in der Uralregion
1533-1584	Regierungszeit Ivans IV.
1552	Eroberung des Chanates von Kazan' durch Ivan IV.
1556	Eroberung des Chanates von Astrachan' durch Ivan IV.
1558	Landschenkung Ivans IV. an die Familie Stroganov an der Kama im Raume Perm' sowie Verleihung weiterer Privilegien zur wirtschaftlichen Nutzung und militärischen Sicherung dieses Landes
1563	Kučum, aus dem Geschlecht der Šejbaniden besiegt Ediger aus dem Geschlecht der Tajbuga und vereinigt die westsibirischen tatarischen Herrschaften im Chanat Sibir'
1582	Ermak überquert den Ural nach Sibirien, Beginn der russischen Eroberungen
1586	Gründung des *Ostrog* Tjumen'
1587	Gründung von Tobol'sk
1598-1613	Zeit der Wirren (*smuta* oder *smutnoe vremja*)
1598	endgültige Zerschlagung des Chanates Sibir'; Tod des Chans Kučum

1598-1605	Regierungszeit Boris Godunovs als russischer Zar
Ende des 16./Anfang des 17. Jahrhunderts	Sibirien wird zu einem Verbannungsort
1604	Gründung des *Ostrog* Tomsk auf Befehl Boris Godunovs
1613	Wahl von Michail Fedorovič Romanov zum Zaren, regierte bis 1645; Beginn der Herrschaft des Hauses Romanov
1619	Gründung von Enisejsk
1632	Gründung von Jakutsk
1637	Bildung des *sibirskij prikaz*
1645-1676	Regierungszeit des Zaren Aleksej Michajlovič
1648-1651	Der Kosak Semen Dežnev umsegelt die Čukčen-Halbinsel
1661	Gründung von Irkutsk
1682-1725	Regierungszeit Peters I.; bis 1689/96 gemeinsam mit seinem debilen Halbbruder Ivan V.
1689	Vertrag von Nerčinsk mit China
1697	Offizielle Entdeckung Kamčatkas durch Vladimir V. Atlasov
1708	Bildung eines »Sibirischen Gouvernements«
1720-1727	Reise von Gottlieb Daniel Messerschmidt nach Sibirien
1725-1730	Erste Kamčatkaexpedition unter Vitus Bering
1727	Vertrag von Kjachta mit China
1728	Vitus Bering durchsegelt die später nach ihm benannte Meeresstraße, ohne jedoch die Küste Amerikas sichten zu können
1730-1740	Regierungszeit Anna Ivanovnas
1733-1743	Zweite Kamčatkaexpedition, erneut unter Leitung von Vitus Bering, Teilnehmer unter anderem Gerhard Friedrich Müller, Johann Georg Gmelin, Georg Wilhelm Steller und Stepan Petrovič Krašeninnikov
1740	Gründung des *Ostrog* Petropavlovsk, 1812 Erhebung zur Stadt und Umbenennung in Petropavlovskaja gavan' (Petropavlovsk-Hafen); heute heißt die Stadt Petropavlovsk-Kamčatskij
1741-1761	Regierungszeit Elisabeths
1762-1796	Regierungszeit Katharinas II.
1765	Gründung der Kaiserlich Freien Ökonomischen Gesellschaft
1768-1774	Akademie-Expedition, Teilnehmer unter anderen Peter Simon Pallas und Johann Gottlieb Georgi
1785-1793/95	Billings-Saryčev Expedition
1796-1801	Regierungszeit Pauls I.
1799	Stiftungsurkunde der Russisch-Amerikanischen Gesellschaft
1801-1825	Regierungszeit Alexanders I.
1812-1821	Verbannung von Michail M. Speranskij nach Perm' (seit 1816 Gouverneur der Stadt)
1819	Speranskij wird Generalgouverneur von Sibirien

1822	Speranskijs Verwaltungsreformen in Sibirien
1825-1855	Regierungszeit Nikolajs I.
1825	Dekabristenaufstand
1826-1856	Verbannung der Dekabristen nach Sibirien nach dem Aufstand im Dezember 1825
1847	Nikolaj N. Murav'ev wird Generalgouverneur Sibiriens
1851	Gründung der Sibirischen Abteilung der Kaiserlich Russischen Geographischen Gesellschaft
1853-1856	Krimkrieg, endet mit dem Frieden von Paris
1855-1881	Regierungszeit Alexanders II.
1858	Vertrag von Argun' mit China; die Grenze zwischen Rußland und China verlief nun entlang des Amur, für die russische Seite unterzeichnete der Generalgouverneur Ostsibiriens Graf Nikolaj N. Murav'ev-Amurskij
1860	Gründung von Vladivostok
1860er und 1870er	»Große Reformen« unter Alexander II.; Bauernbefreiung und Aufhebung der Leibeigenschaft 1861, Justizreform 1864, Einführung der _Zemstva_ 1864 und der Stadtdumen 1870 (ländliche und städtische Selbstverwaltung), Militärreform 1874
1867	Verkauf Alaskas an die USA
1878	Gründung der ersten Universität Sibiriens in Tomsk, eröffnet 1888
1881-1894	Regierungszeit Alexanders III.
1891	Offizieller Baubeginn der Transsibirischen Eisenbahn
1893	Gründung von Novo-Nikolaevsk, seit 1925 Novosibirsk
1894-1917	Regierungszeit Nikolajs II.
1896-1914	Umsiedlung bäuerlicher Bevölkerung nach Sibirien
1897	Russische Besetzung Port Arthurs und Talienwans, Pachtvertrag mit China angelegt auf 25 Jahre am 15./27. März 1898
1898/1900	Abschaffung des Verbannungssystems
1904/05	Russisch-japanischer Krieg, beendet mit dem Frieden von Portsmouth (USA) im August 1905, 26./27. Januar/8./.9. Februar 1904 Angriff der Japaner auf Port Arthur, Friedensschluß 23. August/5. September 1905
1905/07	Revolution im Russischen Reich
April 1912	Blutbad an streikenden Arbeitern auf den Goldfeldern an der Lena
1914	Beginn des Ersten Weltkrieges am 1. August
1917	23.2./3.3. Februarrevolution; 25.10./7.11. Oktoberrevolution
1918	Beginn des Bürgerkrieges und der alliierten Interventionen, im April besetzten japanische und britische Interventionstruppen Vladivostok und rücken bis zum Baikal vor, bald folgen auch Truppen der USA
1918	Kalenderreform am 1. Februar
1918-1920	Admiral Alexander V. Kolčak regiert aus Omsk einen Teil Sibiriens
1920-1922	Fernost-Republik

1920	November, Ende des Bürgerkrieges im europäischen Teil Sowjetrußlands; die Truppen des Generals Petr N. Vrangel' wurden mit Hilfe der Alliierten von der Krim evakuiert
1921	Februar und März, Unruhen, Streiks und Meutereien der Bevölkerung Petrograds und in der vor Petrograd gelegenen Festung Kronstadt
1921	8.-16. März, 10. Parteitag in Petrograd; Einführung der Neuen Ökonomischen Politik (NÖP bzw. *NÉP*), die private Betriebe bis zu einer bestimmten Größe wieder zuließ, Ende der Abgabepflicht für die Bauernschaft, in der bolschevikischen Partei Verbot der sogenannten »Plattformbildung«, damit endgültige Abschaffung der innerparteilichen Demokratie, die Parteibasis wurde völlig entmachtet
Oktober 1922	Gründung der Jakutischen Autonomen Sowjetrepublik; Rückzug der Japaner aus Vladivostok
1922	Gründung der UdSSR am 30. Dezember
Mai 1923	Gründung der Burjat-Mongolischen Autonomen Sowjetrepublik
1924	Tod Lenins am 21. Januar
1927	15. Parteitag, 2.-19. Dezember; Beschlüsse über die Kollektivierung der Landwirtschaft und den ersten Fünfjahresplan
1927-1930	Bau der Turksib, die Semipalatinsk mit Lugovoj, heute Kulan in Kasachstan, verbindet
1929	Gründung der Stadt Magnitogorsk
1930er	Ausbau des Kolchossystems in Sibirien
1930-1960	System der Besserungsarbeitslager in Sibirien (GULag), die Lager bestanden teilweise noch bis in die 1980er Jahre hinein
1933	Errichtung der Stadt Komsomol'sk am Amur
1934	Gründung der Stadt Noril'sk am Eismeer
1936-1938	Jahre des »Großen Terrors«
1936	Stalinverfassung vom 5. Dezember
1941	deutscher Angriff auf die Sowjetunion am 22. Juni
1941-1942	Verlagerung der Industrie nach Sibirien
1945	Ende des Zweiten Weltkrieges; am 8. August erklärte die Sowjetunion Japan den Krieg, Kapitulation Japans am 2. September
1953	Tod Stalins am 5. März
September 1953	Nikita S. Chruščev wird Erster Parteisekretär der Kommunistischen Partei, Beginn der Ära Chruščev 1953-1964
1954-1966	Bau des Wasserkraftwerks in Bratsk
1954	Genehmigung für den Bau der Zellulose-Fabrik am Baikalsee
1956	Errichtung des Irkutsker Wasserkraftwerks an der Angara
Februar 1956	Rede Chruščevs auf dem 20. Parteitag der KPdSU; Entstalinisierung und Phase des Tauwetters in der Sowjetunion
1957	Gründung der Sibirischen Abteilung der Akademie der Wissenschaften der UdSSR
1960	Beginn der industriellen Erdölförderung in Sibirien

1961	Inbetriebnahme der ersten Turbine des Bratsker Wasserkraftwerks
Oktober 1964	Chruščev wird all seiner Ämter enthoben, seine Nachfolger werden Leonid I. Brežnev und Aleksej N. Kosygin, Beginn der Ära Brežnev 1964-1982
1966	Entdeckung von Erdgas in Urengoj
Mai 1974	Baubeginn der Baikal-Amur-Magistrale (BAM)
1974	Ausweisung und Ausbürgerung Alexander I. Solženicyns aus der Sowjetunion am 14. Februar aufgrund des Erscheinens von »Der Archipel Gulag« im Westen
1976	Genehmigung des Plans für die Umleitung der Flüsse in Sibirien
1970er	Seit Ende der 1970er Jahre Lieferung von sibirischem Erdgas nach Deutschland (DDR)
1982	Tod Brežnevs am 10. November, sein Nachfolger wird Jurij V. Andropov
1984	Tod Andropovs am 9. Februar, sein Nachfolger wird Konstantin U. Černenko
1985	Tod Černenkos am 10. März, sein Nachfolger wird Michail S. Gorbačev; Beginn der Ära Gorbačev 1985-1991 und von _Glasnost'_ und _Perestrojka_
1990	Erster Kongreß der kleinen Völker des Nordens; im März Gründung der Assoziation der kleinen Völker des Nordens, Sibiriens und des Fernen Ostens (_RAIPON_)
1990	Republik _Sacha_ (Jakutien)
1991-1999	Präsidentschaft Boris N. El'cins, zunächst als Präsident der RSFSR, dann der Russischen Föderation
1991	Zusammenbruch der Sowjetunion/Gründung der GUS (Gemeinschaft Unabhängiger Staaten)
1992	Russische Föderation als Rechtsnachfolger der Sowjetunion
2000 2008	Präsidentschaft Vladimir V. Putins
seit 2008	Präsidentschaft Dmitrij A. Medvedevs

QUELLEN UND LITERATUR

Abdelouahab, Farid, Entdecker im ewigen Eis. Fünf Jahrhunderte Polarreisen in Reisetagebüchern, mit einem Vorwort von Arved Fuchs, Kehl 2006

Abdirov, Murat, Chan Kučum. Izvestnyj i neizvestnyj, Almaty 1996

Abel, Herbert, »Commerzielle Pionierfahrten« zur westsibirischen Eismeerküste, 1876-1884, in: Jahrbuch der Wittheit zu Bremen 22, 1978, S. 7–52

– /Jessen, Hans, Kein Weg durch das Packeis. Anfänge der deutschen Polarforschung (1868-1889), Bremen 1954

Abelshauser, Werner (Hg.), Umweltgeschichte. Umweltverträgliches Wirtschaften in historischer Perspektive, Göttingen 1994

Achmetova, Š. K. u.a., Narody Zapadnoj i Srednej Sibiri, Novosibirsk 2002

Ackeret, Markus, In der Welt der Katorga. Die Zwangsarbeitsstrafe für politische Delinquenten im ausgehenden Zarenreich (Ostsibirien und Sachalin), München 2007

Adams, Bruce F., The Politics of Punishment. Prison Reform in Russia, 1863-1917, DeKalb 1996

Ahvenainen, Jorma, Some Contributions to the Question of Dutch Traders in Lapland and Russia at the End of the Sixteenth Century, Rovaniemi 1967

Akišin, M.O./Remnev, A.V. (Hg.), Vlast' v Sibiri XVI-načalo XX v., Novosibirsk 2005

Akulinin, Ivan G., Ermak i Stroganovy. Istoričeskoe izsledovanie po sibirskim letopisjam i carskim gramotam. K 350-letiju zavoevanija Sibiri 1582-1932, Paris 1933

Aleksandrov, Vadim A., Russkoe naselenie Sibiri XVII – načala XVIII v. Enisejskij kraj, Moskau 1964

– /Pokrovskij Nikolaj N., Vlast' i obščestvo. Sibir' v XVII v., Novosibirsk 1991

Alekseev, A.I./Bolchovitinov, N.N. (Hg.), Rossijsko-Amerikanskaja kompanija i izučenie tichookeanskogo severa 1799-1815. Sbornik dokumentov, Moskau 1994

Alekseev, Michail P., Neizvestnoe opisanie putešestvija v Sibir' inostranca v XVII v., in: Istoričeskij Archiv 1, 1936, S. 97–194

– Sibir' v izvestijach zapadno-evropejskich putešestvennikov i pisatelej XIII-XVII vv. Vvedenie, teksty i kommentarij, 2. Aufl., Irkutsk 1941, Neuauflage Novosibirsk 2006

Alexseev, Mikhail, Chinese Migration in the Russian Far East. Security Threats and Incentives for Cooperation in Primorskii Krai, in: Judith Thornton/Charles E. Ziegler (Hg.), Russia's Far East. A Region at Risk, Seattle/London 2002, S. 319–347

Altrichter, Helmut, »Offene Großbaustelle Rußland«. Reflexionen über das »Schwarzbuch des Kommunismus«, in: Vierteljahrshefte für Zeitgeschichte 47, 1999, S. 321-361

– Rußland 1917. Ein Land auf der Suche nach sich selbst, Paderborn u.a. 1997

Amalrik, Andrej A., Unfreiwillige Reise nach Sibirien, Reinbek bei Hamburg 1971

Amburger, Erik, Geschichte der Behördenorganisation Rußlands von Peter dem Großen bis 1917, Leiden 1966

– /Cieśla, Michał/Sziklay, László u.a. (Hg.), Wissenschaftspolitik in Mittel- und Osteuropa. Wissenschaftliche Gesellschaften, Akademien und Hochschulen im 18. und beginnenden 19. Jahrhundert, Berlin 1976

Anderle, Alfred, Petr Ryčkov. Teilnehmer und Historiker der Orenburgischen Expedition, in: Wolfgang Griep (Hg.), Sehen und Beschreiben. Europäische Reisen im 18. und frühen 19. Jahrhundert. 1. Eutiner Symposion vom 14.-17. Februar 1990 in der Eutiner Landesbibliothek, Heide 1991

Andreev, Aleksandr I., Očerki po istočnikovedeniju Sibiri, 2 Bde., 2. Aufl., Moskau/Leningrad 1960/65

Andreev, Aleksandr R., Stroganovy. Ėnciklopedičeskoe izdanie, Moskau 2000

Andreevič, V.K., Istoričeskij očerk Sibiri, 6 Bde., St. Petersburg 1889

Angermann, Norbert, Die ersten deutschen Reiseberichte über Sibirien, in: Friedhelm B. Kaiser/Bernhard Stasiewski (Hg.), Reiseberichte von Deutschen über Rußland und von Russen über Deutschland, Köln/Wien 1980, S. 43–57

– Die Hanse und Rußland, in: Nordost-Archiv 20, 1987, S. 57–92

– Novgorod und seine Beziehungen zur Hanse, in: Wilfried Hartmann (Hg.), Europas Städte zwischen Zwang und Freiheit. Die europäische Stadt um die Mitte des 13. Jahrhunderts, Regensburg 1995

– /Friedland, Klaus (Hg.), Novgorod. Markt und Kontor der Hanse, Köln 2002

Applebaum, Anne, Gulag. A History, New York 2003

Armborst, Kerstin, Wegbereiter der Geschichtsforschung. Über den Vorstand der Jüdischen Historisch-Ethnographischen Gesellschaft in St. Petersburg, in: Jahrbuch des Simon-Dubnow-Instituts 6, 2007, S. 411-440

Arcimovič, V.A., »Blizkoe poznanie Sibiri nyne neobchodimo«. Doklad V.A. Arcimoviča 1852 g., in: Istoričeskij Archiv 1996, H. 5/6, S. 192–214

Arestant pjatoj kamery. Dopros Kolčaka. Protokoly zasedanij Črezvyčajnoj sledstvennoj komissii 21 janvarja-6 fevralja 1920 goda, Moskau 1990, S. 243-456

Armstrong, Terence, Bering's Expeditions, in: James H. Bater/R.A. French (Hg.), Studies in Russian Historical Geography, 2 Bde., Bd.1, London 1983, S. 175–195

– In Search of a Sea-Route to Siberia, 1553-1619, in: Arctic 37, 1984, S. 429–440

– Russian Settlement in the North, Cambridge 1965

– (Hg.), Yermak's Campaign in Siberia. A Selection of Documents, London 1975

Arnold, Klaus, Rückkehr nach Sibirien oder die Macht. Das Schicksal des KPD-Funktionärs, SPD-Politikers und Journalisten Leo Bauer, in: Markus Behmer (Hg.), Deutsche Publizistik im Exil 1933 bis 1945. Personen – Positionen – Perspektiven. Festschrift für Ursula E. Koch, Münster 2000, S. 331–353

Asch, Ronald G./Garber, Klaus/Held, Jutta (Hg.), Frieden und Krieg in der Frühen Neuzeit. Die europäische Staatenordnung und die außereuropäische Welt, München 2001

Ascher, Abraham, Geschichte Rußlands, Essen 2005

– The Revolution of 1905. 2 Bde., Stanford 1988 und 1992

Astrina, Natascha, Schamanen und Pflanzendrogen, St. Petersburg und die Landbevölkerung. Der Beitrag Johann Gottlieb Georgis zu den Kenntnissen über Rußland, in: Dittmar Dahlmann (Hg.), Die Kenntnis Rußlands im deutschsprachigen Raum im 18. Jahrhundert. Wissenschaft und Publizistik über das Russische Reich, Göttingen 2006, S. 179–200

Atkinson, Thomas W., Oriental and Western Siberia. A Narrative of Seven Years' Explorations and Adventures in Siberia, Mongolia, the Kirghis Steppes, Chinese Tartary, and Part of Central Asia, London 1858

Atlasi, Chadi, Istorija Sibiri, Kazan' 2005

Auch, Eva-Maria/Förster, Stig (Hg.), »Barbaren« und »Weiße Teufel«. Kulturkonflikte und Imperialismus in Asien vom 18. bis zum 20. Jahrhundert, Paderborn 1997

Averdunk, Heinrich/Müller-Reinhard, J., Gerhard Mercator und die Geographen unter seinen Nachkommen, Gotha 1914

Avrich, Paul, Kronstadt 1921, Princeton, New Jersey 1991

Avvakum Petrovič, Das Leben des Protopopen Avvakum von ihm selbst niedergeschrieben, übersetzt aus dem Altruss. von Gerhard Hildebrandt, Göttingen 1965

Baberowski, Jörg, Autokratie und Justiz. Zum Verhältnis von Rechtsstaatlichkeit und Rückständigkeit im ausgehenden Zarenreich 1864-1914, Frankfurt am Main 1996

– Der rote Terror. Die Geschichte des Stalinismus, München 2003

Bachrušin, Sergej V., Jasak v Sibiri v XVII v., in: ders., Naučnye trudy, Bd. 3,2, Moskau 1955, S. 49-85

– Naučnye trudy, 4 Bde., Moskau 1955-1959

– Očerki po istorii kolonizacii Sibiri v XVI i XVII vv., Moskau 1927

– Očerki po istorii Krasnojarskogo uezda v XVII v, in: ders., Naučnye trudy, Bd. 4, Moskau 1959, S. 7-192

– Russkoe prodviženie za Ural, in: ders., Naučnye trudy, Bd. 3,1, Moskau 1955, S. 137-160

Bacino, Leo J., Reconstructing Russia. U.S. Policy in Revolutionary Russia, 1917-1922, Kent 1999

Baddeley, John F., Russia, Mongolia, China. Being Some Record of the Relations Between Them from the Beginning of the XVIIth Century to the Death of the Tsar Alexei Mikhailovich A. D. 1602 1676, 2 Bde., London 1919, Reprint New York 1963

Baedeker, Karl, Russland nebst Teheran, Port Arthur, Peking. Handbuch für Reisende, 7. Aufl., Leipzig 1912

Bagrow, Leo, A History of Russian Cartography up to 1800, hg. von Henry W. Castner, Wolfe Island 1975
– A History of the Cartography of Russia up to 1600, hg. von Henry W. Castner, Wolfe Island 1975
– At the Sources of the Cartography of Russia, in: Imago Mundi 16, 1962, S. 33–48
– (Hg.), Semen U. Remezov. The Atlas of Siberia, Gravenhage 1958
– The First Map of Siberia and Their Influence on the West-European Cartography, in: Imago Mundi 9, 1952, S. 83–93
Bahro, Gundula, Durch die Atomindustrie verseuchte Gebiete in Kazachstan, in: Ernst Giese/Gundula Bahro/Dirk Betke (Hg.), Umweltzerstörungen in Trockengebieten Zentralasiens (West- und Ost-Turkestan). Ursachen, Auswirkungen, Maßnahmen, Stuttgart 1998, S. 33–51
Baikalov, Anatolij V. [= Baikaloff, Anatole V.], Notes on the Origin of the Name »Siberia«, in: The Slavonic and East European Review 29, 1950/51, S. 287–289
– Siberia since 1894, in: The Slavonic and East European Review 11, 1933, H. 1, S. 328–340
Balzer, Marjorie Mandelstam, Flights of the Sacred. Symbolism and Theory in Siberian Shamanism, in: American Anthropologist 98, 1996, S. 305–318
– (Hg.), Russian Traditional Culture. Religion, Gender, and Customary Law, Armonk, N.Y./London 1992
– The Tenacity of Ethnicity. A Siberian Saga in Global Perspective, Princeton 1999
– /Uliana A. Vinokurova, Nationalism, Interethnic Relations and Federalism: The Case of the Sakha Republic (Yakutia), in: Europe-Asia Studies 48, 1996, S. 101-120
Baron, Samuel H. (Hg.), Explorations in Muscovite History, Hampshire 1991
– Fletcher's Mission to Moscow and the Anthony Marsh Affair, in: ders. (Hg.), Explorations in Muscovite History, Hampshire 1991, S. 107–130
– The Muscovy Company, the Muscovite Merchants and the Problem of Reciprocity in Russian Foreign Trade, in: Forschungen zur Osteuropäischen Geschichte 27, 1980, S. 133–155
Barratt, Glynn, Russia in Pacific Waters, 1715-1825. A Survey of the Origins of Russia's Naval Presence in the North and South Pacific, Vancouver/London 1981
Barrett, Thomas M., »Thrills of Horror«. Siberia and the American Melodramatic Imagination, in: Eva-Maria Stolberg (Hg.), The Siberian Saga. A History of Russia's Wild East, Frankfurt am Main 2005, S. 131–144
Barth, Boris/Osterhammel, Jürgen (Hg.), Zivilisierungsmissionen. Imperiale Weltverbesserung seit dem 18. Jahrhundert, Konstanz 2005
Bartlett, Roger P. (Hg.), Land Commune and Peasant Community in Russia. Communal Forms in Imperial and Early Soviet Society, Houndmills 1990
– /Cross, Anthony G./Rasmussen, Karen (Hg.), Russia and the World of the Eighteenth Century. Proceedings of the 3. International Conference Organized by the Study Group on Eighteenth-Century Russia and held at Indiana University at Bloomington, USA, Sept. 1984, Columbus, Ohio 1988
Bassin, Mark, Expansion and Colonialism on the Eastern Frontier. Views of Siberia and the Far East in pre-Petrine Russia, in: Journal of Historical Geography 14, 1988, S. 3–21
– Imperial Visions. Nationalist Imagination and Geographical Expansion in the Russian Far East, 1840-1865, Cambridge 1999
– Imperialer Raum/Nationaler Raum. Sibirien auf der kognitiven Landkarte Rußlands im 19. Jahrhundert, in: Geschichte und Gesellschaft 28, 2002, S. 378–403
– Inventing Siberia. Visions of the Russian East in the Early Nineteenth Century, in: American Historical Review 96, 1991, S. 763–794
– Russia between Europe and Asia. The Ideological Construction of Geographical Space, in: Slavic Review 50, 1991, S. 1-17
– Turner, Solov'ev, and the »Frontier Hypothesis«. The Nationalist Signification of Open Spaces, in: Journal of Modern History 65, 1993, H. 3, S. 473–511
Bater, James H./French, R.A. (Hg.), Studies in Russian Historical Geography, 2 Bde., London 1983
Bauer, Henning/Kappeler, Andreas/Roth, Brigitte (Hg.), Die Nationalitäten des Russischen Reiches in der Volkszählung von 1897, Bd. B: Ausgewählte Daten zur sozio-ethnischen Struktur des Russischen Reiches, Stuttgart 1991

Bawden, Charles R., Shamans, Lamas and Evangelicals. The English Missionaries in Siberia, London 1985

Beck, Hanno, Große Reisende. Entdecker und Erforscher unserer Welt, München 1971

Becker, Susanne, Sternflüstern. Das Sibirien-Abenteuer, München 2004

Bednarz, Klaus, Ballade vom Baikalsee. Begegnungen mit Menschen und Landschaften, München 1998

– Östlich der Sonne. Vom Baikalsee nach Alaska, Reinbek bei Hamburg 2002

– Vom Baikal nach Alaska. Eine Reise in Bildern, Reinbek bei Hamburg 2003

Beer, Mathias/Dahlmann, Dittmar (Hg.), Über die trockene Grenze und über das offene Meer. Binneneuropäische und transatlantische Migrationen im 18. und 19. Jahrhundert, Essen 2004

Behmer, Markus (Hg.), Deutsche Publizistik im Exil 1933 bis 1945. Personen – Positionen – Perspektiven. Festschrift für Ursula E. Koch, Münster 2000

Beichelt, Timm/Chołuj, Bożena/Rowe, Gerard u.a. (Hg.), Europa-Studien. Eine Einführung, Wiesbaden 2006

Belkovec, Larisa P., Iogann Georg Gmelin. 1709-1755, Moskau 1990

– Svedenija I. G. Gmelina o narodach Sibiri, in: Vladislav M. Kulemzin (Hg.), Voprosy ėtnokul'turnoj istorii Sibiri, Tomsk 1980, S. 34–60

Belov, Michail I., Istorija otkrytija i osvoenija morskogo puti, Bd. 1: Arktičeskoe moreplavanie s drevnejšich vremen do serediny 19 veka, Moskau/Leningrad 1956

– / Ovsjannikov, O.V./ Starkov, V.F., Mangazeja. Material'naja kultura russkich poljarnych morechodov i zemleprochodcev XVI-XVII vv., 2 Bde., Leningrad/Moskau 1980/81

Beniowski, Moritz August von [Benyowszky, Móric Agost Aladár], Des Grafen Moritz August von Beniowski Reisen durch Sibirien und Kamtschatka über Japan und China nach Europa. Nebst einem Auszuge seiner übrigen Lebensgeschichte, übersetzt und mit Anmerkungen von Johann Reinhold Forster, Berlin 1790, Reprint Amsterdam 1984

Berch, Vasilij N., A Chronological History of the Discovery of the Aleutian Islands. Or The Exploits of Russian Merchants. With a Supplement of Historical Data on the Fur Trade, hg. von Richard A. Pierce, Kingston, Ontario 1974

Berg, Lev S., Geschichte der russischen geographischen Entdeckungen. Gesammelte Aufsätze, Leipzig 1954

– Istorija russkich geografičeskich otkrytij, Moskau 1962

– Očerki po istorii russkich geografičeskich otkrytij, Moskau/Leningrad 1946

– Otkrytie Kamčatki i ėkspedicii Beringa 1725-1742, 3. Aufl., Moskau/Leningrad 1946

Bezborodov, Aleksandr B./Chrustalev, Vladimir M. (Hg.), Istorija Stalinskogo Gulaga. Konec 1920-ch – pervaja polovina 1950-ch godov. Sobranie dokumentov v semi tomach, Bd. 4: Naselenie Gulaga. Čislennost' i uslovija soderžanija, Moskau 2004

Bitterli, Urs (Hg.), Die Entdeckung und Eroberung der Welt. Dokumente und Berichte, 2 Bde., München 1980/81

– Die »Wilden« und die »Zivilisierten«. Grundzüge einer Geistes- und Kulturgeschichte der europäisch-überseeischen Begegnung, 2. Aufl., München 1991

– Alte Welt – Neue Welt. Formen des europäisch-überseeischen Kulturkontaktes vom 15. bis zum 18. Jahrhundert, München 1992

Black, Joseph L., G.-F. Müller and the Imperial Russian Academy, Kingston 1986

– Opening up Siberia. Russia's »Window on the East«, in: Alan Wood (Hg.), The History of Siberia. From Russian Conquest to Revolution, London/New York 1991, S. 57–68

– The Canadian Pacific Railway as a Model for the Trans-Siberian Railway, in: Siberica 4, 2004, H. 2, S. 186–200

Black, Lydia T., Russians in Alaska, 1732-1867, Fairbanks, Alaska 2004

– Promyshlenniki ... Who were they?, in: Orcutt W. Frost (Hg.), Bering and Chirikov. The American Voyages and Their Impact, Anchorage 1992, S. 279-290

Blaeu, Joan, Atlas Maior of 1665. »The Greatest and Finest Atlas ever Published«, hg. und eingeleitet von Peter C. J. van der Krogt, Köln 2005, Teilreprint der Ausg. Amsterdam 1665

Blotevogel, Hans H./Vermij, Rienk (Hg.), Gerhard Mercator und die geistigen Strömungen des 16. und 17. Jahrhunderts, Bochum 1995

Bobrick, Benson, East of the Sun. The Conquest and Settlement of Siberia, London 1992

– Land der Schmerzen, Land der Hoffnung. Die Geschichte Sibiriens, München 1993

Bolchovitinov, Nikolaj N., Istorija Russkoj Ameriki 1732-1867, 3 Bde., Moskau 1997-1999

– /Alekseev, A.I. (Hg.), Rossijsko-Amerikanskaja kompanija i izučenie tichookeanskogo severa 1815-1841. Sbornik dokumentov, Moskau 2005

– [= Bolkhovitinov, Nikolai N.], The Sale of Alaska in the Context of Russo-American Relations in the 19th Century, in: Hugh Ragsdale/Valerii N. Ponomarev (Hg.), Imperial Russian Foreign Policy, Cambridge/Mass. 1994, S. 193-215

Bone, Jonathan A., The Soviet Far East and the First Five Year Plan, in: Eva-Maria Stolberg (Hg.), The Siberian Saga. A History of Russia's Wild East, Frankfurt am Main 2005, S. 189–202

Bontekoe van Hoorn, Willem Ysbrantsz, Die gefahrvolle Reise des Kapitän Bontekoe und andere Logbücher und Schiffsjournale holländischer Seefahrer des 17. Jahrhunderts, hg., übertragen und kommentiert von M. R. C. Fuhrmann-Plemp van Duiveland, 2. Aufl., Tübingen/Basel 1976

Borodkin, Leonid I./Ertz, Simon, Coercion versus Motivation. Forced Labor in Norilsk, in: Paul R. Gregory/Valerij V. Lazarev (Hg.), The Economics of Forced Labor. The Soviet Gulag, Stanford, Kalifornien 2003, S. 75–104

Brovkin, Vladimir N. Behind the Front Lines of the Civil War. Political Parties and Social Movements in Russia, 1918-1922, Princeton 1994

Bradley, John F.N., The Czechoslovak Legion in Russia, 1914-1920, Boulder 1991

Brändström, Elsa, Unter Kriegsgefangenen in Rußland und Sibirien 1914-1920, Leipzig 1922

Brand, Adam, Adam Brands, Seiner Königlichen Majestät in Preussen Hof- und Commercien-Raths, Neu-vermehrte Beschreibung seiner großen chinesischen Reise, welche er anno 1692 von Moscau aus über Groß-Ustiga, Siberien, Dauren und durch die große Tartarey bis in Chinam und von da wieder zurück nach Moscau innerhalb drey Jahren vollbracht. [...], 3. Aufl., Lübeck 1734

– Beschreibung der Chinesischen Reise Welche vermittelst Einer Zaaris. Gesandschaft Durch Dero Ambassadeur, Herrn Isbrand Ao. 1693. 94 und 95. von Moscau über Groß-Ustiga, Siberien, Dauren und durch die Mongalische Tartarey verrichtet worden. Und Was sich dabey begeben, aus selbst erfahrner Nachricht mitgetheilet, Hamburg 1698

Brandes, Detlef/Savin, Andrej, Die Sibiriendeutschen im Sowjetstaat 1919-1938, Essen 2001

Brandt, Peter, Handbuch der europäischen Verfassungsgeschichte im 19. Jahrhundert. Institutionen und Rechtspraxis im gesellschaftlichen Wandel, Bonn 2006

– /Kirsch, Martin/Schlegelmilch, Arthur (Hg.), Quellen zur europäischen Verfassungsgeschichte im 19. Jahrhundert. Institutionen und Rechtspraxis im gesellschaftlichen Wandel, Bd. 1: Um 1800, Bonn 2004 [CD-ROM]

Brenner, Peter (Hg.), Der Reisebericht. Die Entwicklung einer Gattung in der deutschen Literatur, Frankfurt am Main 1989

Brentjes, Burchard, Die Ahnen Dschingis-Chans. Eurasien und das Werden Europas, Berlin/Wien 1988

Brossat, Alain/Muchin, Leonid S./Combe, Sonia (Hg.), Ozerlag 1937-1964. Le Système du goulag. Traces perdues, mémoires réveillées d'un camp stalinien, Paris 1991

Brower, Daniel R./Lazzerini, Edward J. (Hg.), Russia's Orient. Imperial Borderlands and Peoples, 1700-1917, Bloomington/Indianapolis 1997

Bucher, Gudrun, »Von Beschreibung der Sitten und Gebräuche der Völcker«. Die Instruktionen Gerhard Friedrich Müllers und ihre Bedeutung für die Geschichte der Ethnologie und der Geschichtswissenschaft, Stuttgart 2002

– Auf verschlungenen Pfaden. Die Aufnahme von Gerhard Friedrich Müllers Schriften in Europa, in: Dittmar Dahlmann (Hg.), Die Kenntnis Rußlands im deutschsprachigen Raum im 18. Jahrhundert. Wissenschaft und Publizistik über das Russische Reich, Göttingen 2006, S. 111–123

– Gerhard Friedrich Müller's Instructions and the Beginning of Scientific Ethnography, in: Peter U. Møller/Natal'ja A. Okhotina-Lind (Hg.), Under Vitus Bering's Command. New Perspectives on the Russian Kamchatka Expeditions/Pod komandoveniem Vitusa Beringa. Novye perspektivy v izučenii Kamčatskich ėkspedicii, Aarhus 2003, S. 135–144

Budberg, Aleksej, Dnevnik, in: Archiv russkoj revoljucii, Nr. 13-15, Berlin 1923

Burbank, Jane u.a. (Hg.), Russian Empire. Space, People, Power, 1700-1930, Bloomington/Indianapolis 2007

Burke, Peter, Was ist Kulturgeschichte?, Frankfurt am Main 2005

Burri, Monika (Hg.), Die Internationalität der Eisenbahn 1850-1970, Zürich 2003

Büsching, Anton F./Müller, Gerhard Friedrich, Geographie, Geschichte und Bildungswesen in Rußland und Deutschland im 18. Jahrhundert. Briefwechsel Anton Friedrich Büsching – Gerhard Friedrich Müller 1751 bis 1783, hg. von Peter Hoffmann, Berlin 1995

Busch-Lüty, Christiane, Zur Gestaltung des Verhältnisses von Gesellschaft und Natur im realen Sozialismus. Harmonisierung von Ökonomie und Ökologie der Naturnutzung – ein »erstrangiges Problem«?, in: Helmut Schreiber (Hg.), Umweltprobleme in Mittel- und Osteuropa, Frankfurt am Main 1989, S. 11–42

Bushnell, John S., Mutiny amid Repression. Russian Soldiers in the Revolution of 1905-1906, Bloomington 1985

Butenschön, Mariana, Noch leuchtet das »Auge Sibiriens«. Umweltverschmutzung in der Sowjetunion, in: Frankfurter Rundschau 50, 11.12.1982

Bychkov, Oleg, Russian Hunters in Eastern Siberia in the 17th Century, in: Arctic Anthropology, 31, 1994, S. 72-85

Bychkova Jordan, Bella/Jordan-Bychkov, Terry G., Siberian Village. Land and Life in the Sakha Republic, Minneapolis/London 2001

Catteau, Jacques, F.M. Dostoevskij et la Sibérie, in: Boris P. Chichlo (Hg.), Sibérie II. Questions sibériennes. Histoire, Cultures, Littératures, Paris 1999, S. 297-303

Čechov [= Tschechow], Anton P., Die Insel Sachalin, München 1971 und Zürich 1987
– Pis'ma, Bd. 4, Moskau 1976
– Sočinenija, Bd. 14/15, Moskau 1978

Cenkov, A.I. (Hg.), Anglijskie putešestvenniki v Moskovskom gosudarstve v XVI veke, Rjazan' 2006

Central'noe Statističeskoe Upravlenie pri Sovete Ministrov SSR: Promyšlennost' SSSR, Moskau 1964

Chamisso, Adelbert von, Reise um die Welt mit der Romanzoffschen Entdeckungsexpedition in den Jahren 1815-1818 auf der Brigg Rurik, Kapitän Otto v. Kotzebue. Erster Teil: Tagebuch, Zweiter Teil: Anhang, Bemerkungen und Ansichten, in: Adelbert von Chamisso, Chamissos sämtliche Werke in vier Bänden [in einem Band], Bd. 3/4: Reise um die Welt, Berlin/Leipzig o. J. [ca. 1893]

Channon, John, Regional Variations in the Commune. The Case of Siberia, in: Roger P. Bartlett (Hg.), Land Commune and Peasant Community in Russia. Communal Forms in Imperial and Early Soviet Society, Houndmills 1990, S. 66–85
– Siberia in Revolution and Civil War, 1917-1921, in: Alan Wood (Hg.), The History of Siberia. From Russian Conquest to Revolution, London/New York 1991, S. 158–180

Charus', O.A., Kadetskie i Oktjabristskie organizacii v Sibiri: Opyt rekonstrukcii sociokul'turnogo oblika, in: Istoričeskij Ežegodnik. Specvypusk, Omsk 1997, S. 1-9
– Kul'turno-prosvetitel'skie organizacii i liberal'no-oppozicionnoe dviženie v Sibiri v 1907-1914gg, in: Istoričeskij Ežegodnik, Omsk 1998, S. 1-10
– Liberalizm v Sibiri načala xx veka, Tomsk 1996

Chatschaturow, T.S., Ökonomische Probleme der Ökologie, in: Sowjetwissenschaft. Gesellschaftswissenschaftliche Beiträge 31, 1978, Nr. 10, S.1019-1031

Chichlo, Boris P. (Hg.), Sibérie II. Questions sibériennes. Histoire, cultures, litterature, Paris 1999
– Histoire de la Formation des Territoires Autonomes chez les Peuples Turco-Mongols de Sibérie, in: Cahiers du Monde Russe et Soviétique 28, 1987, S. 361-401

Chlevnjuk, Oleg V. (Hg.), Istorija Stalinskogo Gulaga. Konec 1920-ch – pervaja polovina 1950-ch godov. Sobranie dokumentov v semi tomach, Tom 3: Ėkonomika Gulaga, Moskau 2004
– The History of the Gulag. From Collectivization to the Great Terror, New Haven 2004

Choroškevič, Anna L., Die Quellen Herbersteins und die Moscovia als Quelle zur politischen, Sozial- und Wirtschaftsgeschichte der Rus' im ersten Viertel des 16. Jahrhunderts, in: Gerhard Pferschy (Hg.), Siegmund von Herberstein. Kaiserlicher Gesandter und Begründer der Rußlandkunde und die europäische Diplomatie, Graz 1989

Chramkov, Aleksandr A., Stolypin's Reforms in Siberia, in: Eva-Maria Stolberg (Hg.), The Siberian Saga. A History of Russia's Wild East, Frankfurt am Main 2005, S. 99–108

Christian, David, A History of Russia, Central Asia and Mongolia, Bd. 1: Inner Eurasia from Prehistory to the Mongol Empire, Oxford 1998
– The Kaghanate of the Rus'. Non-Slavic Sources of Russian Statehood, in: Stephen G. Wheatcroft (Hg.), Challenging Traditional Views of Russian History, Basingstoke, Hampshire 2002, S. 3–26

Chrolenok, S.F., Zolotopromyšlennost' Sibiri (1832-1917). Istoriko-ěkonomičeskij očerk, Irkutsk 1990

Clewing, Konrad (Hg.), Südosteuropa. Von vormoderner Vielfalt und nationalstaatlicher Verein-heitlichung. Festschrift für Edgar Hösch, München 2005

Cole, Douglas, Franz Boas: The Early Years, 1858-1906, Vancouver 1999

Collins, David N., Sexual Imbalance in Frontier Communities. Siberia and New France to 1760, in: Siberica 4, 2004, H. 2, S. 162–185

– Siberia and the Soviet Far East, Oxford 1991

– (Hg.), Siberian Discovery, 12 Bde., Richmond 1998-2000

Conermann, Stephan/Kusber, Jan (Hg.), Die Mongolen in Asien und Europa, Frankfurt am Main 1997

Conolly, Violet, Beyond the Urals. Economic Developments in Soviet Asia, London 1967

– Die Industrialisierung Sibiriens. I. Einige Aspekte der neueren Entwicklung, in: Osteuropa 25, 1975, S. 916–926

– Die Industrialisierung Sibiriens. II., in: Osteuropa 25, 1975, S. 1008–1019

– Siberia Today and Tomorrow. A Study of Economic Resources, Problems, and Achievements, London/Glasgow 1975

– The Baikal-Amur Railway (the BAM), in: Alan Wood (Hg.), Siberia. Problems and Prospects for Development, London 1987, S. 158-170

Conquest, Robert, Kolyma. The Arctic Death Camps, New York 1978

Cook, Harold J., Matters of Exchange. Commerce, Medicine, and Science in the Dutch Golden Age, New Haven 2007

Coquin, François-Xavier, La Sibérie. Peuplement et Immigration Paysanne au XIXe Siècle, Paris 1969

Courtois, Stéphane/Gauck, Joachim/Neubert, Ehrhart (Hg.), Das Schwarzbuch des Kommunis-mus. Unterdrückung, Verbrechen und Terror, München 1998

Coxe, William, Account of the Russian Discoveries Between Asia and America to Which are Added the Conquest of Siberia and the History of the Transactions and Commerce Between Russia and China. With Supplement to Russian Discoveries, 3. Aufl., New York 1970, Reprint der Ausg. London 1787

Cracraft, James/Rowland, Daniel (Hg.), Architectures of Russian Identity. 1500 to the Present, Ithaca/London 2003

Crane, Nicholas, Mercator. The Man who Mapped the Planet, London 2002; dt. Ausgabe München 2005

Crownhart-Vaughan, Elizabeth A. P., Eighteenth-Century Russian Scientific Expeditions to the North Pacific Ocean, in: Don K. Rowney (Hg.), Imperial Power and Development. Papers on Pre-Revolutionary Russian History. Selected Papers of the Third World Congress for Soviet and East European Studies, Ohio 1990, S. 38–55

Cvetkovski, Roland, Modernisierung durch Beschleunigung. Raum und Mobilität im Zarenreich, Frankfurt/M./New York 2006

Czaplicka, Maria Antonina [Marie-Antoinette], Collected Works of M.A. Czaplicka, 4 Bde., Bd. 1: Collected Articles and Letters, Bd. 2: Aboriginal Siberia, Bd. 3: My Siberian Year, Bd. 4: The Turks of Central Asia, hg. von David N. Collins, Richmond, U.K. 1999

– The Influence of Environment upon the Religious Ideas and Practices of the Aborigines of Nort-hern Asia, in: dies., Collected Works of M. A. Czaplicka, Bd. 2: Aboriginal Siberia, hg. von David N. Collins, Richmond, U.K. 1999, S. 34–54

Dahlmann, Dittmar, Der russische Sieg über die »teutonischen Ritter« auf dem Peipussee 1242, in: Gerd Krumeich/Susanne Brand (Hg.), Schlachtenmythen. Ereignis – Erzählung – Erinnerung, Köln 2003, S. 63–75

– »Die asiatische Unzuverlässigkeit beenden«. Herrschaft und Widerstand in Sibirien im 17. und 18. Jahrhundert, in: Orientierungen. Zeitschrift zur Kultur Asiens 16, 2004, S. 46–71

– Die Eroberung und Erforschung Sibiriens vom 16. bis zum Ende des 18. Jahrhunderts, Hagen 1999

– Die »fremden Völker« Alaskas und Sibiriens in deutschsprachigen Reisebeschreibungen des 18. und frühen 19. Jahrhunderts, in: Erich Donnert (Hg.), Europa in der Frühen Neuzeit. Festschrift für Günter Mühlpfordt, Bd. 6, Weimar 2002, S. 1011–1016

– Die gescheiterte Revolution. Rußland 1905 bis 1907, in: Josef Kreiner (Hg.), Der Russisch-Japa-nische Krieg (1904/05), Göttingen 2002, S. 117–135

– (Hg.), Die Kenntnis Rußlands im deutschsprachigen Raum im 18. Jahrhundert. Wissenschaft und Publizistik über das Russische Reich, Göttingen 2006

– Die Provinz wählt. Rußlands Konstitutionell-Demokratische Partei und die Dumawahlen, Köln u.a. 1996

– Ein politischer Prozeß im vorrevolutionären Rußland. Sozialrevolutionäre vor Gericht, in: Heiko Haumann/Stefan Plaggenborg (Hg.), Aufbruch der Gesellschaft im verordneten Staat. Rußland in der Spätphase des Zarenreiches, Frankfurt/M. u.a. 1994, S. 217-241

– Einleitung, in: Johann G. Gmelin, Expedition ins unbekannte Sibirien, hg., eingeleitet und erläutert von Dittmar Dahlmann, Sigmaringen 1999, S. 7–84

– Krieg, Bürgerkrieg, Gewalt. Die Wahrnehmung des Ersten Weltkrieges und des Bürgerkrieges in der russischen Emigration und in der Sowjetunion in der Zwischenkriegszeit, in: Jost Dülffer/ Gerd Krumeich (Hg.), Der verlorene Frieden. Politik und Kriegskultur nach 1918, Essen 2002, S. 91-100

– Gelehrte auf Reisen, in: Mathias Beer/Dittmar Dahlmann (Hg.), Über die trockene Grenze und über das offene Meer. Binneneuropäische und transatlantische Migrationen im 18. und 19. Jahrhundert, Essen 2004, S. 119–132

– Handelsschiffahrt auf der Polarroute. Die Suche nach einer dauerhaften Schiffsverbindung zwischen den sibirischen Flußmündungen und den europäischen Häfen von der Mitte bis zum Ende des 19. Jahrhunderts, in: Bremer Geographische Blätter 2001, H. 1, S. 95–106

– Johann Georg Gmelin and the Second Kamchatka Expedition, in: Peter U. Møller/Natal'ja A. Ochotina-Lind (Hg.), Under Vitus Bering's Command. New Perspectives on the Russian Kamchatka Expeditions, Aarhus 2003, S. 113–128

– Land und Freiheit. Machnovščina und Zapatismo als Beispiele agrarrevolutionärer Bewegungen, Stuttgart 1986

– Mammutknochenjäger. Zu Unrecht vergessen. Die deutsche Sibirienforschung, in: Süddeutsche Zeitung, 30.7.2003

– Reisendenkorrespondenzen. Der Briefwechsel von Gerhard Friedrich Müller mit Leonhard Euler und Anton Friedrich Büsching während und nach der Zweiten Kamtschatka-Expedition, 1733-1743, in: TenDenZen. Jahrbuch des Übersee-Museums Bremen 9, 2001, S. 193–202

– Rußland, in: Hirschfeld, Gerhard/Krumeich, Gerd/Renz, Irina (Hg.), Enzyklopädie Erster Weltkrieg, 2. durchgesehene Aufl., Paderborn u.a. 2004

– Sibirien. Der Prozeß der Eroberung des Subkontinents und die russische Zivilisierungsmission im 17. und 18. Jahrhundert, in: Boris Barth (Hg.), Zivilisierungsmissionen. Imperiale Weltverbesserung seit dem 18. Jahrhundert, Konstanz 2005, S. 55–71

– Vom Pausenfüller zum Massensport. Der Fußballsport in Rußland von den 1880er Jahren bis zum Ausbruch des Ersten Weltkrieges 1914, in: ders. u.a. (Hg.), Überall ist der Ball rund. Zur Geschichte und Gegenwart des Fußballs in Ost- und Südosteuropa, Essen 2006

– Von Kalmücken, Tataren und Itelmenen. Forschungsreisen in Sibirien im 18. Jahrhundert, in: Eva-Maria Auch/Stig Förster (Hg.), »Barbaren« und »Weiße Teufel«. Kulturkonflikte und Imperialismus in Asien vom 18. bis zum 20. Jahrhundert, Paderborn 1997, S. 19–44

– Zwischen Europa und Asien. Russischer Imperialismus im 19. Jahrhundert, in: Wolfgang Reinhard (Hg.), Imperialistische Kontinuität und nationale Ungeduld im 19. Jahrhundert, Frankfurt am Main 1991, S. 50–67

– /Heller, Klaus/Petrov, Jurij A. u.a. (Hg.), »Eine große Zukunft«. Deutsche in Rußlands Wirtschaft, Begleitband zur Ausstellung, deutsche und russische Fassung, Berlin 2000

– /Hirschfeld, Gerhard (Hg.), Lager, Zwangsarbeit, Vertreibung und Deportation. Dimensionen der Massenverbrechen in der Sowjetunion und in Deutschland 1933 bis 1945, Essen 1999

– /Hilbrenner, Anke/Lenz, Britta (Hg.), Überall ist der Ball rund. Zur Geschichte und Gegenwart des Fußballs in Ost- und Südosteuropa, Essen 2006

Dallin, David J./Nikolaevskij, Boris I., Forced Labor in Soviet Russia, 3. Aufl., New Haven 1947

Damešek, Lev M./Remnev, Anatolij V. (Hg.), Sibir' v sostave Rossijskoj Imperii, Moskau 2007

Danckworth, Peter W., Sibirien und seine wirtschaftliche Zukunft. Ein Rückblick und Ausblick auf Handel und Industrie Sibiriens, Leipzig/Berlin 1921

Danilov, Viktor P. (Hg.), Specpereselency v Zapadnoj Sibiri vesna 1931 – načalo 1933 g., Novosibirsk 1993

Davis, Brian L., Warfare, State and Society on the Black Sea Steppe, 1500-1700, London/New York 2007

Davis, Gerald H. Deutsche Kriegsgefangene im Ersten Weltkrieg in Rußland, in: Militärgeschichtliche Mitteilungen 31, 1982, S. 37-49

Dejč, Lev G. [=Deutsch, Leo G.], Sechzehn Jahre in Sibirien. Erinnerungen eines russischen Revolutionärs, Stuttgart 1904

Demin, Michail A./Ščeglova, Tat'jana K. (Hg.), Ėtnografija Altaja i sopredel'nych territorij. Materialy i soobščenija po ėtnografii, Barnaul 1998

Desind, Philip/Pressman, Israel, Jewish and Russian Revolutionaries Exiled to Siberia, 1901-1917, Lewiston 1990

Desroches, Jean-Paul, Die Welt der Steppe. Das Reich der Xiongnu, in: Jutta Frings (Hg.), Dschingis Chan und seine Erben. Das Weltreich der Mongolen, München 2005, S. 39–45

Deutsch, Leo G. siehe Dejč, Lev G.

Diment, Galya/Slezkine, Yuri (Hg.), Between Heaven and Hell. The Myth of Siberia in Russian Culture, New York 1993

Dinger, Brigitte (Hg.), Wunderwelt Arktis. Aus der Kunstkammer St. Petersburg. Katalog der Ausstellung im Deutschen Elfenbeinmuseum Erbach, 11.5.-3.11.1996, Erbach 1996

Divin, Vasilij A., Russkie moreplavanija na Tichom Okeane v XVIII veke, Moskau 1971
– The Great Russian Navigator A. I. Chirikov, Fairbanks 1993
– /Čerevko, Kirill E./Isaenko, G. N., Russkaja tichookeanskaja Ėpopeja, Chabarovsk 1979

Dmitriev-Mamonov, Aleksandr I./Zdzjarskij, Anton F. (Hg.), Guide to the Great Siberian Railway, Newton Abbot 1971, Reprint der Ausg. von 1900
– Ot Volgi do Velikogo Okeana. Putevoditel' po Velikoj Sibirskoj Železnoj doroge, St. Petersburg 1900
– Wegweiser auf der Großen Sibirischen Eisenbahn, Berlin/St. Petersburg 1901

Dmytryshyn, Basil, Iurii Krizhanich. The First Sibirologist, in: Russian History 18, 1991, S. 143–161
– Privately Financed Russian Expeditions to the North Pacific in the Eighteenth Century, in: Don K. Rowney (Hg.), Imperial Power and Development. Papers on Pre-Revolutionary Russian History. Selected Papers of the Third World Congress for Soviet and East European Studies, Ohio 1990, S. 17–37
– Russian Expansion to the Pacific, 1580-1700. A Historiographical Review, in: Slavic Studies 25, 1980, S. 1–25
– The Administrative Apparatus of the Russian Colony in Siberia and North Asia, in: Alan Wood (Hg.), The History of Siberia. From Russian Conquest to Revolution, London/New York 1991, S. 17–36
– Crownhart-Vaughan, E. A./Vaughan, Thomas (Hg.), To Siberia and Russian America. Three Centuries of Russian Eastward Expansion, 3 Bde., Bd. 1: Russia's Conquest of Siberia 1558-1700, Bd. 2: Russian Penetration of the North Pacific Ocean 1700-1797, Bd. 3: The Russian American Colonies 1798-1867 Portland, Oregon 1985/1988/1989

Dobrovol'skij, I. V. (Hg.), Schwarzbuch GULAG. Die sowjetischen Konzentrationslager, Graz/ Stuttgart 2002

Dolgich, Boris O., Rodovoj i plemennoj sostav narodov Sibiri v XVII veke, Moskau 1960

Donnert, Erich, Die Billings-Saryčev-Expedition in den Nordostpazifik 1785-1793 und der Naturforscher Carl Heinrich Merck, in: ders. (Hg.), Europa in der Frühen Neuzeit. Festschrift für Günter Mühlpfordt, Bd. 6, Weimar u.a. 2002, S. 1023–1035
– Die Stroganovs und die westeuropäischen Wirtschaftsbeziehungen Rußlands im 16. Jahrhundert, in: Zeitschrift für Geschichtswissenschaft 19, 1971, S. 393–404
– (Hg.), Gesellschaft und Kultur Rußlands in der zweiten Hälfte des 18. Jahrhunderts, Halle 1983
– Peter der Große, Leipzig 1988
– Russische Forschungsreisen und Expeditionen im 18. Jahrhundert, in: ders. (Hg.), Gesellschaft und Kultur Rußlands in der zweiten Hälfte des 18. Jahrhunderts, Halle 1983
– Russische Kolonisation im nordpazifischen Raum von der Mitte des 18. bis zu Beginn des 19. Jahrhunderts. Zur Wirksamkeit der Russisch-Amerikanischen Kompanie, in: ders. (Hg.) Europa in der Frühen Neuzeit. Festschrift für Günter Mühlpfordt, Bd. 6, Weimar u.a. 2002, S. 1039–1054
– (Hg.), Europa in der Frühen Neuzeit. Festschrift für Günter Mühlpfordt, 7 Bde., Weimar u.a. 1997-2008

Dopolnenija k aktam istoričeskim, sobrannyja i izdannyja Archeografičeskoju Komissieju, Bde. 1, 3 und 4, St. Petersburg 1846-1872

Dostoevskij, Fedor M., Aufzeichnungen aus dem Totenhause, in: Fedor M. Dostoevskij, Romane und Erzählungen II, Dreieich 2000, S. 163–401

Dostojewski, Fjodor M. siehe Dostoevskij, Fedor M.

Dreyer-Eimbcke, Oswald, Durchs Eis ins Reich der Mitte. Einfluß und Bedeutung der Kartographie bei der Suche nach den Nordpassagen. Von den Anfängen bis zum Ende des 16. Jahrhunderts, in: Ruth Löffler (Hg.), Gerhard Mercator, Europa und die Welt. Begleitband zur Ausstellung »Verfolgt, geachtet, universal – Gerhard Mercator, Europa und die Welt« anläßlich des 400. Todestages von Gerhard Mercator, Duisburg 1994, S. 131–171

Dridzo, Abram D. (Hg.), Russkaja Amerika. Po ličnym vpečatlenijam missionerov, zemleprochodcev, morjakov, issledovatelej i drugich očevidcev, Moskau 1994

Dülffer, Jost/Krumeich, Gerd (Hg.), Der verlorene Frieden. Politik und Kriegskultur nach 1918, Essen 2002

Dülmen, Richard van/Rauschenbach, Sina/Engelberg, Meinrad von (Hg.), Macht des Wissens. Die Entstehung der modernen Wissensgesellschaft, Köln 2004

Dulme, Maurice van (Hg.), Correspondance Mercatorienne, Antwerpen 1959

Durgin, Frank A. jr., The Virgin Lands Programm 1954-1960, in: Soviet Studies 13, 1962, S. 255–280

Dwinger, Edwin E., Zwischen Weiß und Rot, Jena 1930

Edwards, Mike, Siberia. In from the Cold, in: National Geographic Magazine, März 1990, S. 2–39

Eimermacher, Karl/Volpert, Astrid/Bordjugow, Gennadij (Hg.), Stürmische Aufbrüche und enttäuschte Hoffnungen. Russen und Deutsche in der Zwischenkriegszeit, München 2006

Eisfeld, Alfred/Herdt, Victor (Hg.), Deportation, Sondersiedlung, Arbeitsarmee. Deutsche in der Sowjetunion 1941 bis 1956, Köln 1996

Èlert, Aleksandr Ch., Die Völker Sibiriens in der Sicht Gerhard Friedrich Müllers, in: Berliner Jahrbuch für osteuropäische Geschichte 1996, H. 2, S. 37–54

– Èkspedicionnye materialy G. F. Millera kak istočnik po istorii Sibiri, Novosibirsk 1990

– Narody Sibiri v trudach G. F. Millera, Novosibirsk 1999

– (Hg.), Sibir' XVIII veka v putevych opisanijach G. F. Millera, Novosibirsk 1996

– Beschreibungen des Ostens des Russischen Reiches durch deutsche Wissenschaftler und Forschungsreisende in der ersten Hälfte des 18. Jahrhunderts, in: Boris Meissner/Alfred Eisfeld (Hg.), Der Beitrag der Deutschbalten und der städtischen Rußlanddeutschen zur Modernisierung und Europäisierung des Russischen Reiches, Köln 1996, S. 241-255, hier S. 244-251

– Istoriko-geografičeskoe opisanie Tomskogo uezda G.F. Millera (1734g.), in: N.N. Pokrovskij (Hg.), Istočniki po istorii Sibiri dosovetskogo perioda, Novosibirsk 1988, S. 59-101

Eliade, Mircea, Schamanismus und archaische Ekstasetechnik, Zürich/Stuttgart 1957, 9. Aufl., Frankfurt am Main 1997

– /Couliano, Ioan P., Handbuch der Religionen, Zürich/München 1991

Eltis, David (Hg.), Coerced and Free Migration. Global Perspectives, Stanford 2002

Emmer, Pieter C., Wirtschaft und Handel der Kolonialreiche, München 1988

Engberding, Hans/Thöns, Bodo (Hg.), Transsib-Lesebuch. Reiseerlebnisse auf der längsten Bahnstrecke der Welt, Berlin 2002

– Transsib-Handbuch. Unterwegs mit der Transsibirischen Eisenbahn, 4., überarbeite und erweiterte Aufl., Berlin 2005

Engel, Barbara (Hg.), Die Zukunft der blauen Städte Sibiriens. Voraussetzungen für eine nachhaltige Stadtentwicklung der Städte im sibirischen Norden, Cottbus 2001

– Öffentliche Räume in den blauen Städten Rußlands. Entwicklungen, Status und Perspektiven, Tübingen 2004

Engel, Christine, Vom Tauwetter zur postsozialistischen Ära (1953-2000), in: Klaus Städtke (Hg.), Russische Literaturgeschichte, Stuttgart 2002, S. 349–406

Engstrom, Allan und Elton, Baranov and a Pacific Empire, Juneau 2004

Erickson, John, The Soviet High Command. A Military-Political History, 1918-1941, 3. Aufl., London 2001

Ericsson, Christoffer H./Raurala, Nils-Erik (Hg.), The Northeast Passage. From the Vikings to Nordenskiöld, Helsinki 1992

Ėrlichman, V.V., Poteri narodonaselenija v XX veke. Spravočnik, Moskau 2004

Ertz, Simon, Building Norilsk, in: Paul R. Gregory/Valerij V. Lazarev (Hg.), The Economics of Forced Labor. The Soviet Gulag, Stanford, Kalifornien 2003, S. 127–130

– Zwangsarbeit im stalinistischen Lagersystem. Eine Untersuchung der Methoden, Strategien und Ziele ihrer Ausnutzung am Beispiel Norilsk, 1935-1953, Berlin 2006

– Zwangsarbeit in Noril'sk. Ein atypischer, idealtypischer Lagerkomplex, in: Osteuropa 57, 2007, Heft 6, S. 289-300

Ertzdorff, Xenia von/Neukirch, Dieter (Hg.), Reisen und Reiseliteratur im Mittelalter und in der Frühen Neuzeit, Amsterdam 1992

Ettighoffer, Paul C., Nacht über Sibirien. Ein Deutscher entrinnt dem Geheimdienst des Zaren, Gütersloh 1937

Evans, Richard J., Tod in Hamburg. Stadt, Gesellschaft und Politik in den Cholera-Jahren 1830-1910, Reinbek bei Hamburg 1996

Faust, Wolfgang, Rußlands goldener Boden. Der sibirische Regionalismus in der zweiten Hälfte des 19. Jahrhunderts, Köln 1980

Fedorov, Vladimir A., M. M. Speranskij i A. A. Arakčeev, Moskau 1997

Fedorova, Tat'jana S. (Hg.), Russkie ėkspedicii po izučeniju severnoj časti Tichogo okeana v pervoj polovine XVIII v. Sbornik dokumentov, Moskau 1984

Felińska, Ewa, Revelations of Siberia, 2 Bde., London 1853

Figes, Orlando, Die Flüsterer. Leben in Stalins Rußland, Berlin 2008

– Die Tragödie eines Volkes. Die Epoche der russischen Revolution 1891 bis 1924, Berlin 1998

Findeisen, Hans/Gehrts, Heino, Die Schamanen. Jagdhelfer und Ratgeber, Seelenfahrer, Künder und Heiler, 3. Aufl., München 1993

Fischer, Johann E., Sibirische Geschichte von der entdekkung Sibiriens bis auf die eroberung dieses Lands durch die Russische waffen. In den Versamlungen der Akademie der Wissenschaften vorgelesen und mit Genehmhaltung Derselben ans Licht gestellt, St. Petersburg 1768, Reprint Osnabrück 1973

– Vocabularium Sibiricum (1747). Der etymologisch-vergleichende Anteil, hg. und bearbeitet von János Gulya, Frankfurt am Main/Berlin 1995

Fisher, Raymond H., Bering's Voyages. Whither and Why, Seattle 1977

– Dezhnev's Voyage of 1648 in the Light of Soviet Scholarship, in: Terrae Incognitae 5, 1973, S. 7–26

– Mangazeia. A Boom Town of Seventeenth Century Siberia, in: Russian Review 4, 1944, S. 89–99

– The Russian Fur Trade, 1550-1700, Millwood, New York 1974, Reprint der Ausg. Berkeley/Los Angeles 1943

– The Voyage of Semen Dezhnev in 1648. Bering's Precursor, with Selected Documents, London 1981

– To Give Chirikov His Due, in: Orcutt W. Frost (Hg.), Bering and Chirikov. The American Voyages and Their Impact, Anchorage 1992, S. 37-50

Fitzhugh, William W./Crowell, Aron (Hg.), Crossroads of Continents. Cultures of Siberia and Alaska, Washington, D.C. 1988

Flaherty, Gloria, Shamanism and the Eighteenth Century, Princeton 1992

Förster, Andreas (Hg.), Die Sibirienreise Alfred Brehms, Berlin 2001

Footman, David, Siberian Partisans in the Civil War, in: St. Antony's Papers, No. 1: Soviet Affairs No. 1, London 1956, S. 24-53

Forsyth, James, A History of the Peoples of Siberia. Russia's North Asian Colony, 1581-1990, Cambridge 1996

Fortescue, Stephen, Russia's Oil Barons and Metal Magnates. Oligarchs and the State in Transition, Houndmills 2006

– /Rautio, Vesa, Vom Arbeitslager zum Weltmarktführer. Ein Firmenporträt der Buntmetallhütte Noril'sk Nikel', in: Osteuropa 57, 2007, H. 6, S. 395–408

Foust, Clifford M., Muscovite and Mandarin. Russia's Trade with China and its Setting, 1727-1805, Chapel Hill 1969

Frank, Susi K., Aleksandr Radishchev's Interpretation of Shamanism in the Russian and European Context of the Late Eighteenth Century, in: Eva-Maria Stolberg (Hg.), The Siberian Saga. A History of Russia's Wild East, Frankfurt am Main 2005, S. 43–61

– Diskursive Strategien der Kolonisation Sibiriens durch die russische Kultur, München 2009
– Dostoevskij, Jadrincev und Čechov als Geokulturologen Sibiriens. Vortrag an der Universität Erfurt, in: dies. u.a. (Hg.), Gedächtnis und Phantasma. Festschrift für Renate Lachmann, München 2001, S. 32–47
– »Innere Kolonisation« und frontier-Mythos. Räumliche Deutungskonzepte in Rußland und den USA, in: Osteuropa 53, 2003, S. 1658–1675
– Reisen nach Sibirien zwischen Heterotopie und Topographie, in: kea. Zeitschrift für Kulturwissenschaft 12, 1999, S. 113–136
– »Sibir', Sibir' ... Russkij Kraj«. Die sibirische Thematik im sowjetischen Film zwischen 1928 und 1947, in: Wiener Slawistischer Almanach 47, 2001, S. 99–116
– Sibirien. Peripherie und Anderes der russischen Kultur, in: Wiener Slawistischer Almanach. Sonderband 44, »Mein Rußland«. Literarische Konzeptualisierungen und kulturelle Projektionen, 1997, S. 357–381
Fraser, John F., The Real Siberia. Together with an Account of a Dash Through Manchuria, London/New York 1904
Freed, Stanley A./Freed, Ruth S./Williamson, Laila, The American Museum's Jesup North Pacific Expedition, in: William W. Fitzhugh/Aron Crowell (Hg.), Crossroads of Continents. Cultures of Siberia and Alaska, Washington, D.C. 1988, S. 97-103
Freher, Marquard (Hg.), Rerum Moscoviticarum Auctores varii. Unum in corpus nunc primum congesti, quibus et gentis historia continetur. Et regionum accurata descriptio, Frankfurt am Main 1600
French, R.A., Russians and the Forest, in: James H. Bater/R. A. French (Hg.), Studies in Russian Historical Geography, 2 Bde., London 1983
Friedman, Lawrence M., Crime and Punishment in American History, New York 1993
Fries, Jakob, Eine Reise durch Sibirien im achtzehnten Jahrhundert. Die Fahrt des Schweizer Doktors Jakob Fries, hg. von Walther Kirchner, München 1955
Frings, Jutta (Hg.), Dschingis Chan und seine Erben. Das Weltreich der Mongolen, München 2005
– /Abramova, N.L. (Hg.), Der Kreml. Gottesruhm und Zarenpracht, Bonn 2004
Frost, Orcutt W., Bering. The Russian Discovery of America, New Haven 2003
– (Hg.), Bering and Chirikov. The American Voyages and Their Impact, Anchorage 1992
– Georg Wilhelm Steller. Der Naturforscher der Bering-Expedition, in: Erich Donnert (Hg.), Europa in der Frühen Neuzeit. Festschrift für Günter Mühlpfordt, Bd. 5, Weimar u.a. 1999, S. 285–294
– Vitus Bering and Georg Wilhelm Steller. Their Tragic Conflict on the American Expedition, in: Pacific Northwest Quarterly 84, 1994/95, H. 1, S. 3–16
– Von Deutschland über Rußland und Sibirien nach Nordamerika. Der Naturforscher Georg Wilhelm Steller, in: Erich Donnert (Hg.), Europa in der Frühen Neuzeit. Festschrift für Günter Mühlpfordt, Bd. 2, Weimar 1997, S. 515–538
Funk, Dmitrij A./Tomilov N.A. (Hg.), Tjurkskie narody Sibiri, Moskau 2006
Galazij, Grigorij I./Votincev, Konstantin K., Problemy Bajkala, Novosibirsk 1978
Gatrell, Peter, The Tsarist Economy, 1850-1917, London 1986
– Russia's First World War. A Social and Economic History, Harlow u.a. 2005
Gehrmann, Udo/Ogurcov, Andrej, Rußlands Frontier in Westsibirien. Zur Geschichte der Linienkosaken im 18. Jahrhundert, in: Zeitschrift für Geschichtswissenschaft 41, 1993, S. 399–410
Gemuev, I.N./Fursova, E.F. (Hg.), Russkie Sibiri. Kul'tura, obyčai, obrjady. Sbornik naučnych trudov, Novosibirsk 1998
– /Molodin, V.I./Sokolova, Z.P. (Hg.), Narody Zapadnoj Sibiri. Chanty, Mansi, Sel'kupy, Nency, Ency, Nganagany, Kety, Moskau 2005
Gentes, Andrew A., Katorga. Penal Labor and Tsarist Siberia, in: Eva-Maria Stolberg (Hg.), The Siberian Saga. A History of Russia's Wild East, Frankfurt/M. 2005, S. 73–85
– »Licentious Girls« and Frontier Domesticators. Women and Siberian Exile From the Late 16th to the Early 19th Century, in: Sibirica 3, 2003, S. 3–20
– No Kind of Liberal: Alexander II and the Sakhalin Penal Colony, in: Jahrbücher für Geschichte Osteuropas, N.F. 54, 2006, S. 321-344
– Siberian Exile and the 1863 Polish Insurrection According to Russian Sources, in: Jahrbücher für Geschichte Osteuropas, N.F. 51, 2003, S. 197–217

Georgi, Johann Gottlieb, Beschreibung aller Nationen des Russischen Reichs, ihrer Lebensart, Religion, Gebräuche, Wohnungen, Kleidung und übrigen Merkwürdigkeiten, 4 Bde., St. Petersburg 1776

Gerber, Jürgen, Georgien. Nationale Opposition und kommunistische Herrschaft seit 1956, Baden-Baden 1997

Gernet, Katharina, Evenen – Jäger, Rentierhirten, Fischer. Zur Geschichte eines nordostsibirischen Volkes im russischen Zarenreich, Wiesbaden 2007

Gerritsz, Hessel (Hg.), The Arctic North-East and West Passage. Detectio freti Hudsoni, or Hessel Gerritsz' Collection of Tracts by himself, Massa and De Quir on the N.E. and W. Passage, Siberia and Australia. Reproduced, with the Maps, in Photolithography in Dutch and Latin after the Editions of 1612 and 1613, hg. von Samuel Muller Amsterdam 1878

Gestwa, Klaus, Auf Wasser und Blut gebaut. Der hydrotechnische Archipel Gulag, 1931-1958, in: Osteuropa 57, 2007, Heft 6, S. 239-266

– Ökologischer Notstand und sozialer Protest. Ein umwelthistorischer Blick auf die Reformunfähigkeit und den Zerfall der Sowjetunion, in: Archiv für Sozialgeschichte 43, 2003, S. 349–383

– Raum – Macht – Geschichte. Making Sense of Soviet Space, in: Osteuropa 55, 2005, S. 46-69

Getzler, Israel, Kronstadt 1917-1921. The Fate of a Soviet Democracy, Cambridge u.a. 1983

Geyer, Dietrich, Der russische Imperialismus. Studien über den Zusammenhang von innerer und auswärtiger Politik 1860-1914, Göttingen 1977

– Die Russische Revolution, 4. Aufl., Göttingen 1985

– (Hg.), Wirtschaft und Gesellschaft im vorrevolutionären Rußland, Köln 1975

Gibson, James R., Feeding the Russian Fur Trade. Provisionment of the Okhotsk Seaboard and the Kamchatka Peninsula, 1639-1856, Madison 1969

– Imperial Russia in Frontier America. The Changing Geography of Supply of Russian America, 1784-1867, New York 1976

Giese, Ernst, Die ökologische Krise des Aralsees und der Aralseeregion. Ursachen, Auswirkungen, Lösungsansätze, in: ders./Gundula Bahro/Dirk Betke (Hg.), Umweltzerstörungen in Trockengebieten Zentralasiens (West- und Ost-Turkestan). Ursachen, Auswirkungen, Maßnahmen, Stuttgart 1998, S. 55–80

– /Bahro, Gundula/Betke, Dirk (Hg.), Umweltzerstörungen in Trockengebieten Zentralasiens (West- und Ost-Turkestan). Ursachen, Auswirkungen, Maßnahmen, Stuttgart 1998

Giesemann, Gerhard, Ein russischer Reisebericht über Sibirien. Bemerkungen zur Gattung, in: Xenia von Ertzdorff/Dieter Neukirch (Hg.), Reisen und Reiseliteratur im Mittelalter und in der Frühen Neuzeit, Amsterdam 1992, S. 459–474

Gill, Graeme J. (Hg.), Politics in the Russian Regions, Houndmills 2007

Girault, René, Emprunts russes et investissements français en Russie 1887-1914. Recherches sur l'investissement international, Paris 1999

Gitermann, Valentin, Geschichte Rußlands, 3 Bde., Frankfurt/M. 1987

Giżejewska, Małgorzata, Die Einzigartigkeit und der besondere Charakter der Konzentrationslager in Kolyma und die Möglichkeiten des Überlebens, in: Dittmar Dahlmann/Gerhard Hirschfeld (Hg.), Lager, Zwangsarbeit, Vertreibung und Deportation. Dimensionen der Massenverbrechen in der Sowjetunion und in Deutschland 1933 bis 1945, Essen 1999, S. 245–260

Gladkov, Sabine, Geschichte Sibiriens, Regensburg 2003

Glaubitz, Joachim, Fremde Nachbarn. Tokyo und Moskau. Ihre Beziehungen vom Beginn der 1970er Jahre bis zum Ende der Sowjetunion, Baden-Baden 1992

Glinka, G.V. u.a. (Hg.), Aziatskaja Rossija, 3 Bde., St. Petersburg 1914

Gmelin, Johann Georg, Expedition ins unbekannte Sibirien, hg., eingeleitet und erläutert von Dittmar Dahlmann, Sigmaringen 1999

– Flora Sibirica sive historia plantarum Sibiriae, 4 Bd., St. Petersburg 1747-1769

– Joannis Georgii Gmelini. Reliquias quae supersunt commercii epistolici cum Carolo Linnaeo, Alberto Hallero, Guilielmo Stellero et al., hg. von Wilhelm Heinrich Theodor Plieninger und Carl von Linné, Stuttgart 1861

– Johann Georg Gmelin 1709-1755. Der Erforscher Sibiriens. Ein Gedenkbuch, hg. von Otto Gmelin, München 1911

– Reise durch Sibirien von dem Jahr 1733 bis 1743, 4 Bde., Göttingen 1751/52

Gnučeva, Vera F. (Hg.), Materialy dlja istorii ėkspedicij Akademii Nauk v XVIII i XIX vekach. Chronologičeskie obzory i opisanie archivnych materialov, Moskau/Leningrad 1940

Goehrke, Carsten, Das »andere« Rußland. Zu Sibiriens Stellenwert in der russischen Geschichte, in: Berliner Jahrbuch für osteuropäische Geschichte, 1995, H. 2, S. 123–150
– Zum Problem von Bevölkerungsziffer und Bevölkerungsdichte des Moskauer Reiches im 16. Jahrhundert, in: Forschungen zur Osteuropäischen Geschichte 24, 1978, S. 65–85
Golden, Peter B., Aspects of the Nomadic Factor in the Economic Development of Kievan Rus', in: ders., Nomads and Their Neighbours in the Russian Steppe. Turks, Khazars and Qipchaqs, Aldershot/Burlington 2003, S. 58–101
– The Question of the Rus' Qağanate, in: ders., Nomads and Their Neighbours in the Russian Steppe. Turks, Khazars and Qipchaqs, Aldershot/Burlington 2003, S. 77–97
Golder, Frank A. (Hg.), Bering's Voyages. An Account of the Efforts of the Russians to Determine the Relations of Asia and America, 2 Bde., Bd. 1: The Log Book and Official Reports of the First and Second Expeditions 1725-1730 and 1733-1742, Bd. 2: Steller's Journal of the Sea Voyage from Kamchatka to America and Return on the Second Expedition, New York 1922/1925
– Russian Expansion on the Pacific 1641-1850. An Account of the Earliest and Later Expeditions Made by the Russians Along the Pacific Coast of Asia and North America, Cleveland 1914
Goldman, Marshall I., Environmentalism and Nationalism. An Unlikely Twist in an Unlikely Direction, in: John M. Stewart (Hg.), The Soviet Environment. Problems, Policies und Politics, Cambridge 1992
– Umweltverschmutzung in der Sowjetunion. Die Abwesenheit einer aktiven Umweltbewegung und die Folgen, in: Helmut Schreiber (Hg.), Umweltprobleme in Mittel und Osteuropa, Frankfurt am Main 1989, S. 162–183
Göler, Daniel, Russia's Northern Periphery in Transition. Regional Fragmentation of the Far North?, in: Graeme J. Gill (Hg.), Politics in the Russian Regions, Houndmills 2007, S. 188–203
– Rückzug aus der nördlichen Peripherie Rußlands? Jüngere räumliche Entwicklungen im Hohen Norden Ostsibiriens und des Fernen Ostens – ein Beitrag zur peripheren Transformationsforschung, Leipzig 2005
Golovin, Pavel N., The End of Russian America. Captain P. N. Golovin's Last Report 1862, übersetzt, eingeleitet und kommentiert von B. Dmytryshyn and E. A. P. Crownhart-Vaughan, Portland 1979
Golovnev, Andrej V./Osherenko, Gail, Siberian Survival. The Nenets and Their Story, Ithaca/London 1999
Golubčikova, V.D. u.a. (Hg.), Practical Dictionary of Siberia and the North, Moskau 2005; russ. Original: Severnaja ènciklopedija, Moskau 2004
Gorbacheva, Valentina/Federova, Marina, Die Völker des Hohen Nordens. Kunst und Kultur Sibiriens, New York 2000
Gorjuškin, Leonid M. (Hg.), Krest'janskaja obščina v Sibiri. XVII – načala XX v., Novosibirsk 1977
– (Hg.), Ssylka i katorga v Sibiri. (XVIII – načalo XX v.), Novosibirsk 1975
– (Hg.), Političeskaja ssylka i revoljucionnoe dviženie v Rossii. Konec XIX-načalo XX v., Novosibirsk 1988
– /Bočanova, Galina A./Nozdrin, Gennadij A. (Hg.), Opyt narodnoj agronomii v Sibiri. Vtoraja polovina XIX – načalo XX v., Novosibirsk 1993
Gossmann, Anna, Souveränität auf Jakutisch. Berichte des Bundesinstituts für ostwissenschaftliche und internationale Studien, Nr. 34, Köln 1997
Grabosch, Ulrich, Studien zur deutschen Rußlandkunde im 18. Jahrhundert, Halle an der Saale 1985
Gramatzki, Hans-Erich, Industrialisierung und Kapitalbildung im sibirischen Entwicklungsprozeß, in: Gert Leptin (Hg.), Sibirien. Ein russisches und sowjetisches Entwicklungsproblem, Berlin 1986, S. 149–191
Grant, Bruce, Empire and Savagery: The Politics of Primitivism in Late Imperial Russia, in: Daniel R. Brower/Edward J. Lazzerini (Hg.), Russia's Orient. Imperial Borderlands and Peoples, 1700-1917, Bloomington/Indianapolis 1997, S. 292-310.
Grawitz, Madeleine, Bakunin. Ein Leben für die Freiheit, Hamburg 1999
Gregory, Paul R./Lazarev, Valerij V. (Hg.), The Economics of Forced Labor. The Soviet Gulag, Stanford, Kalifornien 2003
Griep, Wolfgang (Hg.), Sehen und Beschreiben. Europäische Reisen im 18. und frühen 19. Jahrhundert. 1. Eutiner Symposion vom 14. – 17. Februar 1990 in der Eutiner Landesbibliothek, Heide 1991

Grosses vollständiges Universal-Lexicon aller Wissenschaften und Künste […], Halle/Leipzig 1732-1750, 68 Bände und 4 Supplementbände 1751-1754

Grützmacher, Johannes, »Young Men go East!«. The BAM Frontier under Brezhnev, in: Eva-Maria Stolberg (Hg.), The Siberian Saga. A History of Russia's Wild East, Frankfurt am Main 2005, S. 203–219

– Vielerlei Öffentlichkeiten. Die Baikal-Amur-Magistrale als Mobilisierungsprojekt der Brežnev-Ära, in: Jahrbücher für Geschichte Osteuropas, N.F. 50, 2002, S. 205–223

Gülden, Werner Friedrich (Hg.), Forschungsreise nach Kamtschatka. Reisen und Erlebnisse des Johann Karl Ehrenfried Kegel von 1841 bis 1847, Köln u.a. 1992

GULag 1918-1960. Dokumenty, Moskau 2000

Gurko, Vladimir I., Features and Figures of the Past. Government and Opinion in the Reign of Nicholas II, Stanford 1939

Guroff, Gregory S./Starr, Frederick, Zum Abbau des Analphabetismus in den russischen Städten 1890-1914, in: Dietrich Geyer (Hg.), Wirtschaft und Gesellschaft im vorrevolutionären Rußland, Köln 1975, S. 333–346

Haase, Claus-Peter, Von der »Pax Mongolica« zum Timuridenreich, in: Stephan Conermann/Jan Kusber (Hg.), Die Mongolen in Asien und Europa, Frankfurt am Main 1997, S. 139–160

Habeck, Joachim O., Seßhaftwerdung und Seßhaftmachung sibirischer Rentiernomaden. Siedlungsstruktur und Siedlungsgeschichte im Ewenkischen Autonomen Kreis, Münster 1998

Häfner, Lutz, Von der frontier zum Binnenraum. Visionen und Repräsentationen Sibiriens als innerrussländischer Grenzraum, in: Christoph Duhamelle u.a. (Hg.), Grenzregionen. Ein europäischer Vergleich vom 18.-20. Jahrhundert, Frankfurt am Main/New York 2007, S. 25-50

Hagen, Manfred, Das Lena-Blutbad 1912 und die russische Öffentlichkeit, in: ders., Die russische Freiheit. Wege in ein paradoxes Thema, Stuttgart 2002, S. 242-277

Hakluyt, Richard (Hg.), The Principal Navigations, Voyages, Traffiques & Discoveries of the English Nation. Made by Sea or Over-Land to the Remote and Farthest Distant Quarters of the Earth at Any Time within the Compasse of these 1600 Yeares, 12 Bde., Glasgow 1903-1905

Hambly, Gavin, Die Goldene Horde, in: ders. (Hg.), Zentralasien, Frankfurt am Main 1966

Hamm, Michael F. (Hg.), The City in Late Imperial Russia, Bloomington, Indiana 1986

Hantsche, Irmgard (Hg.), Mercator – Ein Wegbereiter neuzeitlichen Denkens. Referate des 2. Mercator-Symposiums Duisburg, 8.-9. März 1993, Bochum 1994

Harbsmeier, Michael, Wilde Völkerkunde. Andere Welten in deutschen Reiseberichten der frühen Neuzeit, Frankfurt am Main 1994

Hartmann, Wilfried (Hg.), Europas Städte zwischen Zwang und Freiheit. Die europäische Stadt um die Mitte des 13. Jahrhunderts, Regensburg 1995

Hartwig, Jürgen, Die Vermarktung der Taiga. Die Politische Ökologie de Nutzung von Nicht-Holz-Waldprodukten und Bodenschätzen in der Mongolei, Stuttgart 2007

Harwood, Jeremy, Hundert Karten, die die Welt veränderten, Hamburg 2007

Hasegawa, Tsuyoshi, The Northern Territories Dispute and Russo-Japanese Relations, 2 Bde., Berkeley 1998

Haumann, Heiko, Geschichte Rußlands, München 1996, 2. Aufl., Zürich 2003

– Kapitalismus im zaristischen Staat 1906-1917. Organisationsformen, Machtverhältnisse und Leistungsbilanz im Industrialisierungsprozeß, Königstein/Ts. 1980

– /Plaggenborg, Stefan (Hg.), Aufbruch der Gesellschaft im verordneten Staat. Rußland in der Spätphase des Zarenreiches, Frankfurt/M. u.a. 1994

Hauser-Schäublin, Brigitta/Krüger, Gundolf (Hg.), Sibirien und Russisch-Amerika: Kultur und Kunst des 18. Jahrhunderts. Die Sammlung von Asch – Göttingen, München u.a. 2007

Haycox, Stephen u.a. (Hg.), Enlightenment and Exploration in the North Pacific 1741-1805, Seattle/London 1997

Hedeler, Wladislaw, Der Gulag als Musterbetrieb und Terrorinstrument. Zur Organisationsgeschichte Stalinscher Besserungsarbeitslager. Erläutert am Beispiel der Aufgaben und des Personalbestandes der Politabteilungen in den Besserungsarbeitslagern KARLag und SIBLag, Berlin 2009

– Die monumentale siebenbändige Dokumentenedition zur Geschichte des Gulag, in: Jahrbuch für historische Kommunismusforschung 2006, S. 359–378

– /Hennig, Horst (Hg.), Schwarze Pyramiden, rote Sklaven. Der Streik in Workuta im Sommer 1953. Eine dokumentierte Chronik, Leipzig 2007

– /Meinhard Stark, Das Grab in der Steppe. Leben im Gulag: Die Geschichte eines sowjetischen »Besserungsarbeitslagers« 1930-1959, Paderborn u.a. 2008

– /Stark, Meinhard (Hg.), Karlag. Das Karagandinsker »Besserungsarbeitslager« 1930-1959. Dokumente zur Geschichte des Lagers, seiner Häftlinge und Bewacher, Paderborn u.a. 2008

Heffernan, Michael, Capturing Europa. Images, Narratives, Maps, in: Michael Heffernan (Hg.), The European Geographical Imagination. Hettner-Lecture 2006, Stuttgart 2007, S. 17–38

Heitz, Gerhard/Unger, Manfred (Hg.), Hansische Studien. Heinrich Sproemberg zum 70. Geburtstag, Ost-Berlin 1961

Heller, Klaus, Der russisch-chinesische Handel in Kjachta. Eine Besonderheit in den außenwirtschaftlichen Beziehungen Rußlands im 18. und 19. Jahrhundert, in: Jahrbücher für Geschichte Osteuropas, N.F. 29, 1981, S. 515–536

– Der russisch-chinesische Handel von seinen Anfängen bis zum Ausgang des 19. Jahrhunderts, Erlangen 1980

– Russische Wirtschafts- und Sozialgeschichte, Bd. 1: Die Kiever und Moskauer Periode (9.-17. Jahrhundert), Darmstadt 1987

Heller, Otto, Sibirien. Ein anderes Amerika, Berlin 1930

Hellmann, Manfred (Hg.), Die russische Revolution 1917. Von der Abdankung des Zaren bis zum Staatsstreich der Bolschewiki, 6. Aufl., München 1987

Hellie, Richard, Migration in Early Modern Russia, 1480s-1780s, in: David Eltis (Hg.), Coerced and Free Migration. Global Perspectives, Stanford 2002, S. 292–323

– (Hg.), The Frontier in Russian History, Chicago 1992 (=Russian History 19, 1992)

Henn, Bettina/Kreisel, Anja/Steinweg, Dagmar (Hg.), Das Eigene und das Fremde in der russsischen Kultur. Kontinuitäten und Diskontinuitäten der Selbstdefinition in Zeiten des Umbruchs, Bochum 2000

Henning, Georg, Die Reiseberichte über Sibirien von Herberstein bis Ides, in: Mitteilungen des Vereins für Erdkunde zu Leipzig 1905, S. 245-394

Heppner, Harald/Staudinger, Eduard (Hg.), Region und Umbruch 1918. Zur Geschichte alternativer Ordnungsversuche, Frankfurt am Main 2001

Herberstein, Sigmund von, Das alte Russland, aus dem Lateinischen übersetzt von Wolfram von den Steinen, Zürich 1984

– Rerum Moscoviticarum Commentarii, in: Marquard Freher (Hg.), Rerum Moscoviticarum Auctores varii. Unum in corpus nunc primum congesti, quibus & gentis historia continetur. Et regionum accurata descriptio, Frankfurt am Main 1600

Hildermeier, Manfred, Die Sowjetunion 1917-1991, München 2001

– Die russische Revolution 1905-1921, Frankfurt/M. 1989, Nachdruck 2006

– Die Sozialrevolutionäre Partei Rußlands. Agrarsozialismus und Modernisierung im Zarenreich (1900 1911), Köln u.a. 1978

– Geschichte der Sowjetunion, 1917-1991. Entstehung und Niedergang des ersten sozialistischen Staates, München 1998

Hintzsche, Wieland, Die kartographische Darstellung Sibiriens bei Gerard Mercator, in: Irmgard Hantsche (Hg.), Mercator – Ein Wegbereiter neuzeitlichen Denkens, Bochum 1994, S. S. 171-182

– (Hg.), Dokumente zur 2. Kamčatkaexpedition 1730-1733. Akademiegruppe, Halle 2004

– (Hg.), Dokumente zur 2. Kamčatkaexpedition Januar – Juni 1734. Akademiegruppe, Halle 2006

– (Hg.), Georg Wilhelm Steller, Stepan Krašeninnikov, Johann Eberhard Fischer. Reisetagebücher 1735 bis 1743, Halle 2000

– (Hg.), Georg Wilhelm Steller. Briefe und Dokumente 1740, Halle 2000

– Georg Wilhelm Steller. Briefe und Dokumente 1739, Halle 2001

– The Travel Journals of Georg Wilhelm Steller, in: Peter U. Møller/Natal'ja A. Okhotina-Lind (Hg.), Under Vitus Bering's Command. New Perspectives on the Russian Kamchatka Expeditions, Aarhus 2003, S. 171–178

– /Nickol, Thomas (Hg.), Die Grosse Nordische Expedition. Georg Wilhelm Steller (1709-1746). Ein Lutheraner erforscht Sibirien und Alaska. Eine Ausstellung der Franckeschen Stiftungen zu Halle, Gotha 1996

Hirzel, Stephan, Ökologie und Öffentlichkeit. Untersuchungen zur Rolle der sowjetrussischen Schriftsteller in der ökologischen Bewußtseinsbildung der fünfziger bis achtziger Jahre, Bern 1996

Hoetzsch, Otto, Rußland in Asien. Geschichte einer Expansion, Stuttgart 1966

Hoffman, David E., The Oligarchs. Wealth and Power in the New Russia, New York 2003

Hoffmann, Peter (Hg.), Geographie, Geschichte und Bildungswesen in Rußland und Deutschland im 18. Jahrhundert, Berlin 1995

– Gerhard Friedrich Müller. Die Bedeutung seiner geographischen Arbeiten für das Rußlandbild des 18. Jahrhunderts, Berlin 1959

– Gerhard Friedrich Müller (1705-1783). Historiker, Geograph, Archivar im Dienste Rußlands, Frankfurt am Main u.a. 2005

Hoffmann, Walter G./Müller, Josef H./Koenig, Heinz, Das deutsche Volkseinkommen, 1851-1957, Tübingen 1959

Höhmann, Hans-Hermann/Seidenstecher, Gertraud/Vajna, Thomas (Hg.), Umweltschutz und ökonomisches System in Osteuropa. Drei Beispiele: Sowjetunion, DDR, Ungarn, Stuttgart 1973

Holm, Kerstin, Sibirien wird noch leerer, in: Frankfurter Allgemeine Zeitung, 31.3.2005

Holmes, Burton, Travelogues, Bd. 8, New York 1908

Hoppál, Mihály, Schamanen und Schamanismus, übersetzt aus dem Ungar. von Hans Skirecki, Augsburg 1994

Hösch, Edgar, Geschichte Rußlands. Vom Kiever Reich bis zum Zerfall des Sowjetimperiums, Stuttgart 1996

Hosking, Geoffrey (Hg.), Church, Nation and State in Russia and Ukraine, Basingstoke 1990

– Rußland. Nation und Imperium, Berlin 2000

Hudson, Hugh D. Jr., The Rise of the Demidov Family and the Russian Iron Industry in the Eighteenth Century, mit einem einleitenden Essay von David Griffiths, Newtonville, Massachusetts 1986

Hübner, Marita, Christliche Aufklärung und Staatsinteresse im Spiegel der Forschungsreise von Daniel Gottlieb Messerschmidt (1685-1735) nach Sibirien in den Jahren 1720-1727, in: Erich Donnert (Hg.), Europa in der Frühen Neuzeit. Festschrift für Günter Mühlpfordt, Bd. 7, Köln u.a. 2008, S. 697-711

Hughes, James R., Stalin, Siberia and the Crisis of the New Economic Policy, Cambridge 1991

– Stalinism in a Russian Province. A Study of Collectivization and Dekulakization in Siberia, New York/Houndmills 1996

Hughes, Lindsey, Russia in the Age of Peter the Great, New Haven 1998

Hyer, Eric, Dreams and Nightmares. Chinese Trade and Immigration in The Russian Far East, in: Journal of East Asian Affairs 10, 1996, S. 289–308

Ides, Evert Ysbrant, Dreyjährige Reise nach China. Von Moscau ab zu Lande durch groß Ustiga, Siriania, Permia, Sibirien, Daour, und die große Tartarey. Gethan durch den Moscovitischen Abgesandten Hrn. E. Yßbrants Ides. Nebst einer Landcharte und vielen Kupfferstichen, so von dem Abgesandten selbst auff der Reise auffgezeichnet worden. Wie auch einer Beschreibung von China durch einen Chineser in seiner sprache geschrieben, Frankfurt am Main 1707

– Driejaarige Reize naar China. Te lande gedaan door den Moskovischen afgezant, E. Ysbrants Ides, van Moskou af, over Groot Ustiga, Siriania, Permia, Sibirien, Daour, Groot Tartaryen tot in China. Hier is bygevoegt, eene beknopte beschryvinge van China, door cenen Chinezschen Schryert'zamen gestelt, zu eerst in't Nierduitsch vertaalt, en met verscheide Aantekeningen verrykt, Amsterdam 1704

– /Brand, Adam, Beschreibung der dreijährigen chinesischen Reise. Die russische Gesandtschaft von Moskau nach Peking 1692 bis 1695 in den Darstellungen von Eberhard Isbrand Ides und Adam Brand, hg., eingeleitet und kommentiert von Michael Hundt, Stuttgart 1999

Ignat'ev, A.V., The Foreign Policy of Russia in the Far East at the Turn of the 19th and 20th Centuries, in: Hugh Ragsdale/Valerii N. Ponomarev (Hg.), Imperial Russian Foreign Policy, Cambridge/Mass. 1994, S. 247-267

Il'in, Ju L., Sozdanie Velikogo Sibirskogo puti, 2 Bde., St. Petersburg 2005

Imbert, Bertrand C., Bering and Chirikov: Pioneers of Siberian and North Pacific Geography, in: Orcutt W. Frost (Hg.), Bering and Chirikov. The American Voyages and Their Impact, Anchorage 1992., S. 51-74

Ingemanson, Birgitta M., Vladivostok – Russia's Frontier Town on the Pacific, in: Eva-Maria Stolberg (Hg.), The Siberian Saga. A History of Russia's Wild East, Frankfurt am Main 2005, S. 119–130

Ingold, Felix P., Russische Wege. Geschichte – Kultur – Weltbild, München 2007

Inoue, Koichi, For the Rehabilitation of Bronisław Piłsudski, in: Boris P. Chichlo (Hg.), Sibérie II. Questions sibériennes. Histoire, Cultures, Littératures, Paris 1999, S. 269-274

Istorija Jakutskoj ASSR, 3 Bde., Moskau 1955-1963

Israel, Jonathan I., Dutch Primacy in World Trade, 1585-1740, Oxford 1989

Ivanova, Galina M., Labor Camp Socialism. The Gulag in the Soviet Totalitarian System, Armonk, New York 2000

– Wie und warum konnte der Gulag entstehen, in: I.V. Dobrovol'skij (Hg.), Schwarzbuch GULAG. Die sowjetischen Konzentrationslager, Graz/Stuttgart 2002, S. 13–126

Jablonowski, Horst, Die russische Politik in Sibirien im 19. Jahrhundert, in: ders./Irene Jablonowski/Friedhelm B. Kaiser (Hg.), Russland, Polen und Deutschland. Gesammelte Aufsätze, Köln/Wien 1972, S. 53–72

Jadrincev, Nikolaj M., Sibir' kak kolonija. V geografičeskom, ėtnografičeskom i istoričeskom otnošenii, hg. von Leonid Michajlovič Gorjuškin, Novosibirsk 2003, Originalausgabe St. Petersburg 1882; dt. Ausgabe: Sibirien. Geographische, ethnographische und historische Studien, hg. und bearbeitet von E. Petri, Trier 2003, Reprint der Ausgabe Jena 1886

– Sibirskie inorodcy. Ich byt i sovremennoe položenie, St. Petersburg 1891

Jaeger, Susanne, Alexander S. Stroganov (1733-1811). Sammler und Mäzen im Russland der Aufklärung, Köln 2007

Jakobson, Michael, Die Funktionen und die Struktur des sowjetischen Gefängnis- und Lagersystems von 1928 bis 1934, in: Dittmar Dahlmann/Gerhard Hirschfeld (Hg.), Lager, Zwangsarbeit, Vertreibung und Deportation. Dimensionen der Massenverbrechen in der Sowjetunion und in Deutschland 1933 bis 1945, Essen 1999, S. 207–221

Jänicke, Martin, Umweltpolitisches Staatsversagen im Realen Sozialismus, in: Helmut Schreiber (Hg.), Umweltprobleme in Mittel und Osteuropa, Frankfurt am Main 1989, S. 43–58

Jansma, Taeke S., Olivier Brunel Te Dordrecht. De noordoostelijke Doorvaart en het westeuropeeschrussisch contact in de zestiende eeuw, in: Tijdschrift voor Geschiedenis 59, 1946, S. 337–362

Jensen, Adolf E., Mythos und Kult bei Naturvölkern. Religionswissenschaftliche Betrachtungen, 3. Aufl., München 1991

Jochelson, Waldemar, History, Ethnology and Anthropology of the Aleut, Oosterhout 1996, Nachdruck der Ausgabe 1933

Josephson, Paul R., New Atlantis Revisited. Akademgorodok, Siberian City of Science, in: Kotkin, Stephen/Wolff, David (Hg.), Rediscovering Russia in Asia. Siberia and the Russian Far East, Armonk, New York 1995, S. 89–107

Junge, Marc/Binner, Rolf/Stepanov Aleksej, Kak terror stal »Bol'šim«. Sekretnyj prikaz No. 00447 i technologija ego ispolnenija, Moskau 2003

Jürgens, Tom, Sibirien ausstellen – Das Faktum zwischen Objekt und Idee, in: Bianka Pietrow Ennker (Hg.), Kultur in der Geschichte Rußlands. Räume, Medien, Identitäten, Lebenswelten, Göttingen 2007, S. 83–103

– Unser täglich Sibirien gib uns heute. Imaginäre Geographie als deutsche Popkultur, in: Osteuropa 57, 2007, H. 5, S. 201–214

Jurkov, Ju. A. (Hg.), Naselenie Rossii za 100 let (1897-1997). Statističeskij sbornik, Moskau 1998

Juškevič, Adol'f P./Winter, Eduard (Hg.), Die Berliner und die Petersburger Akademie der Wissenschaften im Briefwechsel Leonhard Eulers, Bd. 1: Der Briefwechsel L. Eulers mit G. F. Müller 1735-1767, Berlin 1959

Justus, Ursula, »Moskau, Moskau …«. Das Rußlandbild im deutschen Schlager der Siebziger Jahre, in: Bettina Henn/Anja Kreisel/Dagmar Steinweg (Hg.), Das Eigene und das Fremde in der russsischen Kultur. Kontinuitäten und Diskontinuitäten der Selbstdefinition in Zeiten des Umbruchs, Bochum 2000, S. 212–243

Kaczyńska, Elżbieta, Das größte Gefängnis der Welt. Sibirien als Strafkolonie zur Zarenzeit, Frankfurt am Main/New York 1994

Kämpfer, Frank (Hg.), Historie vom Zartum Kasan (Kasaner Chronist), Graz 1969

– Homines nigri ab lacu Kitai. Chinesische Perlenhändler in Herbersteins »Rerum Moscoviticarum Commentarii«, in: Jahrbücher für Geschichte Osteuropas, N.F. 54, 2006, S. 410 421

– Ivan IV. Der Schreckliche, in: Hans-Joachim Torke (Hg.), Die russischen Zaren. 1547-1917, 2., durchgesehene Aufl., München 1999, S. 27–49

Kafengauz, Berngard B., Istorija chozjajstva Demidovych v XVIII-XIX vv. Opyt issledovanija po istorii ural'skoj metallurgii, Moskau/Leningrad 1949

Kaiser, Friedhelm B./Stasiewski, Bernhard (Hg.), Reiseberichte von Deutschen über Rußland und von Russen über Deutschland, Köln/Wien 1980

Kalicki, Jan H./Lawson, Eugene K. (Hg.), Russian-Eurasian Renaissance? U.S. Trade and Investment in Russia and Eurasia, Washington, D.C./Stanford 2003

Kaminskij, A.A., Vlijanie političeskoj ssylki na dejatel'nost' ėserovskich organizacij zapadnoj Sibiri nakanune pervoj Rossijskoj revoljucii, in: L.M. Gorjuškin (Hg.), Političeskaja ssylka i revoljucionnoe dviženie v Rossii. Konec XIX-načalo XX v., Novosibirsk 1988, S. 80-89

Kappeler, Andreas, Ethnische Minderheiten im Alten Rußland (14.-16. Jahrhundert): Regierungspolitik und Funktionen, in: Forschungen zur Osteuropäischen Geschichte 38, 1986
– Rußland als Vielvölkerreich. Entstehung, Geschichte, Zerfall, München 1992
– Rußlands Frontier in der Frühen Neuzeit, in: Ronald G. Asch/Klaus Garber/Jutta Held (Hg.), Frieden und Krieg in der Frühen Neuzeit. Die europäische Staatenordnung und die außereuropäische Welt, München 2001, S. 599–613

Karamzin, Nikolaj M., Geschichte des Russischen Reiches, Bd. 9, Leipzig 1827
– Istorija gosudarstva Rossijskogo, Bd. 4, Moskau 1992

Karner, Stefan, Der Archipel GUPVI. Das sowjetische Lagersystem für Kriegsgefangene und Internierte, in: Dittmar Dahlmann/Gerhard Hirschfeld (Hg.), Lager, Zwangsarbeit, Vertreibung und Deportation. Dimensionen der Massenverbrechen in der Sowjetunion und in Deutschland 1933 bis 1945, Essen 1999, S. 261–265
– Im Archipel GUPVI. Kriegsgefangenschaft und Internierung in der Sowjetunion, München/Wien 1995

Kaschuba, Wolfgang, Die Überwindung der Distanz. Zeit und Raum in der europäischen Moderne, Frankfurt am Main 2004

Kasten, Erich, People and the Land. Pathways to Reform in post-Soviet Siberia, Berlin 2002
– (Hg.), Properties of Culture – Culture as Property. Pathways to Reform in Post-Soviet Siberia, Berlin 2004
– (Hg.), Rebuilding Identities. Pathways to Reform in Post-Soviet Siberia, Berlin 2005

Katkov, George (Hg.), Rußlands Aufbruch ins 20. Jahrhundert. Politik, Gesellschaft, Kultur 1894-1917, Olten, Freiburg 1970

Katzer, Nikolaus, Nikolaus I. 1825-1855, in: Hans-Joachim Torke (Hg.), Die russischen Zaren. 1547-1917, 2., durchgesehene Aufl., München 1999, S. 289–314
– Die weiße Bewegung in Rußland. Herrschaftsbildung, praktische Politik und politische Programmatik im Bürgerkrieg, Köln u.a. 1999

Kazakova, N. A., Dmitrij Gerasimov i russko-evropejskie kul'turnye svjazi v pervoj treti XVI v., in: Problemy istorii meždunarodnych otnošenij, Leningrad 1972, S. 248–266

Keller, Mechthild (Hg.), Russen und Rußland aus deutscher Sicht. 18. Jahrhundert: Aufklärung, München 1987
– (Hg.), Russen und Rußland aus deutscher Sicht. 19. Jahrhundert: Von der Jahrhundertwende bis zur Reichsgründung (1800-1871), München 1992
– Von Halle nach Petersburg und Moskau, in: Mechthild Keller (Hg.), Russen und Rußland aus deutscher Sicht. 18. Jahrhundert: Aufklärung, München 1987, S. 173–183

Kempe, Frederick, Father/land. A Personal Search for the New Germany, New York 1999
– Sibirische Odyssee. Reise in die Seele Rußlands, Berlin 1993

Kennan, George, Siberia and the Exile System, 2 Bde., New York 1891; dt: Sibirien, Berlin 1890
– Tent Life in Siberia, and Adventures among the Koraks and Other Tribes in Kamchatka and Northern Asia, New York/London 1870, dt.: Berlin 1890

Keuning, Johannes, Isaac Massa. 1586-1643, in: Imago Mundi 10, 1953, S. 65–79

Kettle, Michael, Russia and the Allies 1917-1920, 3 Bde., London/New York 1981-1992

Khodarkovsky, Michael, »Not by Word Alone«. Missionary Policies and Religious Conversion in Early Modern Russia, in: Comparative Studies in Society and History 38, 1996, S. 267–293
-, The Arrival of the Kalmyks and the Muscovite Southern Frontier. 1600-1670, in: Russian History 15, 1988, S. 225–254
– Where Two Worlds Met. The Russian State and the Kalmyk Nomads, 1600-1771, Ithaca/London 1992

Kindermann, K., Die älteste Kunde Sibiriens im klassischen Altertum. Ein Beitrag zur Geschichte der Entdeckungen im Anschluß an A.L. Schlözers Sibirienforschungen, in: Wolfgang Steinitz (Hg.), Ost und West in der Geschichte des Denkens und der kulturellen Beziehungen. Festschrift für Eduard Winter zum 70. Geburtstag, Berlin 1966, S. 332–340

Kirby, Stuart, Siberia and its Far Eastern Neighbours, in: Alan Wood (Hg.), Siberia. Problems and Prospects for Regional Development, London/New York/Sydney 1987, S. 193–212

Kirchner, Walther (Hg.), Commercial Relations Between Russia and Europe 1400-1800. Collected Essays, Bloomington 1966

– Samuel Bentham and Siberia, in: Walther Kirchner (Hg.), Commercial Relations Between Russia and Europe 1400-1800. Collected Essays, Bloomington 1966, S. 218–230

Kirillov, A.K., Gorodskie banki Zapadnoj Sibiri. 2-ja četvert' XIX-načalo XX veka, Novosibirsk 2003

Kitanina, Taisija M., Chlebnaja torgovlja Rossii v 1875-1914 gg. Očerki pravitel'stvennoj politiki, Leningrad 1978

– Programma ėkonomičeskogo osvoenija severa i tarifnaja politika S. Ju. Vitte. K ocenke Čeljabinskogo tarifa, in: N.E. Nosov (Hg.), Problemy krest'janskogo zemlevladenija i vnutrennej politiki Rossii. Dooktjabr'skij period, Leningrad 1972

Kivelson, Valerie, Cartographies of Tsardom. The Land and its Meanings in Seventeenth-Century Russia, Ithaca 2006

– ›Between All Parts of the Universe‹: Russian Cosmographies and Imperial Strategies in Early Modern Siberia and Ukraine, in: Imago Mundi 60, 2008, Nr. 2, S. 166-181

Kljaštornyj, Sergej G./Sultanov, Tursun I., Gosudarstva i narody evrazijskich stepej. Drevnost' i srednevekov'e, 2. Aufl., St. Petersburg 2004

– Staaten und Völker in den Steppen Eurasiens. Mittelalter und Altertum, Berlin 2006

Klein, Josef, Der sibirische Pelzhandel und seine Bedeutung für die Eroberung Sibiriens, Phil. Diss., Universität Bonn 1906

Ključer, Valerij, Magnitka – ėto navsegda. Delo i sud'by direktorov, Moskau 2003

Kluge, Rolf-Dieter, Sibirien als kulturelle und literarische Provinz, in: Gert Leptin (Hg.), Sibirien. Ein russisches und sowjetisches Entwicklungsproblem, Berlin 1986, S. 217–250

Knabe, Bernd, Aspekte der gegenwärtigen Arbeitskräftepolitik in Sibirien, in: Gert Leptin (Hg.), Sibirien. Ein russisches und sowjetisches Entwicklungsproblem, Berlin 1986, S. 123–137

– Regionale Mobilität der Bevölkerung in Sibirien, in: Osteuropa 26, 1970, S. 107–121

Knjazev, Igor' Sibirien – Rußland – Europa. Kto kogo? Oder: Wer bremst wen?, in: Osteuropa 53, 2003, S. 1549-1556

Kochanek, Hildegard, Die russisch-nationale Rechte von 1968 bis zum Ende der Sowjetunion. Eine Diskursanalyse, Stuttgart 1999

Koenen, Gerd, Utopie der Säuberung. Was war der Kommunismus?, Berlin 1998

Kohn, Albin/Andree, Richard, Sibirien und das Amurgebiet. Geschichte und Völker zwischen Aral und Beringstraße, 2., gänzlich umgearbeitete Aufl., Leipzig 1876

Kokurin, Aleksandr I. (Hg.), Stalinskie strojki Gulaga. 1930-1953, Moskau 2005

Kolarz, Walter, Rußland und seine asiatischen Völker, Frankfurt am Main 1956

Kölm, Lothar, Čokan Valichanov (1835-1865) und Sibirien, in: Berliner Jahrbuch für osteuropäische Geschichte 1996, H. 2, S. 91–103

Komarov, Boris [Pseudonym für Zeev Vol'fson = Wolfson], The Destruction of Nature in the Soviet Union, White Plains 1980

Komleva, Evgenija V., Enisejskoe kupečestvo (poslednjaja polovina XVIII – pervaja polovina XIX veka), Moskva 2006

König, Hans-Joachim/Reinhard, Wolfgang/Wendt, Reinhard (Hg.), Der europäische Beobachter außereuropäischer Kulturen. Zur Problematik der Wirklichkeitswahrnehmung, Berlin 1989

König, Viola, Auf den Spuren deutscher Entdecker und Forscher in Russisch-Amerika. Alaska und die Nordwestküste im Spiegel alter, völkerkundlicher Sammlungen in Bremen und Niedersachsen, in: TenDenZen. Jahrbuch des Übersee-Museums Bremen 93, 1993, S. 27–66

Kontorovich, Vladimir, Can Russia Resettle the Far East?, in: Post-Communist Economies 12, 2000, S. 365-384

Kordt, V. A., Očerk snošenij Moskovskago Gosudarstva s Respublikuju Soedinennych Niderlandov po 1631, in: Sbornik Imperatorskago Russkago Istoričeskago Obščestva, 1902, S. III–CCLXII

Korsakov, G.M., Vosstanie itel'menov v XVIII veke, in: Nikolaj M. Kovjazin (Hg.), Sovetskij Sever. Sbornik statej po voprosam ėkonomiki, istorii, ėtnografii, jazyka i kul'tury narodov sovetskogo Severa, Leningrad 1938/1939, S. 5–21

Kosven, M. O., ėtnografičeskie rezul'taty velikoj severnoj ėkspedicii 1733-1743 gg., in: Sibirskij ėtnografičeskij sbornik 4, 1961, S. 167–212

Kotkin, Stephen, Magnetic Mountain. Stalinism as a Civilization, Berkeley 1995

– Steeltown, USSR. Soviet Society in the Gorbachev Era, Berkeley/Los Angeles 1991

– /Wolff, David (Hg.), Rediscovering Russia in Asia. Siberia and the Russian Far East, Armonk, New York/London 1995

Kotzebue, August von, Das merkwürdigste Jahr meines Lebens, hg. von Wolfgang Promies, München 1965

– Graf Benyowsky oder Die Verschwörung von Kamtschatka. Ein Schauspiel in fünf Aufzügen, Leipzig 1795

Kovjazin, Nikolaj M. (Hg.), Sovetskij Sever. Sbornik statej po voprosam ėkonomiki, istorii, ėtnografii, jazyka i kul'tury narodov sovetskogo Severa, Leningrad 1938/1939

Kozlov, Vladimir P./Vinogradov, Vladimir K. (Hg.), Kronštadtskaja tragedija 1921 goda. Dokumenty v dvuch knigach, 2 Bde., Moskau 1999

Krader, Lawrence, Social Organization of the Mongol-Turkic Pastoral Nomads, Den Haag 1963

Krahmer, Gustav, Sibirien und die große sibirische Eisenbahn, Leipzig 1897

Krašeninnikov, Stepan P., Beschreibung des Landes Kamtschatka, Lemgo 1766

– Opisanie zemli Kamčatki, 2 Bde., St. Petersburg/Petropavlovsk-Kamčatskij 1994, Reprint der Ausg. St. Petersburg 1755

Kraskovskij, Evgenij Ja./Uzdin, M. M. (Hg.), Istorija železnodorožnogo transporta Rossii, Bd. 1: 1836-1917, St. Petersburg/Moskau 1994

Kreiner, Josef (Hg.), Der Russisch-Japanische Krieg (1904/05), Göttingen 2002

Krieger, Martin, Geschichte Asiens. Eine Einführung, Köln 2003

Kröger, Theodor, Das vergessene Dorf. Vier Jahre Sibirien. Ein Buch der Kameradschaft, Berlin 1934, letzte Auflage 1996

Kropotkin, Peter F., Memoiren eines Revolutionärs, Frankfurt am Main 1973

Krüger, Hardy, Sibirienfahrt. Tagebuch einer Reise, München 1985

Krumeich, Gerd/Brand, Susanne (Hg.), Schlachtenmythen. Ereignis – Erzählung – Erinnerung, Köln 2003

Krypton, Constantine/Karpovich, Michael M., The Northern Sea Route. Its Place in Russian Economic History before 1917, New York 1953

Kuchenbecker, Antje, Zionismus ohne Zion. Birobidžan: Idee und Wirklichkeit eines jüdischen Staates in Sowjet-Fernost, Berlin 2000

Kuksanova, Natal'ja V., Social'no-bytovaja infrastruktura Sibiri. 1956-1980-e gg., Novosibirsk 1993

Kulemzin, Vladislav M. (Hg.), Voprosy Ėtnokul'turnoj istorii Sibiri, Tomsk 1980

Kupina, Ju. A., Potreblenie tabaka u narodov severo-vostočnoj Sibiri i Aljaski. Ėtnokul'trunyj aspekt tradicii, in: Sistemnye issledovanija vzaimosvjazi drevnich kul'tur Sibiri i Severnoj Ameriki, St. Petersburg 1995, S. 85–115

Kusber, Jan, Ende und Auswirkungen der Mongolenherrschaft in Rußland, in: Stephan Conermann/Jan Kusber (Hg.), Die Mongolen in Asien und Europa, Frankfurt am Main 1997, S. 207–229

– Krieg und Revolution in Rußland 1904-1906. Das Militär im Verhältnis zu Wirtschaft, Autokratie und Gesellschaft, Stuttgart 1997

Kušnarev, Evgenij G., Bering's Search for the Strait. The First Kamchatka Expedition 1725-1730, hg. und übersetzt von E. A. P. Crownhart-Vaughan, Portland 1990

Kux, Manfred, Alexander von Humboldt im russischen Vielvölkerreich, in: Mechthild Keller (Hg.), Russen und Rußland aus deutscher Sicht. 19. Jahrhundert: Von der Jahrhundertwende bis zur Reichsgründung (1800-1871), München 1992, S. 174–195

Lamin, Vladimir A., The »Moving Frontier«. The Trans-Siberian Railroad, in: Eva-Maria Stolberg (Hg.), The Siberian Saga. A History of Russia's Wild East, Frankfurt am Main 2005, S. 109–118

Lampe, Felix, Die transsibirische Eisenbahn, Berlin 1897

Lange, Paul W., Zum Land hinter den Nebeln. Das Leben des Vitus Bering und die zwei Kamtschatka-Expeditionen, Leipzig 1985

Lantzeff, George V., Siberia in the Seventeenth Century. A Study of the Colonial Administration, Berkeley/Los Angeles 1943

– /Pierce, Richard A., Eastward to Empire. Exploration and Conquest on the Russian Open Frontier to 1750, Montreal/London 1973

La Pérouse, Jean-François de, Zu den Klippen von Vanikoro. Weltreise im Auftrag Ludwigs XVI. 1785-1788, Stuttgart/Wien 1987

Larsen, Inge M., Da Smør var guld. Sibirisk Smørproduktion og -eksport 1895-1905, Aarhus 2007

Lattimore, Owen, Studies in Frontier History. Collected Papers, 1928-1958, Paris 1962

Laue, Theodore Hermann von, Sergei Witte and the Industrialization of Russia, New York 1963

Lauer, Reinhard, Geschichte der russischen Literatur. Von 1700 bis zur Gegenwart, München 2000

Laulan, Yves (Hg.), Exploitation of Siberia's Natural Resources. Main Findings of Round Table held 30th January – 1st February 1974 in Brussels, Brüssel 1974

Laveryčev, Vladimir J., Krupnaja buržuazija v poreformennoj Rossii. (1861-1900 gg.), Moskau 1974

Leasure, J. W./Lewis, Robert A., Internal Migration in Russia in the Late 19th Century, in: Slavic Review 27, 1968, S. 375–394

Lebedinskij, Juri P./Potrawnij, Iwan M./Krasnjanskij, Boris E., Umweltschutz in der Sowjetunion. Was bedeuten »Perestroika« und »Glasnost« für die Ökologie, Hamburg 1989

LeDonne, John, Frontier Governors General 1772-1825: III. The Eastern Frontier, in: Jahrbücher für Geschichte Osteuropas, N.F. 48, 2000, S. 321-340

– The Frontier in modern Russian history, in: Richard Hellie (Hg.), The Frontier in Russian History, Chicago 1992 (=Russian History 19, 1992), S. 143–154

– The Grand Strategy of the Russian Empire. 1650-1831, Oxford 2004

Lenin, W.I., Werke, Bd. 29, Berlin 1961

Lensen, George A., Russia's Eastward Expansion, Englewood Cliffs 1964

Leptin, Gert (Hg.), Sibirien. Ein russisches und sowjetisches Entwicklungsproblem, Berlin 1986

Lesgaft, E., L'dy severnogo okeana i morskoj put' iz Evropy v Sibir', St. Petersburg 1913

Letiche, John M./Dmytryshyn, Basil, Russian Statecraft. The Politika of Iurii Krizhanich. An Analysis and Translation of Iurii Krizhanich's Politika, Oxford/New York 1985

Lichtenberg, Georg C., Schriften und Briefe, hg. von Wolfgang Promies, 3. Aufl., Frankfurt am Main 1994

Lichtenberg, Georg C., Sudelbücher I, hg. von Wolfgang Promies, München 1980

Liessem, Peter, Die Todesstrafe im späten Zarenreich. Rechtslage, Realität und öffentliche Diskussion, in: Jahrbücher für Geschichte Osteuropas 37, 1989, S. 492-523.

Lieven, Dominic C.B., Russia and the Origins of the First World War, London/Basingstoke 1983

Lincoln, William Bruce, Die Eroberung Sibiriens, München/Zürich 1996

Linke, Horst G., Geschichte Rußlands. Von den Anfängen bis heute, Darmstadt 2006

Littke, Peter, Vom Zarenadler zum Sternenbanner. Die Geschichte Russisch-Alaskas, Essen 2003

Littlepage, John D./Bess, Demaree, In Search of Soviet Gold, 2. Aufl., New York 1937/1938

Ljucidarskaja, Anna A., Starožily Sibiri. Istoriko-Ėtnografičeskie očerki XVII – načalo XVIII v., Novosibirsk 1992

Löffler, Ruth (Hg.), Gerhard Mercator, Europa und die Welt. Begleitband zur Ausstellung »Verfolgt, geachtet, universal – Gerhard Mercator, Europa und die Welt« anläßlich des 400. Todestages von Gerhard Mercator im Kultur- und Stadthistorischen Museum Duisburg vom 4. September 1994 bis zum 31. Januar 1995, Duisburg 1994

Löwe, Heinz-Dietrich, Stalin. Der entfesselte Revolutionär, Göttingen 2002

Lomonosov, Michail V., Sočinenie, St. Petersburg 1847

Lüsebrink, Hans-Jürgen (Hg.), Das Europa der Aufklärung und die außereuropäische koloniale Welt, Göttingen 2006

Madariaga, Isabel de, Katharina die Große. Das Leben der russischen Kaiserin, München 1996

Mawdsley, Evan, The Russian Civil War, Boston u.a. 1987

Magnus, Olaus, Die Wunder des Nordens, Frankfurt am Main 2006

Maier, Lothar A., Die Krise der St. Petersburger Akademie der Wissenschaften nach der Thronbesteigung Elisabeth Petrovnas und die »Affäre Gmelin«, in: Jahrbücher für Geschichte Osteuropas, N.F. 27, 1979, S. 353-373

– Wissenschaft und Staatsinteresse zur Zeit Peters des Großen. Die Erschließung Sibiriens und des Nordpazifik durch wissenschaftliche Expeditionen, in: Österreichische Osthefte 1978, S. 435–449

Majewicz, Alfred, Les matériaux inconnus de Bronisław Piłsudski sur les peuples de Sakhaline et de l'Amour inférieur, in: Boris P. Chichlo (Hg.), Sibérie II. Questions sibériennes. Histoire, Cultures, Littératures, Paris 1999, S. 277-280

– The Oroks: Past and Present, in: Alan Wood (Hg.), The Development of Siberia. People and Resources, Basingstoke 1989, S. 124-146.

Majkov, L.N./Majkov, V.N. (Hg.), Sibirskie letopisi, St. Petersburg 1907

Majoros, Ferenc, Sibirische Besonderheiten, in: Gert Leptin (Hg.), Sibirien. Ein russisches und sowjetisches Entwicklungsproblem, Berlin 1986, S. 97-120

Maksimov, Sergej V., Sibir' i katorga. V trech častjach, 3 Bde., St. Petersburg 1891

Mancall, Mark, Russia and China. Their Diplomatic Relations to 1728, Cambridge, Massachusetts 1971

Marks, Steven G., Conquering the Great East. Kulomzin, Peasant Resettlement, and the Creation of Modern Siberia, in: Stephen Kotkin/David Wolff (Hg.), Rediscovering Russia in Asia. Siberia and the Russian Far East, Armonk, New York/London 1995, S. 23–39

– Road to Power. The Trans-Siberian Railroad and the Colonization of Asian Russia, 1850-1917, Ithaca 1991

Marsden, Kate, Reise zu den Aussätzigen in Sibirien, 2. Aufl., Leipzig 1894

Martin, Janet, Treasure of the Land of Darkness. The Fur Trade and Its Significance for Medieval Russia, Cambridge 1986

Martin, Terry, The Affirmative Action Empire. Nations and Nationalism in the Soviet Union, 1923-1939, Ithaca/London 2001

Martin, Virginia, Barimta: Nomadic Custom, Imperial Crime, in: Daniel R. Brower/Edward J. Lazzerini, (Hg.), Russia's Orient. Imperial Borderlands and Peoples, 1700-1917, Bloomington/Indianapolis 1997, S. 245-270

Massa, Isaac, Beschryvinge van der Samoyeden Landt in Tartarien, in: Hessel Gerritsz (Hg.), The Arctic North-East and West Passage. Detectio freti Hudsoni, or Hessel Gerritsz' Collection of Tracts by himself, Massa and De Quir on the N.E. and W. Passage, Siberia and Australia. Reproduced, with the Maps, in Photolithography in Dutch and Latin after the Editions of 1612 and 1613, hg. von Samuel Muller, Amsterdam 1878

– Caerte van't noorderste Russen, Samojeden ende Tingoesen Landt. Also dat vande Russen afghetekent, en door Isaac Massa vertaelt is, Amsterdam 1612

Massie, Robert K., Peter the Great. His Life and World, New York 1980

Matchanova, Natal'ja P., Die oberste Verwaltung Ostsibiriens in der Mitte des 19. Jahrhunderts, in: Berliner Jahrbuch für osteuropäische Geschichte 1996, Nr. 2: Sibirien: Kolonie – Region, S. 19–35

Matsuzato, Kimitaka (Hg.), Regions: A Prism to View the Slavic-Eurasian World. Towards a Discipline of »Regionology«, Sapporo 2000

Mawdsley, Evan, The Russian Civil War, Boston u.a. 1987

Mayers, Kit, North-East Passage to Muscovy. Stephen Borough and the First Tudor Explorations, Phoenix 2005

McCannon, John, »The Pole is Ours!«. The Dilemmas of Exploration, Development and Science in Arctiv Siberia during the 1930s, in: Eva-Maria Stolberg (Hg.), The Siberian Saga. A History of Russia's Wild East, Frankfurt am Main 2005, S. 173–187

McKean, Robert B., St. Petersburg Between the Revolutions. Workers and Revolutionaries, June 1907 – February 1917, New Haven, Connecticut 1990

Melancon, Michael S., The Lena Goldfields Massacre and the Crisis of the Late Tsarist State, College Station 2006

Menghin, Wilfried/Parzinger, Hermann (Hg.), Im Zeichen des Goldenen Greifen. Königsgräber der Skythen, München 2007

Merck, Carl H., Siberia and Northwestern America 1788-1792. The Journal of Carl Heinrich Merck, Naturalist with the Russian Scientific Expedition Led by Captains Joseph Billings and Gavriil Sarytchev, hg. und mit einer Einleitung von Richard A. Pierce, Kingston/Ontario 1980

Merhart, Gero von, Daljóko. Bilder aus sibirischen Arbeitstagen, Privatdruck o.O. o.J.

Messerschmidt, Daniel G., Forschungsreise durch Sibirien 1720-1727, 5 Bde., hg. von Eduard Winter, Nikolaj A. Figurovskij, Georg Uschmann und G. Jarosch, Berlin 1962-1977

Metternich, Tatiana Fürstin von, Die Stroganoffs. Eine ungekrönte Dynastie, München 1984

Mey, Alexandra, Russische Schriftsteller und Nationalismus 1986-1995. Vladimir Solouchin, Valentin Rasputin, Aleksandr Prochanov, Eduard Limonov, Bochum/Freiburg 2004

Meyn, Matthias (Hg.), Die großen Entdeckungen, München 1984

Michael, Henry N. (Hg.), Studies in Siberian Ethnogenesis, Toronto 1962

Michow, Heinrich, Das erste Jahrhundert russischer Kartographie und die Originalkarte des Anton Wied von 1542, in: Mitteilungen der Geographischen Gesellschaft in Hamburg 21, 1906, S. 1-61

– Die älteren Karten von Rußland. Ein Beitrag zur historischen Geographie, Hamburg 1884, Nachdruck Amsterdam 1962

Micklin, Philip P., Water Management in Central Asia. Problems and Prospects, in: John M. Stewart (Hg.), The Soviet Environment. Problems, Policies und Politics, Cambridge 1992, S. 88–114

Mildenberger, Florian G., Die Polarmagistrale. Ein Beitrag zur Erforschung unbekannter Eisenbahnprojekte in Rußlands Norden und Sibirien 1943 bis 1954, München 2000

– Die Polarmagistrale. Zur Geschichte strategischer Eisenbahnprojekte in Rußlands Norden und Sibirien (1943-1954), in: Jahrbücher für Geschichte Osteuropas N.F. 48, 2000, S. 407–419

Minenko, Nina A., The Living Past. Daily Life and Holidays of the Siberian Village in the Eighteenth and First Half of the Nineteenth Centuries, in: Marjorie M. Balzer (Hg.), Russian Traditional Culture. Religion, Gender, and Customary Law, Armonk, New York/London 1992, S. 159–224

Mirzoev, Vladimir G., Istoriografija Sibiri, Kemerovo 1963

Mjasnikov, Vladimir S. (Hg.), Russko-kitajskie dogovorno-pravovye akty. (1689-1916), Moskau 2004

Møller, Peter U./Okhotina-Lind, Natal'ja A. (Hg.), Kommandøren og konen. Arkivfund om danske deltagere i Vitus Berings ekspeditioner, Kopenhagen 1997

– (Hg.), Under Vitus Bering's Command. New Perspectives on the Russian Kamchatka Expeditions, Aarhus 2003

– (Hg.), Vtoraja Kamčatskaja ėkspedicija. Dokumenty 1730-1733. Čast' 1: Morskie otrjady, Moskau 2001

Mommsen, Wolfgang J./Dahlmann, Dittmar (Hg.), Max Weber. Zur Russischen Revolution von 1905. Schriften und Reden 1905-1912, Tübingen 1989

Moon, David, Peasant Migration, the Abolition of Serfdom, and the Internal Passport System in the Russian Empire, c. 1800-1914, in: David Eltis (Hg.), Coerced and Free Migration. Global Perspectives, Stanford 2002, S. 324–357

Morukov, Mikhail, The White Sea-Baltic Canal, in: Paul R. Gregory/Valerij V. Lazarev (Hg.), The Economics of Forced Labor. The Soviet Gulag, Stanford 2003, S. 151-162

Mosse, Werner E., An Economic History of Russia. 1856-1914, London 1996

Mote, Victor L., Siberia. Worlds Apart, Boulder, Col. 1998

Mühlpfordt, Günter, Halle-Rußland-Sibirien-Amerika: Georg Wilhelm Steller, der Hallesche Kolumbus, und Halles Anteil an der frühen Osteuropa- und Nordasienforschung, in: Johannes Wallmann/Udo Sträter (Hg.), Halle und Osteuropa. Zur europäischen Ausstrahlung des hallischen Pietismus, Halle/Tübingen 1998, S. 49-82

– Rußlands Aufklärer und die Mitteldeutsche Aufklärung: Begegnungen, Zusammenwirken, Partnerschaft, in: Conrad Grau u.a. (Hg.), Deutsch-Russische Beziehungen im 18. Jahrhundert. Kultur, Wissenschaft und Diplomatie, Wiesbaden 1997, S. 83-167

Müller, Gerhard Friedrich, Instruktion Gerhard Friedrich Müllers für den Akademiker-Adjuncten J. E. Fischer. Unterricht, was bey Beschreibung der Völker, absonderlich der Sibirischen in acht zu nehmen, in: Fedor K. Russov (Hg.), Beiträge zur Geschichte der ethnographischen und anthropologischen Sammlungen der Kaiserlichen Akademie der Wissenschaften zu St. Petersburg, St. Petersburg 1900, S. 37–109

– Istorija Sibiri, 3 Bde., hg. von A.I. Andreev, Moskau 1999-2005

– Nachrichten über Völker Sibiriens (1736-1742), hg. von Evgenij A. Chelimskij und Hartmut Katz, Hamburg 2003

– Nachrichten von Seereisen, und zur See gemachten Entdeckungen, die von Rußland aus längst den Küsten des Eißmeeres und auf den östlichen Weltmeere gegen Japon und Amerika geschehen sind. Zur Erläuterung einer bey der Akademie der Wissenschaften verfertigten Landkarte, in:

ders., Sammlung russischer Geschichte, 9 Bde., St. Petersburg 1732-1764, andere Ausgabe 5 Bde., Offenbach 1777-1779
– Opisanie Sibirskogo carstva i vsech proisšedšich v nem del ot načala, a osoblivo ot pokorenija ego Rossijskoj deržave po sii vremena, Bd.1, St. Petersburg 1750
– Sammlung russischer Geschichte, 9 Bde., St. Petersburg 1732-1764, andere Ausgabe 5 Bde., Offenbach 1777-1779
Müller, Kurt, Gottfried Wilhelm Leibniz und Nicolaas Witsen, Sitzungsberichte der Deutschen Akademie der Wissenschaften zu Berlin. Klasse für Philosophie, Geschichte, Staats-, Rechts- und Wirtschaftswissenschaften, Nr. 5, Berlin 1955, S. 3–45
Müller-Wille, Michael (Hg.), Novgorod. Das mittelalterliche Zentrum und sein Umland im Norden Rußlands, Neumünster 2001
Müller-Wille, Steffan, Ein Anfang ohne Ende. Das Archiv der Naturgeschichte und die Geburt der Biologie, in: Richard van Dülmen/Sina Rauschenbach/Meinrad von Engelberg (Hg.), Macht des Wissens. Die Entstehung der modernen Wissensgesellschaft, Köln 2004, S. 587–605
Murav, Harriet, »Vo glubine Sibirskikh Rud«: Siberia and the Myth of Exile, in: Galya Diment/Yuri Slezkine (Hg.), Between Heaven and Hell. The Myth of Siberia in Russian Culture, New York 1993, S. 95-111
Naber L'Honoré, S.P. (Hg.), Reizen van Jan Huygen van Linschoten naar het Noorden (1594-1595), Den Haag 1914
Nachtigal, Reinhard, Kriegsgefangenschaft an der Ostfront 1914-1918, Frankfurt/M. u.a. 2005
– Rußland und seine österreichisch-ungarischen Kriegsgefangenen 1914-1918, Remshalden 2003
Nansen, Frithjof, Sibirien – ein Zukunftsland, Leipzig 1914
Narskij, Igor' V., Žizn' v Katastrofe. Budni naselenija Urala v 1917-1922 gg., Moskau 2001
Naumov, Gurij V., Russkie geografičeskie issledovanija Sibiri v XIX – načale XX v., Moskau 1965
Naumov, Igor' V., The History of Siberia, hg. von David N. Collins, London/New York 2006
Naumov, Vladimir P./Kosakovskij, Aleksandr A. (Hg.), Kronštadt 1921. Dokumenty i sobytijach v Kronštadte vesnoj 1921 g., Moskau 1997
Nikolaev, Aleksandr A., Zakupsbyt. Chroniko-dokumental'naja letopis' pervogo obšćesibirskogo potrebitel'skogo sojuza, 1916 – 1923, Novosibirsk 1999
Nioradze, Georg, Der Schamanismus bei den sibirischen Völkern, Stuttgart 1925
Nitsche, Peter, Mongolensturm und Mongolenherrschaft in Rußland, in: Stephan Conermann/Jan Kusber (Hg.), Die Mongolen in Asien und Europa, Frankfurt am Main 1997, S. 65–79
– Moskau – Das dritte Rom?, in: Jutta Frings/N. L. Abramova (Hg.), Der Kreml. Gottesruhm und Zarenpracht, hg. von der Kunst- und Ausstellungshalle der Bundesrepublik Deutschland, Bonn 2004, S. 101–109
Noack, Christian, Die sibirischen Bucharioten. Eine muslimische Minderheit unter russischer Herrschaft, in: Cahiers du Monde Russe 41, 2000, S. 263-278
Nolte, Hans-Heinrich, Kleine Geschichte Rußlands, Stuttgart 2003
Nordenskiöld, Adolf Erik von, Die Umsegelung Asiens und Europas auf der Vega. Mit einem historischen Rückblick auf frühere Reisen längs der Nordküste der alten Welt, 2 Bd., Leipzig 1882
North, Robert N., Transport in Western Siberia. Tsarist and Soviet Development, Vancouver 1979
Norton, Henry K., The Far Eastern Republic of Siberia, London 1923, Nachdruck Westport 1981
Nosov, N. E. (Hg.), Problemy krest'janskogo zemlevladenija i vnutrennej politiki Rossii. Dooktjabr'skij period, Leningrad 1972
O'Brien, Bickford, Muscovite Prikaz Administration of the 17th Century. The Quality of Leadership, in: Forschungen zur Osteuropäischen Geschichte 24, 1978, S. 223–235
O'Connell, Lauren M., Constructing the Russian Other. Violett-le-Duc and the Politics of an Asiatic Past, in: James Cracraft/Daniel Rowland (Hg.), Architectures of Russian Identity. 1500 to the Present, Ithaca/London 2003, S. 90–100
Oakes, Jill/Riewe, Rick, Spirit of Siberia. Traditional Native Life, Clothing, and Footwear, Vancouver 1998
– Der »Angriff auf die Wüste« in Zentralasien. Zur Umweltgeschichte der Sowjetunion, in: Osteuropa 58, 2008, H. 4/5, S. 37–56
Obertreis, Julia, Tränen des Sozialismus. Wohnen in Leningrad zwischen Alltag und Utopie 1917-1937, Köln 2004

Oboronnaja promyšlennost' Novosibirskoj oblasti v gody Velikoj Otečestvennoj vojny. Sbornik dokumentov, hg. vom Institut für Russische Geschichte der Sibirischen Abteilung der Russischen Akademie der Wissenschaften, Novosibirsk 2005

Ogloblin, Nikolaj N., Semen Dežnev, 1638-1671 gg. Novye dannye i peresmotr starych, St. Petersburg 1890

Ogorodnikov, Vladimir I., Očerk istorii Sibiri do načala XIX stoletija, 2 Bd., Irkutsk 1920, Vladivostok 1924

Okada, Kunio, The Japanese Economic Presence in the Russian Far East, in: Judith Thornton/Charles E. Ziegler (Hg.), Russia's Far East. A Region at Risk, Seattle/London 2002, S. 419–440

Okhuizen, Edwin, Exploration and Mapping, in: Nils-Erik Raurala (Hg.), The Northeast Passage. From the Vikings to Nordenskiöld, Helsinki 1992

Okladnikow (=Okladnikov), Aleksej P., Der Mensch kam aus Sibirien. Russische Archäologen auf den Spuren fernöstlicher Frühkulturen, Wien/Zürich 1974

– Die Entdeckung Sibiriens, Köln 1985

– (Hg.), Istorija Sibiri. S drevnejšich vremen do našich dnej, 5 Bde., Leningrad 1968/69

– Yakutia before its Incorporation into the Russian State, Montreal u.a. 1970

Okun', S.B. (Hg.), Kolonial'naja politika carizma na Kamčatke i Čukotke v XVIII v., Leningrad 1935

Olearius, Adam, Muscowitische und Persische Reyse, Schleswig 1647

– Vermehrte Newe Beschreibung der Muscowitischen und Persischen Reyse, Schleswig 1656; gekürzte und modernisierte Fassung: Moskowitische und Persische Reise. Die Holsteinische Gesandtschaft beim Schah 1633-1639, Stuttgart/Wien 1986

Onasch, Konrad, Groß-Nowgorod. Aufstieg und Niedergang einer russischen Stadtrepublik, München 1969

Orlova, N. S. (Hg.), Otkrytija russkich zemleprochodcev i poljarnych morechodov XVII veka, Moskau 1951

Ortelius, Abraham, Theatrum Orbis Terrarum. Gedruckt zu Nuermberg durch Johann Koler Anno MDLXXII, hg. von Ute Schneider, 2. Aufl., Darmstadt 2007, Reprint der Ausg. Weimar 1572

Orttung, Robert (Hg.), Russia's Energy Sector between Politics and Business. Arbeitspapiere und Materialien der Forschungsstelle Osteuropa Bremen, Nr. 92, Februar 2008, Bremen 2008

Osterhammel, Jürgen, China und die Weltgesellschaft vom 18. Jahrhundert bis in unsere Zeit, München 1989

– Die Entzauberung Asiens. Europa und die asiatischen Reiche im 18. Jahrhundert, München 1998

– Distanzerfahrung. Darstellungsweisen des Fremden im 18. Jahrhundert, in: Hans-Joachim König/Wolfgang Reinhard/Reinhard Wendt (Hg.), Der europäische Beobachter außereuropäischer Kulturen. Zur Problematik der Wirklichkeitswahrnehmung, Berlin 1989, S. 9–42

– Kolonialismus. Geschichte – Formen – Folgen, München 1995

– Reisen an die Grenzen der Alten Welt. Asien im Reisebericht des 17. und 18. Jahrhunderts, in: Peter Brenner (Hg.), Der Reisebericht. Die Entwicklung einer Gattung in der deutschen Literatur, Frankfurt am Main 1989, S. 224–260

– Welten des Kolonialismus im Zeitalter der Aufklärung, in: Hans-Jürgen Lüsebrink (Hg.), Das Europa der Aufklärung und die außereuropäische koloniale Welt, Göttingen 2006, S. 19-36

– Wissen als Macht: Deutungen interkulturellen Nichtverstehens bei TzvetanTodorov und Edward Said, in: Eva-Maria Auch/Stig Förster (Hg.), »Barbaren« und »Weiße Teufel«. Kulturkonflikte und Imperialismus in Asien vom 18. bis zum 20. Jahrhundert, Paderborn u.a. 1997, S. 145-169

Pallas, Peter Simon, Erläuterungen über die im östlichen Ozean zwischen Sibirien und America geschehenen Entdeckungen, in: Neue Nordische Beyträge zur physikalischen und geographischen Erd- und Völkerbeschreibung, Naturgeschichte und Ökonomik 1, 1781, S. 273–313

– Reise durch verschiedene Provinzen des Russischen Reiches, 3 Teile, St. Petersburg 1771-1776, Nachdruck Graz 1967

– Sammlungen historischer Nachrichten über die Mongolischen Völkerschaften. In einem ausführlichen Auszuge, Frankfurt am Main/Leipzig 1779

Pares, Bernard, My Russian Memoirs, London 1931

Parker, John (Hg.), Merchants and Scholars. Essays in the History of Exploration and Trade, Minneapolis 1965

Parkinson, John, A Tour of Russia, Siberia and the Crimea 1792-1794, hg. und mit einer Einleitung von William Collier, London 1971

Parthé, Kathleen, Village Prose Writers and the Question of Siberian Cultural Identity, in: Stephen Kotkin/David Wolff (Hg.), Rediscovering Russia in Asia. Siberia and the Russian Far East, Armonk, New York/London 1995, S. 108–119

Parzinger, Hermann, Die Frühen Völker Eurasiens. Vom Neolithikum bis zum Mittelalter, München 2006

Pereira, Norman G.O., White Siberia. The Politics of Civil War, Montreal u.a. 1996

Perrie, Maureen, The Image of Ivan the Terrible in Russian Folklore, Cambridge 1987

Petrov, Aleksandr J., Rol' klana Šelichovych pri formirovanii Rossijsko-Amerikanskoj kompanii v konce XVIII v., in: Amerikanskij ežegodnik 1994, S. 137–151

Petzer, Tatjana, Der Olymp der Diebe. Spurensicherung bei Varlam Šalamov und Danilo Kiš, in: Osteuropa 57, 2007, Heft 6, S. 205-219

Pferschy, Gerhard (Hg.), Siegmund von Herberstein. Kaiserlicher Gesandter und Begründer der Rußlandkunde und die europäische Diplomatie, Graz 1989

Pietrow-Ennker, Bianka (Hg.), Kultur in der Geschichte Rußlands. Räume, Medien, Identitäten, Lebenswelten, Göttingen 2007

Pifferi, Enzo, Trans-Sibirien. Auf der längsten Bahn der Welt, 5. Aufl., Zürich 1985

Pipes, Richard, Rußland vor der Revolution. Staat und Gesellschaft, München 1977

– Die russische Revolution, 3 Bde., Berlin 1993

Pleines, Heiko, Wirtschaftseliten und Politik im Rußland der Jelzin-Ära (1994 – 1999), Münster 2003

Poe, Marshall T., The Russian Elite in the Seventeenth Century/Rossijskaja ėlita v 17-om veke, Helsinki 2004

Pokrovskij, Nikolaj N., Zemstvo-Tradition und Staatsmacht in Sibirien, in: Berliner Jahrbuch für osteuropäische Geschichte 1996, Nr. 2: Sibirien: Kolonie – Region, S. 7–17

Polevoj, Boris P., Glavnaja zadača Pervoj Kamčatskoj ėkspedicii po zamyslu Petra I, in: Voprosy geografii Kamčatki 1964, H. 2, S. 88–94

– Grigorij Šelichov – »Kolumb Russkij«, Magadan 1960

– Nachodka podlinnych dokumentov S. I. Dežneva o ego istoričeskom pochode 1648 g., in: Vestnik Leningradskogo Gosudarstvennogo Universiteta 6, 1962, S. 145–152

– O točnom tekste dvuch otpisok Semena Dežneva 1655 goda, in: Izvestija Akademii Nauk. Serija geografičeskaja 1965, H. 2, S. 101–111

Polnoe sobranie russkich letopisej, Bd. 14, St. Petersburg 1910

Polnoe Sobranie Zakonov Rossijskoj Imperii, pervoe sobranie (PSZRI), Bd. 5, St. Petersburg 1830.

Polovcov, Aleksandr A. (Hg.), Azbučnyj ukazatel' imen russkich dejatelej dlja russkago biografičeskago slovarja. Čast' pervaja A-L, St. Petersburg 1887/88

Popov, D.I., Kul'turno-prosvetitel'skie organizacii i liberal'no-oppozicionnoe dviženie v Sibiri v 1907-1914 gg., Omsk 1999

Poppe, Nikolaus, Die wirtschaftliche und kulturelle Erschließung Sibiriens, in: George Katkov u.a. (Hg.), Rußlands Aufbruch ins 20. Jahrhundert. Politik – Gesellschaft – Kultur, 1894-1917, Olten/Freiburg 1970, S. 137–150

Portisch, Hugo, So sah ich Sibirien, Wien 1967

Pospelov, Evgenij M., Geografičeskie nazvanija Rossii, Moskau 2003

Posselt, Doris (Hg.), Die Große Nordische Expedition von 1733 bis 1743. Aus Berichten der Forschungsreisenden Johann Georg Gmelin und Georg Wilhelm Steller, Leipzig/Weimar 1990

Postnikov, Alexei, Outline of the History of Russian Cartography, in: Kimitaka Matsuzato (Hg.), Regions: A Prism to View the Slavic-Eurasian World. Towards a Discipline of »Regionology«, Sapporo 2000, S. 1-49

– Russia in Maps: A History of the Geographical Study and Cartography of the Country, Moskau 1996

Potapov, Leonid P./Levin, Maksim G. (Hg.), Narody Sibiri, Moskau/Leningrad 1956; engl. Übersetzung: The Peoples of Siberia, Chicago 1964

… prinjaty mery k vyjavleniju avtora agenturnym putem, in: Istočnik. Priloženie k žurnalu »Rodina« 2000, H. 2, S. 32–44

Pritsak, Omeljan, The Origin of the Name Sibir, in: Boris P. Chichlo (Hg.), Sibérie II. Questions sibériennes. Histoire, cultures, litterature, Paris 1999, S. 37-44

Privalichina, Sofija V., Moj Tomsk, Tomsk 1999

Proekt osnovnych načal »Položenie o zemskich učreždenijach v Sibiri«, in: Pravo 1905, Sp. 2069-2073

Promies, Wolfgang, Nachwort, in: August von Kotzebue, Das merkwürdigste Jahr meines Lebens, hg. von Wolfgang Promies, München 1965, S. 295

Proyart, Jacqueline de, Les Notes de Sibérie d'Anton Čexov (texte et contexte), in: Boris P. Chichlo (Hg.), Sibérie II. Questions sibériennes. Histoire, Cultures, Littératures, Paris 1999, S. 305-322

Pryde, Philip R., Environmental Management in the Soviet Union, Cambridge 1991

Puschkin, Alexander siehe Puškin, Aleksandr S.

Puškin, Aleksandr S., Polnoe Sobranie Sočinenij, Bd. 10, Moskau 1950

Raba, Joel, Der Außenhandel als Faktor der russischen Außenpolitik an der Schwelle der Neuzeit, in: Forschungen zur Osteuropäischen Geschichte 27, 1980, S. 110–132

Rabcevič, Valentina V., Sibirskij gorod v doreformennoj sisteme upravlenija, Novosibirsk 1984

Rabe, Volker, Der Widerspruch von Rechtsstaatlichkeit und strafender Verwaltung in Russland 1881 – 1917. Motive, Handhabung und Auswirkungen der administrativen Verbannung von Revolutionären, Karlsruhe 1985

Radkau, Joachim, Was ist Umweltgeschichte?, in: Werner Abelshauser (Hg.), Umweltgeschichte. Umweltverträgliches Wirtschaften in historischer Perspektive, Göttingen 1994, S. 11–28

Radkey, Oliver Henry, Russia Goes to the Polls. The Election to the All-Russian Constituent Assembly, 1917, Ithaca/London 1990

– The Unknown Civil War in Soviet Russia. A Study of the Green Movement in the Tambov Region 1920-1921, Stanford 1976

Radziwill, Catherine, Memories of Forty Years, London 1914

Raeff, Marc, Michael Speransky. Statesman of Imperial Russia, 1772-1839, Den Haag 1957

– Siberia and the Reforms of 1822, Seattle 1956

Ragsdale, Hugh/Ponomarev, Valerii N. (Hg.), Imperial Russian Foreign Policy, Cambridge/Mass. 1994

Raemdonck, J. van, Gérard Mercator. Sa vie et ses œuvres, St. Nicolas 1869

Rasputin, Valentin G., Siberia, Siberia, Evanston 1996; russ. Original: Sibir', Sibir', Moskau 1991

– Siberia on Fire. Stories and Essays, DeKalb 1989

Rauch, Georg von, Geschichte der Sowjetunion, 8. Aufl., durchgesehen und ergänzt von Wolfgang Geierhos, Stuttgart 1990

Rašin, A. G., Gramotnost' i narodnoe obrazovanie, in: Istoričeskie Zapiski 37, 1951, S. 28-80

Reichman, Henry, Russian Railwaymen and the Revolution of 1905, Ann Arbor: University Microfilms 1978

Reid, Anna, The Shaman's Coat. A Native History of Siberia, New York 2003

Reinecker, Herbert, Taiga, München 1958

Reinhard, Wolfgang, Geschichte der europäischen Expansion, 4 Bde., Stuttgart 1983

– (Hg.), Imperialistische Kontinuität und nationale Ungeduld im 19. Jahrhundert, Frankfurt am Main 1991

Remezov, Semen U., The Atlas of Siberia, hg. und eingeleitet von Leo Bagrow, Den Haag 1958

Remnev, Anatolij V., Rossija Dal'nego Vostoka. Imperskaja geografija vlasti XIX-načala XX vekov, Omsk 2004

Rezun, Dmitrij J./Zuev, Andrej S., »Nemcy« im Staatsdienst in Sibirien Ende des 16. bis Ende des 17. Jahrhunderts, in: Berliner Jahrbuch für osteuropäische Geschichte 1996, H. 2, S. 55–73

Richard, Simon/Vorhees, Mara, Trans-Siberian Railway. A Classic Overland Route, Melbourne 2002

Richter, Regine/Smid, Karsten, Raubbau an der Natur. Ölförderung in Westsibirien und auf Sachalin, in: Osteuropa 58, 2008, H. 4/5, S. 117–129

Rittersporn, Gábor T., Zynismus, Selbsttäuschung und unmögliches Kalkül. Strafpolitik und Lagerbevölkerung in der UdSSR, in: Dittmar Dahlmann/Gerhard Hirschfeld (Hg.), Lager, Zwangsarbeit, Vertreibung und Deportation. Dimensionen der Massenverbrechen in der Sowjetunion und in Deutschland 1933 bis 1945, Essen 1999, S. 291–315

Robel, Gert, Der Wandel des deutschen Sibirienbildes im 18. Jahrhundert, in: Canadian-American Slavonic Studies 14, 1980, S. 406–426

– Die Eroberung Sibiriens, in: Erich Donnert (Hg.), Europa in der Frühen Neuzeit. Festschrift für Günter Mühlpfordt, Bd. 6, Weimar 2002, S. 873–885

– Die Sibirienexpeditionen und das deutsche Rußlandbild im 18. Jahrhundert. Bemerkungen zur Rezeption von Forschungsergebnissen, in: Erik Amburger u.a. (Hg.), Wissenschaftspolitik in Mittel- und Osteuropa. Wissenschaftliche Gesellschaften, Akademien und Hochschulen im 18. und beginnenden 19. Jahrhundert, Berlin 1976, S. 271–294

– Die Sibirienkarte Johann Philipp von Strahlenbergs, in: Nordost-Archiv 54/55, 1979, H. 12, S. 1–16

Roos, Johanna, Der Westsibirische Territoriale Produktionskomplex, in: Gert Leptin (Hg.), Sibirien. Ein russisches und sowjetisches Entwicklungsproblem, Berlin 1986, S. 138–148

– Sibirien zwischen Ökonomie und Politik. Zur Erschließung der Energieträger Erdöl und Erdgas, Köln 1984

Rosefielde, Steven, Systemzerrüttung und Stalinismus. Die ökonomischen Grundlagen und Funktionen von Terror, GULag, Zwangsarbeit, Massenvernichtung und Militarismus in postkommunistischer Perspektive, in: Dittmar Dahlmann/Gerhard Hirschfeld (Hg.), Lager, Zwangsarbeit, Vertreibung und Deportation. Dimensionen der Massenverbrechen in der Sowjetunion und in Deutschland 1933 bis 1945, Essen 1999, S. 223–244

Rosen, Klaus, Die Völkerwanderung, München 2002

Rosenberg, William G., Liberals in the Russian Revolution. The Constitutional Democratic Party, 1917-1921, Princeton 1974

Roth, Ralf, Das Jahrhundert der Eisenbahn. Die Herrschaft über Raum und Zeit, 1800-1914, Ostfildern 2005

Roth, Thomas, Russisches Tagebuch. Von den Tschuktschen bis zum Roten Platz, München 2002

Rowney, Don K. (Hg.), Imperial Power and Development. Papers on Pre-Revolutionary Russian History. Selected Papers of the Third World Congress for Soviet and East European Studies, Ohio 1990

Rubiés, Joan-Pau, Instructions for travellers. Teaching the eye to see, in: Joan-Pau Rubiés (Hg.), Travellers and Cosmographers. Studies in the History of Early Modern Travel and Ethnology, Aldershot 2007, S. 139–190

– (Hg.), Travellers and Cosmographers. Studies in the History of Early Modern Travel and Ethnology, Aldershot 2007

Ruder, Cynthia A., Making History for Stalin: The Story of the Belomor Canal, Gainesville 1998

Ruge, Sophus, Die transsibirische Eisenbahn, Dresden 1901

Russov, Fedor K. (Hg.), Beiträge zur Geschichte der ethnographischen und anthropologischen Sammlungen der Kaiserlichen Akademie der Wissenschaften zu St. Petersburg, St. Petersburg 1900

Rustemeyer, Angela, Dissens und Ehre. Majestätsverbrechen in Russland (1600-1800), Wiesbaden 2006

Ryčkov, Petr I., Orenburgische Topographie oder ausführliche Beschreibung des Gouvernements Orenburg aus dem Jahre 1762, Leipzig/Weimar 1983

Rytschkow siehe Ryčkov, Petr I.

Sablinsky, Walter, The Road to Bloody Sunday. Father Gapon and the St. Petersburg Massacre of 1905, Princeton 1976

Sahm, Astrid, Die Auswirkungen der Reaktorkatastrophe von Černobyl' in der Republik Belarus', der Russischen Föderation und der Ukraine. Eine Orientierungshilfe, Frankfurt am Main 1993

Sallnow, John, Siberia's Demand for Labour: Incentive Policies and Migration, 1960-1985, in: Alan Wood/French, R.A. (Hg.), The Development of Siberia. People and Resources, Basingstoke 1989, S. 188-207

Samaev, Grigorij P., Prisoedinenie Altaja k Rossii. Istoričeskij obzor i dokumenty, Gorno-Altajsk 1996

Sandler, Christian, Johann Baptista Homann, Berlin 1886

Sapper, Manfred/Weichsel, Volker, Das globale Prinzip Verantwortung, in: Osteuropa 58, 2008, H. 4/5, S. 7–8

Saryčev, Gavriil A., Gawrila Sarytschews Russisch-Kaiserlichen Generalmajors von der Flotte achtjährige Reise im nordöstlichen Sibirien, auf dem Eismeere und dem nordöstlichen Ozean, aus dem Russ. übersetzt von Johann Heinrich Busse, 2 Bde., Leipzig 1805/06

– Putešestvie flota kapitana Saryčeva po severovostočnoj Časti Sibiri, Ledovitomu morju i Vostočnomu okeanu. V prodolžanie os'mi let, pri Geografičeskoj i Astronomičeskoj morskoj ekspedicii, byvšej pod načal'stvom Flota kapitana Billingsa, s 1785 po 1793 god, St. Petersburg 1802, Neuausg. Moskau 1952

– Putešestvie kapitana Billingsa čerez Čukotskuju zemlju ot Beringova proliva do Nižnekolymskogo ostroga. I plavanie kapitana Galla na sudně Černom Orlě po Sěverovostočnomu okeanu v 1791 godu. S priloženiem Slovarja dvenadcati narěčij dikich narodov, nabljudenija nad stužeju v Verchnekolymskom ostrogě, i nastavlenija dannago kapitanu Billingsu iz Gosudarstvennoj Admiraltejstv-Kollegii. Izvlečeno iz raznych žurnalov Gavriilom Saryčevym, St. Petersburg 1811

– [=Sarytschew, Gawrila] A., Reise durch den Nordostteil Sibiriens, das Eismeer und den Östlichen Ozean, Gotha 1954

Saunders, David, Russia in the Age of Reaction and Reform 1801-1881, London 1992

Savickij, Ivan M., Važnejšij arsenal Sibiri. Ražvitie oboronnoj promyšlennosti Novosibirskoj oblasti v gody Velikoj Otečestvennoj vojny, Novosibirsk 2005

Ščapov, A. P., Sočinenija, Bd. 3, St. Petersburg 1908

Scharff, Roland, Schadensbilanzen. Eingriffe in den Wasserhaushalt Ostsibiriens, in: Osteuropa 46, 1996, H. 12, S. A 606-A 612.

Scheufler, Armin, Geschäft und Politik. Das westdeutsche »Rußlandgeschäft« in der Adenauerzeit und die Embargopolitik des Westens, in: Dittmar Dahlmann/Klaus Heller/Jurij A. Petrov/Kai Reschke (Hg.), »Eine große Zukunft«. Deutsche in Rußlands Wirtschaft, Berlin 2000, S. 50–57

Schenk, Frithjof Benjamin, Imperiale Raumerschließung. Die Beherrschung der russischen Weite, in: Osteuropa 55, 2005, S. 33-45

Schiltberger, Johannes, Als Sklave im Osmanischen Reich und bei den Tataren 1394-1427, hg. von Ulrich Schlemmer, Stuttgart 1983

Schivelbusch, Wolfgang, Geschichte der Eisenbahnreise. Zur Industrialisierung von Raum und Zeit im 19. Jahrhundert, Frankfurt am Main 1995

Schleissing, Georg Adam, Neu-entdecktes Sibyria oder Sievveria, worinn die Zobeln gefangen werden, wie es anietzo ausgebauet und populiret ist, nebst desselbigen Landes abgefasseter Charta, in welcher alle Grantzen so wohl biss an Cara Cathaya, als auch die gantze Asiatische Tartarey, Samogedia, un Nova Zembla, in […] kuertze vorgestellet seyn von dem Suchenden, Stettin 1690

Schlögel, Karl, Die kulturelle Geographie des östlichen Europa, in: Timm Beichelt u.a. (Hg.), Europa-Studien. Eine Einführung, Wiesbaden 2006, S. 125–144

– Die Wiederkehr des Raums – auch in der Osteuropakunde, in: Osteuropa 55, 2005, S. 5-16

– Die russische Obsession. Edwin Erich Dwinger, in: Gregor Thum (Hg.), Traumland Osten. Deutsche Bilder vom östlichen Europa im 20. Jahrhundert, Göttingen 2006, S. 66–87

– Im Raume lesen wir die Zeit. Über Zivilisationsgeschichte und Geopolitik, München 2003

– Kommunalka oder Kommunismus als Lebensform. Zu einer historischen Topographie der Sowjetunion, in: Historische Anthropologie. Kultur, Gesellschaft, Alltag 6, 1998, H. 3, S. 329-346

– Sibirien, eine deutsche Seelenlandschaft und das Handy in der Taiga, in: ders. (Hg.), Marjampole oder Europas Wiederkehr aus dem Geist der Städte, München 2005, S. 217–227

Schlözer, August L., Allgemeine Nordische Geschichte. Aus den neuesten und besten Nordischen Schriftstellern und nach eigenen Untersuchungen beschrieben und als eine Geographische und Historische Einleitung zur richtigen Kenntniß aller Skandinavischen, Finnischen, Slavischen, Lettischen, und Sibirischen Völker besonders in alten und mittleren Zeiten, Halle an der Saale 1771

Schmid, Gregor M./Prachold, Karsten, Zarengold. Mit der Transsibirischen Eisenbahn durch Rußland, Würzburg 2007

Schmid, Gregor M./Thöns, Bodo, Abenteuer Zarengold 2009. Unterwegs mit der Transsibirischen Eisenbahn (Kalender), o.O. 2008

Schmidt-Glintzer, Helwig, Geschichte Chinas bis zur mongolischen Eroberung 250 v.Chr. – 1279 n.Chr., München 1999

Schmitt, Eberhard/Meyn, Matthias (Hg.), Die großen Entdeckungen, München 1984

Schneider, Ulrich Johannes, »Rußland« in Zedlers »Universal-Lexicon, in: Dittmar Dahlmann (Hg.), Die Kenntnis Rußlands im deutschsprachigen Raum im 18. Jahrhundert. Wissenschaft und Publizistik über das Russische Reich, S. 247-268

Schneider, Ute, Die Macht der Karten. Eine Geschichte der Kartographie vom Mittelalter bis heute, Darmstadt 2004

Schorkowitz, Dittmar, Peter Simon Pallas (1741-1811) und die Ethnographie Russisch-Asiens im 18. Jahrhundert, in: ders. (Hg.), Ethnohistorische Wege und Lehrjahre eines Philosophen. Festschrift für Lawrence Krader zum 75. Geburtstag, Frankfurt am Main/Berlin 1995, S. 331–349

– Staat und Nationalitäten in Russland. Der Integrationsprozeß der Burjaten und Kalmücken, 1822-1925, Stuttgart 2001

Schreiber, Helmut (Hg.), Umweltprobleme in Mittel und Osteuropa, Frankfurt am Main 1989

Schultz, Arved, Sibirien. Eine Landeskunde, Breslau 1923

Schuster, Meinhard, Die Begegnung mit dem Fremden. Wertungen und Wirkungen in Hochkulturen vom Altertum bis zur Gegenwart, Stuttgart/Leipzig 1996

Schweitzer, Peter P., Siberia and Anthropology. National Traditions and Transnational Moments in the History of Research, Wien 2001

Scott, John, Behind the Urals. An American Worker in Russia's City of Steel, 2., erweiterte Aufl., hg. und mit Einleitung von Stephen Kotkin, Bloomington 1989

Scurla, Herbert (Hg.), Jenseits des steinernen Tores. Entdeckungsreisen deutscher Forscher durch Sibirien im 18. und 19. Jahrhundert. Johann Georg Gmelin, Georg Wilhelm Steller, Peter Simon Pallas, Adolph Erman, Gustav Rose, Wilhelm Radloff, Otto Finsch, 2. Aufl., Berlin 1965

Segbers, Klaus, Die Sowjetunion im Zweiten Weltkrieg. Die Mobilisierung von Verwaltung, Wirtschaft und Gesellschaft im »Großen Vaterländischen Krieg« 1941-1943, München 1987

Selg, Anette/Wieland, Rainer (Hg.), Die Welt der Encyclopédie, Frankfurt am Main 2001

Semjonow, Sibirien. Schatzkammer des Ostens, Wien/Düsseldorf 1975

– Erdöl aus dem Osten. Die Geschichte der Erdöl- und Erdgasindustrie in der Sowjetunion, Düsseldorf 1973

Shabad, Theodore/Mote, Victor L. (Hg.), Gateway to Siberian Resources. The BAM, New York 1977

Shaw, Daniel, Siberia. Geographical Background, in: Alan Wood (Hg.), Siberia. Problems and Prospects for Regional Development, London 1987, S. 9–34

Shearer, David, Mastering the Soviet Frontier. Western Siberia in the 1930s, in: Eva-Maria Stolberg (Hg.), The Siberian Saga. A History of Russia's Wild East, Frankfurt am Main 2005, S. 159–172

– Social Disorder, Mass Repression and the NKVD during the 1930's, in: Cahiers du Monde Russe 42, 2001, S. 505–534

Shimkin, D. B., Siberian Ethnography, in: Arctic Anthropology 27, 1990, S. 36–51

Shishkin, Vladimir I. , Moscow and Siberia. Center-Periphery Relations, 1917-1930, in: Kotkin, Stephen/Wolff, David (Hg.), Rediscovering Russia in Asia. Siberia and the Russian Far East, Armonk, New York 1995, New York/London 1995, S. 75-88

– State Administration in Siberia, in: Matsuzato, Kimitaka (Hg.), Regions: A Prism to View the Slavic-Eurasian World. Towards a Discipline of »Regionology«, Sapporo 2000

Siberia sinks back into a primitive wasteland, in: The Guardian Weekly, 20.-26.6.2002

Šilovskij, Michail V. (Hg.), Sibirskie pereselenija. Vypusk 2. Komitet Sibirskoj železnoj dorogi kak organizator pereselenij. Sbornik dokumentov, Novosibirsk 2006

Simmons, Daniel/Murray, Isabel, Russian Gas. Will There Be Enough Investment?, in: Robert Orttung/u.a. (Hg.), Russia's Energy Sector between Politics and Business. Arbeitspapiere und Materialien der Forschungsstelle Osteuropa Bremen, Nr. 92, Februar 2008, S. 27–30

Sirakov, David, Die russische Japanpolitik in der Ära Putin. Innergesellschaftliche Präferenzbildung und die Kurilenfrage, Hamburg 2006

Širina, Danara A., Rossija. Naučnoe issledovanie Arktiki XVIII v. – 1917, Novosibirsk 2001

Sistemnye issledovanija vzaimosvjazi drevnich kul'tur Sibiri i Severnoj Ameriki, St. Petersburg 1995

Skelton, Raleigh A., Mercator and the English Geography in the 16th Century, in: Duisburger Forschungen 6, 1962, S. 158–170

Skljarov, L. F., Pereselenie i zemleustrojstvo v Sibiri v gody Stolypinskoj agrarnoj reformy, Leningrad 1962

Skrynnikov [= Skrynnikow], Ruslan G., Ermak's Siberian Expedition, in: Russian History 13, 1986, H. 1, S. 1–40

– Iwan der Schreckliche und seine Zeit, München 1992

– Rannie sibirskie letopisi, in: Istorija SSSR 32, 1979, H. 4, S. 82–99

– Sibirskaja ėkspedicija Ermaka, Novosibirsk 1982

Slezkine, Yuri, Arctic Mirrors. Russia and the Small Peoples of the North, Ithaca/London 1994

– Savage Christians or Unorthodox Russians? The Missionary Dilemma, in: Galya Diment/Yuri Slezkine (Hg.), Between Heaven and Hell. The Myth of Siberia in Russian Culture, New York 1993, S. 15–31

– The Sovereign's Foreigners. Classifying the Native People in 17th Century Siberia, in: Russian History 19, 1992, S. 475–485

– The USSR as a Communal Apartment, or How a Socialist State Promoted Ethnic Particularism, in: Slavic Review 53, 1994, S. 414-452

Smele, Jonathan D./Heywood, Anthony (Hg.), The Russian Revolution of 1905. Centenary Perceptions, London/ New York 2005

– Civil War in Siberia. The Anti-Bolshevik Government of Admiral Kolchak, 1918-1920, Cambridge u.a. 1996

Smirnov, Michail B. (Hg.), Das System der Besserungsarbeitslager in der Sowjetunion 1923-1960. Ein Handbuch, übersetzt aus dem Russ. und bearbeitet von Reinhold Schletzer, Berlin 2003

– (Hg.), Sistema ispravitel'no-trudovych lagerej v SSSR, Moskau 1998

Smith, Canfield F., Vladivostok under Red and White Rule. Revolution and Counterrevolution in the Russian Far East, 1920-1922, Seattle 1975

Smolitsch, Igor' K. (Hg.), Geschichte der russischen Kirche, 2 Bde, Bd. 1: 1700-1917, Leiden 1964, Bd. 2: hg. von Gregory Freeze, Berlin 1994

Snow, Russell E., The Russian Revolution of 1917-18 in Transbaikalia, in: Soviet Studies, 23, 1971/72, S. 201-215

Solschenizyn [=Solženicyn], Alexander , Der Archipel Gulag, Reinbek bei Hamburg 1988, einbändige gekürzte Ausg. der dreibändigen Fassung von 1975-1978

Sonnabend, Holger, Die Grenzen der Welt. Geographische Vorstellungen der Antike, Darmstadt 2007

Spies, Marijke, Bij Noorden om. Olivier Brunel en de doorvaart naar China en Cathay en de zestiende eeuw, Amsterdam 1994

Sprotte, Maik Hendrik/Seifert, Wolfgang/Löwe, Heinz-Dietrich (Hg.), Der Russisch-Japanische Krieg 1904/05. Anbruch einer neuen Zeit, Wiesbaden 2007

Ssachno, Helen von/Gruber, Manfred (Hg.), Literatur und Repression. Sowjetische Kulturpolitik seit 1965, München 1970

Stackelberg, Traugott von, Geliebtes Sibirien, Pfullingen 1951

Stadelbauer, Jörg, Die Erschließung Sibiriens. Räumliche Gefügemuster eines historischen Prozesses, in: Gert Leptin (Hg.), Sibirien: Ein russisches und sowjetisches Entwicklungsproblem, Berlin 1986, S. 11-33

– Zur Kulturgeographie Sibiriens und Russisch-Amerikas, in: Brigitta Hauser-Schäublin/Gundolf Krüger (Hg.), Sibirien und Russisch-Amerika: Kultur und Kunst des 18. Jahrhunderts. Die Sammlung von Asch – Göttingen, München u.a. 2007, S. 60-81

Städtke, Klaus (Hg.), Russische Literaturgeschichte, Stuttgart 2002

Stark, Meinhard, Frauen im Gulag. Alltag und Überleben 1936 bis 1956, München 2003

Starobin, Paul/Ludwig, Gerd, Ab nach Sibirien!, in: National Geographic Deutschland, Ausgabe Juni 2008, S. 60-85

Starr, Frederick S. (Hg.), Russia's American Colony, Durham 1987

Stary, Giovanni, Chinas erste Gesandte in Russland, Wiesbaden 1976

Steinberg, Isaak Gewalt und Terror in der Revolution. Das Schicksal der Erniedrigten und Beleidigten in der rusischen Revolution, 2. Aufl., Berlin 1981, dt. Erstauflage Berlin 1931

Steindorff, Ludwig, Der fremde Krieg. Die Heerzüge der Mongolen 1237-1242 im Spiegel der altrussischen und lateinischen Chronistik, in: Konrad Clewing (Hg.), Südosteuropa. Von vormoderner Vielfalt und nationalstaatlicher Vereinheitlichung. Festschrift für Edgar Hösch, München 2005, S. 93–118

Steinitz, Wolfgang (Hg.), Ost und West in der Geschichte des Denkens und der kulturellen Beziehungen. Festschrift für Eduard Winter zum 70. Geburtstag, Berlin 1966

Steller, Georg Wilhelm, Ausführliche Beschreibung von sonderbaren Meerthieren, mit Erläuterungen und nöthigen Kupfern, Halle 1753, Reprint Stuttgart 1974

– Beschreibung von dem Lande Kamtschatka, hg. von Erich Kasten und Michael Dürr, mit einem Nachwort von Erich Kasten, Neudr. d. Ausg. von 1774, Bonn 1996

– Beschreibung von dem Lande Kamtschatka. Reise von Kamtschatka nach Amerika. Ausführliche Beschreibung von sonderbaren Meerthieren. Unveränderte Neudrucke der 1774 in Frankfurt am Main, 1793 in St. Petersburg und 1753 in Halle erstmals erschienenen Werke, mit einer Einleitung und hg. von Hanno Beck, Stuttgart 1974

– De bestiis marinis, in: Novi Commentarii Academiae Scientiarum Imperialis Petripolitanae 2, St. Petersburg 1751, S. 289-398
– Reise von Kamtschatka nach Amerika mit dem Commandeur-Capitän Bering, St. Petersburg 1793, Reprint Stuttgart 1974
– Topographische und physikalische Beschreibung der Beringinsel, welche im östlichen Weltmeer an der Küste von Kamtschatka liegt, in: Neue Nordische Beyträge zur physikalischen und geographischen Erd- und Völkerbeschreibung. Naturgeschichte und Ökonomie 2, 1781, S. 255–301
– Von Sibirien nach Amerika. Die Entdeckung Alaskas mit Kapitän Bering 1741-1742, hg. von Volker Matthies, Stuttgart/Wien 1986
Stepanov, Nikolaj N. (Hg.), S. P. Krašeninnikov v Sibiri. Neopublikovannye materialy, Moskau 1966
Stephan, John J., Sakhalin. A History, Oxford 1971
– Siberia and the World Economy: Incentives and Constraints to Involvement, in: Alan Wood (Hg.), Siberia. Problems and Prospects for Regional Development, London 1987, S. 213-230
– The Russian Far East. A History, Stanford 1994
Stern, Klaus, Die Umleitung eines Teils des Abflusses nördlicher europäischer und sibirischer Flüsse in der Sowjetunion und mögliche Auswirkungen auf die Umwelt, Gießen 1986
Stettner, Ralf, »Archipel GULag« Stalins Zwangslager – Terrorinstrument und Wirtschaftsgigant. Entstehung, Organisation und Funktion des sowjetischen Lagersystems 1928-1956, Paderborn 1996
Stewart, John M. (Hg.), The Soviet Environment. Problems, Policies und Politics, Cambridge 1992
Stökl, Günther, Russische Geschichte. Von den Anfängen bis zur Gegenwart, 5. Aufl., Stuttgart 1990
– Testament und Siegel Ivans IV, Opladen 1972
Stolberg, Eva-Maria, Auf zum Pazifik. Die Bedeutung der Transsibirischen Eisenbahn für die Vernetzung des eurasischen Raumes 1891-1914, in: Monika Burri (Hg.), Die Internationalität der Eisenbahn 1850-1970, Zürich 2003, S. 293–308
– Einleitung, in: Periplus. Jahrbuch für Außereuropäische Geschichte 17, 2007, S. 1–19
– Die Fernöstliche Republik (1920-1922): Ein staatlicher Ordnungsversuch zur Zeit des Russischen Bürgerkrieges, in: Harald Heppner/Eduard Staudinger (Hg.), Region und Umbruch 1918. Zur Geschichte alternativer Ordnungsversuche, Frankfurt/M. 2001, S. 231-260
– Raumerschließungsprozesse im Sibirien des ausgehenden Zarenreiches. Ein Desiderat der Rußlandhistoriographie, in: Archiv für Sozialgeschichte 42, 2002, S. 315–334
– Rußlands »Wilder Osten«. Mythos und soziale Realität im 19. und 20. Jahrhundert, Habilitationsschrift Bonn 2005 (Internetversion)
– Siberia as a Mental Map in German Imagination, 1850-1990, online verfügbar unter www.zaimka.ru/2005/stolberg_sibgerman, zuletzt geprüft am 31.7.2008
– The Genre of Frontiers and Borderlands. Siberia as a Case Study, in: dies. (Hg.), The Siberian Saga. A History of Russia's Wild East, Frankfurt am Main 2005, S. 13–27
Strahlenberg, Philipp Johann Tabbert von, Das Nord- und Ostliche Theil von Europa und Asia, in so weit solches das gantze russische Reich mit Siberien und der grossen Tatarey in sich begreiffet, in einer hstorisch-geographischen Beschreibung der alten und neuern Zeiten, und vielen andern unbekannten Nachrichten vorgestellet. [...], Stockholm 1730
– Historie der Reisen in Rußland, Siberien und der Großen Tartarey. Mit einer Landcharte und Kupferstichen, welche die Geographie und Antiquität erläutern, verrichtet und gesammelt von Philipp Johann von Strahlenberg, Leipzig 1730
– Vorbericht Eines zum Druck verfertigten Werckes von der Grossen Tartarey und dem Königreiche Siberien. Mit einem Anhang Von Groß-Rußland, worinnen von dem Autore die Einrichtung und vornehmsten Contenta desselben, vorgetragen werden, Stockholm 1726
Strauss, Robert, Mit der Transsib nach China, Japan und Hongkong, 3. Aufl., Kiel 1991
Stuch, Stephan, Regionalismus in Sibirien im frühen 20. Jahrhundert, in: Jahrbücher für Geschichte Osteuropas 51, 2003, S. 548–563
– Regionalismus in Sibirien im frühen 20. Jahrhundert, Phil. Diss. Universität Köln 2002 (Internetversion)
Suljandziga, Rodion V./Kudrjašova, D. A./Suljandziga, Pavel V., Korennye maločislennye narody Severa, Sibiri i Dal'nego Vostoka Rossijskoj Federacii. Obzor sovremennogo položenija, Moskau 2003

Šunkov, Viktor I., Očerki po istorii kolonizacii Sibiri v XVII – načale XVIII vekov, Moskau 1946
– Očerki po istorii zemledelija Sibiri. (XVII vek), Moskau 1956
– (Hg.), Sibir' perioda feodalizma. Materialy po istorii Sibiri, Novosibirsk 1962
Sutherland, Christine, Die Prinzessin von Sibirien. Maria Wolkonskaja und ihre Zeit, Frankfurt am Main 1990
Swain, Geoff, The Origins of the Russian Civil War, London/New York 1996
Swearingen, Rodger (Hg.), Siberia and the Soviet Far East. Strategic Dimensions in Multinational Perspective, Stanford 1987
Tepljakov, Aleksej G., Nepronicaemye nedra. VČK-OGPU v Sibiri 1918-1929 gg., Moskau 2007
Thomas, Bryn, Trans-Siberian Handbook, 7. Aufl., Hindhead 2007
Thomas, Ludmila, Geschichte Sibiriens. Von den Anfängen bis zur Gegenwart, Berlin 1982
– »Die Insel Sachalin« von A.P. Čechov – eine historische Quelle, in: Jahrbuch für die Geschichte der sozialistischen Länder Europas 30, 1986, S. 146–158
Thomson, Francis J., The Reception of Byzantine Culture in Mediaeval Russia, Aldershot 1999
Thöns, Bodo, Die Transsibirische Eisenbahn. Die frühen Jahre 1900-1916, Erfurt 2004
Thornton, Judith/Ziegler, Charles E. (Hg.), Russia's Far East. A Region at Risk, Seattle/London 2002
Thum, Gregor (Hg.), Traumland Osten. Deutsche Bilder vom östlichen Europa im 20. Jahrhundert, Göttingen 2006
Thumann, Michael, Abschied vom Ende der Welt, in: Die Zeit, 27.7.2000
Titova, Z.D. (Hg.), Ėtnografičeskie materialy severo-vostočnoj geografičeskoj ėkspedicii, 1785-1795 gg., Magadan 1978
Tjurina, Elena A., Die Rolle der Zwangsarbeit in der Wirtschaft der UdSSR. Eine Quellenanalyse, in: Dittmar Dahlmann/Gerhard Hirschfeld (Hg.), Lager, Zwangsarbeit, Vertreibung und Deportation. Dimensionen der Massenverbrechen in der Sowjetunion und in Deutschland 1933 bis 1945, Essen 1999, S. 267–278
Torke, Hans-Joachim (Hg.), Die russischen Zaren. 1547-1917, 2., durchgesehene Aufl., München 1999
– Die staatsbedingte Gesellschaft im Moskauer Reich. Zar und Zemlja in der altrussischen Herrschaftsverfassung 1631-1689, Leiden 1974
– Einführung in die Geschichte Rußlands, München 1997
– Gab es im Moskauer Reich des 17. Jahrhunderts eine Bürokratie?, in: Forschungen zur Osteuropäischen Geschichte 38, 1986, S. 276–298
– (Hg.), Lexikon der Geschichte Russlands. Von den Anfängen bis zur Oktober-Revolution, München 1985
Treadgold, Donald W., The Great Siberian Migration. Government and Peasant in Resettlement from Emancipation to the First World War, Princeton, New Jersey 1957
Tromnau, Gernot, Anmerkungen zu »ethnographischen Darstellungen« auf Gerhard Mercators Weltkarte von 1569, in: Hans H. Blotevogel/Rienk Vermij (Hg.), Gerhard Mercator und die geistigen Strömungen des 16. und 17. Jahrhunderts, Bochum 1995, S. 103–118
Tschechow, Anton siehe Čechov, Anton P.
Tschernobyl. Vermächtnis und Verpflichtung, in: Osteuropa 56, 2006, H. 4 [Themenheft],
Thunig-Nittner, Gerburg, Die Tschechoslowakische Legion in Rußland. Ihre Geschichte und Bedeutung bei der Entstehung der Ersten Tschechoslowakischen Republik, Wiesbaden 1970
Turner, Frederick J., The Frontier in American History. Reprint der Ausgabe New York 1953, New York 1996
Urness, Carol, Captain-Commander Vitus Bering, in: Orcutt W Frost. (Hg.), Bering and Chirikov. The American Voyages and Their Impact, Anchorage 1992, S. 11-36
– Die Erste Kamčatka-Expedition unter Vitus Bering 1725-1730, in: Erich Donnert (Hg.), Europa in der Frühen Neuzeit. Festschrift für Günter Mühlpfordt, Bd. 6, Weimar 2002, S. 899–902
– The First Kamchatka Expedition in Focus, in: Peter U. Møller/Natal'ja A. Okhotina-Lind (Hg.), Under Vitus Bering's Command. New Perspectives on the Russian Kamchatka Expeditions, Aarhus 2003, S. 17–31
– Russian Mapping of the North Pacific to 1792, in: Stephen Haycox u.a. (Hg.), Enlightenment and Exploration in the North Pacific 1741-1805, Seattle/London 1997, S. 132-146
Ustrjalov, Nikolaj G., Imenitye ljudi Stroganovy, St. Petersburg 1842

Vakhtin, Nikolai, Menschen und Ethnizität im heutigen Sibirien, in: Brigitta Hauser-Schäublin/ Gundolf Krüger (Hg.), Sibirien und Russisch-Amerika: Kultur und Kunst des 18. Jahrhunderts. Die Sammlung von Asch – Göttingen, München u.a. 2007, S. 38-59

Vásáry, István, Muscovite Diplomacy with the States of the Orient, in: ders. (Hg.), Turks, Tatars and Russians in the 13th-16th Centuries, Aldershot 2007, S. S. 28-32

Vatolin, V., Cinema v Sibiri. Očerk istorii tannego sibirskogo kino, 1896-1917, Novosibirsk 2003

Vaughan, Richard, The Arctic. A History, Phoenix 1999

Veer, Gerrit de, Reizen van Willem Barents, Jacob van Heemskerck, Jan Cornelisz. Rijp en anderen naar het Noorden (1594-1597) vertaald door Gerrit de Veer, 2 Bde., hg. von S.P. L'Honoré Naber, Den Haag 1917

– Wahrhaftige Beschreibung der Nordreise des Kapitäns Jacob van Heemskerck und des Obersteuermanns Willem Barentsz, in: Bontekoe van Hoorn, Willem Ysbrantsz, Die gefahrvolle Reise des Kapitän Bontekoe und andere Logbücher und Schiffsjournale holländischer Seefahrer des 17. Jahrhunderts, hg., übertragen und kommentiert von M. R. C. Fuhrmann-Plemp van Duiveland, 2. Aufl., Tübingen/Basel 1976, S. 267–430

Vergessene Welten unter Eis und Schnee. Die Vorläuferkulturen der Eskimos vor 4000 Jahren. Begleitheft zur Ausstellung im Übersee-Museum Bremen vom 29.11.1998-14.3.1999, mit Texten von Patricia D. Sutherland und Robert McGhee, Bremen 1998

Vetoškin, M., Mestnye nuždy i sibirskaja parlamentskaja gruppa, in: Sovremennyj Mir 1912, S. 311-325

Viola, Lynne, The Unknown Gulag. The Lost World of Stalin's Special Settlements, Oxford u.a. 2007

Vilkov, Oleg N. (Hg.), Goroda Sibiri. Ėkonomika, upravlenie i kul'tura gorodov Sibiri v dosovetskij period, Novosibirsk 1974

– (Hg.), Goroda Sibiri. Ėpocha feodalizma i kapitalizma, Novosibirsk 1978

Vladykina, Valentina A./Kozlov, O.F./Jankovaja, V.F. (Hg.), Gosudarstvennost' Rossii. Slovar'-spravočnik, Bd. 3, Moskau 2001

Vodoff, Wladimir, (Hg.), Princes et principautés russes. (Xe-XVIIe siècles), Aldershot 1989

Volkoff, Vladimir, Vladimir. The Russian Viking, New York 1985

Volodin, Aleksandr P., Itel'meny, St. Petersburg 1995

Voprosy geografii Kamčatki, Bd. 2, Petropavlovsk-Kamčatskij 1964 (Bd. 1, Petropavlovsk-Kamčatskij 1963)

Vorob'ev, Vladimir V., Die Erschließung Sibiriens und des Fernen Ostens. Geschichte, Konzeptionen, Ergebnisse, Vergleiche, Gotha 1988

Vvedenskij, Andrej A., Dom Stroganovych v XVI-XVII vekach, Moskau 1962

– (Hg.), Torgovyj dom XVI-XVII vekov, Leningrad 1924

Waechter, Matthias, Die Erfindung des amerikanischen Westens. Die Geschichte der Frontier-Debatte, Freiburg 1996

Waghenaer, Lucas J., Thresoor der Zeevaert, Amsterdam 1965, Reprint der Ausgabe von 1592

Waldburg-Zeil, Karl Graf von, Forschungsreisen des Grafen Karl von Waldburg-Zeil nach Spitzbergen und Sibirien 1870, 1876, 1881, hg. und zusammengestellt von Franz Georg Brustgi, Konstanz 1987

Walker, Donald R., Penology for Profit. A History of the Texas Prison System, 1867-1912, College Station 1988

Wannhoff, Ullrich, Der weite Weg nach Fernost. Spurensuche auf Kamtschatka, Dresden 2008

– /Törmer, Karen, Comandor. Leben am Ende der Welt, Dresden 1995

Watrous, Stephen D., Russia's »Land of the Future«. Regionalism and the Awakening of Siberia 1819-1894, Ann Arbor 1971

Waxell, Sven, Die Brücke nach Amerika. Abenteuerliche Entdeckungsfahrt des Vitus Bering 1733-1743. Reisebericht seines ersten Offiziers und Stellvertreters Sven Waxell ergänzt durch Beschreibungen des mitreisenden Naturforschers G.W. Steller, hg., übersetzt und mit einem Nachwort von Anni Carlsson, Olten 1968

Webb, John W., The Van Deutecum Map of Russia and Tartary, in: John Parker (Hg.), Merchants and Scholars. Essays in the History of Exploration and Trade, Minneapolis 1965, S. 63–86

Wegren, Stephen/Drury, A. Cooper, Patterns of Internal Migration During the Russian Transition, in: Journal of Communist Studies and Transition Politics 17, 2001, S. 15-42

Weiers, Michael (Hg.), Die Verträge zwischen Russland und China. 1689-1881, Bonn 1979, Reprint der Ausgabe St. Petersburg 1889
– Geschichte der Mongolen, Stuttgart 2004
– Herkunft und Einigung der mongolischen Stämme. Türken und Mongolen, in: Stephan Conermann/ Jan Kusber (Hg.), Die Mongolen in Asien und Europa, Frankfurt am Main 1997, S. 27–39
Wein, Norbert, Sibirien, Gotha/Stuttgart 1999
Weiner, Douglas R., Models of Nature. Ecology, Conservation and Cultural Revolution in Soviet Russia, Bloomington 1988
Weiser, Adelheid, Die Völker Nordsibiriens unter sowjetischer Herrschaft von 1917 bis 1936, Hohenschäftlarn bei München 1989
Weiss, Claudia, Wie Sibirien »unser« wurde. Die Russische Geographische Gesellschaft und ihr Einfluß auf die Bilder und Vorstellungen von Sibirien im 19. Jahrhundert, Göttingen 2007
Weißenburger, Ulrich, Der Umweltschutz in der Sowjetunion. Zwang zum Handeln, in: Helmut Schreiber (Hg.), Umweltprobleme in Mittel und Osteuropa, Frankfurt am Main 1989, S. 184–196
– Umweltprobleme in den Nachfolgestaaten der UdSSR, Köln 1993
Wendland, Folkwart, Peter Simon Pallas (1741-1811). Materialien zu einer Biographie, 2 Bde., Berlin/New York 1992
Werner, Heinrich, Die Glaubensvorstellungen der Jenissejer aus der Sicht des Tengrismus, Wiesbaden 2007
Werth, Nicolas, Die Insel der Kannibalen. Stalins vergessener Gulag, 2. Aufl., München 2006
– Ein Staat gegen sein Volk. Gewalt, Unterdrückung und Terror in der Sowjetunion, in: Stéphane Courtois/Joachim Gauck/Ehrhart Neubert (Hg.), Das Schwarzbuch des Kommunismus. Unterdrückung, Verbrechen und Terror, München 1998, S. 44–295
Wesenberg, Angelika/Hartje, Nicole (Hg.), Ilja Repin. Auf der Suche nach Rußland, Berlin 2003
Wessel, Horst A., Von der Röhre zur Telekommunikation. Das Unternehmen Mannesmann in der Sowjetunion von den 1920er Jahren bis heute, in: Dittmar Dahlmann/Klaus Heller/Jurij A. Petrov/Kai Reschke (Hg.), »Eine große Zukunft«. Deutsche in Rußlands Wirtschaft, Berlin 2000, S. 292–307
Westwood, John N., Geschichte der russischen Eisenbahnen, Zürich 1966
Wheatcroft, Stephen G., Ausmaß und Wesen der deutschen und sowjetischen Repressionen und Massstötungen 1930 bis 1945, in: Dittmar Dahlmann/Gerhard Hirschfeld (Hg.), Lager, Zwangsarbeit, Vertreibung und Deportation. Dimensionen der Massenverbrechen in der Sowjetunion und in Deutschland 1933 bis 1945, Essen 1999, S. 67–109
– (Hg.), Challenging Traditional Views of Russian History, Basingstoke, Hampshire 2002
Widera, Bruno, Novgorods Beziehungen zu Ural und Westsibiren in der Vorhansezeit, in: Gerhard Heitz/Manfred Unger (Hg.), Hansische Studien. Heinrich Sproemberg zum 70. Geburtstag, Berlin 1961, S. 388–397
Wieczynski, Joseph L., The Russian Frontier. The Impact of Borderlands upon the Cause of Early Russian History, Charlottesville 1976
Wiedenfeld, Kurt, Die sibirische Bahn in ihrer wirthschaftlichen Bedeutung, Berlin 1900
– Sibirien in Kultur und Wirtschaft, Bonn 1916
– Zwischen Wirtschaft und Staat. Aus den Lebenserinnerungen, Berlin 1960
Wiesehöfer, Josef (Hg.), Carsten Niebuhr (1733-1815) und seine Zeit. Beiträge eines interdisziplinären Symposiums vom 7. – 10. Oktober 1999 in Eutin, Stuttgart 2002
Williams, Beryl, 1905. The View from the Provinces, in: Jonathan D. Smele/Anthony Heywood (Hg.), The Russian Revolution of 1905. Centenary Perceptions, London/ New York 2005, S. 34–54
Wilson, David, The Siberian Oil and Gas Industry, in: Alan Wood (Hg.), Siberia. Problems and Prospects for Regional Development, London/New York/Sydney 1987, S. 96–129
Windt, Harry de, The New Siberia. Being an Account of a Visit to the Penal Island of Sakhalin and the Political Prison and Mines of the Trans-Baikal-District, Eastern Siberia, London 1896
Winter, Eduard, Halle als Ausgangspunkt der deutschen Rußlandkunde im 18. Jahrhundert, Berlin 1953
– (Hg.), Lomonosov – Schlözer – Pallas. Deutsch-russische Wissenschaftsbeziehungen im 18. Jahrhundert, Berlin 1962

Wirth, Albrecht, Geschichte Sibiriens und der Mandschurei, Bonn 1899

Witsen, Nicolaas, Moscovische Reyse 1664-1665. Journal en Antekeningen, 3 Bd., hg. von Theodor Jakob Gottlieb Locher und P. de Buck, Den Haag 1966-1967

– Nieuwe Lantkaarte Van het Noorder en Ooster deel van Asia en Europa Strekkende van Nova Zemla tot China. Aldus Getekent, Beschreven, in kaart gebragt en uytgegeven, Sedert een Nauwkeurig ondersoek van meer als twintig Iaaren door Nicolaes Witsen, Consul, Amst., Amsterdam 1687

– Noord en Oost Tartarye. Ofte bondigh ontwerp van eenige dier landen, en volken, zo als voormaels bekent zyn geweest [...], Amsterdam 1692, 2. Aufl., Amsterdam 1705

Witte, Sergej J., Vorlesungen über Volks- und Staatswirtschaft, übersetzt und eingeleitet von Josef Melnik, 2 Bd., Stuttgart/Berlin 1913

Wittram, Reinhard, Peter der Große. Der Eintritt Rußlands in die Neuzeit, Berlin 1954

– Peter I. Czar und Kaiser. Zur Geschichte Peters des Großen in seiner Zeit, 2 Bde., Göttingen 1964

– Peters des Großen Interesse an Asien, in: Nachrichten der Akademie der Wissenschaften in Göttingen. Philologisch-Historische Klasse, 1957, S. 1–25

Witzenrath, Christoph, Cossacks and the Russian Empire, 1598-1725. Manipulation, Rebellion and Expansion into Siberia, London/New York 2007

– Das Kopierbuch des Tobol'sker Erzpriesterlichen Hauses und die sibirische Lokalverwaltung in der ersten Hälfte des 17. Jahrhunderts, unveröffentl. Magisterarbeit, Humboldt-Universität Berlin 1997

Wolff, Hans, Vierhundert Jahre Mercator. Vierhundert Jahre Atlas. »Die ganze Welt zwischen zwei Buchdeckeln«. Eine Geschichte der Atlanten, Weißenhorn 1995

Wolfson, Zeev, The Massive Degradation of Ecosystems in the USSR, in: John M. Stewart (Hg.), The Soviet Environment. Problems, Policies und Politics, Cambridge 1992, S. 57–63

Wolle, Stefan, Wladimir Der Heilige. Rußlands erster christlicher Fürst, Berlin 1991

Wood, Alan, From Conquest to Revolution. The Historical Dimension, in: ders. (Hg.), Siberia. Problems and Prospects for Regional Development, London 1987, S. 35–61

– (Hg.), Siberia. Problems and Prospects for Regional Development, London/New York/Sydney 1987

– /French, R.A. (Hg.), The Development of Siberia. People and Resources, Basingstoke 1989

– (Hg.), The History of Siberia. From Russian Conquest to Revolution, London/New York 1991

Wortman, Richard S., Scenarios of Power. Myth and Ceremony in Russian Monarchy, 2 Bde., Princeton 1995-2000

Wotte, Herbert, In blauer Ferne lag Amerika. Reisen und Abenteuer des deutschen Naturforschers Georg Wilhelm Steller, 3. Aufl., Leipzig 1974

Wurzer, Georg, Das Rußlandbild Edwin Erich Dwingers, in: Karl Eimermacher/Astrid Volpert/ Gennadij Bordjugow (Hg.), Stürmische Aufbrüche und enttäuschte Hoffnungen. Russen und Deutsche in der Zwischenkriegszeit, München 2006, S. 715–754

– Die Kriegsgefangenen der Mittelmächte in Rußland im Ersten Weltkrieg, Göttingen 2005

Yakhontov, Victor A., Russia and the Soviet Union in the Far East, New York 1931, Reprint Westport 1973

Za čto my streljaem? in: Istočnik. Priloženie k žurnalu »Rodina« 2000, H. 1, S. 64–77

Zabel, Eugen, Transsibirien. Mit der Bahn durch Russland und China 1903, hg. von Bodo Thöns, Darmstadt 2003, Erstauflage Berlin 1904

Zedler siehe Grosses Vollständiges Universal-Lexicon

Ziegler, Charles E., Environmental Policy in the USSR, London 1987

– Political Participation, Nationalism and Environmental Politics in the USSR, in: John M. Stewart (Hg.), The Soviet Environment. Problems, Policies und Politics, Cambridge 1992, S. 24–39

Ziegler, Gudrun, Der achte Kontinent. Die Eroberung Sibiriens, Berlin 2005

Zijaev, Chamid Z., Ėkonomičeskie svjazi Srednej Azii s Sibir'ju v XVI-XIX vv., Taškent 1983

Ziker, John P., Peoples of the Tundra. Northern Siberians in the Post-Communist Transition, Long Grove 2002

Zöllner, Hermann, Sibirien. Reise-Handbuch, Kronshagen 1996

Zuev, Andrej S., »Konkvistadory imperii«. Russkie zemleprochodcy na severo-vostoke Sibiri, in: Ab Imperio 4, 2001, S. 81-108

– /Minenko N.A., Sekretnye uzniki sibirskich ostrogov. Očerki istorii političeskoj ssylki v Sibiri vtoroj četverti XVIII v., Novosibirsk 1992

Internetseiten

Birth rate boost in Abramovich's Region, online verfügbar unter www.russiatoday.ru/features/ news/22204, zuletzt geprüft am 13.7.2008
Homepage der Gesellschaft für bedrohte Völker, online verfügbar unter www.gfbv.de, zuletzt geprüft am 30.7.2008
Homepage der Highland Gold Mining Limited, online verfügbar unter www.highlandgold.com, zuletzt geprüft am 13.7.2008
Homepage der Robbenschutzgesellschaft »Sea Conservation Society«, online verfügbar unter www.pinnipeds.org/species/baikal.htm, zuletzt geprüft am 31.07.2008
www.trk.tom.ru/module/?id=24

PERSONENREGISTER

Kursivsetzungen der Seitenzahlen verweisen auf die Anmerkungen; Autorennamen wurden nicht aufgenommen.

GEOGRAPHISCHES REGISTER

Nicht aufgenommen wurden »Russisches Reich/Rußland«, »Sowjetunion« und »Sibirien«. Kursivsetzungen beziehen sich auf die Anmerkungen.

KARTENVERZEICHNIS

BILDNACHWEIS

Jan van Alphen (Hg.), Schamanismus in Tuva. Museum für Völkerkunde: Wien 1998: 13

Anne Applebaum, Der Gulag. Siedler: Berlin 2003: 36

Bibliothek für Zeitgeschichte, Stuttgart: 10, 18, 23, 27, 28

Jean des Cars/Jean-Paul Caracalla, Die Transsibirische Bahn. Geschichte der längsten Bahn der Welt. Orell Füssli: Zürich 1987: 25, 26

Peter Eichenberger, Sibirien. Naturparadies zwischen Ural und Pazifik. Bruckmann: München 2003: 24

Valentina Gorbatcheva/Marina Fedorova, Die Völker des Hohen Nordens. Kunst und Kultur in Sibirien. Parkstone: New York 2000: 7, 8, 9, 12, 14, 40

Brigitta Hauser-Schäublin/Gundolf Krüger (Hg.), Sibirien und Russisch-Amerika. Kultur und Kunst des 18. Jahrhunderts. Die Sammlung von Asch. Prestel: München u.a. 2007: 6, 11

Otto Heller, Sibirien. Ein anderes Amerika, Berlin 1930: 19

Herzog August Bibliothek, Wolfenbüttel: Karte 1

Ju. Il'in u.a. (Hg.), Sozdanie Velikogo Sibirskogo Puti, Bd. 2. Evrosib Gruppa Kompanij: St. Petersburg 2005: 31, 32, 33

Tomasz Kizny, Gulag. Hamburger Edition: Hamburg 2004: 37

Ulli Kulke/Gerd Ludwig, Der Mann, der Sibirien entdeckte. In: National Geographic Deutschland, Februar 2007, S. 36. National Geographic, Hamburg: 3

Fred Mayer, Sibirien. Orell Füssli: Zürich 1983: 21

Enzo Pifferi, Trans-Sibirien. Auf der längsten Bahn der Welt. Orell Füssli: Zürich, 5. Aufl. 1982: 20, 38

Privatbesitz: 4, 16, 34, 35

Juri Semjonow, Sibirien. Eroberung und Erschließung der wirtschaftlichen Schatzkammer des Ostens. Ullstein: Berlin 1954: 15

Juri Semjonow, Sibirien. Schatzkammer des Ostens. Econ: Düsseldorf/Wien 1975: 39

Bodo Thöns, Die Transsibirische Eisenbahn. Die frühen Jahre 1900-1916. Sutton: Erfurt 2004: 30

Bodo Thöns/Gregor M. Schmid, Transsibirische Eisenbahn. Stürtz/Verlagshaus Würzburg: Würzburg 2005: 17, 22, 29

Ullstein Bild, Berlin: 2, 42, Titelbilder

Matthias Winterschladen, Kürten: 5, 41

Wunderwelt Arktis. Aus der Kunstkammer St. Petersburg. Deutsches Elfenbeinmuseum: Erbach 1999: 1